溥仪写真书系

溥儀文存

◎爱新觉罗·溥仪 著
◎王庆祥 整理注释

群众出版社
·北京·

图书在版编目（CIP）数据

溥仪文存 / 爱新觉罗·溥仪著；王庆祥整理注释 .—北京：群众出版社，2017.10

ISBN 978-7-5014-5740-3

Ⅰ.①溥…　Ⅱ.①爱…②王…　Ⅲ.①爱新觉罗·溥仪(1906-1967)—文集　Ⅳ.①C53

中国版本图书馆 CIP 数据核字（2017）第 222217 号

溥仪文存

爱新觉罗·溥仪　原著
王庆祥　整理　注释

出版发行：群众出版社
地　　址：北京市西城区木樨地南里
邮政编码：100038
经　　销：新华书店
印　　刷：中国铁道出版社印刷厂

版　　次：2017 年 11 月第 1 版
印　　次：2017 年 11 月第 1 次
印　　张：47.5
开　　本：787 毫米×1092 毫米　1/16
字　　数：684 千字

书　　号：ISBN 978-7-5014-5740-3
定　　价：138.00 元

网　　址：www.qzcbs.com
电子邮箱：qzcbs@ sohu.com

营销中心电话：010-83903254
读者服务部电话（门市）：010-83903257
警官读者俱乐部电话（网购、邮购）：010-83903253
综合分社电话：010-83901870

《溥仪文存》的产生与价值（代序）

《溥仪文存》（以下简称《文存》）是中国末代皇帝爱新觉罗·溥仪先生一生中留下的文稿之汇集，是他所著《我的前半生》一书以外又一部新著作，内容包括溥仪先生一生各个历史时期尚存的文字作品，全书分为逊清时期、天津时期、伪满时期、囚苏时期、抚顺时期、特赦以后共六部分。按类别说可划分为以下几种：

第一种是溥仪作为政治人物依政局和时局而发布的诏书、圣旨、谕旨、“密谕”“手谕”、声明、宣言、答词、谈话、训词、演说、通电、碑文、放送词、对话和采访记录，也有他颁赐臣下的匾额匾文、对联联文、御制序文等。

第二种是溥仪作为退位寓公而写下的不少诗文，如四言诗、五言律诗、七言绝句、佛经偈语、歌词，还有顺口溜、打油诗等游戏文字，文章方面则从毓庆宫授读日记、一日活动始末记事、短论、书信写起，直到规范的数百字、几千言的议论文字都有。还根据内容附以皇后婉容、淑妃文绣的“懿旨”、日记、书信、诗词、短文。

第三种是溥仪作为战犯在法庭上发表的证词、在案情侦讯中留下的笔供和在战犯管理所内写下的悔罪与回忆文字。

第四种就是溥仪获得特赦以后作为中华人民共和国公民而留下的文字，如他在社会实践、社会调查和参观访问中留下的思想总结，他为列席或出席政协会议而准备的发言稿，他应媒体之约而撰写的大、小文章，他回答国内外新闻记者提问而留下的记录，他因回忆往事而信笔写在本子上的文字，他在与李淑贤新婚典礼上的《致辞稿》等。

无须讳言，这些文字中，肯定有一些属别人代笔，特别是他当宣统皇帝和傀儡皇帝时的“官样文章”，然而那毫无疑问也是与当时他的思想和实践紧密联系在一起的。而且，也只有这本《文存》中，才有大量溥仪先生的亲笔文稿，实属珍贵之至。

《文存》中的文章关涉大量重要历史人物，如民国总统、总理及统兵军阀徐世昌、黎元洪、段祺瑞、张作霖、张勋、张宗昌，重要的时代性人物如孔子七十六世孙孔令贻、康有为、王国维、胡适、柯劭忞、朱汝珍、杜月笙、刘承干、温肃、郑孝胥、罗振玉以及李鸿章之子李经迈等，还有首领级民族人物伪蒙疆联合自治政府主席德穆楚克栋鲁普和蒙古军总司令李守信、著名皇族人物大画家溥忻和伪满皇宫“宫内府大臣”熙洽，至于溥仪的师傅陆润庠、陈宝琛、徐坊、伊克坦、朱益藩、梁鼎芬、庄士敦各位，更是晚清一代硕学。《文存》关涉的国际人物如日本天皇裕仁、德国总统希特勒、英王乔治、联合国调查团团长李顿、日本陆相南次郎、日本黑龙会首领头山满、日本历届关东军司令官武藤信义、菱刈隆、南次郎、植田谦吉、梅津美治郎和山田乙三，日本关东军参谋长东条英机、日本侵华最出力人士土肥原贤二、石原莞尔和曾任伪满总务长官的武部六藏和日本大画家渡边晨亩。《文存》关涉的当代领袖人物更有毛泽东、周恩来等，由是亦可知《文存》内容的不可替代性。

《文存》所反映的历史史实真实可靠。以溥仪在伪满发布的《即位诏书》《恩赦诏书》《回銮训民诏书》《国本奠定诏书》《时局诏书》《建国十周年诏书》等来看，正可展示伪满十四年的屈辱始末，而溥仪和历届关东军司令官的谈话记录，则彻底揭露了伪满十四年一系列历史事件的幕后活动。特别是溥仪后半生那些亲笔文字，毫无疑义地证明了这位前皇帝发自内心的思想变革进程。

《文存》编入的溥仪遗稿，主要来源于历史文献典籍、档案资料、国内外报刊，特别是溥仪先生夫人李淑贤女士向我提供的大量溥仪手稿和溥仪收存的油印件、铅印件文字稿，就在这一坚实无比的基础上，我着意在编选、按语和注释等方面下一点儿力气，希望有助于读者的理解。

《文存》是以溥仪生平为视角，深入研究中国近现代历史不可或缺的第一手资料专集，也是溥仪生平研究深入一步必须依赖的过渡跳板。我得以整理、编撰并出版这部文集，首先就要感谢溥仪先生夫人李淑贤女士。早在1979年，李淑贤女士就全力支持我编选《溥仪文存》，却因种种原因并未能在李淑贤女士生前问世，今日编定，或可告慰先人。我愿这本书能够化作一朵圣洁的小白花，就摆放在李淑贤女士墓前。

王庆祥

2016年3月

目　录

一、逊清时期

宣统皇帝退位以后，继续在紫禁城内生活了12年（1912～1924年），这是200多年清朝历史的尾声，一部完整的清史不应缺少尾声。作为不彻底的辛亥革命留给世人的清朝遗物，逊清小朝廷的存在当时是有法律根据的，那就是用《宣统皇帝退位诏书》换来的三项优待条件，其中《关于大清皇帝辞位之后优待之条件》是最主要的。据此，清帝辞位之后，尊号仍存不废；皇室费用400万两，由中华民国政府拨付，逊清小朝廷才得以摆出龙门阵式，沿袭清朝旧制。设置宗人府、内务府、守护大臣、御前大臣、御前行走和御前侍卫、护军等，内务府官员超千人，名副其实地摆设着朝廷，它是中华民国内部的清代王朝，奇特的国中之国。在紫禁城小天地继续使用宣统年号。

遵照严格的帝王教育计划，溥仪从5岁（1911年）开始在毓庆宫读书，教师由隆裕皇太后亲自选定，有清末状元、大学士陆润庠，有20岁点翰林、30岁当内阁学士兼礼部侍郎的陈宝琛，有满汉双榜进士伊克坦，有颇富文名的徐坊、少年翰林朱益藩和著名辞章学家梁鼎芬，还聘用了英文教习庄士敦。习读十三经、单清语《圣谕广训》和《满洲孝经》，以及《御批通鉴辑览》《东华录》《圣武记》《开国方略》等清史，都是列祖列宗治国驭民的经验，也能了解中国和世界大势。从1914年起8岁的溥仪就写日记，逐日记下读书练字、给四位皇额娘请安、与师傅们交往以及役使宫中太监等他所亲历的宫廷生活。

小朝廷与袁世凯、黎元洪、冯国璋、徐世昌、曹锟等历届北洋政府总统，特别是在政府中担任要职的前清官员，与各帝国主义国家驻华公使，与南方和北方各派系军阀实力人物，与全国各地封建遗老，与学界有影响人士保持交往，争取一切可以依靠的力量，选择有利时机以求一逞。

1917年7月1日，溥仪由张勋拥戴实行了把复辟理想转变为复辟实践的重大举措。短命复辟失败后，民国代总统冯国璋和握有实权的段祺瑞，都不追究复辟罪责，而以张勋“入宫盘踞，矫发谕旨，擅更国体”一语轻轻带过，随后又入宫觐见溥仪、往还酬酢如故了。溥仪照例为由他授命并完成的《德宗景皇帝实录》撰写“御制序文”。

逊清小朝廷没有忽略争取民心、扩大社会影响的作用。1923 年日本关东地区大地震，溥仪以价值 70 万元的宫中金、银、玉器陈设品变价赈灾。国内报纸也天天登载“宣统帝”捐款济贫的新闻。

面对宫廷腐败、内务府官员和太监等监守自盗，“宣统帝”决心革除积弊，施以改革。他裁减内务府机构和官员，遣散太监，成立皇室财产清理处，亲自主持清查各宫陈设品和大内字画。

溥仪利用深宫电话和庄士敦引荐邀见大哲学家、大诗人胡适，会见由新月派诗人徐志摩担任翻译林徽音小姐陪伴的印度诗人、作家、哲学家、社会活动家和 1913 年诺贝尔文学奖获得者泰戈尔，同游御花园，参观后三宫，设宴款待，在四神祠前合影。一位鹤发老翁如此尊重一位弱冠青年，绝非因为他那虚有的皇帝尊号，而是对古老且具有高度文明的中国文化的尊重，也是对肯于接受新思想和新文化的溥仪的赞赏，这是逊清史上的一件大事。

公元 1922 年 12 月 1 日，“宣统皇帝”身穿龙袍，由文武百官拥戴而在庄严肃穆的乾清宫升座，亲送凤舆前往地安门帽儿胡同迎娶皇后，揭开了中国历史上最后一次皇帝大婚盛大典礼的序幕，迎亲仪仗显示了 200 多年清朝统治的“余威”。

少年逊帝常于读书之暇演琴吟曲，档案中还有他自谱歌曲的手稿。13 岁就由压马大臣簇拥着每日登鞍，皇帝骑马是政治上的象征。溥仪爱听梅戏，乃以皇帝身份传谕梅兰芳入宫“供奉”，紫禁城内照样摆设名角堂会。

小朝廷的末日终于不期而至。1924 年 11 月 5 日，在北京政变中掌握权力的冯玉祥将军，命部将鹿钟麟携《修正清室优待条件》入宫，迫令溥仪签字，取消皇帝尊号驱逐出宫，结束了 12 年的逊清小朝廷，结束了 200 多年清朝历史的尾声。

现把溥仪这一时期的存文整理公布。

宣统皇帝溥仪

给陈宝琛的第一道"圣旨"（1911年7月10日）

山西巡抚陈宝琛著开缺，以侍郎候补，钦此。

按：此为宣统三年六月十五日（1911年7月10日）溥仪传出的给陈宝琛的第一道"圣旨"。陈宝琛（1848—1935），福州仓山区螺洲镇人，字伯潜，号弢庵。清同治进士，为晚清清流派主要人物之一，以直言敢谏知名，和张之洞、张佩纶、宝廷结为知交，人称"枢廷四谏官"。中年被贬，返乡创立了国内最早的师范院校之一全闽师范学堂，并主持修建了福建历史上第一条铁路——嵩屿至漳州江东桥铁路。宣统年间应诏返京。宣统皇帝退位后，陈宝琛仍在逊清皇室任职，并纂修《德宗本纪》《德宗实录》。有《陈文忠公奏议》《沧趣楼文存》《沧趣楼诗集》等存世。

给陈宝琛的第二道"圣旨"（1911年9月10日）

监国摄政王面奉隆裕皇太后懿旨，皇帝在毓庆宫入学读书，著派大学士陆润庠、侍郎陈宝琛授皇帝读等因，钦此。

按：此为宣统三年六月间溥仪传出的给陈宝琛的第二道“圣旨”。其时朝廷已内定，宣统三年七月十八日（1911 年 9 月 10 日）将在中南海瀛台补桐书屋为宣统皇帝溥仪举行开学授读仪式，遂以侍郎候补的资历，改派陈宝琛为御前进讲的师傅。同时出任帝师的还有大学士陆润庠，继而出任帝师的则有满汉双榜进士伊克坦。陈宝琛为此而特别兴奋，因为在当时，作为皇帝的师傅，有崇高的政治地位，他绝不仅仅是个六岁孩子的家庭教师，实际已成为皇宫内廷的重要成员，成为朝廷掌权者咨询与商讨国家大事的顾问。他的帝师生活就这样开始了。陈宝琛的养廉银每月一千元，比其他师傅多许多。

溥仪和他的师傅朱益藩（左）、陈宝琛（右）在御花园养性斋前

溥仪命毓崇入宫伴读的“圣旨”（1912 年 8 月 7 日）

朕钦奉隆裕皇太后懿旨，溥伦之子毓崇著加恩赏给头品顶戴在毓庆宫伴读。

按：此为时年七岁的溥仪“钦奉隆裕皇太后懿旨”而传出的“圣旨”，命道光帝长子溥伦之子毓崇入宫伴读。

溥仪给伴读毓崇以殊荣的“圣旨”（1912 年 8 月 11 日）

毓崇著加恩赏在紫禁城内骑马。

按：此为时年六岁的溥仪“钦奉隆裕皇太后懿旨”而传出的“圣旨”，对伴读毓崇给以“紫禁城内骑马”的殊荣。

溥仪给师傅陆润庠以殊荣的“圣旨”（1912 年 9 月 22 日）

著加恩赏在紫禁城内乘二人暖轿。

溥仪给师傅陈宝琛以殊荣的“圣旨”（1912 年 9 月 22 日）

著加恩赏在紫禁城内乘二人暖轿。

溥仪给师傅伊克坦以殊荣的“圣旨”（1912 年 9 月 22 日）

赏在紫禁城内乘二人肩舆。

按：以上三个“圣旨”为时年七岁的溥仪“钦奉隆裕皇太后懿旨”而传出的“圣旨”，系对因忠诚于授读之职而为小朝廷所信用的师傅们给予殊荣。

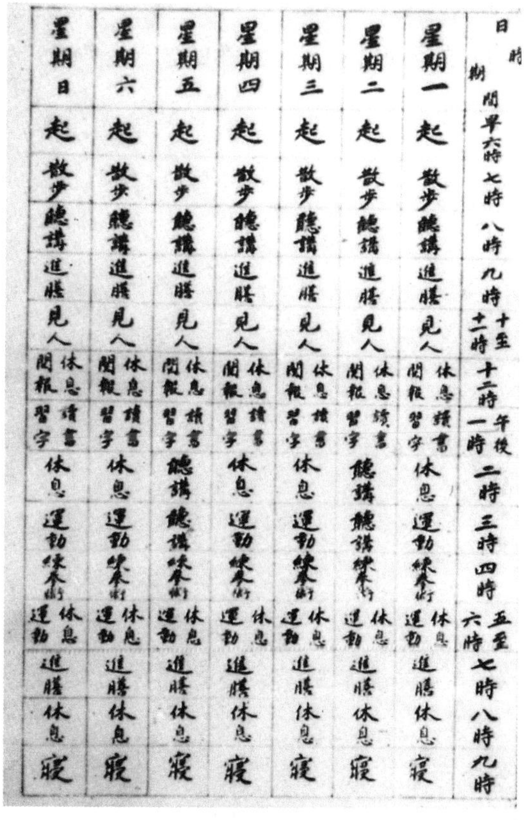

日期 時	星期一	星期二	星期三	星期四	星期五	星期六	星期日
開早六時	起	起	起	起	起	起	起
七時	散步	散步	散步	散步	散步	散步	散步
八時	聽講	聽講	聽講	聽講	聽講	聽講	聽講
九時	進膳	進膳	進膳	進膳	進膳	進膳	進膳
十至十一時	見人	見人	見人	見人	見人	見人	見人
十二時	休息 閱報	休息 閱報	休息 閱報	休息 閱報	休息 閱報	休息 閱報	休息 閱報
一時午後	讀書 習字	讀書 習字	讀書 習字	讀書 習字	讀書 習字	讀書 習字	讀書 習字
二時	休息	聽講	休息	休息	聽講	休息	休息
三時	運動	聽講	運動	運動	聽講	運動	運動
四時	練拳術	練拳術	練拳術	練拳術	練拳術	練拳術	練拳術
五至六時	休息 運動	休息 運動	休息 運動	休息 運動	休息 運動	休息 運動	休息 運動
七時	進膳	進膳	進膳	進膳	進膳	進膳	進膳
八時	休息	休息	休息	休息	休息	休息	休息
九時	寢	寢	寢	寢	寢	寢	寢

保存在北京故宫的逊清年代溥仪每周活动日程表

溥仪著派总管内务府大臣世续及师傅陆润庠等的“圣旨”（1912 年 11 月 15 日）

朕钦奉隆裕皇太后懿旨，现在时局变更，规模自应改定；财力匮乏，繁冗亟宜删除。所有内务府及所属各衙门暨有关皇室各衙门，事多专司，用款不无糜费，官沿定制，额设不无冗员。自应酌其繁简，量加裁并，庶足以昭核实而期久远。

按：溥仪传出“圣旨”，著派总管内务府大臣世续（字伯轩）以及溥仪的师傅陆润庠等“体察情形，通盘筹划”，并“随时会商醇亲王载沣，妥拟办法，奏明办理”。

溥仪准予师傅陆润庠辞教的“圣旨”（1913年1月24日）

朕钦奉隆裕皇太后懿旨，陆润庠奏力疾销假，恳恩开去授读差使一折，陆润庠著准其开去授读差使，仍在毓庆宫照料，并仍赏给每月津贴，以示体恤，钦此。

按：陆润庠感到“帝师”之职难以为继，遂于1913年1月14日给隆裕皇太后呈递了一份奏折，请辞授读，由清室总管内务府大臣世续代递，陆润庠附致世续的信现仍保存在档案中：“伯轩中堂执事：数日不晤为念！庠日来更觉气体衰惫，唯静坐养息则可稍舒，不能劳动。毓庆一席，万不能支，暮年精力有限，只可奏请致仕，倘能邀准，则为万幸。奏底附呈，明早千万照拂，总以得请为度。敬祈台安。晚润庠顿首。”在给隆裕和溥仪的奏折中，陆润庠以恳切的信词表达了他对清朝的忠诚，对隆裕的感恩和对溥仪的厚望，他也叙说了辞教的原因：“臣陆润庠跪奏，为微臣年力就衰，恳恩致仕，沥陈下情，仰祈圣鉴事：窃臣服官三十余年，受恩深重。光绪二十六年拳匪之祸，孑身出险，扈驾西安。上年变起仓猝，举朝棼散，臣以感激知遇，复以皇上典学方新，正资启迪，未敢言去。而年逾七十，老态日增，每逢秋冬喘逆不止，近更行步艰难，两耳重听，皇上读书有时错误未能指正，于毓庆宫讲授一事尤不相宜，若再以衰庸窃位，势将贻误圣学，关系匪轻。虽私衷耿耿，瞻恋阙廷，而精力已疲，无从报称，不得已，沥陈衰病情形，仰恳天恩，准予致仕并停给养廉，开去一切差使，俾得优游退老，以尽天年，则犬马余生，何莫非君恩所赐，臣不胜迫切待命之至。所有微臣陈请致仕缘由，谨恭折具奏，吁求恩准，伏乞圣鉴，谨奏。宣统四年十二月初八日。”

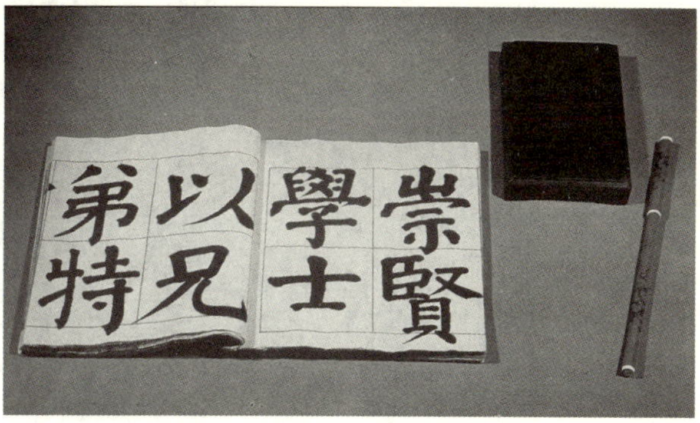

溥仪儿时的写帖

隆裕对陆润庠还是很理解的，批准了他的辞教之请。递进奏折的第十天，溥仪的“圣旨”就传下来了。陆润庠接旨以后当即具奏叩谢天恩：“闻命之下，惭感莫名。窃臣居官三十余年，入侍内廷，出司文柄，历受两朝恩遇，派充大小差使，莫不敬慎从公，从未敢稍形退缩。兹因年力衰颓，不得已恳请恩准开去要差。仰蒙慈怀体恤，俯察下情，渥荷纶音，有加无已。臣虽肝脑涂地，不足云报，唯有勉竭愚忱，于毓庆宫常川照料，时时仰瞻天颜，得遂冀幸私衷，皆出慈恩所赐，唯蒙温谕，仍给每月津贴，此则臣心实有不安。可否再恳天恩，量予核减，照授读养廉只领其半，庶几两得其宜，吁求恩准。”

溥仪在清室机构改革中传出的“圣旨”（1913 年 1 月）

御前大臣、御前行走、御前侍卫、乾清门行走、乾清门侍卫，著暂仍旧制。其三旗侍卫，现在差务较简，即以三百员为定额，余著一律裁撤……唯念侍卫情形困苦，著加恩一律赏食原俸，以示体恤。

按：此为溥仪在清室机构改革过程中传出的“圣旨”，可知这项改革已有若干成果。

溥仪奉隆裕懿旨给两位师傅加恩的“圣旨”（1913 年 2 月 5 日）

陈宝琛、伊克坦均著赏戴花翎。

按：此为溥仪“钦奉隆裕皇太后懿旨”而传出的“圣旨”，系对因忠诚于授读之职而为小朝廷所信用的师傅陈宝琛和伊克坦再给殊荣。

隆裕皇太后丧礼

隆裕去世，溥仪下哀旨尊谥“孝定”（1913年2月22日）

隆裕去世，溥仪下哀旨尊谥“孝定”。

按：隆裕去世，溥仪下哀旨尊谥“孝定”。袁世凯下令全国下半旗致哀三日，文武官员穿孝二十七天，隆重治丧。又，谨遵隆裕病危时发布的懿旨“著派醇亲王载沣照料内廷一切事务”，载沣即日入宫视事。

溥仪给伴读毓崇以殊荣的“圣旨”（1913年6月30日）

赏戴花翎。

溥仪授予徐坊“御前进讲”资格的“圣旨”（1913年9月22日）

前学部国子丞徐坊，著在毓庆宫行走，并著加恩赏给二品衔、在紫禁城内骑马，钦此。

按：徐坊因溥仪这道“圣旨”而有了“御前进讲”的资格。1914年2月6日，溥仪又传旨“徐坊著加恩赏食二品俸”。1915年1月30日，徐坊与伊克坦同受“紫禁城内乘二人暖轿”的恩赏。同年2月12日，溥仪再传旨赏徐坊“穿带嗉貂褂”。徐坊（1858—1916），字梧生，号楘庵，山东临清州人，出身官宦世家。历任户部江南司主事、国子丞（国子监祭酒）、学部京师图书馆副监督等职。他一生没有大著作问世，却在读书人中间颇受尊重。

溥仪给御弟溥杰以殊荣的“圣旨”（1913年10月8日）

赏给头品顶戴。

溥仪写给老师陈宝琛的“御制”祝寿诗（1913年10月22日）

松柏哥哥，终寒不凋，
训予有功，长生不老。

按：溥仪七岁时，为老师陈宝琛的生日撰写了这首四言祝寿诗，也是这位“小皇上”一生中第一首“御制诗”。有人评价这首诗作很真诚，很有尊师的价值：“这十六个字虽然还有些古典派的因袭，然而这首诗的改造，总算是开始元功，不可轻视的了。”溥仪从小读过许多唐诗，也读过许多登在报纸上的新诗，加之他的老师陈宝琛、郑孝胥等人都会作诗，在这样的环境中不能不受到熏陶，闲来无事他常常也要作诗。毓崇说：“溥仪常常坐在书斋的写字台前写诗，他喜欢写五言律诗，有时也写七言绝句。溥仪的诗内容多是发牢骚的，因此不敢保存。往往是写完后就让身边亲属传阅，阅后他划根火柴就把‘诗’变成了‘灰’。”溥仪无论如何算不上“诗人”，也谈不到在写诗方面有什么“名气”，却从很小的时候就开始写诗了。

溥仪赏赐满文师傅伊克坦黄绢对联一副之联文（1913年11月9日）

松柏有本性，山水含清晖。

按：此为溥仪赏赐满文师傅伊克坦黄绢对联一副之联文，对其人品学识极尽赞扬。伊克坦（1865—1922），字仲平，出自满洲正白旗瓜尔佳氏，西安驻防。光绪十二年（1886年）进士，以编修历至都察院副都御史，充满蒙文学堂监督。宣统年间伊克坦因皇帝典学而呈递两件重要奏折，由此铺平进宫之路，以满汉双榜进士身份于1911年和清末状元、大学士陆润痒，二十岁点翰林、三十岁当内阁学士兼礼部侍郎的陈宝琛，同时受命担任帝师。

溥仪赏陈宝琛之黄绢匾匾文（1913年11月9日）

受福宜年

按：此为溥仪赏陈宝琛之黄绢匾匾文，其时逊清皇室及溥仪对陈宝琛的尊敬和赏赐有增无已。

溥仪给世续、陆润庠、徐世昌等嘉奖的谕旨（1913年12月19日）

敬题德宗景皇帝、孝定景皇后神主之太保世续、陆润庠，太傅衔徐世昌，斋肃洁诚，恪恭将事，世续、陆润庠、徐世昌均著加恩赏戴双眼花翎，钦此。

按：陆润庠辞教之后尚不足月，隆裕于1913年2月22日“驾崩”，溥仪尊谥“孝定”，陆润庠奉派参与丧仪。当年12月13日，安葬德宗景皇帝、孝定景皇后梓宫于清西陵崇陵，陆润庠与世续和徐世昌一起“敬题神主”，为此而在12月19日接到溥仪的嘉奖谕旨。据唐文治的《记陆文端公事》一文和《清史稿》所述，陆润庠之死系以身殉清：“遇变忧郁，内结于胸而外不露。及病笃，竟日危坐，瞑目不言，亦不食，数日而逝。”卒年七十五岁。临终，曾向徐世昌托孤。未满十龄的溥仪痛悼不已，追赠“太傅”，予谥“文端”，赏给陀罗经被，派贝勒载润前往奠醊，赏银三千元治丧。

溥仪派梁鼎芬料理崇陵种树事宜的谕旨（1913 年 12 月 21 日）

派前湖北按察使梁鼎芬料理崇陵种树事宜，每年赏给津贴二千元。

按：溥仪传旨，赞赏梁鼎芬绿化光绪皇帝陵墓的行为，并给予鼓励。

梁鼎芬植树照

溥仪赏陈宝琛之黄绢对联联文（1914 年 2 月 20 日）

龙蛇走遍老藤蔓，蝌蚪摹传古鼎铭。

按：此为溥仪赏陈宝琛之黄绢对联一副，两星期前溥仪还曾传旨赏陈“文职头品顶戴并赏食头品俸”。

溥仪头一次见面就给张勋下了一道谕旨（1914 年 10 月 5 日）

张勋著加恩在紫禁城内骑马。钦此。

按：张勋（1854—1923），字少轩，江西奉新人，出身贫寒。覆灭前夕的清政府嘉奖他孤军奋战的功劳，先擢任为江苏巡抚，继而命署两江总督、南洋大臣，赏二等轻车都尉世袭官职。入民国后张勋坚不肯受“断发令”，脑后拖一根大辫子。1913 年 7 月孙中山领导的第二次革命爆发，张勋曾与冯国璋谋，要挟袁世凯“还政于清”，冯不应。张勋镇压了“二次革命”以后，在南京城内烧杀掠抢，因误伤日本侨民引起所谓“南京交涉案”，袁便利用洋人“抗议”的机会，撤销了张勋刚刚拿到手里的江苏都督头衔，改任他为长江巡阅使兼安徽都督，自 1914 年 1 月驻兵徐州，乃以之为策划复辟的大本营。是年 10 月张勋晋京“赴宫门请安”，第一次叩见溥仪。张勋对清王朝有感情，溥仪也对得起张勋，头一次见面就下了这道谕旨，经总管内务府大臣世续、景丰和绍英副署后正式公布。

溥仪传出给伊克坦和徐坊加恩的“圣旨”（1915 年 1 月 30 日）

赏在紫禁城乘二人暖轿。

溥仪传出给徐坊加恩的“圣旨”（1915 年 2 月 12 日）

赏穿带膝貂褂。

溥仪在养心殿“开笔”（1915 年 2 月 14 日）

开笔大吉

按：每年春节（农历正月初一），溥仪照例先在列祖列宗圣容前拈香行礼，继赴乾清宫升座受贺，正午在养心殿以毛笔正楷留下“开笔大吉”四字。

溥仪书写黄绢对联（1915 年 2 月 20 日）

龙蛇走遍老藤蔓，蝌蚪摹传古鼎铭。

按：每年春节，溥仪照例书写与去年同样的黄绢对联多副，赏给陈宝琛等师傅每人一副。

溥仪传出给耆龄加恩的“圣旨”（1915 年 5 月 1 日）

著加恩赏给头等侍卫，在乾清门行走。

按：参与宫廷事务管理的前清少府礼部左侍郎耆龄（字寿民），直到逊清年代，也以“总管内务府大臣”的身份一直追随溥仪，十年间留下一部《赐砚斋日记》，记载宣统逊位后宫禁遗事，颇富史料价值。

溥仪传出给溥杰加恩的“圣旨”（1915 年 6 月 25 日）

赏戴花翎。

按：溥仪传旨，给二弟溥杰赏戴花翎。同时赏给六叔载洵之子溥优、七叔载涛之子溥佳和溥佐“头品顶戴”，这是深宫中的“平衡术”。

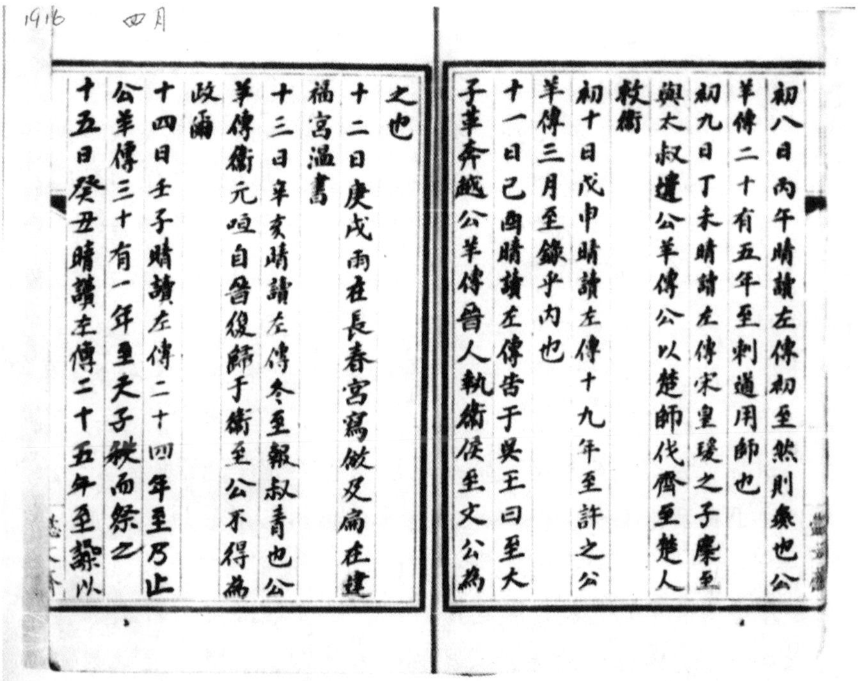
1916 四月

初八日丙午晴讀左傳初至然則乘也公羊傳二十有五年至刺道用師也
初九日丁未晴讀左傳宋皇瑗之子麇至與大叔遺公羊傳公以楚師伐齊至楚人救衛
初十日戊申晴讀左傳十九年至許之公羊傳三月至錄乎内也
十一日己酉晴讀左傳告于吳王曰至大子華奔越公羊傳晉人執衛侯至丈公為之也
十二日庚戌雨在長春宮寫做及扁在建福宮温書
十三日辛亥晴讀左傳冬至報叔青也公羊傳衛元咺自晉復歸于衛至公不得為政爾
十四日壬子晴讀左傳二十四年至乃止公羊傳三十有一年至天子秩而祭之
十五日癸丑晴讀左傳二十五年至黎以

溥仪九周岁时写的日记

溥仪召朱益藩进宫担任汉文师傅的圣旨（1915 年 9 月 24 日）

派在毓庆宫行走并赏朝马。

按：逊帝溥仪颁发圣旨召朱益藩进宫，担任逊帝的汉文师傅，他从此有了“帝师”的名分，这是因陈三立向陈宝琛推荐而确定的。朱难忘故主“龙恩”，只身入京受命。直到 1916 年 3 月才告假返籍接来眷属，遂在东城秦老胡同赁居。

朱益藩（1861—1937），字艾卿，号定园，出身在江西萍乡莲花县花塘村一个世代书香而又濒临破产的农村家庭中。父亲朱之杰是咸丰九年（1859年）进士，以知县候补，奉旨帮办河工，但因重病在身未能赴任，这却使朱益藩自幼得到父亲更多的指导，他聪明好学，四岁即能执笔作大字。一次正练字时，父亲悄然在身后猛拔其笔，却未能抽出，乃知孺子"将来必以书名于世"。不久，父亲作训儿诗十首，写成条幅挂在墙上，朱见其中"青春原不再，慎勿事游嬉"句，"慎"字遗漏一笔，当即提笔补上，令父亲大为惊奇。

光绪元年（1875年）朱益藩经科场考试补优廪生，至光绪十五年（1889年）赴省参加恩科江西省乡试，中举人。次年入京应庚寅恩科会试，中贡士。接着又在保和殿复试中获赐进士出身，在保和殿御试中获钦点翰林院庶吉士。时年三十岁，已获授翰林院编修。光绪二十三年（1897年）参加第二次大考，获一等第一名，高中"状元"，擢翰林院侍读学士，钦命南书房行走兼经筵进讲大臣。每日入值，与光绪皇帝谈论历史、文学、诗词、书画等知识，并应承宫内各色书写差事，亦供皇帝和太后咨询时政，时为清廷最高统治集团智囊人物，而最荣耀的工作是在养心殿给光绪皇帝和慈禧太后"进讲"《贞观政要》，以及历代帝王盛衰兴亡的史实和缘由，深受信用。嗣后历任京师大学堂（北京大学前身）总监督等职。他引进新学，奖掖留学，促进了西洋科技知识在中国的早期传播。他还于宣统三年（1911年）不畏权势，独上奏章，弹劾贪赃枉法的显赫大吏瑞澄和张彪，并敢于在廷对中面陈二人的罪状，直言快语毫无顾忌，博得朝野称颂。清帝逊位的消息传来，他决心留乡隐居，甘当遗老。建新居，修"定园"，一面为母守孝，一面读书课子，兼以养花种菊。袁世凯虽以江西财政厅厅长之肥缺诱其出山，却不为所动。

溥仪赏赐满文师傅伊克坦黄绢对联一副之联文（1915 年 10 月 16 日）

世臣喻乔木，晚节视黄花。

按：此为溥仪赏赐满文师傅伊克坦黄绢对联一副之联文，藉以称颂师德。史书有载，1917 年 7 月上旬“辫帅”张勋进宫那几天，“丁巳复辟，润庠已前卒，宝琛为议政大臣，伊克坦一不争权位，日进讲如故。及事变，誓临危以身殉。”可见溥仪对其满文师傅愈来愈敬重是有根源的。

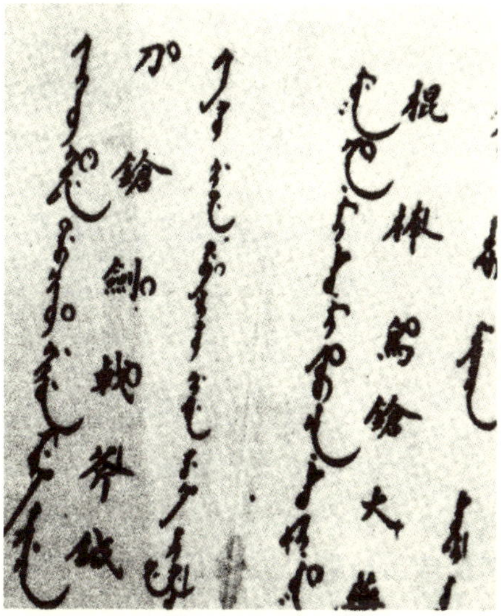

溥仪亲书满文

溥仪自撰短文《论〈左传〉郑伯克段于鄢》（1915 年 10 月 16 日）

余因陈师常责何不作文，万不得已作文一篇曰：

余读《左氏传》，至郑伯克段于鄢、颖考叔谏一篇，不觉击案大吼，直目厉色，急言曰：夫庄公者，欺母杀弟之人也；考叔知其为人，故讽谏之。彼虽改，然其奸雄固未减也。何则？庄公之从谏也伪也。其意使天下闻之赞其纳谏也，岂不陋哉！观其代许让地及许大夫所言，皆系欺人之语。代许之役，考叔登城被射而死，庄公知为公孙阏，何不治之？此又其奸邪之证也。嗟呼，以庄公之奸佞而有考叔之为臣，盖亦偶然矣。若考叔者，可谓忠孝之人矣。余不敢多言，恐庄公有灵恨吾也。

［原注：论毕，伏几而卧，睡后大嗤不已。无他，笑此文之陋也。笑至四小时方止。众由那克斯皆怪余之状以为狂疾，急唤医生求诊。医言：系乐极神经稍乱，少顷便愈。由那克斯遂以糖饮余。余虽狂而心实明，少时立愈。不得作论，常然不妙。］

按：《我的前半生》中有一段话：“老师们对我的功课，从来不检查。出题作文的事，从来没有过。”事实并非如此。仅以怎样当好人君为主题的小论说文，溥仪就写过许多篇，如后来刊于《文献》的《汉元帝论》《孟子言仁义不言利论》等就是。溥仪在《论〈左传〉郑伯克段于鄢》一文中，还在篇首特别加了一句：“余因陈师常责何不作文，万不得已作文一篇曰……”可见陈宝琛督励之严。溥仪此文写得有声有色有情趣，正是陈师傅培养的活灵活现的人君形象。

溥仪赏赐汉文师傅陈宝琛黄绢匾一面之匾文（1915 年 10 月 16 日）

温仁受福，若金作砺。

按：与赏赐满文师傅伊克坦黄绢对联的同一日，又赏给师傅陈宝琛黄绢匾一面。

溥仪传出给耆龄加恩进赏的“圣旨”（1916 年 3 月 8 日）

在紫禁城内骑马。

按：溥仪传旨，补授耆龄总管内务府大臣，又赏以“在紫禁城内骑马”并管理中正殿事务，月薪四百元。

溥仪传出给朱益藩和梁鼎芬加恩进赏的“圣旨”（1916 年 9 月 24 日）

在紫禁城内骑马。

按：溥仪传旨，命朱益藩和刚刚完成崇陵植树任务的梁鼎芬“在毓庆宫行走”，并赏“在紫禁城内骑马”。对梁鼎芬赏加二品衔，此人系时任民国总统的黎元洪于 7 月 27 日推荐，一度被载沣和总管内务府大臣世续婉拒。

溥仪不准梁鼎芬请辞“毓庆宫行走”的谕旨（1916 年 9 月 29 日）

梁鼎芬奏请收回成命一摺，梁鼎芬学问渊博，堪资启沃，著仍遵前旨，在毓庆宫行走，毋庸固辞。钦此。宣统八年九月初三日。

按：1916年7月，紫禁城小朝廷内正在举荐毓庆宫授读新人选。因为这时陆润庠已死，徐坊病危。有人推举《新元史》著者柯劭忞，载沣嫌他口音不清晰；绍英荐熙彦，陈宝琛和伊克坦以其“身事三姓，名节已亏”而挡驾；黎元洪推荐梁鼎芬，起初也遭到载沣和世续的婉谢。辛亥前黎是湖北新军协统，而梁在湖北历官多年，他们显然有共事关系。梁鼎芬依例奏请“皇上”“收回成命”，以示谦让。嗣后，由总管内务府大臣世续、绍英、耆龄副署，而在1916年9月29日颁发了这道谕旨。

梁鼎芬（1859—1920），字星海，号节庵，又称葵霜阁主。广东番禺人。出身官宦家庭。光绪六年（1880年）考中进士，授职编修。因敢于上疏，弹劾深受慈禧太后宠信的北洋大臣李鸿章，被斥为“妄劾”，“交部严议，降五级调用”。梁遂辞官返乡，“伏处田里十有七年”。其间在两广总督张之洞幕下“主广雅书院讲习”“主钟山书院”等。光绪二十六年（1900年），慈禧携光绪躲避八国联军逃往西安，梁鼎芬“首倡呈进方物之议”，因救驾有功而重获起用，出任“直隶州知州”，又逐步升迁，成为仅次于总督、巡抚一级的地方长官。光绪三十二年（1906年）入宫觐见皇上和太后，又当面弹劾慈禧晚期的宠臣庆亲王奕劻“通贿赂”，“请月给银三万两以养其廉”。同时还弹劾了直隶总督袁世凯，说他“权谋迈众，城府阻深，能陷人又能用人”。因而再度被激怒的慈禧下诏“诃责”，梁乃“引疾乞退”，闭门读书。光绪三十四年（1908年），皇帝和太后先后死去，梁鼎芬“奔赴哭临，越日即行”。至武昌革命党人举事，梁再入北京，奉派为广东宣慰使，其时南方正燃烧革命烈火，梁无法赴任，乃两度前往梁格庄清西陵，叩谒光绪皇帝的暂安之殿，在梓宫前“瞻仰泣涕”，为表达其景仰思念之情，还在寝殿外面露宿。然而，直到宣统皇帝退位，其候补身份，也未获实授。

溥仪传出给梁鼎芬加恩进赏的“圣旨”（1916年10月4日）

毓庆宫行走梁鼎芬著加恩赏在紫禁城内乘坐二人暖轿。

按：梁鼎芬入值毓庆宫，绝非继袁世凯当上民国总统的黎元洪荐举之功，他们可能是朋友，政治上则不是同路人。据庄士敦说，“辛亥革命后，梁鼎芬曾恳求黎元洪脱离民国，恢复清朝。当这一活动失败后，他便跑到清西陵，在他的已故君主光绪帝的墓前痛哭一场”。从“管理崇陵种树事宜”到成为皇帝的师傅升格许多，这当然也是褒奖，因为梁固有“风节”之名，又在种树期间赢得新的声誉。

溥仪赏赐师傅梁鼎芬黄绢对联之联文（1916年10月19日）

读书众壑归沧海，下笔微云起泰山。

按：此为溥仪赏赐师傅梁鼎芬黄绢对联一副之联文，写此联时梁鼎芬受命出任帝师已经二十多天了，这是小朝廷对其道德与学识的评价。他善诗能文，其诗词上承晚唐诗和宋词的特色，别具一格，充满忧伤哀怨的情调，他曾把自己的泪水喻为滔滔不尽的江水，一直流淌下去。他也能书，字体娟秀。继而，梁鼎芬又获赏穿带膝貂褂。

溥仪对毓庆宫行走朱益藩著加恩赏的谕旨（1916年11月4日）

钦奉谕旨，毓庆宫行走朱益藩著加恩赏给二品衔，仍在南书房行走，并在紫禁城内乘坐二人暖轿，钦此。宣统八年十月初九日。

按：1916年11月4日朱益藩入宫请安。溥仪又颁下这一道新旨，并由总管内务府大臣世续、绍英和耆龄副署。

溥仪对朱益藩、梁鼎芬和耆龄颁赏的谕旨（1916年11月28日）

赏穿带膝貂褂。

按：溥仪再颁新旨，朱益藩、梁鼎芬和耆龄同时受赏，而对朱益藩来说，两月间三度提格，实属格外加恩了。

溥仪对睿王、庄王和克王颁赏的谕旨（1916年11月28日）

赏戴三眼花翎。

按：溥仪同日颁旨，对睿王、庄王和克王"赏戴三眼花翎"。

溥仪写的四言诗《"御制"喜雪诗》（1916年12月21日）

朕心思雪，祈之昊天，
昊天乃降，下民悦焉。

按：据溥仪的师傅梁鼎芬日记载：1916年冬天无雪，直至旧历十一月间。溥仪每天寅刻亲往御花园钦安殿的天穹宝殿焚香祈雪，卯初之际再赴毓庆宫读书。有一天梁鼎芬迟到两刻钟，"惶悚之至"，乃请求"皇上"处分他，但溥仪"宽厚"，表示谅佑。12月20日那天果然大雪纷扬，梁鼎芬乃持伞而来，当他看到"皇上"既不乘坐龙轿，也不张开华盖，敬问其故，溥仪回答说："雪是我求下来的，所以我不乘轿步行前来，虽然满身落雪却十分高兴。"梁鼎芬这才感到自己持伞入宫很不合适，退宫时亦不再持伞遮雪了。次日，《御制喜雪诗》便由一名年仅十一岁的"天子"作了出来。此诗既出，"外间传诵，咸以为仁君也"。

溥仪的英文师傅庄士敦

关于溥仪作诗，庄士敦在1923年写的《记清帝近事》一文有如下说明："皇帝颇禀受其先世高宗纯皇帝之诗才，著作殊不少，亦善为今日少年中国所风行之白话诗。其文言之诗篇，多用赝名投登北京某报。顾知之者仅有两三人。即采录其诗之主笔，亦不知果为谁氏作也。"邝炯麟便是他曾使用过的一个笔名。

梁鼎芬记录的溥仪之两句话（1917年2月1日）

召见大臣不必跪对，跪则说话难以详尽，立对较从容。

朕名以后不必避，事君在敬事，不在此也。

编者按：溥仪这两句话系由梁鼎芬于1917年2月1日所记。看到拥有皇帝尊号的弟子正在成长，间有“仁义”之举，梁鼎芬极为兴奋，他把自己终生追求的政治目标和为之奋斗的事业，全都寄托在眼前的娃娃身上了。他总是怀着或者欣喜或者忧虑的心情，把溥仪的点滴进步与过失，记在自己的日记里。

溥仪对陆荣廷颁赏的谕旨（1917年3月30日）

在紫禁城内乘坐肩舆。

按：两广巡阅使、军阀陆荣廷入宫觐见溥仪，获赏匾额等物，同时获赏“在紫禁城内乘坐肩舆”。

溥仪所拟准许黎元洪“奏请奉还大政”的“谕旨”（1917年7月1日）

宣统九年五月十三日，奉上谕：本日黎元洪奏请奉还国政，吁恳复御大统一折，据称该员因兵变被胁，盗窃大位，谬领国事，无济时艰，并历陈改建共和诸多弊害。奏恳复御大统，以拯生灵，自请待罪有司等语。览奏情词悱恻，出于至诚。从乱既非本怀，归政允明大义，际此国事危岌，大局飘摇，竟能作吾民亲上之先，定中国救亡之策，厥功甚伟，深孚朕心。黎元洪著赐封为一等公，以彰殊典，尚其钦承朕命，永荷天庥。钦此。

按：在黎元洪、段祺瑞之间“府院政潮”步步升级的同时，辫帅张勋以定武上将军、长江巡阅使和安徽省督军的名义，连续召开四次徐州会议，串联各省军阀，讨论复辟清朝的计划，逐渐确立了盟主的地位，遂于1917年6月7日，率所部定武军四千余人以调停政局为名北上，经天津于6月14日进入北京。第二天，张勋即以前两江总督职衔入宫朝见溥仪。

溥仪第二次登基，即“辫帅”张勋一手制造。事在1917年7月1日至12日，其时溥仪年仅十二岁。溥仪在养心殿召见张勋时，特意问到清朝复辟后应怎样处置民国总统，“给他优待还是怎么着”？张勋轻松回答说：“黎元洪奏请让他自家退位，皇上准他的奏请就行了。”

复辟后的溥仪坐在乾清宫宝座上

张勋确实已为黎元洪准备好了退位的全套文件，都是假托、伪造的。有《退位声明》，打算用于对外宣布，其中云“元洪一身不足惜，如天下生民何！反复筹思，为吾民谋久远之安，为根本至计，惟有归政朝廷，复子明辟。”还有“奏请奉还大政，以惠中国而拯生民”的黎元洪的奏折。同时也草拟了溥仪准奏的“谕旨”，即此件。7月1日凌晨3时，溥仪在乾清宫升座，宣布复辟。登基大典未及收场，张勋就指派梁鼎芬为清室代表，王士珍、江朝宗为民国代表，李庆璋为张勋个人代表，一起前往东厂胡同，当面逼迫黎元洪退总统位，并在拟好的向宣统皇帝“奉还大政”的奏折上签名盖印。黎元洪感叹时局，情绪激愤，认为“全系自己不德所致，拟一死以谢国人”，不受威胁，严拒“退总统位，还政清室”，更不在“奉还大政”的奏折上签字。

民国政府并不曾追究溥仪的责任，还给优待费，准其照旧在紫禁城内过“关门皇帝”的生活。然而，溥仪并非事事均无主见，不能说与张勋事件毫无关系。

溥仪第二次登基所颁《登基诏书》(1917年7月1日)

宣统九年五月十三日临朝听政，收回大权，与民更始。

钦遵德宗景皇帝谕旨，大权统于朝廷，庶政公诸舆论，定为大清帝国，善法列国君主立宪政体；皇室经费仍照所定每年四百万元数目，按年拨用，不得丝毫增加；懔遵本朝祖制，亲贵不得干预政事；实行融化满汉畛域，所有以前一切满蒙官缺已经裁撤者概不复设，至通婚易姓等事，并着所司条议具奏；自宣统九年五月本日以前凡与东西各国正式签订条约及已付债款合同，一律继续有效；民国所行印花税一项应即废止以纾民困，其余苛细杂捐并着各省督抚查明奏请分别裁撤；民国刑律不适国情，应即废除，暂以宣统初年颁定现行刑律为准；禁除党派恶习，其从前政治罪犯概予赦免，倘有自弃于民而扰乱治安者，朕不敢赦；凡我臣民无论已否剪发，应遵照宣统三年九月谕旨悉听其便。

按：此为溥仪第二次登基时所颁《登基诏书》，以及同时声明之“九条政纲”。从是日起连续三天内，由张勋副署，溥仪连发十九道“谕旨”，宣布废除民国纪年，改用宣统年号，任命议政大臣、各部尚书、各省总督、巡抚，以及大学士、阁丞、侍郎等。这类内容虽然反动却是真的，而那个黎元洪根本没有认可的所谓“奏还大政”的奏折以及据此所下的谕旨也列其中，这就是假的了。该谕原件尚存，却是一道“赐封”假谕。这就是退位皇帝溥仪赐封在任总统黎元洪为“一等公”的一页历史，也是一段趣闻逸事。

笔者曾认真考察存于《清废帝溥仪档》内当年发布的复辟上谕原件，大致有序：赐封黎元洪为首谕，次为授徐世昌、康有为弼德院正、副院长谕，次为授张勋等内阁议政大臣谕，次为授万绳栻、胡嗣瑗内阁阁丞谕，以下次第为任命外务部尚书、度支部尚书、参谋部大臣、陆军部尚书、民政部尚书、北洋大臣、南洋大臣、两广总督、直隶、江苏、安徽、山东、山西、河南、江西、湖南、浙江、广东、广西、湖北、福建、云南、贵州、新疆、甘肃、奉天、吉林、黑龙江、四川、陕西等省巡抚和热河、绥远、察哈尔等省都统并江北提督、江南提督、长江水师提督。其中，凡正式谕件都有清稿，有副署人签名，有代表皇帝溥仪的“法天立道”印章，且有相应的草拟稿。唯赐封黎元洪谕和另外三两个谕件无印章，且缺清稿，这似乎也能证明黎是不认账的。不过，这个非正式谕件因涉及总统，仍是迅捷地传播出去了。特别是溥仪在7月1日发布的复辟诏书中也有“黎元洪奏请奉还大政，以惠中国而拯生民”一句，遂中外皆知了。

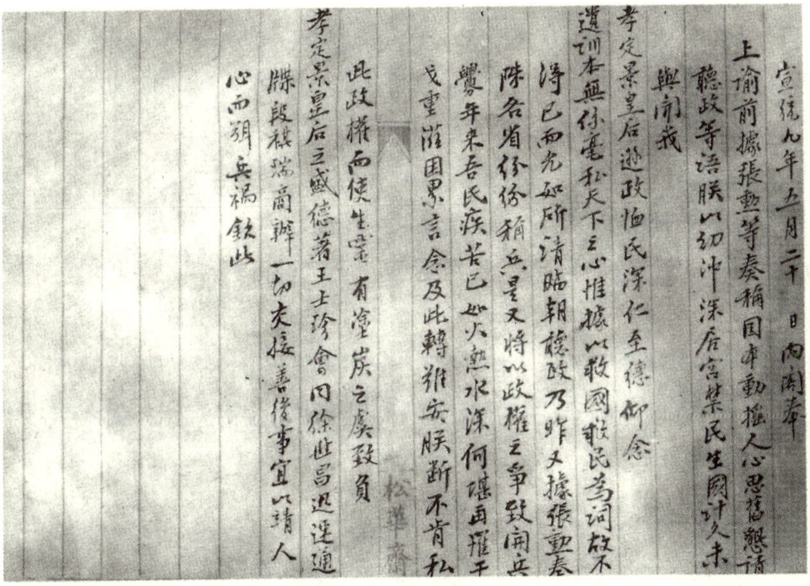
宣統九年五月二十 日內閣奉
上諭前據張勳等奏稱國本動搖人心思舊懇請
聽政等語朕以幼沖深居宮禁民生國計久未
與聞我
孝定景皇后遜政恤民深仁至德仰念
遺訓本無絲毫私天下之心惟據以救國救民為詞故不
得已而允如所請臨朝聽政乃昨又據張勳奏
陳各省紛紛稱兵是又將以政權之爭致開兵
釁年來吾民疾苦已如火熱水深何堪再罹干
戈重茲困累言念及此轉輾難安朕斷不肯私
此政權而使生靈有塗炭之虞致負
孝定景皇后之盛德著王士珍會同徐世昌迅速通
牒段祺瑞商辦一切交接善後事宜以靖人
心而弭兵禍欽此

溥仪第二次退位诏书

好在自7月1日至2日上午，黎元洪的对外活动尚未受到限制，那时北京全城高悬龙旗，唯有总统府仍挂五色旗，就趁这个机会，黎发出一则通电，为自己做了有力的辩护：“天未厌乱，实行复辟。闻清室之上谕，有‘黎元洪奉还国政’之言，不胜惊骇，因思中华国体，由帝制而共和，根据五族人民之公意，元洪受国民之付托，当兹重任，当与民国相终始，此外他非所知。特此电闻，以免误解。”

发出通电后，黎元洪又致电副总统冯国璋，以都中险恶，令其在南京代行总统职权，又起用段祺瑞为国务总理，命之兴伐复辟。部署既定，张勋驱逐他出总统府的命令也到了，黎乃化装出府，住入法国医院，家属则避入法国大使馆，直到复辟失败，并未复职，乃以一介平民息影天津。

溥仪命清室内务府致函段祺瑞其中一句话（1917 年 7 月 13 日）

所有七月一日以后谕旨自应一律撤销。

按：此为溥仪命清室内务府于 7 月 13 日，即段祺瑞的讨逆军攻克北京、张勋携家眷避入荷兰公使馆之次日，致函段祺瑞其中的一句话。其实这也是段祺瑞政府授意，从而把复辟责任全推到张勋身上。随后就由段祺瑞签署发布了“大总统令”，其中说：“张勋率领军队，入宫盘踞，矫发谕旨，擅更国体，违背先朝懿训，冲人深居宫禁，莫可如何。”

段祺瑞（1865—1936），字芝泉，安徽合肥人。光绪十三年（1887 年）毕业于天津武备学堂炮科，继而奉派赴德国学习军事，曾在克虏伯炮厂实习。回国后在北洋军械局任职，光绪二十二年（1896 年）被袁世凯调入新创建的北洋陆军，任炮兵第三营统带兼随营学堂总监。从此，他紧跟袁世凯，一面镇压义和团等农民起义，一面编练新军，建立赫赫功勋，到辛亥革命前已提升为江北提督加侍郎衔，继而又署湖广总督，成为袁世凯手下的第一号战将。

溥仪赏陈宝琛之御笔匾额和御笔对联之文（1917 年 11 月 7 日）

保衡锡祜

召奭稽谋尊寿耇，甘盘旧学重师资。

按：1917 年 11 月 7 日正逢陈宝琛七十岁生日，溥仪赏赐了丰厚的寿礼。包括当面赏赐的珊瑚朝珠一盘和钦派内务府卿臣荣铨送往寓所的物品，即御笔匾额一面、御笔对联一副、福寿字各一方、佛一龛、白玉三镶如意一柄、玉陈设二件、尺头四件、银一千五百两。与此同时，敬懿、庄和、荣惠、端康四位皇贵妃也赏陈佛一龛、如意一柄、蟒袍一件、尺头八件、银一千两。此为溥仪赏陈宝琛之御笔匾额和御笔对联之文。

短论：汉元帝论（1917年）

元帝少好儒，及即位，征用诸儒，汉宜治者也。然其宠显者诛房（萧）望之等，宜其乱者也。死而泣曰：杀吾良傅也。既知显者杀之，何不去之耶？呜呼，元帝可谓昏弱矣哉！

短论：孟子言仁义不言利论（1917年）

夫先圣制礼乐储以定诗书，其意皆警人仁义也。余读《孟子》书，偶见《梁惠王》一篇，不觉不有所感，仁义可以包万物而人心归焉。观孟子所言仁义亦未尝不利，盖深讥惠王之重利也。岂有人君以利而治其国哉！仁义亦有虚实，若文王者，可谓实矣，若襄公者则虚矣。呜呼，自古至今，人人皆讲仁义，而其实有几人哉！

按：溥仪被逐出宫后，为了清点和保管故宫内的文物，民国国务院特别成立了清室善后委员会。此组织设委员长一人，由李煜瀛任，委员十四人，包括鹿锺麟、张璧、范源濂、汪精卫（易培基代表）、蔡元培、沈兼士、俞同奎、陈垣、葛文凌、绍英、载润、耆龄、宝熙、罗振玉。这些成员中有当时政府各部派出的助理员，北京大学文科教授、讲师、助教和学生。部分青年讲师和助教曾发起编一名为《文献》的刊物，主要介绍有关故宫历史、文物等方面的知识。《文献》曾录有在养心殿毓庆宫发现的溥仪窗课以及在储秀宫、长春宫等处发现的溥仪“后妃”的作品。以上三篇短论均为溥仪的“窗课”，写得有声有色有情趣。

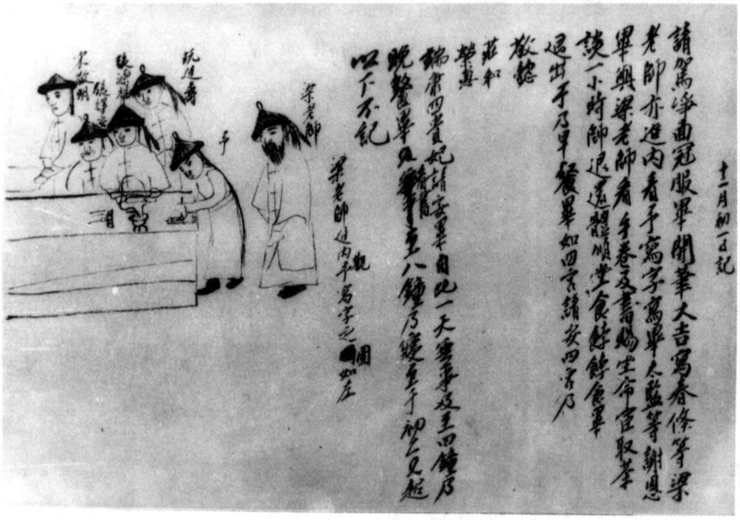

溥仪赠予梁鼎芬的亲笔漫画

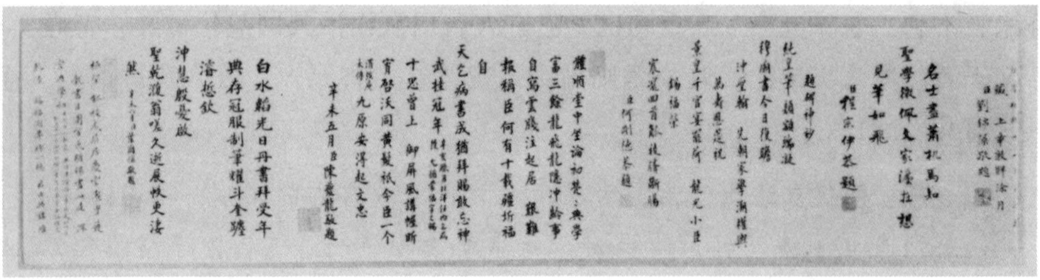

著名遗老刘瑾藻、陈夔龙等在溥仪赐给梁鼎芬的漫画日记上题跋

“开笔大吉”：一日活动始末记事（1918 年 1 月 13 日）

十二月初一日记：请驾净面冠服，毕，开笔大吉，写春条等。梁老师亦进内看予写字。写毕，太监等谢恩。毕，与梁老师看手卷及书，赐坐。命宦取茶，谈一小时，师退。还体顺堂，食饽饽，食毕，退出。予乃早餐，毕。如四宫请安。四宫乃敬懿、庄和、荣惠、端康四贵妃。请安毕，自此一天无事。及至四钟，乃晚餐，毕。看书，至八钟乃寝。至初二又起，以下不记。

> **按**：1918 年 1 月 13 日，按旧历是丁巳年十二月初一，溥仪每年此日，依惯例晨起梳洗后前往养心殿，挥毫先书“开笔大吉”四字，然

后写春联或福寿字，用以颁赐臣下。是日溥仪写字时，适梁鼎芬在侧观看，遂将这一日活动始末写成一篇记事。从这篇记事看，溥仪和梁老师的关系确实不同寻常：先是老师观察学生写字，继而展研宫藏历代名画、书法手卷，又长时间品茗坐论、畅谈时局，最后请老师到体顺堂吃了饺子再走。

至此溥仪尚觉未能尽意，又在那篇记事后面，画了一幅漫画，并题名为《梁老师进内观予写字之图》。画面出现六个人物：一是正挥毫的溥仪，那年他才十二岁，所以个头最小；一是梁鼎芬，留着长长的胡须，站在溥仪身后专注地观看写字；一是懋勤殿总管太监张源福，双手捧砚；一是溥仪的总管太监阮进寿；还有四十八处都总管、宫内最高的太监张得安和一个为溥仪抚纸的小太监宋敬明。

溥仪画完，破例将这幅有文有画的作品赏赐梁鼎芬，成为梁家"家宝"，并由梁的婶母精心装裱，成为长卷，又请朱益藩、郑孝胥、胡嗣瑗、朱汝珍、赵尔巽、王季烈、叶尔恺、黎湛枝、陈夔龙等几十名旧臣遗老题跋。他们趁机以"臣"自称，对溥仪极尽颂扬之能事，也抒发了"忠于故君"、不忘"大清"的内心话，对"关门皇帝"的生活，对宫中礼仪，对遗老的活动等都提供了真实证据，从而使长卷成为有价值的历史文物。该件现存上海市博物馆。

溥仪对礼亲王、郑亲王、庆亲王、怡亲王加恩的谕旨（1918年2月20日）

礼亲王诚堃、郑亲王昭煦、庆亲王载振、怡亲王毓麒均著加恩赏戴三眼花翎。

按：传旨为亲王们"加恩"的溥仪还是个十二岁的孩子，决策仍拿在载沣的手上。

溥仪听信朱益藩健身理论后颁发谕旨（1918年6月23日）

天气暑热，以后每逢一、六日乘马，如遇落雨毋用预备。钦此。

按：朱益藩反对溥仪参加剧烈的体育锻炼活动。作为溥仪的师傅，他要求自己的"皇帝学生"在一切场合都能保持天子的尊严和威仪，举止文雅，行动有节。作为溥仪的保健医生，为什么反对一个少年参加可以增强体质的体育活动呢？原来，朱信奉一种奇特的健身理论，认为每人体内都有“元气”，它是生命赖以维系的宝贵物质，而且数量有限，一旦消耗便无法再获得补偿。把“元气说”引伸到人生方面，就会得出这样的结论：如果年轻时长期参加剧烈运动，就会大量消耗体内固有的元气，则不可避免地导致未老先衰或夭折。反之，倘能在年轻时注意保养元气，则年老之后也会有旺盛的精力，而获延年益寿之效。

朱益藩曾反复使用他的健身理论，劝阻溥仪，让他少参加或不参加“户外运动”。1918 年 6 月溥仪开始练习骑马，连续练了半个月左右，忽然在 6 月 23 日感到身体不适，遂传朱“请脉”，朱乃乘机宣传自己的健身理论，溥仪听信后颁发此旨，运动量大大减低了。然而溥仪的偶然之举，并不意味着相信了朱的健身理论。这一方面是因为溥仪天性好动：打网球、玩高尔夫球、养狗、骑自行车，书房怎么关得住一个正在发育的少年？另一方面，溥仪又得到庄士敦的鼓励。庄、朱两人曾为此事而面对面辩论过，庄认为朱之说教毫无科学道理，让溥仪不予理睬。显然，庄的观点更符合溥仪的心理。

溥仪因前镶蓝旗蒙古都统张德彝病逝传旨（1919 年 1 月 15 日）

加恩赐恤，任内一切处分悉予开复。

按：张德彝于同治、光绪两朝先后出使英、法、德、美、日等十几国，并在光绪皇帝前进讲英文。

溥仪为张宗昌等四人加恩传旨（1919 年 2 月 5 日）

在紫禁城内骑马。

按：张宗昌于 1917 年 8 月任代总统冯国璋的侍从武官长，继任中央第六混成旅旅长，此时为暂编第一师师长，驻防湖南攸县。

溥仪为孔子第七十六世孙孔令贻等“著加恩”的谕旨（1919年2月13日）

孔令贻、袁励准、瑞丰、宝熙、郭曾炘、治格、三多，均著加恩在紫禁城内骑马。钦此。

按： 1912年清廷“让国”以后，正值中年的孔子第七十六世孙孔令贻奉祀祖庙如故，仍往来于曲阜、北京之间，年年都要觐见溥仪。1919年2月13日是溥仪十四岁“圣诞”，孔令贻照例专程赴京，入宫“随班祝嘏”，不料这竟成了他“喜近天颜”的最后机会。当天，溥仪发布了这道谕旨，由他领衔的这几个人中，袁励准为头品顶戴南书房行走、翰林院侍讲，宝熙为经筵讲官、太子少保衔花翎总管内务府大臣，郭曾炘为头品顶戴太子太保衔前典礼院副掌院、学士署掌院学士，其余皆满蒙王公，于是亦可知衍圣公在逊清小朝廷内仍然受到很高的尊崇。

溥仪为京畿卫戍司令王怀庆“加恩”的谕旨（1919年5月29日）

在紫禁城内骑马。

按： 溥仪这位“逊帝”其实也生活在现实之中，必须承认民国军人的威摄力。

溥仪不允梁鼎芬“恳请开去差使”而传谕旨（1919年6月28日）

梁鼎芬奏假期届满，病仍未痊，恳请开去差使一折，著再赏假两个月，安心调理，勿庸开去差使。钦此。宣统十一年六月初一日。

按： 1918年10月，梁鼎芬“感受风痹之疾”。其实，这病是植树守陵期间“风餐露宿”而坐了根的，所以《清史稿》本传说，早在张勋复辟之际，梁“已卧病，强起周旋”，由此愈演愈烈，终至瘫痪卧床，“温热郁蒸，遂成黄疸，迭经中外医家诊治而饮食锐减，元气益亏，痰涌液枯，势将不起”。其后梁又“恳请开去差使”，溥仪不允，并于1919年6月28日传下这道谕旨，加以抚慰。

溥仪命溥杰、溥佳入宫伴读的谕旨（1919年8月14日）

溥杰在毓庆宫伴读汉文，溥佳伴读英文，均赏在紫禁城内骑马。钦此。

按：溥仪原本只想让溥杰伴读英文，庄士敦以溥杰“无英文基础”为由反对，乃改定此案。溥佳是载涛之子，学过英文。

溥仪为奉系将领张景惠“加恩”的谕旨（1919年10月11日）

在紫禁城内骑马。

按：溥仪此旨为溥仪与张景惠交往之始。

溥仪为已故前清邮传部大臣盛宣怀“加恩”的谕旨（1919年10月11日）

著加恩开复一切处分，照例赐恤。

按：盛宣怀生于道光二十四（1844年），故于1919年4月27日，在宣统朝出任邮传部大臣。溥仪此旨表明，他继续为“前清”遗留问题的处理尽责。

溥仪看过孔令贻的遗折后颁发谕旨（1919年12月3日）

衍圣公孔令贻缵承至圣，克绍前徽，奉祀有年，恪尽厥职，兹闻溘逝，轸惜殊深。著加恩赏银五百元治丧，由广储司发给，应得恤典，该衙门察例具奏，以示笃念圣裔之至意。

按：1919年10月4日，孔令贻因岳父、前清直隶道员陶式均病故赴京奔丧，本拟举丧事毕即进宫觐见溥仪“仰聆圣训”，不料第二天后背长出毒疮，“延医调治，效验毫无”，遂于同年11月8日病逝在北京太仆寺街衍圣公府。孔令贻死时还不到五十岁，“尚无子嗣”。但已知侧室王氏怀有身孕，他多么希望生出男孩以便承袭衍圣公的爵位啊！在向溥仪呈递的遗折中，孔令贻述说了自己的愿望，也表达了他对逊清小朝廷和溥仪的无限依恋之情。

遗折全文如下：“奏为君恩未报，臣病垂危，伏枕哀鸣，仰祈圣鉴事。窃臣东鲁愚庸，愧无知识，于光绪二年承袭世爵，屡岁仰叨恩眷，渥蒙宠赐，下怀钦感，莫可名言。本年正月，恭逢圣诞。曾随班祝嘏，喜近天颜，复蒙赏赐紫禁城骑马，感邀殊遇之荣，弥切涓埃之报。八月十一日（公历10月4日），臣岳父前直隶道员臣陶式均之丧，遵礼来吊，抵京后正思展觐慈颜，仰聆圣训。拒料次日背疽骤发，赶即延医调治，效验毫无。日来愈见沉重，恐致不起。伏念臣年近五旬，尚无子嗣。幸侧室王氏现已有娠，倘获生男，自当承袭世爵。惟臣世受国恩，初无报称，五中摧裂、瞻恋弥殷。伏愿圣德日隆，勤求学问。将来正教辅翊，祀典攸崇，叨庇鸿慈，正未有艾。则臣虽死之日，犹生之年。所有感恋微忱，谨口授遗折具陈，伏乞皇上圣鉴。谨奏。臣衍圣公孔令贻”溥仪接到遗折，即颁发了这道谕旨。

溥仪为溥杰、溥佳、毓崇三位伴读颁赏的谕旨（1919年12月20日）

赏穿带膝貂褂。

按：溥仪的“帝王之学”，因庄士敦进宫而兴趣大增，伴读的地位也随之抬高了。

溥仪收到梁鼎芬遗折为痛失良师而传谕旨（1920年1月3日）

以三品京堂候补，管理崇陵种树事宜，并在毓庆宫授读，恪尽厥职。

方冀克亨暇龄，深资启沃，兹闻溘逝，悼惜殊深，加恩予谥文忠，晋赠太子少保衔，赏给陀罗经被，派贝勒载瀛带领侍从十员即日前往奠醊，赏银三千元治丧，由广储司给发应得恤典。

按：1920年1月3日梁鼎芬病逝。临终口授遗折，对溥仪寄以无限的希望，这份经耆龄和朱益藩商议定稿的遗折写道：“伏愿我皇上勤学亲贤，谨身纳谏，立志务期坚定，用财力节虚靡。臣前此每日手书进讲诸条，皆昔贤为学之方，明主懋德之要，尚祈时加省览，日进无疆，则臣虽死之日，犹生之年矣，臣无任感激凄恋之至。”溥仪收到遗折，痛失良师，遂传旨称赞梁鼎芬“学问优长，持躬端谨”，本文即谕旨中的几句话，其子梁劬也获赏“乾清门三等侍卫”的头衔。梁劬是病残人，后来的生活主要靠溥仪赏赐，朱益藩在1933年9月初致胡嗣瑗的信中还曾为梁劬谋“存恤”，经胡呈览后溥仪立饬内廷局“拨赏”。梁鼎芬去世时任民国总统的徐世昌，也以老同事的身份，派代表携治丧银一千元，参加了哀悼仪式。

溥仪为朱益藩六十岁寿辰所作《御制祝寿篇》（1920年7月）

纯庙龙潜日，曾师朱可亭，
安攘开盛业，致泽有前型。
尔亦西江彦，来陈内殿经，
若金长作砺，赐福祝暇龄。

朱师傅六十寿辰作此赐之
庚申仲夏月下浣　御笔

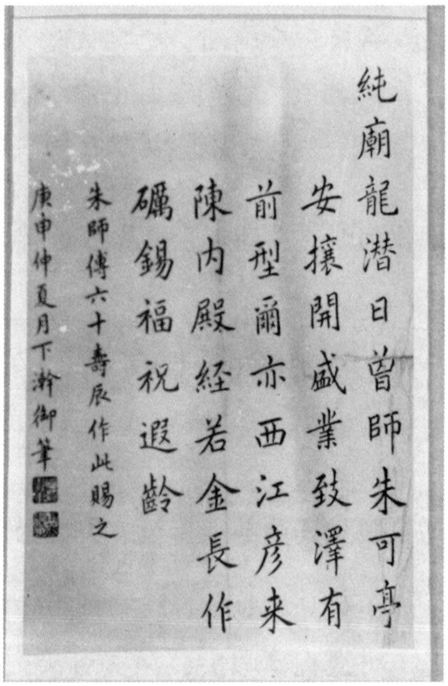

溥仪为朱益藩六十岁寿辰所作祝寿诗

按：这是十五岁的溥仪为朱益藩六十岁寿辰所作《祝寿诗》。

溥仪为徐世昌贺寿御笔对联联文（1920年10月24日）

开窗鱼鸟含天趣，欹案诗书味道腴。

按：溥仪为徐世昌贺寿，赠送如意一柄、衣料八件、御笔福寿条幅一轴、对联一副，此七言两句即对联文。史载，1921年2月2日溥仪又派人给徐送去瓷瓶一对、瓷盘一对、御笔匾额一方、御笔对联一副、衣料八件。1922年元旦溥仪为徐世昌贺年，赠送瓷瓶一对、瓷盘一对、衣料八件。1922年5月31日是端午节，溥仪又向徐世昌赠送了团扇一柄、衣料八件。总之，过年过节过生日，两人之间互有馈赠，有关历史档案的准确记载，完全证明了他们的亲密关系。

徐世昌（1855—1939），字卜五，号菊人，又号韬斋，水竹村人等。祖籍浙江省鄞县，后迁直隶天津。出身官宦人家，祖父徐思穆官至河南中河通判，父亲徐嘉贤为候选主簿，未及入仕而卒，家境乃渐趋潦倒中落。徐世昌是从“寒士”发展起来，最后当上中华民国大总统。由于特殊仕途经历，他和溥仪从北京到天津一直保持着时而密切、时而微妙的联系。

清宣统年间，徐世昌历任邮传部尚书、督办津浦铁路大臣、协办大学士、宪政编查馆大臣、军机大臣、体仁阁大学士、内阁协理大臣等职。武昌起义爆发后，徐世昌奏请宣统皇帝退位，让袁世凯为“全权代表”另组“共和政府”。当此之际，隆裕皇太后几度召见徐太保“托孤”，嘱其看在慈禧先太后和光绪先帝的情面上，多多照顾即将退位的宣统皇帝。宣统三年年底，退位大局已定，徐世昌“忧愤国变”，遂向清廷辞职避居青岛，以示要当清室遗臣，实则为出仕民国作过渡而已。

溥仪为六叔载洵加恩的谕旨（1920年12月10日）

载洵著加恩赏穿带膆貂褂。

按：载洵系醇贤亲王奕譞第六子，载沣胞弟，溥仪的六叔。

溥仪追封珍妃为皇贵妃的谕旨（1921年4月24日）

追封光绪皇帝的珍妃为“皇贵妃”，予谥“恪顺”。

按：这道谕旨实为遭受慈禧陷害的珍妃给予政治平反，恢复名誉。

溥仪为《德宗景皇帝实录》撰写序言（1921年12月11日）

《御制序文》

按：1921年12月11日《德宗景皇帝实录》编纂完成，卷首为溥仪的《御制序文》。1922年1月7日举行《德宗景皇帝实录》告成并恭进首函典礼，溥仪传旨嘉奖有功人员，为陈宝琛加太傅衔。

《德宗景皇帝实录·序》

我国家受天成命，景运聿开，历圣累仁，钦崇天道。用能丕承基绪，扬万世无疆之休。洪维我兼祧皇考德宗景皇帝生而神灵，默膺眷佑。当同治十三年十二月，我皇考穆宗毅皇帝晏驾，钦奉两宫皇太后懿旨，入继皇祖考文宗显皇帝为子，缵承大统。仰念付托之重，孜孜典学，德乃日新。复秉慈谟，勤求治理。亲政以后，恢张圣治。宵旰忧勤，三十四年，有如一日。方谓自天锡嘏，如日方升。讵意末疾偶膺，寖至大渐，上违慈荫，下弃臣民。率土哀号，瞻天何极！肆予冲人寅绍丕基，冀诸事有所遵循而无陨越，谨依彝宪。命儒臣恭纂实录，阅十有一年而成书，凡五百九十七卷。

覲光扬烈，创制显庸，美备悉臻，足垂万古。粤稽往圣，膺图受箓，罔不兢兢于敬天、法祖、勤政、爱民。德宗爰在冲龄，端居宸极，岁时大祀。虽命诸王恭代，而深宫斋戒，必诚必庄，洎夫归政有期。凡圜丘、方泽、上辛、常雩，必躬莅郊坛，隆其典礼。若祈旸祷雨，则本诸悲悯之念，寅畏有加。且禋望聿修，百神受职臣民观感，祀事具明。其对越之诚，有如此者。德宗甫及胜衣，即亲享太庙，懔承歆格，忾见僾闻。及莅万几。奉慈銮三谒东陵，再谒西陵，依慕桥山，弥征纯孝。至其为政，虽或因时损益。而罔或越于列圣之彝章，其绍述之殷，有如此者，德宗自在谅闇，即奉慈命在毓庆宫读书。

天亶聪明，探乎治本，虽仰秉垂帘之训，恭己无为，而用人行政之方，洪纤洞悉。逮亲裁大政，披览章奏，召对臣工，昕夕焦劳，靡闲寒暑。凡课吏、造士、理财、整军、慎刑、恤下、绥藩、柔远、诸要政，综揽无遗。且轸时局之艰难，采列邦之成法，筹备立宪，期以九年。驯至寝疾弥留，犹复拳拳垂注，其敷布之勤，有如此者。元二之初，西北未靖，济师转饟，疲敝东南。乃输入外资，冀纾民力。迨至班师振旅，仍议蠲议赈，拯此疮痍嗣是秦晋荐饥，畿疆苦潦。或飞蝗伤稼，或河溢为灾，诏发帑藏，每除逋赋，元辰布惠，岁以为常。庆典举行，恩膏立沛，甚至銮辂经行之地，无不宽租。税而薄差徭，其子惠之深，有如此者，若夫揆文奋武之谟，修己治人之道，则又懔遵成宪，垂范百王。

德宗重道尊师，敏而好学。既正尊位，两宫皇太后先后命翁同龢、夏同善、孙家鼐、张家骧、松溎，在毓庆宫行走。逊志时敏，道积于厥躬。故垂为训诰，发为文章，罔不有伦有要。然欲阐扬文教，觉牖斯民，侧席求贤，惟恐不及，正科九举，庆榜四开。恤边陬，特命分闱；推湛恩，屡加中额。易首场以策论，设经济之特科。常格不拘，登庸益广。厥后徇臣下之请，兴学堂，废科举，亦实具作育人才之厚望，而不设成心。其文教之盛，有如此者，回逆鸱张，蔓延数省。德宗畀左宗棠以重任，指授机宜，埽穴犂庭，肃清西域。他如江苏之幅匪、云南之夷匪、四川之蛮匪、浙江之教匪、广东之黎匪、贵州之苗匪，擒渠散胁，指顾荡平。继先朝未竟之功，成四海永清之治。安内攘外，无思不服。其武功之烈，有如此者，古昔哲王。

遇灾修省，德宗冰渊惕若。百姓为心，念每廑于儆予。诏屡严于罪己，辛巳六月，彗星北见，引为天戒，祗惧乃心。廷臣陈宝琛、张之洞、周德润、洪良品，先后陈言，虚怀采纳。戊戌元旦日食，懔春秋之义，避殿减膳，申吁昊苍。其戒惧之诚，有如此者，国有典刑，不容干犯。德宗于内外大小臣工，以时申儆，惟能扬清激浊，因而大法小廉。其有弄权纳贿偾事殃民者，朝览封章，夕颁严旨，褫官遣戍，不少姑容。去其害群，天下咸服。庚子之变，严惩祸首，虽亲贵而不阿。其抚驭之严，有如此者。至于内行纯备，尤有夐绝古今者焉。践阼之始，奉养两宫皇太后，问安视膳，悦怿慈颜。

辛巳三月，孝贞显皇后仙驭升遐。泣血椎心，哀动臣下。若事孝钦显皇后，爱日弥长，三介寿觞，五崇徽号。备尊亲之大典，酬顾复之深恩。又若笃念本生，特隆规礼，远轶有宋，近迈前明，此则虞舜之大孝也。惇亲王、恭亲王、孚郡王，为近属尊行。谨依穆宗故事，诏不拜不名，以示优异，而岁时赐赉，恩意有加，此则汉章帝之致敬也。念同气懿亲。及岁，命入上书房读书。既长，复命聘问列邦。增其学识，洎西狩旋轸，更使之亲习政事，勤劳王家，此则宋艺祖之笃友也。

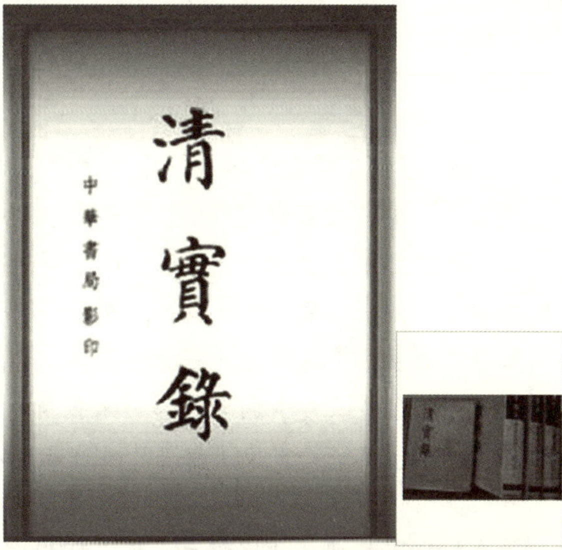

孝定景皇后作俪璇宫，徽音克嗣，资其内助，恩眷特深。而教率六宫，倍形谦仰，用是齐明羲曜，合德干元，此则周文之刑于也。他若节俭躬行，恶衣菲食。而遗身利物，爱及一夫。惠暨乎侨民，赈施夫邻国，泽被于已枯之骨，恩加于待决之囚。其仁如天，包涵罔外。所以翔潜咸感，血气和尊。梯航集乎万邦，琛赆来乎四裔，盖

自来斡旋气运，宏济艰难，本精一于乃心，泯几微于万事。未有如我兼祧皇考德宗景皇帝之尽美尽善、成始成终者也。予冲人寅承统绪，仰纂谟猷。思监成宪以罔愆，重念敬承之不易，薄海之讴思未艾，在天之灵爽式凭。用敢胪举大端，为天下万世敬告焉。谨序。

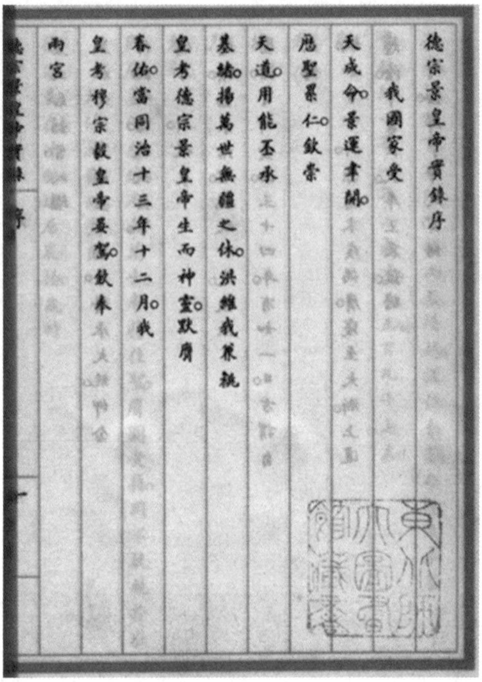
德宗景皇帝實錄序
我國家受
天成命。景運聿開。
懋聖景仁。欽崇
天道。用能丕承
基緒。揚萬世無疆之休。洪維我兼祧
皇考德宗景皇帝生而神靈。默膺
眷佑。當同治十三年十二月。我
皇考穆宗毅皇帝晏駕。欽奉
兩宮
德宗景皇帝實錄　序

按：《德宗景皇帝实录》系记述爱新觉罗·载湉、清德宗光绪皇帝朝实录，是《大清历朝实录》（简称《清实录》）的一部分，计五百九十七卷。涉及政治、经济、文化、军事、外交及自然现象等方面的内容，是德宗皇帝统治时期的大事记。上一代皇帝驾崩后，由新即位的皇帝命大臣开馆纂修上一朝皇帝实录。清代的实录馆是一个临时性机构，开馆后，从宫内调取上谕、朱批奏折，从内阁调取起居注及其他原始档案，由修纂官整理，按时间顺序和纂修凡例加以编辑。《德宗景皇帝实录》两部：一部大红绫本，现藏于中国第一历史档案馆，《进实录表》所署日期是“宣统十三年（1922 年）十二月”；一部小红绫本，现藏于辽宁省档案馆，《进实录表》所署日期是“宣统十九年（1927

年）”。北京大学图书馆现藏有完整的《德宗景皇帝实录》定稿本。1987 年 5 月，中华书局以大 16 开精装影印出版了《清实录》。

溥仪为庄士敦同意续签留任合同而传旨赏赐（1922 年 1 月 10 日）

庄士敦教授英文三年匪懈，著加恩赏给二品顶戴，仍照旧教授并赏给带膆貂褂一件。钦此。

按：溥仪对庄士敦愈来愈信赖了，经常赏赐银钱、古瓷、书籍、字画和玉器等。庄得到赏赐以后也像其他师傅一样，前往乾清宫或养心殿向溥仪叩拜谢恩。几位皇贵妃也常常赏赐水果或点心，命太监一直抬到张旺胡同，引起街坊邻里的一阵轰动。当年的《时报》还曾报道过端康皇贵妃向庄士敦赏赐野山参和西洋参的事情，说明到这时庄士敦已在小朝廷站稳了脚跟。

1922 年 1 月 10 日，当庄士敦与中华民国内务部及清室内务府所签合同即将届满之际，溥仪衷心希望庄留任，遂续签合同。溥仪很高兴，传旨赏赐庄二品顶戴。庄也当即上了谢折：“闻命之下，实不胜感激之至，谨恭折叩谢皇上天恩。”据说庄喜形于色，转托内务府大臣耆龄代购官帽上面的珊瑚顶珠，这种玩艺儿耆龄多得很，随手就找出一枚送给他，他便美滋滋地戴上了。同年 11 月 19 日“皇帝大婚”行将举行之际，溥仪又赏赐庄“头品顶戴”，这才与陈宝琛等处于同等地位了。其实，论对溥仪的影响，庄士敦绝不亚于任何一位汉文师傅。

溥仪为德穆楚克栋鲁普传旨加恩（1922 年 1 月 12 日）

苏尼特右旗和硕亲王德穆楚克栋鲁普著加恩赏戴三眼花翎。钦此。

按：溥仪与德王的交往就从这道谕旨开始了。

溥仪为朱汝珍进宫传旨（1922 年 1 月 18 日）

朱汝珍著在南书房行走。

按：朱汝珍是清朝著名学者。

溥仪为总管内务府大臣耆龄传旨加恩（1922年1月19日）

赏在紫禁城内乘坐二人肩舆。

按：1922年1月18日掌印钥的总管内务府大臣世续病逝，1月19日溥仪追授世续以“太师”衔，予谥“文端”。赏银八千元治丧。又命总管内务府大臣绍英掌印钥，耆龄“赏在紫禁城内乘坐二人肩舆”。

溥仪为朱益藩师傅传旨加恩（1922年2月27日）

朱益藩加恩赏食二品俸。

按：溥仪离开北京后，朱益藩长期管理“清室驻北京办事处”，对溥仪忠心耿耿，却能坚持爱国立场，绝不踏进伪满一步。

溥仪为前清内阁学士王先谦传旨奖励（1922年3月8日）

王先谦著加恩开复降调处分以示奖励。

按：王先谦系前清内阁学士衔降调国子监祭酒，溥仪传旨意在“开复降调处分”。王先谦（1842—1917），国学大师。溥仪特把他所著《诗三家义集疏》一书“发交南书房阅看”。

溥仪为候选道轻车都尉郭布罗·荣源传旨加恩（1922年3月14日）

荣源著加恩赏给头品顶戴挑补御前侍卫并在紫禁城内骑马。

按：3月10日溥仪“御笔圈定”：候选道轻车都尉郭布罗·荣源之女婉容“著立为皇后”，候选同知额尔德特·端恭之女文绣“著封为淑妃”。3月14日溥仪再传此旨，令荣源感恩不尽。

溥仪为加派刘体乾“清理皇室财产”而传旨（1922年5月20日）

加派刘体乾清理皇室财产。

按：溥仪不顾载沣等王公反对而传出此旨，同时又赏给李经迈

“太保衔”，都属自行其是实行宫廷改革的措施。

溥仪为庄士敦留任英文师傅而传旨赏赐李经迈（1922年5月20日）

李鸿章之子李经迈

李经迈著加恩赏给太保衔。钦此。

按：1922年5月20日溥仪传出这道谕旨。1923年夏庄士敦在英国《泰晤士周刊》发表题为《记清帝近事》的文章，表述此时前后庄与溥仪师徒间相互的交往与理解。有人以文言形式将它译出，刊于1923年8月的《燕都报》上。庄士敦的文章介绍并高度评价了他的中国“皇帝”学生，透露出他们在一两年内逐渐形成的“离经叛道”思想仍在发展而走向“新思潮”。继在1921年庄鼓励溥仪剪去祖宗留下的发辫之后，又于1923年12月23日介绍奥地利眼科医生福克斯教授，由翻译伊芙格兰小姐陪同，进宫为溥仪检验眼睛。

庄士敦（1874—1938），英国苏格兰人，原名雷金纳德·弗莱明·约翰斯顿，中文名庄士敦，字志道，取《论语》“士志于道”之意。他早年在牛津大学攻读东方古典文学和历史，获硕士学位。1898年来华，此后一两年即发生了八国联军打进北京的事件，就在这中国将被帝国主义列强瓜分的政治背景之下，庄士敦奉派先到香港地区，任英国总督的私人秘书，继于1904年被派到山东，在英国殖民地威海卫的首任行政长官史迪威·劳克哈特爵士手下当秘书。1906年升任“知事”，1916年至1917年代理威海卫行政长官，1919年起担任溥仪的英文教习，1927年出任威海卫最末一任行政长官。1930年回国，在伦敦大学教授中文，兼任外交部顾问，被英国皇室授予爵士。

庄士敦在大学读书时就立志寻究灿烂的中国文化的真谛，后来以学者兼官员的身份在华一住三十四年，遍历二十余省名山大川，熟悉了各地风土人情。他行万里路的同时读万卷书，汉学功底非常深厚，还曾悉心研读儒、道经典，广泛涉猎经、史、子、集诸部，也喜欢中国的古典诗词。他原来信仰基督教，后来又对中国的佛教发生兴趣，访问了许多千年古刹，与当地高僧及法师讨论宗教和哲学问题。作为英国官员，他当然也有兴趣研究政治。作为“中国通”，他还非常喜欢中国的饮茶之道和牡丹花卉。通过对东西方文化与政治的研究，庄士敦先后出版了《佛教徒的中国》《儒教与近代中国》《威海卫狮龙共存》和《紫禁城的黄昏》等著作，也可谓学贯中西了。

溥仪在养心殿会见胡适时对谈（1922 年 5 月 30 日）

我们做错了许多事，到这个地位，还要糜费民国许多钱，我心里很不安。我本想谋独立生活，故曾要办皇帝财产清理处。但许多老辈的人反对我，因为我一独立，他们就没有依靠了。

按：1922 年 5 月 30 日，溥仪在养心殿首次会见胡适。两人对谈约二十分钟，他们谈的“大概都是文学的事”，溥仪问及《诗》杂志，说他“很赞成白话诗，作过旧体诗，近来也试作新诗”。又说他也赞成白话，谋独立生活并正在清理皇产。还谈到出洋留学的事。胡适表示可以帮助溥仪寻找新路。上面这段话尤为重要，已被胡适记在日记中了，真实可靠，说明溥仪已经看清了宫中的本质问题，他的思想正趋向成熟。

胡适（1891—1962），生于上海，家学渊源，早年在私塾读书，受到绩溪“三胡”和父亲胡传的影响，奠定了中国旧学的基础。1906 年考入中国公学，1910 年考取留美官费生，随即赴美进入康奈尔大学农学院，两年后转入文学院，学哲学、经济、文学等课程，毕业时获学士学位。1915 年考入哥伦比亚大学哲学系，两年后取得哲学博士学位。作为美国哲学家杜威的学生，深信杜威的实验主义，同时掌握了一些近现代的治学方法。他还对中西学术加以综合研究，提出“大胆假设，小心求证”的治学方法。1917 年夏归国，继而出任北京大学教授。

1919年年初出版《中国哲学史大纲》(上卷), 1921年开始出版《胡适文存》, 1922年创办并主编《努力周报》, 同年当选北大教务长和英文系主任, 才三十二岁。

溥仪与胡适会面实由庄士敦引荐。当时胡适是北京大学教授, 庄士敦也是著名人文学者, 且曾为胡适之师, 他们早年有过一段师生缘。庄士敦常把胡适1920年出版的诗集《尝试集》等著作, 以及载有胡文的《新青年》等杂志带入宫中, 送呈溥仪阅读。溥仪乃在1922年5月17日亲自给胡适打电话, 邀其入宫一谈。庄士敦则请求溥仪面见胡适时免除宫廷跪拜礼节, 而且要保密, 不把这事泄露给王公大臣们, 以免受阻难成。

溥仪致胡适的信 (1922年5月30日)

先生:

久欲见先生, 今日相见, 深为欣快。上次, 先生给吾之大作《胡适文存》, 良深钦佩。文学盖今世与古世不同, 不当定照旧制, 应随时变通, 可见真正古代明远之人, 并非拘定旧章。古人远说过, 达时务者为英雄, 不过后代一班穷酸腐儒, 造出许多谬论, 无论何事, 均当守旧, 视维新如仇敌, 中国数十年来所用事者, 止此班守旧人耳。无论何事, 不知变通, 以致受外人之欺侮, 如胶州湾为德所占, 威海卫为英所占, 朝鲜、台湾为日所占, 安南为法所占; 中日之战, 赔偿二百兆; 庚子之役, 西后信义和团之邪教, 与世界各国宣战, 以致帝后蒙尘。吾民何罪, 遭此毒酷, 此则不得不归罪于清朝太后。且太后用海军军费修颐和园, 只图一己之私欲, 对于人民置若罔闻, 独不思一草一木从何而出, 正吾民之脂膏耳! 彼以此等倒行逆施, 万恶寻归, 原不足论, 独惜我堂堂中华大国为一二守旧人所坏也。德宗本欲变法, 太后不惟不允, 反出帝于瀛台, 百般虐待, 此非外人所知也。后来, 中国国民知此守旧之朝廷绝不能持, 故有革命之思想。余甚赞成彼等国家主义, 不惜身命而改革此旧腐政治。余虽满人, 绝持公论, 绝不能已为满人不道满人之短处也。日本不过中国一二省, 彼睹西欧科学及制造之精进, 不惜巨费立派人留学泰西, 不数年归国, 改革一切政治, 遂一跃而为大国。中国数十大倍于彼, 而受欺于彼, 此维新与守旧之别也。

按：1924年5月27日，北京大学教授胡适再度进宫与溥仪会晤，报界以此为新闻，轰动一时。后来溥仪又写信给胡适，其信稿在溥仪出宫后发现于养心殿，内容体现了溥仪的开明进步思想，这可能是他基于一席面谈，而受到胡适的启迪。其间印度诗哲泰戈尔一行由徐志摩、林徽茵陪同游览清宫，溥仪在御花园设宴款待并合影留念，这显然也是深受胡适影响的表现。

溥仪在陈宝琛七十五岁整寿之际赐以御笔寿联（1922年11月11日）

老鹤无衰貌；寒松有本心。

按：正逢陈宝琛七十五岁整寿，处于大婚之前的溥仪，以此御笔寿联作为赏赐。

溥仪因大婚覃恩（1922年11月19日）

陈宝琛：授太傅；朱益藩：授少保；庄士敦：赏头品顶戴；荣源：赏穿辅国公补服；文绮：赏给御前头等侍卫。

按：“皇后”和“淑妃”的家族同时因溥仪大婚而增光，健在的三位帝师，以及王公、大臣等多人也都获得了恩赏。

溥仪为直系将领冯玉祥传旨加恩（1922年11月21日）

在紫禁城内骑马。

按：溥仪传旨为直系将领、陆军检阅使冯玉祥加恩，冯对溥仪大婚亦有玉如意和衣料等礼品进奉。然而，仅在两年后，冯玉祥倒戈成功，拿到北京政权，就立即驱逐溥仪出宫了。

溥仪为胡嗣瑗传旨加恩（1922年11月25日）

在紫禁城内骑马。

按：胡嗣瑗系前清翰林，后追随张勋并参与复辟，从天津张园到伪满“帝宫”，未曾离开溥仪左右。

溥仪为齐默特色木丕勒传旨加恩（1923年1月8日）

御前行走、郭尔罗斯亲王齐默特色木丕勒，著加恩赏穿带膝貂褂。

按：溥仪传旨为齐王加恩，赏穿带膝貂褂。齐王系郭尔罗斯亲王，后任伪满蒙政部大臣。与此同时溥仪还对许多满蒙王公加恩封赏。

溥仪给杨钟羲、景方昶、温肃、王国维的谕旨（1923年4月16日）

杨钟羲、景方昶、温肃、王国维均著在南书房行走。

罗振玉（右）与王国维（左）1916年摄于日本

按：1923年4月16日，国学大师王国维因升允的推荐，作为海内遗老中的硕学，奉到逊帝溥仪的“谕旨”。准备登程期间，为了迁京后的寓所、治装等事宜，他多次与罗振玉通信相商，并向蒋汝藻借到觐见溥仪的朝衣朝帽。5月25日乘船北上，28日到天津，31日赴北京，暂居金梁寓所，6月4日入宫觐见，即到差。

王国维（1877—1927），字静安，号观堂，浙江海宁人。王国维是中国近代承前启后的国学大师，是本世纪中国学术界最有成就的学者之一，他与罗振玉共同创立的“罗王之学”，以安阳之商朝甲骨，敦煌之汉魏简牍，千佛洞之唐宋典籍文书等出土新资料为对象，进行了划时代的研究，把中国历史向上推进一千余年，取得了让世人惊奇的卓越成果。王国维开创二重证据法，著有鸿篇巨制《观堂集林》，实现了重建上古史的目标。他的蜚声中外的学术成就和敦厚的人品、清白的经历，使他在学术史上的地位被迅速和充分地确认。其生平最后两年是在清华大学国学研究院度过的，遂能拥有一批素质很高的以国学为事业的入室弟子，在他身后数十年间传播和弘扬他的学问，使他得以成为一个时代的学术代表人物。然而，这样一位伟大学者却在清朝灭亡十五年后，为了一个徒具空名的逊位皇帝而自沉颐和园昆明湖，实在是历史的悲哀。

谕张勋（中正殿失慎后）（1923 年 7 月初）

此次宫中失慎，远近惊疑。纷纷具疏慰问。朕德薄政灾，良琛悚愧；自当随时修省，以答天诫。所奏情词恳切，出于至诚，非忠爱性生谁肯为此言者。朕心深为嘉纳，允宜置之座右，朝夕省阅，用资警惕。嗣后，凡有见闻，尽可据实敷陈，毋有所隐，以称朕乐闻直言之意。新秋余暑尚炽，其益慎眠食，用慰廑系。此谕。

按：1923 年 6 月 27 日建福宫大火延烧六处，溥仪深以为训，乃借“谕张勋”而写此文。

迁居天津后的张勋

溥仪接到张勋的遗折而颁谕旨（1923 年 9 月 17 日）

前署两江总督张勋，持躬谨慎，练达老成。由军功存升总兵，历任提督、江苏巡抚，署理两江总督，宣力有年，恪尽厥职。兹闻溘逝，震悼殊深！著加恩赏给陀罗经被，派贝勒载润前往奠醊，赏银三千元治丧，由广储司给发。伊子张梦潮，赏给乾清门头等侍卫，应得恤典，该衙门察例具奏，以示笃念荩臣至意。钦此。

按：1923 年 9 月 11 日，张勋拖着一根长长的辫子以“微疾”而逝。临终尚告左右，以不能拥戴幼主南面称孤而深感有负先皇圣恩。其遗产一千万元，按张勋遗嘱：守侍在侧的一妻三妾（两妾早亡）每人一万元；六子二女（三子三女早夭）每人两万元。其余全部充作清室复辟经费。张勋的遗折呈进以后，溥仪甚为悲恸。其时这位宣统皇帝已经二十岁了，大婚盛典也办过了，不再是娃娃。9月17日，即张勋死后第七天，溥仪颁发了这道谕旨。

张勋遗言：死后务必归葬故土，但因张勋六位子女都在那年患病夭折，“家有生丧务必提防”，乃拖延至1924年8月初才由张作霖派兵保护，启灵归葬。由天津经济南、徐州、蚌埠一路南下，途中摆祭无数，至当月下旬运至江西奉新县赤田村张氏家庙停灵，11月底隆重葬于陶仙岭，其墓地由百余名石匠修建三年，耗银过百万两。溥仪亲笔题写的碑文也被刻在高耸的墓地石碑上，文中称赞张勋天赋朴诚，神姿英果，不畏艰难，毅然提师入京复辟，足见忠心耿耿，忠勇可嘉。至此，张勋入土为安矣。然而“复辟”二字没有埋掉，溥仪正拉拢大大小小的“张勋”，导演一幕又一幕的复辟新剧，直到落入日本人的魔掌。

溥仪为给张勋谥法而颁谕旨（1923年9月20日）

张勋著追赠太保衔、予谥忠武，余依议。钦此。

按：此日清室内务府发布了溥仪这道上谕，公开了给张勋的谥法。时有传说溥仪亲临天津参加张勋追悼会的，属误传。溥仪当时是不可能随便离宫出京，往这去那的。只派了御前大臣载润为主祭，又派管理处副都护端绪为执壶盏，率掌礼司人员若干，前往天津英租界松寿里张邸赐奠。

溥仪的“谕祭文”：对张勋一生“盖棺论定”（1923年9月）

朕惟时穷见节，劲草独标于疾风；世乱需才，一木难支乎大厦，怆怀良翰，特沛明纶。尔前署两江总督张勋，勤劳夙著，忠勇性成。初由军伍以起家，存领偏师而分阃。迎銮畿辅，总属车诸道之师；执殳陪京，殄鸣镝积年之寇。典宿卫周庐者累岁，移江防天堑之一军。屡膺专阃于陇滇，仍总师干于江浦。属楚氛之不靖，保吴会以待援。开府于苏松之间，受命于危难之际。兼圻晋领世爵，旋加苦战危城。养威要塞，留此身以有待，莫不谅其深心。败乃事于垂成，竟难偿夫素愿。永维往事，实怆予怀。曾谓微疴，遽赉而老，遗章入告，震悼殊深，是用驰冒经衾，渥颁帑布。考行重易名之典，恤孤沛延赏之恩，爰布几筵，以招灵爽。于戏！进思尽忠，退思补过，胡天竟不憖遗，书于太常，祭于太蒸，在朕犹以为歉。灵其不昧，尚克歆承！

按：王国维还曾奉命代溥仪拟“谕葬张勋碑文”，他就此事致函罗振玉：“忠武碑文已缴，闻紫阳意亦不以维文为然。维本附函言，如有违碍及须改易处，请其签出掷下，然未得其复，大约须由他人再拟矣。”

在中国近代史上，张勋代表的是一条反动道路，但他的思想和行动在当时的中国有广大市场。加之张勋一生带兵，颇有收买人心的手段，对部下赏罚严明、使用有节，“士卒驯若子弟”。这个人还讲“义气”，发迹后对当书童时的老主人徐振礽以及塾师刘老先生的后人等均有报恩之举。同时为家乡办了大量架桥修路、赈灾济贫等社会公益之事，所以死后丧仪之重惊天动地。清朝遗老遗少纷纷前往祭吊，各界名士所送挽联挽词多达三千余，而溥仪的“谕祭文”悬于灵堂最显眼处，对张勋一生作了“盖棺论定”的评价，而对自己第二次登基功败垂成，还流露出捶胸顿足的痛惜之情。

溥仪写的新诗《秋风》（1922 年至 1923 年）

秋风一阵阵吹在窗槛上，
你觉得冷不冷啊？
月亮照于西河，
老鸦乐于北树，
我叫于书室，
大讲演于殿堂。
八音盒发出长啸之音，
使人忘倦。

按：这也是溥仪在大婚前后所写的新诗，抒发了被黜之君在凄秋宫廷里的感受。原诗无题。

溥仪的游戏文字《致石霞书》（1923年）

石霞吾爱妆次：

敬启者，偎以贱质，幸蒙青眼，五中铭感，何可胜言！一日不见，有如三秋。鹣鹣鸡鸡，我我卿卿。思情密密，月夜花前，携手好伴，柳岸河边，并座谈心，你是一个仙人，我是半个北鸭子么？

按：一次，淑妃被溥仪言来语去戏弄了几句，觉得不是滋味儿，就和他呕起气来，一连几天不愿理他。“小皇上”原来是个多情郎，又爱开玩笑，这天便坐在养心殿书案前，由太监伺候文房四宝，在大红格子的毛边宣纸上，郑重其事地写信，三五分钟之内一挥而就，立即打发太监送到长春宫，待淑妃拆开一看，信中以淑妃在宫中自取的别号“石霞”相称，内容既缠绵又逗人。淑妃阅毕笑了。对等待回信的太监说：“皇上好开心。你下去吧，不回信了！”

富有朝气且倔犟的文绣

附：皇后婉容致淑妃的函件（1923年）

爱莲女士惠鉴：

昨接来函，知you（你）之兰楮闷，俔以痊愈，I（我）甚欣慰之至。and（并）诸君勿怕，my（我的）错误，念I（我）是于君互相立誓，彼此均不得再生误会。不拘何事，均可明言。所以君今不来，I（我）以eat（吃饭）稍有误会之处，［不过莫明其妙而已矣！］只是君是因病不得来此，I（我）实不能解也。君闻过中外各国，you（你）有病不能见I（我）之理么？若有，何获罪于君之处，还望君明以见告为幸。不过自叹才德不足，难当君之佳友耳。请罪人：EIezabeth（伊丽莎白）

本思再写数行，以博君之一哂。怎奈不会写了，只得作此不通之数字，以解君之幽闷。

按：此即录自皇后致淑妃的原信，其中人称全用英文，为方便读者加（）标明汉字。还有淑妃阅读时所加批语放［　］内，以示区别。信中错别字一仍其旧。该信透露的史实是，皇后和淑妃曾因吃饭而闹了别扭，相互呕气。淑妃则称病不到皇后宫中请安，皇后乃写此信，名为赔礼请罪，实则兴师问罪！

婉容手执纨扇摄于御花园

附：淑妃文绣的《哀苑鹿》（1923年）

春光明媚，红绿满园，余偶散步其中，游目骋怀，信可乐也。倚树稍憩，忽闻囿鹿悲鸣宛转，就而观之，奄奄待毙，状殊可怜。余思此鹿得入御园，受恩俸豢养，永保其生，亦可谓之幸矣。然野畜不畜于家，如此鹿于囿内，不得其自行，犹狱内之犯人，非遇赦不得出也。庄子云：宁其生而泄尾于涂中，不愿其死为骨为贵也。

按：偌大的宫殿，冷漠的人心，四周一片凄凉。淑妃这才体会到，自己哪里是什么皇妃？简直就是一个尼姑，置身于深山老林内的庙宇，在青灯供案之前礼佛焚香。文绣以庭园喻宫苑，以囿鹿自比，不但道出了“狱内之犯人”的自我感受，且表达了对于自由自在平民生活的向往。文字典雅，结构谨严，是一篇优美的抒情文言短文。

溥仪写的新诗《灯闪着》（1923年）

灯闪着，
风吹着，
蟋蟀叫着，
我坐在床上看书；
月亮出了，风息了，我应在院中唱歌。

一九二三，北京 Henry

按：溥仪以这首新诗描写宫中景色和无聊的生活。原诗无题。

溥仪写的新诗《月亮出来了》（1923年）

月亮出来了，
她坐在院中微笑的面容，
忽然她跳起身来，
冲着月亮鞠躬，
一面说，
好洁净的月儿，
弗呢来个哉。

按：这首诗表达了“皇上”与“皇后”婚后苦闷的夫妻生活，诗中的“她”应指婉容。原诗无题。

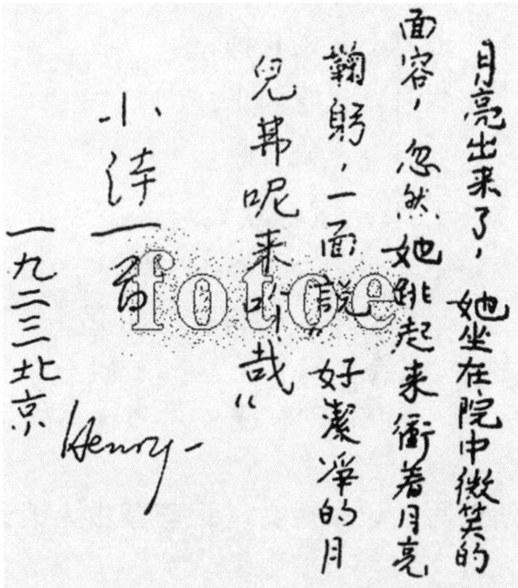

溥仪在紫禁城内生活时作的白话诗

溥仪写的新诗《三希堂偶铭》（1923年）

屋不在大，有书则名；国不在霸，有人则能。此是小室，惟吾祖馨。琉球影闪耀，日光入纱明。写读有欣意，往来俱忠贞。可以看镜子，阅三篇，无心慌之乱耳，无倦怠之坏形。直隶长辛店，西蜀成都亭。余笑曰：何太平之有！

按：这首诗乃溥仪仿照刘禹锡《陋室铭》而作，明显地反映了少年溥仪身居禁城不甘寂寞的心绪，他的志向是立足于三希堂，致力于“大清”中兴，妄图乱中取利，天下“太平”。该诗用自来水笔写在白纸上，字迹潦草，刚写完就拿了诗稿到长春宫中，传给淑妃过目，也曾得到淑妃的精神赞助，她希望“小皇上”成为真皇上，一度相信“大清”能够“中兴”。

溥仪写的顺口溜《十二月令》（1923年）

正月一，宰个鸡；
二月二，放个屁；

三月三，绣褥单；
四月四，写个字；
五月五，静吃卤；
六月六，大汗出；
七月七，爱拉稀；
八月八，吃西瓜；
九月九，狮子吼；
十月十，(原缺)；
十一月十一，吃个大鸭梨；
十二月十二，商人到处买字。

按：这一首，纯属游戏的“顺口溜”。原诗无题。

溥仪写的记事短文《记与蒙古人谈话》(1923 年)

余见蒙古人，彼言语甚为可笑，故尔记之于淑妃宫。

余曰：“你们几时来京城？”

蒙曰：“我们没有吃茶。”

余曰：“不是吃茶，我说你何时来到北京城？”

蒙曰：“哦哦，臣才明白，皇上问的是什么时候来的北京啊！是不是啊？”

余曰：“为何不是呢？”

蒙曰：“大前天早五点钟来的。”

余曰：“我听说蒙古的地方不安静，可有是么？”

蒙曰：“皇上胡说。”

那彦图大呼曰：“蒙古人敢出口不逊？这是皇帝，不许你乱七八糟地胡说八道！”

蒙曰：“是！是！”

余曰：“不要紧，他没有见过我，他偶尔说一两个不对的话，也无须责备。”

蒙曰：“皇帝说得甚对。”

那彦图又叱之曰：“皇帝二字，是你叫的么？”

蒙曰：“那么方才你为什么说皇帝？”

那彦图曰：“呸！呸！我不同此等混蛋人说话了。”

那彦图登时出去，蒙古人亦去，余下座大笑。简直是二人斗口，不是余见人也。

按：此文由文绣族亲提供。一天，溥仪接见了一位蒙族王公。嗣后来到长春宫，饶有兴味地向淑妃讲述接见情景，两人都笑得前仰后合。淑妃遂建议道：“今天，奴才伺候文房四宝，就请皇上记下这件逗乐儿的事吧，以后想起来也能看看再乐。”于是，御笔之下又有一篇杰作，即此文。溥仪放下“御笔”，二人又笑了一会儿，这篇记录也就成了“小皇上”赏给淑妃的“御赐品”了。

附：皇后致淑妃（1923年）

明明月，上东墙，淑妃独坐在空房。
娇弱飞燕常自舞，窈窕金莲世无双。

爱莲女士媚鉴：
正月里，打新春，爱莲房中口问心。
一二十岁把书念来吧亚唉呦。
二八青春作好文来吧咦哑呦。

按：婉容使用“独坐”“空房”“常自舞”“世无双”“口问心”等刺激性词句，对文绣极尽讽刺、挖苦之能事，透露了后与妃的芥蒂之深，也是婉容自己对婚后“空房”生活的深切感受。

溥仪赏赐罗振玉两匾额之匾文（1923年）

贞心古松
岁寒松柏

按：朱益藩自任职翰林院和詹事府，已因工于书法而不能不承应宫内楹联、隔扇及各色书写差事了。每年腊月格外繁忙，要为御笔书画题词，要为宫内外各门各处撰写春联，要代太后或皇帝书写赏赐给王公大臣的春牌或福寿字，如此等等，延至逊清年代。据恩师罗继祖教授说，溥仪赏赐其祖父罗振玉两匾额的书写皆出朱之手笔。

溥仪写的歌词《朕与先生解战袍》（1923 年）

32 16 12 33 22 1 1 2
大将南征胆气豪
11 66 11 55 65 3 2 5
腰横秋水雁翎刀
66 56 12 33 21 6 1 5
风吹鼍鼓山河动
66 16 56 5 32 1 2 1
电闪旌旗日月高
32 16 12 33 22 1 1 2
天上麒麟原有种
11 66 11 55 65 3 2 5
穴中蝼蚁岂能逃
66 56 12 33 21 6 1 5
太平待召归来日
66 16 56 5 32 1 2 1
朕与先生解战袍

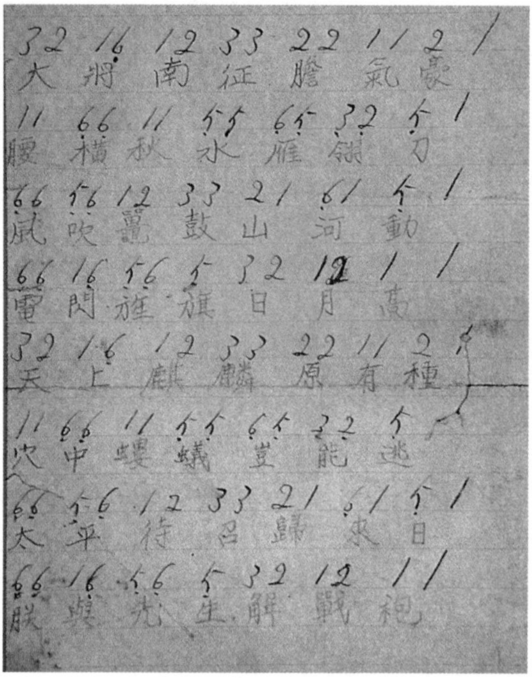
溥仪儿时写的歌曲

按：溥仪对音乐的爱好也可以溯源到清宫时代，那是西洋乐器传入宫中以后。当时已有人注意到溥仪与音乐结缘的事实，在一篇题为《宣统音乐进步》的报道中这样写道："清帝宣统于读书之暇兼研究音乐。近日以风琴、钢琴奏演中西乐曲，音声节奏无不尽美。闻教员关良君系中国音乐专家（虎坊桥关记琴行主人），曾充北京公私立各学校教员多年，教导有方，以故学者易于进步也。"这篇报道是属实的，溥仪也曾聘请关良君教琴，每天学习一小时，很快就会使用风琴或钢琴演奏中西乐曲了。当时溥仪还成立了一个由随侍和殿上人等组成的音乐队，并时常请外国军队的乐队进宫演奏。在溥仪的档案中有一首手抄歌片留存下来，字迹出自溥仪手笔，正是由他本人谱曲填词，此七言诗即其词。原诗无题。

如果说溥仪与西洋音乐结缘在国内还没有更大反响的话，在欧美人士中间却引起了广泛的好奇。溥仪在天津时代由于与英美法的驻津领事和驻军司令官们有着密切的接触，他的音乐“天才”因而也得到了欧美大陆媒介的广泛传播。1931 年，在一家刊登了身穿马褂，头戴青缎便帽的溥仪照片的美国报纸上，就赫然出现了诱人一读的大字标题：《皇家歌唱家》。文中写道：“现居天津的中国前任‘娃娃皇帝’亨利·溥仪，目前正计划着献身于中国的歌剧事业。这位退位的满洲统治者不久前曾派遣一位侍从人员到北平选购西洋乐器，并将聘请一位教师（教授声乐理论）。据闻，他有意访问美国。”

这篇短文见报后，溥仪很快便收到了来自洛杉矶城的盛情无比的邀请信，这封写于 1931 年 6 月 12 日的“广告信”，用权威声乐大师拉萨尔·莎莫伊洛夫的名字招揽生意，要为溥仪“学习声乐”提供服务。该信以十分诱惑的词句，诚心要把溥仪吸引到美国来：“我们曾经为你的同胞、伟大的中国人梅兰芳服务。如果我们的机构同样有机会为您服务，对此将感到无比的荣幸与愉快。梅兰芳来本市时曾将其办事处设在我们这里，并且也是由我们把他介绍给我们的国家，同时完成其一系列的访问演出的。派德罗夫斯基（钢琴家）、修曼海茵克（作曲家和指挥）、海菲滋（声乐家）和克荣斯勒（小提琴家），还有数以十计艺术界的其他人物，同我们在过去三十余年中间保持着密切的联系。对十您，我们的机构愿在各个方面进行服务，并以此为乐。还需要加上一点儿说明，即我们曾经极为荣幸地帮助梅兰芳在去年由南加利佛尼亚大学获得了博士级的荣誉学位，同时，我们至今仍与这位伟大人物保持着通信往来。”写信人在信尾再一次“衷心希望”溥仪“惠予特殊荣誉”，但是他们的希望落空了。溥仪没有为当歌唱家而去美国，他有更重要的使命，为了当皇帝——傀儡皇帝，而到东北去了。

溥仪在伪满期间，续续保持着对西洋乐器的浓厚兴趣。这时已不可能随便调动军乐队入宫，但是仍然聘请了一位钢琴演奏家，为他演奏曲高和寡的阳春白雪之曲。而且溥仪自己也能弹钢琴，还弹得很好。在他的书橱中一直保存着钢琴谱卷五十卷。据毓嵣回忆，溥仪爱听钢琴演奏，专门聘请一位姓吴的钢琴演奏家，每天晚饭后怡然自得地欣赏钢琴曲。因为溥仪的晚饭往往要在深夜十一二点才吃，因此那位演奏家也只好深夜才来“献技”。溥仪并不喜欢当时的“流行曲”，以为太俗气，而只对西洋名曲有兴趣，演奏者也觉得“幸遇知音”。

溥仪在天津的时候已经离不开留声机了，据严桐江讲，当时溥仪在街上散步常常不知不觉地走进谋得利琴行，在那儿选购唱片，尤其是遇见进行曲的唱片，那是非买不可的。在伪满皇宫中，留声机仍是溥仪须臾难离的伴侣，《传差草记》上经常出现关于溥仪命随侍们找来《四郎探母》《武家坡》等北京名角的“成出唱片”和“单段唱片”的记载。宫中并不常演电影。

九九消寒图第一则：寒梅吐玉（1923 年冬）

头九初寒才是冬，武昌起义黎颂（宋）卿。提倡革命张镇武，炮打龟山萨镇冰。二九朔风冷清清，孙文独立在南京。张勋带兵抄革命，铁良一去影无踪。三九大寒天气凉，朝廷急坏摄政王。洵涛保举袁世凯，因病请假世中堂。四九天寒冷凄凄，北方代表梁绍怡。电告南省全独立，因此改换五色旗。五九迎春过新，袁大总统掌兵权。电告各省休争战。南北共和乐安然。六九天长要打春，遍地都是三镇军。正月十二遭兵变，大炮攻打齐化门。七九河开地气通，连烧带抢是大兵。总统当日传命令，拿住土匪不放松。八九雁来到惊蛰，同谋幸福算白说。生命财产难保守，五族平等假共和。九九八十一日完，二次革命闹的欢。黄兴运动北伐队，上海各处设机关。

九九消寒图第二则：管城春满（1923 年冬）

冬至头九天气寒，项城有意坐金銮。中华帝国号洪宪，施行专制改江山。二九朔风冷清清，杨度进奉衮龙衣。谋杀总统沈金鉴，假造民意梁士诒。三九天寒冷似水，筹备大典帝制兴。滇黔桂粤皆反对，阴谋炸死郑汝诚。四九霜雪飞满天，误国害民朱启钤。拆毁民房修马路，万古千秋骂汉奸。五九天寒冷难当，黄陂不受武义王。溥伦赏食双王俸，拐款独立龙济光。六九迎春地气通，南海改建新华宫。商业承办提灯会，帝国万岁信口称。七九河开河不开，各省反对不来财。中交两行停兑现，民国灾祸一齐来。八九雁来到惊蛰，登极坐殿算白说。九九未登身先丧，遗下臭名骂董卓。消寒已尽九九完，黎大总统掌兵权。

按：“九九消寒图”是宫中记时消遣游戏。逊清年代溥仪每年冬天都从头九首日逐日填写。此图原做葫芦形，上注阴晴风雪，用“亭前垂柳珍重待春风”九字，而每字九笔，一天一笔，填完一字便过一九，直至九字填满，则九九逝矣。填此图能使人于嬉戏中不觉而寒冬远去，迎来明媚的春光。“九九消寒图”悬于养心殿燕喜堂，所编词句大多记录辛亥革命后北洋军阀政府事。

消寒益气歌：

七星拱一图（1923 年冬）

阿弥陀佛第一声，
一九阳回日日增。
有位古佛释迦祖，
一个木鱼一本经，
一意渡众生。

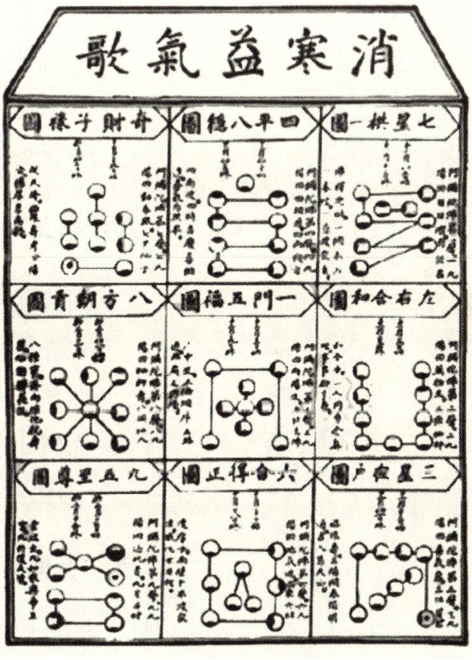

消寒益气歌

左右合和图（1923 年冬）

阿弥陀佛第二声，
二九阳回万物生。
二位仙师和合子，
二人同意念真经，
事事都亨通。

三星在户图（1923 年冬）

阿弥陀佛第三声，
三九阳回喜气盈。
三位星君福禄寿，
三阳开泰阳明通。
吉人靠天公。

四平八稳图（1923 年冬）

阿弥陀佛第四声，
四九阳回四相通。
四面观音四面渡，
四时吉庆喜相逢，
养气自然平。

一门五福图（1923 年冬）

阿弥陀佛第五声，
五九阳回向阳生。
五位古位正中坐，
五伦顺序五路通，
无处不兴隆。

六合得正图（1924 年春）

阿弥陀佛第六声，
六九阳回地气通。
西来六祖达摩子，
面壁十年渡众生，
感化不非经。

奇财子禄图（1924 年春）

阿弥陀佛第七声，
七九阳回动春风。
七夕仙子从天降，
福禄寿考汾阳公，
德厚享高龄。

八方朝贡图（1924年春）

阿弥陀佛第八声，
八九阳回细柳青。
八洞仙人八种宝，
齐向瑶池祝寿星，
仙酒醉长生。

九五至尊图（1924年春）

阿弥陀佛第九声，
九九阳回遍地青。
九星斗姥云端坐，
九如散与帝王宫，
九州复大清。

按：《消寒益气歌》，原悬景仁宫东厢。词句是祈祷吉祥的佛教语。每九配一图，每图由九个圆圈组成，凡九九八十一圈。自冬至数九始，根据天气情况，逐日晨在一个圈内以朱色点染。所谓“上点阴，下点晴，左风，右雨，雪当中”。“九九消寒图”不仅能记录九九时令，细注阴晴风雨，还让后人从文中所述了解宫中帝王的心态。

溥仪为萧丙炎、郑孝胥、罗振玉传旨加恩（1924年2月16日）

萧丙炎：赏在南书房行走。
郑孝胥：著在懋勤殿行走、赏戴花翎。
罗振玉：赏在紫禁城内骑马。

按：萧丙炎、郑孝胥、罗振玉这几人都长期追随溥仪。郑、罗二人都曾在伪满出任高官。

溥仪为庄士敦管理颐和园而颁发谕旨（1924年4月20日）

著派庄士敦管理颐和园、玉泉山、静明园事宜。钦此。宣统十六年三月十七日。

按：1924年4月20日，溥仪颁发谕旨。此前的几个月中，庄虽然继续得到溥仪愈来愈多的信任，但内务府大臣等宫里的顽固派们都痛恨他，恨不能一脚把他踢出宫外，然而溥仪这个谕旨却不是顺着他们的意愿。原来溥仪已于3月3日命郑孝胥为总管内务府大臣，掌印钥，全权整顿内务府，庄正是在这个“整顿”开始之际接到谕旨的，是要让他有力地参与整顿工作。管理颐和园等紫禁城外的皇产，是直接为放弃“岁费”而做的一项必要的先期工作。

据《郑孝胥日记》载，朱益藩和绍英等人都反对把庄派往颐和园，至少也希望能削减他的部分权力。5月23日日记就留下了这样的记录：“入内。有旨：仍令庄士敦管理颐和园、静明园、玉泉山事务。此旨于三月十七日（即公历4月20日）已拟上，留中未下，或曰朱艾卿沮之。今日孝胥犹未入，上以电话语绍英，令传旨告庄士敦；绍复拟旨，有‘会同’字样，内侍持旨下，云‘上命除去会同二字’。绍复请先示摄政王，上从言。”溥仪最后还是坚持了自己的意见。

然而，谕旨尚未颁下，风声刚露，庄士敦又收到一封匿名恐吓信，说如果他胆敢赴任，路上就有人等着杀他，他笑而不顾，仅在4月16日会晤郑的时候“交匿名信一封”。几天之后，庄回到溥仪身边，谈及匿名恐吓信时说：“我也没有坐车，偏骑马去，看他们敢不敢杀我，结果我还是活着到任了，我早看透了那些人！”“那些人”指的就是宫里的顽固派。一个月后的5月19日，庄又与绍英、荣源、耆龄等一同陪侍溥仪前往醇亲王府探亲，照旧与他们周旋。不惧恐吓，管理颐和园。

溥仪赏赐金梁的手书（1924年4月）

一腔热血

赐金少保

按：金梁，满族瓜尔佳氏，清末进士，驻防杭州，做过新民知府。他是十足的政客，但手腕并不高明。民国后在东北没搞出名堂，便去找溥仪，经郑孝胥一推荐，做了郑的副手，也和郑一同下台。因溥仪赐字，令他感恩流涕，宣称溥仪面赏他少保衔，从此以“少保”向社会公开自己的身份。他写过一副自寿对联，上联为“古今三少保，宋岳明于空洒血”，竟以岳飞、于谦自比。

溥仪任命金梁为热河办理皇产大臣的手谕（1924年4月27日）

谕金梁知悉：

此次派卿清查热河皇产事宜，实因数年之来热河皇产荒废已久，长此以往势必殆尽，非任一精明强干大员不足整顿一切，每思卿于朕前，尚屡直言，匡谏左右，必能破除情面，改革积习，卿尚勉乎哉！近一二日，皇后受一种时行喉症甚剧，朕亦稍感喉痛，故暂不召见，望卿谅也。

按：溥仪任命金梁为热河办理皇产大臣，负责办理关外热河地区皇产事务，并赐金梁手谕。此谕最早刊于《故宫周刊》1930年7月19日。溥仪致金梁手谕还有三种，分别用宣纸笔书写，附夹在天津图书馆所藏《金息侯甲子奏疏》之中，从字体用笔来看，均为金梁本人缮录而成，并非溥仪亲笔。

溥仪为“开去”郑孝胥“总理内务府大臣”而颁发谕旨（1924年6月25日）

传旨：开去郑孝胥总理内务府大臣之缺，仍在懋勤殿行走。

溥仪与郑孝胥（左一）、庄士敦（右一）等在御花园

按：庄士敦、郑孝胥的力量有限，宫内所剩不多的实权还是操在前摄政王和原任内务府大臣以及溥仪几位中国师傅手中，到1924年6月25日，溥仪不得不传旨“开去”郑孝胥“总理内务府大臣之缺，仍在懋勤殿行走”，宣告“整顿”失败。原内务府大臣绍英官复原职，溥仪又在6月27日传旨，命朱益藩会同办理内务府事宜。

溥仪写的顺口溜《传御膳》（1924年6月至7月）

明日为我备西菜，牛肉扒来炖白菜，
小肉卷，烤黄麦，葡萄美酒不要坏。
你旁看，我吃菜，一傍馋坏了洪兰泰。
口中涎，七尺长，一直流到东长廊。
我大笑，把肉藏，藏在屉内满屋香。
李志源、曹振光，左右绕桌旁。
也是馋，不敢尝，瞪着眼，如笔长。
吞着舌，赛黄狼。一会我生气，叫一声：
“一群东西赶紧给我出中房。”
哈哈哈乐倒了三格格，对着我直说：
“我皇！”“我皇！”

按：这首“顺口溜”，是溥仪一边吃饭，一边玩儿，又一边作出来的“诗”。其中提到的洪兰泰是宫里的太监，李志源即随侍李国雄，曹振光即随侍曹宝元，则这首“顺口溜”应该写在第一批随侍入宫后的1924年6月至7月间，当时宫里西餐时髦的情形得到了认证。原诗无题。

附：婉容的两首词作（1924年春夏）

《相思》：人言相思苦，我言相思悦。思虽苦，心还慰，只有单思无了时。采莲莲花开，君王卧病帐不开。采莲莲叶长，桶役宫人来逞强。采莲莲结子，桶役宫人炊豆子。太不良，太不良，赛虎狼，赛虎狼。黑心肠，黑心肠，无法偿，无法偿。狂风扬，狂风扬，天地昏暗日无光。

《桃花歌》：桃花宫，桃花院，桃花院内桃花殿。桃花殿，桃花帘，桃花帘内桃花仙。桃花面，桃花面上桃花癣，桃花玉蔓桃花衫。桃花口、气如兰，桃花齿、似叶烟，桃花唇、似血盆，桃花媚舞桃花殿。

按：婉容也读过一些中国古典文学作品。据在储秀宫伺候婉容起居的太监赵荣升讲，宫里的寡妇妃子们每天生活都很无聊，平时练练字、绘绘画而已，婉容喜欢读书，对写诗填词也有兴趣。后来清理储秀宫发现不少婉容的诗文，就有这两首表白相思和情场角逐的词作，而妒忌、讽刺、挖苦的对象则是淑妃文绣。今存文献显示，婉容从1924年4月13日起陆续给溥仪写了大量英文短信，或问候、或游戏、或作诗，亦有谈情说爱之句。

附：婉容署名伊丽莎白的诗作（1924年夏秋）

夜半皎皎是月光，
窗内咳吁是悲伤。
看月好似多情口，
所能于我寄悲伤。

夜半时分，难以成眠，满腹悲情，长吁短叹，何所寄托，对月空谈。

明月何凄凄，照我丝竹居。问君何所思？吾亦无所忆。无所思，无所忆，是何烦事使君悲？君悲莫非思亲远，无人怜我对月凄。无所依，思亲思友无知己，亚似离燕向南飞。归故乡，归故乡，见爷娘。

按：在溥仪的历史档案中尚可找到婉容手迹，多为钢笔所写中、英文书札以及诗文和日记，也有少数毛笔小楷字。语句文白相间，书法尚可，但错别字不少。署名伊丽莎白的诗作即出自此。未见有绘画作品，而她和溥仪都能绘几笔画，与宫内外画家亦有交往。美籍华人女画家杨令茀就曾进宫为婉容“写真”，留下一幅末代皇后站在山水屏风前地毯上，凤冠凤袍，全副旗人装扮的肖像图，婉容显得高大、端庄、美丽。

附：婉容戏谑文绣的短信（1924年夏秋）

爱莲女士惠鉴：数日不见，不知君还顾影自怜否？余今甚思购一明镜，以备顾君之影。念有一曲，以还君之一笑：爱莲女士吉祥，爱莲女士弹琴弹得好，爱莲女士唱得好，爱莲女士的娇病好点了。爱莲女士进药啦吗？爱莲女士进得好，拉得香。祝君晚安！

按：在婉容和文绣之间，争执、吵闹的“小事件”时有发生，溥仪不得不常常给她们“断官司”。这两个人，婉容地位高、又年长几岁，人也霸道些，总存心排挤文绣，几近于欺负老实人了，这当然不能说是婉容的优点。这里引录婉容用戏谑的词句写成的一封短信，则“一斑”之外可想而知。

溥仪为罗振玉在宫内活动颁发谕旨（1924年9月16日）

著在南书房行走。

按：溥仪传旨，罗振玉“著在南书房行走”，命其查验审定宫中古彝器。罗面奏荐王国维同任检审。9月20日溥仪命罗振玉、王国维和袁励准从检查审定养心殿的陈设品开始。仅半月后，溥仪就被驱逐出宫了。

溥仪写的韵文《别振彝》（1924年10月1日）

甲子之秋九月三日，为义弟振彝新婚之佳期，即吾與吾弟别离之时也。忆昔吾弟朝夕相聚，形影相莲，相勘相勉，相爱相怜，盟誓旦旦，生死不离；今则比翼分散，双燕东西，鸳鸯失偶，孤雁独栖。言念及此，悲伤何极！思君恩情，泪满衾裳，摧我之心，断我之肠。残灯秋雨，夜深秋凉，独宿穷室，愈觉凄凉。一日不见，三秋之长，况别五日，中心悲伤。君今新婚，欣喜扬扬，携手言欢，同入闺房。喜新弃旧，今人之常。梦中见君，喜乐何极！觉后不见，反增悲凄。引领怅望，冀君归期。

甲子九月初三夜，灯下书於静室。一九二四，北京。

按：此文在档案中存两稿，都是溥仪手迹，且“喜新弃旧”句以上相同，另一稿此句下为“世所不然。梦中相见，仍道如前。觉后增恨，不忍足言。孤眠自叹，悲书一篇。甲子九月三日，灯下帐中书。”

溥仪在醇王府召见金梁的对话（1924年11月21日）

至北府。先晤王爷，及召见，则王又先入，上（溥仪）已知有监视意，遂询梁曰：“汝来已久耶？”王遂逡巡而退。

梁乃对曰：“初九之变，主辱臣死，诸臣共患难，以效奔走，戚恩图报，各尽其心而已。乃圣府叩安者，常为左右所尼阻，偶有人见者，且受无谓之监视，逐臣好为直言，尤触左右之怒。特今日何日，同心御侮，犹虑不及，岂可再自疑忌，以误大事！愿上速自振拔，能不动声色而尽脱左右之拘束，以慰众望，则幸甚。”

上曰：“予决敝屣一切，谋出洋耳。”

梁又对曰：“臣请分别谕之：宣言敝履，既示天下为公，岁费财产尽推与平民共之，尤足挽人心而塞众口。然上可不争优待，而众不可不代争优待。争得以后，故宫不可再入，旧制不可再复，即帝号亦不可虚拥，但声明如为对于蒙藏必须留此虚号，亦不坚持，一面自行清理，宫殿则一律开放，财产则分别公私，筹设博物、图书馆，并创办工厂、学校及振济等事。事必公开，利必济众，布置略定，再议出洋。此次实受过激派之波及，人乱未已，此其动机，清室为众所指目，先出游历，避此风波，俟事定再归，亦善策也。”

上曰：“汝言皆合予意，唯汝能有远见，与诸臣不同。今时移势异，将来即有恢复之日，亦不能尽拘旧法，故宫徒受束缚，旧制徒供剥削，虚号徒作傀儡，众徒为自私自利计耳。”又询：“出游宜何国？经费约几何？”

对曰：“赴英为宜。当以游学为名，上及后妃并带教习、翻译及文学侍从各一、二人，约岁用十万元，以三年计，分年预备，亦不难筹。”

又询：“众不见阻否？”

对曰：“左右唯在独断。至外间，当失疏解，名正言顺，亦似不能强阻也。”

按：1924年直奉战争后，11月5日溥仪被国民军驱逐出紫禁城。金梁得知立即与一些遗老共议救助溥仪的策略，他草拟了《满蒙藏人宣言书》和《创办平民工厂学校及文化慈善等事业条例》，主张清室定期约集中外名流讨论创办办法，又起草拟设《平民日报》与《清室宣言书》准备通电中外。11 日，金梁赴醇王府见溥仪，向溥仪递呈宣言书，溥仪阅后为之欣然，时陈宝琛、朱汝珍一同入见，大家共阅金梁所拟的宣言书。溥仪决定通电发表宣言，待金梁离开后，众人皆为阻止。翌日，金梁再次见溥仪，进递条议申明自己的主张，金梁的建议尤被溥仪所称赞，溥仪嘱托金梁速拟实施办法，令其开出中外名流名单，他又密告金梁意在出洋游学，溥仪命人侍膳留金梁吃饭，一再赞扬金梁的远见卓识。14 日，金梁至醇王府，事先载沣准备外出，见金梁来他立即回来监视金梁，朱益藩亦在。金梁见溥仪近日焦虑不安，他认为无论段祺瑞、张作霖如何表态，即使再入宫受优待，也要谋求独立自主，收买人心。朱益藩认为金梁乃一派胡言。18 日，金梁又至醇王府觐见溥仪，谈段祺瑞、张作霖欲来京，可以与之接洽。载沣又在场监视，溥仪多次使眼色让父亲离开，但载沣始终在场，溥仪不能与金梁多言。21 日，金梁再至醇王府，先晤载沣，复见溥仪，载沣亦在侧监视，金梁知之亦献策与溥仪而不顾，载沣遂逡巡而退，金梁乃在当天日记中写下上述记录。

此后，溥仪由德国医院转往日本使馆，金梁再赴日本使馆见溥仪。恳请溥仪出洋留学，并呈《宣言书》及《拟请溥仪出洋疏》数折。12 月 8 日，郑孝胥离开北京，金梁立即上书溥仪《请追留郑孝胥疏》，溥仪慨然地说道：“予切望其来，汝速发函。”金梁临行时，溥仪又嘱咐他立即发电致函郑孝胥，急切期待之。金梁发快件函寄郑孝胥，恳请他火速来京商谈大计。金梁又致电给郑禹，让他催促其父亲郑孝胥来京（原载金梁：《遇变日记》）。

溥仪在日本驻北京公使馆与金梁的交往（1924 年 12 月 8 日）

溥仪：予切望其来，汝速发函。

溥仪又嘱：（金梁遵命将行时）立即发电致函郑孝胥，朕急切期待之。

（金梁发快件函寄郑孝胥，恳请他火速来京商谈大计。又致电郑禹，让他催促其父郑孝胥来京。）

按：溥仪于1924年11月28日私离醇王府，由德国医院转往日本驻北京公使馆，金梁再赴日本使馆见溥仪。恳请溥仪出洋留学，并呈《清室宣言书》及《拟请溥仪出洋疏》数折。12月8日郑孝胥离开北京，金梁立即上疏溥仪《请追留郑孝胥疏》，遂有上述溥仪与金梁的交往。参见金梁《遇变日记》。

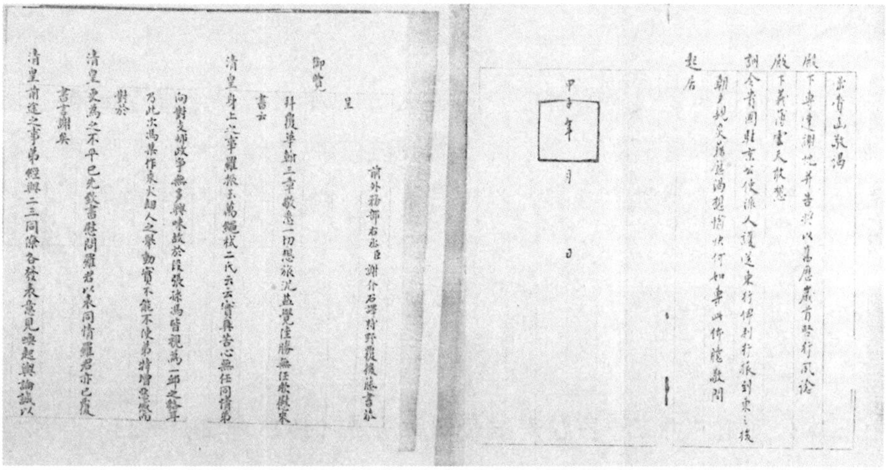

溥仪致日本摄政皇太子裕仁的信

溥仪致日本摄政皇太子裕仁的信（1924年12月）

大日本摄政皇太子殿下：

敬启者：藐躬不德，冲龄嗣位即值武昌之变。先孝定景皇后不忍心生民涂炭，躬行禅让，民军亦立优待条件以为酬报，亦既十三年于兹矣。此十三年中攘夺相仍，内争不息，国债日增，彝伦攸薮，民命等于鸿毛，苍生丧其乐育。藐躬虽伏处深宫，每怀民瘼辄内恫于心，而既谢政权，遂无从援手。意欲辞谢优待经费，游历世界各邦，以磨炼身心，增长学识，庶异日天心悔祸，戡定可期。乃一二老臣持重不决，迩者奉直交哄，冯军倒戈，外托息兵，阴通赤化，竟以兵力围迫宫城。藐躬遂寄居藩邸，犹复守之以兵群，臣乃吁请垂问、避居贵国使馆，暂避凶锋。芳泽公使遵贵国政府训令，礼待有加，实深感慰。乃孙文入京，与过激派之军阀党徒结合，执政府无力制止，彼辈且昌言仇外，难俟将来无轨外之行动，其危险更甚于前。念我清室与贵国之邦交至为亲睦，又夙仰殿下英名仁厚，久欲一瞻风采。兹天假之缘，此次出宫，转有游历贵国之机会，在民国，段执政原不能剥夺藐躬之自由，而彼辈居心叵测或多方阻止，且优待条件正在磋商，非短时间所能解决。欲以私人资格早日东渡，特遣前邮传部侍郎陈毅、前陆军部主事际彪，慎密赍函，敬谒殿下，专达谢忱，并告将以旧历岁首启行。夙谂殿下义薄云天，敢恳训令，贵国驻京公使派人护送东行，俾利行辕，到东之后朝夕亲炙藉慰，渴想愉快何如？专此臆敬问起居。

甲子年　　月　　日（印章）

按：此函为溥仪潜离醇王府而避入日本驻北京公使馆后致函日本摄政皇太子裕仁存留的底稿。述及被逐出宫以来的处境，表明了“辞谢优待经费，游历世界各邦，以磨炼身心，增长学识”的意愿，并决定“以私人资格早日东渡”，拟于“旧历岁首启行”赴日本，敬请关照。此函已交前邮传部侍郎陈毅、前陆军部主事际彪赴日“敬谒殿下，专达谢忱”。

溥仪在日本公使馆内办二十岁整寿发表即席演说（1925年2月5日）

痛斥“逼宫”为“野蛮举动”，表示“绝不能假借外人势力干涉中国内政”。

按：溥仪在来自全国的五百余名祝寿者面前即席演说。

溥仪在日本公使馆内恩赏遗老陈伯陶（1925年2月22日）

恩赏带滕貂褂。

按：遗老陈伯陶奏请东渡并在日本安设行馆，再游欧美，以图“中兴”大计。溥仪表示采择，恩赏带滕貂褂一件。

二、天津时期

溥仪寓居天津7年，这是他人生思想已经成熟，而且行动可以自由的年代。也就是他可以自己思考，自己决定，自己说，自己做的年代。其间，他成立了清室驻津“行在”办事处，打出了“复号还宫”的旗帜，操作了大量国内外联络工作，批阅了全国各地清朝遗老的“奏折”，又因孙殿英盗掘乾隆和慈禧的普陀峪定东陵而与民国政府结怨。尽管当年他的思想主旨是要实现清朝复辟，是要挽回在他手上失去的国家政权，却也因此而在张园和静园留下若干错误、甚至罪恶的记录。当“九一八”事变发生，溥仪就认为“龙归故里”的大好时机已到，乃至相信日本军阀，陷入他们为侵略中国而摆设的各种阴谋。主观理念上的复辟目标，必然导致政治现实中的叛国投敌，他离津出关、迈出了卖国的一步！日本人携溥仪前往东北，一场荒唐的傀儡戏也从此拉开序幕，结局却是从复辟到叛国的过渡全程。这都是一页页与国家和民族息息相关的往事。七年遗训，能够见证大量重要事实真相的历史，是永远不可以忘记的。

现把溥仪这一时期的存文整理公布。

溥仪传谕成立行在办事处（1925年3月8日）

总务处著郑孝胥、胡嗣瑗管理，收支处著景方昶管理，交涉处著刘骧业管理，庶务处著佟济煦管理。

按：溥仪传谕，即日成立行在办事处，下设四处，人员派定。同时批准颁布行在办事处规章（共七条）。

溥仪传谕恭亲王溥伟（1925年3月12日）

养精蓄锐，以待变化。

按：恭亲王溥伟奏请“移驾大连”，溥仪乃出此谕。

溥仪著派载润参与清室私产清理的谕旨（1925 年 3 月）

据载润面陈：皇室会同镇威第三、四方面联合军团司令部，所设清室私产清理局业经成立，并已拟订章程，尚属妥洽。著派载润前往该局会办，并即著遴选员司到局任事，总期固定私产范围，勿稍含混。

按：清室私产清理是溥仪出宫后最关注的一件事。

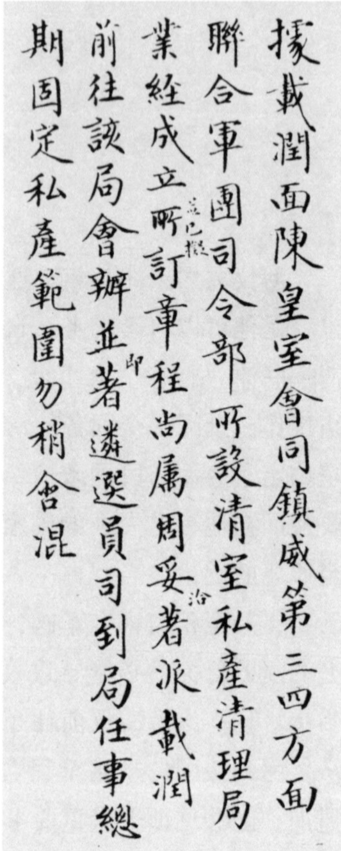
據載潤面陳皇室會同鎮威第三四方面
聯合軍團司令部所設清室私產清理局
業經成立所並已擬訂章程尚屬周妥洽著派載潤
前往該局會辦並即著遴選員司到局任事總
期固定私產範圍勿稍含混

溥仪著派载润参与清室私产清理的谕旨

溥仪关于设立清室驻北京办事处的谕旨（1925 年 4 月 17 日）

现将内务府改设办事处，著载润、朱益藩、宝熙管理留京办事处事宜，并由载润佩带印钥。

按：经段祺瑞执政府批准，清室办事处即清室驻北京办事处正式设立。地址在北京景山西门路北 3 号，启用印鉴“清室办事处之关防”，朱益藩等利用这个机构为溥仪办事。溥仪出宫后十余天，荣惠和敬懿两太妃也被迫出宫，暂居荣寿固伦公主家。1925 年 4 月起清室驻北京办事处为两太妃在麒麟碑胡同购屋修造新府，同年

溥仪入住张园

8月告竣。迁入新府前两太妃暂居六国饭店，要管理她们的生活起居，还给她们举办“千秋”庆典等巨细事项。

溥仪写给淑妃的两首诗（1925年前后）

五言律诗：

月夜相思

夜坐阶生冷，思君方断肠，
宁同千万死，岂忍两分张。
孰意君至此，悲愁断若忘，
洗盏相畅饮，欢罢愿连床。

按：溥仪的情诗。诗中情侣再现：“小皇上”和他的淑妃，在秋凉月夜倾诉相思恋情。当感情的热流熔化了冰冷的四周，他们真想开怀畅饮，共享天伦。原诗无题。

七言绝句：

陶醉情

仆本无赖幸逢卿，
感激何似老猴精。
最怕一句拉不扰，
羞得粉面若深红。

按：陶醉中的末代君王竟完全忘记了自己“至高无上的身份”，诗情真切，绝非逢场作戏。淑妃也一定写过不少唱给“小皇上”听的情歌恋曲。原诗无题。

溥仪写给淑妃的两首诗，却不是从长春宫西厢书斋流落出来的，而是因历经坎坷人生的文绣一直带在身边才得以保存。它们是证据，证实当年那铁一般冰冷的皇宫中也有爱情。

溥仪致张宗昌信（1925年至1926年）

字问效坤督办安好！

久未通讯，深为想念。此次南口军事业已结束。讨赤之功十成八九，将军以十万之众，转战直鲁，连摧强敌，当兹炎夏艰难备尝，坚持讨逆，竟于数日间直捣贼穴，建此伟大功业，挽中国之既危，灭共产之已成。今赤军虽已远飏，然根株不除，终恐为将来之患。仍望本除恶务尽之意，一鼓而荡平之。中国幸甚！人民幸甚！现派索玉山，赠与将军银瓶一对，以为此次破南口之纪念，望哂纳。

按：1925年2月27日张宗昌之父张万福逢七十五寿辰，溥仪赏贴，时任山东保安总司令的张宗昌给溥仪写信致谢。同年5月7日张宗昌出任山东督办。6月张宗昌与时任直隶督办军务善后事宜兼直隶省长的李景林合组直鲁联军。11月获悉冯玉祥与苏联政府“私订密约”后，溥仪接受郑孝胥“用客卿”的计划，支持张宗昌与谢米诺夫签订《中俄讨赤军事协定》。溥仪派恒煦携其亲笔信往见，并与直隶督办褚玉璞会晤，显然已在张宗昌身上寄托了复辟大清的希望。

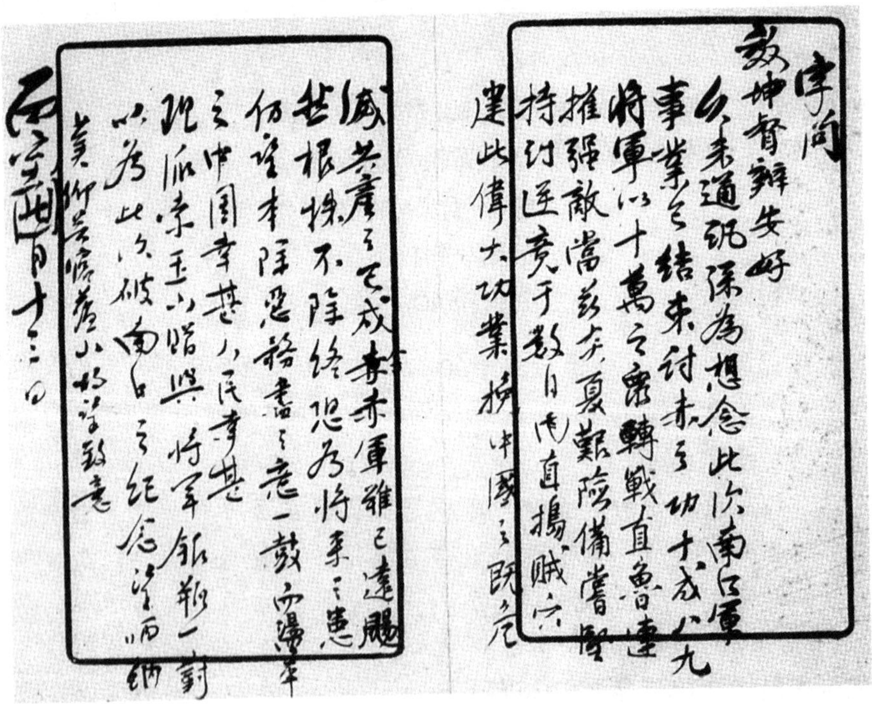

溥仪致张宗昌信

溥仪派恒煦、费毓楷“面商一切”而给张宗昌的谕旨（1925 年 9 月）

费毓楷、徐观晟来见，持卿所奏二书，忠尽孝思，溢于言表。今派恒煦、费毓楷同往，面商一切及徐观晟所奏各节，有无切实筹划，均可斟酌妥密，俾得回津详陈，再加研究，卿宜节哀顺变，为国自卫。

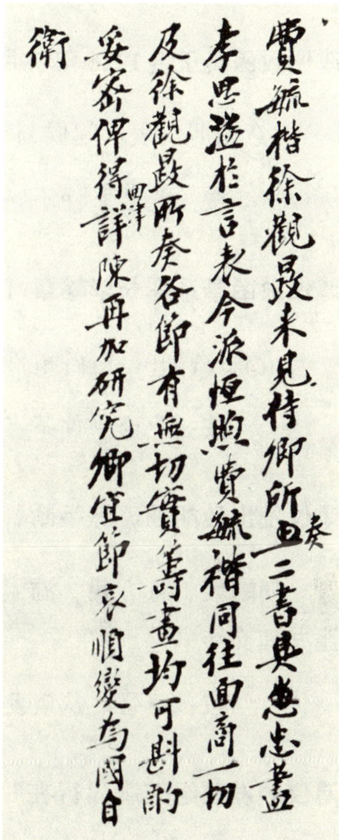
費毓楷徐觀晟來見持卿所奏二書忠盡
孝思溢於言表今派恒煦費毓楷同往面商一切
及徐觀晟所奏各節有無切實籌畫均可斟酌
妥密俾得回津詳陳再加研究卿宜節哀順變為國自
衛

溥仪给张宗昌的谕旨

按：时任直鲁联军司令的张宗昌见此谕旨即以恭楷给“宣统皇帝”写信致敬。

溥仪致函陈宝琛（1926 年 1 月 14 日）

敬问陈师傅安好！久未晤面，极为想念。近日天气骤寒，外间感冒甚多，尚祈时加珍摄，以慰余怀。京都各事如何？亟念。几时返津？尚望函复。朱艾卿师傅处望致意！乙丑十二月一日书。

按：溥仪亲笔致函陈宝琛，问询“京都各事”。“京都”应指北京，陈当时正在北京办事，溥仪在信中表达了他的关心与信赖。档案中还存有一封溥仪给陈宝琛的亲笔信，日期未载，内容也缺了，但看得出溥仪当年还离不开陈师傅，大事小情都要听师傅一句话，考这封缺文信应写于 1925 年至 1926 年间：“敬问陈师傅好！数日未晤，极为念念，今午吾师来园……”陈宝琛对溥仪的约束与溥仪对陈师傅的尊重总是一样多，这在其他人身上是很难发生的。

溥仪致函奉系军长毕翰章（1926 年 6 月 29 日）

（意谓愿会见毕翰章和胡毓坤。）

按：此函原件不存，据知，毕翰章和胡毓坤次日即来张园晋见溥仪。

溥仪致函胡毓坤（1926年6月30日）

（意谓溥仪同胡毓坤“两人初见，谈话坦诚”，对胡给予鼓励。）

按：此函原件不存。

溥仪致函英王（1926年7月5日）

（意谓溥仪表示问候与尊敬，并赠以御笔字画。）

按：此函原件不存。

溥仪致函奉系军长毕翰章（1926年8月1日）

报载还宫并皇室各事件多不可靠望勿轻信。

按：此函原件不存。溥仪随信赠送军刀一柄。

溥仪发出致胡嗣瑗等手谕（1926年9月23日）

胡嗣瑗、景方昶、温肃、杨锺羲、萧丙炎、万绳栻、陈毅、商衍瀛，均驻津办理交涉事件。

按：溥仪的从政复辟活动，由此更进一步。

溥仪颁发改组天津“行在”与北京清室办事处的谕旨（1926年9月27日）

驻津总务、收支、交涉、庶务，四处既经裁撤，原派管理各员应将经手事件分别结束。

改组北京清室办事处，载润留任，朱益藩、高速津、宝熙另有任用。

京津人员因经费支绌暂停薪水，等因。钦此。

按：至10月2日，胡嗣瑗奏报已奉旨结束总务处经手事件。天津行在与北京清室办事处同时改组。身在天津的溥仪也并不撒手北京方面与紫禁城、醇王府、出宫后的老太妃，以及北京清朝遗老等诸多关联事务。据谕文可知，这次京、津改组，显然也与“经费支绌”

有关。

溥仪颁发胡嗣瑗、景方昶派遣事项手谕（1926年10月28日）

胡嗣瑗、景方昶均著为管理驻津办事处事宜。

按：此后，驻津办事处日常事务即由胡、景二人掌管，上对溥仪负责。

溥仪颁发载涛、载泽、载瀛派遣事项手谕（1926年10月28日）

派载涛、载泽、载瀛迅即查明东西两陵近年被摧残损失情形。

按：保护清东陵和清西陵祖坟并按岁时祭奠列祖列宗，这是溥仪在天津时期列入日程之头等大事，而遭损毁或盗墓事件仍不断发生。

溥仪赐给前清度支部左丞曾习经匾额之匾文（1926年10月30日）

志坚行卓

按：前清度支部左丞曾习经在京病故，溥仪赐以匾额，胡嗣瑗奉命致函朱益藩“备绢代书”。

溥仪赐给前清广西布政使朱荣璪匾额之匾文（1926年10月30日）

渊识清操

按：前清广西布政使朱荣璪在杭州病故，溥仪赐以匾额，胡嗣瑗奉命致函朱益藩“备绢代书”。

溥仪颁发佟济煦派遣事项手谕（1926年11月9日）

佟济煦仍著管理张园各杂务及各等当差人等。

按：佟济煦亦属溥仪亲信人员。到了伪满年代，一直受到溥仪任用，掌管皇宫以及护军等关键部位。

溥仪颁发景方昶派遣事项手谕（1926 年 11 月 10 日）

清理直隶皇室私产地亩，派景方昶为帮办，直隶督署顾问周登皞为会办。

按：当年，在北京、天津，以及河北省等地域内，还有大量房屋、田地属于“皇室私产”，尚在溥仪掌管之中，且可列为收入。至今尚有存案的，如 11 月 19 日皇室会同镇威第三、四方面联合军团司令部所设“清室私产清理局”成立并拟订章程，而在 11 月 23 日溥仪的谕旨中被称为“清室私产地亩清理处。

溥仪赏谢霈之祖父匾额匾文（1926 年 11 月 19 日）

两世纯孝

按：朱益藩致函天津“行在”，询问前此令其代书各匾额原文。胡嗣瑗立即函复并传谕代书赏谢霈之祖父匾额，附去谢霈自备宝绢。

溥仪在广东南海县生员杨履瑞“条陈”上的批字（1926 年 11 月 21 日）

无味的很。

按：广东南海县生员杨履瑞条陈复辟策略等件甚多，内容空泛，溥仪阅而不快，遂在某件奏折的“条陈”字句上端批了这四个字。同日，溥仪致函吴佩孚予以勉励。可见溥仪力行复辟，轻虚而重实。

溥仪颁谕赏匾（1926 年 11 月 23 日）

恤纬遗风

按：苏锡麟等公呈阎泽溥之母阎孟氏素明大义、训子有方，病殁邀褒，溥仪谕赏“恤纬遗风”匾额。

溥仪颁发柯劭忞、袁励准、朱汝珍派遣事项手谕（1926 年 11 月 27 日）

柯劭忞、袁励准、朱汝珍均著办理交派事件。

按： 柯劭忞系前清典礼院大学士，袁励准、朱汝珍也都是怀恋清朝而不愿为民国做事的历史名人。

溥仪赏陈澧之孙庆和匾额匾文（1926年11月30日）

东塾传经

按： 朱益藩将代书的五方匾额送到天津“行在”，内有南海陈澧之孙庆和，因前年进呈其祖所著书，蒙恩准赏匾额。

溥仪赏前清典礼院大学士柯劭忞在室季女柯昌漪匾额匾文（1926年12月3日）

璇闺人瑞

按： 前清邮传部右侍郎陈毅等，以前典礼院大学士柯劭忞在室季女柯昌漪去冬割股疗母至孝感人等情奏请赐匾。溥仪准赏“璇闺人瑞”，命朱益藩代写。

溥仪颁发朱益藩派遣事项手谕（1926年12月14日至17日）

著即协同，速向于珍严重交涉。

按： 1926年12月14日载润奏称故宫博物院派员锯锁，携走景山寿星殿列祖列宗圣容数轴，现正与北京卫戍司令于珍交涉。朱益藩16日回京，溥仪谕命“著即协同，速向于珍严重交涉”，同时又谕召载涛、载泽、载瀛参与。

溥仪电贺日本昭和皇帝践阼（1926年12月27日）

日本昭和皇帝践阼，谨表祝贺。

按： 日本裕仁天皇即帝位，溥仪发电报致贺。

溥仪命留京管理办事处整理颐和园的亲笔谕旨（1927年1月12日）

上谕留京管理办事处事宜。载润、朱益藩：著将三海及颐和园妥为整理洁净，以为朕之行宫。钦此。十八年十二月初九日。

按：溥仪的亲笔谕旨传到北京。从这道谕旨看，溥仪似还有返京定居之念。

溥仪为康有为七十寿辰赐匾匾文和“赐寿”的“谕旨”（1927年3月7日）

岳峙渊清

朕自京只身出津，无多长物可赐，欲撰联，又得出联，匆匆未成对语。

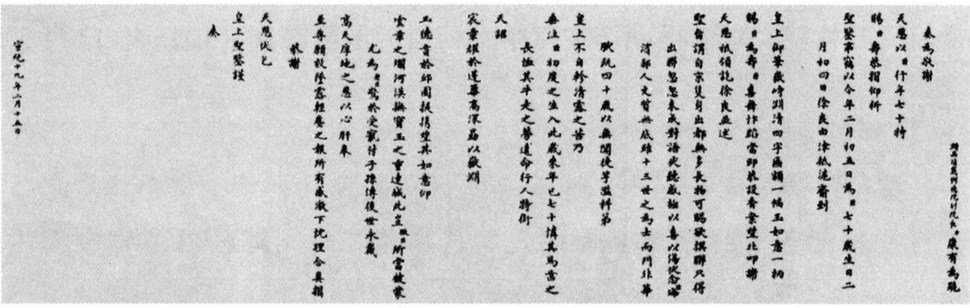

1927年康有为因溥仪赐予他“嶽恃渊清”四字匾额而上奏谢恩

按：康有为（1858—1927），原名祖诒，字广夏，号长素，广东南海人。作为近代中国资产阶级维新运动的领袖，戊戌变法失败后康有为流亡海外十六年，清朝时他拥戴光绪皇帝推行“新政”，到了民国又拥戴溥仪，提出“虚君共和”的政治主张，策划并从事复辟活动，在史册上写下与溥仪关联的最后一页。

1927年3月8日康有为七十寿辰，溥仪特派徐良由津至沪，赏赐御笔“岳峙渊清”匾额一方、玉如意一柄，以表祝寿。据《召见簿》载，溥仪是在2月23日见徐良的，这时已传下给康氏“赐寿”的“谕旨”，显然是被康氏这几年的复辟活动感动了。徐良奉旨于3月7日到达上海康宅，康有为喜舞忭蹈，设案焚香，叩领寿物。由徐良宣读的“圣旨”，用语恳切，好似溥仪正娓娓而谈，勾起康氏一片封建主义的忠君之情，他感恩戴德，回首往事，展纸吮笔，上溯戊戌变法，历叙所承清帝恩遇及一生艰险状况，写下一千余字的谢恩折。

康有为先说自己是“海滨鄙人”，蒙光绪皇帝“擢臣于侧陋冗散之中，咨臣以变法自强之业，谕臣专摺奏事”，遂有“百日维新”，继而诛六士、掘祖坟，虽遭“亡而奔外”，仍被悬赏购头，“暗杀至五六举”，其间“历经三十一国，行道六十万里，出亡在外，十有六年”。他表述心境说：“上哀圣主瀛台之幽囚，下痛亲友柴市之惨戮；内悲老母倚闾之不见，外忧生民乱世之多艰，未尝不肝随肺裂，心逐魂飞，赋远游而悲秋，诵大招而不返。”辛亥后总算得以“生还”，“然已鼎湖龙去，弓剑难攀；周室鼎移，玉步顿改”。中国大地已不是清朝天下，宣统皇帝又被逐出紫禁城，康有为既难过又感恩，乃以“头品顶戴弼德院副院长”的身份写下此折。谢恩折最末一段云：“臣回天无术，行泽悲吟，每念家国而咎心，宜使祝宗以祈死。我皇上不自轸清露之苦，乃垂注臣初变之生。入此岁来，年已七十。怜其马齿之年，恤其牛走之劳，远命使人特衔天诏，宸章耀于蓬荜，高深勖以岳渊，玉德贲于丘园，提携望其如意。仰云章之烂河汉，抚宝之重连城。此岂微臣所当被蒙，尤为老臣惊于受宠。付子孙传后世，永戴高天地之恩，以心肝奉至尊，愿效坠露轻尘之报。”康有为写就这篇言辞悲愤动人的谢恩折，即命书记杜长铁以恭楷缮写，石印千份，分赠祝寿者。康氏下笔动情，怀今感旧，伤痛已甚，哭笑无端，显已身处病态了。1927 年 3 月 18 日，康有为给溥仪上了最后一份奏折，并附去谢恩折，嗣后登轮离沪，于 21 日抵青岛。30 日赴英记酒楼宴会，未终席而发病，延至 31 日晨 5 时半许逝于青岛福山路 6 号“天游堂”居室。

短文：溥仪给“行在”用人大总管佟济煦的手谕《严禁夜间外出》（1927 年 4 月 16 日）

前曾传谕：在园中当差人等不许夜间外出，如有事故亦须报告队长，由队长回明该管理济煦，俟准许方能告假。昨晚竟有护军孙余善私自出园，夜深始返。该管理济煦所典何职？该队长玉山所司何事？竟茫然不知，实属惰怠已极！济煦著记大过一次，玉山著罚月例二个月。今后责成该管理，督率玉山等，严加整顿，认真管辖，不得私徇情面，遇事推诿。如再发生此等事情，惟该管理、队长是问。言出法随，不得视为具文而忽略者也。此谕。三月十五日。

（此谕著留案以备稽考）

按：溥仪住在天津的“租界”内，人身安全由日方负责保护，可他还缺乏安全感，常常亲自过问张园的门卫事宜。1927 年 4 月，溥仪就曾连续颁发谕旨，严禁园子里的下人夜间外出。他给“行在”庶务处任事，即园中用人大总管佟济煦下一道手谕，严格限制“园中当差人等”，绝不允许未经请假深夜外出。谕发后溥仪留心检查，发现还有人在深夜出入，很生气，遂传佟济煦询问，佟懵然无所知。又叫护军队长索玉山，此人乃皇族出身，和溥仪是远支本家，早在逊清年代即担任紫禁城护军队长。居然连他也不知情。溥仪因气愤而将二人一并处罚，再度发出亲笔手谕。

短文：溥仪写给用人杨宗光等的一张字条（1927 年 4 月 19 日）

所有张园内仆役一切人等，于夜间由十时至早五时出门，非经盖此章不得放出。

按：这篇手谕是 1927 年 4 月 16 日，即农历丁卯年三月十五日发出的。两天后的上午，李国雄和杨宗光在溥仪身边伺候。溥仪伏案写了一张条子，写好即招呼杨宗光，让他发下去。杨还未走出屋子，又被溥仪叫回：“等一会儿！”不知为何又要回交给杨的条子，重新写一张，写完站起来走向寝宫西南角。那里摆设一个玻璃柜子，类似今天的二层酒柜，柜上有个瓷盘，盘内放一颗小图章，四面都有字，不知谁刻的，却从来不曾使用过。溥仪亲自取来图章，在新写好的纸条上留印，再交给杨宗光：“给佟济煦拿去！让他告诉大门上的人，就说这条子是我写的，今后不见这种盖章条子，谁都不准出去！”于是，这张条子便夹在

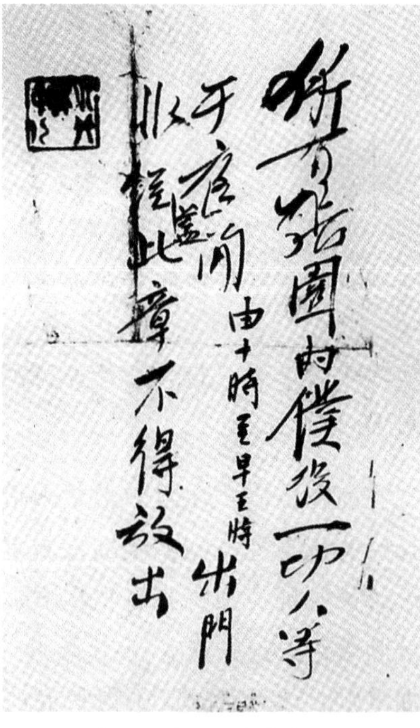
所有張園內僕役一切人等
于夜間由十時至早五時出門
非經蓋此章不得放出

溥仪为随侍所书戒条

溥仪档案中保留至今。李国雄回忆说："据我所知，门卫再也没收到过盖章放行的条子。是不是从此就没有夜间私自外出的呢？那只有当班的护军心里明白。"

溥仪致胡嗣瑗的亲笔手谕（1927年4月）

著赏给貂皮一件，以旌忠直，并以志吾过，庶杜迎合尝试之渐，通谕知之。

按：溥仪和婉容在天津新明戏院观看梅兰芳主演的《西施》。胡嗣瑗亲见其事，乃呈上奏折"自劾"。溥仪为求平息事端，遂发布一纸致胡嗣瑗的亲笔手谕。

溥仪撰写的短文《张作霖记事一件》（1927年6月18日）

张大元帅作霖祭天于天坛之祈年殿；大元帅行誓师典礼于天安门；大元帅受各将领觐贺大典于太和殿；大元帅移跸宫禁；大元帅升乾清宫御座受外国公使之入贺；大元帅以养心殿为行辕；大元帅受玺于交泰殿。

按：张作霖在北京成立安国军政府，自封为陆海军大元帅，成为国家元首，他一生的追求至此达顶。与其交往多年的溥仪也终于明白了他的真正用心。张作霖虽然尊崇溥仪，但最终是为自己，不会甘心在"宣统皇帝"脚下称臣。溥仪也对大帅的圆滑态度保持着戒心。就在举行张作霖大元帅就任仪式之际，溥仪心情复杂地写下题为《张作霖记事一件》的这段文字，为张作霖设计了称帝登基的全部典礼过程。这不是"游戏文字"，他已不再把希望完全放在张作霖身上，而以大量古玩和现款直接拢络张宗昌、许兰洲、李景林、马占山、胡毓坤、毕翰章、荣臻等张作霖的部将。

张作霖（1875—1928），字雨亭，生于奉天（今辽宁）海城小洼村，家境贫寒。移居海城驾掌寺以后，其父张有财因聚赌结仇被害，他则随母往镇安（黑山）县外祖家就食。十四岁时读过一年私塾就辍学了，从十六岁起出入赌场，当过货郎，学过木匠和兽医，还在大车店做过用人，都不成事。1894年他十九岁时投到清军驻营口毅军宋庆标下当兵，因“精于骑射”，在马玉昆部赵得胜营中一度被提拔为哨长。不久该部移防关内，他则脱离清军与赵姓地主的女儿完婚。1896年因赌博欠债离家，在北镇加入董大虎“胡子”帮。他的六年绿林生涯，实际是给当地绅商当保镖。其间联络了张景惠、张作相和汤玉麟等匪股，成为二百多人的大帮头目，渐成军阀首领。

当上国家元首以后张作霖很快就走下坡路了，1928年4月，国民革命军兴师北伐，而日本政府则因张已不再听话，趁机撤销了对他的支持。他被迫离京返奉，于6月4日被日本军部遣人炸毙于奉天皇姑屯。溥仪闻讯后派人送去挽幛，两人的交往就此终结。当时有人针对日本军阀的手段，提醒溥仪要注意这个殷鉴，溥仪却不以为然。在他看来张作霖不过是带兵军官，自己却是“真龙天子”，在中国没有第二人。敢谋害张作霖的人也不敢谋害他，可见溥仪内心是瞧不起张作霖的。

溥仪看过王国维的遗折而发出的上谕（1927年6月）

南书房行走五品衔王国维，学问博通，躬行廉谨，由诸生经朕特加拔擢，供职南斋。因值播迁，留京讲学。尚不时来津召对，依恋出于至诚。遽览遗章，竟自沉渊而逝。孤忠耿耿，深恻朕怀。著加恩予谥忠悫。派贝子溥伒即日前往奠醊。赏给陀罗经被，并赏银贰千圆治丧，由留京办事处发给，以示朕悯惜贞臣之至意。钦此。

按：笔者曾把王国维遗折抄件交给罗振玉长孙、恩师罗继祖看，老师阅后专写《观堂余絮》一文，他说：“遗折中间省略一段当是劝溥仪速离津他去以避危就安，孤臣孽子之用心，愚忠可悯，史鱼、灵均，一身兼之。溥仪倘地下相逢，不知何言以对！作者断言此折非伪，乃据以与《遗书》对勘而得，其辨别力而不逮溥仪，而矢言观堂之死为忠清则不失为‘实事求是’。”

原来遗折是罗振玉命其第四子罗福葆仿王国维的笔迹写下的，他对此并不隐讳，其外孙刘蕙孙（《老残游记》作者刘鹗之孙）回忆说：“1929年我在旅顺，雪堂先生对我说起他和静安的友谊，最后说：‘他最后觉得对我不起，欲以一死报知己。我也觉得那件事不免粗暴，对他不起。但死者不能复生，只好为他弄个谥法。遗折是我替他做的。’”

关于罗振玉代递遗折的目的，曾引起不少猜疑，然而这事在深悉内情的其嫡孙继祖师看来则毫不奇怪，他在《跋〈观堂书札〉》一文中写道：“祖父和王先生效忠清朝的信念至死不渝，这一点是共同的，并不为家庭嫌隙而有所动摇。所以祖父一看到王先生临终遗嘱而痛感愧对死友，在王先生一死明志，并没有‘希冀饰终恩泽’的动机，而祖父却迫不急待地代递遗折。溥仪说遗折写得很工整，不是王国维的手笔，这话倒是说对了。祖父对于王先生身后，特别是遗书的编纂刊行，不超过一年，遗书四集赫然在案，是尽了心力的。”

几年后，他又在回忆祖父的《庭闻忆略》中写道：“祖父一接到投湖消息，又看到‘五十之年，只欠一死，经此事变，义无再辱’十六字的遗嘱，才痛感只有不忘久要，而自己反不能捐弃小嫌，万分愧对。急急忙忙代作了一份遗折呈给溥仪，这份遗折虽未留稿，内容可以估计到，一定是希望溥仪毋忘在莒，近贤远佞。在祖父认为死者的心事他是明白的，代递遗折，尽后死之责，心安理得，所以丝毫没有想到会有人责备他‘欺君’。”溥仪看过遗折大受感动，遂与陈宝琛等师傅们商议，发出这道上谕，赐祭、赐谥。

英文剪报译文：《只有美国才能救中国》作者宣统帝（1927年6月）

在这个充满骚动的时刻里，只有一个国家对于中国可以起到决定性的帮助作用，这个国家就是美利坚合众国。这个国家能够单纯地重新开始给我以历史性的同情和传统友谊，并树立榜样使其他国家起而效仿。她继承着倾向中国的政策，这种政策与其他国家相异，并以挑战的姿态出现。

许多英国人士对中国存在着同情的真诚热望。但，也有一部分强有力的英国人，他们在认识上除去自己的优越性外一无所知。看来，英国的政策是眼光短浅的，他们只知从物质利益上加以考虑。日本也是同样的，其他根本不加考虑。

美国在华没有租界也没有旧的不同等条约，同时也并无可以明确继承的政策，这些原因自然不是平均的因素，美国政府踌躇地对中国采取措施，英国和日本都希望我们的国家长久地陷于分裂；日本更怕一个强盛的中国出现。日本不仅害怕一个统一的中国，出于她不可告人的秘密，中国巨大领土将不再是她的附属品，而且亿万中华民族团结在一个中央政府之下，也会使日本重新考虑她的国旗仍否在我国上空飘扬。

英国同样怕见到一个强盛的中国出现，因为那将会要求取消一切不平等条约，而英国的赖以大走鸿运的商业活动将受极大影响。她看不到我们国家终于会成为一个和平、统一、富强、昌盛的大国；其实那正意味着可能有一大批商品消费者出现。

美国既无不平等条件和领土野心，同时她的对外贸易是建筑在坚固的自由竞争的基础上，用一种称赞的姿态，基于互惠出现在我们面前的，她远还没这样做，相反地，她承受了一种消极的政策；当然，在有些时候，美国的政策，也只能解释为追随英国的一种表现。

按：原刊报纸编者为《只有美国才能救中国——满清逊帝如此说》一文写了一段按语："这是中国退位皇帝在和英国驻天津记者奥利维·散福女士会晤时所谈的内容。"该文以溥仪名义发表，能够反映当年在中国争夺利益的国家利用满清逊帝——宣统帝而做利己宣传的真情，却不一定能够完全代表溥仪的思想。

溥仪因陈宝琛八十初度传旨恩赏（1927 年 9 月 19 日）

太傅陈宝琛由同治戊辰科进士，历事三朝，启沃朕躬，职兼训护，年登大耋，已届蕊榜周甲之期，著加恩赏戴双眼花翎，并亲书'琼林人瑞'匾额赐之，以示尊宠师儒至意。钦此。

按：陈宝琛八十初度，除夕日特赋诗志感："通宵爆竹似平时，八十衰残不自知，何意蜷居一楼地，适来罗拜五男儿。君臣义在难归老，弟妹情长奈远离，混一车书终可待，天心人事正推移。"他感念君臣之义，虽高龄而不能启齿告老，溥仪传旨恩赏，实令陈受宠若惊，自谓"本非梦寐所敢期，又岂捐糜所能报"，表示将"勤炳烛于耄龄，犹思见复旦光华之盛"。

溥仪赏赐陈宝琛御书匾额暨御制诗、对联、福寿字贺寿（1927年10月23日）

琼林人瑞。

附：恩荣周甲蒙赐御书“琼林人瑞”匾额感赋

少时涂抹老郎当，六十年来梦几场。
晚节敢为科第玷，行朝犹率祖宗章。
阮潘生世何多幸，李左酬勋未可方。
谁信违天天转笃，蹉跎折补本寻常。

附：恭和御制赐寿诗原韵

一楼潮汐送年芳，奎藻高悬夜吐芒。
驽钝心期余蹇蹇，龙潜文采自堂堂。
久荒菊径从臣里，偶听松涛就赐庄。
终望及身见平治，健行无息用斯臧。

按：1927年10月23日即陈宝琛的八十生辰，溥仪赏赐御书匾额一方、御书对联一副、御书福字寿字各一方、御制诗一幅、寿佛一尊、白玉如意一柄、貂褂一袭、缎匹四件、银鼎一座、银瓶一对。陈叩头谢恩，祇领赐品、随后专折感谢“又忝殊施”，尤对溥仪“拈韵挥毫”，“亲洒奎章”而以为是终生荣耀，“感激涕零，忘其老至”。为此还写了两首诗，纵情于笔端。

溥仪发出《赐张作霖诏》（1927年）

奉军入京，人心大定，威望所及，群邪敛迹。昨闻庄士敦述及厚意，备悉一切。

按：庄士敦自顺承王府归，带给溥仪一个大好消息：张作霖承诺，将设法恢复民国政府当年给予清室的优待条件。得到承诺的溥仪马上命罗振玉拟稿，发出《赐张作霖诏》，表示感激之情。此为诏书中尚存的一语。

英文剪报译文:《中国需要一个拿破仑》作者溥仪（1927年）

我们中国人是缺乏能力的，应当了解我们面前的真相。

我们国家在奋斗前进中曾经支付了数万计的生命，旧的领袖继之认新的领袖，旧的口号继之认新的口号。今日作为救世者出现，明日则可能被目为叛逆。在仅仅数日中间，高唱入云的“主义”声和微弱无力的“教义”宣传，都会变成嘲笑与咒骂的对象。

我对于张作霖已无多大用处。即使不尊重他个人的身份与地位，但事实上，多年以来他受着日本人的支持，俨然一国的伟大领导者。

自从中国成为一个共和国以来，在数以百计的军事独裁者中间出现了新的领袖人物——蒋介石和“基督将军”冯玉祥就是一对显著的杰出人物，我知道一些事情有关上述二人的评价与资格。据我所知，冯玉祥有着更为强有力的性格，同时在其背后拥有一大批颇具纪律性的中国青年。我相信在通向北京的比赛中，冯玉祥会走在前面成为第一名的。

至于我个人成为中国皇帝的野心与愿望是否存在呢?

现在我只有二十一岁。在我国处于阴霾而嗷嗷求治的时刻里，我无此能力领导国家走向胜利与和平。我们国家需要拿破仑式的军事天才，并且还要具有奥利佛、克隆威尔（英国首相）与乔治·华盛顿（美开国总统）一样的性格和作风。

我只是一个柔弱的青年人，就连经营管理一个小小村庄的能力都不够。我愿作为一个极普通的中国人，尽我个人的能力帮助那些处于苦难岁月中的人民。但，我唯恐以任何行动激起人们对于我想重新爬上皇帝宝座的恐惧感。

我正在计划赴英国访问，然后访问美国，向这两个具有民主传统的西方国家进行呼吁，要求以公平态度对待我国人民。我深信在这一方面，还是会有所收获的。

君主政体早已一去不复返，我已生活在中华民国，我赞同以国民运动排除共产主义，我希望而且相信将有一位将领以国家主义反对共产主义，终致取得胜利!

按：这篇以溥仪名义发表的文章，当年就声明“纽约‘美国人’有版权”，据此可知，它会为谁的利益说话。

佛经偈语：紫金化身千百亿（1927 年）

紫金化身千百亿，白衣妙相三十二，
稽首园通自在尊，沙界咸称大悲主。

按：溥仪对《金刚经》《心经》等佛经上的语句很熟悉，能默诵不少佛经上的偈语。他曾亲笔恭楷写了四句佛经偈语并念给文绣听，给她解释这四句话的含义，要求文绣背诵。所以，若干年后文绣还能流利地背出。

溥仪与文绣关于拜佛的对话（1927 年）

文绣：在宫中时怎么不见皇上每天焚香拜佛？

（溥仪从小就佞神信佛，但还从来没像现在这样每天叩拜一番。）

溥仪：我在宫中，到了一定的日子才斋戒沐浴，焚香拜佛，那只是为大清社稷卜岁丰，求太平，祝愿宫闱清吉，国泰民安、乞望风调雨顺，四海升平。现在，我每天做功课，念佛号，是为了恳求菩萨保佑，垂怜悯念，给我降恩啊！

按：溥仪掩饰了他对时局动荡、前途迷茫的空虚和担忧，掩饰了他由于正在干着的罪恶勾当而带来的恐惧和不安。

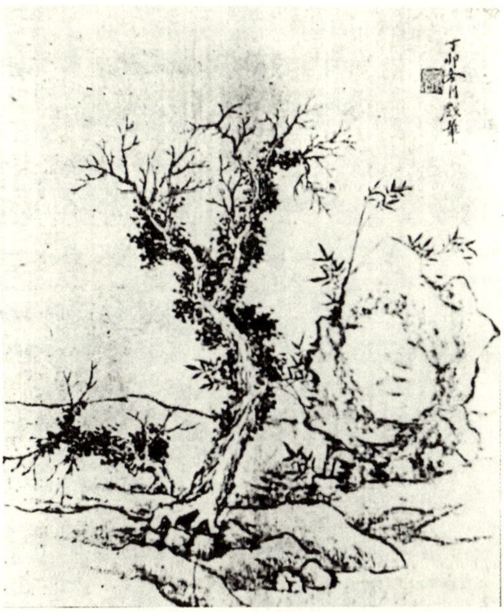

溥仪 1927 年的速写画

溥仪戏笔：假王国保仁二月二十二日之日记（1927 年左右）

二月二十二日　晴　微云　假王国保仁之日记

晨四时起，与犬戏猫玩，至于七时骑驼乱奔一回。八时亲宰鸡喂兔，九时餐。十时骑驴大哄一阵，十一时游公园，偷犬三只，鼠一个，二时归，三时睡，四时醒，五时玩，六时餐，七时看猴骑犬，八时玩龟，九时复大吃，十时吐，十一时大跳奔逐驴，至三时寝，立时睡住。

按：溥仪假托某人日记的戏笔真迹，系以毛笔红字写于小方黄色簿子上。

某岁十二月三十一日有感而作（1927年左右）

今夕为西历除夕，支那各伟人、政客兴高采烈以度新岁。俊仆艳妓伺左右，美馔甘酒罹陈前后，大有及时行乐之慨。回忆吾民水深火热、冻馁饥寒、卖女鬻儿、悬梁投河，日有所闻。睹之心伤，闻之泪下，徒尔嗟叹，毫无方法。杯水车薪，岂能补救！虽有五六慈善家，施助钱米，为数亦甚有限。呜呼之赤子，何罪何辜？遭此穷窘，彼伟人政客，亦有何德，而受天之佑哉！

按：天津时期某年12月31日有感而作，确为溥仪铅笔真迹。

附：二妹韫和致溥仪的书信（1925年至1929年）

皇上、主子〔按：称婉容〕吉祥呀！玛莉现在也快好了〔按：韫和正生病〕，玛莉、丽丽太想皇上、主子了，玛莉又好几天没给皇上、主子写信。朱老师〔按：朱益藩，溥仪的师傅兼御医〕老让照方吃几剂，玛莉天天晚上老喝一杯黄酒。玛莉要是好了，一到天津可太好了。现在，玛莉、丽丽一天一天的闷得要哭，竟生气玩〔按：可想而知，在紫禁城里她们与婉容一起游戏的快乐日子〕。等上天津就好了。玛莉、丽丽给皇上、主子请安。

……主子快多多地给玛莉、丽丽写些信才成呢，因为老没写了，现在又有很多的家庭故事了〔按：皇家也是人情味十足的普通人家〕。

主子现在做甚么呢？主子念书哪呢？主子怎么老没写信吗？

皇上、主子怎么没给玛莉、丽丽画画呀〔按：婉容常给韫和等画画，或有与溥仪合作之画〕？

快到四月〔按：似指1926年旧历四月〕了，真好呀！主子现在还听无线电吗〔按：当时听无线电亦属特殊，婉容这一兴趣已惊动家庭内外〕？主子给玛莉打电话说，让四月初一日就去，多好呀〔按：婉容喜欢溥仪的二妹、三妹，曾亲自打电话催促她们来津聚首〕！王爷〔按：载沣〕要后去，玛莉、丽丽要先去，成不成呀？主子快给玛莉写封信可以吗？

皇上、主子上马厂去啦吗〔按：马场是天津著名娱乐场所，是溥仪和婉容迷恋的去处〕？北京太热了，天津也热吗？主子千万赏一封回信成不成呀？

初三那天〔按：据落款时间推算为1925年的旧历七月初三日〕，玛莉、丽丽跟王爷上中央公园啦，玛莉就没给皇上、主子写信。北京现在太热了，主子说天津下大雨了……主子说天棚倒了〔按：婉容给韫和等写信，说天气、道家事，朴实自然〕，有一回玛莉看报上天津下大雨，说电灯也不来，玛莉真害怕。

皇上画那黑脸人是谁呀？一定是皇上吧〔按：溥仪给妹妹画了一纸"黑脸人"〕！玛莉、丽丽让王爷看皇上、主子写的信啦，王爷看见有跟王爷求婚的，王爷很乐，说她是疯子〔按：溥仪收到寄自美国的信，有位女士向载沣求婚，溥仪和婉容遂在写给韫和等的信中提及此事，多么有情趣的"家庭故事"〕。

现在，主子那脸上黑点都治下去了吗〔按：婉容与韫和等通信并不讲官话，而是女孩子之间真诚的交流〕？丽丽太想皇上、主子了。主子念英文没有呀？主子赏那盒，太好看了！玛莉、丽丽给皇上、主子请安。

附：二妹韫和的日记

正月初一日〔按：公历1929年2月10日〕，晴。午前十一时赴张园，道新禧、拜年。晌午，同皇上、兄〔按：溥杰〕等摄两片像。五时才见着皇后，十一时归〔按：从下午5时至晚11时婉容与溥仪的妹妹们在一起〕。

二月二十四日〔按：公历1929年4月3日〕，晴。早七时许，皇上来啦。坐些时，又同皇上赴马厂散步一小时，又赴张园。晚八时许始见着皇后〔按：有鸦片瘾的婉容作息无规律〕，十时归，未几就寝。

四月初二日〔按：公历1929年5月10日〕，晴。下午三时许赴张园，皇上言，皇后将剪发〔按：婉容改变满族发式，剪烫流行短发，是溥仪同意并支持的〕。父〔按：载沣〕言，若皇后剪，我等亦可剪去。先本打算今天剪去，后因仙宫〔按：当时天津一流理发店〕之女理发匠未在，固未剪。晚十时归，十二时眠〔按：5月12日载沣携韫和、韫颖去"仙宫"剪了发〕。

九月二十三日〔按：公历1929年10月25日〕，早赴静园念书，十二时许微雨，未打球……今日见着皇后〔按：这一时期韫和、韫颖等在静园读书，每日

载沣与儿女合影于天津。后排右起：溥任、韫馨、韫和、韫颖、韫娴、韫欢；前排右起：载沣、韫娱。

必往，但不是天天与婉容见面〕。

2月11日〔按：韫和日记自1930年起使用公历，本日按旧历为庚午年正月十三日〕，今日为皇上万寿之日，十时赴静园，与皇上行礼。礼毕，同皇上、皇后、父、妹照相。餐毕，看影戏。晚餐毕，八时归。

3月6日，早赴静园念书。今日忌辰，未唱戏。早餐毕，同皇上、皇后赴惠罗〔按：天津一家大公司〕购物，三时许归。

3月7日，早赴静园念书。早餐毕，同皇上及秉颢〔按：韫颖之别名〕赴山本照相。归后，同皇上赴荣公馆〔按：即婉容娘家荣源家〕。晚餐毕，看影戏，十时许归。

4月19日，早赴静园念书，讲《东华录》。早餐毕，打网球，后同皇上、皇后赴马厂。归后在院中玩些时，在院内晚餐〔按：神仙般悠闲〕。九时许归。

4月25日，早赴静园念书，下午念英文。后同皇上、皇后赴马厂，又打网球。七时许归。

5月2日，早，赴静园念书……后同皇后在车里坐到马厂及中街，去未下车〔按：此走马观花之谓也〕。

5月3日，早赴静园念书。下午，同皇上、皇后赴马厂及义利〔按：天津一家食品公司〕购物，五时许归。

溥仪、韫和、韫颖等在高尔夫球场

5月4日，今日星期。下午二时许，皇上、皇后来〔按：指溥仪和婉容到戈登路王公馆〕，同赴马厂，又赴吉士林〔按：当时天津一流西餐馆〕。回静园打网球，晚餐毕又打网球，予打得毫无进意，又照相片数张〔按：打球、照相婉容亦在〕，八时归。

5月15日，早赴静园念书。……晚，同皇上、皇后及父赴马厂，又赴吉士林。予吃冰激凌四份，一份杨梅，甚觉舒适也〔按：此处反映出婉容等以冷饮消夏的情景〕。

5月24日，早赴静园念书。下午同皇后上中街闲游〔按：较之紫禁城时代婉容可以说是自由自在〕。

6月21日，早赴静园念书，下午打球又念英文。晚九时许，同皇上及皇后及父到来得乐饭店吃茶乘凉，十时半归〔按：婉容的夜生活〕。

6月24日，早赴静园念书，未念英文。下午，同皇上、皇后赴正昌〔按：天津一家有名的西式果品店铺〕购点心，又赴马厂散步。在正昌，予甚可笑。予手持一瓶问彼等："此为何物?"〔按：韫和跟婉容等开玩笑〕不想未搁稳，就听"砰"的一声，瓶竟倒下，其声甚响（因倒在玻璃柜上）。当时予满面绯红，而又大笑。后秉颢言，所有铺中之人们皆怒目视予，云甚可笑也。晚餐毕，七时许归。

7月3日，早，下雨。赴静园念书，餐毕，同皇上、皇后赴马厂及吉士林。今日因下雨，所以在马厂内竟要跌倒，各种怪态实可笑也。晚餐毕，同皇上打球，七时许归。

7月26日，早赴静园，下午同皇上、皇后赴马厂。归后打会儿球，晚餐毕，七时归。

7月27日，星期日未赴静园。晚八时许，同皇上、皇后赴马厂，九时许归〔按：溥仪和婉容都需要夜生活，但经常要带着韫和、韫颖〕。

8月16日，早赴静园念书，下午六时王爷亦去。后同皇上、皇后及父及七叔之二哥〔按：载涛之子溥佳〕赴马厂，又赴利顺德〔按：天津一流西餐馆〕小憩，九时许归。

8月27日，早赴静园念中、日文，下午念英文。早，与皇后一同吃饭〔按：韫和等虽每天在静园吃饭，但极少与婉容同餐〕。后同莉〔按：韫颖〕至马厂散步，三时半归。

9月17日，早赴静园念书，未念英文。后同皇上、皇后至马厂，三时许归。

10月23日，早赴静园念书。远山〔按：远山猛雄，溥仪为韫和等聘请的日语家庭教师〕放假。今日皇后搬至楼上，又未念英文，三时许归。同上及后赴马厂〔按：系随溥仪和婉容去马厂〕，同莉及四〔按：韫娴〕五〔按：韫馨〕赴中原〔按：中原公司〕，为皇后购物。

10月28日，早，同莉、四、五赴静园。今日皇后千秋〔按：旧历庚午年九月初七，往年千秋日定在九月十七〕，行礼毕，早餐。二格格〔按：婉容庶母恒馨〕亦至，后、王爷亦去听影戏。晚餐毕，九时许归。晌午，同上打球，二格格看来的〔按：记述了婉容过生日的情况。婆家、娘家亲属都来行礼，举办球赛、影戏等文体活动，团聚晚餐〕。

11月23日，今日星期。今日予为虚度二十年之纪日也〔按：韫和生日〕。予所谓虚度者诚不假也，虽经二十年一无所成，诚虚过也。早至静园行礼，上及后还赐物，一时归〔按：溥仪与婉容颁赐了生日礼物〕。与父行礼，莉与予拜寿，瑞琴〔按：载沣侧福晋邓佳氏〕及四等亦为拜寿，二格格〔按：婉容庶母恒馨〕又遣人送礼。晚，同父至“致美斋”〔按：天津一家大饭店〕晚餐，后赴明星〔按：一流剧场〕聆马连良之剧，二时始归。〔按：几通宵达旦矣！〕今日虽很高兴，但抚今追昔，能无感于衷乎〔按：比较之下，可知婉容之“千秋”过得实在平常〕！

按：1925年至1927年间，载沣一家还住在北京醇王府内。1928年四五月间，蒋、冯、阎中原大战，再度造成纷乱的政治局面，这使载沣感到醇王府平静的家庭生活难以为继了，乃携家迁往天津，在英租界戈登路一处由溥仪置办的花园洋房中落脚，对外称作“王公馆”。从这时起，婉容与韫和、韫颖往来更密，其时韫和十五六岁，韫颖十三四岁，她们给溥仪和婉容写了很多信，富有儿童情趣。可见婉容不但与韫和、韫颖常在一起，与娘家、婆家其他亲属，特别是溥仪众多的妹妹们都有往来。对“皇上”和“皇后”只以家人之礼相见就行，会见是轻松和随便的。吃饭场面也不像早年在清宫那样严肃了，人人都坐着吃，可以说话，也可以发出咀嚼、喝汤的响声，不必提心吊胆。在相处的亲属中间，婉容与溥仪的二妹韫和、三妹韫颖接触最多。韫和以“玛莉”自称，韫颖以“丽丽”自称，用的是溥仪给她们取的英文名字。那段历史行踪已被珍贵地保存在韫和当年的日记（原件藏中国第一历史档案馆）中了。这里摘取能够反映溥仪、婉容生活情状的若干片段，是溥仪在天津时期家庭生活的真实写照。必要的说明作为按语写在〔　〕内，原文抬头处一律免去。

短文：浩气篇（1926 年至 1928 年）

英断豪迈，阔达宏度，八方同仁，至公忘己，生死成败之区区岂足论哉？岂可限哉？噫！虽无知音，宁销我志，求吾之所安，浩气而已。

按：溥仪以此短文抒发志向。

溥仪给兵败滦河后潜往旅顺的张宗昌发出谕旨（1928 年 4 月 2 日）

朕自闻滦河潜师，苦不得卿消息，昕夕忧悬。昨据日人多轮、朕派遣在大连之前外务部右丞谢介石专人奏陈，卿安抵旅顺，与前俄谢米诺夫将军，订彼此互助之约，始终讨赤志不稍挫，闻之差慰。胜负兵家之常，此次再起，务须

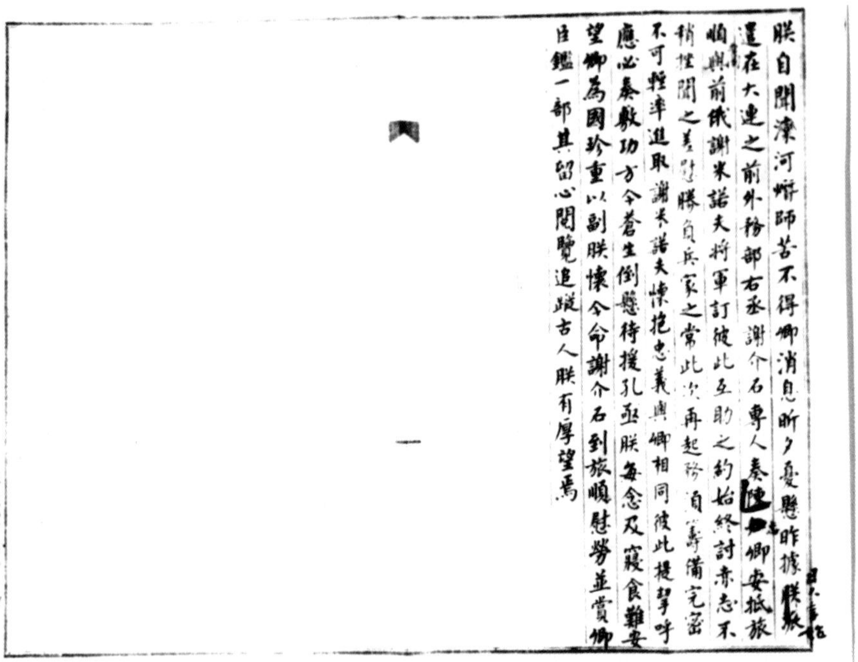
朕自聞灤河潛師苦不得卿消息昕夕憂懸昨據日人多輪朕派遣在大連之前外務部右丞謝介石專人奏陳卿安抵旅順與前俄謝米諾夫將軍訂彼此互助之約始終討赤志不稍挫聞之差慰勝負兵家之常此次再起務須籌備完密不可輕率進取謝米諾夫懷抱忠義與卿相同彼此提挈呼應必奏敷功方今蒼生倒懸待援孔亟朕每念及寢食難安望卿為國珍重以副朕懷今命謝介石到旅順慰勞並賞卿臣鑑一部其留心閲覽追蹤古人朕有厚望焉

溥仪颁发给张宗昌的谕旨

筹备完密，不可轻率进取。谢米诺夫怀抱忠义与卿相同，彼此提携、呼应，必奏敷功。方今苍生倒悬，待援孔亟，朕每念及寝食难安。望卿为国珍重，以副朕怀。今命谢介石到旅顺慰劳，并赏卿《臣鑑》一部，其留心阅览，追纵古人，

朕有厚望焉。

按： 张宗昌兵败滦河后潜往旅顺，得到溥仪支持，与谢米诺夫签订《中俄讨赤军事协定》。

谕旨：溥仪给广东南海县生员杨履瑞的谕旨（1928年5月21日）

宣统二十年四月初三日奉

谕腾遭兹多难待人务从宽大，凡建言足资规益者，无不立予褒答，即或指陈过当亦多存而不论，乃有广东生员杨履瑞屡递封奏率以其巢屑私事，再三烦渎面于诸臣，辄构为风影之词，任情诬蔑，有偶经进见人员，即指称委心倚畀，似此糊涂谬妄只可一笑置之（在事诸臣亦从未提及一字，想皆不屑与较，该生员则又谓某人锢蔽，某人把持，行园炽尺之地，累有锢蔽把持如所云云者，朕顾一无觉察，将朕视为何如人耶），至本月初一日所进一折亦惟语尽无嵇并涉及宫闱不察事之有无意无丝毫之忌惮，昨又将其私有手卷二件，擅求赐题亦属异常冒昧，用特明白宣示，庶咸知该生员之由荷宽容，已非一日，而胆玩离奇，不可究诘，愈出情理之外，应即传谕严行申斥，手卷并著掷还，此后不准肆意妄言，以肃观听，各折并发办事处公同阅看，足见朕非不能容物也。钦此。

按： 广东南海县生员杨履瑞陈述复辟策略及参劾、谢恩方面的奏折共20件，此谕乃溥仪针对杨履瑞奏折中某件而下达的，文中勾画均为原有。

五言律诗：秉烛游（1928年初春）

古人惜昼短，劝令秉烛游，
况比迢迢夜，明月满东楼，
复有盈樽酒，置在楼上头，
期君君不至，人月两悠悠，
照水烟波白，照人肌发秋，
清光正如此。不醉即须愁。
江人授衣晚，十月始萠砧，

一夕高楼月，万里入园心。

三月二十日灯下

按：溥仪长夜登高楼，望月思大清。

七言绝句：夜坐（1928年初春）

庭前尽月立到夜，灯下有时坐彻明，
此情不语何人会，时复长吁一两声。

按：溥仪思念大清，彻夜难眠，认为身边没有真正懂得他的心思的人。

戊辰九月初六日溥仪致罗振玉的亲笔手谕（1928年10月18日）

数月未暇见卿，深以为念。前闻卿赴旅顺，慨助谢米诺夫钜款，忠义奋发，力图进取。谚云“言之匪艰，行之维艰”，卿实先行，而后言者也。溯自甲子以降，苦心孤诣，备尽艰辛。时值厄运，忠贞愈坚，毁家纾难，诚为仅见。自 陵寝发生，卿复报效钜金，为众人倡，时规朕须图远者大者。朕受 列祖列宗付托之重，遭兹奇变，若不立志恢复，解民倒悬。不惟为 祖宗之不肖子孙，更何以对 列圣忧勤惕励、勤政爱民之至意？是直为天下之罪人也！今刘承干、叶尔恺等慨蠲多金报效陵工。复上封奏一纸，言词恳至，忠贞炳然，渎竟益增感愧。惟思居津数载，荒学自逸，长此以往，不惟危机四伏，抑且内疚神明，尚得为人乎！今当矢志图强，誓雪大恨！事之成否，非所计也，惟来日方长，端赖良佐，是愿毋离左右，常资规益。即着仍居津供职，其报效诸员，均著先宣朕意嘉慰，俟后再行酬赏。近日来忧郁过甚，肝气结闷。暂写数笺，聊表联意，稍愈再为面谈，即着溥杰持谕传知。戊辰九月初六日谕罗振玉一道。

按：溥仪致罗振玉一件长达300字的亲笔手谕，原件藏中国第一历史档案馆《清废帝溥仪档》，是我（指整理者）从档案馆数千卷溥仪案卷中筛选出来的。1987年前后我把它拿给恩师罗继祖看，引出感慨万千，老师还在我的抄件上用红笔重重地写了“此谕抄存”四个字。后来我又有机会看到老师写的一首诗《溥仪戊辰手谕》：“言之匪艰行维艰，谁使忠贞郁弗伸，前半生与《戊辰谕》，赫赫王言孰伪真。”此谕确出手笔，非他人代拟，称赞罗振玉“实先行而后言”“忠义奋发，力图进取”“苦心孤诣，备尽艰辛，时值厄运，忠贞愈坚，毁家纾难，实为仅见”，又赏赐“言泉文律”匾额，令罗振玉感动得落泪。

五言绝句：忠诚篇（1928 年前后）

乌雀噪鸳瓦，浮虚欲曙光，
秉烛披典浩，稽古思文正。
盛德妮千古，声教被遐荒，
羡里遭困禁，臣节不少忘。
忠诚动天地，炳若日光煌。

按：溥仪写诗言志。

短文：池蛙（1928 年前后）

吾道穷矣，无可为矣，中夜悄悄伊孰知矣，一人饥寒切如已矣，虽切已矣，终何术焉，既无术矣，毫日悠悠何其寂矣，事虽万殊，必尝清静，处仁行恕，舍此无由，由不可过，坐困愁城，扪井观天，若池蛙然，吾丁不辰，不可怨人，澹荡自如，俟命行仁而已。

按：溥仪时有“坐困愁城，扪井观天，若池蛙然”之感，恨未能奠定实现复辟而不可或缺的军事基础。

短文：可任大事（1928 年前后）

无名利之心有礼让之怀者可任大事。

轻死生仗意气者侠烈也，畏死生无操节者匹夫也，道充德溢，和惠雅畅，飘然有出世之风而怀中恕于内者圣贤也。庸碌唯诺可东可西俗子也，恕得恕夫畏首畏尾琐碎枝节小人也。

按：溥仪写此短文，表述这位前皇帝的人生理念。

诗词：恶狂澜（1928 年前后）

恶狂澜，实难防，堤崩土解灭田桑。
东北区界尽泽国，长幼提携悉逃亡。

流离失所或覆没，夜半鬼火隐聚光。
吾民无辜遭此毒，皇天不吊弃独孤。

时蒙不辰徒悲叹，生死悲欢本一途。
安命达天堪久在，心安体舒任祸福。

按：那几年溥仪还写过很多政治诗，表达对现实的不满和誓作“后清”圣主以“救民水火”的反动政治理想。此时的溥仪在政治上已趋成熟，他的诗作字里行间流露一种无可奈何的情绪，说明溥仪对自己没有军队，没有实力，不成气候，已有符合事实的认识。原诗无题。

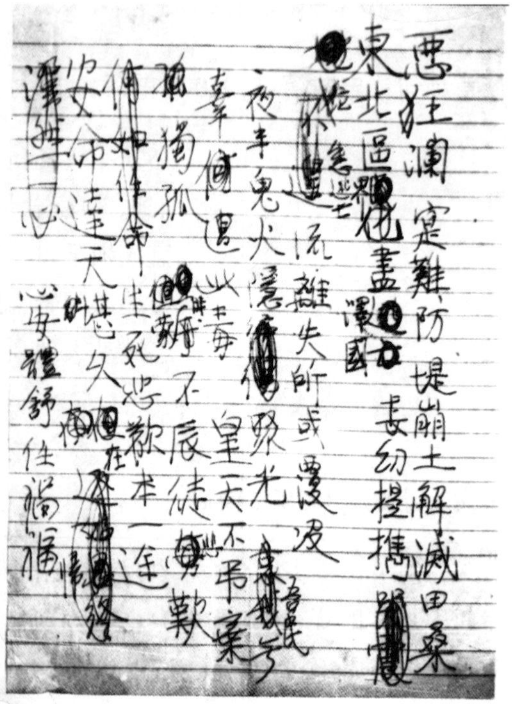

溥仪的诗作

五言绝句：昼卧（1928 年前后）

抱枕无言语，空房独悄然，
谁知尽日卧，非病亦非眠。

按：溥仪昼思夜想都在“复辟”二字上。

五言绝句：夜半闻蕉响（1928 年前后）

凉风阵阵起，细雨萧萧来，
夜半闻蕉响，定知长莓苔。

按：溥仪思念前程，夜不能寐。

七言绝句：志洁清高（1928年前后）

松高百尺在书堂，志洁清高不惧霜，
惟有岁寒赤心在，真能向日作忠良。

按：溥仪以此绝句表达“重建清朝”的誓死决心。

短文：适己为悦（1928年前后）

世人每以适己为悦，逆己为恨，逞其私欲，丧其天真，诚可痛也。今之讲，此为财势所驱，即为色种所诱，即偶两心相契，其初识时不倾羡款倒，久则生厌，况人心喜新弃旧，存心利己，以妬忌之念，患得患失此皆为一之障碍，故吾敢断定，今之举世言……者皆瞢之者也。若夫贞……者其光明同于日月，其贞固过于金石，为最情洁最高尚之结晶，岂世俗所谓如比翼连理之亲兴，夫一日不见如三秋之嗄，所可比防于万一者。

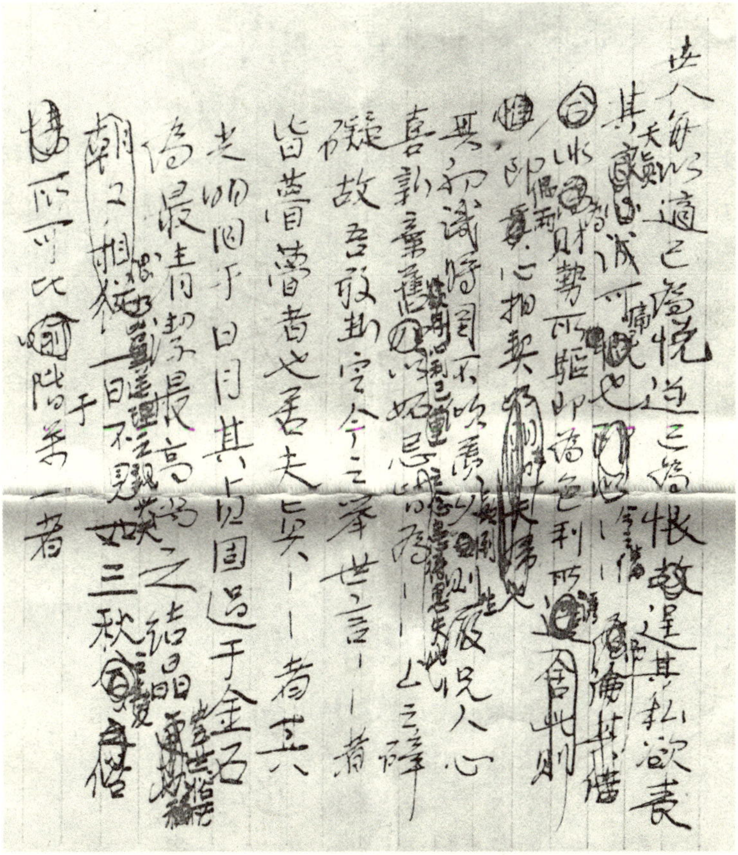

溥仪亲书短文“世人每以适己为悦，逆己为恨”

按：溥仪教育崇信自己的人，要以重现大清天下为己任，而不要只顾眼前，事事为己。

短文：不以诚待人终须失败（1928年前后）

小人欺人而自欺，君子受欺而自明，小人用尽心机不值识者一笑。不以诚待人终须失败，欺人一时或可掩过，然终必败露。人先立志以不欺暗室起，方是入学之门，否则多读何益？小人愈多读多坏，君子学一行即行一步。小人口甘而坏，君子言谈而成。

按：此文以“小人欺人而自欺”开篇，意在倡导“君子人生”。

短文：楼顶纳凉（1928年前后）

方才我因着急，心中太难过了，说话全不爱说了。我就上了楼顶纳凉，吃了许多凉果子，少好一点，我告诉存耆，令其速与李士奎接头，等一会就来了。房子事情我已派司房出去寻觅，一面又令司房打电话给荣公馆及徐良、万绳栻，令派人分头快寻二处的房子，大约今天也可定下，我现在在楼尖上乱奔，风凉极了，舒服极了，也不要着急了，千万千万……（共18个“千万”）千……（5个“千”）万别别的着急了啊！等一会北京电话来时再告诉溥杰与张学良商议火车之事也乎，我在楼上听见老郭在廊子上说：传膳，快看。现在饿了吗？吃饭的时候不要思想着急，千万千万，我现在还不饿呢！

按：溥仪在此文中提及“溥杰与张学良”，即指溥杰与前妻唐怡莹临时居住在天津张学良寓所时期事。

七言古风：夜霄写怀（1927年至1929年）

朔风吹雪阴连绵，万户僵卧号饥寒，
铺地千里成银色，下满坑谷上积峦。
银檠挑尽思漏永，古今沧桑镜中看。
一朝别离亲戚散，相顾谁复怜茕单。
中原频年遭战乱，几闻官吏曾吁叹，
我生不辰夫何咎，蹇亨坦然由诸天。

按： 此诗系溥仪感慨“生不逢时”，“一朝别离亲戚散，相顾谁复怜茕单”，也只能“坦然由诸天”了。

短文：如有尺地之可栖（1928年前后）

如有尺地之可栖，于愿足矣，藜羹劣绨，在吾已甘之若饴矣。茅簷尚不敢希，况蔀屋乎？与鹿麋游，同山石居，遂我心愿，深知无此幸遇。即得尺地之暂容，亦不可得；惟有谵我心怀，毋坠尘纲，悠悠之口，固不值较也。事逆我怀，如潮之涌，我迷已深，未能坦荡，愧衷多矣，每欲奋勇，克己三魔，何迄无成效？吁鄙哉！

按： 溥仪以前皇帝的身份索要辖地，名曰“尺地”，实为“中国”。

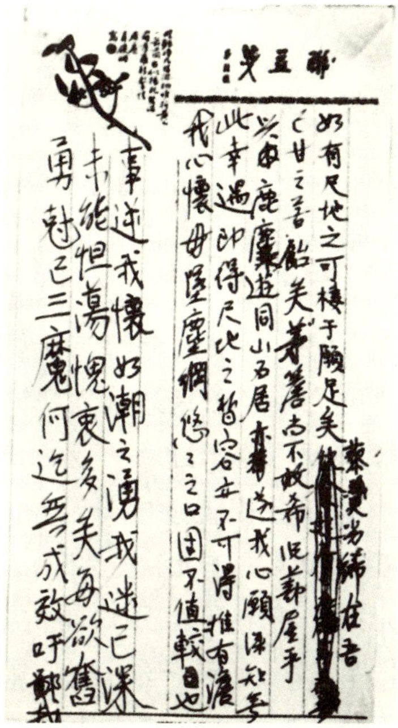

溥仪亲书短文“如有尺地之可栖”

短文：凡不世出之英雄（1928年前后）

凡不世出之英雄，必有神化不测之能，岂不坚坚凡儒所堪褒贬，盖处非常之变，犹须非常之人，行以非常处置……

按： 溥仪泛论非常之世、非常之人与非常之变。

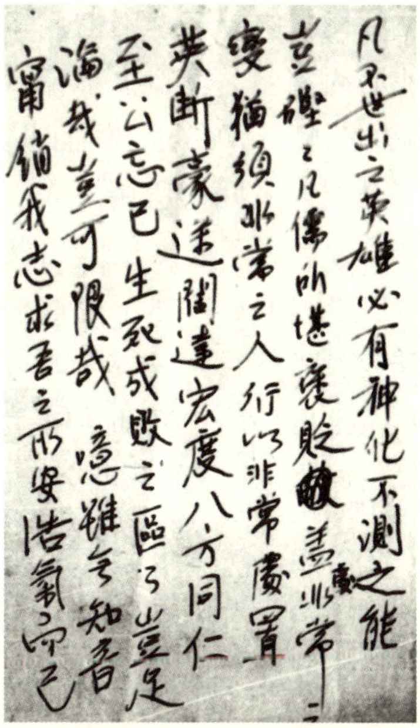

溥仪亲书短文“凡不世出之英雄”

溥仪赏赐原清朝云南曲靖府知府陈宝瑨御书匾额匾文（1929年1月7日）

凌寒竹健

按： 陈宝琛的胞弟、原清朝云南曲靖府知府陈宝瑨八十岁寿辰之际，溥仪赏赐御书匾额一方、如意一柄、尺头两件。陈师傅当然知道，溥仪颁赏绝非因为受者当过小小的清朝知府，而是看了他“久侍行朝，未遑家食，雁行相望”的面子，他为陈家争得一门的荣耀。

短文：溥仪提出处理园内下人事宜的若干原则（1929 年 5 月）

此次于最短时间办理物件极为妥善，事后酬劳本理当然，不过必须其本人来领以凭稽考，而重公开，缘中国旧习素深，予久稔其弊故，每次对于下人等，约束甚严，厚其资金绝其贿赂，如卿所谓介绍人须分一千元，究竟彼是何人，现在何处，果去上海，何妨俟其归时再给，何必速迫若此？诚令人不解者也。至于此次一万元之分配，予当分析相告。内开：银行方面，五人每人一千元；介绍人一名一千元；余四十元均分赏园内各随侍、护军矣。以至一丝一毫均未不详细开出，予之心意卿本不知，凡关正当用途，慈善事业，从未少薪，每拨万元，然最忌事不彻底。无论大小必须言明，否则决不承认也。想此当为卿所谅许也。俟面见再详告。如介绍人系园中所用之人，亦不妨明告，予决不非之也。凡事言则易办，否则虽一钱亦不可欺蔽也，愿知我谅我。

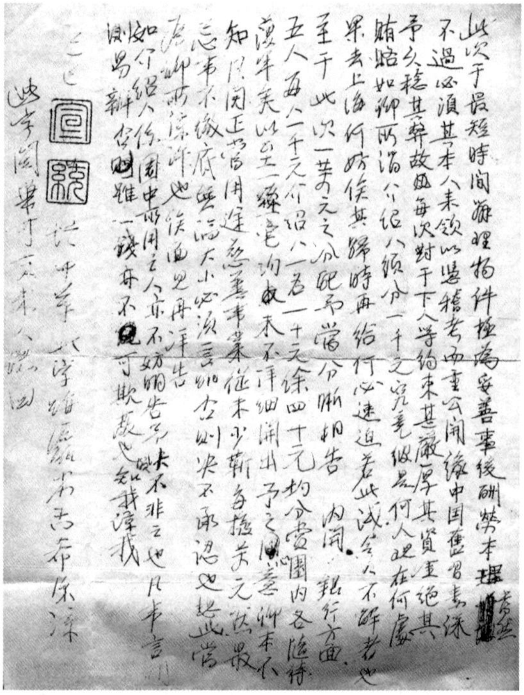

溥仪写于 1929 年 5 月的亲笔记事手迹

已巳，忙中草此，字迹露劣，尚希原谅。此字阅毕可交来人携回。

宣统章字　印章

按：这是溥仪在迁居静园前不久，写给张园大管家胡嗣瑗的，提出了处理园内下人事宜的若干原则。

附：韫和的日记（1929年7月至9月）

五月二十八日（按：公历1929年7月4日）晴，早四时张园打电话，言皇上叫余与若男（按：韫颖别名）赴马厂。从马厂归，又到这里（按：指回到戈登路王公馆）后又同皇上赴张园，十二时半归。

七月初四日（按：公历1929年8月8日）晴，晚六时许赴静园。晚餐毕，同皇上、父与若男看日本之大力士摔跤去。晚九时许归。

八月初一（按：公历1929年9月3日）今日又同皇上打台球，今日成绩殊佳，今只输了十九个一百比。

按：纵观韫和那一时期的日记，可见溥仪最喜欢二妹和三妹，在许多出门游玩的场合，可以没有婉容却往往丢不下韫和与韫颖。

短文：溥仪亲笔分工细目（1929年8月22日）

各人所专管之物类，由今日起分别清楚。清理后，如要物品时不得延耽，必须立时拿出，若推不知，定受重责一百板，轻者三十板。

尚有未记账（室中所陈列者），均即日记账，分别何类，奏明管理。

人　　员	房　　间	物　　品
祁（继忠）	召见室	日记、银钱账目、中国衣服、褥、被、靴、皮件等类、信件
李（国雄）	大餐厅	杂物箱、相片、书籍、西服、笔墨
吴（效周）	寝　室	日记、银钱账目、报、西服
严（桐江）	大餐厅	杂物、相片、书籍、药品、信件、宣纸、笔墨
王（简斋）	小卧室	中国衣服、褥、被、靴、皮件等类、西服
曹（裕光）	小客厅	楼上各抽屉并杂字纸
赵（炳武）	小饭厅	楼上各抽屉并杂字纸
藻（金藻通）	司房	中国衣服、褥、被、靴、皮件类
		餐瓷品及五号物品、花盆、果盘、供器
杨广英	佛　堂	报、银钱每日数目
增（增社）		杂物、书籍、笔墨

己巳七月十八日，自立字日起，如再错乱，按在张园时所定章程处罚。

其它手卷、册页、挂轴及召见室陈设格内并汉玉珠箱、保险柜，由七人完全负责（各人分类专记）。

李长安专管伺候格格来时饮茶用餐、早间洗面物件等，如有随侍等不准任意指使。缘尔等当差皆系平等，不许随便指派差务，更不许无故与之玩笑、讖骂等事。如李长安有过失，尔等自管陈明；尔等有过，长安亦须无论事之大小一概陈明，予自当公正严办。总而言之，尔随侍七人年皆幼稚，蒙朕殊恩，当如何奋勉上报！岂可屡经谕言，悛不知改？嗣后如再犯规则，或借口相诋不陈明者，一概以故意抗谕言论罚。

按：溥仪给随侍们制订了行为守则，这回又规范了纪律和分工。据李国雄回忆，溥仪还命人按其亲笔稿油印若干份，人手一份，让每日必读两次，以保证严格奉行。此时溥仪刚从张园搬到静园，尚未能从忙乱失序的状态中扭转过来。婉容在主楼二层东侧占了几个房间，文绣住在另外的小楼里，主楼大部分房间归溥仪使用，房间多，又都摆放家具，而溥仪习性不改，随便走到哪里都脱衣服，穿衣服，扔东西，要东西，随侍们也就信手拈来、随处安放，以致杂乱无章：东间有皮件、西间也有皮件，南间有靴、北间也有靴。有时溥仪突然索要某样东西，随侍却一时找不出了，不知是谁值班时经手放在哪个房间里。就是在这种状况下，溥仪才亲自给随侍们分工，并强调说："清理后如要物品时不得延耽，必须立时拿出。若推不知，定受重责一百板，轻者三十板。"遂在该文最后一段，又进一步申明了对工作失序者严加惩处的态度。

溥仪因陈宝琛八十二岁寿辰赏赐御书对联（1929年10月25日）

老圃黄花标晚节，
仙洲丹桔拥高门。

附：陈宝琛吟诗作复以表感恩（1929年10月25日）

羸驽加齿系宸襟，亲御仙毫振玉音。既晚勖为霜下杰，不迁鉴此岁寒心。

谈经辟暑恩弥厚，授服怀忧力岂任。耄学宋臣才及第，愧无尘露答高深。

按： 陈宝琛八十二岁寿辰之际，溥仪赏以御书对联一副及如意等，太傅感恩之下吟诗作赋，进呈溥仪。

溥仪准赏朱汝珍匾额匾文（1929 年 11 月 12 日）

摛翰承庥

按： 1929 年 11 月 12 日，溥仪准赏朱汝珍匾额之文，命朱益藩代写。

五言和七言诗：寄秉藩（1929 年至 1930 年）

浩浩去千里，悠悠岁华长。
念子增寥寥，夙夜常哀伤。

目击四海沸，坐视邦家亡。
久欲奋双翼，继子游东方。

奈为俗营牵，日夜交彷徨。
勾践志报吴，薪卧与胆尝。

包胥泣秦庭，……

我生不辰夫何咎，蹇亨坦然由诸天。
几闻官吏曾吁叹，中原频年遭战乱。
相顾谁复怜茕单，一朝别离亲戚散。

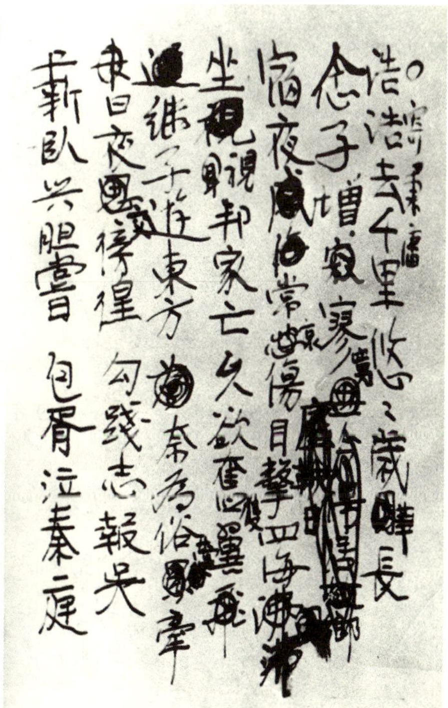

溥仪寄赠溥杰的诗稿原迹

按： 从溥仪在天津期间留存的诗词看，政治性强了，艺术水平也有明显提高。1956 年潘际坰访问溥仪时他说：“郑孝胥在天津每天给我讲《通鉴辑览》，有时候我也写些旧诗给他看看，他不改，也许是不敢改。回想起来，那三四十首诗，内容可以分为两部分：一部分谈爱情，一部分发泄愤慨，反对民国，希望复辟。原来都抄在本子上的，后来给丢了。作诗我喜欢五言律诗，至于绝句我嫌它麻烦，作得很少。”幸运的是，溥仪所说的那三四十首诗并没有全丢光，从当时留下的纸片中还可以找到多首。

这首诗是溥杰东渡后，溥仪写诗表达对兄弟的期待之情，也是他要开历史倒车的强烈复辟欲望的流露。从溥杰寄自东京的信中获知，溥仪还给溥杰写过一首《秋日感怀》，现已不知所终，但溥杰赞赏其为“穆穆春风之诗”的文句犹存：“古人云，诗能见性情。藩（溥杰自称，其别名金秉藩）恭读我君之诗，实不觉欣喜无量。感慨悲愤之余而以平和冲淡之语出之，不流于激，亦不流于颓丧。藩敢不揣愚昧，断定为有读书养气之工也。藩平日之短处即浅躁二字为害，我君昔日亦未能摆脱此二字也。今读是诗，如‘为公忘恩仇’及‘心如秋江静’等句，深喜我君之圣学有进也。”欣喜之余，溥杰还奉皇兄原韵，挥笔而“恭和”一首，诗云：“袖手俟河清，大地沦浊流；丈夫轻死生，含笑眄仇雠。才短志徒长，圣道苦探求；求伸必先屈，表里期相侔。启心矢日月，天意即人谋；渺然一寸心，不贻先人羞。”

1929年3月溥仪派溥杰和润麒到日本学习军事，临行留影

五言诗：遣怀（1929年）

寓心身体中，寓性方寸内。此身是外物，何足苦忧爱？况有假饰者，华簪及高盖。此又疎于身。复在外物外，操之多惴栗。失之又悲悔，乃知名与利，得丧俱为害，颓然环堵客，罗惠为中带，自得此道来，身穷心甚泰。

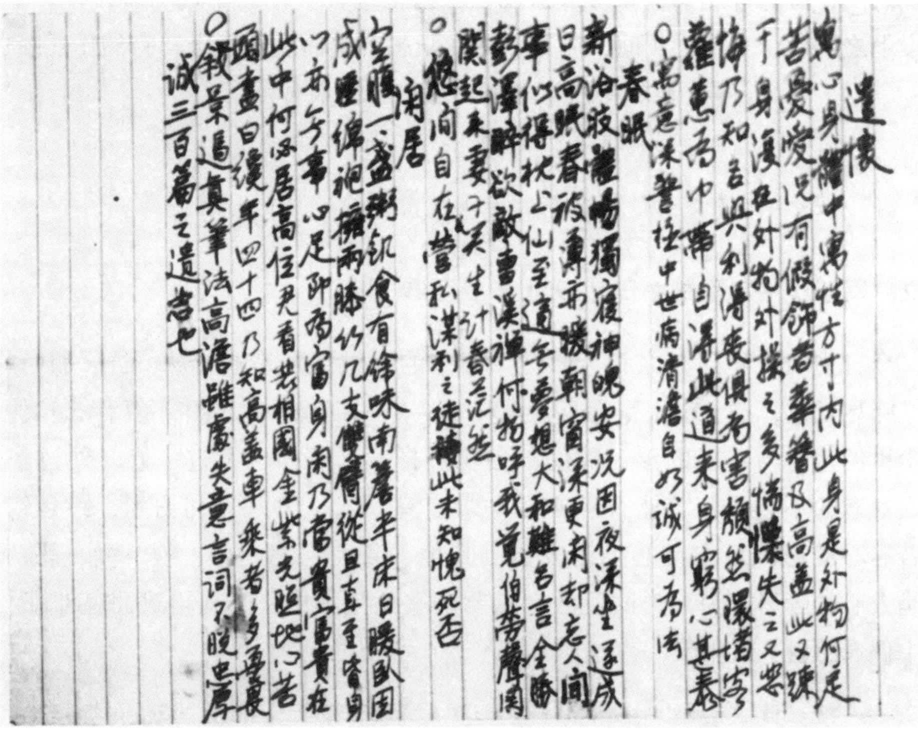

五言诗：遣怀

按：原诗后有评语：“寓意深警，极中世病，清澹自如，诚可为法。”

五言诗：春眠（1929 年）

新浴肢体畅，独寝神魂安。况因夜深坐，遂成日高眠。春被薄亦暖，朝窗深更闲，却忘人间事，似得枕上仙。至适无梦想，大和难名言，全胜彭泽醉，欲敌雷溪禅。何物呼我觉，伯劳声关关，起来妻子笑，生计春茫然。

按：原诗后有评语：“悠闲自在，营私谋利之徒栖此，未知愧死否？”

顺口溜：蕊珠女士常自怜（1929 年）

岁维己巳甲子之日，蕊珠女士破晓突起，自撕其唇，且骂己为狼狗，拔其青丝之发，血淋淋然如遗尿。众趋视之，则犯吼若牛声，目眦尽裂，黄牙全张，掷桌上之镜台于女仆之额间，洞见脑髓，众悉奔避而蕊珠女士转寂然作嗤嗤也。

耿耿星河欲曙天，蕊珠女士常自怜。
暗掩珠扉泣如雨，孤灯将人意绵绵。

按：“蕊珠女士”即文绣，与溥仪的感情冲突此时已显露。

短文：写于庚午年除夕之日（1930年1月29日）

今日为庚午年除夕之日，回忆一年中的经过，真是酸、辣、苦、甜、咸各种滋味尽尝过，益觉世上毫无真正意味了。然一细想，这些并不算什么！何则？缘尘世的遭遇与水上的浮沤隙间的白驹一样，千万年也不过一倏时便过去了。况人最老的不过百年，然百年亦万人未定有二人，生时贪利钓名，终是幻虚！莫若养心澄志，只求良心上的安慰。其他一切喜、怒、悲、欢、爱、恶、欲，全是人心的障碍，为人类的仇敌，总要慎重免坠其中，坠入再逃恐甚难了！我心中偶有感触，故乘暇一言。

按：此文以“平野洋行印刷”的蓝格稿纸竖书，呈现了溥仪的心声。

写在折扇上的五言诗：庚午夏月初伏为志道师傅书（1930年9月15日）

行行重行行，与君生别离。相去万余里，各在天一涯。道路阻且长，会面安可期。胡马依北风，越鸟巢南枝。相去日已远，衣带日已缓。浮云蔽白日，游子不复返。思君令人老，岁月忽已晚。弃捐勿复道，努力加餐饭。步出城东门，遥望江南路。前日风雪中，故人从此去。我欲渡河水，河水深无梁。愿为双黄

溥仪给庄士敦写的扇面

鹄，高飞还故乡。

按：关于这首“写在折扇上的五言诗”，溥仪的英文师傅庄士敦回忆说：“在威海卫交还中国之前的两星期，我到天津拜谒皇帝，向他辞行。在我从天津返回威海卫的那天早晨——1930 年 9 月 15 日，皇帝来到我的旅馆，一直逗留到我要上船时还未离开我。他最后送给我的礼物是一柄折扇，上面录有中国人送别的五言古诗。”折扇上的五言诗，落款为“庚午夏月初伏为志道师傅书”。原来这柄表示惜别的折扇早在 1930 年 7 月中旬已经准备好了。就在这一年的 10 月 1 日，庄士敦代表英国政府把自 1898 年由清政府“租借”给英国的威海卫交还给中华民国政府。庄也就此完成了他在中国的使命，返回英国去了。10 月 17 日和 18 日，天津“行在”的《召见簿》上最后两次出现庄士敦的名字。庄在回忆录中说到在这两天里曾“同皇帝进一步商谈”，“当时，中国的报纸满篇谣言，说皇帝要到满洲登基去了。有几家报纸还信以为真地谈到我自己对皇帝的影响，并有几位中国人前来找我，希望我运用自己的影响劝说皇帝不要离开天津。在皇帝离开天津前往满洲之后，仍有人不断地向我提出同样的呼吁。”

溥仪与二妹韫和谈婉容（1930 年 9 月 18 日）

（早赴静园念书，韫和听皇上言）

皇上：昨日皇后又大生气，言被予等欺负，种种悖谬之言不堪入耳。

（下午，皇上与郑孝胥老师讨论此事）

郑孝胥：彼言此种悖谬之言，实非令所应言也。予心甚感慨，因种种事件皆甚为难，实不便记之于这书中，只有自心明白可也。有一言甚有价值，不可不记之：“人若有真爱情，绝不能有自己，必要能看情人比自己为重，方为真正爱情。”

韫和：此言予甚赞同也。

按：婉容的苦恼还来自家庭方面。皇家虽已没落，其富贵也是普通人家不能相比的。然而皇家的矛盾多、在富贵后面躲藏着冷酷。1930 年 9 月 18 日韫和记下的一篇日记透露了皇家的矛盾。

诗词：藏龙高啸篇（1930年冬）

君不见，尘纲嚣嚣多分歧，情欲蔽性自相欺。苦悦虽殊生死同，何必津津富贵为？昏醉一梦难遽醒，修真守道更有谁？乐之极兮忧将至，不内反兮惟怨悲。未知寻辗本天理，自贻伊戚百计非。吁嗟嘻乎长叹息，白鹤独立知音稀。雾漫风吼初灯夜，万物凋零野禽啼。时光如电信可惊，白帝敛威又初冬，苍茫大地变不测，俗子安悉吉与凶。羁居世间二十六载，感愤举士，率懵懵。长太息，长太息，携琴登楼且畅饮，高啸一声震八龙。

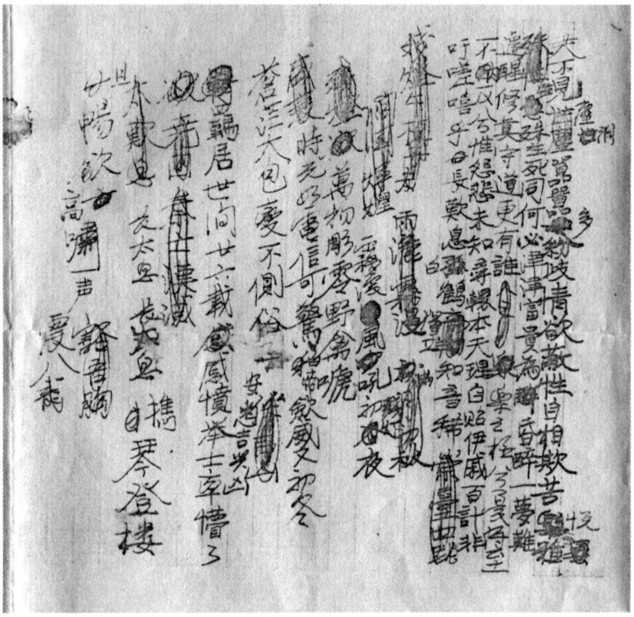

溥仪作词《藏龙高啸篇》（1930年初冬）

按：此诗作于1930年溥仪二十六岁那年初冬，真实反映了这位被废黜的中国君主当时的思想和感情。他没有忘记“身份”和“中兴”事业，他仔细观察并研究国内政治局势之每一微小变化，他也懂得要从理性上认识并解释现实。对待自己，他从不使用“寓公”的标准，而是看作必将飞腾起来的“藏龙”。原诗无题。

短文：中国为五千年礼教之邦（1930年）

中国为五千年礼教之邦，其中屡经变乱，每次变到极点，必有不世出之贤圣起而定乱，国家才能安定。处乱世的时候英雄并起，差不多都是有才无德的小人乘机起来，然而起得快灭得也快，古语有说“其兴也勃然，其亡也忽然”，

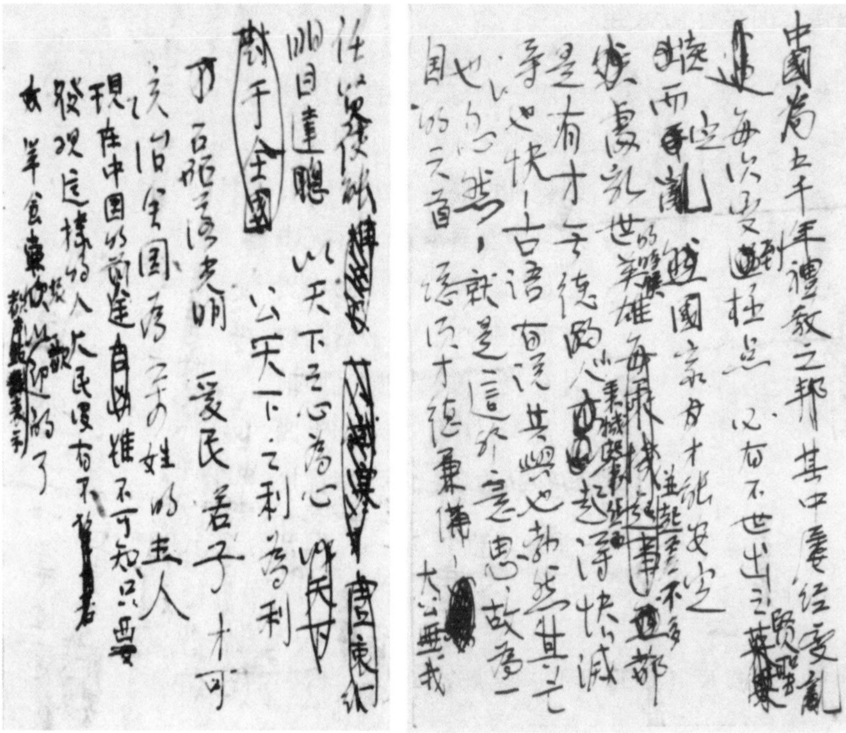

溥仪亲书短文《中国为五千年礼教之邦》

就是这个意思，故为一国的元首，总须才德兼备，大公无我，任贤使能，明目达聪。以天下之心为心，公天下之利为利，磊落光明，爱民若了，才可统治全国，为万姓的主人。现在中国的前途虽不可知，只要发现这样的人，人民没有不箪食壶浆，以欢声鼓舞表示欢迎的了。

按： 溥仪从中国五千年礼教中得出教训，要当“以天下之心为心，公天下之利为利，磊落光明，爱民若子”的好皇帝。

四言：赫赫皇猷（1930 年）

赫赫皇猷　浩浩泽惠
逮我下民　四方光表
悠悠我祖　肇起东方

按： 溥仪的爱新觉罗皇族观。

五言律诗：闲居（1930 年）

空腹一盏灯，饥食有余味。
南檐半床日，暖卧因成睡。
绵袍拥两膝，竹几支双臂。
从且直至昏，身心亦无事。
心足即为富，身闲乃当贵。
富贵在此中，何必居高位。
君看裴相国，金紫光照地。
心苦头尽白，才华四十四。
乃知高盖车，乘车多忧畏。

按：溥仪“闲居”而生自嘲之念：“心足即为富，身闲乃当贵。富贵在此中，何必居高位。”

七言绝句：寒食夜（1930 年）

寒食亦长亦短夜，春风不遇不寒夜。
可怜时节堪相忆，何况无灯独早眠。

按：溥仪感觉身处可怜且无奈的“寒食夜”。

七言绝句：夜凉（1930 年）

露白风清庭户凉，老人先看夹衣裳。
舞腰歌袖抛何处，唯对无经琴一张。

按：照溥仪的感觉，“夜凉”就是他头脑中的政治局面的清冷。

溥仪给朱益藩的赐寿诗（1930 年）

善书健腕犹飞白，
旨酒温颜自渥丹。

按：朱益藩善写楷书，尤善擘窠大书。其书渴润相间，刚柔互济，雄秀得宜，造诣极高。评者认为，朱书在晚清一代书法家之中，可与刘石庵、翁覃溪并行，直追王梦楼、李春湖。因此，朱的书品早在晚清的宫廷中就已备受尊崇，后来朱办七十寿诞，此即溥仪赐寿诗中之句，也称颂了他的书法。

短文：写于辛未年元旦吉辰（1931 年 2 月 17 日）

今天是辛未年元旦吉辰，回忆数年经过，实在与无限的感慨。古人说过：“祸兮福所倚，福兮祸所伏。”正和我们现在的境遇差不多。自辛亥以来，宗社会即墟，天下丧乱，万民无悟。我们所受的激刺，一天比一天深。但是失败为成功之母，所以我们应抱定决心为祖宗报效，为国家奋斗，个人幸福早已置之度外。我们不求境遇的何如，只求良心中的安慰。虽然我们现在无事休息之时，然鉴于世界的大势和万民的涂炭，自己良心想了。若是安居逸乐，不但为我列祖列宗的罪人，对不住自己良心的责备，且对于历史清议如何，我们更要顾及的。最后我们当群策群力，努力救国，人民的幸福孰在，我们责无旁贷。

溥仪手笔：五言诗（1931 年 2 月）

饶吹喧京口，风波下洞庭，赭圻将赤岸，击汰复扬舲。日落江湖白，潮来天地青，明珠归合浦，应逐使臣星。

辛未二月上澣书

按：溥仪以恭楷将此诗写成了可用于悬挂的条幅。

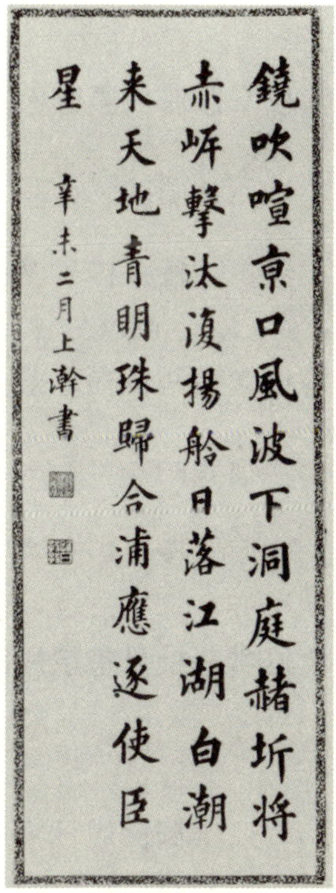

溥仪所写五言诗手迹

书信：溥仪给溥杰、润麒的手谕（1931 年 3 月 18 日）

溥杰合润麒：今日由日本归国，你们在留学日本已经两午了。回忆数年经过，我们受良心的激刺与境遇的逼迫，真是不堪回首！你们毅然决然相偕留学，备受艰辛，预备为君国之报效，这是最使我觉得欣慰的。我望你们时刻以此为怀，终始履践，不以富贵、贫贱、生死而移其老中，不为悲欢、喜怒而动其心，谦虚接物，公正处事，济世为仁，克己乃勇，既能上对祖宗在天之灵，亦可慰答君父念念之意。然时局艰危，天命不易，我们自当尽人事以待天命。其共勉之！

按：溥仪给金秉藩、郭继英手谕信件，教导他们要谦虚接物、公正处事，当尽人事，以待天命。溥杰与润麒第一次留学归国，是在1931年3月18日至4月6日之间，每天被溥仪召见。

溥仪赏赐载涛匾额匾文（1931年5月22日）

景思内昭

按：1931年5月22日，溥仪允赐载涛匾额一方，命朱益藩代书。

溥仪赏赐溥伒匾额匾文（1931年5月22日）

器怀聪朗

按：1931年5月22日，溥仪赐溥伒匾额一方，命朱益藩代书。

溥仪赏赐溥佐福寿条（1931年5月22日）

福寿

按：1931年5月22日，溥仪允赐溥佐福寿条，命朱益藩代书。

溥仪赏赐杜月笙宗祠匾额匾文（1931年5月28日）

耀此声香

按：1931年5月28日，溥仪允赐杜月笙宗祠匾额，圈定四字，命胡嗣瑗立即函知朱益藩代写。

溥仪赏赐刘承干生日匾额匾文（1931年5月30日）

规英桀谟

按：1931年5月30日，溥仪允赐刘承干生日匾额，圈定四字，命胡嗣瑗立即函知朱益藩代写。

溥仪赏赐前清贵州镇远知府吴荫培庚午年乡举重逢匾额匾文（1931年6月2日）

严香晚秀

按：1931年6月2日，前清学部郎中胡玉晋等呈请为同乡前清贵州镇远府知府吴荫培庚午年乡举重逢乞恩，溥仪允赏四字匾额，命胡嗣瑗即函朱益藩代写。

溥仪关于景山寿皇殿供奉圣容交涉事项的谕旨（1931年6月10日）

谕据驻津办事处呈阅载润面称，月之初十日据报，有自称故宫博物院组长，带领军警至寿皇殿，将锁锯断，随将圣容携去数轴。十一、十二等日仍继续搬运等情。载润面诘民国卫戍总司令于珍，尚无要领，究竟劫去圣容几轴？日来继续搬运是何重器？眇躬疏德负咎先灵，横逆之来自非载润一人所能防御。朱益藩昨已回京，著即协同速向于珍严重交涉一函，制止续行强运寿皇殿重器一函，公同检视携去圣容共是几轴？要求即日缴回。并殿内现供圣容，设法妥为安奉，以防再有意外。总之，此事必须坚持究诘，不容稍有迁就。朕闻信万分悲愤，立候办理、具奏，庶朕与诸臣罪戾得以稍宽万一也。钦此。同日由电话传。谕召载涛、载泽、载瀛，明日来津，预备召见。

朱益藩对于此事何以延不报闻，亦有未当。俟问明真相，必须究诘。

按：清室驻北京办事处确有其存在的必要，有事可做。朱益藩的工作大部分是溥仪所满意的，也有溥仪不满意的，这里仅说一件。1929年6月，故宫博物院又欲接收清室在景山寿皇殿供奉的清朝历代皇帝、皇后之圣容，在交涉中溥仪认为朱很不得力，对他不满。溥仪还给溥杰写信谈及此事。溥杰自日本回信“对朱益藩不胜其愤也”，认为他系“在北京有职守者”“对此事始终冷然”“顽钝昏庸”，真“亡国大夫也”。而且说他“不若张成和万一，亦对不起张成和”。张曾任溥仪在宫中时的总管太监，溥仪出宫后命他守护寿皇殿，1926年12月曾为护卫寿皇殿圣容而挺身抗争，受到溥仪嘉奖。此事发生两年后，张成和又被故宫博物院驱逐出寿皇殿，“强迫离职”，张不从，遂被殴

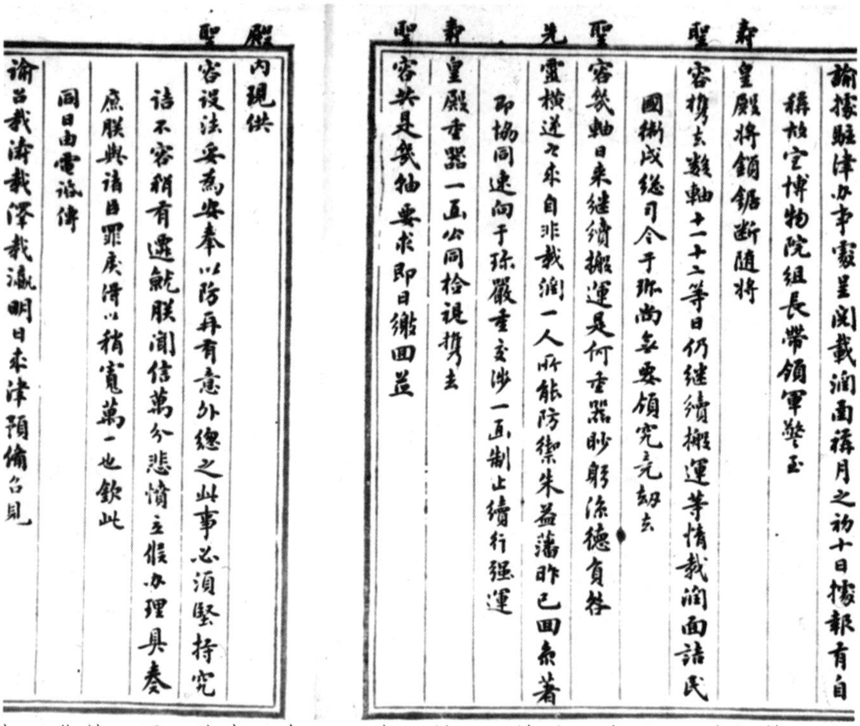

諭據駐津办事處呈閱載潤函稱月之初十日據部有自稱故宮博物院組長帶領軍警至壽皇殿將鋼鍋斷隨將聖容抬去數軸十一十二等日仍繼續搬運等情載潤函請民國衛戍總司令于派尚多要領究竟如去聖容幾軸日來繼續搬運是何重器形影係德負咎先靈横逆之來自非載潤一人所能防禦朱益藩昨已回京著即協同速向于珍嚴重交涉一面制止續行强運壽皇殿重器一面公同檢視携去聖容共是幾軸要求即日繳回並殿內現供聖容設法妥爲安奉以防再有意外總之此事必須堅持究詰不容稍有遷就朕潤信萬分悲憤立候办理具奏庶朕與諸臣罪戾得以稍寬萬一也欽此

回日由電話傳

諭告載濤載澤載瀛明日來津預備召見

打，伤其一耳，此事已在1931年6月5日前后“成讼”。溥仪获悉乃于6月10日传谕。溥仪还电命朱前往慰问张成和。又派佟济煦入京调查真相，为此胡嗣瑗特函朱，说明“张成和事不能不认真追问”。与溥杰同在日本留学的润麒也致函溥仪，愤怒谴责朱，他写道：“初见益藩，见其一种忠实之状态，殊堪钦慕。孰不知其血之尚若是冷也！哀莫大于心死，朱益藩殆心已早死矣。”

溥仪因梁弼予报效清陵经费，允赏“体性敦仁”匾额匾文（1931年6月17日）

体性敦仁

按：1931年6月17日朱益藩来津，交“行在”办事处所写福寿字条五幅。同日，溥仪因梁弼予报效清陵经费，允赏匾额一方，命朱益藩代写。

梁庆桂病故，溥仪允赐“世臣清节”匾额匾文（1931年6月18日）

世臣清节

按：1931年6月18日，梁庆桂病故，溥仪允赐匾额一方，命朱益藩代写。

附：正在日本留学的溥杰致信大哥溥仪（1931年6月24日）

金秉藩谨禀：奉二十四日手谕。现，藩之意，于考试完毕后即赴鹿儿岛吉冈大队长之约，在海边约住七八日后，即拟候船归国。一二日中，藩拟与吉冈一信，先辞此次之约（闻人言大队长所入甚薄，果藩等赴其家时，彼将竭力招

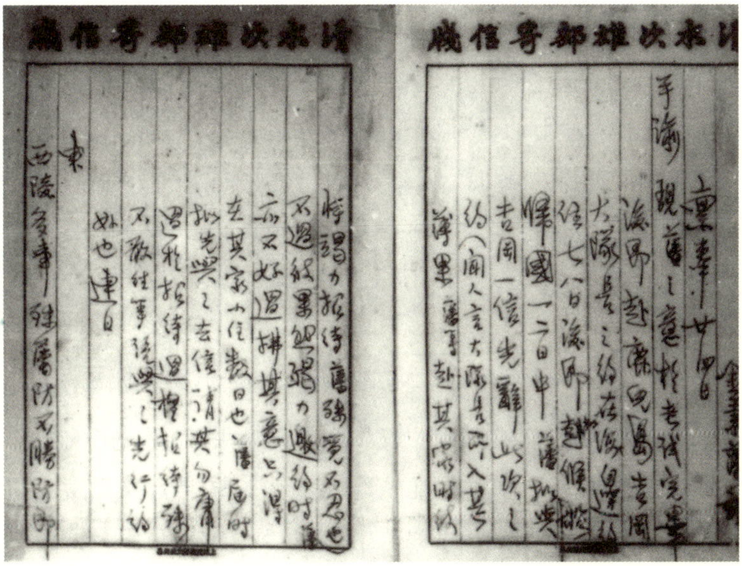

“九一八”事变前溥杰致“皇兄”的信

待，藩殊觉不忍也），不过，彼果然竭力邀约时，藩亦不好过拂其意，只得在其家小住数日也。藩届时拟先与之去信，请其勿庸过于招待，过于招待殊不敢往等语，与之先行约好也。

连日东、西陵多事殊属防不胜防，即使严办数人，亦不过聊胜于无之治标办法，所谓皮之不存毛将焉附。现，我已处于退无可退之绝地，端赖上下之区区一寸心如何耳。似张成和之存心并处其环境，殊若无法善处之，藩除表惋惜

并感悼之外，无术以赞一语也。更诉讼事，我方原本无求胜之念，今居然获胜，可见人心尚有公道在。似此等法庭判断不能行于被告时，亦势所必至。愈如是，只不过愈目彰彼辈之累，殊无损于我。盖我方不只此事，不只此时，即将来不论何事，亦当如是，存心抱正义以争，以争甘牺牲不馁，成败不足计，生死不足顾，以我之正义热血，誓与彼辈之强权枪剑，奋战到底也！

现，藩对于此等事，殊无些微悲愤心，惟以此心之无上进，进此身之无磨炼为惧且忧也。现，藩已将此心，练得如顽石废铁，殊无外物可以喜之忧之，只内心之进退足以动之而已。目前此间曾有强烈地震，是时正在晚九时余，藩正在预备次日功课，忽闻有无数人跺地板声，继之以巨烈震动，初上下震时殊觉惊人，逮夫左右震时才觉安心。届时不为外物所动（自信）之心，亦不禁大动，急抛书狂趋下楼，幸少时即至。据报纸言，此次之震动幅约合大震灾之四分之一，横滨之电灯至全埠停电，其他各处亦有相当被害也。

再，近日因考试日迫，每日愈形忙碌，殊有力竭声嘶之概。至如其他同学者、下愚者勿足论，其肯用功者，殊不似藩等之苦，然其结果皆较藩为优。藩之如是者，皆因未有基础，不似彼等之由小学而中学，而高等科者之优游也。故藩常思现今之时，全为实力之世界（实不专指武力、学问、心术皆是也）一丝弱于人，便有一丝短于人，无论何事，皆须求诸己也。谨此跪请

圣安！

金秉藩　谨呈　六月二十四日

按：该文原存清废帝溥仪档案。吉冈大队长即后来长期待在溥仪身边的“帝室御用挂”吉冈安直。这次相约，其目的就是要通过溥杰而告知溥仪，军事占领东北的“大行动”，就要展开了。溥杰改名为“金秉藩”，溥仪说是他给想出来的。“秉藩”二字暗示在将来想要秉承清朝曾国藩的遗志而中兴清朝的意思。

附：正在日本留学的溥杰致信大哥溥仪（1931 年 7 月 3 日）

金秉藩谨禀：由明日起即开始考试，至九日为止共五日。考试毕后即应渡边晨亩氏之约，赴江之岛游览，当晚可归。再在东京休息一二日，即赴鹿儿岛，在彼处约滞在一二日，即乘由神户出帆之“长城丸”（船名恐不确，总之是十七

日出帆之船也）回国。大约二十日前后，即可进谒我君也。藩初意欲在海边住一星期后始回国，现因种种关系无暇游泳，由鹿儿岛直接回津也。谨此跪请

圣安

金秉藩　谨呈　七月三日

按：该文原存清废帝溥仪档案。溥杰向其皇兄报告他的日程安排，准确告知他会见吉冈安直的时间是在7月中旬。

书信：溥仪拟写致英王乔治的信（1931年7月5日）

陛下：乘庄士敦先生返英之便，谨致函感谢您对我的健康的关怀。作为一个在外国人庇护下生活的流亡者，实际上我未能给您以表达我的谢忱和敬意的什么实物，只好希望陛下能接受随函附上的我亲手书写的字画……

按：庄士敦在《紫禁城的黄昏》一书中回忆了充当逊帝与英王信使的情景。6月19日以后半月内，溥仪多次召见庄士敦。7月3日“庄士敦约至忠信堂晚饭，晤其友少佐博尔克德”。召见后溥仪开始拟写致英王乔治的信。7月4日“夜，与韬庵共宴庄士敦”。7月5日溥仪致英王乔治的信定稿。据《郑孝胥日记》，陈宝琛、郑孝胥、庄士敦等人这几天里也频繁交往。7月6日溥仪在庄行前最后一次召见他，并赏赐他几件礼物：蓝宝石戒指一件，西服领带小钻石月牙式别针一件，溥仪的相片（摄于乾清宫）一张，陈氏花卉册页一册。庄收到礼物，立即呈上谢函：“我深深感谢陛下今日送来的美丽礼物。我很抱歉和惭愧，不能到张园向您致谢，过几个月我从英国回来时，希望能做到。”庄士敦说，这是他在中国居住二十八年中第二次回国，为了处理英国的庚子赔款问题，他必须短期回国。

溥仪赏赐翟世梁之母两方匾额匾文（1931年7月11日）

忍堂

金萱日永

按：1931年7月11日，溥仪传谕，准赏翟世梁之母“忍堂”匾额和“金萱日永”匾额各一方，函告朱益藩于7月15日写好，快函寄津。

附：正在日本留学的溥杰致信大哥溥仪（1931年7月中旬）

禀自藩离别关下悠已二月余，今年回国事，因藩之学校中有二人问藩“今夏赴何处去消暑”？藩答以仍拟回国一次，因笑言“岂非初由中国归去耶？何又回去耶？”藩当时不觉大窘，殊觉无言以答也。

昨日有一水野子爵，因将赴中国各省游历，至津时拟进谒我君。彼将进呈折扇一柄，并拟赠陈宝琛同扇一柄，扇故无足观，其上书有诗一首。其诗仍日本后醍醐天皇被贼臣所扼，俨如幽囚，故叹言：何我手下之无一忠臣也？后在院中散步，见一树上书诗句二句，即水野子爵拟进呈我君者也。后醍醐天皇读之，大为感动，因之并非无忠臣也！

后，卒成中兴大业焉！彼水野氏也曾卒业于学习院，现正在帝国大学读书（专门习汉文者）。此次彼赴中国乃只身游历，且未谙华语，大约将请各地之领事馆招呼之也，谨此跪请

圣安！

1955年，溥仪曾在抚顺战犯管理所回忆日本华族水野子爵赠送折扇之事：

我记得有一个日本的过去华族（水野子爵）有一年到中国天津来见我，把日本在“南北朝”时代的一个所谓“忠臣”，在樱花树刮掉了的皮上所写的两句暗示忠诚的诗：“天莫空勾践，时非无范蠡”写在一把日本扇子上送来给我。这

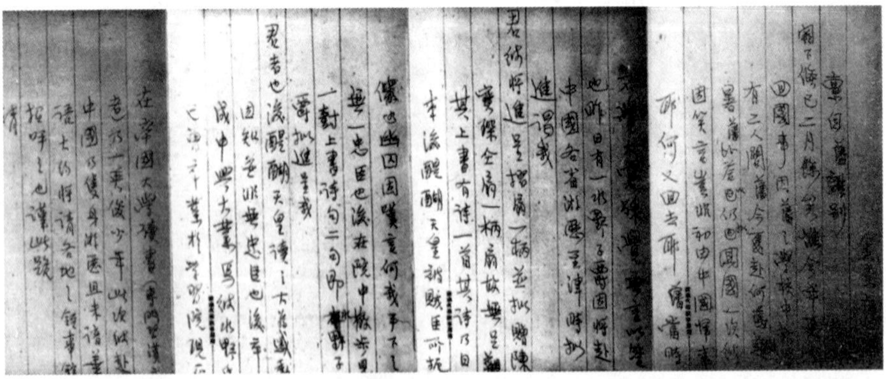

水野子爵赠溥仪折扇上书有后醍醐天皇当年受到鼓舞的诗句“天莫空勾践，时非无范蠡”，藉以勉励溥仪

岂不就是暗示给我："你既然是能生在今天的世界里，就不是平平白白地生长出来的，况且在你的身旁和周围，也并不是没有能够对你拼出生命来'尽忠'的'忠臣'啊"的深远意思么？这只是在我记忆之中的一个显著例子罢了。此外，还有很多的这样的例子。总而言之，不论是日本帝国主义当时的所谓外交官，抑或是当时的所谓军人和所谓政客，甚至是偶尔"慕名"来访的日本人，既然是到我这里来的，可以说是差不多都抱有一种什么所谓使命和目的，所以总免不了或多或少要以抬捧、挑拨、煽动等不稳的言词，来对我做一些火上浇油的，精神不得安定的逗引我的行动。像是这样的随时的煽动和诱惑、暗中腐蚀和浸润的外来的力量，对于当时的我，确是起有很大坏作用的。

按：该文原存中央档案管，写于1955年前后。

溥仪因刘骧业之母（陈宝琛胞妹）七十寿辰赏赐匾额匾文（1931年8月21日）

能劳有继

按：1931年8月21日，溥仪因刘骧业之母（陈宝琛胞妹）七十寿辰，允赐"能劳有继"匾额一方，命朱益藩代写。

溥仪因刘锦藻七十寿辰赏赐匾额匾文（1931年8月21日）

凤池耆硕

按：1931年8月21日，溥仪因刘锦藻七十寿辰，允赐"凤池耆硕"匾额一方，命朱益藩代写。

溥仪因郭则沄五十生辰赏赐匾额匾文（1931年8月21日）

液诵清芬

按：1931年8月21日，溥仪因郭则沄五十生辰并进贡武英殿仿宋刻五经一部、朱子全书一部，允赐"液诵清芬"匾额一方，命朱益藩代写。评者认为，朱益藩的书法也正如他的为人，保守有余而进取不足，笔法圆熟，但终究跳不出"馆阁体"的樊篱，很难自成一家。可以说，朱书是学者之字，而不是书法家的创作作品。

打油诗：蕊珠女士自述（1931年9月）

蕊珠女，坐空房，自怨自叹；
想起来，我的脸，好不惨然；
长得像，母螃蟹，黑暗如烟；
我好比，卵中黄，腥臭硬坚；
我好比，狗失群，摇尾乞怜；
我只好，爬进去，收藏起我的小金莲。

按：1931年9月7日的《庸报》替文绣说了几句话，讲得全是实情："文绣自民国十一年入宫，因双方情意不投，不为逊帝所喜，迄今九年，独处一室，未蒙一次同居。而一般阉宦婢仆见其失宠，竟从而虐待。种种苦恼，无术摆脱。"

文绣在她自称为"监狱""囚居"的九年之中，受尽了磨难。婉容排挤她，这是事实，也可以理解。但这绝不是文绣遭罪的主要原因，溥仪早已对她恩断情绝了。溥仪不但把她单独放在冷屋子中不予理睬，还加以冷嘲热讽，从精神上折磨她。溥仪视妻子的痛苦为儿戏，拿妻子的感情开玩笑，真是一个残酷的丈夫。溥仪的打油诗《蕊珠女士自述》就是这样一首下流"杰作"。

文绣这时的处境真是苦不堪言。夜夜伴孤灯，泪如溪水不尽流。1929年的某一天，文绣起而抗争，在薄情与冷酷之中，以一个弱女子的哭闹发出人权的呐喊。这倒引得溥仪动了"诗兴"。他站在自己的立场上，把文绣（诗中作蕊珠）描绘成一个发了疯的女人，挖苦她的感情，开这种可耻的玩笑。

附：文绣给文珊妹所留遗书（载《庸报》1931年9月7日）

吾亲爱胞妹知悉：姊受专制家庭非人类待遇已九载矣！无日不以泪洗面，薄命如斯，夫复何言！惟逆来顺受、苟延残喘而已……世界之大，姊之所受压迫、虐待可为第一。姊之痛史谅吾妹皆知，无庸姊再述。我经此惨变，实无颜偷生苟活，自杀之心甚切。况未来危险正多，姊命朝不保夕。姊若不幸而亡，念骨肉之情，千万代姊申冤雪昭，九泉之下不忘大德！姊昨日欲自杀，念及我亲爱胞妹又不忍下手。呜呼！天何待姊如此惨酷耶？泉下双亲何抛下我二人不顾耶？姊之薄命已至于斯，惨矣！汝亲爱胞姊泣笔（引自《庸报》，1931年9月7日）。

按：1931年入夏以后，文绣与这封建皇家的关系，已经闹得不可开交，因为区区小事也会掀起轩然大波。旧历六月初七日，文绣独自外出，回来后在院子里吐了一口唾沫，凑巧婉容正坐在旁边，认为文绣是作态诟骂她，立即向溥仪告状，要求他派人郑重其事地向文绣“奉命斥责”。溥仪便命随侍李国雄和太监李长安前往文绣房中，声色俱厉地加以斥责。文绣辩白说，她并没有看见皇后坐在院中，吐口痰并不存在辱骂皇后的意思。二李厉声阻止道：“上说了：休得胡辩！今天不认个错儿就别想过关！”文绣一气之下，头晕目眩，混身发抖，在麻木状态中声声哀告：“求皇上、皇后开天高地厚之恩，赦我死罪！”溥仪尚不满足，又遣派侍从往返几次、指斥文绣说：“古来无你这等之人！清朝二百多年无你这不知礼之人！”文绣也曾想见见溥仪说说这不白的冤屈，可住在同一座楼房内的“丈夫皇上”就是不见她，有意让她把冤屈吞进肚子里！就这样折腾了好几天，文绣哀哭以至“眼中出血”，溥仪才“降旨宽赦”。那道“谕旨”上赫然写着：“下次如犯过决不宽容！”文绣思之再三，觉得活着无味，曾想了此一生，遂给文珊妹留好了遗书。这是一幅悬于帝王之家凄惨的图画！那个时期文绣多次想死而未死，是因为找到了誓与“皇上”打官司、脱开这封建牢笼的离婚之路，然而这种想法的产生与形成谈何容易！

溥仪因“九一八”事变而召胡嗣瑗传出谕旨（1931年9月19日）

关外之变是否影响到我尚不可知，但不能不先有筹划，应与陈宝琛等各抒所见，以备采择。

按：“九一八”事变令人震惊，次日又传来“沈阳、安东、营口、长春同时均为日军袭而据之，奉军一无抵抗”的消息。溥仪乃召胡嗣瑗颁发此谕。其实，溥仪这时已经听到了郑孝胥对日军“主迎”的意见，只是尚未信从，且向胡征询意见道："郑孝胥谓可许以尽量移民杂居，境内一律开放，其说可行否?"胡认为，东北地区管辖权尚不在手，对当地军民趋向亦无把握，故不能简决"对外迎拒"。溥仪遂命："可与陈宝琛等细商，明日候宣。"

附：正在日本留学的溥杰致信大哥溥仪（1931年9月20日）

金秉藩谨禀：近日此间民气昂愤异常，素日有左倾思想之新闻等，近日亦俄然一变，竭力鼓励民气，宣传满蒙事件经过等。总观日本近日虽有思想变化之倾向，然大多数人，平日固彼此斤斤不相容一旦于对外有事之秋，率有一致同仇之概，此点实出藩平日豫想之外也。藩近日除读书以外，即忙于购读各种新闻，除固定之日报、夕刊外，尚时时有号外出售，真有如火如荼之概也。际兹秋风多厉、寒暑交替之际，恳望我君起居动静、诸事举以妥慎周详出之，实藩所切祷者也。

谨此跪请

圣安！

金秉藩　谨呈　　九月二十日

按：该文原存清废帝溥仪档案。信中溥杰描述了"九一八"事变在日本民间造成的影响，也自然流露出他作为中国皇族之所思所想。

溥仪专就"东行"与否发布"谕旨"（1931年10月4日）

日前该国司令官请往茶会，并无切实表示，彼此谈话均属项上圆光，但据称时机来到宜先出动，彼当临时知照部署云云。我但告以万一出此，必须我有地方行政实权，方对内对外进行一切，否亦两无所利耳。此事有无迟速均不可知，刻仍力持镇静，等因。

按：联系自9月30日以来日方若明若暗若清若混的态度，溥仪遂在10月4日专就"东行"与否发布一道"谕旨"。溥仪的"力持镇静"，实际是继续摸底，而他要达到的目的也很明确"必须我有地方行政实权"。当时溥仪既不信从陈宝琛"主拒"，也不轻信郑孝胥"主迎"。他是想出关的，但又不想当日本人的傀儡，比较慎重，这实际是胡嗣瑗的主张。

附：正在日本留学的溥杰致信大哥溥仪（1931年10月7日）

金秉藩谨禀：十月六日奉到手谕三件，无任欣悦之至。夫江海不择细流，故能成其大；我君之博采众议，折中短长，实有斯气象，惟只能以之寡过少尤而已。至于决大疑，定大策，则须本心中所定大纲而行。其余细目，自须以妥密周详出之。盖大人始可任巨负，小人则不过辅之、助之，助荷重负之人，以期万全而已。孔子曰：再思可矣。诗曰：筑室道谋，皆可引为大戒也。藩近日学课仍照常忙碌，不出十日外，即将赴远处，随学校诸人作演习也。

谕言"汝努力读书"一语，藩永矢不忘此言！近日此间人情殊不似前十余日之紧张，只留学生等庸人自扰而已。谨此跪请

圣安！

金秉藩　谨呈　十月七日

按：该文原存清废帝溥仪档案。很明显，当此之际，溥杰热盼其皇兄"决大疑，定大策"，抓住机遇，复辟大清。

溥仪就时局发表谈话（1931年10月10日）

我自辛亥逊政，十分信任国民，不但中原原有疆土还之民国，连我祖宗创造之满蒙及继续开拓之西藏，均一举付之国民之手，成为五族共和，原希望刷新政治同享太平。二十年来一切不闻不问，不料并我先人陵墓所在之故乡，先已变为今日情状，唯有与国民同声伤叹，岂忍藉此行其攘夺之举！全国真正之民意，即是余之意见，余视权位如草芥，日夕所不安者唯世界之纷扰与人民之涂炭为忧耳，其他岂能移余之志！

按：《新天津报》10月10日刊出溥仪的谈话。溥仪强调说："我对人表示就是不愿为人利用，这是直截了当的。"当"宣统驾幸大连""逊帝秘赴沈阳"等流言愈传愈盛的时候，报上又刊出"清逊帝仍在津"的新闻，说他"在津安居，每日读书不倦"，又说"逊帝绝无受日人诱惑赴沈之事，逊帝对于国家极表示爱护之诚心，尝谓隆裕皇太后昔年禅政之时，即系不忍天下人民涂炭，故极希望中国日趋安定，以

臻盛强而抵御外侮”。然而数日后，正是溥仪自己拨开了他自己散布的迷雾，而以出关投敌的行动向世人暴露了卖国的真面目。

溥仪给日本陆相南次郎的黄绢信（1931 年 10 月 11 日）

此次东省事变，民国政府措置失当，开衅友邦，涂炭生灵，予甚悯之。兹遣皇室家庭教师远山猛雄赴日，慰问陆军大臣南大将军，转过予意。我朝以不忍目睹万民之疾苦，将政权让之汉族，愈趋愈紊，实非我朝之初怀。今者欲谋东亚之强国，有赖于中日两国提携，否则无以完成。如不彻底解决前途之障碍，则殷忧四伏，永无宁日，必有赤党横行，灾难无穷矣。

辛未九月初一日

宣统御玺

今上御笔

按：此为溥仪写给日本陆相南次郎的黄绢信（转译自日文版书），上有“宣统帝”玉玺和郑孝胥签名副署。家庭教师远山猛雄奉派携信亲交，且已于 10 月 11 日到达日本。如果说溥仪命刘骧业东行是要打探日本关东军的态度，则派远山猛雄东渡就是要直接摸日本陆军军部的底细，并为复辟事活动。

溥仪给日本黑龙会首领头山满的黄绢信（1931 年 10 月 11 日）

溯自辛亥禅政瞬已二十载，水深火热民不聊生，必如何奠定东亚、拯苏民生，深望阁下加以指导，兹遣家庭教授远山猛雄往见，

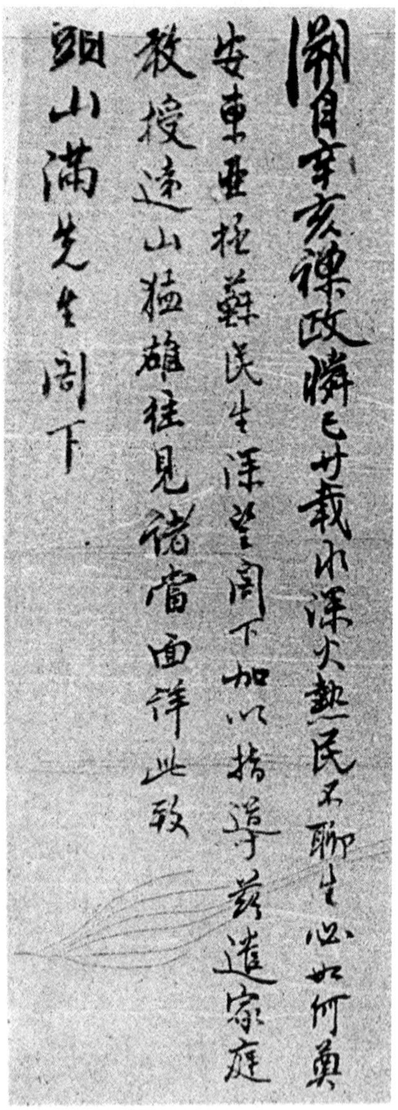
溯自辛亥禅政瞬已廿载水深火熱民不聊生必如何奠
安東亞拯蘇民生深望阁下加以指導兹遣家庭
教授遠山猛雄往見諸當面詳此致
頭山滿先生阁下

溥仪致头山满的亲笔信

诸当面详。此致

头山满先生阁下

按：该信原存清废帝溥仪档案，系溥仪写给黑龙会首领头山满的黄绢信，信中显然可见，溥仪也想利用“九一八”之后的政治形势，建立自己的“大清帝国”。其间，报上宣传溥仪“爱国”，溥仪自己也发表“爱国”的谈话。《商业日报》10月7日发表消息说：“清逊帝仍在津，赴沈之说完全不确”，还说“逊帝爱国思想甚富”“对于一般汉奸在东北组织非法机关，以达其私人之升官发财目的者极表不满”。这类说法俱不真实。

溥仪在“出关”这决定命运的一步上发布口谕（1931年10月16日）

徐良屡代金梁传语，云彼中推戴已归一致，究属只纸不可信，欲派该员前往慰问，在奉各员果能一致，明白表示，再商行止，等因。

按：金梁、徐良固然都是溥仪信赖的人，但在“出关”这决定命运的一步上，是不能单凭一封信或几句话就拿主意的，溥仪遂在10月16日早晨发布此谕，在胡嗣瑗日记中有案可查。“主拒”派陈宝琛自然希望抓住这个机会，而在最后关头改变溥仪的主意。“静观”派胡嗣瑗也趁机给溥仪泼了点冷水，他发表意见道：“臣请此事如上意已定，务切戒该员慎密，不但关系大局成败，即其个人利害亦不可不知，庶免浮动害事。”就在溥仪发布此谕的这天，上角利一和罗振玉来津劝驾之事也传开了，胡嗣瑗已把经过写入日记：“近午，又奉宣入见，知徐良顷来，言渠到日司令部，闻本庄派上角者到津，备迎驾入奉，谓事如发动，行多不便，宜先离津或暂驻大连，再定入奉迟速日期，较为稳便。”

溥仪“废淑妃为庶人”的“谕旨”（1931年10月22日）

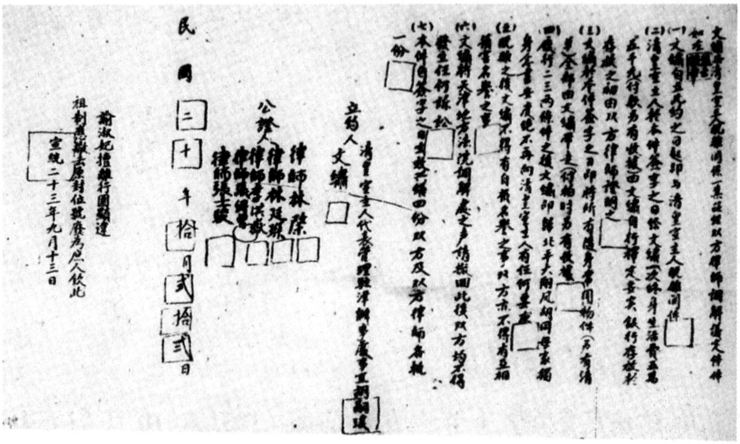
民國二十年拾月貳拾貳日
諭淑妃擅離行園顯違祖制應撤去原封位號廢為庶人欽此
宣統二十三年九月十三日

文绣与清室离婚协议书和溥仪的谕旨

谕淑妃擅离行园，显违祖制，应撤去原封位号，废为庶人，钦此。宣统二十三年九月十三日。

> **按：**胡嗣瑗奉命拟就“废淑妃为庶人”的“谕旨”，“入对”时奏请皇上过目，系以“恭楷”写就。溥仪读过两遍，细细思量，觉得措词未免过苛，于是提笔勾去“放归母家居住省愆”一句，才正式颁发。他还不惜花费一大笔广告费，把这条煌煌上谕刊诸平津报纸报头旁边的头条广告栏内，以向世人宣布，他虽然破费了几个钱，总算是买回了皇家的脸面。

附：正在日本留学的溥杰致信大哥溥仪（1931年10月25日）

金秉藩谨禀：本月二十日，藩之学校有赴福岛县白河练习行军之事，二十三日即回东京。此次学习，除参加人员较去岁为多外，大致情形殊相同也。最可矢者，此年甚嚣尘上之渡河作战，及身临其境不觉失笑。缘该河最深处只才及腹，浅处不过才至两膝而已。乃同学者，居然有向人大言不惭，放言远涉大河（徒步）者。在不知者或真以为大河者，在藩之曾经目睹者闻之，不觉可笑之至也。近日藩之学校不甚忙（因放假时多），俟过一月后又将届年假矣。今年藩拟在风景佳处读书两星期，既可不荒学业，更于心身有些裨益也。日前进呈之画报及烟盒未知已蒙天览否？再，近日此间之留学生多有回国，纷纷扰扰，不知归国后将为何事？可谓无补于事，有损于学也。其愚诚然可笑甚！有指不归国者为罪人，故藩前数日中颇有戒心也。但现在，因五分钟已过，稍见安靖矣。谨此跪请

圣安

金秉藩　谨呈　十月二十五日

按：该信原存清废帝溥仪档案。可见当时正在日本的中国留学生已因“九一八事变”而划分为两派，即爱国派和亲日派。以写信者当年的眼光来看，愤而回国的学生们，其行为“无补于事，有损于学”。

附：正在日本留学的溥杰致信大哥溥仪（1931年10月31日）

禀：月之三十一日晚，已与远山（猛雄）先生晤于丸之内饭店内。由彼详谈经过，并与德富猪一郎（苏峰）会见结果。据德富言，此际（此间论调尚未一致）前途未可知，行动上务须慎之又慎，以留前途之进退自由，实最要之事也。其余详情，当陆续由远山禀闻也。

金秉藩　谨呈　十月卅一日于丸内饭店

按：该信原存清废帝溥仪档案。这些人都在为溥仪策划动向，嘴边说“行动上务须慎之又慎，以留前途之进退自由”，其实都是希望溥仪出关的。

附：正在日本留学的郭布罗·润麒致信溥仪（1931年10月31日）

敬禀者：久因学课纷繁，加之校内复行多事（如马术部、辅仁会等，多委英为临时监督之职，届时不得不为出头）致久缺函禀。

近闻报载，虽属远道传闻，然亦人言凿凿，遍地风声鹤唳也。际兹重大时期，英愚以为实千钧一发之时！敢望动静兴居格外加意，慎不流于缓，断不流于猛，集众腋取其成裘，执中枢定其大计，此英之日夜彷徨切祷无已者也。

再，近日留学各派之人士，亦各自树奇立异，分道扬镳，俨然一小中国之纷乱状况也。于归国者有之，喧骚者有之，五花八门煞有可观，可谓庸人自扰

而已。现此间有讲，有谈会，率皆对中国问题（日前，英等学校亦开演一次，然未准许英及秉藩，及尚有一名名林失敌之中国学生入听也）各舆论机关亦颇一致，大有举国同仇之忾也。

英于月之二十日，赴福岛县白河地方行军，二十三日即回。此次参加学生及近卫师团之步兵，及白河中学校之学生，共五百余人，实较之去年大为不同。规律愈严，教练愈猛，即去岁之乘汽车，亦改为乘运货之车矣。其余诸事，亦莫不如是。

再，英近数日，又加入学校之射击部。每星期总练习一次，如机关枪、步枪、手枪，及实包射击等，皆轮流学习。学校当局亦甚或奖励此事，所订余例亦严，如连几次缺席，便将会员除名。一经除名，决无回复。希望盖于剑术、柔术以外，另特辟此一科也。

肃此谨禀，敬叩

圣安！

郭继英　谨呈　十月卅一日

按：该信原存清废帝溥仪档案。婉容胞弟郭布罗·润麒在信中描述了“留学各派之人士”“各自树奇立异，分道扬镳”的状况。鉴于溥杰、润麒等的身份及其观点，当地针对中国问题的讲演会，居然不准他们“入听”。润麒更名为“郭继英”。溥仪说也是他给想出来的，“继英”二字意味着将继承明朝开国元勋沐英之后而致力于“复我山河”。

文章：龙凤分飞记（1931 年 10 月至 12 月）

（大意为：文绣之所以提出离婚是由于与婉容不合。）

按：正文已不存。溥仪和文绣离婚后，心情颇不平静，回顾淑妃在皇家的九年生活，似乎感到有点儿对不住她，遂把责任加在了婉容身上，求得心理上的平衡。为此他还专门写了一篇《龙凤分飞记》的文章，以记其事。据因偶然机会而看过此文的清宫太监蔡金寿说，文中对婉容多有责怪，用了“专横”“霸道”等词句，遗憾的是这篇“御制宏文”没能存世。

附：文绣五言律诗：拥被难成梦（1931 年）

拥被难成梦，萧萧一夜风。
浊醪聊自饮，朝日照窗红。

按：额娘死后，文绣更觉得活在这个凄苦的世上太无聊，愁肠百结，晚上常常终夜难眠。这首诗是度过深冬的寒夜后，文绣随身太监赵长庆在几案上看见的。文绣刚刚伏案睡去，手指间还夹着一支毛笔。

附：文绣致溥仪——吾爱呀妾今悔甚（1931 年）

吾爱呀妾今悔甚，不应言此，切望吾爱原谅。妾实不愿此，吾爱如不相信可屈指算，今已八载有余，妾又何尝言过？即或背地有一句怨词，随吾爱！妾即三尺挂梁间，妾亦瞑目九泉。即言此九载之内，妾之言行吾爱亦所尽知，如有不悦吾爱之心之处，且不悦之色，妾色即不知所以矣。妾日夜所最盼望者，不过即是吾爱快活与喜悦，如有能安慰吾爱者，妾是无所不牺牲。妾今勉强书至处，心力以竭，待至痊愈再接述。

按：文绣虽倔强，但在爱情上有自己的追求，对丈夫始终保持着尊重和温情，从文绣写于 1931 年春天的一篇短文中，可以看到她仍对溥仪怀有妻子的深情。一次，文绣顶撞了溥仪，过后满心悔意地写出此文。

附：婉容的一篇短文（1931 年）

呜呼吾爱呀！倒是怎样好？如果余自己牺牲，虽卧病床间然良心甚慰；如果旁人为余牺牲，余实不知其所以。吁嗟吾爱乎！不知吾爱心中到底怎么感想？

思想起来不觉今人好狠，绝不该将余嫁与有妇之夫。即言前数年在张园，吾疑吾爱与淑妃更好时，余心甚悲。终日终夜终时终刻无一时不是悲泣，忧思成疾，头痛难眠，遂有今日之神经衰弱。可是，余亦未曾言过，余亦未曾怨过。余每见人必天呼！余实无路，余愿死！母呼儿，余愿死！北府母呼儿，余愿死！

按：尽管溥仪曾经是真正的皇帝，婉容也绝不允许他除了自己还爱别人，婉容天天向溥仪絮叨，让他发誓不爱文绣。连设坛扶乩也要求个“万岁（指溥仪）与端氏（指文绣）并无真心真意”的“吉利语”。终于发展到两人之间有我无你的地步。婉容就在这种心境之下撰写了这篇短文。溥仪见到此文，命太监把婉容召来发誓般说道：“余恨不得将我们之障碍物淑妃等都杀宰了！就是再送来八百个西施余亦不爱！”而文绣苦不堪言，夜夜伴孤灯，泪如溪水不尽流。

附：文绣谈与溥仪闹离婚的缘起（1931年9月）

我和玉芬相处得近了，甚么心里话都向她掏。她见多识广，又有心计，很会出主意。她告诉我：现在是民国时代，溥仪又被撵出宫来，他也不再是“小皇上”了，也要守法、平等待人。你可以根据“男女平等”的法律条文，请律师写状子，告溥仪虐待妻子，和他打离婚官司，向他要赡养费。你若考虑好了就这么办！我可以在外面接应，找人帮你的忙。事成之后别把我忘了就行！

玉芬这人说话在理，我当时也相信她，可这离婚官司毕竟不是一件小事，一时还拿不定主意。我就把文珊找来，征求她的意见。我三妹从小就是不甘吃亏的人，又加上快言快语，一说就很赞成。她看我略有迟疑就急着说：“二姐呀！难道还没过够？和溥仪这种男人生活在一起，还有什么幸福可言！早离婚早利索！”

后来，我和文珊、玉芬三人一块儿前前后后地核计了一番，至此我才下决心和溥仪离婚。外界都以为是我妹妹文珊的主意，其实是玉芬最先和我说起的。当时，这事除了文珊、玉芬和我三个人，再没向谁露过口风，别人并不知内情。

过了几天，玉芬又来看我，我偷偷交给她银洋一千元。因为她认识的人很多，让她和文珊先用这笔钱在外边打点打点。我还嘱咐她说，就按民国的新法律起诉，请律师与溥仪打这场离婚官司。

按：玉芬是文绣娘家亲属中的晚辈，却较之年长，长相不错，为人老练，有谋略，工于心计。文绣入宫前，因家境贫寒与许多亲属都无往来，玉芬也从未到过哈达门外花市上头条傅家。后来，文绣平步青云成了“小皇上”的妃子，也是额尔德特氏家族的荣耀，亲戚又都走动起来了，玉芬也常到大翔凤胡同蒋氏那里串门聊天，与文绣的母亲相处颇近。文绣出宫在醇王府“被难”的日子里，曾几次回到大翔凤胡同的娘家看望母亲蒋氏，也是因为受到了玉芬的鼓励。玉芬的婆家不但在北京东四十条有漂亮的公馆，而且在天津租界也有房产。所以，玉芬有机会居住两地，一年之中总有几个月住北京，几个月住天津。文绣随溥仪去天津后，和玉芬有了更为密切的来往，她们无话不谈，息息相通，玉芬和文珊一样，成了文绣最亲近、最信赖的人。玉芬了解了文绣在皇家的悲惨境遇，她第一个向文绣指明了新的人生目标。这便是文绣向溥仪闹离婚的缘起。

余如骗汝，是余不诚（1931 年）

余如骗汝，是余不诚，汝可立即离余去，留余在此受报应。

按：溥仪的一番话终于解脱了婉容，把一缕光明投进她昏暗的心灵之中。“中宫娘娘”回到寝宫，一遍遍回味溥仪所说的每一句话，皇上屡屡起誓，令婉容深信。

溥仪的誓词（1931 年）

皇上道：如有人调停令淑妃单住，如余应允，那时余亦著汝脱离余；或再见淑妃余亦著汝脱离。那时余亦知汝还能否留居此处，即余设身处地一想，余亦不能在此！倘汝走后日日在报纸骂余，余亦不能怪汝非礼。言毕又起誓道：如余巧言骗汝，著余雷电轰顶；如余有意今生再见淑妃，着余枪毙。

按：溥仪的誓词是牙对牙、口对口，一字一吐说出来的，婉容又一笔笔记录在一张普通白纸上，还要一遍遍地念给溥仪听。

附：婉容当年乞神的存留乩辞

吾（按：设坛人自称）仙师叫金荣氏（按：指婉容。“金”为夫姓，“荣”为父姓）听我劝，万岁（按：指溥仪）与荣氏真心之好并无二意，荣氏不可多疑。吾仙师保护万岁、荣氏后有子孙，万岁后有大望！荣氏听我仙师话，吾保护尔的身体。万岁与端氏（按：指文绣。“端”代父姓）并无真心真意，荣氏自管放心。

按：皇家一夫两妻大三角的家庭格局愈来愈难处，夫妻三人日常起居饮食不在一起，溥仪和婉容两人间也不存在卿卿我我、蜜语甜言，而此时的婉容正承受着巨大的感情危机，从她当年乞神的存留乩辞上可窥一斑。

附：婉容的日记——中国最后一位皇后的独白（1931年5月至11月）

吾爱言罗马王与后之事，言现在罗马后已入空门。因罗马王之外遇去一信，著去后。后知，随自入空门。

吾爱言罗马后实乃有情者，因外国尚不以离婚、结婚为耻，罗马后并未与旁人结婚，实与罗马王尚有感情即去。罗马后不肯与彼（按：似指外遇者）同居，必然明其假意，彼（按：指罗马后）恐受骗。

吾爱人言，彼（按：指罗马后）行时甚悲，与其六岁幼子作别时，其幼子大哭不舍，然其母终去。

呜呼罗马后！旁人看至此，必言汝狠心。然余知汝甚，余知汝因不狠，所以才有此狠。因不肯见旁人之失偶，所以自己才舍子舍身成全汝爱。呜呼罗马王！这是汝无福消受此……

日期无考

吾爱呀！妾今甚悔，不应言此。切望吾爱原谅，实不愿言此。吾爱如不相信，可以掐指算来，今已八载（按：指1922年12月大婚至今）妾又何尝言过？不但未曾言过，即暗地埋怨亦所非敢。不过，自叹倒所不免。红颜薄命，自古皆然，妾绝对不敢含怨。

吾不乂，亦不敢逼迫吾爱必与妾同床共枕，此亦非妾所要求。如果吾爱能真心爱妾，心中时有妾之影并妾之声，妾即觉安慰极矣。即言病时，若非吾爱曲意护妾，已早死九泉矣。再，妾病亦非只一次，大病已然三次。妾知吾爱与妾不但不是薄幸，并且情义甚重。此情此景，妾早已铭之五腑，妾不但不埋怨吾爱，并且感念极矣。午夜扪心，实在感激，泣笔。三月十三夜十二钟又半，不眠，书此以慰吾爱。

1931年4月30日

吾爱呀！妾今悔甚，不应言此。切望吾爱原谅，妾实不愿此。吾爱如不相信，可屈指算，今已八载有余，妾又何尝言过？（按：以上系重复前日日记，可见此一“悔”字对其刺激之深。）即或背地有一句怨词，随吾爱！妾即三尺挂梁间，妾亦瞑目九泉。

即言此九载（按：此取概数）之内，妾之言行吾爱亦所尽知。如有不悦吾爱之心之处，切望明言，妾亦好知过改。妾之衷心所愿，即是吾爱爱妾；所最切望者，即是吾爱之颜色。吾爱面上一笑，妾心即安慰极矣；如吾所爱面上有些须不悦之色，妾心即不知所以矣。妾日夜所最盼望者，不过即是吾爱快活与喜悦，如有能安慰吾爱者，妾是无所不牺牲。

妾今勉强书至此处，心力已竭，待至痊愈再接述。三月十四日夜。

1931 年 5 月 1 日

呜呼吾爱呀！倒是怎样好？如果妾自已牺牲，虽然卧病床间，然而良心甚慰；如果旁人为妾牺牲，妾实不知其所以。吁嗟吾爱乎！不知吾爱心中到底怎么感想？思想起来，不觉今人好狠，绝不该将妾嫁与有妇之夫。即言前数年在张园，吾疑吾爱与淑妃要好时，余心甚悲。终日终夜终时终刻无一时不是悲泣，所以忧思通皮，因至经痛腹泻，昼夜不停，总有百日。因此，随有今日之神经衰弱。可是，余亦未言过，余亦未曾怨过。余每日见人时必须洗面陪笑，那时谁也不知余心之苦。三月十五日。

1931 年 5 月 2 日

呜呼吾爱！余确愿死去，余实不知到底为何！昨天话已说明，今天木鱼余皆购得。今早余已悟透，吾爱亦不明言，妾非神经病矣！吾爱呼！如贞我不如放我出家，余亦不知写什么，余亦不知说什么。天呼！天呼！为何不令余死？如吾死，吾爱必说随我去。既然如此，又何必如此！我真说别的恐伤之心，非我不让吾爱看我所写之，余实不愿使吾爱伤心。吾爱可否明言告我？不然余真快死矣。天呼余！实无路，余愿死；母（按：指生身母恒香）呼儿！余愿死；北府母（按：指溥仪生身母瓜尔佳氏）呼儿！余愿死。

考在 1931 年 5 月上旬

呜呼！天乎！吾爱果真爱余呼？吾爱真不欺余呼？吾爱果能只爱余一人乎？虽然昨天所说之言甚多，“绝不能再骗汝”！（按：似溥仪已有过欺骗婉容之事）可是，今晚余问及司人，令所谈之言，初无词答对。继连问三四次始说，然其词前后闪烁，似是非实。如余随行至其处，头一件必将白帽（按：即静园守门之日本警察）去后，托词出外可以为所欲为。如至彼时余气死矣！余知暗中有人与余为难，必告吾爱：此乃正事，并非负心，亦非无信，此为“不孝有三无后为大”，所以始有今日之时常托词他出，可以人不知鬼不觉。余知吾爱如无他人挑拨，绝不能作此无耻之事。并且去言彼亦唱言欲谋余之位。在难时余之位尚欲谋之，如处荣华（按：婉容亦有地位之虞）。

考在 1931 年 5 月上旬

读书贵与明礼一样，如文王是朝秦暮楚，姜后亦不能贤矣。并且古之贤后不止一人，大有有宜于君者、于天下者。

像姜后，人俱讲贤，不过只因不妒，去此之外尚有何贤迹？如不妒为贤，张学良之妻岂非更贤过姜后？文王尚在宫内，不过城围，甚狭；张学良横行天下，到处奸淫，其妻笑随。

姜后之贤，亦须文王之德。世上男子书、礼未必能通，就知“关关雎鸠”“君子好逑”，呜呼！闻此章诗为众多少女而作。用过多少次：是否一年唱一回“君子好逑”？果如此，姜后亦不成为姜后矣。古人书此，并非为一般淫人所设好诗，人未见尚有“绿衣黄裳”乎？尚有“期我桑中，要我上宫”？此皆为何无人传诵？姜后所行，是实洽我心；他后所行，是确背我旨。到女人善妒，可是由男人好淫……

日期无考

荷花色艳而娇，迎风欲舞，清气芬芳，俱一种爱美姿态。且其全体皆有宜于人：从其根至其梗、至其叶、至其花、至其实，皆成药品。妒者谤其过艳，知者赞其德纯。多才而色艳，此何谓？“出污泥而不染”，此非德乎？且其全体皆可入药，此非才乎？叹余何福，每当晨起或当夕阳欲坠之时，扶小环，持蕉扇，徘徊于竹阴荷塘前。或歌一曲阳春白雪，或歌一曲泛彼柏亦泛其流，或歌一曲梦里不知身是客，一晌贪欢无阳江山……

日期无考

如我说要至北京，吾必想吾弃吾爱；如吾说要楼下去住，又恐吾爱想：我愿离吾爱；如我说愿避让，吾爱又不愿，必要余说，不要与旁人好，只与我一人好；如我说“与我一人好”，又恐吾爱对吾道，我就爱你，我绝不能再爱旁人一点，吾爱放心；如我稍萌退意，令有此不幸之因，我退让，随致吾爱心疾大发，到底是怎么回事？吾爱昨天对我说，如我不真动气，不真动心即安慰矣。呜呼！天呼！到底怎么好？

日期无考

我的爱！今天我累了，不能同我爱玩，实在对不住。别着急，我们明日再玩。好好睡觉，我好多了。

考在1931年5月

想古时玉环、西施之流，为当代美人而不知德，俱有才而不知才之所用，所以混得君王宠幸。想杨玉环未入宫曾言，如女子有才有貌，不能……（按：以下残缺，似讲史实，意在身为皇后者应以德、才佐君王）余彼时尚幼稚，随道：余果有此才貌，不使君王成为贤君，余亦有责……吁嗟天呼！俱是一种志向，愿胡玉得行，随得双悬日月照乾坤……

日期无考

吾爱持吾手言曰："余恨不得将我们之障碍物——淑妃等，都将他们杀宰了，我才愿意！"并表示很多诚恳爱我之意。并又言："即再有八百多个西施，余亦不能爱她！"余亦言："即再有八百多个安（按：不知何指），我亦不能爱他。"

前几日吾爱以手搭吾曰："吾爱可有何不快之处乎？可是怕我二人之爱情不长久乎？到底有什么心事，是否说出怕我不悦吗？吾爱告诉我，我绝不能不快。如无不悦，为何吾爱之手如此冰冷？我今告诉你一句放心话：如有人在我跟前说你一句坏话，我一定告诉你，我一定不能听别人的话，我一定不能再跟别人好了，你放心！"此话是在吾爱寝宫床上所言。后，至余屋中。余曰："昨夜真睡好乎？"吾爱曰："昨夜三时余即睡熟，到十一时才醒。"余曰："今晨六时余睡醒，听前廊说话，是否未曾睡好？"吾爱变色道："不是！不是！你听了，不是我。"余曰："我听明白了！"吾爱含愠道："莫非是睡梦而起？"余曰："那不能罢！"后即言他事。三月二十六日夜，子初（按：婉容并未记载听到的内容，却对溥仪的爱情表白并不十分相信了）。

1931年5月13日

吾爱问吾心中有何不快，手如此冰冷？百般慰问。并言道："我们起誓已然三次。"前两天余看佛经云，如人说谎话骗人不好，死后入地必割舌等话。然余始终未敢言余因何，并言："昨宵做梦，静园主子将淑妃送去，吾爱即跑余屋，淑妃已追至余屋后，吾爱无法，即抱余逃去。余亦未敢说什么。看吾爱情形倒很急，并且当时手亦冰冷。然而到底是否真假，余亦未敢断定。”呜呼！如倾心崇尚吾爱时，吾爱即生他意；如吾灰心退出情场，又百般诱引。呜呼奈何！余亦不知倒是怎样？

1931年5月13日

昨余觉头内昏沉，卧床渐解，吾爱问我：“莫非心内有不快乎？”余曰：“非也！”后，余稍愈，即闲谈。余曰：“王爷之二使女哪里去了？”吾爱言：“现在北京。”余曰：“王爷在北京时常常夜内即不知王爷之去向，大约五六钟时便至花园私会。为何不光明磊落，何必作鬼？”吾爱即不悦道：“本来男子汉、大丈夫何必做不光明之事？”后即大不悦，即至今日亦尚不悦，余亦不知何因。三月二十六夜子初（按：婉容明说载沣，暗疑溥仪）。

1931年5月13日

吾爱言：“今吾有佛经多种，余甚喜看。内中所言为什么多与吾爱所言相同？”余听此，余心甚悦。能得吾爱如此誉我，如此奖我，旁人怎么毁我、谤我，余亦不为之悲矣。呜呼！吾爱诚是爱我者矣！吾爱才真是我之知音，但望吾爱长作吾之知心，吾命生、吾病愈矣。四月三十夜（按：似入佛境，其心实苦）。

1931年6月15日

呜呼！如吾爱真是为你，你可实在对不住；如吾爱因你而病、余因你而亡，实在对不住。张诚和（按：总管太监）、张诚和，果能如汝所言乎？往常吾之非者为何不说伊？伊果能如余乎？果觉伊览如余效伊，大约又该言吾非礼矣（按：文中“你”“伊”似指文绣）。

日期无考

不忮不求思无邪，暗室无欺，安分守己不失处女身份。勿忘礼义廉耻，嫩竹迎风节（按：双关，意在贞节）已成，任东风尽力摧残，其奈节何？有死而矣！

日期无考

吾爱道，他说叫我与旁人好。余道：“不！别说了。你还说今天不解决，待多少年也必须解决。你说，我听着多难过！我不愿意再与旁人好。”并说道，

“你那天作梦梦……你还难过，何况一来你就让我与别人好，又言时很难过，看来却是因何?”天呼！天呼！伊是否如我，悲哀在心中，却不忍呼天！余确无路！荣月华（按：婉容临时用名）五月初十卯。

1931年6月25日

吾爱道：“咱的事情真新闻，别人都是男人要去，女人不要去；这是女人让去，男人不愿去。”并说道，我就是这么一个要安慰的，不但是相依，并且是非你不生、非我不活。五月初十卯。荣月华书。

1931年6月25日

吾爱言傅讲之事，并感触昨日之事。无高尚之女人，吾爱即有福者。五月二十六夜，子初。

1931年7月11日

一日晚间十时，淑妃从窗户望这边有人，遂大声道：“做什么必须吃鸦片?回头就捅肚子去。怎么死不了呀?坠楼、跳河好不?只寻我这一饮?这些次我都没死，做什么单这次我死呀?福（按：似为“傅”字，文绣家族所用汉姓）公馆是福公馆，静园是静园。你不用来了！你不用来了！我受是应当，别人反受不上。鬼爹着头发、吐着舌头、搂着柱子吓死你、你们！我不死啦，我不死啦，不用给我卖……

1931年8月14日

余闲居寡欢，偶思美人迟暮徒仿老。忆九载前正是二八年华待字闺中，日承欢父母于膝下，闲观佚书，使每读至孝女节妇不禁泪下如雨，尚不知人世如此鬼诈。从前所听者是如何美、如何孝、如何仁德，现今所听是如何暴虐、如何悍蛮。呜呼！俱是一个人，为何前后所闻如此之异乎?

然更非无恒者。余如得一善，或在老师讲书时，或闻他人闲谈时，或闲观书，使余谨尊“三人行必有我师焉，择其善者而从之”之句，余又“择恶者以为戒”。所以，至今余只知以仁德待人，然巧怍之来余亦了解，即得此句之宜。

1931年8月14日

初七日七时余，余见皇上与格格等在门院中乘凉，余随在楼下吸烟。后，皇上寻余亦至此，待余吸毕，随一同上楼。将出屋门，见淑妃之太监在此等候，回道：“淑妃又哭哪！哭着，忽然起来拿起剪子就要捅肚子。她说，今天又是初七了，是她的纪念。现在他在床上大滚了。”皇上道：“不用理他，他惯会此种伎俩，吓唬谁。不要理她！”那太监道，“反正有你们看着了”，他奴才担不起。皇上着余上楼，当时吓得余立觉周身发抖。后，用膳时余道：“不然将她叫出吃饭？”皇上说英文：“不用你！你如叫她出来，余即不吃。”吃完，余走开这里。七月七日荣华书。

1931 年 8 月 18 日

新雨初晴，吾爱与余至马厂，尚有二格格、三格格、余母一同。秉烛夜游，正当天气清爽、新月如钩、游兴甚畅时，至夜深归来。余与吾爱并坐上，余道：“吾爱累乎？”吾爱道：“不累。”余道：“明日七夕矣。”余道，余在马厂叹气，因牛郎织女一年方得一见。吾爱道：“虽然一年一见，可是千年万年总是一样，胜似人间，并只是一个爱：二人相爱，没有旁人。”七月初六夜，子初。荣月华。

1931 年 8 月 19 日

八月初七日晚，皇上道：“如有人调停，令淑妃单住，如余应允，那时余亦着汝脱离；余或再见淑妃，余亦着汝脱离。那时余亦知汝在不在于此处。即余设身处地一想，余亦不能在此。即使汝走后日日在报纸骂余，余亦不能怪汝非礼。”后并起誓道：“如余巧言骗汝，着余五轰顶；如余有意今生再见他，着余枪毙！”荣月华。

1931 年 9 月 18 日

余之月经，从端阳节至中秋节始见。因端阳节正当行经之期，忽遭不明之折磨，再加劳累，所以两月未见。后，人觉寒热……

1931 年 9 月下旬

八月十九日，前四五日，余道：“余欲戒烟矣。”皇上道：“汝身体尚未复原，现在不可戒烟，待强健后亦未为晚。”余道：“您不是不喜余吸此吗？您如不愿，余即戒之。上次您曾对余云，言吸烟者对于生育有碍。”皇上道：“听他的哪！那亦是郑垂（按：郑孝胥之子）与张诚和说的，那又何足信！吸烟之生育者有的是，不必以此为意。再说，柏大夫（按：德国医院女医生）亦曾说过，如吸不多，胜于喝酒，不但无碍于人身体，尚有益处。你看哪个外国人不喝酒？每饭时必喝酒，然生育俱很发达。”余甚感激皇上之圣明！不拘于偏听之言，亦是皇上多情，这亦是皇上之体谅。

1931年9月30日

鸦片烟了，哎哟！受不了啦！

……往来作烧，并气色亦现灰白，并有时怕风，如受风一样。余病之原即此，也总按受风医，所以始有后来之症，前年之症（按：指1929年3月至5月大病）。八月十九夜，子时，荣月华。

1931年9月30日

八月二十日，今晚皇上与余谈及叛逆之事（按：视要求离婚的文绣为“叛逆”）。余道：“报纸所云是否是实？”皇上道：“俱属谣言”。

1931年10月1日

八月二十日，皇上道：“余绝不能无信义，汝勿疑余，余绝不能如此无是非，并且余将打算将来出来做事，余岂骗汝？余骗汝一人事小，将来岂能保人民、治天下？再，还有证据可评，无论如何总要有证据与汝看。如离异，必须有淑妃之字与余——我们之律师之字；如起诉，必须有传票。无论如何总须有证据，将来你可以看。”余道：“如单居，余亦可以知道。如您总托词出门，即是您应允彼单居；如您去，余亦可知道。”皇上道：“余不能如此无信义。”皇上道：“此次不能怪汝疑心，确是迟挨甚久，余绝不能如此糊涂。一则此为脸面、余如骗汝一事，允其单居，余将以何颜面见人？再者，余还做事否？余信义要紧。”今所谈甚难记忆，意甚绝绝。今所谈，皇上以信义为重，此事一定脱离。皇上道：“此事无论旁人怎样，就全凭我了。”皇上道：“此次不怪汝疑心，因这多日胡（按：胡嗣瑗）等所言〔按：胡经办此事〕余未告汝。余不但不怪汝，余很谅解汝。”皇上话已说尽，决定脱离，并以信义为重，并且从前我们已然起过誓，岂能不算？“余如骗汝，是余不诚，汝可立即离余去，留余在此受报应。余已起誓数次。”余看今日所谈之言已绝，实无再言之处，看情态不能是骗余（按：婉容疑溥仪允文绣单居另住而不离婚，至此方释）。

1931年10月1日

九月十五，子初。

月献金光记（按：婉容自订文题）

余晚膳后与皇上闲谈，待至十时半，皇上归寝。余思至院中吸新鲜空气，余净面，至十一时余，欲至院中，将小步下至院中。见庭中月色清明，洁白如雪，余随举首望月，见天晴气朗，皇光灼灼，忽觉金光缭绕，随环而视，见色……围月有金光一束，炯炯放光。月色明亮，金光灼灼。月色金光相映，尤其明亮（按：此篇写于溥仪和文绣离婚后，婉容虽有轻松感，却只能在夜深人静之际，独自欣赏“月色金光相映”。惜乎该文残缺甚多，无以窥全貌）……

1931 年 10 月 25 日

别时容易见时难。

1931 年 11 月

少无适俗韵，性本爱丘山；误落尘网中，一去二八（按：陶诗为“三十”）年。羁鸟恋旧林，池鱼思故渊；开荒南野际，守拙归田园。

此为抄录晋朝陶渊明的《归田园居》前八句，有改动、有掉字。抄录日期无考。

按：婉容希望丈夫能够真心爱她，盼着快点儿怀孕生子，时刻都在妒嫉情场上的对手。她的更深沉的感受也以另外的方式被记录下来，正是婉容自己把思恋、痛苦与追求，把爱情、憎恶与无边无际的苦恼，都通过笔尖倾注在日记的册页上了。翻开婉容的日记，似乎就穿越了沉重的历史年代，看得见倾国倾成的绝色，听得清哀婉动人的心音。这是历史的记录，中国最后一位皇后的独白。婉容日记原件藏中国第一历史档案馆。为便于读者，引文经笔者对标点、错别字等做了整理，按语置括号内并加“按”字，日记时间也以数码标于文后。

婉容的日记，就保留至今的上述篇章而言，其实更像一篇篇短文。从写作时间看，都是 1931 年的作品。其中虽有若干篇因作者漏记或文稿残缺而不能断定成文日期，但依据内容等条件亦可考知其文大致时限。上面引录的诸篇，大体按时间先后为序，或可表现婉容在这一时期的完整形象。

从篇章内容看，有记事，有抒情，而大量的是后者。婉容赞赏为忠于爱情而“舍子舍身”的罗马皇后；她反对“不妒为贤”的说教，认为“姜后之贤，亦须文王”之德；她不喜欢杨玉环和西施那样的美人，因为她们不能以德、才佐君王；她曾为正史中的“孝女节妇”们垂泪，也为人世的鬼诈、暴虐和悍蛮而深恶痛绝；她温存、多情，挚爱自己的丈夫，“吾爱面上一笑，妾心即安慰极矣”。同时她也痛恨欺骗行为，痛恨男子汉做“不光明之事”；她理解自己，并客观述说了几场大病及病因，其“内心之苦”当年也是令人同情的。

然而她却没有对命运相同的文绣表示应有的同情，她怀疑丈夫会应允文绣别居另住，恨不得立刻把文绣赶出皇家；她终于看到了溥仪与文绣的离婚协议，人们理解她作为一个女人的本能的反应，但她却未能因此而交好运；她赞美荷花纯洁高尚，自认“红颜薄命”，购得木鱼，宁愿身赴佛境，“不失处女身分”。可悲的是，丈夫一次又一次的誓言都不解决实际问题，可怜的婉容空对月、独叹息，沦为鸦片瘾者而难以自拔……

婉容日记真实展现了这位末代皇后的心境，展现了皇家给她带来的无边无际的苦恼。

附：淑妃的五言习作：《无题》

静坐闲挥扇，垂帘避暑风。
鸟翔双翼展，飞舞在晴空。

按：夕阳西下，暮色苍茫，整个紫禁城快要沉睡了。长春宫的玻璃窗内升起了灯光，灯前的淑妃又开始了夜读生活。淑妃喜欢文学，读了不少名著，对我国古典文学尤有兴趣。她入宫4个月后，溥仪旨派名儒朱益藩教授四书五经，淑妃学得很认真，能默读许多段落。淑妃还向朱老先生请教作诗填词之法，并逐步掌握了格律、对仗、词牌等基础知识。淑妃这首《无题》五言习作留存至今。

附：淑妃的《咏红楼梦》

红楼拟作小蓬莱，中贮金陵十二钗。
奢华莫比荣宁府，香草斜阳满院栽。
金屋藏娇诸姊姐，有一个伶俐端庄薛宝钗。
在金陵阀阅尤称富贵，遭家不造遇同怀。

只为呆霸王性情果然呆，京都寄迹荣宁府，适逢元春妃子省亲归。
金玉良缘秦晋偕，红袖天香勤伴读，常将绣阁当书斋。
路途中迷失吹箫客，一赴秋闱竟不归。

按：阅读古典文学名著《红楼梦》之后，淑妃也写了一篇《咏红楼梦》，颇有味道。淑妃的习作都是出宫后留存在长春宫西厢书斋内才被发现的，可见她自受教于朱师傅，文学水平大有长进。

御制庄士敦著《供职录》（《紫禁城的黄昏》）序（1931 年 11 月 1 日）

甲子十月，予自北府入日本使馆，庄士敦师傅首翼予出于险地，且先见日使芳泽言之，芳泽乃礼予假馆以避乱军。乙丑二月，予复移居天津，距今七年，而庄士敦前后从予于北京、天津之间者约十三年中，更患难仓皇颠沛之际，唯庄士敦知之最详。今乃能秉笔记其所历，多他人所不及知者。嗟夫！丧乱之余，得此目击身经之实录，信乎其可贵也！庄士敦雄文高行为中国儒者所不及，此书既出，予知其为当世所重必矣。辛未九月。

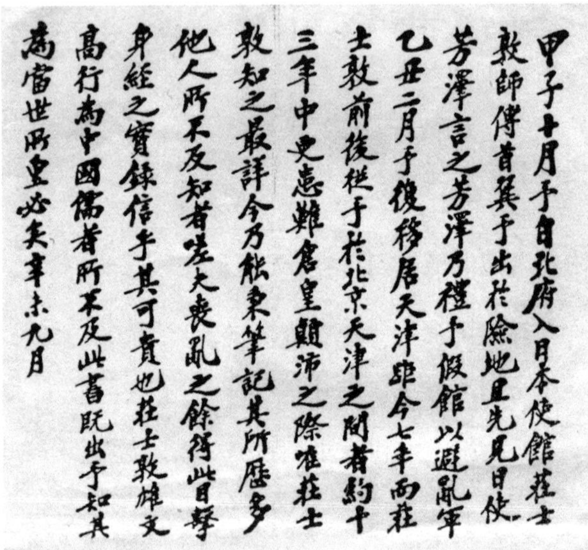
甲子十月予自北府入日本使館莊士敦師傅首翼予出於險地且先見日使芳澤言之芳澤乃禮予假館以避亂軍乙丑二月予復移居天津距今七年而莊士敦前後從予於北京天津之間者約十三年中更患難倉皇顛沛之際惟莊士敦知之最詳今乃能秉筆記其所歷多他人所不及知者嗟夫喪亂之餘得此目擊身經之實錄信乎其可貴也莊士敦雄文高行為中國儒者所不及此書既出予知其為當世所重必矣辛未九月

1931 年溥仪为庄士敦《紫禁城的黄昏》所作序言（郑孝胥执笔）

按：庄士敦带了《紫禁城的黄昏》书稿到天津，请溥仪写一篇序文。庄这本书早在 1927 年就动笔了，他作为辛亥革命后唯一在紫禁城中生活过的外国人，以中国由帝制向共和转变的历史为背景，以与清朝末代皇帝溥仪共处的经历为内容，在 1931 年 10 月完成初稿。当他在天津获知溥仪有意出关重建清朝皇帝的基业时，又决定在书稿后部增写一章《龙归故里》。

深谙中国传统文化的庄士敦，请溥仪为自己的著作写序，是援用历代皇帝给当时完成的重要著作写序文的成例，藉以加重书稿的分量。溥仪一生只写过两篇序文，一篇是为《德宗景皇帝实录》所写的“御制序文”，另一篇就是答应了庄的请求而为《紫禁城的黄昏》所写的序文。据《郑孝胥日记》，溥仪于10月31日“命拟御制庄士敦所著《供职录》序”，11月1日，溥仪又“命以别纸书《序》寄庄士敦于上海”。由郑以“供职录”称书名，可知当时《紫禁城的黄昏》这一书名尚未确定，而该书卷首的序言书影为郑孝胥笔迹，也可知其原因了。这篇序并不长，述及溥仪与庄的关系，称道了师傅并推重他的书，虽出自郑的手笔，内容和口气却是溥仪自己的。

溥仪回忆与“奉天”特务机关长土肥原贤二会谈情况（1931年11月2日晚上）

他向我问候了健康，就转入正题，先解释日军行动，只对付张学良一人，“因为他把满洲三千万人闹得民不聊生，日本人的权益和生命财产也得不到保证，这样日本才不得已而出兵”。他说关东军对满洲绝无领土野心，只是“诚心诚意地要帮助满蒙人民建立自己的新国家”，希望我不要错过这个时机，很快回到我的祖先发祥地，亲自领导这个国家。日本将和这个国家订立攻守同盟，它的主权、领土将受到日本的全力保护。作为这国家的元首，我一切可以自主。

他的诚恳的语调、恭顺的笑容和他的名气、身份，完全不容我再用对待罗振玉和上角利一的眼光来对待他。陈宝琛对于罗振玉和上角之所以不能相信，一是怕他们不能代表关东军，二是怕关东军不能代表日本政府。这两个问题我认为更不存在了。土肥原本人就是关东军的举足轻重的人物，况且他更斩钉截铁地对我说：“天皇陛下是相信关东军的！”

我心里还有一个极重要的问题，也得到了满意的解决。我问他：“这个新国家是什么样的国家？”

“我已经说过，是独立自主的，是由宣统帝完全作主的。”

“我问的不是这个，我要知道这个国家是共和，还是帝制？是不是大清帝国？”

“这些问题，到了沈阳都可以解决。”

土肥原威迫溥儀赴遼
鼓惑日僑與華人尋釁
◇…天津市民應嚴重注意…◇
【本市消息】土肥原秘密來津，隱居日租界常盤旅館，已誌本報，記者昨分向各方調查，據可靠消息，土肥原確已來津數日，行蹤詭密，除少數日人外，外間鮮有知者，聞其來津任務，係奉該國陸軍省之命令，到津煽惑隱居津門之清廢帝溥儀赴東北組織獨立政府，並鼓動在津日僑，與華人尋釁，造成不撤兵之藉口，已與溥儀晤面數次，溥儀對赴遼已表示拒絕，對土氏正用種種強迫手段威嚇，逼其前往，有非去不可之勢云，據另一報告，土肥原此來任務尚有以下二端（一）賄買中日青年浪人，赴各學校各工廠，鼓動學工潮，擾害地方治安，（二）必要時發給槍械，捕擊反日人員，以上兩項，如中國當局不能負責維持，即藉口保僑，以遂其派兵來津之目的云。

《天津益世报》1931年11月4日

溥儀宅發現炸彈
中國旅館之一怪客……遺茶房送禮物暗藏炸彈……怪客潛逃茶房被捕

《新天津报》1931年11月8日

“不”，我坚持地说：“如果是复辟，我就去，不然的话我就不去。”

他微笑了，声调不变地说：“当然是大清帝国，这是没有问题的。”

“如果是大清帝国，我就去！”

“那么就请宣统帝早日动身，无论如何要在16日以前到达满洲。详细办法到了沈阳再谈。动身的办法由吉田安排吧。”

他像来时那样恭敬地向我祝贺一路平安，行了礼，就告辞了。土肥原走后，我又接见了和土肥原一起来的金梁，他带来了以袁金铠为首的东北遗老们的消息，说他们可以号召东北军旧部归服，因为我认为完全没有问题了。

土肥原走后，吉田告诉我，不要把这件事告诉领事馆；关于动身的事，自有他为我安排一切。我也决定，除了郑孝胥父子和几个“随侍”之外，别人一律不带，也不和任何外人透露。

但是，这种事是任何人都瞒不住的。这消息比上次去日本兵营传得还快，第二天报上发出了土肥原与我会见的新闻，揭露出了土肥原此来的目的。陈宝琛那几天不在天津，从北京得到消息，立刻赶了回来，下了车直奔郑孝胥的家，打探消息，然后又奔向静园。这时正好去东京活动的刘骧业拍来了一个电报，说日本军部方面认为我出山的时机仍然未至。看了这个电报，我不得不把会见土肥原的情形告诉了陈宝琛，并且答应即刻和大伙再商量商量。

这天是11月5日，静园开了一个别开生面的“御前会议”。记得被我召来的陈宝琛、郑孝胥、胡嗣瑗等人之外，还有在天津当寓公的袁大化、铁良。升允这时刚去世，否则也会有他一个。别的人几乎没有说话，只有郑孝胥和陈宝琛两人针锋相对地展开了辩论，辩论得激烈，最后竟发展到“伤尊害礼”的地步。

“当前大局未定，轻举妄动有损无益。罗振玉迎驾之举是躁进，现在主张启驾之议何尝不是躁进！”陈宝琛瞪着郑孝胥说。

“彼一时，此一时。时机错过，外失友邦之热心，内失国人之欢心。不识时务，并非是持重！”郑孝胥瞪着陈宝琛说。

“日本军部或者颇为热心，无奈日本内阁还无此意。事情不是儿戏，还请上头三思而定。”陈宝琛向我说。

“日本内阁不足道！”郑孝胥也转头向我：“日本军部有帷幄上奏之权。孝胥再思三思，如此而已。”

“我说的是请上头三思，不是请你郑孝胥三思！”

“三思三思！等日本人把溥伟扶了上去，我们为臣的将陷上头于何地？”

“溥伟弄好弄坏，左不过还是个溥伟，上头出来只能成，不能败。成固然好，倘若不成，更陷上头于何地？更何以对得起列祖列宗？”

“等下去！眼看已经山穷水尽了！到了关外，既恢复了祖业，又不再愁生活，有什么对不起祖宗的？”

在郑孝胥的唾星飞溅下，陈宝琛脸色苍白，扶着桌子颤巍巍地站立起来，让自己上身尽量凑近那秃顶，冷笑了一声：“你，有你的打算、你的热衷。你，有何成败进退，那是毫无价值可言？……”

一言不发的袁大化，低头不语的铁良，以及够不上说话只会喘着粗气的胡嗣瑗，觉得不能再保持沉默，于是出来打圆场。袁大化说了些“从长计议”的话，透出的意思是支持陈宝琛，铁良嘟囔几句，连意见都听不清楚。胡嗣瑗是满想支持陈宝琛，可是说的远不如他写的能叫人明白。我是一点不表示态度，但心里认为陈宝琛是“迂腐不堪，忠心可嘉”。

我拿定主意，不表示态度，不暴露已下定的决心。对身边人如此，对社会更是如此。在这里我要插叙一下我那些天怎样应付外面的人。

大约是第二天或者第三天，有位叫高友唐的东北人要求见我。那些天要求见我的人非常多，我认为全部加以拒绝的办法，只能证实报纸上的推测，那是对我更不利的，尤其是这个高友唐更不能不见。他以前也是张园的客人，张园把他看作遗老，因为他是清朝仕学馆出身，做过清朝的官，后来办过几种报纸，这时是国民党的监察院委员，我想他可能透点什么消息给我，所以接见了他。没想到是替张学良和蒋介石做说客来了。

他说的大概意思是，国民党给他来了电报，叫他向我转达，希望我不要到东北和日本人搅在一起，国民政府愿意恢复优待条件，每年照付优待费，或者一次付给我一笔整数也可以，请我提出数目，至于我住的地方，希望我到上海，或者出洋到外国也可以，或者由我提出除了东北和日本以外的任何地方。

我听了他的话，心里气上来了。我冷笑说："国民政府早干什么去了？优待条件废了多少年，孙殿英渎犯了我的祖陵，连管也没有管。现在是怕我出来丢蒋介石他们的人吧，这才想起来优待。我这个人是不受什么优待的，我也不打算到哪儿去。你还是个大清的旧臣，也不必替他们说话！"

高友唐不理采我的挖苦，而且还很愿意用遗老身份，以完全为我设想的口气，说国民政府蒋总司令的条件对我是最有利的，并且说，如果我不相信这些条件，可以由外国银行作担保。对民国过去一向不讲信用，他也表示不满意，不过他说如果外国人作保，蒋介石这回是绝不敢骗人的。他甚至颇似懂我心理地说，优待条件恢复，当然帝号也要恢复，假使想回到北京，也可以商量。

我对他的话并不相信。我早听说蒋介石的手腕厉害，根本不讲信义，专门会欺软怕硬。因为他怕日本人，现在看见日本人和我接近，就什么条件都能答应，等我离开了日本人，大概就该收拾我了。就算他说的都算数，他给了我一个空帝号，又哪比得上土肥原答应的真皇帝呢？他能给我的款子，又怎么比得上整个的东北呢？蒋介石再对我好，他能把江山给我吗？想到这里，我就不打算再跟高友唐说下去了。

"好吧，你的话我都知道，这次谈话可以告一段落。"

高友唐看我沉思之后说了这么一句，大概认为大有希望，忙说，"好，好，您再想想，等过几天我再来。"

"嗯，再来吧。"

他满怀希望地走了。后来我听说他在北京向我七叔活动之后再回来，正好遇上“天津事变”，日租界戒严，他被截在租界外边，等他设法进了租界，我已经不在静园了。

那两天里陆陆续续还来了些探听消息的或提出忠告的人。那些天我也收到了不少的来信，写信人甚至也有我所不知的本家，劝我不要认贼作父，要顾惜中国人的尊严。我已经被复辟的美梦完全迷了心窍，任何劝告都没有生效。我决定对外决不说真心话。《新天津日报》记者刘髯公，也是张园和静园常来的客人，常在他的报上写文章恭维我，他这时也跑来打听我有没有要出关的意思。我极力地否认了，他于是在他的报上又替我尽辟谣的义务，大概正是同一天，报上登出了这段新闻，我登上了去营口的日本轮船。

不用说，高友唐的活动，陈宝琛的反对，社会上来的忠告等，全受到了土肥原的认真注意。否则的话，就无法解释他为什么又使用上最后的“道具”——在陈宝琛和郑孝胥大发雷霆的次日出现的特殊礼物。

那天我正在唾星喷射中听着“进讲”：“勿失友邦之热心，勿拒国人之欢心……此乃英雄事业，绝非书生文士所能理解……”忽然我的“随侍”祁继忠慌慌张张地进来说：“不好了！炸弹！两个炸弹！……”

我吓得从沙发上连站也站不起来了。在混乱中，好容易才弄明白，刚才有个陌生人送来一份礼品，附着一张原东北保安总司令部顾问赵欣伯的名片。来人放下礼物扬长而去。祁继忠按例检看了礼品，竟在水果筐子里发现了两颗手榴弹。

在静园惊魂未定之中，日本警察和日军参谋军官拿走了炸弹。第二天，永远缺不了的吉田通译官前来报告说，那两个炸弹经过检验，判明是张学良的兵工厂的。

“宣统帝不要再接见外人了。”吉田忠告我：“还是早些动身的好。”

“好！”我说：“请你快些安排吧！”

“遵命！请陛下也不要对不相干的人说。”

后来听说，第二天有的报纸上刊出了炸弹是土肥原布置的，可是我没看到这份报纸。如果不是有人故意藏起了这份报，那也是由于紧接而来的其他惊险事件把我吓慌了。那两天我接到了不少恐吓信，有的信文很短而措词极吓人。有一封上只有这一句：“如果你不离开这里，当心你的脑袋！”更惊人的，是祁继忠接到的一个电话。据祁继忠说，对方是维多利亚餐厅的我认识的一名茶房，他警告我这几天不要去那里，因为有些“形迹可疑的人”到那里打听我。这位关心的朋友还说，他看见那些人衣服里藏有“电刀”，更奇的是，他还认出来那些人都是张学良派来的。

那个茶房是怎样的人，我已记不清了。但关于祁继忠这人值得介绍一下。他是我从北京带到天津的男仆，宫里遣散太监后，他来到宫里，那时候还是个少年，很受我的喜欢。在天津时代，他是我最宠信的随侍之一。在伪满时，我送他到日本士官学校培养。可是后来我发现了他是“内廷秽闻”的关系人之一，我又气又怒，又不敢向日本人说明；正巧听说他在日本和同学吵架，我就借了他破坏日满邦交的题目，请日本把他开除出校。后来他经日本人介绍到华北伪军当上军官，以后又摇身一变为国民党的上校，解放后因反革命案被镇压。我离开天津去东北，他是随同去的三个随侍之一，也是其中最受我亲信的，我的举动他无一不知。我到很晚才明白过来，日本人和郑孝胥对我当时的动静是那么清楚，对我的心情掌握的那么准确及时，而演给我看的那出戏——虽然演员们相当笨拙——的效果又那么好，祁继忠实在是个很有关系的人。

紧接着炸弹、黑信、电话而至的，是“天津事变”的发生。日本人组织的汉奸便衣队——其首领之一，是从前北京警察总监张璧，我出宫时和他有一面之缘——从 11 月 8 日这天对华界大肆骚扰，这也是土肥原导演的“杰作”。日租界宣布戒严，断绝了与华界的交通。静园附近开来了担任保护之责的日军铁甲车。于是静园与外界隔绝起来了。能拿到通行证的只有郑孝胥父子二人。

后来回想起来，土肥原这样急于让我去东北，如果不是关东军少壮派为了急于对付他们内部的反对派，或其他原因，而仅仅是由于怕我再变了主意，那就把我的外界影响估计得太高了。事实上，不但我自己已下定了决心，就连陈宝琛影响下的胡嗣瑗、陈曾寿等人，从我会见了土肥原那天起，态度也发生了变化。他们不再坚持观望的主张，也认为必须主动一些了，不过还把希望放在日本政府方面。这些人的变化，心理和我一样，是怕过了这个“村”就没有了这个“店”，同时又担心羊肉吃不成反而惹一身骚。这些对于和日本交涉的条件，也各有自己热衷之处。我关心的是怕当不上皇帝，他们怕的是做不上大官，因为力主用人权必须在我，至于什么民族荣誉、经济利权等，是完全可以当作换取自己地位的代价送出去的。陈曾寿在我会见土肥原后立刻递上“奏折”，代表了这样的心情：

奏为速赴机宜，以策万全，恭折仰祈圣鉴事：今日本因列强反对而成僵局，不得不变动三省局面以自解于列强，乃有此劝进之举，诚千载一时之机会。遇此机会而无以赴之，则以后更有何机可待？惟赴若不得其宜，则其害有甚于失机者。今我所以自处之道，可两言而决：能与日本订约，酌让路、矿、商务之利，而用人行政之权，完全自主，则可以即动，否则万不可动。如是而已。现报纸喧腾，敌人疑忌，天津已有不能安处之势。欲动则恐受赚于日本，欲静又失此良机，进退两难，唯有请皇上密派重臣往赴日本，与其政府及元老西园寺公等商洽，直接订约后再赴沈阳，则万全而无失矣。臣愚昧之见，是否有当，伏祈圣鉴。

按：溥仪这篇回忆原文存档案馆，所述情节可靠。土肥原为日本陆军大佐，1941 年升至将官。当年，北京的坂西公馆是日本陆军中国情报和策略活动的中心组织，坂西利八郎中将是这个组织的首领，土肥原贤二作为他的副官在 1913 年来到中国，到"九一八"事变前已在中国生活了十八年，被视为日本陆军部内的中国通，西方报纸称他为"东方的劳伦斯"，"九一八"事变后担任沈阳特务机关长。土肥原大佐这次是根据 9 月 22 日在关东军参谋会议上作出的让溥仪作为"满洲国"首领之决定，而带着"抬出溥仪"这一重要任务来津与溥仪会谈的。与此同时，关东军参谋板垣征四郎大佐，也向在天津的日本驻中国军司令官香椎浩平中将提出了保护清朝废帝溥仪的要求。土肥原对于在满洲所进行的对华侵略战争的发动和进展以及嗣后受日本支配的伪满国之设立都有密切关系，作为对华策略专家，土肥原贤二在中国一直从事军务活动。他不但曾参加对中国的侵略战争，也参加了对苏、美以及其他国家的侵略战争。在远东国际军事法庭上被判处绞刑，并于 1948 年 11 月执行。在溥仪看来"这个人说出来的话不会有一句是靠不住的"。土肥原的欺骗、诱惑、威胁，终于把溥仪逼上了贼船，走向卖国之途。

溥仪离开天津静园的临别留言（1931 年 11 月 13 日在营口登陆后公布）

谕陈师傅、胡嗣瑗、陈曾寿仍维持驻津办事处，一切便宜行事。陈、胡安心，甚妥勿虑，定期即召来，勿萌退志。

按：11 月 8 日以后溥仪不再召见陈宝琛了，直到 11 月 10 日，由日本人组织的汉奸便衣队大肆骚扰华界的“天津事件”，终于把溥仪送上从白河码头开往辽宁营口的日本轮船。那天日本“租界”全天戒严，溥仪又故意不给陈宝琛、胡嗣瑗、陈曾寿等送通行证，使他们根本不能进入“租界”，更到不了静园，也就不能知晓“皇帝起驾”的计划，无从拦阻溥仪的行动了。所以，在陈曾寿之弟陈曾植 11 月 11 日的日记中，才有“虽陈弢老亦不知也”这句感叹的话。连溥仪的临别留言也是在营口登陆后的 11 月 13 日才公布的，即此谕。

三、伪满时期

1958年，溥仪在抚顺战犯管理所撰写长达30多万字的《我的前半生》初稿，实为"认罪书"。他把伪满14年历史划分为四个时期，让读者看到了东北地区沦陷后殖民地化程度一步步加深的历程。那么，溥仪是怎样划分伪满历史的呢？

他认为，从1932年3月他与本庄繁签订卖国密约开始，包括"日满议定书"出笼，乃至1934年3月登上"康德皇帝"宝座，只能算作"预备时期"，这期间日本帝国主义对我国东北实行殖民统治的基础工作渐次完成，日本关东军头面人物们与伪满大小傀儡的"磨合"和"适应"也差不多了。

溥仪说，从他首次访日归来并发布《回銮训民诏书》，"罪恶的第一个时期便开始了"。在"日满一德一心"的幌子下，他开始有计划、有步骤地为日本殖民统治服务了。从而，作为日本人帮凶的面貌暴露无遗。

溥仪认为，"罪恶的第二个时期"，是从1940年他第二次访日开始的。这次捧回天照大神，发布《国本奠定诏书》，实际是帮助日寇忠实推行"民族精神去势的同化"，是把自己的民族出卖到"亡国灭种"、万劫不复的地步。

溥仪说，"罪恶的第三个时期"，应该从1941年12月太平洋战争爆发算起。他发布《时局诏书》就是标志，已经把"认贼作父"的汉奸本色发挥到顶点，好像要当"殉主的奴仆"，宁可毁灭自己，也要把汉奸当到底。

与其说这是溥仪对伪满14年历史阶段的划分，还不如说这是他内心深处针对伪满历史反省自悟的叠层感受，经过改造的"康德皇帝"还是进步了。

现把溥仪这一时期的存文整理公布。

1931 年 11 月 10 日溥仪登上日本商轮潜往东北

溥仪的“密谕”（1931 年 11 月 17 日从旅顺传回天津）

园内一切事宜归陈曾寿全权办理，所有当差人等禀承咨训可也。

按： 溥仪在营口一上岸，便感到上了土肥原的当，先被关东军的代表控制在汤岗子温泉旅馆，继而又送到旅顺封锁在大和旅馆内，直到 1932 年 1 月 17 日日本才准许他迁入肃亲王府，两天后溥仪的“密谕”传回天津静园。“密谕”中还用了“梦寐之间，思见卿等”及“相见匪遥”等词语，以表达他对陈宝琛等老臣的思念之情，陈乃决定“赴旅顺请安”。

此谕原文未见，只是亲历者回忆文中有片段内容。

溥仪离津出关后亲书的一段话

诚敬为本，无人我之见，为而不恃，功成而不居。荣辱不惊，生死不易，志存拯物，不使一夫失所。

辛未仲冬书（宣统御笔印）

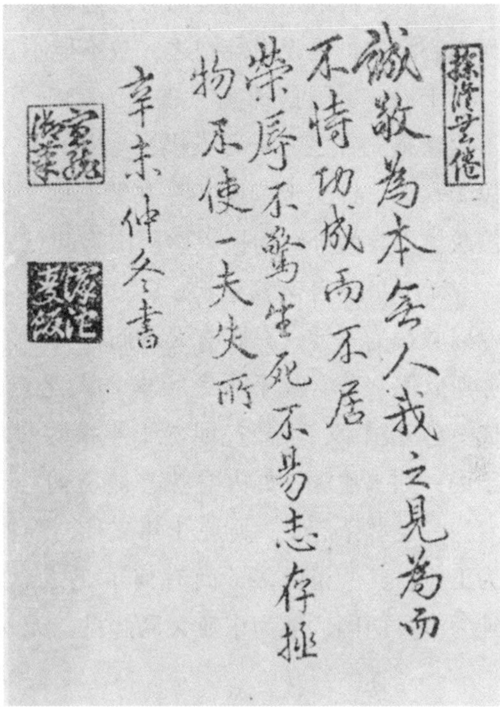

1931 年溥仪离津出关后亲书一段话

溥仪向日方提出《谈判理由十二条》（1932 年 2 月 19 日）

一、尊重东亚五千年道德，不得不正统系。

二、实行王道，首重伦常纲纪，不得不正统系。

三、统驭国家，必使人民信仰钦敬，不得不正统系。

四、中日两国为兄弟之邦，欲图共存共荣，必须尊崇固有之道德，使两国人民有同等之精神，此不得不正统系。

五、中国遭民主制度之害已二十余年，除少数自私自利者，其多数人民厌恶共和，思念本朝，故不得不正统系。

六、满蒙人民素来保存旧习惯，欲使之信服，不得不正统系。

七、共和制度日炽，加以失业人民日众，与日本帝国实有莫大之隐忧；若中国得以恢复帝制，于两国人民思想上、精神上保存至大，此不得不正统系。

八、大清在中华有二百余年之历史，在满洲有百余年之历史，从人民之习惯，安人民之心理，治地方之安靖，存东方之精神，行王政之复古，巩固贵国我国之皇统，不得不正统系。

九、贵国之兴隆，在明治大帝之王政。观其训论群工，莫不推扬道德，教以忠义。科学兼采欧美，道德必本诸孔孟，保存东方固有之精神，挽回濡染欧风之弊习，故能万众人心亲上死长，保护国家，如手足之捍头目，此予之所敬佩者。为趋步明治大帝，不能不正统系。

十、蒙古诸王公仍袭旧号，若行共和制度，欲取消其以前爵号，则因失望而人心涣散，更无由统制之，故不能不正统系。

十一、贵国扶助东三省，为三千万人民谋幸福，至可感佩。惟予之志愿，不仅在东三省之三千万人民，实欲以东三省为张本，而振兴全国之人心，以救民于水火，推至于东亚共存共荣，即贵国之九千万人民皆有息息相关之理，两国政体不得歧异。为振兴两国国势起见，不得不正统系。

十二、予自辛亥逊政，退处民间，今已二十年矣。毫无为一己尊崇之心，专以救民为宗旨。只要有人出而任天下之重，以正道挽回劫运，予虽为一平民，亦所欣愿。若必欲予承乏，本个人之意见，非正名定分，实有用人行政之权，成一独立国家，不能挽回二十年来弊政。否则有名无实，诸多牵制，毫无补救于民，如水益深，如火益热，徒负初心，更滋罪戾，此万万不敢承认者也。倘专为一己尊荣起见，则二十年来杜门削迹，一旦加之以土地人民，无论为总统，为王位，其所得已多，尚有何不足之念。实以所主张者纯为人民，纯为国家，纯为中日两国，纯为东亚大局起见，无一毫私利存乎其间，故不能不正统系。

按：溥仪在旅顺等待了三个月，终于在 1932 年 2 月 19 日听到消息说，张景惠等东北四省“代表”通过决议，要在满洲建立一个“共和国”，并发表了“独立宣言”。溥仪等既恐慌又愤慨，内心恼恨土肥原、板垣、关东军，遂根据陈宝琛的嘱咐，把必须“正统系”的理由亲笔写下，共十二条（后四条是陈曾寿补写），交给郑孝胥、罗振玉，让他们带到沈阳与板垣会谈。

溥仪就《谈判理由十二条》发布谕旨（1932 年 2 月 19 日）

郑孝胥、罗振玉、郑垂：卿等赴奉，当示朕无利天下之心；其次，关于我方既定办法，决不变更，且群为释导，以破群疑。钦此！

按：溥仪交下亲笔所写《谈判理由十二条》，随即郑重其事向参与会谈人员发布谕旨。

溥仪回忆1932年2月末在旅顺与板垣会谈情况（1955年）

日本侵华罪魁之一板垣征四郎

板垣是个矮个，有一个剃光的头，一张刮得很干净的青白色的脸，眉毛和鼻子底下的小胡子的黑色特别显眼。在我看过的日本军官中，他的服装是最整洁的了，袖口露出白得刺眼的衬衫，裤腿管上的圭角也很触目，这加上他的轻轻搓手的习惯动作，给了我一个颇为斯文和潇洒的印象。板垣先对我送他礼物表示了谢意，然后表明，他是奉关东军本庄司令官之命，来向我报告关于“建立满洲新国家”的问题的。

他说出了题目，却不立刻讲正文，而是慢条斯理地先从“张学良的虐政不得人心，日本在满权益丝毫没有保障”谈起，又大谈了一阵日军行动的“正义性”，“帮助满洲人民建立王道乐土的诚意”。我听着他的话，看看他的青白脸和中岛比多吉的皱脸，不断表示赞同地点点头，心里却希望他快些把我关心的答案说出来。好不容易，他总算谈到了正题，他说：“这个新国家名号是‘满洲国’，国都设在长春，因此长春改名为新京，这个国家由五个主要民族组成，即满族、汉族、蒙古族、日本族和朝鲜族。日本人在满洲花了几十年的心血，法律地位和政治地位自然和别的民族相同，比如同样地可以充当新国家的官吏……”

不等中岛翻译完，他从皮包里又拿出了“满蒙人民宣言书”“执政即位宣言”以及设计好的五色的“满洲国国旗”，放在我面前的沙发桌上。我气得肺都要炸了。我的手颤抖着把这些东西推了一下，问道：“这是个什么国家？难道这是大清帝国吗？”

我的声音变了调。板垣仍旧用他那不紧不慢的声调说：“自然，这不是大清帝国的复辟，这是一个新国家，这是东北行政委员会通过的决议，这个委员会代表满洲群众，一致推戴阁下为新国家的元首，就是‘执政’。”

听到中岛的嘴里响出个“阁下”来，我觉得全身的血都涌到脸上来了，这还是第一次听到日本人这样称呼我呢！“宣统帝”或者“皇帝陛下”的称谓原来就此被他们取消了，这如何能够容忍呢？在我的心里，东北二百万平方里的土地和三千万的人口，全抵不上那一声“陛下”呀！我激动得几乎都坐不住了，我说：“名不正则言不顺，言不顺则事不成！满洲人心所向，不是我个人，而是大清的皇帝，若是取消了这个称谓，满洲人心必失。这个问题必须请关东军重新考虑。”

板垣轻轻地搓着手，笑容满面地说：“满洲人民推戴阁下为新国家元首，这是没有疑问的。这就是人心所归，也是关东军所同意的。”

“可是日本也是天皇制的帝国，为什么关东军同意建立共和制呢？”

“如果阁下认为共和制不妥，就不用这个字眼。这不是共和制，是执政制。”

“我很感谢贵国的热诚帮助，但是别的都可说，唯有这个执政制我却是不能接受。皇帝的称谓是我的祖宗所留下的，若是由我取消了，即是不忠不孝。”

“所谓执政，不过是过渡而已”，板垣露出十分同情的样子，“宣统帝是大清帝国的第十二代皇帝陛下，这是很明白的事，将来在议会成立之后，我相信必定会通过恢复帝制的宪法，因此目前的执政，不过是过渡时期的办法而已。”

我听到“议会”这两字，又像挨了一下烫似的，连忙摇头说：“议会没有好的，再说大清皇帝当初也不是什么议会封的！”

我们这样地争来争去，总也谈不到一起。板垣态度平和，一点也不着急，青白脸上浮着笑容，两只手搓来搓去。我不厌其烦地重复着那十二条不得不正统系的道理，反来复去地表示，非要这个皇帝的称呼不行。这样谈了三个多钟头，最后，板垣收拾了他的皮包，表示不想再谈下去了。他的声调没变，可是脸色更青白了，笑容也没有了，一度回到他口头上的“宣统帝”的称呼又变成了“阁下”：

“阁下再考虑考虑，明天再谈。”冷冷地说完，他就告辞走了。

这天晚上，我又和板垣见了一次面。这是根据郑孝胥父子和上角的意见，在大和旅馆里专为板垣举行了一个宴会。照他们的话说，这是为了联络感情。

我在宴会上的心情是颇为复杂的。我所以敢于拒绝执政的名义，多少是受了胡嗣瑗、陈曾寿这些人的影响，即认为日本人把东北弄成目前这种局面，非我出来不能收拾，因此，只要我坚持一下，日本人就会让步。但是在我拒绝了板垣之后，郑孝胥就提醒我，无论如何不能和日本人伤感情，伤了感情一定没有好处，张作霖的下场就是殷鉴。我一听这话，又害怕起来。我原来认为土匪出身的张作霖和我这“自与常人殊”的“龙种”固然不能并列，不过谁知现在日本人心里又是怎样的呢？因此我不得不时时注意着板垣的那张青白脸。那张脸竟是没有阴晴相的脸。他大口喝酒，对任何人的敬酒都表现得十分豪爽，他绝口不提白天的争论，那就好像根本不曾发生过似的。也好像约定好了一样，宴会上的人除了风花雪夜，烟酒饮食，再不说别的。一直到晚上 10 点钟结束宴会，我还是没看出板垣脸上的气候。

可是用不着我再费多少时间去试探，第二天早晨板垣把郑孝胥、罗振玉、万绳栻和郑垂都叫到大和旅馆，让他们向我转达他的“气候”：

“军方的要求再不能有所更改。如果不被接受，就只能看作是敌对态度，军方也只有用对待敌人的手段作答复。这就是军方最后的话了。”

我愕然地看着他们每人的脸，看到罗振玉和万绳栻的神色，我相信郑孝胥传达的话不会是假的了，我的腿一软，跌坐在沙发上，半晌说不出话来。

别人都不言语，我只听见郑孝胥一人的声音：“臣早说过，不可伤军方的感情……不过现在还来得及，皇上必须乾纲独断。现在答应下来，将来开议会，还可以通过帝制，倘若贸然决裂……”

郑垂接上腔：“现在是在日本人掌心里，不能吃他这个眼前亏，与其决裂翻脸，不如将计就计，以通权达变之策，谋来日之宏举。所谓不入虎穴，焉得虎子。”接着又说一堆什么夏少康之类的老套，给我脸上贴金。他在昨晚宴会上，是最活跃的一个，不住地跟板垣干杯，宴会散了，他俩不知又找了什么地方去续饮。他这种“通权达变”，据陈曾寿后来说就是在干杯声中产生的。

听了郑氏父子的双簧戏，我冷笑道：“你们说得容易，可是到了将来，议会通过的还是要大总统，又该如何？别的一切好说，唯有这‘皇帝’称谓，是祖宗所遗，我若取消，是不忠不孝！”

“板垣说过，将来可以实行帝制。”郑垂声调委婉地说：“将来有机会。”

“将来若是没机会呢？板垣骗人呢？”

“那咱就走。依郑垂之见，决不至此！”

“走？要是走不了呢？那时有你一百个郑垂又何济于事？”

郑孝胥突然粗声地说：“可是现在伤了军方感情，一切全完！”

我抬头注视着罗振玉和万绳栻，希望他们发表意见。万绳栻满脸惊慌之色，好像郑孝胥暗示的危险已降临到他的眼前。罗振玉垂头丧气，连连摇头，费了好大的劲才说出话来："事已如此，悔之无用。只好暂时……允许，以一年为期。若一年期满仍如其旧，再向军部提出，也是仁至义尽。"

"这是好主意！"郑垂赞许地说："一年为期，到时再说。"

我还在犹疑不决，这时郑孝胥终于拿出了他的杀手锏来了："应断则断，当行则行。目前固然尊号未定，不过青云直上，为时也不会远。臣服侍皇上这许多年，为的是什么？眼看预期的事业，就可以顺眼前这条路，一步步达到，倘若执意不就，岂不是为山九仞亏一篑？既然如此，臣只有就此告辞回籍！"说着站起身来，就像立刻要走的样子。我着了慌，忙阻止他，说："你忙什么？商量事情要紧。"

就是这样，我一方面浑身没有一根骨头是硬的，一方面想着板垣许给我的未来宝座，公开地走上这条卑鄙无耻的道路，给自己戴上了头号汉奸的头衔，给血腥的统治充当了一块遮羞布。在这块破布底下，从 1932 年 3 月 9 日所谓"执政就国"这天起，祖国东北三千里江山变成一块完全的殖民地，三千万同胞开始了染满血泪的灾难生活。同时，我也给本庄、板垣、土肥原之流扩大了嗜血的胃口，奠定了这撮人的"发家"的基石。郑孝胥的日记里这样记下了本庄等人的命运关头："……上乃决，复命万绳栻往召板垣，遂改'暂为维持'句。板垣退而大悦。昨日本庄两次电话来询情形，板垣今日十一时当去。'暂许'之议，十时乃定。危险之机，间不容发。盖此议不成，则本庄、板垣皆当引咎辞，而日本陆军援立之策败矣。"

板垣在这天晚上，特别举行了一个小规模的庆祝宴会，把我们这伙软骨动物都请去了。板垣变成了另外一个人。他叫来一群日本妓女，给每人配上一个，他自己左拥右抱，大吃大喝，斯文相全没有了。

一个日本妓女拿了一杯酒给我，用生硬的中国话问道："你是中国人的？你是做什么的？"

板垣听见了，放声大笑，把那女人吓了一跳，惊慌地缩了一下脖子。她在转顾之间，那个敷满白粉的脖颈，引起我对于瓷制品的感觉，我因之忽然想到，我这"临时执政"也是瓷制的，说不定什么时候就会摔个粉碎。

按：该回忆文原件存档案中。板垣征四郎于1929年调任关东军参谋、大佐，早在“九一八”事变前一年就主张驱逐张学良，在东北建立“新国家”，参与煽动、制造“满洲事变”和武力占领满洲的军事行动，并在鼓动“满洲独立”和树立傀儡伪“满洲国”的欺骗和阴谋中，都担任了主要的任务。1934年出任关东军副参谋长，1937年“七七事变”后出任师团长，1938年出任陆军大臣，1939年出任中国派遣军参谋长，以后又先后出任过朝鲜司令官、驻新加坡第七方面军司令官等职。在华北、内蒙古树立伪政权、进攻中国内地、树立汪精卫伪政权、发动哈桑湖对苏联的进攻等重大事件中，他都担当了重要角色。在远东国际军事法庭上被判处绞刑，并于1948年11月执行。

1931年3月1日张景惠以伪东北行政委员会委员长的名义在奉天发表所谓《独立宣言》

溥仪因纡尊降贵屈为执政而向祖先祭告的祭文（1932年2月26日）

二十年来，视民水火，莫由拯救，不胜付托，丛疚滋深。今以东三省人民之拥戴，邻邦之援助，情势交迫，不得不出任维持之责。事属创举，成败利钝，非所逆睹。惟念自昔创业之君，若晋文之于秦穆，汉光武之于更始，蜀先主之于刘表、袁绍，明太祖之于韩林儿，当其经纶未展，不能不有所凭借，以图大举。兹本忍辱负重之心，为屈蠖求伸之计，降心迁就，志切救民；兢兢业业，若履虎尾。敢诉愚诚，昭告于我列祖列宗之灵，伏祈默佑。

按：该祭文原件存溥仪档案中。

溥仪在旅顺发出“第一次答书”拒绝出任“执政”（1932年3月3日）

予自播越在外，退处民间，闭户读书，罕闻外事。虽宗国之阽危，时轸于私念，而救济之方略未讲，于平时忧患余生，才微德鲜。今三省代表等前来，猥以藐藐之躬，当兹重任，五中惊震，弥切惭惶。事未更则阅历之途浅，学未裕则经国之术疏。加以事变日新，多逾常轨，际遇艰屯，百倍畴昔。人民之疾苦已臻其极，民风之邪诐莫知所届。既不可以陈方医变症，更不可以推助徇末流。诚所谓危急存亡之秋，一发千钧之会，苟非通达中外，融贯古今，天生圣哲，殆难宏济，断非薄德所能胜任。望别举贤能，造福桑梓，勿以负疚之身，更贻口实。

按：原件存溥仪档案中。伪“东北行政委员会”在1932年2月16日召开“建国会议”，并在2月18日发表“独立宣言”，推戴溥仪就任“执政”。2月21日溥仪派郑孝胥、罗振玉参加沈阳“建国会议”，指令他们要坚持“复位”理由。2月23日板垣征四郎提出，将在东北成立的“新国家”定名为“满洲国”，由溥仪出任国家元首，称“执政”。然而溥仪坚持要当皇帝，不同意就任“执政”。双方争论不止。2月24日板垣征四郎以“军部要求再不能有所更改，否则只能被看作是敌对态度”一语发出最后通牒，溥仪则以“暂定一年为期，如逾期仍不实行帝制，即行退位”为条件同意出任“执政”。3月1日所谓“东北三省代表”赴旅顺，“劝进”戏开场，溥仪命郑孝胥代读“答词”拒绝。3月3日呈上“第二次推戴书”，溥仪当天发出“答书”，仍以“才微德鲜”为由拒绝。

溥仪在汤岗子发出“第二次答书”允准出任“执政”（1932年3月7日）

前表愚表，未蒙矜谅，更辱推戴，感惕交深。慨自三省变兴，久失统治。承以大义相责，岂敢以暇逸自宽，审度再三，重违群望。今者宪法尚未成立，国体尚待决定。窃以为天下无舞弊之法，所当两权其重轻，才力有不及之时，要贵自知其长短，固不敢强人而从己，亦未敢违道以趋时。今与国人预约，勉竭愚昧，暂任执政一年。一年之后，如多陨越，敬避贤路。倘一年之内，宪法成立，国体决定，若与素志相合，再当审慎，度德量力，以定去就。若其未合，即当辞退。此约必得国人公认，然后敢承，期有出言可践之实，庶免为德不卒之讥。盖天下有明知其法之善，尽心而为之，或有不如初志者矣；未有明知其法之不善，违心而为之，而或收善果者也；覆辙未可重迹，徇人必至失己。愿得一言以为息壤，此心皦日，幸垂谅焉。

按：原件存溥仪档案中。1932年3月3日在日本关东军指使下，“东北行政委员会”发表《建国宣言》，宣布“满洲国”成立，定国号为“满洲国”，年号为“大同元年”，国旗为红蓝白黑黄“五色旗”。3月6日溥仪携婉容从旅顺到汤岗子对翠阁温泉旅馆，郑孝胥、罗振玉、工藤忠、甘粕正彦、上角利一等随扈。3月7日“东北三省代表”张景惠、臧士毅、赵欣伯等二十九人，由凌升领衔呈上推戴书，即所谓以“代表国人”自任的“东北行政委员会文告”，表示尊重溥仪提出的条件：“前以群情推戴，合词吁请，俯徇民意，暂领满洲新国执政事务。伏承温谕，益见冲怀。此次皇帝矜念满蒙黎庶，屈志救民，盛德谦光，同深感戴。至日后政体，设有违忤不适之处，去就自当敬尊圣意，决不敢丝毫相强。特再陈明，仍恳星言夙驾，以慰三千万民众喁喁之望。三月七日（印）”，二次谒见溥仪“请驾”，获允。随即发表前往长春的“第二次答书”，仍提出“一年之内宪法成立国体决定”的条件，也就是要实行帝制，否则辞退“执政”之职。这原是溥仪入了关东军虎口、已至身不由己又无可奈何的情况下，罗振玉给他出的“高招”，并成了后来“康德皇帝”出世的因由。

1932年3月8日上午8时溥仪和婉容在对翠阁门前

溥仪前往长春行前发表声明（1932年3月8日）

予承满洲国三千万民众之切实希望，兹首其途，即晋新都长春，予所抱怀念，当俟就任式时宣告中外。今惟对于记者诸君表示热烈敬意。

按：按：原件存溥仪档案中。溥仪夫妇及郑孝胥、罗振玉、张景惠等一行，上午8时从汤岗子出发赴长春。行前发表前往长春的声明。

溥仪就任伪满执政颁发“执政宣言”（1932年3月9日）

人类必重道德，然有种族之见，则抑人扬己，而道德薄矣。人类必重仁爱，然有国际之争，则损人利己，而仁爱薄矣。今立吾国，以道德仁爱为主，除去种族之见，国际之争，王道乐土，当可见诸实事。凡我国人，望其勉之。

按：引录自《满洲国政府公报》。溥仪出席在原长春市政公署大礼堂举行的“满洲国建国国式”，就任伪满执政。此乃溥仪在就任伪满执政的仪式上所公布。

溥仪颁发《执政就任词》（1932 年 3 月 9 日）

在溥仪就任执政仪式上由郑孝胥代读“执政宣言”

予以津乱，避地海滨，辱承众情推戴，固辞不获，暂领执政。当兹地方凋敝，盗贼多有，局势困危，百废待举，德薄能鲜，何其能任？所与天下共见者，惟此区区敕民之心而已。举贤任能，无敢党偏；信赏必罚，无敢罔从；敦睦邻邦，无敢诈虞；抚爱民众，无敢欺侮。凡吾境内，一视同仁，无敢歧异。崇礼教以正风俗，行节俭以鲜困穷，兢兢业业无敢怠荒。昔后唐明宗曾焚香祷天，愿早生圣人，以敕百姓。予以敬本此心，暂持难局，以待能看天日在上，其共鉴之。

按：引录自《满洲国政府公报》。此乃溥仪在“满洲国建国国式”上发表的官样文章。

溥仪颁发《执政答谢词》（1932 年 3 月 9 日）

我东北三千万民众，自满洲独立国成立宣言发表以来，再四请余摄行新国之执政。惟满洲为余祖宗发祥之地，兹重受推戴，乃不获辞退，敬谨就职。今日大日本军司令官、满铁总裁阁下及诸贵宾之来临，并受郑重之祝词。不胜感谢。余德薄才疏，深惧不足以副诸君之期望。谨愿亲睦国交，尊重民意，俾外和内辑，以发挥东亚之光荣，是应为诸君所欣悦者。谨致答谢。

按：引录自《满洲国政府公报》。此乃溥仪在“满洲国建国国式”上发表的官样文章。

溥仪就任伪满执政时合影。溥仪居中而坐，右侧为郑孝胥、张景惠、罗振玉、熙洽、臧式毅；左侧是关东军司令官本庄繁、满铁总裁内田康哉和独立守备队司令宫森等

溥仪致日本关东军司令官本庄繁的信（1932 年 3 月 10 日）

径启者：此次满洲事变以来，贵国竭力维持满蒙全境之治安，以致贵国军队及人民均受重大之损害，本执政深怀感谢。且确认此后敝国之安全发展，必赖贵国之援助指导。为此，对于下开各项，特求贵国之允可。

一、敝国关于日后之国防及维持治安委诸贵国，而其所需经费均由敝国负担。

二、敝国承认贵国军队凡为国防上所必要将已修铁路、港湾、水路、航空等之管理，并新路之布设均委诸贵国或贵国指定之机关。

三、敝国对于贵国军队认为必要之各种施设竭力援助。

四、敝国参议府就贵国人选有达识名望者任为参议，其他中央及地方各官署之官吏亦可任用贵国人。而其人物之选定，委诸贵（国?）司令官之保荐。其解职亦应贵司令官之同意。前项参议之人数及参议总数有更改时，若贵国有所建议，则依两国协议，以增减之。

五、将来由两国缔结正式条约时，即以上开各项之宗旨及规定，为立约之根本。

此致。

溥仪（印）

大同元年三月十日

按：溥仪致日本关东军司令官本庄繁的信，实为由日方在汤岗子就代为定稿充作与本庄繁的“交换文”了，实情如下：3月6日7时30分，溥仪偕近臣郑孝胥、罗振玉等，在上角利一、甘粕正彦、工藤铁三郎陪同下，从旅顺出发，中午12时40分到汤岗子，下榻于对翠阁宾馆。同日婉容也由万绳栻等扈从前往汤岗子。继而，张景惠、臧式毅等前往对翠阁“请驾”，呈进《推戴书》，“代表国人”表示尊重溥仪提出的条件“暂任执政一年，转行帝制”。当天下午，日本关东军代表上角利一和甘粕正彦，通过郑孝胥向溥仪提出：在就任执政后要立即写一封致关东军司令官本庄繁的信函，秘密交给司令官本人，作为未来某日“立约之根本”。“立”什么“约”？就是后来的《日满议定书》。这封由溥仪亲笔签署于1932年3月10日的秘函，存于档案中，永远嵌入了历史。溥仪前往长春就任“执政”，中途在汤岗子做暂时停留。一是等待所谓的“人民代表迎驾团”，要摆这个谱；而更重要的就是关东军要求溥仪签署给本庄繁的字据，即《溥仪致本庄书》，并确定对新政府人事安排的最后调整方案。板垣征四郎是先于溥仪到达汤岗子的。溥仪到达后，板垣立即前来会见，拿出《溥仪致本庄书》的拟定稿，向溥仪说明了必须履行委托的手续后，命郑孝胥用毛笔抄清，然后再由溥仪签字画押。郑孝胥在当天日记中对此有明确记述：“扈驾……至汤岗子，驻跸对翠阁。板垣来觐。缮致本庄繁书。”片仓衷在《满洲事变机密政略日志》中也有对此事的记载：“板垣来到汤岗子迎接溥仪后，开始会谈，决定了满洲国的最后人事安排。然后溥仪在由板垣早已和幕僚们研究、自己拟定的所谓《溥仪·本庄交换公文》上签了字。”溥仪就任伪满“执政”后，办的第一件“公事”就是让郑孝胥向本庄繁交出《溥仪·本庄交换公文》。

溥仪发布执政令第 1 号（1932 年 3 月 10 日）

罗振玉《恳请收回参议成命由》呈悉。开基创始首赖贤豪，期共济夫艰难。本非强以利禄，乃该员风高肆志，意切辞荣，陈请再三重违雅尚，著如所请，开去参议之职，所望毋秘尔音，不我遐弃，司农讲学，仍时奉以周旋，宏景高居，常不闻乎咨度，其为裨益，岂独在予。

按：罗振玉请辞“参议”之职，溥仪发布“执政令”允之。

大赦教书（1932 年 3 月 11 日）

古之圣人，下车泣罪，不教而诛，谁能忍之？今依政府组织法第十三条特行大赦，与民更始，万方有罪，在予一人，此令。

按：溥仪发布大赦令。

急赈教书（1932 年 3 月 11 日）

灾乱之后，民不聊生，其极贫者，何以自活？特发金币二十万元，以资急赈，著国务院交地方官速为妥散。语不云乎一溉者后枯，姑为好善者之倡而已。此令。

按：溥仪发布急赈令。

溥仪召见陈曾寿在卧室谈话（1932 年 3 月 11 日夜）

我现在有三个誓愿：第一，我要改掉过去的一切毛病。陈宝琛在十多年前就说过我懒惰轻佻，我发誓从今永不再犯；第二，我将忍耐一切困苦，兢兢业业，发誓恢复祖业，百折不挠，不达目的誓不罢休；第三，求上天降一皇子，以继承大清基业。此三愿实现，我死亦瞑目。

按：溥仪把“执政府”暂时安置在前吉长道尹公署，经一番布置有了光怪陆离的感觉，又发誓要“恢复祖业”了。

溥仪命国务院查清各盟蒙王（1932年3月11日夜）

蒙古各盟旗王公，世守藩封，竭诚翊戴。本执政现经就任，自应量予恩施，著交国务院迅即电行各省，立饬蒙旗办事处，将各该盟蒙古王公爵号、姓名、籍贯呈送，勿任漏延为要。

按：满蒙一体，是有清一代的基本国策，刚走到“前台”的溥仪也不忘传承。

溥仪就永、福、昭三陵管理事宜面谕文启（1932年3月18日）

尔等自民国以来，待遇甚微，虽由前奉天省政府发给祭祀费，究系无几。竟能苦心照理，并祭祀无缺，诚属关心祖陵，殊可嘉。

按：沈阳皇宫两院清室办事处处长文启谒见溥仪，报告近年永、福、昭三陵陵寝等管理事宜，溥仪乃对文启说了这番话。并嘱他迅速拟定祭祀礼预算，待上报后，即可亲派大员赴各陵代祭。此后陵寝事由溥仪出资仍委托文启办理。

溥仪“初次巡视国都”的感想（1932年3月26日）

余此番初次巡视国都，实反复预想，盖民心略呈现安定，商民安于其业，目睹此情，甚觉愉快。此时凡参与一国政治者，宜同心协力，去其私情，以谋增进人民之幸福，为安定民心计。有首先完备警察等维持治安机关之必要，巡视市内，始觉地方难民，似有多数来此避难，对于此项避难人民，不可不速讲适当之赦济手段，并谋早期恢复地方之治安，而俾其返乡以就业，又对之施以治疗，及其他慈善，亦均为今日之急务。就本日之巡路观之，关于文教、宗教之设备尚未十分完全。又如街道除一部分外，多半恶劣，沿路人民满身饱沾污秽尘埃。此等现象系军阀政治之弊害，有及早改革之必要。又如公园、体育场当更进一层计其充实，使各民族聚集于此，逍遥和乐，互相融和。总之，经本日之巡视，愈痛感有早立脚民治，际此国家乍成之秋，不以为外形之美所拘，诸事宜以素质为主旨，力计内容之充实。至余之邸宅，亦可基于节俭目的的安施设备，同时如国家预算等，亦大可节省军费等，移用于增进人民福利工作之上。

按：溥仪“巡视国都新京”的感想，最早刊登在《盛京时报》上。

就饬令迁移民房事宜溥仪颁谕内务处（1932年4月7日）

该处贫苦小民，急速迁让殊堪悯恻，除房价应由市政府从优给予房主外，所有该处居住之民一百二十七户，男女五百七十八名口，著内务处由执政府经费项下，每名口赏给大洋五元，由内务处会同市政府公安局妥善办理。

按：执政府已于4月3日搬到新修缮的原吉黑榷运局大院办公，遂由内务处提出迁移执政府西墙外民房四百一十七间半，溥仪乃颁此“爱民”之谕。

溥仪对国务会议通过满洲协和党法的斥责之言（1932年4月14日）

执政：要什么党？要党有什么好处？辛亥亡国不就是党闹的吗？孔子说，君子矜而不争，群而不党，难道这些你全忘了吗？

郑孝胥：皇上的话很对，可是这是军部决定的。

执政：你不去对日本人说，就给我把他们叫来！

按：在关东军操纵下，国务会议通过满洲协和党法，并为溥仪写好教令：“为谋统一民意，期作兴建国精神及施政之畅达，著即制定颁布满洲协和党法。”就此，郑孝胥向溥仪作例行报告，遭到溥仪的斥责。然而，三个月后“协和会”还是出笼了。溥仪阻挡不了日本人的决策。

溥仪会见联合国调查团并与团长李顿对话（1932年5月3日）

执政：贵团此次负有促进国际和平使命来访敝邦，诚足以予新国家前途无限之光荣，极为欣幸。我满洲三千万民众，久苦军人暴虐，奋而自决。对于此次建国，自当以王道增进人民幸福，准民族博爱之精神，以符和平之主旨。惟建国伊始，一切规模未备，无可供贵团之参观，诚所惭愧。但于贵团旅途中，愿饬当地官吏予以十分便利，稍尽地主之谊。并望对敝邦民族立国主义加以认

溥仪会见李顿（溥仪左第一人）调查团，驹井德三（李顿身后者）在旁觊觎，溥仪不敢说出真相

识，为之介绍于世界，此本执政所不胜欣盼者也。

李顿：阁下是怎么到东北来的？满洲国是怎么建立起来的？

执政：我是由满洲民众的推戴才来到满洲的。我的国家完全是自由的。

李顿：据我所闻，阁下身边尽为日本人所围绕，究竟此辈所为者何事？

执政：此毋庸讳言，予之身边实有不少日本人。惟此等日本人，均系与予志同道合，得予深信者。

李顿：阁下将多数日本人任为满洲官吏，其理由如何？

执政：昔亚美利加苦于贵国之虐政，急谋独立，当独立成功之际，法国曾遣拉发厄特渡重洋以助美国。希腊独立，贵国诗人拜伦亦曾援助。最近波兰政治，亦有法人活跃。捷克斯洛伐克，亦受美国援助。故予对日本人义气，仅有感谢而已。

按：当天上午11时，溥仪由侍从武官长张海鹏、秘书处处长胡嗣

> 瑗、警备处处长佟济煦、内务处处长宝熙陪同，在执政府首席咨议中岛比多吉、关东军参谋长桥本虎之助、参谋板垣征四郎等人监视下，于勤民楼谒见室会见国联调查团李顿一行，夏绍庚作翻译。溥仪先致欢迎词，随后回答了调查团提出的问题。1946年8月溥仪在东京法庭上，为审判日本战犯作证时，谈到当年会见李顿调查团的处境和思想，这回他说了真话："在我的身边和周围，总有许多日本军官和宪兵，借保护为名监视我。本来我是尊敬李顿先生的，对于'满洲'的许多问题也与他同感，我很想找个机会单独与他谈话，可事实上办不到，这实在令人恼恨。我当时应该把满洲的实际情况告诉他，但是我怕向他说了，日本人将杀害我。"

溥仪《赠日本少女》的书信（1932年6月3日）

我满洲惟国曾于三月一日已诞生矣。满洲者昔固中华民国之一部也。惟因行政者方针不正，各种问题，随而续出，竟致使世界人士评满洲为东洋之巴尔干。及至去秋，竟惹起满洲事件，结果在满三千万民众，由中华民国完全脱离关系，建设新国家，斯即满洲国建立。此即凡居住于是国者，无分种族，均应享受平等无差别之待遇。详言之，占人民大部分之汉民族及其他民族、大和民族、朝鲜民族、无国籍俄人等，苟居住于此国者，应能以此地为相乐之地，对外则严持门户开放，机会均等之原则，对于任何国家之人民均应开门以允许其自由之生话，并许其自由之工作。

世界之争，殆均起因于各国之放恣，然而，我国向内地施以道德的善政，使住此国之各民族乐其仁爱满溢之生活。向外则大开门户，以扫除国与国、人与人间之争斗为根本方针。是故凡与此者理想相反背而致各国与各人认为破坏和平者，绝对不能许其人入我国也。

为达成此等理想计，必需各国之亲切的援助，就中邻邦日本之援助为绝对所必要者。关于此事，不能仅以大人之援助谓为充分，实可造成下次时代之小国民诸位，与我满洲国小国民，得温情的握手后，而满洲国之和平，始愈能有所愈期。

满洲国不得和平，则东洋永久之和平势必难保，东洋和平之紊乱，为全世界不安之素因，由此意味，希望满洲国之和平，实不啻向东洋和平及引而向世界和平之途径，爰此兹派居住我满洲国之少女往赴贵邦，使与深爱热情之诸位，作一温和而且强固之握手结合，为余所不禁欣快者也。

按：6月中旬"满洲国少女使节团"前往日本并携带"执政"溥仪特写《赠日本少女》书信一封，即此信。信中重谈"满洲国"建国的"意义"等老调。

溥仪在清朝遗臣所呈《正帝号请愿书》上所作批语（1932年6月10日）

尔等请愿书，予已览悉。尔等此次远来所请，决定国体，关系大局安危、民生休戚。全出尔等爱国热诚及忧国远见，予自不能轻加可否。惟请予早正位号一层，予自本年权领满洲国执政，倏已数月，对于一切政治毫无成绩，方且内疚于心。何德何能，更足以副全国父老子弟之望？抚躬循省，益切惭惶。但国体所关甚巨，为将尔等请愿书交下国务院详细讨论可也。

按：清朝遗臣，在日军控制华北的形势下向溥仪呈上《正帝号请愿书》，溥仪阅后写了这段批语。

溥仪临席满洲中央银行开业庆典发表训谕（1932年7月1日）

国家银行为利用厚生之根本，与人民有极巨至初之关系，各先进国无不注意于此。今日满洲中央银行成立，总裁荣厚等才识优长，经验宏富，营立始基，予甚嘉之。所望益励厥成，力求美善，保持货币之安定，调剂金融之均平，国用民生，实利赖焉。

按：满洲中央银行开业庆典，溥仪临席，命"国务总理大臣"郑孝胥代读"执政训谕"。总务长官驹井德三、"财政部总长"熙洽、"立法院院长"赵欣伯、"实业部总长"张燕卿等也到场"祝贺"。

清末学部副大臣刘廷琛病逝溥仪颁"赐谥谕"（1932年7月5日）

谥"文节"，颁"赐谥谕"并挽诗。

按：清末学部副大臣刘廷琛（号潜楼）病逝于青岛。此人曾于宣统元年向溥仪进讲，辛亥革命后从事复辟活动。溥仪赐以优恤，谥

“文节”，颁“赐谥谕”并挽诗。

溥仪临席协和会成立式典发表训词（1932年7月25日）

积民成国，民为国本，众志齐一者强，人各其心者乱，历史具在，取鉴不远。我满洲国，地大物博夙称天府，创业之始，缔造艰难，建国精神，期行王道，尤鉴于政党政治，不适宜于现今时代。兹会之设，谋民族之协和，图百业之振兴，予甚嘉之。所望无党无偏，以诚以信。思想趋于一数，生业柏为扶持，国家前途，胥利赖焉。

1932年7月25日溥仪出席“协和会”成立典礼

按：“协和会”创立当天，在伪满国务院会议室举行开幕式。“执政”溥仪躬亲临席，赐以“训词”。

溥仪密谕胡嗣瑗（1932年8月7日）

东渡后，除与武（关东军司令官武藤信义）接洽外，似乎小矶（关东军参谋长小矶国昭）、冈村（关东军副参谋长冈村宁次）二人，亦加周旋方妥。将来军部内一切主张，武未必一一主持，矶实为中心人物。故当格外与之结合，以备异日之动。著即传谕蔡等知之。

五项要求：

一、执政府依组织法行使职权；

二、改组国务院，由执政另提任命名单；

三、改组各部官制，主权归各部总长，取消总务厅长官制度，国务院人事处须改定，主计处须改归财政部；

四、练新兵，以靖地方，扩编军队；

五、立法院克期召集议会，定国体。

按：伪满派林廷琛、蔡法平、赵欣伯等人到日本学习宪法。行前，溥仪密谕胡嗣瑗，让他“著即传谕”林廷琛、蔡法平等人，到日本后要活动军部上层人物，会见陆军总参谋长真崎甚三郎、前天津日本驻屯军司令香椎浩平、即将赴任关东军司令官的武藤信义等人，向他们讲述溥仪的五项要求。8 月 7 日蔡法平自东京归，他在日期间曾会晤即将奉调来满的武藤信义大将，向他转达了溥仪的意见。也会见了香椎浩平，带了他给溥仪的信来，表示同意恢复帝号，请溥仪提出具体办法。溥仪乃开列五项条款。在溥仪这份旨在变更傀儡地位的重要书面意见中，还“详细指明现状之弊害，不得不改变之理由及办法”，写毕交给蔡法平，命与林廷琛一起，携往东京再与武藤信义商洽。

溥仪同郑孝胥关于“日满密约”签字的对话（1932 年 8 月 18 日）

郑孝胥：这是臣跟本庄司令官办的一项协定（“日满议定书”蓝本），请上头认可。

执政：这是谁叫你签订的？

郑孝胥：这都是板垣在旅顺谈好的条件，板垣跟上头也早就说过。

执政：板垣跟谁说过？我就没听他说过。就算他说过，你签字之先也要告诉我呀！

郑孝胥：这也是板垣嘱咐的，说恐怕胡嗣瑗他们不识大局，早拿来反而添麻烦。

执政：究竟是谁当家？是你？是我？

郑孝胥：臣岂敢。此协定实在是权宜之计，皇上欲求凭借，岂能不许以条件？这原本是既成事实，将来还可以另订条约，规定几年将权宜收回。

执政签可。

按：这实际就是《日满议定书》的草拟稿，即所谓“日满密约”，是在1932年3月10日溥仪致本庄繁的信之基础上，商定并起草了“密约”，为正式签约做准备。郑孝胥在执政府勤民楼请溥仪签署。本协定共二条，另有附则、附表、附属协定。主要内容是：“满洲国”的国防、治安全部委托日本；日本管理“满洲国”的铁路、港湾、水路、空路，并可增加修筑；日军所需各种物资、设备由“满洲国”负责供应；日本有权开发矿山资源；日本人得充当“满洲国”官吏；日本有权向满洲移民等。

溥仪批准《日满议定书》（1932年9月15日）

1932年9月15日郑孝胥与武藤信义签订《日满议定书》

兹经咨询参议府，大同元年九月十五日，国务总理郑孝胥与日本帝国特命全权大使武藤信义在新京共同署名盖印之议定书，应予照准，著即公布此令。

按：溥仪批准并签可《日满议定书》，此即批准《日满议定书》的公文内容。

附：《日满议定书》（1932 年 9 月 15 日）

兹因日本国确认满洲国根据其住民之意思，自由成立，而成一独立国之事实，并因满洲国宣言：“中华民国所有之国际条约，以其应得适用于满洲国者为限，概应尊重之！”日本政府及满洲国政府，为永久巩固日满两国间善邻之关系，互相尊重其领土权，且确保东亚之和平起见，为协定如左（下）：

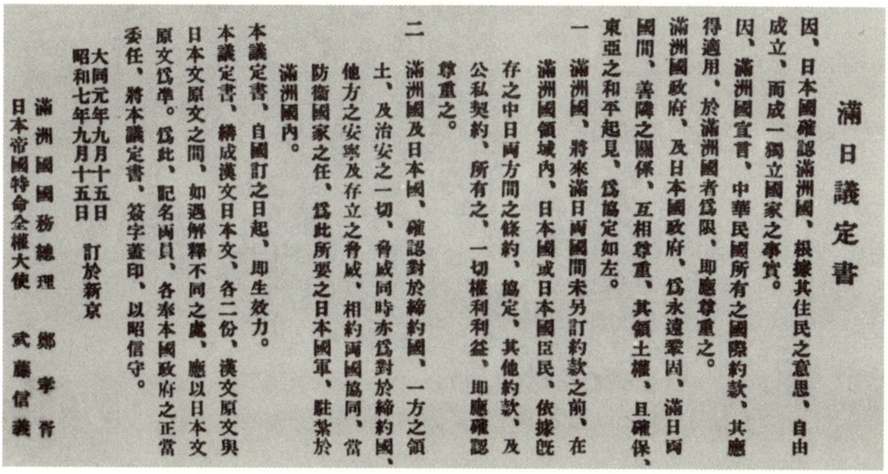

滿日議定書

因、日本國確認滿洲國、根據其住民之意思、自由成立、而成一獨立國家之事實。因、滿洲國宣言、中華民國所有之國際約款、其應得適用、於滿洲國者爲限、即應尊重之。滿洲國政府、及日本國政府、爲永遠鞏固、滿日兩國間、善隣之關係、互相尊重、其領土權、且確保、東亞之和平起見、爲協定如左。

一　滿洲國、將來滿日兩國間未另訂約款之前、在滿洲國領域內、日本國或日本國臣民、依據既存之中日兩方間之條約、協定、其他約款、及公私契約、所有之、一切權利利益、即應確認尊重之。

二　滿洲國及日本國、確認對於締約國、一方之領土、及治安之一切、脅威同時亦爲對於締約國、他方之安寧及存立之脅威、相約兩國協同、當防衛國家之任、爲此所要之日本國軍、駐紮於滿洲國內。

本議定書、自國訂之日起、即生效力。本議定書、繕成漢文日本文、各二份、漢文原文與日本文原文之間、如遇解釋不同之處、應以日本文原文爲準。爲此、記名兩員、各奉本國政府之正當委任、將本議定書、簽字蓋印、以昭信守。

大同元年九月十五日
昭和七年九月十五日　訂於新京

滿洲國國務總理　鄭孝胥
日本帝國特命全權大使　武藤信義

《日满议定书》内容

一、满洲国于将来日满两国间未另订约之前，在满洲国领域内，日本国或日本国臣民，依所既存之日华两方之条约、协定其他约款及公私契约所有之一切权利利益，概应确认尊重之。

二、日本国及满洲国确认对于缔约国一方之领土及治安之一切威胁，同时亦为对于缔约国他方之安宁及存立之威胁，相约两国共同担当防卫国家之任，为此所要之日本国军，驻扎于满洲国内。

本议定书，自签订日起，即生效力。本议定书缮成日本文、汉文备二份。日本文原文与汉文原文间，如遇解释不同处，应以日本文原文为准。为是，记名两员各奉本国政府之正当委任，于本议定书署名盖印，以昭信守。

昭和七年九月十五日，即大同元年九月十五日订于新京

按： 该议定书就是溥仪叛国的铁证。与该协议签订的同时，武藤信义宣布日本承认“满洲国”。

《日满议定书》签字后溥仪在武藤信义举行的祝贺宴会上致答词

溥仪在伪满就任执政的仪式上

溥仪在招待武藤信义的晚宴上发表演说（1932年9月15日）

此次全权大使武藤大将，奉大日本天皇陛下钦命，来使敝国，今日值中秋令节，与余之代表郑国务总理签订日满辅车相依之议定书。殊深欣幸。日本国承认吾满洲国。不第使国内民心安定，旧军阀余孽之扰乱行为，得以熄灭，而对王道乐土之建没，加以绝大之鞭策抑且对于蔑视人民福祉、策动无已之中华之军阀，及未悉满洲国理想、彼此议论纷纭之世界列国，予以一大警醒。深信将来嘉惠于东洋诸民族之融和，并东亚求永久之和平，必非浅鲜也。

本日为纪念此世界历史上开一新纪元之创举。谨招待阁下并同诸君，敬奉一觞，遥祝日本天皇、皇后两陛下之万岁，并祝武藤全权大使康健。

按：1932年9月15日《日满议定书》正式签约。中午，溥仪在勤民楼给宴场设宴，招待武藤及随员一行。那天午后六时半，溥仪又在大和旅馆大张宴席，招待关东军司令官、日本驻伪满全权大使武藤信义一行，并发表演说。此文即祝酒词。

溥仪两次密谕胡嗣瑗（1932年9月20日）

（一）闻中岛等密拟府内官制，恐不相宜。卿即同万（绳栻）、许（宝蘅）、林（廷琛）各秘书，早行拟出，以便先交法制局核议实行。此密谕秘书长胡嗣瑗。

（二）今日益见愈，惟尚须调养耳！此次之疾，纯为肝气，毫无他疾，卿可安心。近日来闻宝熙、石丸、小平、中岛、三宅（尚有多人）等屡密结会，未悉意欲何为？予以为彼辈行动，直可不理，然断不可令菱刈亦为所惑。予欲告之彼辈之底蕴，卿以为如何？再远藤之地位，亦颇关紧要，予想先令张燕卿直告之。总之，府中之制，固有酌采东洋者，然关于习素上、情形上亦不能全弃旧制也。今日报载有聘日本师傅之说，予已告林出（贤次郎）即询菱刈，反驳其说矣！近日有何最要之文件否？如有，可先呈上。陈师傅高年，久居塞上，念念君国，至为钦敬。予以事繁，且近有小疾，亦未能见。候暇时再为详谈。此纸亦可先令陈师傅一看，惟觉字过粗草耳。

按：该谕原件存于溥仪档案。执政府日本官吏中岛比多吉等秘密拟定执政府内设官制，溥仪又恨又怕，因而成疾，两次密谕胡嗣瑗。胡嗣瑗，字晴初，时任伪满执政府秘书长，系溥仪的亲信。

溥仪为日本政府承认“满洲国”颁布《教书》（1932年10月8日）

我新国家创建于兹数月，经日本帝国首先承认，确认我国民之意思自由成立独立国家，于世界国家团体间开一新纪元，是我国人所当引为庆幸者也。我满洲山川形胜，物产丰饶，屹然据亚洲之东北大部，以我三千万民众之体质、智力、奋发经营，洵足以建为乐土。惟是作始之际，经纬万端，而忧患之纷纭、机牙之环状，正当困心衡虑，本迈进之精神，以发挥我王道之旨趣，庶亦无负于日本帝国亲善之期望，愿我国人咸共勉之。

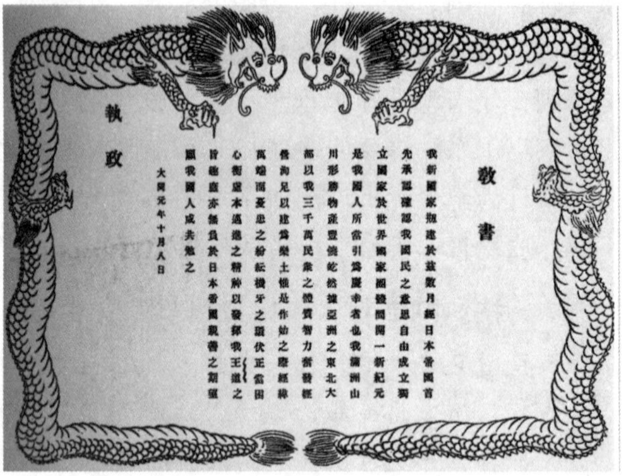
教書

我新國家肇建於茲數月經日本帝國首先承認確認我國民之意思自由成立獨立國家於世界國家團體間開一新紀元是我國人所當引為慶幸者也我滿洲山川形勝物產豐饒屹然據亞洲之東北大部以我三千萬民衆之體質智力奮發經營洵足以建為樂土惟是作始之際經緯萬端而憂患之紛紜機牙之環伏正當困心衡慮本邁進之精神以發揮我王道之旨趣庶亦無負於日本帝國親善之期望願我國人咸共勉之

大同元年十月八日

執政

溥仪为感谢日本对伪满的承认所颁布的“教书”

按：引录自《满洲国政府公报》。此《教书》乃溥仪在日本政府承认“满洲国”的仪式上公布。

溥仪呈递日本天皇的“国书”（1932 年 10 月 12 日）

大满洲国执政，谨致书于大日本帝国皇帝陛下：

敬启者，客秋贵国驻满军队，因正当之自卫，消灭满洲旧军阀之势力。其时满洲全体民众，皇皇无所依归，群议组织新国，以谋享受王道之幸福。遂于本年三月建立满洲新国家，推戴予为执政。数月以来，迭荷贵国尊重我满洲之领土权，及民众之意思，予我新国家以赞助者至深且厚。复于九月十五日，承贵大皇帝陛下特派全权大使武藤信义，与予委任之国务总理郑孝胥，相互签押议定书，确认敝国之独立。并以两国共同防卫之旨趣，使敝国能消弭内外之威胁，一体同心，专力于保障东亚民族之康宁，实予与敝国人民所同声感谢者。嗣后敝国当以全国之资源，企图发达，以求两国之国力，共同增进。尤盼望贵国，以永远巩固两国间善邻之关系，力予辅助，使敝国国防得以巩固，治安得以维持，资源得以开发，庶几王道之治，得以彰明。兹特派敝国外交部总长谢介石，趋赴阙下，虔申谢意，以谋两国极密切之亲善。敬祈赐于陛见，俾得代达悃忱，用特具书达臆。恭祝贵大皇帝陛下政躬安泰，国运隆昌。不胜企幸之至。

按：溥仪派“外交部总长”谢介石赴日访问，并命谢介石将其亲笔改定的“国书”呈递给日本天皇裕仁，以示感谢。

溥仪和武藤信义的会谈记录（1932年11月21日下午）

地点：执政府　执政居室

执政与武藤大使会见，林出贤次郎同席翻译，在座的只有三人

大使：今日并无特别要禀告之事，因是定期会见日，故来拜褐，执政最近可安康？

执政：承蒙关照，身体很好，自己也没有特别想说之事，只是希望能够随意聊聊。（随后陈述了一番感想）有些满洲人官员为了保住官位或是提高待遇而竭力巴结日系下级官员。日满双方的上级官员之间，都已达成了谅解，双方皆有不少亲善之举。但是下级官员之间的亲善还有不少需努力之处。有些满洲人彼此拉帮结派，陷害他人，对此深感遗憾。

陈宝琛一事便是其中一例。有一派人攻击陈氏，并向日本人传言，使得日本人中有人以为陈氏抱有反日思想。这对他本人来说实在是可悯之事，之所以招惹到怀疑，想来有此一二原因。当年我在天津被怂恿旅顺之行时，陈氏认为这是关东军意向，因此有必要派人到日本，确认日本政府的本意，然后再决定北上也为时不晚。对我旅顺之行持反对意见的一派又故意煽风点火，使得一直忠实的陈宝琛也表示了反对我去旅顺的意见，有人便借此传言，说陈氏抱有反日想法。在近日，更有人说，陈氏指责郑国务总理在国务会议上经常不发言，只是作会议记录，态度极为懦弱。陈氏与郑总理是同乡并且是与总理的祖父同年及第的前辈，因此两人关系极为亲密，陈氏为此作了两首诗讥讽上述流言，传到外界后又有人散布说，这是嘲笑日本的诗，这件事与天津时的误传一起被一些对陈氏不怀好意的帮派利用，成为攻击陈氏的材料……这位德高望重的老师正身负冤罪，望对此事有所了解。

大使：自己并不知陈宝琛这个人，完全如同白纸一张，因此听到对此人这样的评论便会有所考虑；又有人说，据这些事情看来此人有反日思想，我也会

有些想法。现在听了执政的说明，对陈氏这个人和他所做的事也开始了解了。

执政：我并非一定要此人任府中令，只是不忍看老人没有任何缘由地背负恶名被怨恨。此人在天津时好像和谢介石之间缺乏沟通，当时有人传言我在旅顺时，陈宝琛把吉林的熙洽寄给我的一笔钱抽出了一部分私自使用，这又是毫无根据之说。在旅顺时，熙洽从未寄钱给我，而是由谢介石寄给我的。

大使：有关陈宝琛，虽然现在恭听说明后已很明白，但如立刻任命其为新设的府中令，即便先前对他的攻击是毫无根据，但因为反对派还是存在，恐怕这反而会对陈氏不利。在当前的情况下，不如暂时不任命任何人担任府中令一职，暂且搁置，等过一段时间，可任命陈氏为府中令或是其他合适的职务。

执政：我也完全持有相同想法，应该这样处理。

按：《绝密会见录》中有关“满洲国执政”溥仪和关东军司令官武藤的会谈记录，是从1932年11月21日的例行会见日开始的。两个多小时的会谈，话题由溥仪突然提出，事涉“满洲国”内部人事斗争。这也是溥仪测试自己在人事问题上到底有多少力量的试金石。溥仪对府中令人事安排暗自所抱的愿望，一开始就被武藤轻松地搪塞过去了。此后很多围绕人事问题的密谈也都有记录。溥仪说“陈宝琛是我的一个灵魂”，是溥仪寄予了全部信赖的智囊，也是培育溥仪的主要人物。因此在武藤面前，溥仪有意无意地透露了内心的不满。武藤来“满洲国”之前曾赋诗：“老迈仍思报国，赤心不输少壮”，表示不惜葬于满洲的决心。武藤个性清高、沉默寡言、具有叶隐武士精神，从他如何对待会谈刚开始就以人事纷争为话题的溥仪，能够看出武藤的为人，可以说这是一个很平静的开始。

日本驻伪满全权大使武藤信义呈递国书后溥仪致答词（1932年12月23日）

贵国大皇帝陛下特命阁下为驻满全权大使，本执政在兹得接受国书，实不胜欣快之至。溯自本年三月，我满洲建国以来，得贵国之援助为力厥大。比至九月又蒙贵国率先承认，我国上下之于贵国莫不深表感谢。迩者我国之基础益趋巩固，迈向建国理想之实现与日并进。今后贵我两国，自应日益紧密提携，

递交“国书”后溥仪和武藤（前排左四）等人合影

协力于东亚和平完成之使命。本执政谨望贵国始终以热心对待我国，而给予拥护与指导。此次贵国大皇帝陛下，特命阁下为驻扎敝国大使，阁下资性卓越、才德茂美，其必能副贵国大皇帝陛下信任者，可无容疑也。兴念及此，则贵国与我国其一向均以如何之友好、亲爱之情，对待我国亦可想而见矣。且阁下曩者已受两国国交议定书签字之重任，此次复又被任为第一届大使，实有最深之意义，此尤为本执政之衷心欢迎者也。本执政深信，阁下今后必能日益增加两国之亲善关系，无何容疑。谨愿阁下能常驻敝国，是为至幸，本执政自身亦愿为日满两国保持尊荣而尽力焉。

按：日本关东军司令官兼驻满特命全权“大使”武藤信义于1932年12月23日上午11时进入“执政府”向溥仪递交“国书”，溥仪致答词。

溥仪致日本天皇的谢电（1932年12月23日）

贵国驻满全权大使武藤信义，本日递到陛下之亲书，受领之下，无往欣荣。今后自应益笃国交，以迎嘉福，特此电达，用申谢忱，并祝圣体康泰！

按：溥仪接到驻满特命全权大使武藤信义递交的“国书”，当即发出致日本天皇的谢电。下午就收到了天皇的回电。

溥仪的放送词（1933年3月1日）

我满洲新国成立，不觉已经一年了。我去年三月，因三千万民众代表的推戴，来执掌新国的政权。我久不预闻政治，因念民众的困苦艰难，只得努力担任。常恐办得不好，对不起民众，幸得日本友邦充分的帮助，我大小官吏，也都同心合力，积极进行。内外大小行政机关都组织得有统系，应办的事也分头进行。从前，民众所受军阀的痛苦，如非法的捐税、混乱的纸币，一件一件都想法子消除改良，才能得到日本的正式承认。世界各国对我建国的事实，也都知道若不是我三千万民众，一心一意努力的建设，哪能有这等顺利？这在历史上是很少见的。

我想，现时代的国家，都讲究法治，所以国家的根基，十分稳固。我就职的时候，曾经表示，希望在一年之内，把宪法办成，就把国体也决定。我满洲本是旧国，现在重新建设，宪法怎样才能与满洲旧有的国情相合，是要出于民众大家的意思。但是，一年里头，因为有军队的叛变、土匪的搔扰，又有很大的水灾，政府与地方，急于平乱办赈，就顾不到这件宪法的事。但是宪法是立国的根本，虽说一年里没有办到，我哪能推诿不管？现在第二年开始，赶紧要筹备定宪法的事，这是最要紧、最重大的。

从今以后，还有要告诫大众的几件事：我满洲民族，原有的旧道德，是人生最好的模范，希望大众尊重这一种精神，不要为近时过激派的议论来摇惑。近世又说民族竞争，这种意义很狭隘，总要能合作，能互助，实行亲睦，才是古人博爱的道理。若是一党一系的暴民专制，引起政治上的紊乱，那是绝对的反对。至于治安问题，军队剿匪不过是治标办法，根本还在政治上，政治不良，土匪是不会绝迹的。我满洲大自然的财源很充足，尤其要急急地开发，这是大众的生命所关，不可忽略。

总而言之，我满洲新国，不是说表面上的名义，总要内容充足，才站得住。以后应进行的事很多，大众不要放弃责任，尤其要把眼光放远，艰苦刻实地往前走，我国家自然兴盛，我才能问心无愧，愿全国父老子弟注意。

按：在所谓伪满“建国纪念日”当天上午10时，“执政”溥仪于缉熙楼下接待室，发表了这篇广播讲话。

溥仪颁布《建国周年纪念教书》（1933年3月1日）

伪满成立一周年溥仪在勤民楼前受贺

予自去年3月，徇三千万民众代表之请，权领满洲新国执政。当时度德量力，辞不获已，曾经表示，以一年之内宪法成立、国体决定为期。就职以后，夙夜兢兢，惟颠坠是惧，幸赖友邦之竭诚援助，百尔职司之努力同心，内外行政机关，次第成立，一切政务，粗具规模。前此之暴敛横征、秕政恶习，则咸务湔除，与众更始。又得大日本帝国承认我为独立国家订约通使，世界列邦咸知，我建国之事实，此为创业历史所未易觏，实皆我三千万民众心志齐一，倾向建国大业所得之表现，深可引为庆幸者也。惟此一年之中，叛军积匪，扰害城乡；洪水纵横，漂没畜聚；恤灾戡乱，日事补苴。虽地方渐就敉平，而疮痍迄未全复，每一念及，寝馈难安。以此原因，不惶制作宪法。既未成立，国体因而未决。顾予所以断断于此者，思为新国树建根本至计，以立强固不拔之基，而慰群众喁喁之望。岁月荏苒，倏届期年，事与愿违，遽难诿避，特再披沥胸臆，告我国人。须知近世立国，首重法治，法治之本，厥惟宪法。宪法必成于民众之总意，始能悉合其固有之国情。以我旧邦更承新命，允宜审端致力确定大纲，若宪法一日不成，则国本一日不固。应即筹备修订宪法事宜，俾得早日观成，以固国基，而齐民志。自兹以后，尤望举国上下，尊重民族固有之精神，不为过激之改变，践行民族敦睦之实际。严戒偏党之政争，开发资源，肃清伏莽。毋狃前功，而宽后责；毋趋近利，而昧远图。新国前途，庶几有豸，在予一人，亦免时深内疚，息壤在彼，惟共鉴之。

按：溥仪就伪满洲国建国一周年发布了这一教书。

溥仪为日军攻克锦县给武藤信义司令官的祝贺电（1933年3月6日）

阁下驻进锦县，躬自统军，辛劳如何，可以察悉。今承德已下，闻第一线将士奋勇猛进，对山岳之险，如履平野，殊堪嘉谢。请代传于参加将士。

按：日军攻占锦县，溥仪电贺关东军司令官武藤信义。

溥仪和武藤信义关于世界局势的对话（1933年3月24日）

执政：德国的希特勒是否能如墨索里尼一样统治德国？他能够完全控制犹太人吗？

大使：这个问题很难说。

执政：德国今后能够复兴吗？

大使：应该可以吧。

执政：德国的复兴对法国来说不是威胁吗？

大使：正是如此。法兰西在取得欧洲大战（第一次世界大战）胜利后，便相当放松了警惕，下回很难再像前一次那样打败德国了吧。

执政：苏联的前景将会如何？

大使：苏联的内患恐怕会日益增多。

执政：谁将会代替苏维埃势力？

大使：似乎不会出现能代替苏维埃的强大势力，最终会以分裂收场吧。

执政：欧洲的动荡不安对东洋的和平来说倒应该是一件好事。

按：由于热河之战和退出国际联盟，日本越来越被国际社会所孤立，同时世界注视溥仪的目光也更为严厉了，而溥仪对世界局势也趋于敏感。1933 年 1 月 30 日刚被德国总统兴登堡任命为德意志共和国总理的希特勒成了溥仪关心的焦点。3 月 24 日希特勒让议会通过了全权委任法。溥仪和武藤信义的这段对话就发生在纳粹党即将确立一党独裁之时，溥仪对德、法的日后关系也有所推测和提问。

溥仪和武藤信义关于美国福克斯电影公司采访的对话（1933 年 4 月 1 日）

执政：这一次应美国福克斯公司的要求，明后两日打算让福克斯进行拍摄，应该说些什么才好？大使在前几天已进行了拍摄，当时谈了一些什么？应该是打算让满洲国的民众听还是让世界全体民众听？大使是否事先把讲话内容写在纸上进行录音的？

大使：应该是向世界民众讲话，我什么也没拿，说得很简单，我只是说，满洲国的建国和援助满洲国使它得以完善发展，对于维持东洋的和平，同时也是为了世界人民的幸福是非常必要的。除此之外无任何方法。现在世界各国，并不了解东洋的真相，有些人反对承认满洲国，相信在不久的将来一定会对日本的行动给予肯定，并会醒悟到对东洋的认识不够充分等。

执政：我也将发表同样的讲话。

按：美国的福克斯电影公司提出要对溥仪进行有声电影新闻采访。对“即位”不久的“皇帝”溥仪投来关注的目光，是因为围绕溥仪的时代局势，止日益紧张与动荡。此后该电影公司又多次采访溥仪，仅由美国南部南卡罗来纳州立大学图书馆收藏保存的有声电影胶卷，就有《1934 年 3 月 1 日“皇帝加冕仪式日”的溥仪》《4 月 1 日溥仪与菱刈关东军司令官在阵亡日本士兵追悼会上》《4 月 5 日进行“满洲国”军队阅兵时的溥仪》《4 月 7 日“满洲国皇帝”和小学生》《5 月 7 日“满洲国”童子军和溥仪》《1935 年 4 月 6 日溥仪访问天皇》等片段。

溥仪为日本退出国际联盟颁布教书（1933 年 4 月 21 日）

惟我满洲国家之缔造，率由正义，拯三千万人民于军阀蹂躏之余，出水火而登衽席，更本大同之旨进谋世界和平。首荷日本友邦敦修亲善，承认于前，足显亚细亚同胞笃睦之异彩。建国既周岁余，内喜百僚靖恭；外纫友邦援助，鼎新法典，治具毕张，王道覃敷，方见蒸蒸日上，实慰予心。乃国际联盟，漠视昭然事实，不察我国家民意独立之精神，希图否认、阻碍东亚同胞亲仁之谊，几欲破坏和平，实觉有悖联盟之使命。故日本帝国毅然已告退盟，日本天皇颁诏宣示此旨，并郑重声明援助我国家建设之发展，尤其贡献世界和平，此实予暨全国官民所同声称谢者也。我满洲基诸建国精神，恢宏大业，荡荡王道，惟日孜孜，而使远隔重洋，一时未解我国家之旨趣者，事久自明，当不难终见与我握手亲善也。今则我国境内热河之乱，既已戡平，国家幅员日臻安谧。但内政之设施、外交之修好，在仍费研求，凡百僚庶，应体友邦援助之诚，益自惕励。内则努力建设，外则宣扬主权，以谋民族无穷之幸福，东亚和平、世界和平实利赖之。

按：因李顿调查团提供了日本操纵伪满的真相，国际联盟推出了不利于日本侵略中国东北的相关议案，日本则以退出国际联盟相对抗。

溥仪核准《满日合办通信公司协定》并签批语（1933 年 5 月 10 日）

本执政前特派全权委员与日本全权委员，在新京议定关于建立满洲满日合办通信公司之协定，业经两全权委员于大同二年三月二十六日，彼此签字盖印，本执政亲加核阅，特予批准，并署名用玺，以昭信守。

按：“建立满洲满日合办通信公司”这类专业类事项，溥仪也要过问并“核准”，无非并不甘心当傀儡就是了。

溥仪批准参议府参议驹井德三辞呈并发出训谕（1933 年 7 月 12 日）

参议驹井德三，方建国之初，缔构翼成盛业，聿念厥勋，深堪嘉奖。今以疾辞职，退休林泉，予甚惜之，兹特赍教以著劳勚。

按：驹井德三是溥仪身边的第一个“吉冈安直”，让他受不了，提出调离驹井，竟能如愿。伪满初年的溥仪还是“想入非非”的。

附：武藤信义与郑孝胥对谈“帝政实施”（1933 年 7 月 17 日）

大使：满洲国的基石已日趋巩固，在明年的第二个建国纪念日，可以实行帝政制了吧。

郑孝胥：那当然好。只是按照我的想法，是否稍微早了点。对我而言，这确实是一件值得高兴的事，只是唯恐自己自满。中国内地有些人说我，自从成为满洲国总理后，便心满意足，好像忘了大业等。若让执政登上帝位，我怕自己会因此而过早地沉浸于高兴和满足之中，我还是盼望执政早日在北京即位。

大使：这当然是个很好的想法。但是需要充分的准备。即使时机已到，也必须做好充分的准备。首先巩固满洲，然后在华北建立亲日亲满政权，进而影响中国的中部和南部，只有日满中实现了真正的协作，东洋和平才可以说得到了保证，无论如何要做到这一步。

按：这是武藤“大使”首次谈及“帝政问题”，也成了《绝密会见录》中有关武藤的最后记录。那天，郑孝胥来到刚晋升为元帅的武藤信义的休养地——旅顺黄金台关东厅长官别墅，两人会谈从下午两点直至五点二十分，破例长达三个多小时。作为“满洲国”实际政务负责人的两位首脑融洽而推心置腹地进行了有关人事、“国政”的商谈，而溥仪热切期待着的有关“满洲国”向“帝政”转移的话题也是一个重点。在“满洲国建国”一年零四个月之后，关东军司令官终于提起了溥仪盼望已久的“帝政”实施。然而武藤信义在和郑孝胥非正式谈及“满洲国帝政实施”后的第十一天，7 月 28 日突因患轻微肠胃病并发黄疸导致死亡。

溥仪亲临武藤信义葬仪式场并宣读祭文（1933 年 7 月 29 日）

维阁下英姿茂德，独出冠时，其谋国之忠、待物之诚，无远近亲疏，翕然悦服。自奉特命来满，将及一年，遇事至公至明，不分畛域中间。肃清北满、戡定热河，固我国防，厥功甚伟，赞助建设，尽画尤多。每当选画深谈，诚笃恳挚，与予欣合无间，视同心膂股肱，方为贵我两国深庆得人。何图昊天不吊，中道睽离，追念生平，弥增痛悼，此不仅我满洲国顿失良助，并为贵日本国惜此贞臣。我满洲国一切建设方在萌芽，阁下宏愿远猷，所施未竟，九京赍志，定亦怆凉，维冀英灵，上共列星，环绕实阴，相之奠兹一觞，尚其来飨。

按：武藤信义遗体告别式在关东军司令部中庭举行。葬仪委员会委员长为小矶国昭参谋长、副委员长为冈村宁次参谋长、栗原一等书记官、西山财务局局长及“满洲国”军政部次长王静修。“执政”溥仪亲临致祭。告别式后民间团体代表参列烧香。

溥仪就武藤信义之死发表谈话（1933 年 7 月 29 日）

有如失去慈父之感。元帅人格高洁、公平无鄙，为满洲国及全满三千万民众之最大理解者也，并为最大之援助也。此次元帅急逝，乃日满两国之莫大损失。

按：据日方透露，武藤信义死前有“遗书密呈”，系自杀。溥仪就武藤信义之死发表的谈话中“如失去慈父”一语系翻译中岛比多吉自行添入。

“新京忠灵塔”前慰灵大祭祭文（1933 年 9 月 4 日）

夫没于王事，祀典章明，谥以国殇，歌词重叠，盖吊死之情无尽，而昭忠之义犹隆。予惟建国以来，满日死事将士、官吏等，慷慨捐躯，艰危受命，执于戈以卫社稷，虽死者犹生。闻磬声而念封疆，每怀靡乃是用。芟除坛域，罗列椒浆，时止届乎中，元礼特优于外，祀于戏何河岳，日星之气常想灵风，惟东西南北魂，同尝甘露，感兹凄怆，尚其束歆。

按：溥仪参加慰灵大祭。伪满建国以前，日伪军政人员被我东北抗日武装打死一千四百五十七人。是日在“新京忠灵塔”前举行慰灵大祭。参加大祭的还有关东军司令官菱刈隆大将及其幕僚。溥仪率府中令宝熙等捧神酒致祭并宣读祭文。

溥仪所拟改组内阁的训示（1933 年 9 月 7 日）

自新邦建立，余受人民付托，又荐友邦援助，草创元局，粗具规模。惟及今已一载有余，详察国内政治状况，返之于余心，实觉种种不安。盖满洲旧址，经军阀盘踞朘削者垂二十年，人民疾苦已甚。又兼广土未辟，蕴藏未发，文化低落，教育幼稚，各民族杂居此土者，多未能和谐融洽。有识者对此无不惄焉忧惧，以为苟长此不加改善，非但将酿成亚细亚祸患之源，即世界和平，亦终当受其胁迫也。因此，当满洲建国之初，余即以平定匪祸，开发蕴藏，调济各民族生活资料，为先决之问题。一面厉行国民教育、提高文化、修明法制、便利交通，以期我满洲国一举而跻于近代新国家之列。此非徒余一人之私愿，即生息此土之三千万民众，无种族国际之别，无一人不馨香祝祷，以求实现者。即不惜因此问题，而毅然退脱国际联盟之日本，其苦心调护，实力扶助我国家之成立者，其意亦不过欲阴除东亚和平之障碍，期渐进世界于大同已耳！信如是也。主持满洲国政务中枢者，宜如何仰体此种苦心宏愿，于各种要政，分别开列，详明计划，依次进行。乃年余以来，除平定热河，剿办土匪，系得友邦军队主力，悉奏实效外，其余殆可谓毫无措施。是不惟负余一人殷殷之求治之初心，亦何以对友邦援助之厚谊，今欲幡然改图，非实行改组内阁不为功。继任人选，余已熟加考虑，必能仰休余怀，组成强有力之中枢政府。除实行诸要政外，且必能使满日两国前途益加亲密，完成建国开始时，余对世界之宣言也。至于各种行政计划，前已命富有学识经验者，草拟方案呈览，余认为尚属稳妥，应再加详密讨论，俾推行而无弊焉。

按：溥仪视改组内阁为“对世界之宣言”，非常看重，要把它作为复辟大清祖业的第一步。

溥仪为祀孔而发布致伪满国务院的“执政谕”（1933年9月21日）

本年九月二十八日为仲秋上丁致祭先师孔子之期，本执政亲诣释奠。所有应行典礼，著国务院转饬文教部敬谨预备。

按：溥仪把致祭先师孔子看作是“大清基业”中的文化内容。

溥仪与“奉天”特务机关长土肥原贤二的谈话（1933年11月6日）

执政：有一年半没有见面了。

土肥原：正是如此。这一年半时间，我回日本担任了军队教育工作。满洲国的事我也时刻放在心上，看到报纸上有关满洲国健全发展的报道，实在感到欣喜。时隔一年半后的今天，有幸拜见执政，看到圣体安康，圣容威严，真是感慨万分，无法用语言来表述。

执政：土肥原少将的汉语应该不错啊！

土肥原：因有一年半未使用汉语，恐有失礼之处，便请了林出书记官同行。与林出书记官是相识二十余年的朋友，关系相当亲密。

执政：在天津时，若没有土肥原少将的一番话，我也许就无法下定最后的决心。土肥原少将可算是（为满洲国建国）立下了首功啊！

土肥原：天津的事已经过去了，现在回想起来，完全是天意而非人力，回顾既往，万事皆天意安排，天津一事也是天意，才有今天这一结果。

按：溥仪与土肥原这次谈话，是在1933年11月6日，两人时隔一年半后首次在“执政府”会面。土肥原在1932年4月调任步兵第九旅团长，1933年10月又恢复“奉天”特务机关长原职，才有此次礼节性拜访。

土肥原贤二少将是陆军中的中国通。北京的坂西公馆是日本陆军的中国情报和策略活动的中心组织，坂西利八郎中将是这个组织的首领，土肥原贤二少将作为他的副官于1913年来到中国，直至经历“九一八”事变，回日本担任步兵第九旅团长为止，他在中国近二十年，作为对华策略专家一直从事军务活动。

1931年11月2日晚上，土肥原大佐带着“抬出溥仪”这一重要任务，在天津与溥仪进行会谈。这是根据9月22日关东军参谋会议作出让溥仪作为“满洲国”首领这一决定开始的工作。日本军队驻扎中国是根据《辛丑条约》从1901年开始的，日本与美、英、法、意诸国被允许在北平附近驻扎军队。关东军参谋板垣征四郎大佐，向在天津的日本驻中国军司令官香椎浩平中将提出了保护时在天津静园的清朝废帝溥仪的要求。

溥仪接见“满洲通信会社”总裁山内静夫发表训词（1933年11月22日）

满洲通信会社，经日满两国协定，出资合办，互派设立委员，开始经营。为时不过三月，而已观成为日满两国公募股本，各界人士争先认缴。我满洲已超过股额二十倍，日本则要超过股额竟达四十五倍。俾该会社经济基础完全确立，乃得刻期列设总会，足征两国朝野上下对于通信事业，认识之真切，赞助之热诚，而各设立委员，实尤积极进行，不遗余力。现在该会社推定总裁及各重要职员，类皆学术精研，经验丰富，从此持之以坚毅之力，运之以慎密之谋。其已办者，应如何为之改良；其未办者，应如何为之推广，不独该会社本身利益，日见繁荣。举如便利国防、发达文化、安良除暴、通商惠工，凡国内外公私事业，实与之息息相关，必无一处不脉络贯通，无一事不精神团聚，而后通信会社之裨益我国群众者，宁可数计！此固予所殷殷期望，亦在事诸君子所宜互相策励者也。

按：此训词表明溥仪已认定，满洲通信会社不仅有利于繁荣经济，也能起到便利“国防”、发达文化、安良除暴、通商惠工等“国内外”公私事业的作用。

溥仪为《盛京时报》题词（1933年12月16日）

冲气以为和

按：《盛京时报》存在历史较长，在伪满时期也是影响很大的媒体。

溥仪手书“冲气以为和”

溥仪致“大日本大皇帝陛下”的贺电（1933年12月23日）

大日本国大皇帝陛下，欣闻中宫诞生皇嗣，实为陛下无疆之庆，专贺大喜，并祝国运蕃昌。

按：溥仪致日本国东京宫内省贺电发出次日，即接到日本天皇裕仁的亲电，表示“诚实之谢意”。

溥仪对重臣递交恭请“登基做皇帝”之《建议书》的表态（1934年1月20日）

感德天意之降，容认重臣之建议，依顺天安民之大旨，受诺即位满洲国荣任。

按：“国务总理”郑孝胥到“执政府”向溥仪递交《建议书》，请溥仪登基做“皇帝”。溥仪当即表态。

溥仪会见日满新闻记者代表33人并致词（1934年2月9日）

当此机会，得与诸君相见，甚感喜欣。满洲国成立，已至二载，实际经过事实，诸君均耳熟能详。既闻新闻通信，大体记述详明，议论正大，深为欣慰。现在满洲国国基渐固，然建设事业及其他万端，有待于新闻记者多矣。务为赞助发挥正义，以备参考，宣布舆论，以免隔阂，方将两国人民更臻融洽。满洲国治安亦日益增进，是为余所至期望者也。

（内务处处长宝熙举行茶话会，回答了《盛京时报》记者孙桂海所提溥仪日常起居等问题）

问：执政之东渡，日本国民表示衷心欢迎，请问日期？

答：执政之东渡，虽甚希望，然现在不能言明。

问：执政素常爱好写字和读书吗？

答：执政爱好写字，对颜（真卿）、柳（公权）之字尤为酷爱，并习乾隆皇帝之字法。至于读书，《五经》《大学》《衍义》《资治通鉴》等，诗爱白居易、苏东坡的，又时读政治方面之书籍及英语书等。

问：执政之日常如何？

答：每晨睡起后治理政务。午后一时摄午餐后，天气良好则寄兴趣于网球。倘天气不良则在室内写字、读书并时绘漫画，又时作坐禅。

问：执政之运动方面？

答：在户外乐为网球以保持健康，并对体育特加注意，常向左右劝导。

问：娱乐方面？

答：在户外以网球保健，在室内听广播，有时乐看电影，并对休养精神深加留意。

按：日本与伪满新闻记者三十三人到执政府觐见溥仪。《大阪每日新闻》的楢崎氏代表记者向溥仪致词后，溥仪对新闻记者发表了谈话。之后，记者参观了“执政府”中摆放的溥仪将于3月1日登基使用的宝座及赐宴场所。接着在楼下候见室，由内务处处长宝熙举行茶话会，对《盛京时报》记者孙桂海等所提溥仪日常起居等问题做了回答。

溥仪第三次登基之《即位诏书》(1934 年 3 月 1 日)

奉天承运皇帝诏曰：

我国肇基，国号满洲，于兹二年。原天意之爱民，赖友邦之仗义，其始凶残肆虐，安忍阻兵无辜，吁天莫能自振。而日本帝国冒群疑而不避，犯众咎而弗辞，事等解悬，功同援溺。

朕以藐躬，乃承天眷，假我尺柄，授我丘民，流亡渐集，兴其讴歌，兵气潜销，化为日月。夫皇天无亲，惟德是辅，而生民有欲，无主乃乱，吁请正位，询谋佥同，敢不敬承天命。其以大同三年三月一日即皇帝位，改为康德元年，仍用满洲国号。

世难未艾，何敢苟安，所有守国之远图，经邦之长策，当与日本帝国协力同心，以期永固。凡统治纲要，成立约章，一如其旧。国中人民种族各异，从此推心置腹，利害与共。或谕此言有如皦日，无替朕命，咸使闻知。

按：这是溥仪一生中第三次登基，由此开始了十四年傀儡皇帝的屈辱生活。

詔書

奉天承運皇帝詔曰

御名 御璽

康德元年三月一日

國務總理大臣 各部大臣

“康德皇帝”的《即位诏书》

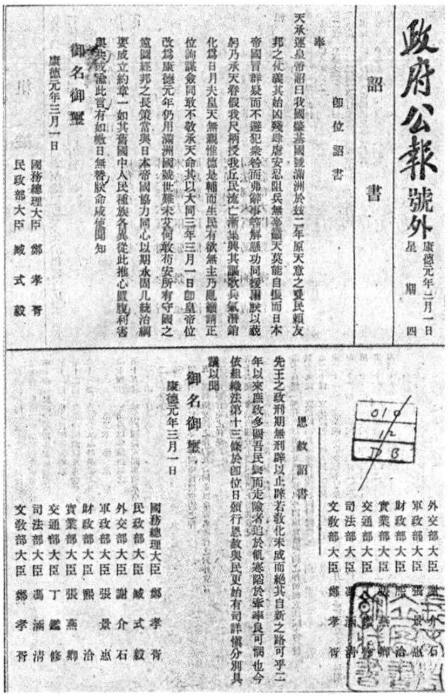

政府公報 號外 康德元年三月一日 星期四

詔書

即位詔書

奉

天承運皇帝詔曰我國肇基國號滿洲於茲二年原天意之愛民賴友邦之仗義其始凶殘肆虐安忍阻兵無辜籲天莫能自振而日本帝國冒群疑而不避犯衆咎而弗辭事等解懸功同援溺朕以藐躬乃承天眷假我尺柄授我丘民流亡漸集興其謳歌兵氣潛銷化爲日月夫皇天無親惟德是輔而生民有欲無主乃亂籲請正位詢謀僉同敢不敬承天命其以大同三年三月一日即皇帝位改爲康德元年仍用滿洲國號世難未艾何敢苟安所有守國之遠圖經邦之長策當與日本帝國協力同心以期永固凡統治綱要成立約章一如其舊國中人民種族各異從此推心置腹利害與共或渝此言有如皦日無替朕命咸使聞知

御名御璽

康德元年三月一日

國務總理大臣 鄭孝胥
民政部大臣 臧式毅
外交部大臣 謝介石
軍政部大臣 張景惠
財政部大臣 熙洽
實業部大臣 張燕卿
交通部大臣 丁鑑修
司法部大臣 馮涵清
文教部大臣 鄭孝胥

恩赦詔書

先王之政刑期無刑辟以止辟若教化未成而絕其自新之路可乎二年以來庶政多闕吾民鋌而走險者迫於飢寒陷於率卒良可憫也今依組織法第十三條於即位日頒行恩赦與民更始有司詳慎分別具議以聞

御名御璽

康德元年三月一日

國務總理大臣 鄭孝胥
民政部大臣 臧式毅
外交部大臣 謝介石
軍政部大臣 張景惠
財政部大臣 熙洽
實業部大臣 張燕卿
交通部大臣 丁鑑修
司法部大臣 馮涵清
文教部大臣 鄭孝胥

“康德皇帝”的《恩赦诏书》

溥仪第三次登基之《恩赦诏书》(1934 年 3 月 1 日)

溥仪率随扈祭天大臣登坛祭祀，第三次登基

先王之政，刑期无刑，辟以止辟。若教化未成而绝其自新之路可乎？二年以来，庶政多阙，吾民铤而走险者，迫于饥寒，陷于牵率，良可悯也。今依《组织法》第十三条于即位日颁行恩赦，与民更始，有司详慎分别，具议以闻。

按：《恩赦诏书》与《即位诏书》相辅而行。

溥仪致日本天皇陛下的答电(1934 年 3 月 2 日)

朕承天眷佑，荷陛下爱助，耆定满洲国基，兹践帝位。接奉陛下恳挚祝词，不胜感谢切至之意，并祝陛下福躬康泰，国运蕃昌，两国交谊益增亲睦。

按：溥仪复电，答谢日本天皇裕仁的贺电。

溥仪在宫中赐宴日本关东军司令官菱刈隆等发布敕语(1934 年 3 月 2 日)

朕以藐躬，只承天眷，寅建国基，实由两年以来，贵国热诚援助所致。今以登基礼成，特设飨宴与贵大使及在座诸君，欢叙一堂，朕心深感欣悦。近时一般议论咸谓贵我两国以共同利害之关系结合，此实一种浅见。朕思我东洋传统之精神，惟以道义真诚为主，固不仅止利害关系而已。此后当与贵国上下以至诚相贯注，以期共存共荣之实现，维持东亚永久之和平。庶以慰两国群众之仰望。举此一觞，敬祝贵国大皇帝陛下福祚昌盛，并祝贵大使与诸君勋业日隆。

按："康德皇帝"在宫中赐宴日本关东军司令官菱刈隆、特命驻满洲日本文武高官及日本在留民代表等并钦赐敕语。

溥仪在宫中赐宴"国务总理大臣"郑孝胥等发布敕语（1934年3月3日）

朕权执国政于兹两年，赖文武百官之赞襄辅弼，今更上邀天眷，奠定国基，此后建设万端，务繁责重，尤当上下一心，夙夜交儆，勿荒勿怠，以保我国家无疆之休，有厚望焉。

按："康德皇帝"在宫中赐宴"国务总理大臣"以下、简任官以上之文武百官并钦赐敕语。

溥仪为纪念创建新满洲帝国军颁发《军人敕谕》（1934年3月5日）

朕夙以顺天安民为心，与盟邦协力，图群黎之福利，内则剿绝匪害以绥境土；外则攘除边患以靖四疆。建国二载，庶绩咸熙，国运愈隆，国基益固。兹承上天宠命，即满洲国皇帝之位，惟尔将士，当建国伊始，于抢攘未定之时，克辨顺逆，洞明大义，致力戎行，不顾其身，濯征是勗，以锄坚寇，以服弗庭，功在社稷，洵为不鲜，朕深嘉之。夫统治一国，必有大中至正，坚忍不拔之军队，方足资拱卫，此古今一理，东西同轨。今我新帝国，亦将于此确立国基，而拥护之于悠久，所望于尔将士者实多。朕与盟邦关系紧密，将相信相倚于无穷，以确定东西之和平，保障亿兆之安康，前与盟邦交换议定书，载明国家之防卫，必应两国协同以完其任，尔将士宜体此旨，与盟邦将士亲善提携，浑然如一，中正而纯。严明而公，以拥护国祚永久无替，朕深望之。

我新帝国，自建国以来，以大中至正为本，其诸朋党比周，倾轧生事，专阃独裁，飞扬跋扈，在所必禁，尔将士为国干城，朕即为尔大元帅，原属同气一体，虽各级指挥，各有职掌，或因时制宜，特定规范，而统帅大权，揽在朕躬，尔将士总宜全军一心，奉戴朕为元首，竭其股肱之力，以致匪躬之节，朕深赖之。

今者，凡百设施，蒸蒸日上，靡不有初，要在有终，尔将士任大责重，凡民之安居乐业，胥惟尔是赖，务宜湔除故习，一新军心，夙夜匪懈，恪守宣誓之条文。供厥职事，勿敢怠荒。

兹当御极之始，天地照鉴之下，特颁谕旨于尔将士，尚其勿废朕命，有厚望焉。钦此。

按：“大元帅”溥仪为纪念创建新“满洲帝国”军对全军颁赐“军人敕语”，鼓舞士气，“军政部大臣”张景惠则代表伪满国军向溥仪进呈贺表，誓言“尽忠”。

“康德皇帝”在此“升座”

溥仪“即位”后与关东军司令官菱刈隆第一次例行会谈纪要（1934年3月12日）

（地点）皇帝书斋

（时间）昭和九年三月十二日　早上11点至12点

大使：自从大典开始以来一直都很繁忙，是否有碍圣体？

皇帝：郊外祭天日的前夜，因睡眠不足稍微有些疲倦，在这之后并未感到劳累，近来身体很好。

大使：前些日子的祭天仪式，实在堪称出色。不知用森严这个词来形容是否妥当？

皇帝：像这一类仪式，用庄严肃穆一词便可。

大使：在大典上所奏的音乐如果用古典音乐就更好了。日本天皇陛下即位大典时，奏的便是古典乐曲。那种音乐，恐怕是从中国传到日本的吧。和着音乐所跳的舞蹈也极为古老，舞者的服装和日本自古以来的服装有一些不同，想必也是昔日从中国传到日本的，也许是从中国先传到朝鲜，然后进入日本的吧。

皇帝：中国很多古典音乐都被遗忘了，未能传到现在。即使有人稍微懂得一些古典音乐，也没有乐器。实在是可惜啊。

按：先是在供奉天帝的“天坛”，穿上龙袍举行祭天告祖的仪式。在用土做成的天坛上，摆放着大猪作为供品，按照清朝的习惯举行“即位仪式”。然后根据关东军的要求，以陆海军元帅的正装形象，在“勤民楼”再次举行“即位仪式”。“勤民楼”的大厅铺上了鲜红的地毯，溥仪的“御座”上雕刻着“满洲国”的纹章“兰花”。溥仪的面前，聚集了郑“国务总理”及以下的文武百官，又一次按照清朝的仪式举行了庄重的典礼。这一天直到深夜，一些人还在“新京”的街头跳着民族舞蹈，燃放烟花，热闹地庆祝。就这样，溥仪在“满洲国建国”两年后，登上了他期待着的“皇帝宝座”。

从3月12日起，关东军司令官对溥仪说话时的措词也有了变化，作为“皇帝”，溥仪的身体变成了“圣体”。会谈是在溥仪私人生活场所——“缉熙楼”的书斋进行的。两人的对话，又自然转向了有关西方音乐功罪的话题，还比较了西医和中医的优劣。溥仪说自己少年时代起就喜欢读医学书，可以从三根手指的指尖所触到的左右手腕上方的脉搏，诊断内脏的病变。在“缉熙楼”里，有一间专门用来保管中药的房间。菱刈也被溥仪丰富的中医知识吸引。从这天开始，菱刈隆关东军司令官对溥仪的称呼从“执政”变成了“皇帝”。“执政府”也改名为“宫内府”，“宫殿”则被称为“帝宫”。

溥仪就实施帝政致日本大皇裕仁答谢电（1934年3月27日）

奉电敬悉修聘特使郑孝胥、熙洽承陛下赐以优渥待遇，并赍去亲书，微物亦荷鉴纳。复接陛下恳切之亲电，朕不胜衷心感谢之至，兹特表至诚之谢意，并祝陛下福祉与贵皇室日益隆昌。

按：此前天皇裕仁致电溥仪："陛下此次派遣国务总理大臣郑孝胥、财政部大臣熙洽为修聘特使来京，朕不胜欣喜。本日陛下所寄恳笃之亲翰与高贵之佳品，业经拜收，不胜感谢之至。朕兹表诚实之谢意，并祝贵皇室日益繁盛隆昌。"

溥仪收到日本天皇的赠品绘漆书架等而发出谢电和答电（1934年3月27日）

大日本帝国大皇帝陛下：

本日贵国驻满全权大使菱刈隆，捧呈陛下所赠朕及皇后绘漆书架一座、刺绣屏风一座，精美华贵。受领之下不胜欣悦，朕及皇后深感隆厚之友谊，当永久保藏，敬谨表谢意。

按：溥仪收到裕仁天皇"精美华贵"的赠品，而致"大日本帝国大皇帝陛下"之谢电。

溥仪和菱刈隆商派郑孝胥和熙洽赴日报告"帝政实施"事宜（1934年4月13日）

让特使带什么样的礼品送给昭和天皇才合适？赠送中国儒学著作——四书较好，即《礼记》中的《大学》《中庸》和《论语》《孟子》，以及由北宋司马光主编的《资治通鉴》。还有62册眼下还在北京筹备，想与四书一起赠送。

还想再赠送一些天皇陛下会喜欢的礼物。日本在选择礼物的数量时，四、五等数字以及奇数、偶数之类，是否有些人有忌讳，比如不喜欢"四"这个数字。

按："满洲国"政府派遣"国务总理"郑孝胥和"宫内府大臣"熙洽作为特使前往日本，报告"帝政实施"。在派遣特使之前溥仪和菱刈隆对话商谈，应该让特使带什么样的礼品送给昭和天皇才合适？斟酌再三，精通古代典籍的溥仪决定赠送中国古典书籍，他对日本的赠礼习惯进行了周到细致的考虑。关东军司令官菱刈隆趁机提出"希望皇帝也能尽早去日本，日本上下都期待着皇帝访日"，就这样，关东军第一次提出了"皇帝"访日的建议。

溥仪就天长节致日本天皇裕仁贺电（1934年4月29日）

大日本国大皇帝陛下：

欣值天长令节，特表朕祝贺之诚意并敬祝圣寿无疆，国祚日隆。

按：“天长节”就是日本天皇裕仁的生日，溥仪发出致“大日本帝国天皇陛下”的贺电。

郑孝胥等访日归来，溥仪向日本天皇发出谢电（1934年5月2日）

朕之特使郑孝胥、熙洽归来面奏此行蒙陛下优渥之待遇，俾得完成使命并述陛下亲善厚意，深为感佩，专电申谢。

按：作为特使的“国务总理”郑孝胥和“宫内府大臣”熙洽访日期间，受到日本举国上下隆重的欢迎。溥仪致日本天皇裕仁专电申谢。

“康德皇帝”溥仪

溥仪检阅、亲授正修童子团团旗并发布敕语（1934年5月7日）

尔等幼年英发，教育之施，美哉基始。朕今亲自校阅，豫悦良深，易不云乎！蒙以养正，圣功也。尔等务各奋勉向学，正心修身，以表率吾民，而储国家异日任使之材。朕于尔等有厚望焉。

按：伪满童子团员495人于帝宫兴运门前广场举行童子团结盟式与成立式典。溥仪观看操练后，颁授童子团团旗并发布敕语。

溥仪在兴运门前举行“正修童子团团旗亲授式”

溥仪临幸“新京”飞机场向参加阅兵式的部队发布敕语（1934年5月10日）

溥仪在设于新京飞机场的“登基大典纪念观兵式”检阅台上

朕御极礼成，兹行观兵式，阅尔军容，尚属整齐，良慰朕意，惟整军经武，保国卫民，尤属军人本分。尔将士等，仍宜奋勉努力，竭诚效忠，以为国家增光，有厚望焉。

按： 溥仪身穿陆军军服，佩戴大勋位兰花大绶章，由侍从武官长张海鹏、“宫内府大臣”沈瑞麟等扈从，乘车出发。当卤簿车队通过宽城子道岔时，鸣礼炮101响。上午10时20分抵达飞机场，向参加阅兵式的部队发布敕语。

溥仪临幸大典观兵式并颁敕语（1934年5月11日）

此次亲行阅兵，朕心嘉悦良深。士气振奋，具见平时训练有方。日满两国邦交亲密，国防上尤需协力合作，共同捍卫，以保东亚和平之局。尔诸将等忠勇为国，当能共体此意。贵司令官武略素著，尚望随时翊赞，朕实嘉赖之。

按： 溥仪临幸大典观兵式并赐宴参加阅兵式的日本关东军司令官菱刈隆及诸将领，颁发敕语。

溥仪对日本众议院议员滨田国松视察团颁发敕语（1934年5月23日）

卿等远道辛勤，来满视察，朕极愿与卿等晤见，心中喜悦异常。“日满”两国邦交亲密有加无已，尤赖两国国民，互相亲善，互相协助，以共保东亚之和平。我国初建，凡百设施，草创未备，卿等视察所及，深盼各抒伟议，指导吾民，朕实加赖之。

按： 日本众议院议员滨田国松率视察团一行14人入宫觐见，溥仪颁赐敕语。滨田等作为“众议院议员满洲视察团”于21日到长春，22日参拜了“新京神社”并遍访了政府各官厅。溥仪会见后，滨田一行前往南岭和宽城子战场遗址凭吊。

溥仪对日本东京控诉院院长暨贵族院议员视察团颁发敕语（1934年5月29日）

卿等皆贵国华族名彦，远来视察，朕极愿与卿等握晤，心中忻悦良深。日满两国邦交亲密，共保东亚和平，责任甚为重大。我国新立，一切规模，草创未备，卿等视察所至，深愿各抒伟论，俾资建设，朕实嘉赖之。

按： 日本东京控诉院院长小厚直、日本贵族院议员视察团子爵里松有光等10人入宫觐见，溥仪颁赐敕语。

溥仪致日本天皇裕仁的吊唁电（1934年5月30日）

顷闻贵国海军大将、元帅东乡平八郎薨逝之信，在陛下遽丧重臣，深为东亚惜此元老，朕心不胜惋悼，特电奉慰。

按：东乡平八郎为日本海军重臣，溥仪致电日本天皇吊唁。

溥仪和菱刈隆商定“满洲国皇帝”首访日本的日期（1934年5月）

大使：这一次派遣的特使成功完成了使命顺利归来。日本举国上下都感到非常满意。近来各方面都在询问皇帝何时驾临。皇帝陛下若能定下大致时间，我会深感荣幸。

皇帝：今年所剩之日已经不多，今年秋季恐怕是来不及了，明年的春季或是秋季怎样？

大使：那么，春季较为合适。明年的这个时候，正是赏樱花的时节，春季人的心情也会自然地感到愉悦。正是旅行的好时候。

皇帝：正是如此。俗话说春生夏长秋收冬藏，春天人的情绪飞扬，秋天则是收敛的。确实春季出访较好。

大使：那么就定在春季如何？因为还需做许多准备，所以最好先大致定下时间。

皇帝：好吧。

按：“国务总理”郑孝胥和“宫内府大臣”熙洽作为特使访日归来后，关东军司令官菱刈隆频繁对溥仪说，日方高层多次催问“皇帝”何时访问日本？就在这天，溥仪正式接受了1935年访日的邀请，就此拉开了“日满不可分”和溥仪所谓“自己和日本天皇陛下精神如一体”“一德一心”新历史的帷幕。

溥仪因秩父宫来访颁发谕旨（1934年6月3日）

自6月6日至同月15日间，待秩父宫属下以皇室贵宾之礼。

按：秩父宫雍仁系日本天皇裕仁御弟，来访系代表天皇祝贺溥仪“登基”。

溥仪会见《纽约时报》记者格兰特的谈话（1934年6月5日）

格兰特：我为皇上登基庆贺！

皇帝：格兰特先生来访，对满洲国有何感想？

格兰特：从车窗眺望田间春景很美丽。

皇帝：将力谋国内之兴盛，以期吸引移民移居广大的地区。此外，新京建筑初创，应先建筑官衙，至于新皇宫要稍缓图之。现在的皇宫是榷运局旧址，四周筑城，中有花园，是唯一之美景。殿内铺设地毯，墙之四围饰以龙章，御书房外为一花园，呈天然景色。闲暇时则打网球或浏览书籍，最嗜历史。从前的高尔夫球场上已有新建筑，现在不能再做这种运动了。

按：溥仪身着海陆军大元帅装，胸前佩戴最高勋章，在缉熙楼二楼书斋会见来访的《纽约时报》记者格兰特。谈话结束，溥仪赠给格兰特花烟一支。格兰特表示感谢，和溥仪握手后，退出帝宫。

日本秩父宫雍仁亲王访“满”

溥仪与日本天皇御弟秩父宫的第一次谈话（1934年6月6日）

秩父宫：今天初次与皇帝陛下相见，实在感到荣幸。

皇帝：殿下自远方驾临，想必舟车劳顿。

秩父宫：陛下特意出来迎接，真是感激不尽。

皇帝：卫队已列队等待殿下，请殿下检阅。

秩父宫：好。

按：傍晚6时许，秩父宫乘坐特快专列到达“新京”。“康德皇帝”身穿礼服，站在靠前的车厢外。列车停稳，秩父宫走近溥仪，两人互致举手礼，摘下右手手套紧握对方的手。这是“日满两国皇室外交”的瞬间。溥仪和秩父宫比肩前行。日方随行人员、“皇帝”的侍从武官和侍卫官长等，跟随在后。站台上举枪敬礼的仪仗兵身后，是“国务总理大臣”郑孝胥为首的伪满高官和日方高官。秩父宫举手向大家示以荣誉礼，与溥仪慢步前行。

溥仪因秩父宫来访致日本天皇的谢电（1934年6月7日）

此次陛下特遣皇弟雍仁亲王殿下到满，朕深为欣喜！本日陛下所寄恳笃之亲书，赠朕以大勋位菊花大绶章并赠朕之皇后勋一等宝冠章，业已拜受，不胜感激！敬领受陛下友谊之征证。朕及皇后对于陛下与皇后陛下重表至高之谢意。

按：为感谢秩父宫访问伪满，溥仪致电日本天皇裕仁，表示感谢。

溥仪与秩父宫第五次会谈，关涉溥仪访日规划（1934年6月12日）

皇帝：前日承蒙殿下亲切提起赴日以后有何要求，一时也想不起什么，只是如果可以的话，想听一下宫中的古乐器和新乐器合奏的乐曲。

秩父宫：这很容易。

皇帝：这一次日本天皇陛下特意派遣殿下来本国访问，望能向陛下转达我的深厚谢意。明年赴日之际，我再前往皇宫向陛下致谢。

秩父宫：回去后一定把陛下所言转告天皇陛下。

皇帝（看着屋内一个饰着泥金面、放着宣纸的箱子）：一个人的文字，表达了此人写下文字那一刻的心情。朕提议，作为纪念，双方互留笔墨。

秩父宫：在下不擅书法啊！

皇帝：何必客气！机会难遇，还是留下墨宝为好。

（秩父宫拿起笔在金色的纸笺上挥毫写下“仁者爱山”四字。皇帝也一气呵成写下“至诚所注金石能开”八个字）

皇帝：朕对日本天皇陛下的信奉之情全在这几个字中。当初到满洲时便已下定决心，自己的到来若是能对满洲三千万民众以及日满亲善合作有益，那么牺牲自己的一切也在所不辞。这个决心至今没有改变。综观世界局势，各个国家都存在着人种歧视并经常为此发生冲突。我认为应该将万物一体观念和无我观念渗透于一切，以这一观念为根本，任何困难都能迎刃而解。

秩父宫：这正是元首的英明之处，实在可贵。

按：秩父宫代表日本皇室赠给溥仪的最高勋章——大勋位菊花大绶章和赠给“皇后”的勋一等宝冠章，首次表示皇室把“满洲国皇帝”作为“元首”相待。6月6日至12日溥仪和秩父宫共进行五次会谈：第一次是6月7日在“勤民楼”的午餐宴会上；第二次在同一天晚上大和饭店的晚宴上；第三次在8日上午9时40分至10时20分的阅兵式上；第四次是同一天午后在秩父宫下塌处由菱刈隆主持的午餐会上；最后一次是12日在“宫内府勤民楼”和东花园散步时。这次的话题是有关溥仪第二年访问日本的计划。

溥仪致日本天皇就秩父宫返国发来谢电的答电（1934年6月19日）

雍仁亲王殿下平安归还，朕闻之深为欣快，承陛下为此特赐亲电，不胜感谢，敬祝圣躬健康。

按：天皇裕仁致电溥仪，感谢伪满对秩父宫的殷勤接待。溥仪当即回电。

溥仪会见美国爱微雷托博士及夫人的对话（1934年6月20日）

博士：本日蒙皇帝陛下赐以谒见，不胜欣荣之至。昨日外臣等参观新建筑区域，其进步之神速，给人以深刻印象。

夫人：窥悉室内右隅悬挂之观音神像，印象至深，陛下，您有研究佛学之趣旨乎？

溥仪：是的。朕喜佛学、哲学，愿闻所信之派别。

夫人；外臣崇佛教临济学派，或称禅宗，以静坐为首务。

溥仪：其然乎？朕个人亦习于静坐。博士夫人所习之静坐之道可得闻乎？

夫人：日本僧人教以不同之法，静坐时闭目直坐，上唇覆于下唇。

溥仪：当朕疲倦之时，亦常习于闭目静坐，相当时间以后，每觉目睑四围之神经，忽然紧张为度至速，结果顿觉模糊，然旋即寂静。同时，上半身发出特殊热力，达于全体。不知博士夫人在静坐时亦有此状否。

夫人：是的！外臣亦有此经验。陛下在静坐中，作自然之呼吸乎？

溥仪：然。朕作自然呼吸。

夫人：日本僧人教以在静坐之始，作强大之呼吸，吸气与出气之效力各异，前者属于胸，后者属于腹。

溥仪：无论所习何法，其理为一，盖宇宙之真止于一也。

夫人：外臣亦深信一元之论。

溥仪：美国人民对于满洲国感想如何？

博士：简言之，大多数美国人不明，且忽略此间真相，加以偏执己见之新闻记者之失实宣传，遂引起今日之不了解，彼等实不能辞其咎。外臣回国以后，当鼓动敝国人前来新国一观完成之一切事业也。

溥仪：朕对此甚为感谢。

溥仪：何时再作东方之游？

夫人：恐或在二年以后。

溥仪：朕甚愿再与君等相晤。

按：溥仪会见美国爱微雷托博士及夫人的谈话还很随意。

溥仪致黄富俊等各省市代表的敕语（1934年6月22日）

社会事业，可补国家社会政策所不及，排难纷解，拯济困窘，均于社会大有裨益。卿等在事日久，见义勇为，朕心殊为嘉悦。尚望尽善推行，维持久远，以弼成予治，朕于卿等有厚望焉。

按：伪满社会事业联合会副会长黄富俊率各省市代表26人入宫觐见，溥仪发布敕语。

溥仪致湖南内藤博士下赐的“宸笔”（1934年7月9日）

博学多闻

按：是日下午2时，在伪满新京女子国民高等学校讲堂，为已故湖南内藤博士开追悼会。郑孝胥以下各参议、顾问、菱刈隆、西尾寿造、冈村宁次等临场。长春寺主持伊藤率众僧为逝者诵经。溥仪在黄绢上书写四字，作为下赐的“宸笔”。

溥仪派员参加奉天维城学校开学式并送达敕语（1934年8月14日）

胄子之教，始自虞廷，世变日新，教育益重，尔等皆世族之裔，务其奋勉向学，以储国家将来任使之材，朕有厚望焉。

按：溥仪派内廷局陈邦杰专程赴奉天参加维城学校开学式并送达敕语。敕语是由驻奉三陵总办赵时敏宣读的。

溥仪发布祭孔敕书（1934年8月27日）

本年9月13日为仲秋上丁大祀先师孔子之期，遣国务总理大臣郑孝胥恭代行礼，著文教部敬谨预备。

按：此后年度祭孔，辄遣臣下“恭代行礼”，不再亲临了。

溥仪因日本关西灾害致天皇的慰问电（1934年9月24日）

闻贵国近畿暴风巨灾至劳圣虑，朕不胜廑念，专电奉慰。

按：溥仪闻日本关西遭受风雨灾害，特致电日本天皇裕仁，以示慰问。

溥仪为日、满举办美术展览会书写匾额（1934年9月29日）

乾坤正义

按：溥仪为日本、伪满举办美术展览会书写匾额，并命“宫内府大臣”沈瑞麟送往会场悬挂。

溥仪就陆军特别演习总状况发布敕语（1934年10月15日）

朕初次躬亲统监陆军特别演习，军容既见振新，将士愈臻勇武，殊堪嘉悦。

关于演习成绩已令军政部大臣讲评之。惟鉴兹内外情势，于国军之精练，共其健奋，所期待者甚大。尔等将士更应上下一致，愈益提高国军之价值，庶使靖安境域，防卫国土，无所遗憾，以翼朕王道安民之大业，斯为至要。

溥仪在大屯阜半山顶野立所“陆军特别大演习”展望台上

按：张景惠进宫奏报讲评陆军特别演习总状况，溥仪发布敕语。

溥仪观看新建成的关东军司令部发布敕语（1934 年 10 月 17 日）

大日本关东军司令部新修落成，朕亲临观览，规模宏壮，欣慰良深。满洲建国以来，赖贵军之同心协力，式奠丕甚，朕实嘉之。此次陈奏，于世界大势尤了如指掌，日满两国，亲若一家，深愿贵司令官暨各将领，终始努力，共纾筹策，以保我东亚永久之和平，朕心有厚望焉。

按：溥仪观看新建成的关东军司令部之后，在司令官官邸发布敕语。

新任日本驻满大使南次郎呈递信任状，溥仪致答辞（1934 年 12 月 27 日）

此次贵大使奉贵国天皇陛下之命，继菱刈前大使任为驻满特命全权大使，朕心慰悦良深。满洲建国以来，一切政治制度以次成立，境内亦渐敉平，实深赖贵国之同心协力，多方援助，朕及臣民皆甚感念。日满两国邦交亲密，唇齿辅车之关系永远无间，共行确保东亚和平，以谋世界福祉，尤为两国最重要之使命。贵大使至诚毅力，朕深信必能尽达其使命而完成其志愿。贵大使际兹就任，有期待于朕深厚之同情与朕政府恳切之协助，朕与朕之政府定当尽心协力，以慰所望也。

敬祝天皇陛下庆福，贵国国运盛昌。

按：新任日本关东军司令官兼驻伪满特命全权大使南次郎（1934 年 12 月至 1936 年 3 月在任）等 14 人入宫觐见呈递信任状并宣读“国书”后溥仪致答辞。溥仪在承光门前迎接。

日本新任关东军司令官兼驻“满”全权大使南次郎向溥仪递呈“国书”

溥仪致日本天皇裕仁的新年贺电（1935 年 1 月 1 日）

东京宫内省大日本国天皇陛下：

履端集庆，敬祝圣躬康泰，国运蕃昌。

按：裕仁也给溥仪发来贺电：“际此新年，致朕之诚实祝意。”

旅顺市举行赤旗游行，溥仪颁布敕语（1935 年 1 月 22 日）

朕此次行幸旅顺，受友邦官民一致之欢迎，殊深欣慰。朕思今日日满两国之提携，诚于东洋和平上有极大之贡献。日满之关系，非仅以国际利害而合作，当本东洋固有之道德观念，以谋人类之福祉为最重要，尤其两国人民间一心一德，尤为重要也。今春朕赴日本，与天皇陛下会晤，更进两国皇室之亲睦，朕深引为愉快者也。今日下午，朕亲临白玉山，对牺牲之将兵致敬，默祷其冥福，且祷其默佑日满两国之繁昌。想诸将士之忠魂有知，睹今日我两国之合作精神，亦当欣慰。今后愿为东洋和平及日满亲善上更进一层之努力。

按：溥仪于1月21日晚7时到达旅顺，下榻于前关东军司令官官邸。次日旅顺市举行赤旗游行，溥仪颁发了这篇敕语。

溥仪观览旅顺学生联合音乐会向演奏者赐言（1935年1月23日）

本日听旅顺各学校学生代表者之音乐弹奏、独唱，并听久保田参谋长讲述关于海军沿革及旅顺港战迹、要港部状况等，很为满足。

按：1月23日下午5时半，溥仪在郑孝胥等人随从下，观览旅顺市中学校、高等女学校、高等公学校和工大等校学生联合举办的音乐会，并听询要港部参谋长久保田介绍官邸附近及旅顺要港部的沿革情况。音乐会结束后，溥仪对演奏者赐言，继而又赐金一封，犒劳演出的学生。

溥仪诞辰日日本天皇裕仁与“康德皇帝”的贺电和答电（1935年2月16日）

日本天皇裕仁的贺电：

新京满洲国皇帝陛下：朕于陛下诞辰之际，致诚实之祝词，并祈陛下之幸福。

“康德皇帝”的答电：

东京宫内省大日本帝国皇帝陛下：当朕之诞辰，承陛下赐寄恳笃之亲电，敬致感谢之意。

按：溥仪诞辰日又称“万寿圣节”，全天安排各层次祝寿活动。侍从武官长张海鹏特作《万寿节放颂词》：“皇帝宅心仁爱，视民如伤，每遇水旱偏灾，皆即时颁发内帑，优加赈济，地方官吏觐见时，询问人民疾苦，至为殷切。”

溥仪临幸在大同公园举行的建国慰灵大祭并宣读《御祭文》（1935年3月8日）

惟夫奋勇捐驱，斯国殇之可谥，效忠致命，乃祀典所宜隆；惟灵壮气无前，

溥仪亲临在长春“大同公园”举行的“建国慰灵大祭”祭场

蹈白刃而弗惧，贤劳顿尽，享黄发以无期，式荐馨尽，允昭光烈。于戏！河山底定，幸慰志于英魂，俎豆聿新，冀酬庸于殁事，灵兮不昧，庶其歆承。

日本天皇裕仁致满洲国皇帝祭电：

新京满洲国皇帝陛下：在新京举行慰灵祭之际，对为贵国建国殉难之我官民，陛下表明恳笃之吊意，朕所不胜感铭。朕也遥对贵我两国民之英灵，敬致吊意。

满洲国皇帝致日本天皇裕仁答电：

本日为建国以来日满之死事官民设慰灵祭，朕心极为感怆，承陛下赐以恳笃之亲电，不胜感谢之至。

按：伪满在新京市大同公园祭场为“围剿”东北抗日军民而毙命的日伪军政人员举行“建国”慰灵大祭。赐奠爵，赐读《御祭文》，赐拜，全体人员向灵位敬礼。

溥仪派国务总理大臣郑孝胥代行祀礼的敕旨（1935年3月12日）

为仲春、上丁大祀先师孔子之期，特派国务总理大臣郑孝胥代行祀礼。

按：溥仪不忘祭祀先师孔子。

四言宸章：御制大阳篇（1935年3月）

明明太阳，照临万方；
皎皎太阴，皓满遐荒。
道纯气一，无否无臧；

象彼初心，载魄同光。

按：在伪满14年间的溥仪，人是两面人，诗也是两面诗。他在日记本上、碎纸片上写的那些充满抱怨和牢骚的作品已经付之一炬了，而颂扬主子、堂皇现实的“御制品”，尚可寻之于存留甚少的敌伪报章。这首以《御制大阳篇》为题，颂扬“满洲国”“健康成长”的诗，正是溥仪“巡狩奉天”时留下的“四言宸章”。

溥仪在战舰比睿号上的谈话（1935年4月3日）

《随从访日恭记》记录道：下午五时左右，据军舰上的人说，一只鹤从南方飞来，在舰上轻轻地拍了拍翅膀，便轻盈地朝东飞去了。我把此事告知陛下，陛下说：“是吗？这恐怕是连鸟兽都对日满亲善、东方和平感到了喜悦的缘故吧。天地与人与物，是气脉相通的啊。”

按：看到白鹤飞来“借题发挥”之言。

四言律诗：御制宸翰（首章）海平似镜（1935年4月4日）

海平似镜，万里远航。
两邦携手，永固东方。

按：1935年4月2日溥仪“启驾”首次访问日本，在赴日海途之中即有“御制宸翰”两章先后问世。此为首章，四言四句。溥仪所乘“比睿丸号”御召舰从大连出港后已航行了一天一夜，是日午前到达日本九洲以西的海面上，溥仪即将在这里“检阅”由70艘日本战舰组成的联合舰队的海上表演。御制诗的大意是“大海像镜子一般风平浪静，我坐船去相距万里的海的那一边，日本和‘满洲国’携起手来，巩固东方的永久和平”。

七言绝句：御制宸翰（次章）万里雄航破飞涛（1935年4月5日）

万里雄航破飞涛，碧苍一色天地交，
此行岂仅览山水，两国申盟日月昭。

按：4 月 5 日天气转晴，“阳光照射，波光如锦，惟西北风尚烈，波浪激荡，跃过舰首，海面银浪起伏，势如奔马”。于是，溥仪写下这首“破飞涛”七绝，大意是“冲破惊涛骇浪，气势雄壮地万里远航，蓝天与碧海交接成了远方的地平线，这一次出行不是为了游山玩水，是为了‘两国’缔结盟约，友谊如日月般光辉”。溥仪用日月比喻“日满”关系，认为密切“两国”关系是他此行的意义。

溥仪在日本天皇的欢迎晚宴上致答词（1935 年 4 月 6 日）

即位以来，国基略见就绪，此皆贵国援助之结果。希望两国更加同心协力，以保东亚永久之和平，而谋世界人类之幸福。此次亲访贵国，备受陛下之款待和贵国国民之欢迎，此情永不能忘。

按：4 月 6 日中午溥仪抵达东京，天皇裕仁亲往车站迎接。当晚出席天皇裕仁在宫城为他举办的晚宴。宴会中，天皇裕仁致词，溥仪致答词。宴会后，天皇裕仁与皇后同溥仪共进牡丹间欢叙，入正殿欣赏宫中秘曲、典雅舞乐。

溥仪和裕仁天皇来到代代木练兵场出席特命近卫师团观兵式

举行答谢宴会席间溥仪与日本陆军大臣的谈话（1935年4月9日）

今日在代代木练兵场，高兴地观看了陆军的阅兵式，日本军队训练得宜，固无待论，而军人精神之旺盛，尤足令人感服也。

按：陆军阅兵式是在上午举行的。当晚溥仪举行盛大晚宴，感谢日本对他的举国欢迎。席间，溥仪对陆军大臣荒木大将说了这番话。

溥仪亲临东京第一卫戍病院并对日本陆相林铣十郎发表敕语（1935年4月13日）

自我国建国以来，关于贵国陆海军将士对我国非常援助，朕深为感谢。为此负伤或残废之身，或得疾病等者真堪怜悯。兹特亲临慰问，更表无限之感谢与厚意，祈此后恢复健康。再对在各地之战伤患者，望贵大臣将右旨传达，对其他曾驻满洲之一般将士，不问其为现任或在乡，对于援助满洲建国之劳苦，望由贵大臣代为表示深厚谢意。

按：溥仪亲赴东京第一卫戍病院，慰问在侵略中国东北时伤残的日本官兵。到达病院时受到陆相林铣十郎及病院领导人员的欢迎，听取了院长关于“九一八”事变日本兵伤员送还状况的报告，还由院长引导，到内科病室、外科病室及将校病室慰问患者，并对林铣十郎发表敕语。

溥仪在日本皇宫洗心亭与天皇裕仁之母的对话（1935年4月13日）

日本皇太后：皇帝陛下返回满洲后，此间每见日落，就会想起陛下来访之事啊！

康德皇帝：此后每见旭日东升，定会追忆天皇、皇后两陛下及皇太后陛下之厚望谊。

日本皇太后：兹在此处告别，今后不知何时尚能与陛下相会，再合做散步否？

康德皇帝：此次为公式的访问，今后或能再做非公式的访问，乞皇太后陛下珍重玉体，是所祈望。

按： 下午3时，溥仪特意到洗心亭拜见裕仁母亲，以示“告别”。在御苑散步时每遇上坡、下坡，溥仪都以手搀扶皇太后。裕仁母亲赋和歌二首赠给溥仪：“幼松添新绿，兆得满苑春。”“我心如慈母，善邻总相亲。”

溥仪与秩父宫等互致送行词和答词（1935年4月15日）

我对这次日本皇室的隆重接待和日本国民的热诚欢迎，实是感激已极。我现在下定决心，一定要尽我的全力，为日满的永久亲善而努力。我对这件事，是抱有确实信心的。

按： 离开日本东京时，溥仪在站台上与送行的秩父宫等话别。秩父宫代表天皇裕仁致欢送词说：“皇帝陛下这次到日本来，对于‘日满’亲善，是有重大贡献的。我国天皇陛下对此感到非常满意。务请皇帝陛下抱定‘日满’亲善一定能做到的确实信念而‘回国’，这是我的希望。”溥仪致答词。

溥仪观览感言（1935年4月19日）

今日以敕命开正仓院，得恳切之说明，览贵重之珍物者，甚为欢喜。

按： 下午1时50分，溥仪到正仓院，由杉帝室博物馆总长为先导，奈良博物馆馆长解说，欣赏了古典美术工艺品。此为临场感言。

溥仪作七言绝句：远眺（1935年4月19日）

三笠山前夜色迢，春风吹万乾坤昭。
凭楼远眺千炬动，朗月交辉丽九霄。

按： 溥仪在奈良参观，当晚4000名小学生在三笠山山腰以提灯排列“奉迎”二字，溥仪观看表演，手持红灯应答，即兴写下这首七绝。正如溥仪在《我的前半生》中所说，这次访日令他飘飘然了。然而，“复辟清朝”的梦想越来越渺茫。比谁都更理解这一现实的正是溥仪自己。原诗无题。

溥仪召见日本首席接伴员林权助男爵的谈话（1935 年 4 月 24 日）

朕此次访日，增进两国皇室之亲善，殆如一家，此皆东洋精神，互为一致，而由至诚相感者也。归国之后，当使日满亲善之彻底，以确立东洋之和平，而增进人类之福祉，并为达此目的抱粉身碎骨之觉悟。

为了满日亲善，我确信：如果日本人有不利于满洲国者，就是不忠于日本天皇陛下，如果满洲人有不利于日本者，就是不忠于满洲国的皇帝；如果有不忠于满洲国皇帝的，就是不忠于日本天皇，有不忠于日本天皇的，就是不忠于满洲国皇帝。若有不依此精神及此主旨者，必自行消灭，此乃这次访日所得之结论也。卿返东京后，务希向两陛下代达恳笃之谢意。

按：溥仪参拜严岛神社后乘比睿舰西行，此为他在舰上召见日本首席接伴员林权助男爵的谈话。

溥仪召见沈瑞麟、入江贯一等人的谈话（1935 年 4 月 24 日）

此次访日，承日本皇室之恳切款待及朝野之热烈送迎，实深铭感。在各地一般国民所表示之欢迎，完全出于国民之自动，而于雨中之迎送，尤为感激，其中多数学生，因欢迎欢送，荒废可贵之学业，良深抱歉。朕此次来日，得达亲晤天皇陛下之夙愿，于此得知天皇陛下之信念，与朕同心一体，并知日本国民，咸能仰体天皇陛下之御意，实深感动。日满两国，必须保持真正紧密之关系，两国臣民尤当各以两皇室为中心，互相提携，朕今日之访问，实先为之基础。归国之后，当即颁发诏书，训谕全国国民，并命政府，力图彻底之方法。纵观现下世界状况，大势偏重于物质文明，而物质文明之弊，为利己心过重，吾东洋文明之真精神与此相反，在乎仁恕，朕尝闻俄军虽持有精巧之武器，但战争之时，每见形势不利，辄弃械而遁，如不能遁逃时，则持械投降。至于日本军士，每值危急之际，其战愈勇，至最后时，乃高呼天皇陛下，遂其名誉之战死，日本军人抱此精神，故能摧折强俄，常获胜利也。世人缺乏东洋思想根本之“仁恕”二字，虽有进化之物质文明，亦等于无用，转足为人类之害耳。吾人必当体会东洋文明之真精神，日满两国国民，互相提携，达成启发世界文明之使命是为至要。余对于以下三事，深抱痛感：（一）日满两国彻底的同心协力；（二）因此而确保东洋之和平；（三）然后图世界人类之福祉。当日本脱退国际联盟之际，其信念即与此相同，朕此次访问日本，亦为实现此信念之基础也。

按：溥仪召见“宫内府大臣”沈瑞麟、宫内府次长入江贯一，谈了这段话。

溥仪在比睿舰上对持旗迎送的海岛岛民讲话（1935年4月25日）

似此小岛，其岛民均能仰体天皇陛下之御意，对于友邦君主如此热诚，则其对于本国皇室之忠诚，可以想见矣。

按：溥仪乘坐“比睿”舰在内海西进中，看到两旁海岛岛民手持小旗遥立迎送，乃对左右发表了感想。

溥仪亲言“访日感想”（1935年4月27日至28日）

四月六日，在东京车站第一次见到了日本天皇陛下，陛下的亲切态度深深感动了我。当晚在宫中，日本天皇陛下和皇后陛下的热情款待，以及在日期间感受到的厚谊，令我感激不尽，更加深了我一直以来的尊崇之情。我沉浸在天皇一家的亲情之中，皇太后陛下像对待亲人一样对待我，我有幸两次拜会皇太后陛下，第一次因为时间太短促总觉得留有一些遗憾，因此请求了第二次会面。

访日之后，我确信天皇陛下之心便是我心，我心便是天皇陛下之心。不忠于我也就是不忠于天皇陛下。不忠于天皇陛下也就是不忠于我。

按：关东军司令部保存了一份有关溥仪访日的“绝密报告书”。其中写道：“满洲国皇帝陛下此次访日，在东亚史的日满关系上实在是千古盛典。特别是通过这次盛典，满洲国举国上下都急剧转向亲日，这是一大实际成果。”

溥仪访日，使“满洲国”民众的亲日情绪迅速高涨，对当时统治基础仍然薄弱的“满洲国”来说，起到了很大的加固作用。报告书宣称，此次访日完全达到了关东军所期望的政治目的，“使满洲国上下都知道了友好邻邦日本上下的真情和诚意，原本动辄便会对日产生猜疑甚至危惧之念的现象忽然间一扫而净，迅速地转向亲日，这是最重要最直接的实际效果。”溥仪同样对此确信不已。他在《我的前半生》中说：“我脑子里出现了一个逻辑：天皇与我平等，天皇在日本的地位，就是我在满洲国的地位。日本人对我，当如对其天皇者同。”

4月28日，溥仪在“宫内府”怀远楼举行了赏赐“新京”文武百官的宴会，在没有任何讲稿的情况下，滔滔不绝地向各位训示了长达一个半小时的访日感想。溥仪的表白道出了发布《回銮训民诏书》的意图。溥仪对日本皇室直率的想法，被写入《关于发送“满洲国皇帝陛下亲言访日感想的部分内容”》一文。

溥仪电贺日本天皇裕仁的生日（1935年4月29日）

东京宫内省大日本帝国皇帝陛下：

兹值天长令节，特表朕诚笃之祝意，敬祝圣寿无疆，国祚盛昌。

按：日本天皇裕仁的生日，溥仪致电祝贺。

溥仪发表《回銮训民诏书》（1935年5月2日）

朕自登基以来，亟思躬访日本皇室，修睦联欢，以伸积慕。今次东渡，宿愿克遂。日本皇室，恳切相待，备极优隆，其臣民热诚迎送，亦无不殚竭礼敬，衷怀铭刻，殊不能忘。深维我国建立，以逮今兹，皆赖友邦以仗义尽力，以奠丕基。兹幸亲致诚悃，复加意观察，知其政本所立在乎仁爱，教本所重在乎忠孝，民心之尊君亲上，如天如地，无不忠勇奉公，诚意为国。故能安内攘外，讲信恤邻，以维持万世一系之皇统。朕今躬接其上下，咸以至诚相结，气同道合，依赖不渝。朕与日本天皇陛下精神如一体，尔众庶等更当仰体此意，与友邦一德一心，以奠定两国永久之基础，发扬东方道德之真义，则大局和平，人类福祉，必可致也。凡我臣民，务遵朕旨，以垂万禩。钦此。

按：溥仪访日归来，带给“满洲国”民众最大的“礼物”是一份表达感激和充满奉承的《回銮训民诏书》。这是溥仪从日本回来后训示民众的“诏书”，遵照关东军的旨意，由“国务院总务厅厅长”远藤柳作授意、佐藤知恭执笔，经“国务总理大臣”郑孝胥和“宫内府大臣”沈瑞麟修改并副署，于1935年5月2日发布，并召集文武百官举行

“日满一体不可分”的“宣诏”。据佐藤知恭透露，《回銮训民诏书》中“朕与日本天皇陛下，精神如一体”这句话，是溥仪直接添加上去的。诏书颁布后，溥仪与南次郎大使会见时说：“诏书原稿是由国务院起草的，其中有些要点未能彻底表明，有些地方想要修改，但郑总理说此稿已经国务院审议决定，就按原样如何？但我认为这不同于一般的政务，诏书必须彻底表达自己的意思，于是让郑总理取笔，由我口述，完全按照自己的意思对下半部分进行了修改。这不仅是为了告知现在的国民，也是为了告知世世代代的‘满洲国’国民，日满关系是永远密不可分的。”可见溥仪参与了起草。

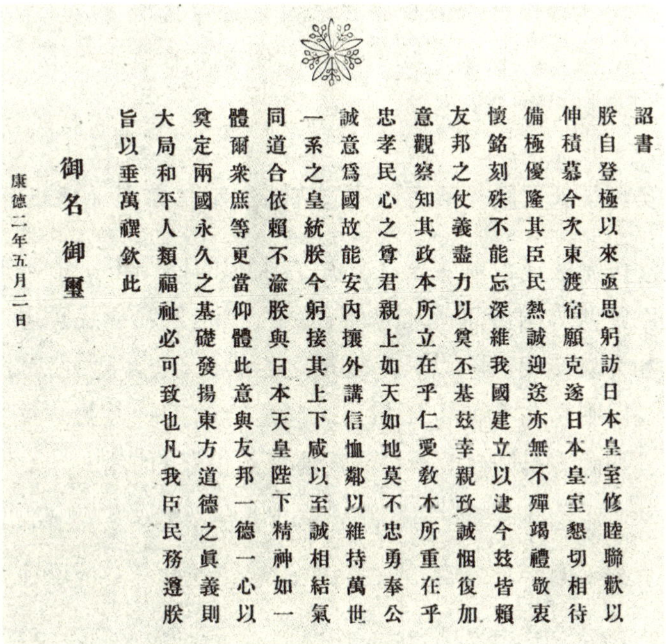
詔書
朕自登極以來亟思躬訪日本皇室修睦聯歡以伸積慕今次東渡宿願克遂日本皇室懇切相待備極優隆其臣民熱誠迎送亦無不殫竭禮敬衷懷銘刻殊不能忘深維我國建立以逮今茲皆賴友邦之仗義盡力以奠丕基茲幸親致誠悃復加意觀察知其政本所立在乎仁愛教本所重在乎忠孝民心之尊君親上如天如地莫不忠勇奉公誠意爲國故能安內攘外講信恤鄰以維持萬世一系之皇統朕今躬接其上下咸以至誠相結氣同道合依賴不渝朕與日本天皇陛下精神如一體爾衆庶等更當仰體此意與友邦一德一心以奠定兩國永久之基礎發揚東方道德之眞義則大局和平人類福祉必可致也凡我臣民務遵朕旨以垂萬禩欽此
御名御璽
康德二年五月二日

《回銮训民诏书》影本

满洲国皇帝与南次郎大使的会谈纪要（1935 年 5 月 3 日）

（地点）宫中勤民楼楼上西便殿

（时间）五月三日

大使：陛下远行归来还未好好休息，便对文武百官进行了训示，又在昨日宣诏，想必颇为劳累。我正努力把陛下的主旨彻底贯彻到在满的日本官民中。昨天，召集了全满洲的日本报社代表作了指示，今天准备召集全满洲的日系居民代表作同样的指示。

皇帝：非常好。满洲国方面也想尽快让全国民众彻底贯彻这一主旨。

按：以天皇的威势为背景和后盾，访日把溥仪的权威提高了。关东军司令官也经常把“有了天皇你才是皇帝”的意思委婉地向溥仪提起。溥仪则表示“我以日本天皇陛下之心为我心。若对满洲国的满人官吏有何想法，不必藏于腹中，希望能够直接向我提出”。

原关东军参谋片仓衷（1991 年 93 岁时去世）评述溥仪说：“通过昭和十年的访日溥仪变了，知道利用天皇能抑制军队。以前可以进入他的卧室和他谈话，自从访日之后，溥仪变得非常注重形式，以往那种气氛已经不复存在。”

溥仪与新任总务厅长长冈隆一郎商谈“立宪君主制”原则（1935 年 5 月 17 日）

目前，满洲国宪法还没制定，在立宪君主制的原则下，由国务总理掌管国政，各部门大臣则辅佐国务总理。总而言之，在充分领会我意思的基础上，上下融为一体以和为贵。我已经以天皇陛下之心为己心，南大使是深受天皇陛下信任的大使，长冈则是与大使生死与共志同道合的人。因此，我们应能和谐相处，形同一人，如此进行国政改革，一定能得到很好的结果。

按：长冈隆一郎是在 5 月 11 日刚从日本贵族院议员身份的关东局总长调任伪满总务厅厅长的，5 月 17 日溥仪与他第一次会见。谈话中溥仪强调了“以天皇之心为己心”，遵循“立宪君主制”的原则。随后即深谈“新内阁”的“组阁”，他说，无须拘泥“满洲国”老一套做法，他相信长冈能够安排好“内阁”人选，让他务必严守人事秘密。由此可见，掌握“满洲国”内阁实权的，并不是“国务总理大臣”，而是由日本人担任的“总务厅厅长”，后盾则是关东军司令官。溥仪和长冈还决定，第二天请南次郎进宫，布署组阁事宜。长冈深受南次郎信赖，第二年南氏被调离关东军司令官职位，只做了一年“总务厅厅长”的长冈随之离任。

溥仪与南次郎、长冈隆一郎商议伪满国务院人事变动事宜（1935年5月18日）

今天请两位来是想谈一谈关于组阁问题。昨日郑总理提交了新内阁的成员名单，恐怕也已提交给大使了。不过这份名单，只是安排了各部门的人员，并未写上其他候选人，无法进行挑选。这次属于秘密会谈，望彼此放下一国元首、一国大使的身份，站在同一立场上商量国事，畅谈各位的想法。

郑总理十多年来，作为我的亲信一直跟随左右。我非常了解郑氏的性格，此人一向超然，三年来在国务会议上未曾说过一句话，默不作声且让自己显得高深莫测，去年我登基后他发表感想说，日本不应一直如对待孩子般对待满洲国，流露出某种不满，实在是极为不妥，如对关东军或日本的对满政策有不满之处，应堂堂正正地和关东军或是日本政府当局商量，或提出建议，尽其意才对。在应该发言的场合不发表任何言论，却又向报纸表露内心不满，这样的总理大臣实在是缺乏慎重。不得不承认此人对我始终保持着忠诚，但是作为总理大臣，能力及态度稍嫌欠缺，因此，目前可让他暂时退职休养……

建国初期，事先我对组建的现内阁一无所知。恰如这次郑总理向我呈交的内阁成员名单一样，只不过就这样决定了罢了。这样各部总长之间就欠融洽。由于驹井总务长官的专横跋扈，郑总理与驹井关系不和，导致不愉快的结果。解除驹井职务后，阪谷与郑总理之间关系也欠融洽。这些都令人感到不愉快，难堪……

现在宫内府的内部状况，不用我说，次长入江贯一本人也自然清楚，入江的确是个好人，但对满洲状况一无所知，也无一点潜心研究的态度。从一到十地直接把日本的制度翻译过来，想要在宫内实施。一些小人向他密告，诽谤别人，他也全盘相信并立刻透露给他人。丝毫没有察觉自己被小人、而且是极其卑微的小人玩弄了。但现在还不急于调离此人，等日后有机会，希望能给他一个合适的位置。我并非讨厌入江，是为了不让他葬送自己的前途而设法维护，因为有石丸志都磨的前车之鉴。如果一直对他置之不理，他会失去现有的地位。

南次郎插话：今日陛下讲出了我心中所想，就像我自己说的一样。

今日所言，虽说有些像是身居超然地位的元首对国政有所干涉，似乎已经离开了自己的立场。可我为求万全，而在内部与诸位秘密商谈，陈述我的意见，对宫内府的人事安排也谈了自己的意见。我从6岁起，而今30岁，一直身处困境。东方的道德教育，使我深知何为“东方精神”，也看到了西洋物质文明的弊端所带来的丑陋现象，对世态炎凉、人情冷暖多少有些正反两面的心得体会。不论宫内府的人对我说什么，还是听到小人背后传言，只要自己无私无欲，胸怀坦荡，就感到对任何事情都心如明镜。刚才就有关内阁成员之事谈论了许多，在我的眼中，他们是些不值得一提的平庸之辈，稍有头脑、较为可靠的只有臧式毅一人。

南次郎插话：诚如陛下所言，臧氏确是深谋远虑又稳健可靠的人物。

按：“满洲国”的“组阁”就从溥仪与南次郎和长冈隆一郎会谈开始了，溥仪明显表示对“满洲国国务总理大臣”郑孝胥“不满”的谈话留在了记录中。他深知关东军对郑孝胥不满，自从签订《日满议定书》，郑“国务总理”对关东军的不满日渐增长，在“国务院会议”上常以沉默表示对掌握政务实权之日系官吏的无声抗议。于是才有了溥仪今天的直率的发言。此前郑孝胥刚刚上奏了包括自己在内的后任内阁成员名单，因此溥仪一边责难郑孝胥，一边窥视南次郎的脸色，以便发出迎合关东军的声音。

作为郑孝胥的后任，溥仪推荐了“建国功臣”、原“奉天省主席”，时任“民政部大臣”的臧式毅。溥仪本以为臧氏当上“总理大臣”，知恩报恩，而对自己唯命是从，就可以随心所欲统治满洲了，这只不过是空想！原来关东军早已选定了更能顺从自己摆布的“总理大臣”人选。

会谈肯定了由各部大臣、总务厅厅长、各部日系次长出席每星期召开一次的“国务院会议”。会议上通过的议案由参议府再讨论，由“国务总理大臣”每周一次把通过的议案提呈“皇帝”批准，并每周一次到关东军司令官官邸定期访问、会谈。总之，所有议案都由日系官吏作成，会议上从未有过任何更改。

溥仪与南次郎再议伪满国务院人事安排问题（1935年5月20日）

（地点）宫内府皇帝居室一楼会客厅

（时间）昭和十年五月二十日上午十点

大使：今日拜谒陛下，想就前几日所提到的组阁之事谈谈本人拙见。

郑总理已年迈力衰，建国三年来付出巨大辛劳，已露倦勤思退之意。故此借组阁之机应恩准郑辞职，而后任总理则应考虑由具备以下条件的人来担任。对陛下忠诚不渝当然是必要的。以下几点也很重要：（1）有统管能力；（2）人品正派；（3）对国家有功勋。按照这些条件来挑选，首先是熙洽、臧式毅、张景惠三人。熙、臧二人各有长短，几乎不分上下，属同等人物。然而社会上把熙、臧两人对立起来，分别看作是两股势力的首领，所以让任何一人担任总理都不妥。想到陛下前几天所言，若让熙洽任宫内府大臣，让臧式毅为参议府议长的话，世间会感到两人旗鼓相当，不分伯仲。这样的话，三人中只剩张景惠，让他当总理大臣组阁便可，不知意下如何？

溥仪深知大局已定：大使的意见非常合理，我也有同感。如果能听一下大使心中的内阁成员名单则甚幸，请大使说一下方案。

大使：那就容我禀告：军政部于芷山、外交部张燕卿、司法部冯涵清留任，因治外法权问题目前正研究中，不便更换。交通部李绍庚、民政部吕荣寰、实业部孙基昌，文教部、财政部一时想不起来了。蒙政部齐默特色木丕勒留任。

溥仪：实业部大臣不一定要有特殊专业知识，只要有相当能力即可，但财政部大臣必须是熟悉业务的专家。黑龙江省长孙其昌曾担任过财政部次长，把他分配到财政部门较为合适。现任民政部次长赵鹏弟是一个人物，听说相当有能力，林出是否知道？

林出贤次郎：此人出任民政部次长之前，曾作为奉天省实业厅长辅佐臧式毅，听说人品能力都相当可靠，但我并不是非常了解。

按：第二代“国务总理大臣”，决定由“参议府议长”张景惠转任，溥仪一口应允。郑孝胥推荐蔡运升、溥仪推荐臧式毅，都被关东军司令官南次郎否掉。

张氏曾担任过南京国民政府的军事参议院议长，并兼任哈尔滨特别区行政长官，是一个实力派人物。1928 年 6 月在满洲发生由关东军高级参谋河本大作策划的杀害张作霖事件发生时，他和张作霖同坐一辆列车，侥幸免难；“九一八”事变发生时他投向日本，此后被推荐为“东北行政委员会委员长”，是协助关东军建立“满洲国”的功臣之一。

溥仪复辟大清的幻想，犹如玻璃工艺品一般，一个接一个地被粉碎了。那种情景记录在溥仪的自传《我的前半生》中："按情理说，日本关东军在决定帝制时，正式告诉我'不是恢复清朝'。'登基'时不准我穿龙袍，决定'总理大臣'人选时根本不理睬我的意见，我就该明白了——我的'尊严'的虚假性！但是我却由于过分'陶醉'，竟没有因此而清醒过来。"

5月21日下午3时，关东军司令官南次郎第一次对新上任的"满洲国国务总理大巨"张景惠作了表示敬意的访问。这是对张氏就任访问的回访。两人在"国务院总理大臣"会客室进行了"绝密"谈话。

溥仪与南次郎有关创建"建国忠灵庙"的会谈（1935年8月23日）

南次郎：对刚建国不久的满洲国来说，要特别用心于统一国民的思想。有必要建立神社来祭祀为国牺牲的人，日本的靖国神社便是例子。取一个适合满洲国的名字，比如"护国庙"之类。皇帝陛下亲自参拜，学校的学生和官民也前来参拜，那么民众会甘愿为国牺牲，这也是遗属和家乡人的光荣。对统一国民思想来说是一件重要的事。

溥仪：确实如此。这种精神是根本。大使代表着日本天皇，我则以日本天皇陛下之心为我心。若对满洲国的满人官吏有何想法，不必藏于腹中，希望大使能够直接向我提出。我也会把自己的想法明确地向大使提出。

按：溥仪和南次郎在"宫内府皇帝居室"会客室进行的会谈，成了创建"建国忠灵庙"的开端。为了巩固"建国"不久的"满洲国"的基础，作为统一"国民"思想的手段，关东军希望以靖国神社为范本建立"招魂社"。1937年4月举行"建国忠灵庙"奠基仪式。1940年7月15日举行"建国神庙"神灵迎奉仪式，由第二次访问日本刚刚归来的溥仪迎奉天照大神，作为"满洲国""建国祖神"供奉。是受制于关东军的吉冈安直牵着溥仪的鼻子做成此事，等于是让溥仪放弃祭奉大清列祖列宗，而把天照大神拿来当祖宗。溥仪的内心苦死了！

溥仪检阅江防舰队大典观舰式发布敕语（1935年9月9日）

朕登基之后，于兹始行观舰式，亲阅其军容，整齐有则，心深嘉之。惟帝

身穿海军正装的溥仪登上“定边号”御召舰

国海军，并建日浅，坚锐未充，欲友邦共完国防，以伸国权，为任至重，而为道至远。尔将士宜致思于此，取长先进，敦谊善邻，同心戮力，咸致奉公之诚，各尽股肱之责，以期副朕厚望。

按：上午溥仪出席在哈尔滨松花江上举行的伪满海军江防舰队大典观舰式。检阅海军仪仗队，登上“定边”舰。继而在“军政部大臣”于芷山陪同下，接见各舰舰长，向全舰队将士发表敕语。

溥仪统监伪满第二次陆军大演习发布敕语（1935年10月8日）

朕躬亲统监陆军特别演习，军容既见齐整，威武愈益振起，殊堪嘉悦。关于演习成绩，令军政部大臣讲评之。惟鉴现实内外情势，于国军之精练与其奋起，所期待者至大。尔等将兵更应同心戮力，发扬国军之精华，以期完全咸朕股肱之本分。

按：陆军大演习第二日，溥仪到南岭统监蓝赤两军攻防演习。又到骑兵旅本部，听取于芷山上将讲评两军演习成绩，听取演习高级参谋李战唐讲评演习战术运用及官兵士气的报告。然后发表敕语。

溥仪统监伪满陆军举行特别大演习颁发“敕语”

溥仪因日本新皇子诞生致日本天皇裕仁之贺电（1935年11月28日）

东京宫内省日本帝国皇帝陛下：

兹闻皇后陛下诞生皇子，不胜欣庆，敬致至诚之祝贺。

按：11月29日溥仪接到日本天皇裕仁之答电：“满洲国皇帝陛下：承蒙陛下恳笃祝词，于兹特表诚实谢意。”

溥仪因天皇御弟举行成年礼致日本天皇之贺电（1935年12月2日）

东京宫内省日本帝国皇帝陛下：

日本皇弟澄宫崇仁亲王殿下举行成年式，朕于此特表诚笃之祝意。

按：溥仪上午发出贺电，下午接到答电：“满洲国皇帝陛下：崇仁亲王举行成年式之际，赐以恳笃祝词，不胜欣喜，兹表深厚谢意。”

溥仪因天皇御弟举行命名式致日本天皇之贺电（1935年12月4日）

东京宫内省日本帝国皇帝陛下：

本日皇子行命名式，朕不胜欣庆，兹致诚实之祝意。

按： 溥仪在下午发出贺电，次日接到答电："新京满洲国皇帝陛下：亲王命名式举行之际，赐以恳笃之祝词，不胜感佩，兹致深厚之谢意。"

溥仪和南次郎关于购得全套《图书集成》的对话（1936年1月13日）

皇帝：最近在天津那边买到了好书，全套的《图书集成》。价格出乎意料的便宜，只要八千日元。这一套书的数量相当可观，大概能放满这一整间屋子。这部《图书集成》有两种印刷。根据纸张质量的好坏，价格也不同。这一次到手的，是纸张不好的。我听说四十年前英国博物馆的图书馆，以16万两白银的价格买走了一部《图书集成》。乾隆时代的文化达到了鼎盛时期。乾隆帝是一位非常英明的君主，他写的诗也同样非常了不起，读他的诗集，你会看到从1月1日开始到12月的除夕，每天的事他都用诗记了下来，如同一部日记。最近我拿到了乾隆帝的诗集，共七套有3万多首诗。从现在起，和大使每次见面时，可以谈一谈其中的一些好诗。读乾隆帝的诗有时会让我落泪，因为他的诗里总是充满了敬天爱民的思想。例如有一首诗，写的是乾隆帝坐在书房里听着窗外的鸟鸣，悠闲地读着书，忽然想到潮州的水灾和北方的干旱，顿时万分忧愁。

大使：日本维新的功臣西乡隆盛，也把敬天爱民作为自己的信念，所以，虽然有一个时期他背负了"叛贼"的恶名，但是日本国民非常尊敬他。我在天津担任军司令官时也曾听说，乾隆时代各种文化都达到了鼎盛时期，所以买了一些乾隆时代的书籍和茶碗。可是大多数的书籍都是伪造品，有些茶碗的里侧写有"日本名古屋制"的字样。

（大使与皇帝大笑）

按： 读书、鉴赏书画古董都是溥仪的爱好，在"同德殿"背后有一座两层的溥仪专用书库，俗称"小白楼"，实为"藏书楼"。收藏大量汉文书籍、佛教经典、中国历代名家书画以及清朝历代皇帝收藏的珍宝。从溥仪与关东军司令官南次郎这段对话中，可以看出溥仪皇家教养的背景及其深厚的文化艺术造诣。

溥仪和南次郎关于"帝位继承"和"侧室"的对话（1936年1月13日）

大使：今天是新年的初次拜谒。有两件绝密的事想与陛下商量。不知屋外是否能听见谈话内容？

皇帝：请放心。屋外绝对听不见谈话内容。

大使：近日收到本庄侍从武官长的来信。信中详尽讲述了日本宫内情形。天皇陛下、皇后陛下、皇太后陛下皆玉体安康，皇子的成长也非常顺利，皇太子殿下特别康健，在房间里跑来跑去地玩耍。本庄武官长让我向陛下报告这些情况。同时让我转达他新年的祝贺。

皇帝：谢谢。

大使：如上所述，日本皇室非常兴旺，与之相比，臣下不由感到满洲国皇室实在颇显寂寞。因为至今满洲国还未能诞生继承人皇太子。陛下今年迎来了31岁盛年。但愿陛下与皇后陛下能尽快诞生皇子殿下。如果一时没有可能，那么就须另行准备，尽快设置皇太子之位。若纳妃，陛下与妃子诞生皇子以后，与皇后也有皇子诞生，当然更是锦上添花。总而言之，这是现在最期盼的事。陛下对此如何考虑，准备采取什么办法？

皇帝：非常感谢大使对此事所表示的种种关怀，此事已从去年开始让人进行挑选，想必不久"人选"会来满洲。

大使：在大范围挑选则能获得较好的人选，但如果范围太广，则难以详细调查。而选择范围狭小，虽便于调查决定，但候选人会比较少，确实有些困难。恕我直言，条件只有两个：血统纯正、身体健康，除此之外的任何条件，陛下可以自行决定。此次是命谁进行选定？

皇帝：先是命令了涛贝勒（载涛，溥仪七叔，贝勒的地位仅次于亲王）和朱氏，去年又托大格格（皇后婉容的大姨）物色。因只看照片不可靠，乃以召集女官的方式唤入宫内，同四格格韫娴（溥仪四妹）、五格格韫馨（溥仪五妹）共同起居，充分了解其性格和人品后，再确定是当女官还是做妃子。

大使：非常好。希望能够早日选定。

皇帝：感谢大使的关怀。大格格明天会来此处，将在宫中住些日子。

大使：多大年纪了？

皇帝：不是很清楚，五十岁上下吧。在北平和天津年代经常来往，这次是来探视皇后，看望从日本归来的润麒。

大使：哦，这样挺好。

按：溥仪的"皇宫"，名为宫殿，实际不过是一座有名无实的狭小建筑，每有重要会谈，总要提防是否有人能听见谈话内容。这一天在缉熙楼一楼会客厅，溥仪和南次郎举行了一小时的新年第一次例行会谈。南次郎用少有的谨慎措词谈话，对能否被屋外的人听见说话声很警戒。此次会谈成了日后“皇位继承”问题被正式提上日程的引子。“皇位继承”内含关东军的阴谋，就是要把日本的“政治女人”送入“康德皇帝”的寝宫，这与“满洲国”的命运相关。

1922 年 12 月，17 岁的溥仪在皇帝大婚中迎娶了皇后婉容和淑妃文绣，但婚后十几年两位夫人都没有孩子。而实行“帝政”的“满洲国”尚未制定相当于日本《皇室法典》即“皇帝”亲族的“法律”，“帝位继承”成了最重要的课题。继承溥仪血统的男孩的诞生，对溥仪和“满洲国”来说成了极为迫切的问题。

溥仪和南次郎关于为溥杰寻找“日本新娘”的对话（1936 年 1 月 13 日）

大使：接下来想商量的是，溥杰已很明确地断绝了和前任妻子的关系，应尽快再婚。有过一次成家经历的人又变成孤身一人，确实会很寂寞，实在值得同情，尽早建立一个温暖的家庭才好。

皇帝：确实如此。溥杰在操持一天军务疲惫回家后，家中没有一个能安慰他的人。诚如大使所说，应让他尽早成婚。

大使：对此，陛下有何特别的想法？

皇帝：只要溥杰自己满意，我就不会反对。

大使：自古以来就有策略婚姻，必须非常注意这一点。务必要考虑溥杰一生的幸福。

皇帝：完全同意。溥杰自己也对我说，对任何人种都不持偏见。因此，从日满国交上考虑，如果与日本皇族有此缘分，他自己也感到称心如意，对两国来说没有比这更好的了，且能真正体现两国的一致，为两国民众树立亲善的典范，的确是件好事。但满洲国至今还未制定帝室法典，溥杰是否为皇族也依然未定。如果公开进行挑选，并让天皇陛下知道，倘若有什么原因使婚姻无法成立，那么即便是对国交没有任何影响，恐怕两国人民会因此产生不快，如果婚姻顺利成立，但是将来出现不和，同样会导致不好的结果，我想有必要私下进行严密的调查。溥杰已尝过婚姻苦果，对于再婚人选，他认为人品和关心自己是首要条件。最重要的是双方相互理解，能够建立幸福的家庭。

从人选来看，满洲人的教育程度低，不懂礼节规矩，北京、天津等处，在中华民国的学校受教育的人又过于热衷西方文化，不太合适，日本人虽然不论是在教育上还是在家庭生活上都无可挑剔，但还需要当事人相互了解。现在溥杰所处环境，与日本人交往机会很少，不能抱什么希望，但是溥杰本人希望进入陆大或是步兵学校学习，若能实现，则会有和日本女子交往的机会，但何日成行一时还定不下，我会经常考虑这个问题。

按：两人密谈又转到溥仪胞弟溥杰的婚事上。溥杰 1935 年 3 月从日本陆军士官学校本科毕业，作为见习士官进入步兵第五十九连队后，从 10 月起担任“满洲国”军步兵中尉。溥杰在 16 岁时和唐怡莹结婚，但感情疏离，关系冷淡，是有名无实的夫妻。由“御用挂”吉冈安直动用政治手腕，强制代办了两人的离婚手续。于是寻找溥杰的再婚对象，也成了这次会谈的重要话题。后来被宣传成“日满友好亲善”桥梁的溥杰的婚姻，究竟是如何进行的？溥仪与南“大使”的对话也为此事发端了。

溥仪和南次郎关于“二二六”反叛事件的对话（1936 年 2 月 27 日）

大使：昨日在东京发生了非常不幸的事。恐怕会传来各种流言，为了让陛下安心，今天特地前来拜谒。昨天就应该及时报告，但怕消息不够确实。根据目前的可靠情报，现在向陛下作大致汇报。发动这次事件的是自称维新部队的人，包围了警视厅、参谋本部、陆军省、首相官郎，袭击杀伤重臣要官。到目前为止已知斋藤内府、冈田首相、渡边教育总监当场死亡，高桥藏相负伤、铃木侍从长重伤、牧野前内府下落不明。

皇帝：昨日听到这一消息，晚上又收听了东京的电台广播，溥杰正好在场，作了翻译，像是陆军省的讲话。我想日本天皇陛下一定痛心不已。这实在是日本的不幸，同时也是满洲的不幸。希望能尽快看到事件平息。

大使：目前在东京，对第一师团已下了警备令，除了维新部队包围的地区以外，东京各处都很平静，日本全国也人心安定。已下令海军第一和第二舰队在东京湾和大阪湾集结。满洲不会有任何不安。我自己已作如下处理：昨日在司令部召集了参谋长以及副长、大野总长、守屋参事官，命令他们立即采取措施，稳定各自部下的人心，命令宪兵、警察采取应急措施，不让日本国内和满洲有任何联系。同时对驻外师团长、守备队司令官也发电下达了同样的命令。为了让满洲国日系官吏不为流言所困惑，因长冈厅长生病，唤来了次席大达，佐佐木顾问不在，唤的是次席顾问兼主席参议筑紫，告知了一切情况并命令传达给日系官吏。为了稳定满洲官吏的情绪，今天下午三时半，打算请张总理、熙洽宫内府大臣到司令官邸，由我传达事件真相并委托各位分别采取适当的处理措施。

按：第一师团是这次“二二六”反叛事件的核心部队，根据命令，第一师团5月份将移驻满洲，这成了青年将校们决定在2月份匆忙行动的一个原因。在关东军内，不少人和参加这次叛乱的将校们串通一气。南次郎担心事件波及满洲，因此非常警惕。不管“二二六”事件的动机是什么，确是由天皇统帅的军队发起的叛乱。与站在统帅权顶点的天皇一样，溥仪是“满洲国国军统帅”，所以对他来说，也并非与自己毫无关系。他立刻收听了东京电台的紧急新闻，收集了相关情报。事件发生的第二天上午，南次郎慌忙入宫，紧急拜谒溥仪说明情况。

溥仪和南次郎关于“二二六”事件后续情形的对话（1936年3月3日）

大使：在东京发生的不幸事件于29日下午两点已完全平息，国民普遍都很平静。对国内国外均没有产生重大影响。没有发生大规模流血事件，实在是不幸中的万幸。被传当场死亡的冈田首相也平安无事。发动这次事件的17名将校已被拘留在卫戍监狱。此外，有3名是以前被免职的军人。总共有24名干部。下士以下的士兵都已回到各自所属兵营，与别的士兵隔离监管，并已于当天开始审讯。除军人外，以各种团队名义活动的人当中，因为参与这次事件而被逮捕的，目前已达129名。如皇道社、大亚细亚联盟等，相关团体总数多达500个，根据现在的消息，和这次事件有关联的，不过十来个团体。在129人中有3名大学生。这129名人员已被警察及宪兵逮捕监禁并开始审问。

陆军大臣在3月1日对部下发布了有关今后肃军的训令，并且为了防止类似事件再次发生，决定彻底清查，已开始在全国范围内逮捕不良分子。至于这里，为了和陆军大臣的主旨一致，决定在全满洲清查逮捕不良分子。眼下已着手行动。

在东京，事件的几名主谋者，野中大尉已自杀，另一名自杀未遂，还有一名是航空兵大尉名叫河野寿的人，被提交第一师团的军法会议审讯。他曾在公主岭待过，是被派遣到东京航空学校进行研究的人员。

事件发生后，我立刻向天皇陛下发了请安电报，作为陆军现役的老将和前辈，我深感责任重大。又对天皇陛下发了一封谢罪电报。

陛下：（以满怀感动的态度）发了谢罪电报啊！和关东军并无直接的关系，但深感责任重大而主动承担，实在令人感动。君臣之间真是契合。只有每个臣下都勇于承担责任，国家因此才安泰。

大使：不敢当。这次事件的确非常不幸，采取了过激手段，这些人都是皇室中心主义者，为了拥护日本的国体而奋起的人，积极平定这次暴乱的人也是皇室中心主义者，对于皇室的忠诚是一样的。

按：“二二六”事件平息三天后，南次郎进宫迅速而准确地向溥仪报告了野中大尉自尽、安藤辉三大尉自杀未遂、将逮捕在“满洲国”与事件有关联的人等重要情况，说明事件波及了日本以外地区，有相当影响力。

溥仪和即将调任参谋本部的南次郎对话（1936 年 3 月 7 日）

南次郎：今天我向陛下呈上自己的心事。恳请陛下保密，不要向他人透露。我肩负着在外的重任，在满洲的工作的确非常重要，但我知道，作为日本国民，必须承担应负的责任，这是更为重要的。这次发生的事件，在日本建军七十年的历史中，是未曾有过的不幸事件。作为陆军部的老将和前辈，感到确实有巨大的责任。引发这次事件的主要原因有两个：第一是没有彻底肃清不良分子；第二是青年将校对政党的腐败、财阀的横暴、乘着不安定制造舆论等状况的不满。因此，我们必须从彻底整肃军队开始。这次事件令天皇陛下非常痛心，自己有必要承担这一责任，因此于 3 月 1 日呈上了去留请示。此次被调入预备役的有林铣十郎、真崎甚三郎、阿部信行、荒木贞夫等军部前辈，都是曾处陆军大臣或教育总监地位的人，他们和我一样感到责任重大，仿照我决定了这次的去留。昨晚川岛陆相特意发来慰问电报表示深切同情。他也将在新内阁成立后，调任至预备役。这样，承担“肃军”不力责任的现陆军部前辈们将全部引退。由于这次突发的不幸事件，我不得不离任，这也是无可奈何的事。

按：南次郎以“紧急拜谒”的方式进宫与溥仪会谈，内容是自己调任事宜。“二二六”事件后受到“肃军”冲击，身为陆军老将的南次郎，受命由关东军司令官调任参谋本部（预备役）。其后任则是从朝鲜军司令官升至军事参议官的植田谦吉大将。

关东军司令官南次郎离任归国之际溥仪下赐敕谕（1936 年 3 月 19 日）

关东军司令官兼驻满全权大使南次郎，耿直朴诚，秉性纯厚，守官年余，克勤克慎。于两国亲善之策，知无不言，言无不协，朕甚欣悦。今当归国，特彰贤劳，以永眷念。

按：溥仪为即将离任归国的关东军司令官兼驻满特命全权大使南次郎下赐敕谕。

南次郎大将向溥仪告别访问的对话（1936 年 3 月 28 日）

会见场所：缉熙楼内溥仪的书斋。

现场人士：“康德皇帝”、南次郎大使、林出贤次郎翻译。

“康德皇帝”：请南大使挥毫泼墨，留下纪念。

（南次郎大使在由翻译林出贤次郎准备好的纸笺上，强劲有力地写下“天壤无穷”四字，占据了整张纸面。作为回礼，“康德皇帝”溥仪一气呵成，流畅落笔，写下“至诚通天”四字，并在一角署上花押，又在彩色纸上镶上自己的近照，亲手交给南次郎大使，大使恭敬而接）

“康德皇帝”：一切尽在不言中，务必保重，将来为国家鞠躬尽瘁，顺祝这次归国一路顺风。

（“康德皇帝”随即命林出贤次郎翻译从准备好的锦缎袋子里拿出三把日本刀）

“康德皇帝”：想请南大使鉴定一下我的日本刀。

（溥仪把刀一一递给南次郎大使。他细细地比较、鉴定着这几把看来年代已

经很久远的刀，并告知“康德皇帝”，哪一把刀是最好的）

“康德皇帝”：想请大使再讲讲这把刀是什么年代的？制造者是何许人？

（精通此道的南次郎大使，讲述了日本刀的一些知识。“康德皇帝”专心倾听，一个半小时的会见时间转眼就过去了）

“康德皇帝”：我会把最好的刀作为军刀经常佩挂在身边，想起这是南大使选定的，就会忆起南大使。

（这是“康德皇帝”常用的奉承用语。“康德皇帝”赠送南次郎大使的纪念品，是一座象牙雕塑，雕刻着在树下玩耍的两头大象和它们的孩子）

“康德皇帝”：两头大象分别象征着“满洲国”和日本，以在太平世间玩耍的象群来祈愿“两国”的和平。

（南次郎大使感激地端正身体与“康德皇帝”紧紧握手，两人最后的会见就此结束，时为上午 11 时 30 分）

按：南次郎对溥仪的告别访问出现在“二二六”事件发生一个月后。关联着事件带来的“肃军”人事变动，南次郎自己提出辞职。他在“九一八”事变时作为陆军大臣附和着关东军，默认了他们扩大事变的方针，也参与了“满洲国”的建立。而今任职关东军司令官仅一年零四个月，便离开和自己缘分不浅的“满洲国”，也是出于无奈。这番告别访问的对话中渗透着遗憾之意。南次郎离开“新京”后不到两星期，事关重大的“海拉尔凌升事件”发生了，新任关东军司令官植田谦吉立即向溥仪报告了有关情况，令溥仪不寒而栗，“复辟清朝”的天真想法被这一事件击得粉碎，此后他开始战战兢兢地担心自身安全了。

在访日一周年祝贺宴上的祝词和敕语（1936 年 4 月 6 日）

植田谦吉致祝辞：4 月 6 日，一周年之日，适为在东京会见天皇陛下而申夙慕千古不朽之纪念日也。皇帝之东渡乃为阐明满洲国建国之精神，宣扬不谕之倚赖，举一心一德之大意，以资明征两国密切关系。率土臣民，瞻仰感激。本职除永久庆祝此万古不朽之盛典外，并期两国之友谊愈为巩固。兹当本之佳节，谨祝圣寿无疆。

“康德皇帝”发布敕语：上年4月6日，朕与贵国天皇陛下略谈，诚承相契，亿兆旷欢。两国之一心一德，恒久无谕。斯诚盛大之纪念日，际兹佳会，贵司令官大使，恳笃致词，朕深欣悦。敬祝贵国天皇陛下庆福，国运蕃昌。

按：新任关东军司令官兼驻满特命全权大使植田谦吉在其官邸客厅为溥仪访日一周年举行祝贺宴会，首先由植田谦吉致祝辞，而后溥仪发布敕语。

“康德皇帝”的“裁可”

溥仪和植田谦吉关于“海拉尔凌升事件”的对话（1936年4月11日）

皇帝：前天从吉冈参谋那里听说了“海拉尔事件”，想问一下详细情况。

大使：今天正想谈一谈这个问题。目前事件尚在调查中，还无法呈上详细内容，只是我对有关部下发布了以下命令：

第一，有必要充分调查引发这次不祥事件的原因是否在另一方，是凌升自己主动通苏（勾结苏联）、通外蒙（勾结外蒙古），还是因为身陷俄国的引诱，俄国是否伸出了扰乱满洲国内部的魔爪？或者是否满洲国方面有不妥之处，使他做出了如此举动，要周密调查是否有什么原因导致了事件的发生。

第二，为了防止事态的扩大和人心不稳，只逮捕六名主犯，范围不再扩大，尽量在内部解决，不让一般民众惶恐不安。

第三，因为本案目前正在调查，所以不用说在海拉尔的审讯，即使以后押解这些主犯来新京的途中以及拘留于新京时，也要充分尊重这些主犯他们的地位身份，予以优待，在确认罪状之前要注意，对他们绝不能像对待罪人一样，待有了充分证据，确认犯罪事实后，当然要进行公正的判决，给予处罚，但在一切尚未确定时，已下令诸事都要慎重处理。并且要充分调查这次事件的原因，若日满方面的态度以及在对待蒙古人的问题上有不妥之处，必须深刻反省并改正。

上述几点都已明确传达给部下，总之，等不久调查结束，以上几点就清楚了。

按：溥仪和植田这次的会见和往常一样，以礼节性的寒暄开始。自3月30日上任以来，这是植田第三次拜谒溥仪。在缉熙楼一层会客厅，从10点35分到11点45分举行会谈。两人回忆前一年4月溥仪访问日本期间他们聚谈的情形。这次会见的正题是前两天“帝室御用挂”吉冈安直事先告知溥仪的“海拉尔事件”。溥仪打算直接了解植田关东军司令官的想法。

凌升是清末蒙古都统、“满洲国”参议府参议贵福之子，“建国”前夕他作为东北代表的一员，曾率团“三顾茅庐”前往旅顺迎接溥仪。蒙古的王侯们以建立“满蒙新国家”为目标，在日本军队特约顾问菊竹实藏指导下，拥立溥仪，当时诸位王侯聚集辽源，通过了六条决议，提交给“东北行政委员会”。凌升作为呼伦贝尔副都统之父贵福的代理前往“奉天”，也因此被列为“满洲国”的“建国”元老，担任了“兴安省省长”一职。

清朝历代都用通婚政策厚待蒙古王侯，关系亲密。溥仪也把凌升作为忠臣寄予深厚信任。关于“海拉尔事件”据吉冈的情报，凌升在进行反“满”抗日活动。当时，蒙古族内民族主义抬头，满洲各地都迅速萌发了民族独立的意向。关东军的方针，最多允许在“满洲国”建立蒙古人的自治区，坚决制止“独立”。

1935年6月，因外蒙古士兵入侵凌辱蒙古主要部族哈拉哈族的陵墓哈拉哈庙而引发“哈拉哈庙事件”，“满洲里会议”应运召开。内蒙古“兴安省省长”凌升出席了会议，关东军说他“向外蒙古代表泄露日军机密”，遂以间谍嫌疑被逮捕。蒙古以戈壁沙漠为界，以北称外蒙古，以南称内蒙古，海拉尔是内蒙古的中心城市。在这里审判与事件有关联的人，故称之为“海拉尔事件”，或称“凌升事件”。凌升的二弟孟福龄（陆军上校）、妹夫敖春德（兴安北省警务厅厅长）、郭华霖（凌升的秘书官）等6人，在4月12日被关东军逮捕拘留。4月11日会见时，植田已事先向溥仪透露了“将逮捕六人”的信息。

“海拉尔事件”是最让溥仪感到恐怖的事件。《我的前半生》中也有相关叙述。当时，溥仪的四妹韫娴和凌升之子刚订婚，凌升与“康德皇帝”已经联姻，这事会不会牵连自己？实在很让溥仪担心害怕。溥仪又从皇宫护军总队长佟济煦那儿听到了事件真相：“凌升在最近一次省长联席会上发过牢骚，以致惹恼了日本人。据说他在会上抱怨日本关东军言行不一，说他在旅顺时曾亲耳听板垣说过，日本将承认‘满洲国’是个独立国，可后来事实上处处受关东军干预。他在兴安省无权无职，一切都是日本人做主。开过这个会，他回到本省就被抓了。”溥仪听到这些消息深感不安，因为半年前已同凌升结为亲家了！

溥仪和凌升会谈中经常会出现“吉冈参谋”的名字，说明任职一年的“帝室御用挂”吉冈，已顺利展开溥仪和关东军之间的联络调整工作了。

溥仪与冀东防共自治政府专使池宗墨谈话并发布敕语（1936年4月17日）

使节似乎研究孟子者，引用孟子之言，以读赏我满洲国是。但我国建国为日尚浅，诸政尚未见施行，惟基于王道主义努力耳。更希望冀东政府亦以王道为重，提东洋道德，务必以道德为第一，东洋和平自亦非由日满华合作不可。

按：冀东防共自治政府派遣的访满专使池宗墨等4人进宫觐见溥仪，“总理大臣”张景惠、“外交部大臣”张燕卿侍立，溥仪与池宗墨等人交谈并发表敕语。

溥仪和大使植田谦吉详谈“海拉尔凌升事件”进展情况（1936年4月21日）

（地点）宫中皇帝居室一楼会客室

（时间）昭和十一年四月二十一日上午10时至11时30分

大使：汇报一下前几天在拜谒时谈及的有关“海拉尔事件”的情况。目前正在对凌升进行审讯，大致已有了确证，最近将会予以判决。

皇帝：现在在哪里进行审讯？

大使：目前是在军政部的军法会议上进行审讯。我曾从政治策略上考虑，是否在判决前或判决后对他施行恩典，但经过各方面反复权衡，决定不作任何政治策略上的考虑，予以严正裁决。要结束一个人的生命不是简单的事，因为影响非常大，不能轻率处置。

皇帝：凌升所犯的最重要的罪行是什么？

大使：他向苏联、外蒙方面出卖了日满军机。

皇帝：这实在是万不应该。

大使：凌升等人说是为了谋求蒙古民族的团结独立。联合蒙古民族有两个方法，或联络外蒙古的蒙古民族，将他们拉入“满洲国”，或自行率领“满洲国”内的蒙古族奔赴外蒙古，凌升采用的是后一种方法，即跟随外蒙古。他做人非常滑头，自“满洲国”建国以来对中央政府显示了忠诚的态度，在地方上则对蒙古民族作政治上的笼络，这一次恶劣行为的暴露，可知从前的那些忠诚并不是出于真心而是阴谋。“满洲国”建国后，他一直很顺从“满洲国”政府，参照他以前的历史再来看这次事件，并非不可思议。在旧政权时代，他经常联络外蒙、苏联企图扩张自己的势力，当时对满人及日本人进行了压制。总而言之，他经常借助势力强大者来谋求自己的利益，就算现在他对“满洲国”仍保持着忠实的态度，迟早也会有出事的时候，如果苏联显示出强硬态度，根据这次事件，就能判断他会如何表态。

这次幸亏他的恶行露出了马脚，没有发生重大问题。蒙古民族认为他真心祈愿蒙古族的幸福而把他作为救世主一般尊敬，在处罚他的时候恐怕会有众多蒙古族人背叛“满洲国”，因此对他的处罚有必要加以考虑，但是他的所作所为，是在带领蒙古族走向被苏联支配的命运，是在引导蒙古的共产化。并且他属于“达斡尔族”，作为少数派的“达斡尔族”得到了统治权，对其他众多蒙古民族会滥用职权，其他蒙古民族对他并没有什么好感，因此通过严正的法律加以处罚，想必不会招致其他多数蒙古民族对“满洲国”的反感。

我当然相信“满洲国”前途远大，一定能成为优秀的国家，但是也要对可能出现的困难有所准备。就目前“满洲国”的情况来看，部分满洲人、蒙古人、汉人以及朝鲜人并没有充分理解“满洲国”真正的建国理念，只要一经煽动就会怀有二心，无法预测将来会出现什么样的犯罪。今日若是对凌升这样的罪人予以轻微处罚，日后则容易出现更多犯有同样罪行的人，那时便必须对许多人进行严厉的处罚。为了将来不出现更多类似的犯罪者，有必要严厉处罚凌升等人，以此为例，让民众知道类似犯罪的可怕，使得日后不再有同类犯罪者。总之，要杜绝为了少数人生存而杀死多数人的情况，采取处决少数人而让多数人生存这一方法是非常重要的。因此，对于凌升等人的处分不予任何政治策略上的考虑，服从法律，根据他们的罪行程度进行公正处置，不施加任何恩典。

法律是极为冷酷的，日本的律师们经常使用的词汇中有“法之泪”一词，是律师要求法官减轻对被告的处罚而使用的一词。在冷酷的裁决中也伴随着眼泪。在中国，也有“诸葛亮挥泪斩马谡”的故事。只能由公正的法律进行裁决。军法会议的裁判长询问我对事件的处理有什么意见，我回复说，应以不愧对天地之心，本着自己的信念进行公正的法律判决，除此之外我没有任何意见。

皇帝：完全赞同。对触犯法律的人必须由法律进行处罚。从前对触犯国法的人是诛及九族，后来又变为诛及三族，到了清朝，只是对犯罪者进行处罚，不再牵连到整个家族。

大使：确实如此。但即使处罚不涉及犯罪者的家族，与犯罪者有关的一族也该因此而小心检点。像触犯了国法的犯罪者的近亲，若有担任公职者，应为了表示谨慎而主动辞职。

皇帝：正是如此。清朝乾隆皇帝时有这么一回事。皇帝妃子的父亲犯法，要进行处罚时，皇后的父亲请求从轻处罚，皇帝对此回应道：“即便是皇妃之父，触犯了刑法也应依法处置。如果因为是皇妃的父亲而特别予以减轻处罚，那么日后若是皇后的父亲犯了法，又该如何处理?”皇后的父亲听了此话后，惶恐退下。哪怕身为皇族，触犯了国法，也应该依照国法处罚。前日凌升的父亲贵福申请拜谒，考虑到现在不应该许可，便通过林出征求大使的意见。

大使：他在这个时候绝对不应该向陛下提出拜谒，而应该闭门反省。

皇帝：如果他要求会见大使，大使会如何处理?

大使：如果贵福或是凌升的儿子要求会见，我会说：“在凌升触犯国法被处罚之时，作为他的父亲或是孩子应充分谨慎，闭门反思，应该不会提出申请要求见我，如果有人想见我，那恐怕不是凌升的父亲或孩子，是其他人吧，我不能会见和凌升有关联的人。”以此来拒绝。

皇帝：知道了。

按：溥仪和植田谦吉例行会见时，植田详细报告了事件进展情况，并表明了关东军司令官对事件处理的想法。三天后以凌升为首、包括弟弟福龄等一族4人，以“间谍罪”在“新京”南岭刑场被执行斩首。从逮捕到处决只用了短短12天时间，凌升身为“满洲国”高官而被处决，前所未有，究竟为什么呢？

“海拉尔凌升事件”后，关东军以强化“满洲国”的“国防”为理由，对内蒙古实施更严厉的政策。“满洲国政府”积极配合，与关东军对“海拉尔事件”的处理如出一辙，自1936年5月20日起，对“满洲国”内的蒙古人实行“强化指导”。可见“海拉尔事件”的真正目的是为了抑制“国内蒙古民族离满解体的运动”。凌升等蒙古族人在不惜一切参与建立“满洲国”后，“满洲国”的日渐傀儡化违背了他们的初衷。这次事件是对凌升等人因幻想破灭、心中不满而出现的“独立运动”前兆行为的严厉处罚，杀一儆百，对“满洲国”内蒙古族“独立运动”是重大打击。

溥仪和植田谦吉关于是否取消增建“同德殿”工程的对话（1936年5月1日）

（地点）宫中独立的室外庭院

（时间）溥仪和植田的定期会见日：1936年5月1日

（“满洲国”政府经过康德皇帝的认可，批准了增建“同德殿”工程并准备立即动工。但皇帝突然在4月30日命宫内府行走林出向植田提出停止工程的意见）

皇帝：想到负伤的日本士兵都是日本天皇陛下的赤子，想到和皇军共同作战的“满洲国”伤病士兵，深感心痛，为了伤病员，想取消“宫殿”建设，赶快把这些经费用于建设医院和购买医疗器械。总而言之，就是削减“皇室”经费，将这些钱用来治病救人。

大使：林出已经传达给我，现在，又直接听陛下告知，真是感激不尽。但是所说增建宫殿这一议案，我并未参与决定，不清楚其中的具体内容，也不知道现在进展到何种程度，需对有关人员进行仔细的调查。陛下的建议实在伟大，令人敬佩，但必须考虑到陛下对已经批准的事宜进行更改，恐怕会影响到其他政务。并且陛下御体既属于陛下自己，也属于三千万满洲国民和日本国民。国民为了陛下御体康健，认为现在的宫殿过于狭小，连运动的院子也没有，担心这有损健康，作为暂时的办法，考虑扩建现在的宫殿，以增进御体的安泰。陛下在考虑自己心情的同时，请想一想臣下的心情，满足臣下的愿望也非常重要。

皇帝：还是应该中止扩建宫殿。

大使：我非常明白陛下的心意。但是要把陛下的真心诚意让国民彻底理解，是一件伤筋动骨的难事。如果陛下公告中止已经批准的皇宫扩建，把经费用于援救伤兵，那么世人会竞相进行种种猜测，也许会纷纷以为陛下是想在北京而不是在满洲建造宫殿。或是陛下变化无常，不能轻易相信陛下认可的事。等等。需仔细考虑，慎重行事。我当然明白陛下的意思，要变更已经认可的事，虽然有些不妥，但这和一般的国务有所不同，是陛下日常居住的宫殿之事，要好好研究，想办法实现陛下的愿望，又不至于因为这件事而给其他政务带来负面影响。关于此事，在什么时候，如何向国务总理、宫内府大臣下达，容我先考虑一下。“出令如出汗”，作为“君主”，取消已批准下达的指令是不妥的，会让自己陷入窘境。

按：溥仪提出“中止扩建宫殿”，是出于凌升被处决的恐惧而向关东军献媚逢迎。他认为扩建“宫殿”这种事日后容易被抓住把柄，急于去除这个祸根。溥仪的族侄毓嶦回忆说，溥仪有着比平常人强一倍的猜疑心和嫉妒心，已属异常，时刻担心有人加害他，并命令心腹对“宫内”彻底调查，看日本人是否设置了窃听器。他担心日本人利用增建宫殿秘设窃听器，同德殿建成后他根本不敢去住。

《回銮训民诏书》发布一周年溥仪赐宴并发布敕语（1936年5月2日）

今年5月2日，际此访日宣诏，特举筵宴与贵军司令官大使及诸卿共同喜荣，朕深欣悦。回忆倩会，精诚柏契，当永志而不忘。是基于两国一德精神之贯彻，以发扬东洋道德之真谛，必能树立东洋之永久和平，增进人类福祉，朕深信不疑也。敬颂天皇陛下庆福无量，国运炽昌。

按：溥仪为纪念其访日宣诏，在宫中赐宴。“国务总理大臣”张景惠率简任以上文官、少将以上武官以及访日扈从人员等入宫赴宴。关东军司令官植田谦吉率关东军参谋长及关东宪兵队司令官东条英机等出席宴会。溥仪发表敕语。

溥仪和植田谦吉在定期会见上简短的对话（1936年5月11日）

皇帝：前些日子被处决的凌升似乎非常喜欢积蓄钱财，据说连床下都藏着银子，那真可以称得上是守财奴了。这些恐怕是在“满洲国”“建国”以前积蓄的吧。他的父亲提出辞职，是主动的，还是接受了政府的劝告？

大使：好像是主动辞职的。他不知道凌升犯下了如此重大的罪行，还打算拜谒陛下请求宽大处理。当得知自己的孩子真实罪状后，到蒙政部表示，不知儿子犯了重罪，既然犯了法，受到处罚是理所当然的，自己也辞去这份有荣耀的职务，今后打算默默地谨慎生活。

皇帝：大使暂时是否没有外出的打算？

大使：月底打算去东北方面。下个月应该会去一趟西南。

按：溥仪已不再关心凌升的父亲贵福，听了植田的回答就再也不问，立刻转换话题，赶紧退避。吉冈御用挂遵照关东军指示，通知溥仪解除其四妹与凌升之子的婚约，溥仪立即照办。凌升事件给予溥仪的教训，也是关东军衡量每个人的唯一标准，那就是对日本的态度，“皇帝”也不能例外。张景惠与凌升的命运完全不同，正如张景惠的秘书官松本益雄所说，虽然他在心里对日本人也抱有严厉的批判，但他懂得怎样取媚于日本人。溥仪的结论是：对日本人要多加小心。

溥仪和植田谦吉关于溥仪纳妃和溥杰婚姻再对话（1936年7月1日）

（地点）宫中皇帝居室二楼的书斋

（时间）昭和十一年七月一日上午10时30分至12时5分

皇帝：关于“纳妃”问题，几年来进行了种种研究，目前已招入候选人，让她和格格们（溥仪的妹妹）每天一起读书，暗中观察其性格，对此，皇后的父亲荣源散布各种流言，如此相近的亲戚，尚且有这样的举动，虽然可以说是因为自己德行不足，但也深感遗憾。

大使：纳妃一事，从前任南（次郎）大使开始，就已反复考虑，为了皇室的繁荣，非常希望能尽快找到合适人选，关于此事和军中幕僚，特别是和吉冈参谋长也进行了商量，我想，方方面面都合适当然最好，但性情好，身体健康应视为第一条件，出身门第可放在第二位。对此事我也会进行充分考虑。还有一件陛下已经知道的事，入江（贯一）次长目前为溥杰婚约一事已经回国。今天容我正式禀告。

皇帝：有关溥杰婚姻一事，看来各方面都在日本女子中积极物色。是否有些眉目？

大使：候选人想必很多，我想，有关方面正为选出最合适的人而煞费苦心。

皇帝：溥杰明年八九月份回国，希望在他回国前能找到合适的人，关键是两个人能充分相互理解，并且双方都满意。

大使：确实如此。会努力按照陛下的意思去办。

按："皇后"婉容的私通也是和溥仪的嗜虐成性和生理缺陷有关，把名义上的"皇后"婉容逼上了鸦片中毒、形同废人的命运之路。溥仪的选妃和溥杰的结婚两大问题同时摆在"满洲国宫内府"和关东军面前，"帝室御用挂"吉冈中佐也大动起脑筋来。为了同陆军省及宫内省商量溥杰的婚事，"宫内府次长"入江贯一回到日本，说明溥杰的新娘挑选已经进入最后阶段。在日本宫内省官厅宗秩寮总裁木户幸一的日记中有相关记载："7月11日正午在帝国饭店与大谷（正男）、入江（贯一）、白根、岩波诸位聚餐。商量溥杰的结婚人选。"

溥仪对弟弟的婚事有何举动呢？他在《我的前半生》一书中写道："日本人想要笼络住溥杰，想要一个日本血统的孩子，必要时取我而代之。为了打消关东军的念头，我们决定赶快动手，抢先给溥杰办亲事。我把溥杰找来，先进行了一番训导，警告他如果家里有了个日本老婆，自己就会完全处于日本人监视之下，那是后患无穷的，然后告诉他我一定要给他找一个好妻子，他应该听我的话，不要想什么日本女人。溥杰恭恭敬敬地答应了，我便派人到北京去给他说亲。后来经我岳父家的人在北京找到一位对象，溥杰也表示满意，可是吉冈突然找到溥杰，横加干涉地说，关东军希望他跟日本女子结婚，以增进'日满亲善'，他既身为'御弟'，自应做出'亲善'表率，这是军方的意思，本庄繁大将在东京将要亲自为他做媒，因此他不可再去接受北京的亲事，应该等着东京方面的消息。结果，溥杰只得服从了关东军。"关东军着意为溥杰寻找日本新娘，选择了出身华族并与皇室有血缘关系的嵯峨浩，完全违背了溥仪的期待。

伪满协和会成立五周年溥仪颁发敕语（1936年7月25日）

我国肇兴伊始，经制新立，乃首组织协和会。朕以执政揽其大纲，与政府内外相辅，俱其宣扬建国之精神，而兴民心于道义，并普及协和之实政，而安五族于共荣，以培邦命，以固邦基。咸体朕心，奉行弗懈，朕深嘉慰。兹当创立五年纪念日，敕尔协和会员者，我国以忠孝为教本，以仁爱为政本，依赖盟邦日本帝国永久不谕，一其心一其德，发扬东方道德之真义，而增进世界人类之福祉，国是所奠，天下所咸知也。而遵其国是，翼其政教，实济之功，无攸不致。俾日满两国精神一体之关系，日益巩固，万邦皆瞻我建国之精神，是实协和会始终一贯之任务，而尤当举国一致，黾勉从事者也。尔会员宜体此旨，惟诚惟实，力行弗倦，以赞朕平章协和之化，永绥万方。钦此。

按：伪满协和会会长张景惠，在协和会成立五周年之际入宫进谒，溥仪发表敕语。

溥仪在四妹韫娴与赵国圻的婚礼上发表训谕（1936年8月1日）

朕维贵行之占，吉昭易象，秾华之什，美著风诗。尔赵国圻世笃忠忱，尔韫娴夙明礼训，朕推恩同气，指缔嘉姻。尚其各懋修能，永谐静好，效忠于国，克孝于家，以迓天府，无替朕命，钦哉。

按：经溥仪指婚，四格格韫娴与赵国圻举行婚礼，溥仪为此发表训谕。

溥仪对爱新觉罗家族修谱人员发出训示和敕语（1936年8月22日）

训示：修谱之举，为子孙对其祖先慎宗追远之孝思，我国以王道立国，首重孝行。朕亦系爱新觉罗之子孙，对此修谱之事同情。应即赶速修纂，即行付印。务使详细周密，以垂永久。

敕语：我列祖列宗，至仁大德，恩隆覆帱，支庶繁多。盖圣泽之涵育者远也，尔宗室觉罗等明于敬宗睦族之义，续修支谱，以昭世序，而辨亲疏，良堪尚飏绵椒衍，屏翰永绥，朕有厚望焉。

> **按：**溥仪派专员于农历七月十五日前往奉天市的东陵、北陵，代为祭祀先人。清朝入关后照例专设玉牒馆，负责爱新觉罗家族族谱编纂，每10年增修一次。入民国后玉牒馆撤销，爱新觉罗家族成员仍按惯例修谱。但因家族散居，查证难详，编纂多有遗漏。1935年又值编纂之年，为避免因婚嫁丧葬而致血统紊乱，伪满宫内府大臣熙洽、参议府参议宝熙、第二军管区司令官吉兴、吉林省省长金名世等联名倡议，在奉天维城学校成立“爱新觉罗氏修谱处”，委托金松乔主持修谱。1936年6月金松乔等4人专程“入京晋宫觐见皇帝”，请示编纂事宜，溥仪乃对家族修谱人员发出训示和敕语。

溥仪和植田谦吉关于日本移民与“满洲国”原住民的对话（1936年8月至12月）

大使：从维持治安，保护人民生命财产方面来看，集团部落的设立是很有必要的上策。可是在百姓看来，集中到集团部落生活，会因远离耕地而不方便，或是因资金不够而无法建造满意的住宅等，他们有诸如此类的种种不满，又因为要开通国道，需要当地农民出力而使他们错过了农作物的收割期等，引起各种牢骚。他们未能充分领会赋税劳役的意义，另一方面是因为服劳役的人以国道工程附近的民众为主，这也是他们不满的原因之一。将来应该设立制度，全体国民都必须服劳役，如果城市的官吏商人在一年中也必须有五六天服劳役，农村民众的不满也会减少。

譬如陛下日后想要建立一德一心纪念碑，官吏商人也需承担各自的劳役，搬运纪念碑地基的土壤或是铲除杂草，让他们从事有关的劳动，想必对精神的修炼也会有很大效果。由于汉族原本习惯了利己主义、个人主义风气，对此有必要逐步进行奉公精神、国家思想的指导教育。在农村，应该设立各村的公共地块，让村民共同耕作，所得到的收益放入村内“义仓”，作为地方金融或是救灾的资金，谋求公共利益，让奉公思想自然形成。

皇帝：这确实是很好的想法，也是我平时经常思考的问题。众人互相协作，“人和”是最重要的，安定人心是当务之急。从平日大臣和地方省长上奏的政务内容来看，不仅地方民众相当困窘，距离新京不远的农村，人民也极为穷困，许多人连高粱都无法充分获取，只能掺杂米糠来作为食物。

古人云“民饥寒则生怨，饱暖而忘忧”，因此要领导人民，给予充分的“食”是最重要的，之后是“教”。治安变好后，人心也会随之安定。如大使所说，作为政府必须施行对农民有利的政策，使民众感受到国恩，以引导他们专心于各行各业。

按：“二二六”事件后，日本广田弘毅内阁出台“国策基准”这一国家根本方针，要点之一就是加强对“满洲国”的扶植。积极鼓励向满洲移民和对满洲进行经济投资，把“满洲国产业五年计划”作为扶植重工业的支柱，将在1937年开始实施，对此后日本的内政、外交、军事、经济的方向都产生了巨大影响。其间在溥仪和关东军司令官的例行会谈中，频繁出现有关民政的重要举措、日本移民问题、因移民而对“满洲国国民”的压迫、增加赋役和“国民”困窘的状况等话题，也会涉及1936年11月25日缔结的“日德防共协定”在国际上的影响。

溥仪为“宫内府大臣”熙洽之母80岁寿辰亲书匾额（1936年11月16日）

孝忠报国
福寿

按：溥仪特派宫内府总务处处长许宝衡为专使，参加伪满宫内府大臣熙洽之母80岁生日典礼，并将亲书的两方匾额及其他礼品赠给熙洽。

溥仪关于“日德防共协定书”的谕旨（1936年11月26日）

将该《协定书》翻成国文进呈。

按：日、德两国政府于1936年11月25日签订“防共协定书”；次日清晨，伪国务总理大臣张景惠就进宫向溥仪详细奏陈了实情，溥仪当即颁旨。

溥仪对伪满军政部大臣于芷山发出谕旨（1936年11月27日）

朕闻此次讨伐，若是奏效，实堪嘉悦。此固当推功于计划之周到及实施之圆满。然亦不可不谓国军教育训练之日尚浅，将兵士气旺盛有以致之也。

按：伪满军政部大臣于芷山入宫向溥仪奏报“东边道独立大讨伐”经过等情况后，溥仪发出谕旨。

溥仪和植田谦吉大使关于五妹韫馨及为溥杰寻婚的对话（1937年1月11日）

（地点）宫内府皇帝陛下书斋

大使：去年年末，皇妹五格格小姐喜结连理，真是可喜可贺。

皇帝：多谢多谢。五格格将于今日出发去天津，向醇亲王呈报结婚一事。

大使：东京方面的喜庆之事也在进展。本庄大将、南次郎总督（朝鲜总督）都在热心帮忙，已经挑选了几位候选人，从这些人中再挑选合适的人。这桩喜事如能顺利办成，陛下也可以安心了。

皇帝：吉冈参谋数日前为此事去了东京，等参谋回来后便能知道确切消息。新年给三格格打了电话，大家都很好，润麒喝醉了酒刚从外面回来，溥杰则因为醉了，在武田（孝一）中将家过了夜。

大使：非常好，大家都安康。

按：关于为溥杰寻婚，日本宫内省官厅宗秩寮总裁木户幸一在1月6日日记中有载：“早上十点上班，十点半，本庄大将来官厅，谈及已选定溥杰的结婚对象。听说溥杰的身份为：一、不是皇族（否认溥仪所坚持的‘帝族’身份）；二、财产是五十万日元（当时是一笔很大的数目），邸宅另给；三、作为皇帝的近亲，日后有被重用的希望。本庄繁侍从武官长之所以参与溥杰的亲事，是因为关东军司令官植田谦吉的请求。”1月12日的木户日记中又有记载：“（下午）高木三郎来官厅，谈及溥杰的结婚对象内定为嵯峨（公胜）侯爵的孙女（浩子），数日之内双方将会面。并于4月成婚，8月底以前住在东京，9月赴满。”可见溥杰与嵯峨浩的亲事系由日本政府和关东军司令官一手拿捏，确属“政略婚姻”。身在“新京”的“康德皇帝”完全被蒙在鼓里，他能得到的情报比东京实际进展滞后不少时间。

溥仪和植田谦吉有关溥杰婚姻最新进展的对话（1937年1月25日）

大使：今天的拜谒，是听了昨天从日本回来的吉冈参谋的汇报，前来报告东京方面有关溥杰喜事的最新进展情况。关于此事，经前关东军司令官本庄大将、南次郎总督、本野久子（原日本外相本野一郎遗孀），以及其他相关人士的鼎力相助，进展非常顺利，在众多的候选人中，已找到了合适的人。她今年24岁，学习院毕业，1月18日和溥杰进行了日本式的相亲，对方表示为了日满两国的亲善，同意这门亲事，溥杰也很满意，在东京的“三格格”等人都表示赞同，如果陛下赐予同意，这门亲事就算成立了。

皇帝：好。溥杰本人满意，又经过了各方人士的充分挑选，我同意。这件事大使做了多方努力，深表感谢。

大使：陛下能够同意此事，实在万分感激。也衷心地恭喜陛下。对我的谢意是不敢当的，我只是委托了别人，在中间传递消息而已。

皇帝：溥杰也来了信，很有意思，他在信中说，第一眼就喜欢上了，实在让人感到愉快。这真是缘分啊。

大使：确实如此。日本有一句俗语叫“机不可失”，既然已经决定，早日举行仪式为妥。考虑了一下地点和日期，因为溥杰还要上学，与其在新京举行婚礼，不如在东京举行，等溥杰毕业后夫妻两人再一起回国。在仪式上，由本庄大将夫妇作为媒妁，我们这一方可以让国务总理大臣、宫内府大臣代表父母出席，关东军方面则派参谋长和几位相关人员参加。对方有关人员也将出席婚礼。最近，对方父母也会去我方拜访，有关仪式所需的各种费用，由满洲国政府负担，我会将此事告知总务厅长。

皇帝：把这些资料和照片放在这里，我想给“二格格”等人看一下。

大使：因为比较匆忙，大部分资料都是底稿还没有誊写，陛下御览后，请容我先带回去，誊写后再呈送陛下。

皇帝：可以。

大使：那么今天就告辞了。

按：“满洲国宫内府秘书官长”高木三郎早在1月12日就告诉官

厅宗秩寮总裁木户幸一，溥杰和嵯峨浩的婚礼举行日期等都已决定。可见此前已同嵯峨家商定了许多具体事务。为了配合本庄繁侍从武官长，吉冈“御用挂”也赶紧行动，赴日筹备溥杰和嵯峨浩于1月18日见面事宜，由他为两人交换的相亲照已经促成了双方的好感。

溥杰和嵯峨浩以严格保密的方式，在位于东京目黑区上大崎的滨口公馆，嵯峨浩之母嵯峨尚子的娘家的晚宴上首次见面。滨口家是纪州的世家，祖父容所历任贵族院议员和众议院议员并担任过银行行长，是著名实业家。上大崎的住宅，是从福泽渝吉的养子、实业家福泽桃介手中购得，一座极尽奢华的西式住宅占据了一大片地基。本庄繁大将夫妇、“满洲国帝室御用挂”吉冈安直中佐等作为溥杰方的代表出席，而嵯峨浩方的出席者包括她的父母嵯峨实胜和尚子夫妇、外祖母线子和舅父滨口吉右卫门夫妇，以及介绍这门亲事的中山侯爵家的中山道。在滨口家被布置成路易王朝式样的房间里，有着红色大理石壁炉台的意大利暖炉熊熊燃烧着。在一片和睦的谈笑声中溥杰和嵯峨浩都表示很满意对方。

据《木户日记》1月21日记载：“下午两点，嵯峨实胜来官厅，提交爱女嵯峨浩和溥杰的结婚申请书，说明有关事项。”溥杰和浩的结婚申请交到了管理这些事务的宫内省宗秩寮总裁木户幸一手中，并将通过宫内省呈报天皇。“满洲国帝室御用挂”吉冈安直也赶回“满洲国”，向植田关东军司令官汇报去了。

溥仪看了嵯峨侯爵的家谱和嵯峨侯爵长男夫妇即嵯峨浩的父母身穿和服的照片、嵯峨实胜穿礼服的照片以及嵯峨浩的照片。大使告诉溥仪，嵯峨侯爵家是仅次于“五摄家”（近卫、九条、二条、一条、鹰司）之后的名门，被称之为大臣家的世家。

溥仪正式承认了溥杰和嵯峨浩的婚事。其实早在关东军司令官向溥仪请求许可之前，东京的嵯峨实胜已向木户宗秩寮总裁提交了申请，结婚仪式的日期也已确定，可见请求溥仪同意不过是表面程序。溥杰对此也有预料，并向皇兄有所透露。关东军也不得不告知溥仪，并不把溥杰的身份定为“帝族”，而是“一介平民”，同时又让“满洲国政府”用公费负担结婚仪式费用，提出了与“平民”身份不符的要求，这是植田谦吉靠机会主义行事的一贯做法。

溥仪和植田谦吉关于日本宫内省批准溥杰和嵯峨浩婚事的对话（1937年1月30日）

大使：上次拜谒时，提到的溥杰的婚事，日本宫内省已在1月29日对嵯峨家表示批准。皇帝陛下的许可也定为同一天。什么时候宣布此事，宣布的文章怎么写，这些事正和陆军省商议，确定之后，会向陛下呈报。诸事都进行得非常顺利，实在可喜。溥杰成婚，已到适婚年龄的陛下的弟妹们便都已成家，陛下也可安心了，这是值得祝贺的大事。但最重要的陛下的选妃却还未定下，令我不安，望陛下尽早做出决定。

皇帝：多谢大使费心。此事我也时常想着，目前正在考察中，现有两人在宫内读书，都是纯粹的满洲旗人。一人17岁，另一人14岁。17岁这位没有上过小学，因此识字不多但性情非常温顺。14岁这位也只在北平上完了小学，和孩子一样完全如同一张白纸，要看如何进行教育。现正观察她们的性格体质，选二人中一人为妃，还是都不选用，尚未决定。总之气质好、性格温顺、身体健康是首要条件，容貌则在第二。这两三年来或是通过照片或是听人介绍或是实际观察，考虑了近百人，和年轻时不同，一旦决定了便很难再更换。因此在闲暇之时需要充分考虑。

大使：确实，因为关系到皇统，人选非常重要。所选之人，有东方贤淑温顺的性格，身体健康并且聪慧是必要的。家世也很重要，最要紧的是有正宗的血统。接受过民国三民主义（民族、民权、民生）教育的人万万不可。我在天津任职时，见到过的女学生和其他年轻女性，其言谈举止实在不敢恭维。

皇帝：总之，有深厚的忠孝思想很重要。即使没有受过学校教育，我相信时常将忠孝放在心上的人是适合这一身份的。所选的女子要性情温和并一定要能与皇后和谐相处，经常在外走动的人，恐怕会破坏宫中的规则。不管是我还是皇后，都不能随意地在市内或郊外走动，入宫侍奉的女子也同样，经常要到外面走动的人是不行的。

按：1月29日日本宫内省批准了溥杰和嵯峨浩的婚事，1月30日植田也正式向溥仪汇报了两人婚事获准的消息，只待宣布订婚和选定结婚日期了。植田和溥仪会见时还谈及“选妃”，对“满洲国皇室”来说，这一重要问题已经提上日程，也无非是要一只任由摆布、老实安静的笼中之鸟。谭玉龄就要走上前台了。

溥仪关于清朝原有皇产事宜发出敕谕（1937年2月6日）

朕兹将国内清室原有皇产，除陵庙及应保留者外，一概赐归国有。着宫内府熙洽传给国务总理大臣张景惠，钦遵办理。

按：溥仪敕谕，将清朝原有皇产，除陵庙及应保留者外，一概赐归国有。

溥仪和植田谦吉关于制定"帝室大典"和"选妃"的对话（1937年2月17日）

（地点）皇帝书斋

（时间）昭和十二年2月17日上午10时30分至12时30分

皇帝：昨日宫内府大臣以《帝室大典》起草委员长的名义将起草的《帝室大典》草案上奏于我，大致看了一下，和以前看过的草案并无特别差异，对此没有不同意见。大使在阅览后若也无异议，我就交还给宫内府大臣，由国务总理大臣和宫内府大臣再次正式呈报后送参议府咨询，俟其奉答后确定。

大使：（手拿草案稍稍阅览后，归还给陛下）完全可以。已着手制定《帝室大典》实在值得庆贺。

皇帝：昨日，吉冈参谋向我所说的事想必大使也已知晓，这是根据日满密不可分、日满两国皇室亲如一家的永恒关系而决定的，对两国长远发展来说，确实是可喜之事。

大使：《帝室大典》最重要的皇位继承问题已有决定，真是可喜可贺。

林出：吉冈参谋对陛下称赞他的文笔，大为得意，深感荣幸。

（当时大使想请陛下签署随身携带的文件，林出正准备打开文件，因陛下说稍后再看，便放在了桌上。大使又拿出事先写好的《皇位继承问题备忘录》让皇帝签字。溥仪看了看）

皇帝：以后再签吧！

（皇帝已觉察出签字之事非同小可，出于内心的抵抗，拖延着没有签字，会见的书房刹那间充满了紧张的气氛。皇帝为了不让对方看出自己内心的动摇，

转移了话题）

皇帝：前些日子和大使谈起的有关选妃的事，对14岁和17岁的两人进行了种种考察，14岁的那位性格很好，出身也正统，只是过于年轻是个问题。17岁的那位来了以后，经常和二格格、四格格、五格格一起吃饭说话，从考察的结果来看非常纯洁。我也对她进行了仔细的观察，极为温顺，对所告知的入宫后的种种条款，也发誓进宫后会绝对遵守。

这个人是大格格（皇后母亲的长姐）推荐的，涛贝勒和格格们等推荐了很多候选人，但都与推荐者有亲戚关系或友人关系，其间不免存有私心。经过种种考察，未能挑到满意人选。这一次推荐来的17岁的候选人，出身正黄旗人家，血统正宗并且祖父曾担任过副都统，但是她的父亲没有担任过任何官职，家里很贫穷，数年前她父亲去世，母亲也在前年去世，此后被伯母领养，有着深厚的孝心且温顺善良，前日已基本内定让她作为秀女进宫，然后命为妃子。但这也要得到大使的同意之后才能确定。历任大使也常常为此操心，为了尽快纳妃，作了种种努力，但由于是关系到皇统的重大问题，因此不能轻率决定。

大使：据刚才陛下所说，陛下已经作了细致充分的调查，对本人也进行了多方考察，相信绝对不会有差错。作为军司令官，我这方面也需大致调查一下，才能表示同意，万一将来出现什么问题，也能妥善处理。刚才听陛下说此人的家世，以前有相当的地位，但后来日渐贫困，她父亲没有固定职业，最近三年被收养在伯母家，伯母家似乎也不是非常富裕的家庭，如果这一族中有一人得以入宫，这一族的人是否会借着这个机会图谋发达，因而带来种种连累？还有，是否会有人在背后利用此事为自己谋取利益？这方面的调查情况如何？

皇帝：自古以来遇到册封皇后或是立妃之时，经常会出现各种不堪入目、钩心斗角的行为，因此我对这一点特别留意。对于大格格、涛贝勒等所推荐的众多候选人，由于我非常在意这一点，故到今日一直都没有找到合适人选。但是这一次，不用为此担心。她是以秀女的身份入宫而不是妃子，所谓秀女，是以前清朝为了招纳进宫侍奉的旗人女子而用的称呼，妃子也经常从秀女中进行挑选。这一次也是作为秀女入宫，并且断绝和家族的一切关系，对于抚养她的伯母，特许一年里有一两次可以和她见面，与其他亲属则断绝一切往来，也有人说，每月可支付给她的伯母100日元，但这样亲戚就继续联系了，因此决定一次性支付3000日元，了结亲戚关系。当然，如果日后他们处境特别困窘，也许会用别的方法多少给予补助，总之与其亲戚断绝一切关系，并决定让她的伯母和长兄在约定书上盖章。准备支付的 3000 日元，应该能使她的家族过上宽裕的生活。

大使：完全明白了。对陛下的调查和处理绝对没有感到不安，或是心存怀疑，而是为了顺利圆满地处理好这件事，我方将非常秘密地暗中调查一下，然后再回复陛下。请容我暂缓答复。

皇帝：暗中调查是否会派人去北平？如果要派人调查，则需充分小心谨慎。关于这一问题，利害关系相反的人不用说，没有直接或间接利害关系的人，也会出于嫉妒而恶语中伤，对此要特别多加注意。她本人已做好了作为秀女入宫和作为妃子在宫中生活的准备，如果因为大使的调查结果而使她无法入宫，那也太可怜了。希望能予以充分注意。

大使：派人一事还需斟酌。今天就先告辞，对秘密调查一事我会充分考虑，想出妥当的办法。请给我两三天时间。

皇帝：既然这样就请仔细考虑我说的话，慎重地进行秘密调查。我很不愿意说别人的坏话，但如要举例说明他人如何搬弄是非，荣源（皇后之父）便是很好的例子。不管是否真有此事，不负责任地信口开河，我时常为此烦恼。处在他这样地位的人尚且如此，可知这类人非常之多。如派人调查，请嘱咐他注意这一点。

大使：陛下的想法我已充分了解。

皇帝：那么就在刚才说的文件上签字盖章吧。

（于是皇帝在类似附件的 4 页中文文件上署名并填上了日期，然后让林出盖上印章，一份两页，其中一份留在手头，另一份交与大使。这时已过正午，将近 12 点 30 分，墨迹干得挺慢）

林出：墨汁干得太慢。

皇帝（微笑）：从前，中国禅宗第六祖慧能的两位弟子发生争论，六祖走过去问争论什么，一位弟子说，看到随风飘动的旗帜，便认为是旗帜在飘动，而另一位弟子却认为不是旗帜在动，是风在动，因此发生争执。六祖回答道，两人都没有说到关键，旗帜和风没有动，是你们的心在摇动。抱怨墨汁干得太慢，其实并不是墨汁干得慢，而是林出内心焦急。

大使：正是如此（三人大笑。等待墨迹晾干的时间里，溥仪为了应付场面讲述那个中国故事，他想掩饰内心的遗憾）。

皇帝与植田关东军司令官签署由“备忘录”和“简约”两部分组成的“满洲国皇位继承密约”。在写有“康德四年”2月17日的地方，用铅笔写着“皇帝之印”，是被指定签名盖印的位置。

按：关东军司令官植田谦吉于夜间带着溥仪的宫廷行走兼翻译官林出贤次郎来到宫中，在健行斋与溥仪会见。会谈涉及有关溥仪自身的两个重要问题。制定“满洲国帝室大典”和溥仪正在进行的“选妃”问题。当时，熙洽“宫内府大臣”作为“帝室大典”起草委员会委员长，吉冈安直“帝室御用挂”作为起草委员会与关东军之间的联系人正在积极准备之中。植田强迫溥仪签订与自己的“皇帝”命运相关的密约瞬间也已记录在当日“会谈纪要”中：“就这样，陛下在四页密约上分别签上御名（这份密约都只有汉文），写上日期，让林出盖上御玺后，留下一份（两页），另外一份（两页）则授予大使。此刻为12时半，已过正午，陛下所签御名墨迹慢慢干了。”《皇位继承问题备忘录》为12天后公布的《帝位继承法》奠定了基础。

附件：备忘录（1937年2月17日）

如果康德皇帝没有男孩，有关皇位继承经关东军司令官同意之后按照以下步骤决定

——在康德皇帝和皇后之间确定不可能有男孩后，皇位继承需根据天皇的意愿决定。

——确定康德皇帝无男孩继承帝位后，根据天皇的意愿决定帝位继承人之后由皇帝进行宣布。

——任何一代皇帝都遵照此规定。

康德四年二月十七日

满洲国皇帝

（印“皇帝的玺印”）　　溥仪

按：照这份“备忘录”，溥仪和“皇后”之间如果确定不可能有男孩，经关东军司令官同意之后，“皇位继承人”委托明智的昭和天皇决

定，并且溥仪需向内外宣布天皇的英明决定。虽说是“备忘录”，但从广义范围来说也是一份条约，仅仅是外务省驻外机关一介“大使”的关东军司令官，竟然不经过管辖他的外务省大臣和本国政府认可，就作出了把日本天皇也牵扯进去的重大决定，是前所未闻的越权行为。关东军把作为天皇代表的内部指导权的范围扩大了。

附件：简约（1937年2月17日）

——在确定皇帝没有男孩后，经关东军司令官的同意可选侍奉者入宫。

——皇帝之子的教育由日满两国人品高尚者进行。

——在适当的时候皇帝之子需前往日本学习院留学。

——皇帝之子必须身为军人，皇帝之女必须下嫁军人。

有关皇帝之子必须身为军人，皇帝之女必须下嫁军人的约定，如遇特殊情况无法照此办理，须经关东军司令官的同意。

——侍奉者不属于帝族。

——任何一代皇帝都遵照此规定。

康德四年二月十七日

满洲国皇帝

（印“皇帝的玺印”）　　溥仪

按：“侍奉者”指侧室。对于溥仪正在进行有关“妃子”的挑选事项，在“简约”中已规范。日本的《皇室典范》第四条规定，不是天皇正室出生的孩子也有继承皇位的权利，因此在“简约”中有关侍奉者的规定也不足为奇。但从“皇室”子弟要去属于日本官内省管辖的皇族和华族读书的学习院接受教育，以及“公主”必须下嫁军人等条约中可以窥视到，关东军已露骨地把自己的想法强加于人。

在“备忘录”和“简约”中写有“满洲国皇帝”溥仪的名字，但并没有写上签署文件的另一方关东军司令官的名字。与其说这是“备忘录”，不如说是溥仪向关东军司令官提交的一份“字据”，是给关东军拿来作证据用的。采取这样的方式，关东军就可以不上报本国政府。

经溥仪签名盖章的文件，一份由关东军司令官收存，一份由溥仪收存，一直保留到“满洲国”崩溃。

溥仪和植田谦吉关于颁布“帝位继承法”的对话（1937年2月19日）

大使：今日前来拜谒，是有关前天所谈之事。听了陛下的介绍，想坦率地说一下我的一些想法。这一次所召入的女子，其祖父曾是副都统，但是父亲没有固定职业，家境衰败，现在被伯母领养，生活穷困。日本也有这样的例子，曾经家境很好，后来家境衰败身份不高的女子嫁给身份高的人，所用的方式是，让她先成为身份高贵人家的养女，然后再嫁入其他身份高贵的人家，便想到是否可用这一办法，但听说此处没有这样的习惯，所以也只能放弃这一想法。还有，陛下提起一次性支付三千元，我想是不是少了一些。了解了一下这边的情况，知道这一数目不能算小，所以也就放心了。至于去北平调查的人，我会派对这类事有经验，并充分了解陛下想法的吉冈中佐前往。

皇帝：先成为他人养女然后出嫁，这样的风俗习惯这里没有，支付三千元不会觉得不够。秀女的伯母当初陪秀女来这里时，我和她见面谈话，觉得她是一位非常朴素实在的妇人，给三千元应该会很满意了。

大使：俗话说好事要抓紧，我也想早日派吉冈前往北平赶快进行调查，但因为三月一日要颁布帝位继承令，吉冈正好与此事有关，两三天内估计能完成工作，等他这份工作一结束，会立即派他去北平调查并尽快给陛下回复。请暂且等候。今天因有些感冒，我就不多坐了。

皇帝：感冒可要充分小心，不要着凉。发烧吗？

大使：没有发烧，只是感到鼻子有些不舒服，症状不重。今天就此告退。

按：签订密约两天后，应植田的要求溥仪再度与之会谈。其时吉冈正参与制定“帝位继承法”，十天后这部新法就公布并付诸实施了。“帝位继承法”的雏形是日本在明治二十二年制定的《皇室法典》，由前文和十项条款组成。“前文”表示，“国家”的重要防卫政策和规划，都是与日本帝国齐心协力制定，发扬了日本天皇所拥有的“君民一体”的“美德”。

溥仪为公布《帝位继承法》颁发诏书（1937年3月1日）

我满洲帝国赖日本帝国仗义援助，开斯洪业，奠斯邦基。以是朕自登基以来，仰体眷命所本，俯念国脉所系，所有守国之远图，经邦之长策，悉与日本帝国协力同心，以益敦两国不可分离之关系，发扬一德一心之真义，夙夜勤求，靡敢或懈。今兹制定帝位继承法，于继体付任之重，定厥法典，示诸久远，大宝俨然，建中不易，实日本天皇陛下保佑是赖。夫皇建有极，惟皇作极，裁成

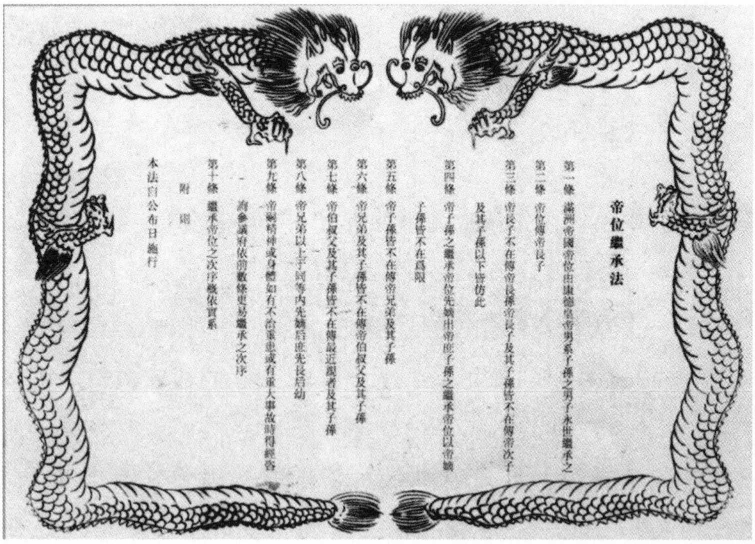

帝位繼承法

第一條　滿洲帝國帝位由康德皇帝男系子孫之男子永世繼承之

第二條　帝位傳帝長子

第三條　帝長子不在傳帝長孫帝長子及其子孫皆不在傳帝次子及其子孫以下皆倣此

第四條　帝子孫之繼承帝位先嫡出帝庶子孫之繼承帝位以帝嫡子孫皆不在爲限

第五條　帝子孫皆不在傳帝兄弟及其子孫

第六條　帝兄弟及其子孫皆不在傳帝伯叔父及其子孫

第七條　帝伯叔父及其子孫皆不在傳最近親者及其子孫

第八條　帝兄弟以上于同等內先嫡後庶先長後幼

第九條　帝嗣精神或身體如有不治重患或有重大事故時得經咨詢參議府依前數條更易繼承之次序

第十條　繼承帝位之次序概依實系

附則

本法自公布日施行

伪满洲国颁布《帝位继承法》

天道，辅相地宜，为民父母，仁以行其政，义以制其法，则重熙累洽覆盖之下，永懋君民一体之美，当与天地合其德，日月合其明也。凡为朕继统子孙及臣民者，深鉴肇兴之基，其所繇奠，与受命之运，其所繇启，咸以朕抚绥万方，宵旰弗倦之心为心，聿修惟慎，钦戴勿替，垂统万年，必享无之休，克保长治之福。

按： 宫中举行伪满建国5周年庆祝仪式。“国务总理大臣”张景惠及各部大臣、参议府参议等，关东军司令官兼日本驻满特命全权“大使”植田谦吉及其随员，齐集勤民殿，列队而立。溥仪身穿陆军正装至宝座前，接受拜贺。中午在清晏堂赐宴朝贺的“日满”官员，溥仪

为公布《帝位继承法》颁发诏书。

附:《帝位继承法》(1937年3月1日)

前文　我满洲帝国赖日本帝国仗义援助，开斯洪业，奠斯邦基。是以朕自登基以来……

第一条　满洲帝国帝位由康德皇帝的男系子孙之男子永世继承。

第二条　帝位传帝长子。

第三条　帝长子不在则传帝长孙，长子及其子孙皆不在，则传与帝次子及其子孙，下皆仿此。

第四条　帝子孙之继承皇位先嫡出，帝庶子孙之继承帝位，以帝嫡子孙皆不在为限。

第五条　帝子孙皆不在，传帝兄弟及其子孙。

……

第十条　帝位继承顺序皆按实系。

按:“帝位继承法”第五条规定，如果“帝子孙皆不在，传帝兄弟及其子孙”。其内容是采取“李代桃僵”的方法，让溥杰与嵯峨浩未来的混血儿子继承帝位，以便使日本与伪满的“混血”关系更加亲密。如果溥仪将来有了儿子，那么当他长到六七岁时，就必须送到日本留学，得到特别教养而能成为将来继承天皇的适任者。吉冈安直当年还要立据为凭，让溥仪承认并签名画押，不许反悔。植田谦吉在溥仪刚刚册封“贵人”的时候，就逼迫他给能否降生尚属未知数的“儿子”先行填好“卖身契”了。

溥仪与新任关东军参谋长东条英机的谈话(1937年3月3日)

新任关东军参谋长东条英机中将拜谒

(地点)勤民楼西便殿

(时间)昭和十二年3月3日上午10时30分至11时20分

皇帝：听说参谋长喜欢吸烟，一天吸几支?

东条：一天吸60支左右。

皇帝：据医生讲，一天吸二三十支烟对身体尚无大害处。你一天吸五六十支量太过了吧！

东条：对此，我有自己的看法。然而，陛下是年轻体健，我等是不能攀比的。我曾被人劝告过，节制吸烟一年左右。但后来一想，常说人生只有50年，而我早已过了50岁，以后活着就是赚的了。我认为在有生之年，节制自己嗜好吸烟是没有必要的，想吸多少就吸多少。

皇帝：参谋长已作为宪兵司令官在满洲国任职，致力于维护地方治安、产业开发和日满军警的融合联络，立下了很大功劳，通晓满洲事务，现在继承板垣（征四郎），就任参谋长这一重要职位，我很满意，对参谋长抱有很大的期望。每隔十日，军司令官定期前来拜谒，参谋长没有设定定期拜谒，有什么事都可以随时进宫商谈，不必有顾虑。板垣参谋长有关军事的讲课正进行到一半，希望能够继续下去。我有时会叫参谋长进宫，询问一些事。希望不要有任何顾虑坦率直言。我喜欢直言，指出我想法的不妥之处，和参谋长有不同意见时，我也会坦率地表示自己的想法。经过讨论后再决定妥当的办法。总之正确与否我认为要看是否合乎时宜，是非曲直要根据是否合适来进行判断。

东条：完全同意。东条性情原本老实，不善言辞。正如刚才陛下所言，日后有何想法会立即上奏，不过也许会有冒犯陛下的地方。作为参谋长，我担负着重任，幸好以前曾在此地担任过宪兵司令官，对满洲多少有些了解，这是个有利条件。综观满洲国内外形势，国内方面，靠着陛下的圣德和官民一致的努力，治安已经有了很大的改善。当然还有许多需要努力的地方。国外方面，需要密切注意苏联的态度和中华民国的态度。

按：1937年2月东条英机中将从关东宪兵队司令官调任关东军参谋长，成为板垣征四郎的后任。3月3日上午10时东条英机进宫拜谒，溥仪与之首次对话。以后又多次应溥仪之邀进宫“御前进讲”。如1937年7月9日进讲《满洲国之军备》，7月30日进讲《关于日俄战争之原因和作战之经过》。

溥仪和植田谦吉再谈“选妃”（1937年3月4日）

大使：今日前来拜谒，是奉答上一次请求陛下给予时间进行调查的事。

皇帝：谢谢。调查结果如何？

大使：没有任何问题。一切都可按陛下所说的去办。

皇帝：那么各项手续就让有关部门分别办理，定下合适的日子后再宣布。

大使：3 月 1 日颁布了《帝位继承法》，这一次又决定了妃子的人选，实在可喜可贺。希望能早日诞生太子。

皇帝：妃子因没有读过书，需要进行教育。她本人相当温顺天真，就如同教育孩子一样。

尚未册封的谭玉龄。溥仪最早看到这张照片，据以选定入宫

大使：与其让中华民国三民主义之类的邪教先入为主，倒不如像一张白纸更好。有关教育问题，陛下自己进行根本精神的教育，在识字和读书方面有必要任命专门的教师进行指导，这方面的人选希望陛下慎重考虑，这一点很重要。另有一事想必不用我多说，皇后陛下体质娇弱，陛下平日也一定为此操心。阅读历史可知，家和万事兴，否则，会惹出很多问题。衷心希望皇室能够保持安宁，不发生任何问题。

皇帝：承蒙大使细心指点，对大使这份厚意深表感谢。大使不必担心这些问题，请放心。这次选中入宫的妃子，先祖曾是将军。像这样名门出身的满洲旗人如今却落魄贫困的很多。在北京及其他各地驻防的满洲旗人因遭受汉人的压迫，受排斥而难以找到工作，有很多人因此改姓说自己不是满洲人，实在是民族的一大悲哀啊。但是自满洲建国以来，满洲人的自豪感似乎稍稍有所恢复。有人认为，满洲政府入关后，由于优待满洲人，使他们的生活较为轻松，满洲人因而成了没有毅力、没有能力的民族。

按：植田谦吉告知溥仪，吉冈安直调查谭玉龄身世已有结果，总算是能通过了。没有关东军司令官的许可，就连“选妃”都不能自主。溥仪在《我的前半生》中说：“1937 年，我为了表示对婉容的惩罚，也为了有个必不可少的摆设，我另选了一名牺牲品——谭玉龄，她经北京一个亲戚的介绍，成了我的新‘贵人’。她原姓他他拉氏，是北京一个初中的学生，和我结婚时是17岁。她也是一个挂名的妻子，我像养一只鸟儿似的把她养在‘宫’里，一直养到1942年死去为止。”谭玉龄被封为“祥贵人”，在皇帝妻子的七个级别中属第五级。她性情温柔，对溥仪体贴入微，宛然解语之花，让处在日本关东军控制下的傀儡皇帝格外喜悦。溥仪说他和谭玉龄“感情甚笃”。

溥仪关于日本皇太后的谈话（1937年3月25日）

两年前访问大宫御所之际，皇太后陛下厚待情形，迄今犹感激无已。

按：伪满宫内府次长入江贯一，把赴日本为溥杰结婚做准备时、日本皇太后委派他代向溥仪转呈的赠品名果送达。溥仪深受感动，常对身边人员说及。

溥仪和植田谦吉关于溥杰和嵯峨浩婚典的会谈纪要（1937年4月15日）

（地点）皇帝书斋

（时间）昭和十二年4月15日上午10点半至11点40分

大使：天气突然变暖了。

皇帝：是。像似从冬天忽然回到了初夏。

大使：前天本庄大将来信，详细报告了溥杰中尉的婚礼。知道陛下也从溥杰中尉那里收到了关于此事的详尽信函，本庄大将是我第一个托付挑选溥杰新娘的人，所以我在此详细向陛下汇报他信函的内容。

皇帝：谢谢。请讲。

大使：本庄大将这一次真是找到了合适人选，并且仪式准备得非常妥当，一切都进展得很顺利，非常圆满。我国皇室也格外关

举世皆知的“政略婚姻”婚典上的溥杰与嵯峨浩

心此事，这一喜事顺利完成，皇室也会感到满意和放心。自满洲事变后，为了满洲国的独立，日本最终退出了国际联盟。为了向世界介绍独立的满洲国，日本皇室希望满洲在世界上作为出色的独立国家早日发达。特别是陛下前年亲自访问我国，两陛下举行了亲切会谈，使两国皇室关系更为紧密，天皇陛下也一定热切期盼着满洲国皇室的繁荣。这一次溥杰中尉的喜事，能够更进一步加深两国皇室的亲善，想必我国皇室也格外关心。特别令人感动的是3月27日，皇太后陛下召见浩子小姐，令中山侯爵夫人带她前往大宫御所。当天下午两点，浩子小姐在中山侯爵夫人的陪伴下入宫拜见了皇太后陛下。皇太后陛下亲切地接待了浩子小姐，对她作了垂训，并赐予浩子小姐各种装饰品以及和服面料。皇太后在垂训中提到，这次浩子将嫁给溥杰中尉并去满洲，满洲这片土地是明治天皇的未竟事业。日本在满洲牺牲了许多军人，豁出了整个国家的命运，从已侵占满洲的俄罗斯手中挽救了满洲。继承了明治天皇生母中山家血统的浩子，嫁与溥杰中尉前往满洲，相信这一定是明治天皇的英灵在指引。皇太后恳切地说，浩子到了满洲后，要努力使家庭美满，为满洲国帝室奉献自己的一切。果真如此，则是两国的幸运，反之将会招致两国不幸，责任非常重大。浩子要细心侍奉皇帝、皇后两陛下，对溥杰中尉要以至诚相待，发扬日本女子的美德。听说皇太后赏赐给浩子小姐的摆设是鸳鸯，我想，因为鸳鸯象征着夫妇和睦，皇太后陛下的一片用心，实在令人感激，令人惶恐。另外还赏赐了天皇陛下送给皇太后陛下的纺绸，皇后陛下亲手制作进献给皇太后陛下的装饰盒以及明治天皇的生母中山一位局进献送给皇太后陛下的丝绸和服面料。这是三十年前的东西。在垂训和赏赐之后，皇太后又特别命侍女做浩子小姐的向导，沿着前年皇帝陛下和皇太后陛下一起在离宫散步时所走的路线走了一遍。我想，这是皇太后陛下为了让浩子小姐对还未见面的皇帝陛下产生亲近感，在来满洲拜谒陛下时有话题可谈，这一片良苦用心实在令人感激。在皇太后陛下垂训时，不仅是浩子小姐，中山侯爵夫人和在一边侍奉的女官侍女们都含着感动的泪水。中山侯爵夫人和浩子小姐从下午两点入宫直到六点退出御所，前后长达4个小时。皇太后对浩子小姐进行了种种垂训。3月28日，中山侯爵夫妇流着泪向本庄大将报告了这事。平时我不太谈论有关皇室的事，仅在此呈报陛下（此时植田大使含着泪，热情地讲述着，陛下也湿润了双眼非常专注地倾听着）。

皇帝：我非常理解日本天皇陛下、皇后陛下、皇太后陛下的心情。前年访日时，我访问了日本皇室，对日本皇室的诚意和日本国民的热情有充分的了解，确信日满将会同心同德，永久不渝。真正树立了以日本天皇之心为我心的信念。《回銮诏书》也正是表达了自己这份信念。因此我希望诏书中的信念早日在国民中彻底贯彻，日系官吏也要充分理解诏书的意义。这不是件容易的事，但是我的决心非常坚定，我相信，大使作为天皇陛下代表，体会天皇之意，和我一起不懈努力，这一愿望一定能够实现。

大使：溥杰中尉八月末将完成学业，这对儿新婚夫妇即将回国。对浩夫人来说，是首次来满洲生活，为了让她在心理上有所准备，吉冈中佐将在本月归国，对浩夫人讲解一些预备知识，让她对满洲有充分的了解。有关两人归国之后的安排，在此呈上我的想法。溥杰中尉回来后，将从事军务，关于公务上的事当然要服从所在的官署规定，有关家族内的个人生活，则是溥杰中尉的自由，外人没有什么可说的。除此之外，还有些既不能算纯粹的公务也不完全是家庭私事的社交，参加各种团体、聚会等诸多活动，对这些要加以充分注意。应选定一人进行辅导，让溥杰中尉凡事都和他商量。作为人选，和溥杰中尉在工作上有关系的军政部最高顾问佐佐木（到一）少将夫妇最为合适。但是佐佐木少将夫人目前不在满洲，在她来满洲之前，暂且由佐佐木少将和东条（英机）参谋长夫人辅导溥杰中尉夫妇，照顾他们身边的所有事务，以免他人干涉。

皇帝：这样很好。良师益友是非常可贵的。承蒙大使一片苦心，有得力的人辅导溥杰夫妇，也是他们的福气。

大使：浩夫人方面，既然她来到满洲生活，会关照她万事要尊重满洲国的风俗习惯，在宫中一切要按照本地的习俗，不要把日本的风俗和娘家的习惯挂在嘴上或是表现在行动上，并会提醒浩夫人，无论何人何事，只要是外部的请求，都不要上奏打扰陛下，也不要把宫中发生的事和所说的话透露给外人，要让浩夫人充分领会这些旨意。关于溥杰中尉，虽然是陛下令弟，但其身份并不是帝族，而是满洲国的一位平民，是一位陆军中尉，因此万事都要和他的地位相符合才好，希望他注意根据身份来考虑生活水准。

按： 溥仪“选妃”之际，“皇弟”溥杰和嵯峨浩的婚礼也在东京紧锣密鼓的筹备之中。1937 年 4 月 3 日两人在东京九段军人会馆举行婚礼。由本庄繁大将之妻担任媒妁。“满洲国”特使“宫内府大臣”熙洽、润麒、“驻日大使”谢介石出席，日本方面皇族竹田宫恒德王夫妇、内阁总理大臣林铣十郎、宫内大臣松平恒雄、贵族院议长近卫文磨、众议院议长富田幸次郎、陆军次官梅津美治郎等500人出席，参与庆贺标志着“日满亲善，一体不可分”的溥杰和嵯峨浩的婚典，可谓冠盖云集。沿街民众摇动太阳旗和伪满“五色旗”，对从上大崎滨口家前往结婚仪式会场的嵯峨浩表示祝福。由关东军一手操办，采用日本式“神前婚礼”。仪式举行前，两人在滨口家门前拍照留念。嵯峨浩内穿四层纯白内衣，外套红色中国衣料制做云纹花鸟衣与绯红和服裤裙。头发结成垂式发髻，两侧耸起，长发垂在后面。溥杰身穿“满洲国”大礼服，系着礼带，右手拿着礼帽，左侧腰上佩着礼剑。

婚礼结束后两人住在千叶县稻毛新居内，直至溥杰“回国”担任“满洲国禁卫步兵连队中尉”。溥杰说：“新婚之际，我特向溥仪写信报告了当时的甜蜜生活，因为我知道他对我俩的结合非常怀疑和不满。浩也由我授意给大哥溥仪写了信，表示等我毕业回国就一同回来，‘得早日瞻仰天颜，敬承圣训，实浩毕生之大幸也’。我们这样做的苦心，是希望获得溥仪谅解，能与他和平相处地生活下去。”因关联“帝位继承”，溥仪非常害怕和警惕溥杰夫妇诞生有日本血统的男孩儿，这封信便是出于对溥仪心情的考虑。但是关东军在这时已经决定了不把溥杰作为“帝族”，这实际也是要消除溥仪的疑心。直到“满洲国”崩溃为止，有关“帝族”的范围，一直没有在“法律”上加以确认，溥杰和嵯峨浩夫妻也始终没有被承认为“帝族”，嵯峨浩在日本也不是“王妲”身份。在植田关东军司令官看来，淡化溥杰夫妇的政治身份更有利于发挥他们在“帝位继承”上的实质性功能。

植田谦吉关东军司令官对婚礼前嵯峨浩前往日本大宫御所拜访皇太后和婚礼后溥杰与嵯峨浩在日本的生活，都向溥仪作了详细汇报。

溥仪为颁布《组织法中修正之件》发出敕语（1937年6月5日）

朕深察世局之进运，广稽宇内之形势，兹念损益。关于帝国统治之制度，愈伸国运，益固邦基之要，乃改定组织法条章，垂厥经制，用盗循守。尔僚司众庶，克体朕意，赞翼勿怠。

1937年5月28日溥仪"巡狩"刚刚竣工的净月潭水库工程（左起第一人即吉冈安直）

按：此为溥仪因伪满政府公布法规或文件而颁发的敕语。

溥仪颁布《恩赦诏书》（1937年7月15日）

朕审察内外之势，深念当务之急，爰革政府之组织，俾第二期建设之业，广济无所不及，治安无所不保。惟自肇兴之始，以迄今兹，边陬之地，荒远之域，声教之未覃被，蚩蚩之氓，昧于建国之义，铤而走险，弃身伏莽，或为匪类所煽惑胁要，投群图便者，为数不少。是按其形迹，则可以毋赦；求其真情，则可以毋罪。王道推仁为本，亲民为先。今究治其罪，密纲无漏，朕实不忍之，因敕职司，令亟设法赦宥，以开响化自新之路。无论濯心改过，迅行自首，誓复正业者，一律准之。尔职司其宜体朕好生之志，安民众于忠厚，永保咸熙之治，钦此。

按：溥仪基于"行政机构改革，国务庶政一新之机会"颁布《恩赦诏书》。

溥仪和植田谦吉关于卢沟桥军事冲突事件再对话（1937年7月21日）

（时间）昭和十二年7月21日上午10时30分至11时35分

皇帝：中国北部方面的问题是否会扩大？

大使：关于这一问题，尚不能断定。但据我看来，蒋介石为首的国民政府首脑部以维护国家统一、自己的权力和地位为目的，向广大军民进行反日抗日宣传，这种情况下，在表面上表示和平解决是不太可能的，并且排日抗日的宣传渗透到了广大军民之中，军人的反日抗日精神看来相当旺盛，即军队首脑想要和平解决，也恐怕在其他方面会有不祥事件发生，需要谨慎注意。作为我方，依然没有改变不扩大事件的方针，但是必须根据中国方面的态度，采取断然的措施。

按：从7月到8月，报告并评述中国战线的详细战况已成为植田谦吉与溥仪例行会见的主要话题。此次简短谈话就从溥仪不安地向植田发问展开。

溥仪为日本发动全面侵华战争致电天皇裕仁（1937年8月29日）

关于北支事变，深烦陛下睿虑。朕当统率满洲全国国民，与贵国完全协力，以期发扬两国精神一体之真义。当兹酷暑，敬祝陛下圣躬安泰。

按：卢沟桥军事冲突事件的发展方向尚不明朗，让溥仪充满忧虑。

溥仪“临幸国都建设纪念式典”颁布敕语（1937年9月16日）

国都建设于兹五年，计划依次进行，规模于以大备。深赖盟邦之援助与诸臣任事之劳勩，朕心良用嘉悦。所望生聚教训，众志整齐，毋忘缔造之艰，益期繁荣之实，其共勉之。

按：溥仪“幸临”伪满在大同公园举行的“首都新京建设第一次计划完成纪念式典”。关东军司令官植田谦吉、“国务总理大臣”张景惠及各部大臣等出席式典。“新京特别市长”徐绍卿、“国都”建设局局长郑禹就“国都”五年建设发表讲话，溥仪发布敕语。

溥仪在“国都”建设局楼顶平台上眺望市政建设

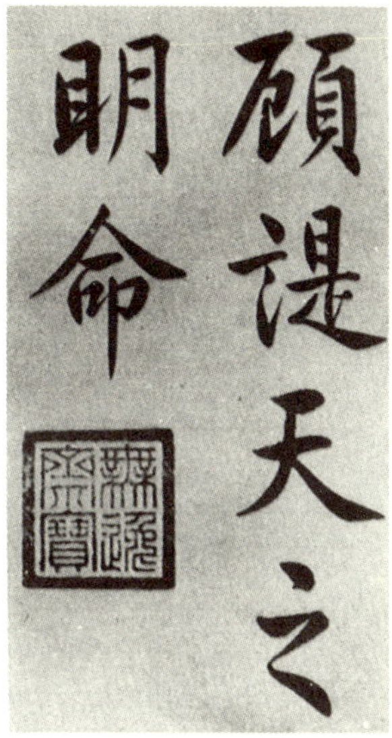

康德“御笔”

溥仪为“九一八”事变六周年颁布《时局诏书》（1937 年 9 月 18 日）

奉天承运大满洲帝国皇帝诏曰：兹为发扬与盟邦大日本帝国一德一心之真义，贯彻共同防卫之精神。以期亚东全局之安定，告尔三千万民众。惟我满洲帝国之奠定国基，以仁爱为政本，以忠孝为教本，赖盟邦仗义援助，国是以定，庶绩咸熙，彝伦攸叙，民俗日厚。朕不敢暇豫，夙夜惕厉，惟愿盖修德业，以盟邦之心为心，尽力亚东之和平。乃中华民国政府自迁移南京以来，蔑弃东方固有之文化，以抗拒排斥，为其宣传号召，自坏长城，而启容共之门，屡构事端，偏执不悛，竟与我盟邦挑衅。盟邦夙闵其情，推诚十年，宽厚待之，事既至此，势不得已，出膺惩之师，挞其暴戾，固非敌其民，乃欲除其误国殃民，扰乱亚东者也。名正事顺，神人所与，山川震荡，坚锐皆摧，公报翔实，记载可征。尔众庶宜体盟邦膺惩之大义，念我国当务之重任，上下相助，各备职事，协和亲睦，众志成城，振张国维，以发扬一德一心之真义，举其全力，以贯彻共同防卫之精神。任何艰阻，当与盟邦相共，庶几奠定亚东，同臻郅治，凡尔民众，永矢弗谕。钦此！

按：溥仪颁布《时局诏书》，表达了伪政权参与者们已见萌发的恐惧心理。

植田谦吉以两种身份向溥仪致谢（1937 年 9 月 20 日）

（时间）昭和十二年 9 月 20 日上午 11 时 30 分至 11 时 40 分

大使：今日特来向陛下致谢。首先，鉴于目前时局，陛下前日特别发布了日满一体的诏令，我以驻满特命全权大使的身份对此深表谢意；第二，陛下赏赐这次出征的关东军官兵烟草表示慰问，我以关东军司令官的身份表示感谢；第三，昨日有幸获陛下赏赐中秋节的月饼，植田谢谢陛下的一片心意。

皇帝：难为大使细心周到，专程前来道谢。请坐下谈。

大使：一坐下话就长了。今天还要拜访宫内府大臣，恕我告辞。

按：植田谦吉向溥仪致谢，分开使用“驻满特命全权大使”和“关东军司令官”两官衔表示身份，只此一次，且就发生在溥仪书斋中仅十分钟的短暂会谈里。植田避开常说的“关于此事，想必陛下已从吉冈那里听说”之类有具体内容的会话，明显是防备会谈内容外泄。外务省东亚局长召回的石射猪太郎，在 1938 年 1 月 6 日的日记中写道：“收到上海来信，详细报告了我军暴行。掠夺、强奸，惨不忍睹。呜呼！这就是皇军吗？日本国民的民心堕落了吗？这是一个重大的社会问题。”这正是“南京大屠杀”的自供状。

石原莞尔少将拜访“皇帝”溥仪的谈话（1937 年 10 月 13 日）

（地点）勤民楼上西便殿

（时间）昭和十二年 10 月 13 日上午 10 时 40 分至 11 时 10 分

皇帝：石原副参谋长是在满洲建国初期担任关东军参谋，面临困难局面，亲自饱尝了满洲建国艰辛的人。这次又到关东军奉职，当前局势困难重重，你能肩负起日满国防和维持满洲国治安的重任，我感到无比喜悦。希望今后多加保重，不懈努力。

石原：石原才疏学浅，力量微薄，但已抱定志向，尽量努力。我读过陆军幼年学校，后来又到士官学校读书，继而进入军队任职。学校的教育使我深感明治大帝之圣恩，至今不能忘怀。在满洲国建国初期，特别期待陛下的英明决策。明治大帝乐于倾听臣下直言，君臣之间宛如鱼水之交。我认为这是明治时代日本国力蓬勃发展的原因之一。明治大帝特下诏敕，希望君臣之间不要有隔阂。然而，我认为，由于太平持久，国民已习惯平静的生活，直言的大臣渐少，这是日本的一个忧虑。陛下让我时常入宫进言，这不仅是我石原一个人的光荣，我想也是满洲国的幸运。

皇帝：说实话，我还没有找到能够直言的大臣。能够直言的大臣，必须是舍身奉公之士。一心只顾自己发达的人是不会直言的。自己性格原本直率，常常对别人所说的话直言不讳地加以评论。一旦认识到自己错误，也会坦率承认，绝不会固执己见。满洲国官吏，首先必须充分理解、彻底贯彻满洲建国精神，领会日满一体、一德一心的意义并体现在行动上。另外，无论日本官吏或是满洲官吏，若以派系加以区别，自然会导致相互对立，因此消除这种区别、一视同仁是极为重要的。

皇帝：石原参谋副长今后进宫时，都会由林出担任翻译。一直以来，历任军司令官和我会谈，都是由林出担任翻译，前年访日时我也命他随行。他在翻译时绝不掺入个人的意见，并且毫无私心。非常忠实地进行翻译，性格也极为诚实，让他翻译，丝毫不用担心内容会泄露，五年来他一直是我的翻译，从未听说谈话内容走露。因此今后石原参谋副长入宫时，也想让林出做翻译。倘若林出有事不能前来，就以笔谈的方式进行。虽有其他翻译，但我都只用林出。谈话内容不会向外泄露，这一点完全可以放心。（面向林出）翻译这些也许有些为难，但请如实翻译。

石原：我知道了。今后将奉圣旨行事。

按：石原莞尔特以东条英机参谋长手下的日本关东军参谋副长、陆军少将身份，拜访“皇帝”溥仪并在西便殿谈话。

“九一八事变”的中心人物——石原莞尔作为关东军参谋副长回到了“满洲国”。1932年8月石原被调离伪满，先到陆军兵器本厂。10月作为国际联盟总会日本帝国代表随员派至日内瓦，又历任仙台步兵第四联队队长、参谋本部作战科科长、战争指导科科长等职，1937年3月升任参谋本部作战部部长，四个月后面临“卢沟桥事变”。石原对中国的认识有了很大改变：以张学良软禁蒋介石的“西安事变”为契机，实现了蒋介石南京政府和中国共产党的“国共合作”，结成抗日民族统一战线，对日作战能力大大增强。加之中国是拥有经济实力的发展大国，而且国土广阔，人口众多，石原认为进行持久战极为不利。他主张放弃关东军面向华北和南方的“讨伐中国论”，希望不再扩大侵华战争。石原的“不扩大”方针最终未被接受，9月，其作战部部长之职即被解除。9月13日，石原少将回到伪满，出任东条参谋长手下的关东军参谋副长。于是才有了一个月后的拜访“皇帝”溥仪的会面谈话。此时的石原仍坚持主张“取消关东军对满洲国政府内部指导的权力，退出政治干预，并督促军部对蛮横行为进行反省”。还建议“委托满洲国协和会为决定国策的中央机构”。其上司、关东军参谋长东条英机仍然拒绝接纳石原的设想，两人之间产生了很大的裂痕。

溥仪对作为翻译的“宫内府行走”林出贤次郎大加夸奖，深信他“不会向外泄露谈话内容”。然而，“5年以来他一直在暗中把溥仪的会谈内容送往日本外务省”，早已背叛了溥仪的信赖，这一点他本人最清楚。三个月之后的1938年1月，林出的命运忽然发生改变，从此远离了“新京皇宫”。

溥仪和植田谦吉关于溥杰夫妇拜谒溥仪的对话（1937年10月18日）

皇帝：大前天溥杰夫妇前来聚会，一边用餐一边谈了各种话题，非常愉快。浩真是一位高雅的女子。靠着溥杰和三格格的翻译，谈了不少话题。我不会说日语，但三格格的日语非常好，让人以为是日本人在说话。

大使：我在东京时，因为受邀参加竹田宫殿下举行的宴会，在霞关离宫有幸见到了三格格，后来又在其他场合碰到过一次，一共见过两次。虽然三格格穿的是满洲服装，但完全像是日本女性。我觉得，理想中典型的日本女子，应该是聪明而有主意的，平时不轻易外露，但在关键时刻能够发挥作用，三格格完全具备我们理想中优秀女性的性格。

按：1937年10月16日，溥杰和嵯峨浩夫妇从日本回到“新京”，18日第一次拜谒皇兄溥仪。溥仪谈及对浩的印象，措词极为简短。他在《我的前半生》叙述当时的心境说：“溥杰和他的妻子回东北后，我拿定了一个主意，不在溥杰面前说出任何心里话，溥杰的妻子给我送来的食物我一口也不吃。假若溥杰和我一起吃饭，食桌上摆着他妻子做的菜，我必定等他先下箸之后才略动一点。后来，溥杰快要做父亲的时候，我曾提心吊胆地为自己的前途算过卦，我甚至也为我的弟弟担忧。我相信那个帝位继承法，前面的几条都是靠不住的，靠得住的只是‘弟之子继之’这句话。关东军要的是一个日本血统的皇帝，因此我们兄弟两个都可能做牺牲品。”

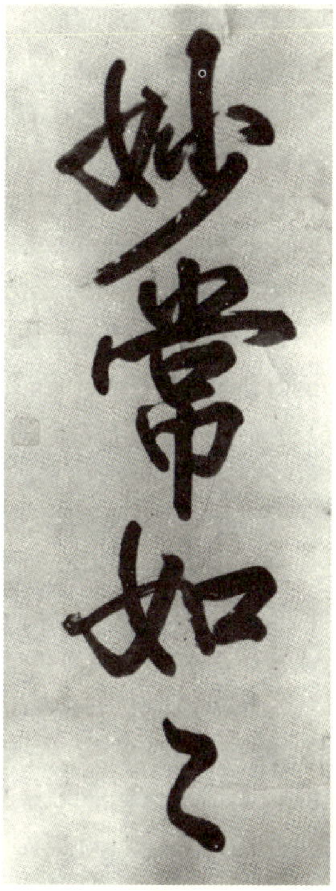

溥仪赏赐
溥杰夫妇的御笔

与“帝位继承法”相比，溥仪更想强调“康德”四年2月17日那份“备忘录”的第一条：“在康德皇帝和皇后之间确定不可能有男孩后，皇位继承需委托明智的昭和天皇决定，并且溥仪要向内外宣布天皇的英明决定。”按照此条文，可以理解为，若溥仪没有男孩诞生，弟弟溥杰即使不是“帝族”，只要日本天皇作出决定，溥杰和浩之间诞生的男孩便可继承“皇位”。这一做法既延续了清朝时期皇帝没有直系继承人时的继承方法（即可以由皇帝的兄弟之子继承帝位），又实现了关东军所希望的把“帝族”的范围缩至最小，从而不留下复辟清朝的痕迹。不久，溥仪又听到嵯峨浩怀孕的消息，那一瞬间就好像寒意渗入到了骨髓。

“满日条约”签订之日溥仪致电日本天皇（1937年11月5日）

大日本帝国天皇陛下：

今兹我国与贵日本帝国签订关于治外法权撤废并满铁附属地行政权移交之条约，因得我统治权圆满无亏，实为贵帝国终始不谕、仗义援助之赐，足以明证对我施政信赖之笃，铭感何极！亟当饬今有司，励精弗懈，必期运用之万全。更对国民训诰，以本条约之由来与意义，益臻亲睦，迈进建国之理想，以报贵帝国之厚谊。时维风霜日紧，陛下兴靖亚之师，濯征南北，去彼残暴，苏其无辜，威德所耀，共同防卫之精神，藉以有光，曷胜庆祝，恭申谢忱，并祝圣躬康健与贵国国运隆昌。

按：为日本废除在伪满的治外法权，溥仪致电日本天皇裕仁。天皇当即复电："此实贵国皇帝陛下建国以来御治绩使之然也。为两国永久交谊，无任庆祝。"

溥仪特派侍从武官连组向日军伤病兵下赐谕旨（1937年12月15日）

满洲国皇帝陛下宸哀深其轸念忠勇之日军战伤病兵，愿诸君早日恢复健康，再服军务。

按：溥仪特派侍从武官连组，赴"新京"陆军医院慰问日军伤病兵，颁赐纸烟3500支、点心费一封。同时向伤病兵下赐谕旨。

溥仪因林出贤次郎被解职提出疑问（1938年1月19日）

为什么不让林出晋见我？是不是有人妨碍林出来宫内府的？

按：溥仪对林出贤次郎被解职迷惑不解，向侍卫处处长工藤忠提出。因此事是关东军参谋长东条的决定，工藤忠不便回答。对此溥仪甚为不悦。

植田谦吉因溥杰夫妇生下女孩进宫向溥仪致贺（1938年3月11日）

大使：自溥杰上尉的夫人浩子分娩后，今天是第一次前来拜谒陛下。真是大喜事，在此我向陛下表示祝贺。日本有"一姬二殿"（译者注：头生女二生男最理想）的说法，先生一个女孩是好事。

去年浩夫人来满，初次见到她时，就对她说，日本的华族是我国皇族的屏藩，特别是嵯峨家族，在华族中也是居于高位的名门，因此要特别注意自己的行为。对于我国皇室的特点，难以一一列举，其中一点是心中无我，彻底无我。故浩夫人在毫无私心、诚心诚意地侍奉溥杰的同时，也必须无私地侍奉皇帝陛下，此事知易行难。

皇帝：这的确是极好的指导。去年溥杰结婚时，吉冈参谋赴东京之前，我看了大使让吉冈带给两人的注意事项，实在非常周到，对两人来说没有比这更好的教诲了。我也把训示带给了他们。两人自从归国后，一直都严守训示和注意事项，无可挑剔，家庭和睦，工作勤奋，我也很满意。

按：1938年2月26日溥杰和浩的女儿——爱新觉罗·慧生诞生了。溥杰在自传中写道："慧生出生时很多人都来祝贺。满洲国帝室御用挂关东军吉冈大佐也到医院来祝贺，他送给孩子的礼品是一件白色的松鼠皮大衣，听说他给孩子准备了两种绸带，如果是男孩儿，就用水色绸带；如果是女孩子，就用粉红色绸带。当他知道浩生的是女孩时，把系了粉红色绸带的礼物扔下就走了。为什么吉冈对我们有一个女孩那样地不感兴趣呢？因为根据'帝位继承法'的规定，我俩有了男孩儿，就可以由我来继承帝位，以后再由我俩的孩子来继承帝位，以便实现日本帝国主义直接统治满洲的阴谋。现在我们有了一位女儿，这就使得当初一手操办我俩婚事的吉冈大佐大失所望拂袖而去了。我喜欢慧生还有一个原因，这样做，溥仪就可以安于现状不用担心了。我的心情很矛盾，继承帝位似是喜事，但我不忍让溥仪伤心；不继承帝位，对我来说仍维持现状，但溥仪可以放心了。溥仪对慧生的出生非常高兴，也许因为她是个女孩，不会让日本人的阴谋得逞!"

溥杰并不是"帝族"，根据"帝位继承法"是不可能继承帝位的。然而，关东军和溥仪签订的"备忘录"还另有规定，"满洲国"的"帝位继承"最终由日本天皇决定，如果溥杰和浩生出男孩儿，还是有机会继承"帝位"的。"帝室御用挂"吉冈大佐如此冷淡，"皇帝"溥仪这才松了一口气，也是有原因的。

植田还谈到他指导浩如何在满洲生活，谈论对溥杰夫妇的要求。结束会见之前，植田对溥仪近日一直不走出缉熙楼、也不在勤民楼办公予以劝告。

写完这篇记录，林出贤次郎就被取消了"宫内府行走"的名义，他结束"手记"时还特意写上了关东军参谋长东条英机的名字，暗示此人正是导演这场解聘剧的主要人物。此后林出还在3月22日和4月1日溥仪和关东军司令官会见时在场，同样留下记录。在"宫内府行走"的资格被取消后林出还能参加会谈，是因为关东军司令官以"大使"身份"入宫"拜谒，而林出当时仍是关东军特约工作人员。这两份最后的记录所用纸笺，是印有"O. S. K. LINE"字样和轮船会社社旗的便笺，系1937年刚开始在中国北部航路航行的大阪商船上的备用稿纸。记录应该是回国途中在船上写的，充分表现出林出对《绝密会见录》的执着。这4月1日最后的记录报告了“满洲国”初创期的功臣——前“国务总理”郑孝胥去世于3月28日的死讯，死因是十二指肠溃疡。但对林出来说，已经没有再向日本外务省发送的必要了。两三天后，作为时代记录者的林出贤次郎离开了“新京”。

郑孝胥病故溥仪赐以国葬并颁发敕书（1938年3月31日）

朕闻前任国务总理大臣、大勋位郑孝胥病故，深为震悼。兹俾政府修国葬之礼，显厥勋劳，以永功烈。

按：溥仪赐郑孝胥“国葬”，并颁发敕书。

溥仪派遣熙洽赴柳条路郑孝胥宅邸致送诔文（1938年4月19日）

繄朕股肱，盖谟纯德。天赐良弼，辅斯建国。钦若班政，敷言布教。仁经义纬，惟忠惟孝。率礼履谦，宣化大猷。海宇人安，民竞齐修。兼济协和，人代天工。奄闻溘逝，流泽无穷。予杯震悼，笃念靡己。礼从国葬，锡以哀诔。

按：溥仪派“宫内府大臣”熙洽前往柳条路郑孝胥宅院，面向灵堂进香烧纸，并宣读溥仪的《诔文》。

伪满建国大学创立并举行开学典礼，溥仪“下赐”敕书（1938年5月2日）

方今世界形势，开运循环。命当维新，数会应变。我国顺天安民之业，与盟邦一德一心，协和民族，平章庶政，六载于此，眷命弥笃，邦运弥兴。今兹政府并立建国大学，为国将有造就植干栋梁之才，时哉维时，朕深怿之。惟本大学为我国最高学府，政教之渊源，文化之精粹，经天纬地之学，修齐治平之道，教于此，学于此。始可以施于天下而无憾。使命之重，不容一息放过。尔教职诸员及学生等，克体我建国之精神与政教之本义，宜明其原理，而无所不彻底发扬其功化，而无所不覃及本诚意正心之学，而广东西淹通之识，明办体用，合一知行，为我国学新开一生面，造就实济之材，出膺负荷之任，光绍先进之休烈，而自疆不息，勖襄协和会之事功，而振兴国维，其所集大成其效固至宏也。特降明敕，用示朕兴学育才之至意。钦此。

按：为了适应殖民统治的需要，关东军认为必须建立一个能够培养出大批殖民统治骨干的场所。1937 年 2 月由关东军第四课（即满洲课）筹建，在伪满新京成立了“建国大学创建委员会”，东条英机为委员长，总务厅长官星野直树为副委员长。伪满建国大学于 1938 年 5 月 2 日正式成立，同日举行开学典礼。溥仪颁发“敕书”，确立其为伪满洲国最高学府的地位。

溥仪以敕令公布《文官令》并颁发诏书（1938 年 5 月 7 日）

我国建国伊始，表正国是于世界，而安民族于协和，与盟邦一德一心，国基益固，庶绩日熙。深念建国精神洪业，明命悬如天日，实济之望，仰在众庶，责系官吏。苟期郅治之隆，非举贤能擢英俊，黜不肖斥贪墨，录取忠诚奉公自靖献身之士，湔除陋习，振饬纲维，何以彰信万邦而立诚天下？然则，开登庸之门，宜公明正大，不分民族，不限门第，达任用之才，宜历试详填，以励濯磨，敏求之志庶，济济多士，四方竞兴相我，国运光大，发挥之功必可期也。兹经咨询参议府裁可文官令公布之，昭以官吏所应率由尔有司体朕意，恪遵勿懈。

按：溥仪经咨询参议府裁可以敕令公布《文官令》并颁发诏书。

溥仪公布伪满、日本与意大利国贸易协定并颁发诏书（1938 年 8 月 27 日）

奉天承运，满洲帝国皇帝宣示于阅本状之有众曰：康德五年七月五日，在日本国东京，经本国及日本国并意大利国之各全权委员署名盖印之为规律，以满洲国及日本国为一方，以意大利国为他方之贸易，及关此之支付之满洲国政府、日本国政府及意大利国政府间协定，朕亲加核阅，特予批准。

按：溥仪经咨询参议府批准公布伪满、日本与意大利国贸易协定并颁发诏书。

溥仪派熙洽出席协和会全国联合协议会并宣读敕语（1938 年 9 月 26 日）

方今国际情势益趋重大，内外国据所亟期待振作者，举国上下强忍奋励，协和奉公，以济时局之艰难，以期国运之进展，以酬盟邦之情谊，而维持东亚之和平。尔协和会全国联合协议会代表，其恪尽职责，以举宣德达情之实，互相策勉，是乃朕所厚望焉。

按：伪满协和会全国联合协议会开幕，溥仪派宫内府大臣熙洽前往中央本部礼堂，代为宣读敕语。

溥仪就伪满赤十字社正式创立颁发敕书（1938年10月1日）

兹创立满洲国赤十字社，而继承恩赐财团普济会及日本赤十字社满洲委员部之事业，以帮助战时卫生勤务，并于常时任医疗救恤及救济之事，朕实嘉之。尔社务体朕意，以仁爱为心，以奉公为志，不划畛域，尽其至诚。一旦际诸缓急，鉴于日满共同防卫之大意，与日本赤十字社互相联系，共同致力，则必克贯彻宗旨，可以补清明之化，可以济艰难之局。当务之急，共同勖之。钦此。

按：“满洲国”赤十字社正式创立。总社设在“新京”北安路，总裁由参议府议长臧式毅充任，理事长为日本陆军中将武田秀一，副理事长为“宫内府内务处长”商衍瀛。溥仪颁发敕书并下赐现金作为该社资金。“国务总理大臣”张景惠进宫，向“宫内府大臣”熙洽领受敕书。

溥仪就日军攻陷武汉致日本天皇的贺电（1938年10月28日）

庆祝之至，此固圣上御棱威之所使然，实亦我尽忠报国，皇军将士之神速果敢作战进击之结果也。于此光辉伟大之战果内，其所潜在之牺牲、困苦、缺乏，实全为绝于吾等之想象者，实必须充分且明了加以认识。于兹对于皇军将士之满腔感谢与感激之情，诚不禁涌然而溢出焉！我等于此非仅祝汉口陷落之大捷，同时对于事变开始以来，皇军将士之绝大牺牲，与诸忠勇义烈之奋斗，龙宜正襟捧以感谢之意。枪后之守护，更宜使其愈趋巩固，各人精励其本分，愈再顺应国策，全尽为国民之义务，以图扩充且发扬汉口陷落之战果也可。

按：为祝贺日军攻陷武汉，溥仪致电日本天皇裕仁。

溥仪以敕令第一号公布《武官令》并发布敕谕（1939年1月4日）

国家肇造，于兹七载，国基益固，庶绩咸熙。胥我军人，克遵训谕，拳拳服膺，以效匪躬之节，用建伟勋。夫军人为国家之中坚，举凡国家之防卫，治安之维持，均系于军人双肩之上。是以军人须具有忠诚勇武一死报国之精神，坚忍不拔之毅力，洁身自好，为四民之表，率干城之上选。并与盟邦将士浑成一体，努力共同防卫，则国运隆昌与东亚之永远和平，方可期其实现。兹经咨询参议府裁可武官令，著即公布，以昭军人信守。凡尔军人，克体朕意，钦遵勿懈。

按：溥仪经咨询参议府裁可以敕令第一号公布《武官令》并发布敕谕。

溥仪出席本年度伪满协和会并颁赐敕语（1939年9月30日）

朕曩日敕尔协和会，勖示建国之真义，与宣德达情之要道，会见等咸克钦承，矢志体国公忠，朕深嘉之。兹当第六次全国联合协议会，尤宜审察世界之情势，与我国重任之枢轴，惟倍惟义，以襄宏济之盛业，贡献东亚新秩序之建设，其共勉之。

按：溥仪出席本年度伪满协和会全国联合协议会，并颁赐敕语。

溥仪就伪满公布《国兵法》颁发《国兵法实行诏书》（1940年4月11日）

夫国本之固，必赖国民之一心；国运之竞，必恃国军之精强。以是古者，寓兵之农，举通国之民，悉充干域之任，使践斯土者，咸奉捍卫之责。食斯毛者，感重稼穑之务。念念不离乎国，事事不忘乎公，属治而有备，闻警而无患，良法美意，历历可征也。我国与盟邦日本帝国夙以一德一心之谊，申以共同防卫之约，国军之制于其根本方针，固不容毫厘出入。矧东亚现形旷古创举，惟待我两国之力而决其兴废乎？朕深鉴之。兹为建置精锐之国军，练成人民之中，坚依组织法第三十六条，经咨询参议府定国兵法，俾有司公布，昭示尔众庶，其宜克体本法真意，审察时运进展，奋献国之志，致奉分之诚，固千载不拔之国本，而扬万邦具胆之国运，以贯彻我建国之本意，钦此！

按：溥仪出席了4月9日在“宫内府”勤民楼健行斋召开、由议长臧式毅、副议长桥本虎之助主持的参议府会议，审议并通过了《国兵法施行令》。溥仪颁布《国兵法实行诏书》。

溥仪颁发《国本奠定诏书》(1940年7月15日)

朕兹为敬立建国神庙，以奠国本于悠久，张国纲于无疆，诏尔众庶曰：我国自建国以来，邦基益固，邦运益兴，蒸蒸日跻于隆治。仰厥渊源，念斯丕绩，莫不皆赖天照大神之神庥，天皇陛下之保佑。是以朕向躬访日本皇室诚悃致谢，感戴弥重，诏尔众庶，训以一德一心之义，其旨深矣。今兹东渡恭祝纪元2600年庆典，亲拜皇大神宫，回銮之吉，敬立建国神庙，奉祀天照大神，尽厥崇敬，以身祷国民之福扯，式为永典。令朕子孙万世祇承，有孚无穷，庶几国本奠于惟神之道，国纲张于忠孝之教。仁爱所安，协和所化，四海清明，笃保神庥。尔众庶其克体朕意，培本振纲，力行弗懈，自强勿息。钦此。

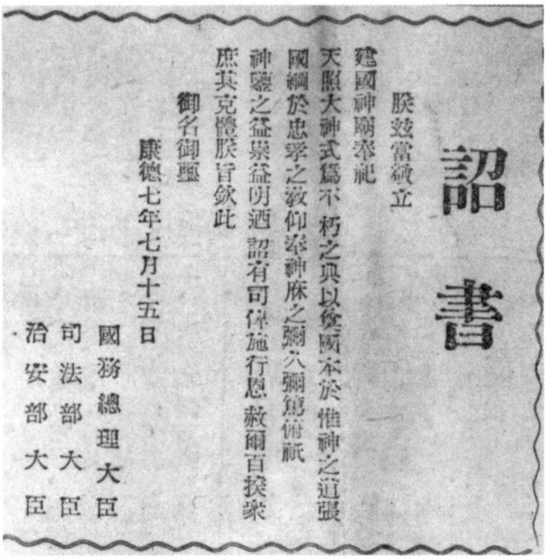
詔書

朕玆當敬立
建國神廟奉祀
天照大神式爲不朽之典以奠國本於惟神之道張
國綱於忠孝之教仰奉神庥之彌久彌篤俯祇
神靈之益崇益明迺詔有司俾施行恩赦爾百揆衆
庶其克體朕旨欽此
御名御璽
康德七年七月十五日
國務總理大臣
司法部大臣
治安部大臣

《国本奠定诏书》

按：溥仪发布的《国本奠定诏书》是由“国务院总务厅”特约顾问、汉学家佐藤知恭起草的。发布此诏书表明溥仪走上了借助日本神道和皇室力量的“皇道”之路，彻底贯彻神道，强制推行神道思想，而这也是溥仪无法拒绝日本主子逼迫他放弃复辟清朝的结果，令其内心很痛苦。溥仪在东京审判中作证中说：“是吉冈中将让我去日本迎接天照大神的。吉冈说这是关东军司令官梅津美治郎命令他的，是日本政府的决定，不能更改。”他又在《我的前半生》一书中写道：“我每逢动身去神庙之前，先在家里对自己的祖宗磕一回头，到了神庙，面向天照大神的神龛行礼时，心里念叨着：‘我这不是给它行礼，这是对着北京坤宁宫行礼。’”而从社会层面来说，把异国宗教拿过来，强行要“本国国民”祭祀，也就是夺去了民众内心的自由。

溥仪颁发《恩赦诏书》（1940 年 7 月 15 日）

朕兹当敬立建国神庙，奉祀天照大神，式为不朽之典，以奠国本于惟神之道，张国纲于忠孝之教。仰奉神庥之弥久弥笃，俯祗神鉴之益崇益明。乃诏有司，俾施行恩赦。尔百揆众庶其克体朕旨。

按：溥仪颁布《恩赦诏书》，与《国本奠定诏书》相辅而行。

溥仪就伪满公布《组织法中修正之件》发表敕语（1940 年 7 月 15 日）

朕兹为立建国神庙，躬行国之祭祀，尽其诚敬，设祭祀府，令掌国之祭典，供其职事。将组织法中修正之件，俾有司公布施行。凡我国民，应宜致思建国之本义与政教之渊源，一其永信，永永勿懈！

按：对“组织法的修正”，最重要处就是以“1940 年 7 月 15 日敕令第 184 号”的形式，规定了“对于建国神庙及其摄庙之不敬罪处罚法”。主要有三条：“第一条：对于建国神庙有不敬之行为者，处一年以上之有期徒刑；第二条：对于建国神庙之摄庙有不敬之行为者，处七年以下之徒刑；第三条：本法无论何人，对于在帝国领域外犯本法之罪者，亦适用之。”另有《附则》，“本法自公布之日施行”。

溥仪在“兴亚国民动员大会”上“赐旨”（1940 年 9 月 19 日）

朕兹亲临兴亚国民动员全国大会，率领全国国民，共同庆祝大日本帝国纪元 2600 年，朕心深为喜悦。鉴于方今时局重大，务求实践，发扬日满一德一心之精神，增强国民之训练，团结国民之总力，克服时艰，向前迈进，不胜期望之至！

按：伪满在新京举行庆祝日本纪元 2600 年“兴亚国民动员大会”，关东军司令官兼驻满特命全权“大使”梅津美治郎、“国务总理”张景惠等“日满”官吏、外国驻伪满代表、汪伪等伪政权代表到会。伪满、日本、汪伪等 50000 名青年参加大会。下午 2 时溥仪“幸临”会场并“赐旨”。

溥仪赐给罗振玉的手谕（1941年1月22日）

此次变乱，为过激主义之萌芽，如不迅速排除，势如燎原之火，正东西永远隐忧矣！

按：1924年溥仪被逐出宫后赐给罗振玉的手谕，当年未公布，被日本陆军大佐竹本太吉收藏，竹本死后在遗物中发现并刊于1941年1月22日《盛京时报》。

溥仪会见侵华日军总司令冈村宁次并留字（1941年2月20日）

胜利

按：溥仪会见侵华日军总司令冈村宁次，并给他写了“胜利”二字。

溥仪亲临建国神庙“建国节祭”至神前祈念（1941年3月1日）

邦基益固，民众福祉。

按：伪满建国节，溥仪在宫中举行祭祀和典礼活动。按照伪满公布的“祭祀令”，举行“建国”神庙唯一之大祭“建国节祭”，溥仪亲至神前祈念。

溥仪出席伪满陆军军官学校开学典礼并发布敕语（1941年6月20日）

尔等必当拳拳服膺，以身作则，俾发扬一德一心之真谛。

按：溥仪出席“新京”东郊拉拉屯新成立的陆军军官学校开学典礼，“亲临”学校阅兵场观看阅兵式，为学校所在地赐名“同德台”并发布敕语。

溥仪视察伪满最高法衙等机构并发布敕语（1941年7月1日）

我国自施行法院组织法，确立司法制度以来，兹经五年安众之绩，卓而可观，朕深怿惟法律经邦之规矩，正义之准绳运用之。关于政法最重划一之合于

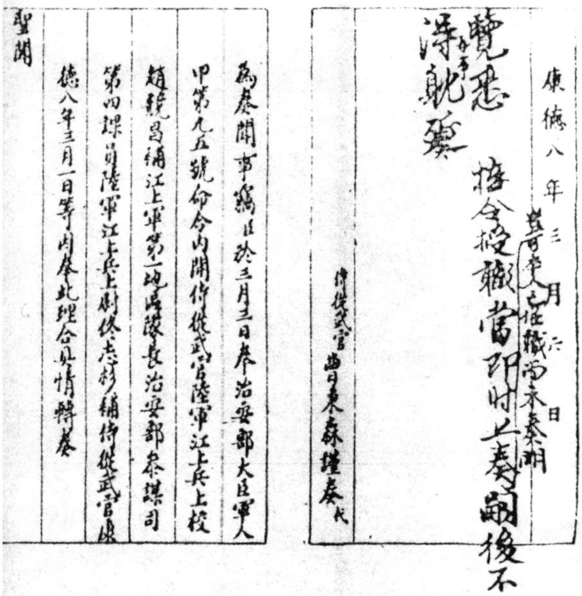

康德八年三月六日

侍從武官 曹秉森謹奏

為奏聞事竊臣於三月三日奉治安部大臣軍人甲第九五號命令內開侍從武官陸軍江上兵上校趙毓昌補江上軍第一砲艦隊長治安部參謀司第四課員陸軍江上兵上尉佟志杉補侍從武官康德八年三月一日等因奉此理合具情轉奏

聖聞

溥仪发布的“诏书”以及在臣下奏折上签批的原迹

民情，甚尔难有司等，务体建国本义，以贯彻日满一德一心之精神，推忠厚广仁爱，公平执法，中断事宽猛相济，轻重靡失，以期法协于道，治迪于德。

按：溥仪视察伪满最高法衙、最高法院和最高检察厅，进入法庭、侦察、裁判检察、行刑等庭室并发布敕语。

溥仪颁发《时局诏书》（1941 年 12 月 8 日）

奉天承运大满洲帝国皇帝昭诏尔众庶曰：盟邦大日本帝国天皇陛下，兹以本日宣战美、英两国，明诏煌煌，悬在天日。朕与日本天皇陛下精神如一体，尔众庶亦与其臣民咸有一德一心、夙将不可分离关系，团结共同防卫之义。死生存亡，断弗分携。尔众庶咸宜克体朕意，官民一心，万方一志，举国人而尽奉公之诚，举国力而援盟邦之战，以辅东亚戡定之功，贡献世界之和平。钦此。

按：日本发动太平洋战争并带领伪满对美、英宣战之际，溥仪颁发《时局诏书》。该诏书也出于佐藤知恭之手，是吉冈安直最早把诏书草稿拿给溥仪看，并说当晚必须在“宫内府”召集全体大臣、参议等

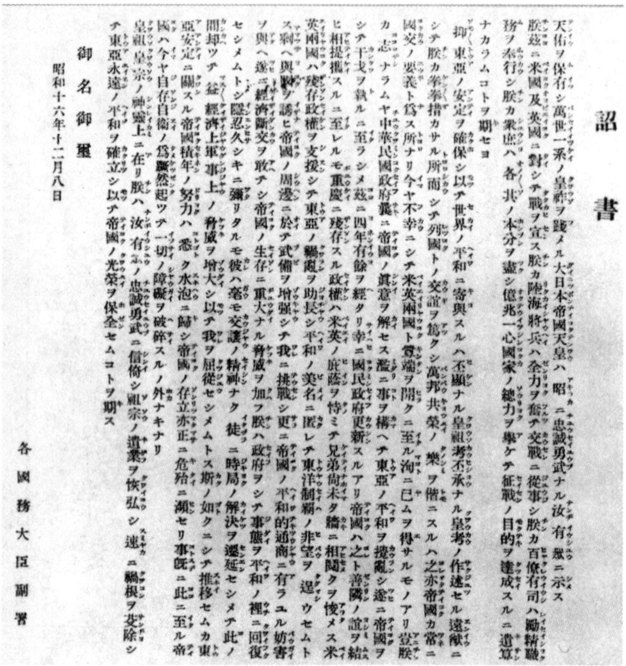

詔書

天佑ヲ保有シ萬世一系ノ皇祚ヲ踐メル大日本帝國天皇ハ昭ニ忠誠勇武ナル汝有衆ニ示ス

朕茲ニ米國及英國ニ對シテ戰ヲ宣ス朕カ陸海將兵ハ全力ヲ奮テ交戰ニ從事シ朕カ百僚有司ハ勵精職務ヲ奉行シ朕カ衆庶ハ各〻其ノ本分ヲ盡シ億兆一心國家ノ總力ヲ擧ケテ征戰ノ目的ヲ達成スルニ遺算ナカラムコトヲ期セヨ

抑〻東亞ノ安定ヲ確保シ以テ世界ノ平和ニ寄與スルハ丕顯ナル皇祖考丕承ナル皇考ノ作述セル遠猷ニシテ朕カ拳々措カサル所而シテ列國トノ交誼ヲ篤クシ萬邦共榮ノ樂ヲ偕ニスルハ之亦帝國カ常ニ國交ノ要義ト爲ス所ナリ今ヤ不幸ニシテ米英兩國ト釁端ヲ開クニ至ル洵ニ已ムヲ得サルモノアリ豈朕カ志ナラムヤ中華民國政府曩ニ帝國ノ眞意ヲ解セス濫ニ事ヲ構ヘテ東亞ノ平和ヲ攪亂シ遂ニ帝國ヲシテ干戈ヲ執ルニ至ラシメ茲ニ四年有餘ヲ經タリ幸ニ國民政府更新スルアリ帝國ハ之ト善隣ノ誼ヲ結ヒ相提攜スルニ至レルモ重慶ニ殘存スル政權ハ米英ノ庇蔭ヲ恃ミテ兄弟尚未タ牆ニ相鬩クヲ悛メス米英兩國ハ殘存政權ヲ支援シテ東亞ノ禍亂ヲ助長シ平和ノ美名ニ匿レテ東洋制覇ノ非望ヲ逞ウセムトス剩ヘ與國ヲ誘ヒ帝國ノ周邊ニ於テ武備ヲ增強シテ我ニ挑戰シ更ニ帝國ノ平和的通商ニ有ラユル妨害ヲ與ヘ遂ニ經濟斷交ヲ敢テシ帝國ノ生存ニ重大ナル脅威ヲ加フ朕ハ政府ヲシテ事態ヲ平和ノ裡ニ回復セシメムトシ隱忍久シキニ彌リタルモ彼ハ毫モ交讓ノ精神ナク徒ニ時局ノ解決ヲ遷延セシメテ此ノ間却ツテ益〻經濟上軍事上ノ脅威ヲ增大シ以テ我ヲ屈從セシメムトス斯ノ如クニシテ推移セムカ東亞安定ニ關スル帝國積年ノ努力ハ悉ク水泡ニ歸シ帝國ノ存立亦正ニ危殆ニ瀕セリ事既ニ此ニ至ル帝國ハ今ヤ自存自衞ノ爲蹶然起ツテ一切ノ障礙ヲ破碎スルノ外ナキナリ

皇祖皇宗ノ神靈上ニ在リ朕ハ汝有衆ノ忠誠勇武ニ信倚シ祖宗ノ遺業ヲ恢弘シ速ニ禍根ヲ芟除シテ東亞永遠ノ平和ヲ確立シ以テ帝國ノ光榮ヲ保全セムコトヲ期ス

御名御璽

昭和十六年十二月八日

各國務大臣副署

伪满《时局诏书》影本

开“御前会议”，请“皇上”亲自宣读诏书，还要说几句表示伪满洲国应尽全力支援日本“圣战”的决心。同时由伪满国务院张贴布告，把每月8日定为“《时局诏书》奉戴日”，强令各机关、团体、学校、企业和农村一律举行仪式，宣读诏书，“贯输协力圣战”思想。

溥仪致日本天皇的亲电（1941年12月8日）

祈念此次圣战获胜，同时满洲帝国上下一致，为完遂盟邦之圣业，宜以坚固决意而行协力之。

按：日本对美、英宣战之际，溥仪向日本天皇裕仁拍发亲电。

溥仪发布谕旨（1941年12月8日）

我国虽不能以武力协助日本，而此次之战争，乃大东亚全民族与盎格鲁-萨克逊民族之战，故全民必须奋力努力。

按：伪满总务长官武部六藏在省次长会议上传达了“皇帝”在12月8日开到深夜的御前会议上颁发的这项谕旨。

日军攻陷新加坡之际溥仪赋七言律诗《御庆诗》（1942年2月16日）

霹雳呼訇降自天，永扫妖氛开坤乾。
黎明初曙光海陆，伟哉皇军功盖前。
大义凛然北方镇，日满一心同苦甘。
捷报传来无限喜，翘望东天申庆欢。

按：1942年2月15日，日军司令官山下奉文率侵略军占领新加坡的消息传来，吉冈安直挥笔画出《山水屏风图》给溥仪看，并请“皇上”题诗庆祝皇军的“胜利”，溥仪便在画面上写下这首七律。原诗无题。

日军攻陷新加坡之际溥仪向天照大神祈念武运长久（1942年2月17日）

祈念武运长久，对为大东亚解放之圣战奋斗之日军将兵，垂以感心之帝虑。

按：溥仪冒着严寒，拂晓亲临“建国”神庙向天照大神祈念武运长久，丑态毕露。

溥仪释放内廷司房逃跑人员毛永惠（1942年2月25日）

在北京羁押数日释放。勿庸解京。

按：内廷司房人员毛永惠逃跑，在北平被抓获。本应押回“新京”严惩，溥仪念其年老，平日尚无大过，乃放过。此类情形发生多次，他信奉“不杀生”。

溥仪发布《建国十周年诏书》（1942年3月1日）

我国自肇兴以来，历兹十载，仰赖天照大神之神庥，天皇陛下之保佑，国本奠于惟神之道，政教明于四海之民，崇本敬始之典万世维尊。奉天承运之祚垂统无穷，明明之鉴如亲，穆穆之爱如子，夙夜乾惕，惟念昭德，励精自懋，弗敢豫逸。尔有司众庶，亦咸以朕心为心，忠诚任事，勤勉治业，上下相和，万民相协。自创业以至今日，终始一贯，奉公不懈，深堪嘉慰。宜益砥其所心，励其所志，献身大东亚圣战，奉戴亲邦之天业，以尽报本之至诚，努力国本之培养，振张神人合一之纲纪，以奉答建国之明命。钦此。

按：伪满建国十周年之际溥仪颁发此《诏书》，把日本与伪满的关系确定为“父子关系”，同时发布《恩赦诏书》。

伪满“建国十周年”之际溥仪颁布《恩赦诏书》(1942 年 3 月 1 日)

我国自创业以来，以明刑弼教为立法之大本，以迁善改过，为执法之真轨。有司之克慎是意，期谳狱于有耻，兴录囚于自新，诲导之绩，年年可观，深堪嘉慰。兹逢建国十年纪念日，乃行恩赦。予以恩宥，尔有司宜奉朕爱民之心，体仁恕之旨，□广濯新之门，而免宿过之咎。令共仰清明之化，同履公忠之正路。有失于厚，勿失于薄。钦此！

按：溥仪颁布《恩赦诏书》，与《建国十周年诏书》相辅而行。

溥仪召见李守信的谈话 (1942 年 4 月 22 日)

溥仪单独召见伪蒙疆联合自治政府副主席、蒙古军总司令李守信。

溥仪：你的防地太平不太平？队伍有无困难？

(李守信原是溥仪的部下，当他走近溥仪时，还未来得及给溥仪叩头，溥仪就把他拉到跟前的沙发上坐下，随后溥仪以目示意，把侍从人员摒退才发问)

李守信：地方很太平，队伍也不困难。

溥仪：你如果有困难，可以和我谈。

李守信：我已干了这种事，陛下也明白，我缺少什么时，就一股劲儿地向他们要……

溥仪：你认识张侍从武官长吗？我听他说你和他早有关系。

李守信：我是他的门生。他的儿子张子明和我是结拜兄弟。

溥仪 (面有悦色)：那太好了，你有事现在当面不好说，可以和他说，他可以直接告诉我。

(李守信向溥仪鞠躬辞出，帝室御用挂吉冈安直和德穆楚克栋鲁普向他打听

“皇帝”同他谈了些什么，他只告诉了前半段，没有透露后半段的谈话内容。当天晚上，德穆楚克栋鲁普一行参加梅津美治郎为其举办的宴会。席间，溥仪的侍从武官长张海鹏的儿子张子明走到李守信跟前，二人偷偷交谈）

李守信：我们出门有日本宪兵跟着，对我们监视很严，故不能前去拜望令尊。你回去代我致意。

张子明：家父也有此感，所以未到宾馆看你，皇上对你早有印象，托家父叫我问你有什么要求？

李守信：今天上午接见时，我已谈了咱们的关系。现在我和德王正唱那一台戏，以后如有机会，一定报效皇上，现在彼此心里知道就行了。

（李守信怕吉冈安直和其他日本人看见，就示意张子明退到另一边去了）

按：此为溥仪召见伪蒙疆联合自治政府副主席、蒙古军总司令李守信时的谈话。4月21日上午11时，正在伪满访问的伪蒙古联合自治政府主席德穆楚克栋鲁普携随员、蒙古军总司令李守信等十人，搭乘宫内府红色礼车，由礼官岸名幸基和罗福葆陪乘，自保康门入宫。溥仪以贵宾之礼相待，在东便殿接见。德王称赞“满洲国”建国十周年之“伟绩”，敬祝伪满国运荣昌，对伪蒙古联合自治政府肇建以来屡受伪满支援深表感谢，并向溥仪献上赠品，计有：金丝猴一对、织物一对、蘑菇两箱、绒毡一对。同时对关东军司令官梅津美治郎、张景惠等各军官首脑都有赠礼。中午，溥仪在嘉乐殿设宴招待，张景惠等出席陪宴。午后1时30分德穆楚克栋鲁普一行退出帝宫。

溥仪在嘉乐殿宴席上颁布敕语（1942年5月2日）

朕当访问日本，克遂年来宿愿，颇蒙日本天皇陛下及日本皇室恳切欢待。其朝野臣民，举以热诚相迎送，实所铭感。而尤欣快者，此次访日，得悉日本天皇陛下宸衷与朕平日所怀抱之建国理想，完全如一，盖以东洋固有之思想道德，驱使善用现在之物资文明。若夫利己损人之思想，完全违犯我东洋精神。故须振奋此东洋精神，打开物资文明之梗塞。朕确信日满两国，因此次访日可以巩固提携，实现此理想，以此眺望科学世界，谓无翼而能飞空，无线而能言语，恐尚有不能置信者。但若热心精励，致力于科学发明，此非即为现在之飞行机与无线电。况此东洋精神，为数千年来之理想。故两国如此决心，必能成就，此日满两国连接，可以实现人类之和平。

满洲国精神亦全在兹，对此，与天皇陛下再三再四恳谈，精神完全归于同一，即谋确立世界人类福祉与东洋和平。关于此种理想，两国精神完全相同，两国理想完全相同，已由两元首昭示若揭，而完全结成一体，迈进于此大理想。此理想实为满洲建国之理想，且为众心之所在。而此东洋精神，在于人心之诚，至若为善，须超越彼此之界限。孟子所谓测隐之心，有孺子将落井，则人皆趋而往救之，此心非在求感谢也，非在求名誉也，亦非求报酬也。盖此赤心超越一切无他，东洋精神之根本，即为此诚学。1935 年、1936 年为非常时，何故如是言之乎？此乃因众皆利己排他，致群相争执不绝耳。为恢复常态，人类必先互相和睦，改除排他损人之思想，即与日本天皇陛下完全一体，定可于东洋乃至全世界恢复此理想。所谓恢复此理想，今或有认为空想者，但绝非空想，必能实现。此已于日本天皇陛下御约在前，朕确信实现此理想，必能招来世界人类之幸福。此理想则超越彼我世界，天人同相感合，恰如太空之空气，万物一律。

关于此种种理想，日本天皇陛下与朕精神全然一致，而向此大理想迈进者又复相同。是以凡我满洲国人，有不解此理想或有违犯此精神者，概非朕之忠良臣民也。又日本人不解此理想者，亦非日本人忠良臣民也。此种精神或此两国之关系，虽如两人而非两人，即二者盖一也。孔子曰“同其心可复天下”，故必使全世界恢复此理想，以此光被天下。斯方谓王道精华之结晶也。此朕所确信者，而欲谋其实现，天下国民全体务须仰体此种精神以迈进，以尽至诚。即超越彼我，谋人类福祉之增进。本日满两国之此种理想，则世界之和平可期。所谓一心同德，皆诚之所成也。此次访日，此种理想，此种精神，完全一致，实朕最愉快者也，其体朕此意，传达于官民，以期努力达成。

按：溥仪访日颁布《回銮训民诏书》纪念日，张景惠、臧式毅、武部六藏等各部大臣、参议府参议及在“新京”特任、简任官等进宫向溥仪朝贺。之后，溥仪至勤民楼西便殿会见前来祝贺的关东军司令官梅津美治郎。中午溥仪在嘉乐殿赐宴招待梅津、张景惠以下“日满”显官，并颁布《敕语》。

溥仪因在净月区建造“建国神庙”颁布谕旨（1942年7月15日）

兹相度新京特别市净月区及其附近之净地，营造庄严无上之建国神庙。俾于奉迁后国民众庶一致参拜，共仰神威。著即准备实施，恪恭将事，以副朕崇敬神明之至意，钦此。

按：伪满国务院与祭祀府联合发出布告，转达溥仪在净月区建造“建国神庙”之谕旨。

溥仪因谭玉龄之死颁发谕旨（1942年8月13日）

封谭玉龄为明贤贵妃。

按：刚传出谭玉龄的死讯，溥仪立即发出谕旨，追封“祥贵人”为“明贤贵妃”，择“吉日”举行“册封仪式”，并亲自书写了这几个字。

溥仪对祥贵人谭玉龄之死的事后回忆（1942年8月）

自从我到“新京”以后，因为和婉容之间的感情已达到完全破裂的地步，于是托我在北京的亲戚介绍了谭玉龄。结婚后我们二人之间的感情尚不错。几年后她患了重病，经中医诊疗的结果是患伤寒，但屡次服药总未见效，后来又让日本医生给她治疗。据日本医生说，她是患“粟粒结核症”，不料第二天她就死了。但我总疑心她是被日本人给害死的。因为当日本大夫乍一来看病时，还对她相当热心，还有护士给她输了血，医生也频繁地给她做了注射。可是吉冈安直闻知此事亲自赶来之后，便把这个大夫找去，和他谈了很长时间的话。这个大夫和吉冈谈话回来之后，我觉得他对于病人的诊治不像以前那样热心，也不那样频频地给她注射了。同时，吉冈安直还为她的病，特意搬进宫内府来住，并命他手下的“虾兵蟹将”——住在宫内府的日军宪兵，时常给担任看护病人的日本护士打电话。就是在这种情况下，过了一夜之后，第二天早晨她就死去了。

按：“祥贵人”谭玉龄死亡，停灵于宫内府西花园畅春轩。对此有种种传说。如谭玉龄所患之病，就有感冒、伤寒、粟粒结核、水肿、膀胱炎、急性脑膜炎等，对其死因也有不治之症、日本医生小野寺在吉冈安直指使下注射毒药至死等，其说不一。溥仪认为他最心爱的“祥贵人”是吉冈安直害死的。

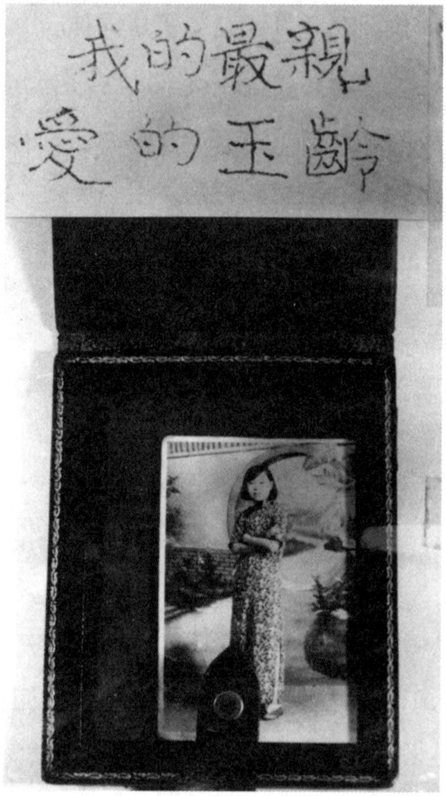

溥仪在谭玉龄的照片背面亲笔写了“我的最亲爱的玉龄”几字，并把照片珍藏在庄士敦赠送的皮夹内，一直带在身边

溥仪“临幸南岭建国十周年式典”发布敕语（1942年9月15日）

兹当我国建国十周年式典举行之期，率尔有司众庶共申庆祝，朕心甚为忻悦。惟念我国仰赖天照大神之神庥，天皇陛下之保佑，建国以来兹经十载，亲邦仁义援助，尔有司众庶至诚奉公，以有今日，至甚庆幸。惟兹世变万殷，时艰未已，朕躬精勤自励，夙夜不遑，尔等宜克体朕意，至诚一贯，仰迓神庥，祗承明命，奉翼亲邦之天业，以期达到世界之和平，朕有厚望焉。

按：溥仪身穿陆军军服，佩戴“日满”最高勋章，出席伪满在“国都”新京南岭运动场举行的庆祝“建国”十周年典礼。上午10时30分，由宫内府侍卫处处长金智元、熙洽、吉兴等扈从，由南岭式场正门入便殿，赐张景惠、武部六藏等觐见，再接见各国使臣。就座后张景惠宣布式典开始，军乐队奏伪满“国歌”。张景惠再向“皇帝”恭奏“帝寿弥荣，国运隆昌”的寿词。溥仪亲赐敕语。

溥仪“临幸”协和会纪念式典和开会式并下赐敕语（1942年10月1日）

朕兹临协和会创立十周年纪念式典并全国联合协议会开会式，惟念协和会创立以来，恒与政府表里一体，弼朕平章协和之治，使我建国精神于政教益明，于民心益澈，其功劳深堪嘉尚。今兹亲邦方开大通一新之时，神猷显赫光被大东亚共荣之域，皇谟辉煌，将普照万邦之表。尔会员宜仰体天业之真意，而尽报本之至诚，惟忠惟勇，献身奉公，奉对元神明明之鉴，用副朕殷殷之望，钦此。

按：溥仪出席伪满协和会全国联合协议会，会见协和会名誉顾问梅津美治郎之后，由张景惠和三宅光治分别以中文和日文两种语言，就“协和会运动之实践与挺身”“建国精神之显扬”“一意协办大东亚圣战之赤诚”敬谨奏报。溥仪乃下赐敕语。

1942年8月23日溥仪“临幸”伪满建国十周年大东亚建设博览会

溥仪为推行所谓《国民勤劳奉公法》发布谕旨（1942年11月18日）

夫治国之要，在作兴民心，集结民力，锻炼造就，以固其本，培其根。朕兹为以勤劳练成青年国民，依组织法第三十八条经咨询参议府，制定国民勤劳奉公法，俾有司公布昭示，尔众庶其宜克体本法真意，详察世运推移，益致报国之诚，愈奋奉公之志，以贯彻我建国之本义。

按：溥仪经咨询参议府裁可公布敕令第218号《国民勤劳奉公法》及第219号《国民勤奉公队编成令》，规定凡21岁至23岁未被征兵之青年男子，必须依法服役（12个月以内的强制义务劳动）。为推行所谓《国民勤劳奉公法》，溥仪发布了这项谕旨。

溥仪支持“大东亚圣战”的谕旨（1943年1月11日）

关于农产物增产，举官民努力之成果。又对于铁钢增产亦同样深值嘉赏，大东亚战争作战进展，今后更增大铁钢需要，所谓铁钢增产与节约，要在官民协力，以举其实，刻下进行中之新宫廷建筑工程必须使用钢材，鉴于现下时局，暂行中止。又访日宣诏纪念塔亦行同样中止。至于为工程而准备之铁材，奉供使用亲邦之圣战，我国诚如诏书所明示，举国力以援亲邦之战，荷有重大责务，官民须更奋励努力。

按：为节约钢铁，支持日本的“大东亚圣战”，溥仪召见伪满总务长官武部六藏（伪满国务总理大臣因病未到）并赐谕旨。

溥仪对军管区司令官赐宴时的讲话（1943年1月26日）

今后努力使国军愈益贯彻惟神之道，发挥满日一体之实。

对于或在堑壕中，或在炎热中，苦战奋斗之日本第一线将兵表示深甚感谢之意，共祈武运长久。

须以铁石精神、铁石训练为本旨。

按：伪满治安部大臣邢士廉率各军管区司令官张文铸等19人，进宫觐见溥仪，各自汇报各管区军情后，溥仪对邢士廉讲了第一句话。其后又在嘉乐殿赐午宴的餐厅里讲出后两句话。强调伪满国军应与日本关东军共同担负起“北边镇护重责”。

溥仪对觐见的武部六藏和阮振铎等赐以谕旨（1943年1月30日）

朕闻各省长奏各该省之政务，得知过去一年中之努力于省政，各奉有良好成绩，深为满足，并仰将以下各项传达于各该省长：一、官民须奉体《国本奠定诏书》之主旨，以图彻底普遍信仰惟神之道；二、须使官民彻底日满一德一心、民族协和之精神；三、官吏须自动地严守纪律，以图官纪之肃正；四、省长关于省政，应详察人民之实情，以亲切热心态度，率先垂范，务使人民信赖，衷心悦服；五、以中央所示国策、方针而指导之，务使人民具有与第一线将兵同样觉悟；六、一切国策皆集中于完遂大东亚战争为目的，应尽各种手段切实施行；七、国民应持信念：（一）大东亚战争必胜之信念；（二）增产必成之信念；（三）昂扬国民精神，使国内安如铁壁，前线将兵毫无后顾之忧之信念。

按：武部六藏、阮振铎应召入宫，溥仪赐以谕旨并命武部六藏向各省县传达。

溥仪对帝宫及宫内府钢铁类回收“下赐”谕旨（1943年1月）

正当大东亚战争勃发以来，亲邦陆海军到处博得赫赫大捷之际，不论日本、满洲所有后方者，必须与前线将士同心同力。国民首先：一、节约消费；二、增强生产；三、致力回收废品，以应战时需用。内廷及宫内府亦以同样之觉悟，特别节约铜铁类，极力回收应收之铜铁。此虽数量微乎其微，然举国尽全力，至诚协力亲邦之圣战，定能完遂当下之急务。宫内府大臣以下全体职员克体朕意，与朕戮力共助，致力亲邦奉翼。

按：溥仪召见“宫内府大臣”熙洽、“宫内府”次长鹿儿岛虎雄，对“宫内府”颁赐回收铜铁支援“圣战”的谕旨。

日本天皇向溥仪和婉容赠送纪念章，溥仪发表谈话（1943年3月1日）

天皇陛下对圣业之完遂日夜轸念，吾等全国国民惟有决死报国，以奉体圣虑于万一焉。

按：梅津美治郎代表日本天皇裕仁向溥仪转赠“中国事变从军记章”，向溥仪和婉容转赠“日本纪元2600年祝典纪念章”之际，溥仪发表感言谈话。

溥仪就伪满“战时教育”问题发出“赐旨”（1943年10月21日）

确立战而且学的教育之决战体制，乃为现下最要紧者。故从事文教者，须念念不忘于第一线将兵之苦劳，并彻底满洲国与亲邦死生存亡、断弗分携之精神，俾无遗憾协力满洲国民之任务遂行。

按：溥仪就伪满“战时教育”问题召见伪满国务院总理张景惠、伪满文教部大臣卢元善赐以谕旨。

溥仪向全东北人民下令对天照大神进行“总拜”（1943年12月12日）

祈祷日本战胜并感谢神恩，树立击灭美、英之弥昂的决意。

按： 一年前，即1942年12月12日下午1时22分，日本天皇裕仁亲拜伊势皇大神宫，而今此时仍行“国民总拜”。溥仪也以此时为期，亲临“建国神庙”，参拜天照大神，并向全东北人民下令对天照大神进行“总拜”，以示伪满和日本“一德一心”。

溥仪召见张景惠和武部六藏发布敕谕（1944年8月31日）

兹当战局愈益重大之秋，亲邦天皇陛下曾谕示宜亘物心两面充实战力之旨。我全国官民，宜加深认识日本之兴，则为满洲之兴；日本之亡，则为满洲之亡；而日满之兴废，又为全东亚之兴废。必尽一切手段，集中于战争完遂之一途，躬行实践，以期奉副天皇陛下之宸虑，并达成我目的。

按： 上午11时溥仪召张景惠、武部六藏进宫并发布敕谕。下午张景惠就公布于众，号召“国民”积极响应。

溥仪召见张景惠和武部六藏赐以谕旨（1944年12月26日）

今年处此国家难局，国务总理大臣以下全国官吏及协和会职员，咸能尽力竭力，忠实于职守；全国国民，又能认识时局，增强战力，以应国家之需要。明年我国仍将逢处空前之难局，全国官民，必昂扬必胜信念，以亲邦日本特攻队及我国兰花队之精神为精神，捐躯以报国，努力以援战。全国官民应各尽力于职守，各尽其职，各尽其能，以遂行大东亚圣战。明年又逢第一次访日《回銮训民诏书》涣发十周年之纪念之年，吾人更应彻底日满一德一心之精神，上下协力，共同迈进，赖神庥以决胜，使明年为圣战必胜之年。

按： 上午10时50分溥仪御临健行斋，听取“交通部大臣”谷次亨奏陈所管政务及伪满协和会会长张景惠奏陈协和会会务。下午1时30分溥仪召见伪满国务总理大臣张景惠、总务长官武部六藏，发布谕旨。

溥仪对觐见的伪满军事部大臣邢士廉等发出敕谕（1945年1月17日）

发挥特别攻击队之精神，迈向战争胜利一途。

按： 伪满军事部大臣邢士廉率参加军管区司令官会议的第一军管区司令官王之佑等人进宫参拜“建国神庙”。继而觐见“皇帝”，并分别奏报各军管区军务。听后溥仪发出敕谕。

溥仪派毓崇到奉先殿孝全成皇后神位前恭代行礼并传谕（1945年2月23日）

今年奉先殿奉移在防空室，虽朕四十整寿，只在缉熙楼暖阁受贺。

按： 清孝全成皇后忌辰，溥仪派毓崇到奉先殿孝全成皇后神位前恭代行礼并传谕。

溥仪裁可《国民勤奉公法修正之件》并发表敕谕（1945年3月11日）

朕兹鉴于时局现状，深察世运，推移辅东亚战定之功，举共荣之实，一齐兴战力于物心，两面爰为确立，国民勤劳奉公组织愈益精强，依勤劳之炼成，以使青年国民挺身干国家生产建设事业。依组织法第三十八条，经咨询参议府，裁可国民勤劳奉公法修正之件著即公布。尔众庶其宜克体本法真意，致勤劳报国之诚，全战力增强之任，以贯彻我“建国”本意。

按： 溥仪经咨询参议府裁可敕令第33号《国民勤奉公法修正之件》并发表敕谕。

溥仪颁发《恩赦诏书》（1945年5月2日）

朕正位揽纲，常以兆民之心为心，夙夜兢业，罔敢或懈。一夫不获，咎在朕躬。曩颁回銮训民之诏，尔等众庶，克副朕意。政本所立，治绩著于上；教本所重，善俗成于下。内之则举万民协和之实；外之则收一德一心之美。成绩所在，历历可征，深堪嘉尚。今当大东亚战争炽烈之秋，集结民力以增强战力，不容有一人弗劳。念彼囚众同为赤子，虽误陷于刑辟，使之久在囹圄之中，不能从事于斯，则于其家无所益，于其国无所补，而于朕爱民之意又无所慊，不亦遗憾乎！兹逢回銮宣诏十年纪念日，乃于此日广行恩赦，予以特宥。尔有司宜体朕诣，咸与更新，俾跻于忠良臣庶。立乎正，兴乎直，奋乎义。仍致思于时局，献力于奉公，以赞邦家隆昌之运。钦此！

按：是日为《回銮训民诏书》发布十年纪念日，乃发《恩赦诏书》，释放若干服刑犯人，以示“爱民”。

溥仪裁可《亲属继承法》并发布敕语（1945 年 7 月 1 日）

夫经国之道，在于兴教化，以正人伦。明伦之法，在于观九族，以正纲常。而纲常之正，则肇于齐家，家者由先祖以迄子孙世世相承，历久弗替。一家之中，父慈子孝，兄友弟恭，夫义妇顺，则家齐矣。朕兹依组织法第三十八条，经咨询参议府裁可《亲属继承法》，著即公布。尔众庶其宜克体本法之真意，彻底政教之本源，修身齐家，敦笃伦常，克忠克孝，家国一致，于以移风易俗，发挥我道义国家之精髓。

按：溥仪经咨询参议府裁可敕令第 216 号《亲属继承法》，并发布敕语。

溥仪宣读《退位诏书》后留话（1945 年 8 月 18 日）

本人基于日满一德一心之大义，现在退位。希望各位注意自己的身体健康，如有幸长生在世，想还能有再见的机会吧。

按：1945 年 8 月 18 日深夜，溥仪在大栗子沟矿业所职工食堂举行的退位仪式上宣读《退位诏书》。此诏书，世已无存。宣读完毕，溥仪的随口之言，永远留在了若干见证人的记忆中。

日本关东军决定溥仪动身去日本，并命令伪满政府把 3 亿日元的巨款汇往日本，充做溥仪逃往日本后的生活费用。溥仪在日本宪兵的监护下，与弟弟、三个侄子、两个妹夫、一个医生及用人等坐火车前往通化。溥仪携带一只原用于装电影放映机的皮箱，内装黄金、钻石、白金、珍珠、首饰和小件的古文物，此外还有一个皮包。其余大部分物品和家眷留在大栗子。火车到达通化后，溥仪等人分乘三架小飞机，经过四个多小时飞行到达沈阳，准备换乘大飞机直飞日本。苏军外贝加尔方面军第六坦克军官兵200余人乘飞机在沈阳机场空降，日军全部被苏军缴械，溥仪等人在机场被捕。

四、囚苏时期

1945年8月溥仪被苏军俘获并押往苏联直至1950年8月被引渡回国的5年，是溥仪极其特殊的一段人生经历。苏军将溥仪押解到苏联赤塔市旁边的莫洛科夫卡疗养院后，对警卫告诉说，溥仪不是战俘，是政治性人物。

苏联的所有收容所从没关押过“皇帝”俘虏，对身份特殊的溥仪实施了特别优待。莫洛科夫卡收容所专门为他举行了小型宴会，向他交代政策，并询问他有何要求。当时苏联的经济还相当困难，百姓只能维持“黑列巴”的生活，却把溥仪看成“疗养者”：每日四餐，早餐有面包和各种点心、咖啡、茶，午餐两菜一汤，下午三四点钟还要开一餐“午茶”，晚餐是牛舌、牛尾、果酒、点心等丰富的西餐。收容所为溥仪准备了在起居单间，安装了有线广播，播放音乐和俄语新闻。溥仪不需要劳动，可以散步、聊天，还将一架钢琴搬到了他的住处。这一切都令溥仪忘乎所以。又端起“皇上”的架子，生活起居都由三个侄儿和原随侍侍候。他接受请安，整日诵佛念经，坐床修行，摆弄诸葛神课、金钱卦，占卜自己的未知命运。他有两只大箱子，装满珠宝、首饰、翡翠、玉石、怀表等，经常用这些宝物拉拢、讨好苏联官方，被转移到伯力郊区红河子岸边别墅和第45特殊战俘收容所以后，苏方对他的优待依然如故。

溥仪也有文化生活，例如创意书写“天下太平”“福禄寿喜、平安如意”“喜气满堂”“正心修身、克己复礼”“唯吾知足”“招财进宝”“日进斗金”“五福寿为先”等“艺术拼字”，尽管都是中国传统常用的字句，但从中可见溥仪内心深处的期望和心理活动。从溥仪和润麒所合作完成的绘画作品，如紫禁城太和殿前的狮子滚绣球、中国传统舞龙图、案前读书图、“读有用书行无媿之事”挂轴等，则呈现了溥仪对老北京和紫禁城小皇帝生活的儿时记忆，对祖国、对家乡的怀念和爱恋之情，起到了传播中国传统和民俗文化的作用。

关于这一时期溥仪的生平活动、心理活动有许多问题值得探讨：溥仪被俘是偶然还是被出卖？溥仪多次上书斯大林申请留苏出于何种考虑？溥仪在远东军事国际法庭揭露日本罪行能证明什么？苏联为什么多次拒绝国民政府引渡溥仪要求？新中国成立后，苏联同意引渡溥仪说明什么？溥仪囚居苏联时期思想主旨是什么？应该怎样客观评价溥仪在苏联的囚居生活？它与其后在抚顺战犯管理所的战犯生活有何区别？

现把溥仪这一时期的存文整理公布。

莫洛科夫卡疗养院

溥仪在莫洛科夫卡疗养院不准他的三个族侄等染指女人（1945年9月至10月）

不准学他们（指溥杰、润麒、万嘉熙）！不准再上女人堆里去！看你们长脸不长脸！

按：负责管理莫洛科夫卡疗养院的苏军中校军官渥罗阔夫，一直陶醉在苏军对日胜利的喜悦之中。为优待溥仪等特殊俘虏，雇用了六七个年轻貌美的女子做服务员。这些俄罗斯姑娘很重感情，对溥仪随行人员十分好感，竟有大胆对润麒、万嘉熙表示爱意的。据溥仪随侍李国雄回忆，有狐臭的舒拉爱溥杰，托尼亚爱万嘉熙，最年轻又喜打扮的叶拉爱润麒。她们常把从树林中采来的野花插在对方胸襟上，久而久之，疗养所管理者也觉得不妥，就将这些女服务员全部更换成老太婆。托尼亚为此还大哭一场。这些姑娘也很令人动情，例如，当溥仪等人离开莫洛科夫卡疗养院时，最痴情于万嘉熙的托尼亚还身着艳丽红衣特意前往载乘他们的卡车经过之处话别，依依不舍随车跑了很远，直到最后变成一个红点儿，给万嘉熙等留下一生难忘的深刻印象。然而溥仪面貌严肃，姑娘们不敢对他轻举妄动。溥仪也很反对随行人员与女人亲近，他能管束毓嵣、毓嶦、毓嵒三族侄及医生黄子正和随侍李国雄，却管不住溥杰、润麒和万嘉熙。一旦发现族侄或随侍与女服务员说说笑笑，就会摆出皇帝的尊严和家长制作派，用鞋底子抽打他们的胳膊、腿，或把他们拧得身上青一块、紫一块，还边打边说“不准再上女人堆里去”那套话。但溥仪从不打他们脸，不打能露在外面的部位。

溥仪第一次上书苏联政府和斯大林要求在苏联长期居留（1946年1月10日）

承蒙贵国政府宽大为怀，拯救了我的生命，使我得以在苏联安全度日，为此谨向您表示诚挚的感谢。恕我多求：恳请贵国政府允许我在苏联长期居留，我将全心致力于对苏联社会主义及其他科学的研究。

我深深地热爱您钦佩您，因为这样，恳向您诉说我的请求，我希望留在苏联居住。四十年来我读了您的书，《列宁主义问题》《共产党简史》（即《联共［布］党史》），现在我明白了，苏联是世界上最民主最进步的国家，是弱小、被压迫的人民的指路星……苏联政府废除了死刑，这是新时代苏联对人类文明的保卫，过去的日子我曾请求过，希望自己留在苏联，但至今没有回音，我想在这里工作。愿您永远安康幸福！

按：1945年9月10日，溥仪主动找通晓汉语和日语的苏联赤塔州国家安全局符悦建斯基少校谈话，第一次口头向斯大林申请留在苏联，尚未得到斯大林的答复。同年11月，溥仪等人被送往伯力红河子看守所，生活仍很舒适，所有被关押人员都要参加苏方安排的各种劳动，唯溥仪例外。继而溥仪又被转入第45特殊战俘收容所，苏联政府对他依然优待，令他忘乎所以了。面对随从者仍然端着“皇上”架子，天天接受他们的请安。整日诵佛念经，坐床修行，还让随侍放哨，好让他摆弄诸葛神课和金钱卦，占卜未知的命运，也并不因此受到苏方干预，令他恍惚中感觉在苏联生活很好，乃生出可由苏联过渡，再迁寓英美的幻想，为此溥仪不惜讨好苏联的官员和监狱管理人员。

溥仪第一次上书苏联政府及斯大林是在他被拘押到苏联不久。1946年1月10日，由溥杰起草，溥仪签署，正式向斯大林提出书面申请，请求长期居留苏联。该信内容如下：一是写在日本人欺压下，“满洲国”民众遭受的苦难；二是感谢苏联政府、红军和最高统帅斯大林，将满洲从日本的压迫中解放出来。但没有刻意提出要留居苏联，只表示了留苏之意，意在向苏联政府投石问路。

与此信同时，溥仪还与原“满洲国”伪大臣张景惠、臧式仪、熙洽、邢士廉等共同署名呈递万余字书面材料，控诉日本军队占领满洲，建立殖民政权，在政治、宗教、教育、经济、移民等方面对满洲实施殖民统治。意在说明日本对中国东北的侵略罪行，表明自己是不得已被迫成为日本的帮凶。

溥仪被俘后就想长期留居苏联，以此逃避中国人民的惩罚，把苏联作为活命的过渡和跳板，摆脱现实困境，转道移民美国或英国。为什么敢于提出长期留居苏联的要求？他深知：历史上俄国就与日本争夺过中国东北，也都想利用他，日本已经做了，苏联未见得不想做。因此让他享受特殊俘虏待遇，或也不会反对他留居苏联，遂敢于提出长期留居的要求。

溥仪为什么要求留苏呢？其族侄毓嶦回忆说：“他想以苏联为跳板，然后跳到拉丁美洲某一国，过他在天津时期的寓公生活。”溥仪另一族侄毓塘认为：“这是因为他做过末代皇帝、日本傀儡，自认罪不容赦，害怕落到国民党手里，更怕落到共产党手里，他怕‘引渡’回国，审判杀头。”“他认为落在外国人手里，尚有活命的一线希望，倘若到了中国人手里，必然和陈公博一样上断头台。”“他并不热爱苏联，但屡屡要求留苏，只不过是权宜之计，企图先保住脑袋，然后再相机行事，转到拉丁美洲或美国去当‘海外寓公’，或者携带珠宝去英国投靠当年的老恩师庄士敦。”溥仪的族侄毓嵒也说：“溥仪深怕回到祖国会受审判，一再申请留居苏联。”张景惠之子张绍纪也回忆说：“他很害怕把他送回国内，因为他既怕落到共产党手里，也怕落到国民党手里，他极希望能留住在苏联。”总之，溥仪恐惧回国，就是害怕被杀头，就是为了逃避中国人对他应有的历史惩罚。

信写好就交给了苏联军官沃罗阔夫，溥仪一直等待苏方回音，却如石沉大海。其实苏联政府处理溥仪的书面申请还是重视的，由苏联内务部部长克鲁格洛夫及时转呈斯大林，并附书面报告。没有得到斯大林和苏联政府的正式答复，完全是政治原因。

溥仪第一次上书苏联政府和斯大林要求接受他个人捐赠（1946年1月10日）

请求接受属于我个人的部分贵重物品，把它们作为恢复和发展苏联国民经济的战后基金。

既然苏联和英美是盟邦，我也许还可以从这里迁到英美去做寓公。我还带着大批的珠宝首饰，够我后半生用的。

（溥仪曾对随从们说）我已考虑许久，我们只有留在苏联才能保全性命，否则必定命丧黄泉。

按：溥仪学习《联共党史》，有意用红、蓝铅笔圈圈点点，摆放在桌子上，等待来视察的苏联将官表扬他“用心学习苏共党史”。为了拉拢身边苏军军官，获取信任，对他们的各种索取有求必应，毕恭毕敬，并将自己从长春出逃时随身携带的金银珠宝经过一番精心挑选，把镯子、项链、戒指、首饰、翡翠、玉石、怀表等部分贵重物品赠与苏联当局及官员。刚到苏联时，一位苏军军官看上了溥仪那块白金外壳价值昂贵的长方形手表，就伸出没有表的手腕给溥仪看，溥仪心领神会，立即将手表戴在了军官手腕上。第45号特别监狱负责人看到溥仪有条项链十分华美，便用羡慕的语气说：“我若有这样一条项链送给妻子，她会多么高兴啊!”溥仪也当场奉送。第45号特别监狱的翻译拿捏准了溥仪的心态，屡屡讹诈，故意对溥仪说，第一批送回中国的人已全部判刑，也有判死刑的。溥仪顿起惊慌，马上送重礼求通融。然而，百般讨好并没有获得苏方“可以留居苏联”的应允，令他惴惴不安，每当见到说中国话的陌生人，就误以为是共产党或国民党派来接收的人员而被吓出一身冷汗。

1946年5月10日，溥仪向苏联政府递交声明，要求接受属于他个人的贵重物品，“把它们作为恢复和发展苏联国民经济的战后基金”。苏联内务部估计，这批宝物按1946年收购价格值47.3万卢布。

这是溥仪第一次书面正式提出留苏申请，由溥杰代笔，分写两封信函。一函是留居苏联的申请，另一函则要求捐赠贵重物品，以表感谢苏联红军解放了中国东北。信也写了，宝也献了，但还是没有回音。这让溥仪寝食不安，长吁短叹，极为烦躁，常常为一些小事发无名之火，对身边人非打即骂。特别是1946年8月在日本东京远东国际军事法庭作证期间，中国国民政府同苏联交涉，要求在溥仪作证后引渡他回国。苏方考虑自身利益并没有作出回应，却加重了溥仪害怕回国的心理。溥仪拘苏这段历史已经尘封半个多世纪，但溥仪当年写给斯大林的信件原件仍存苏联内务部，俄罗斯国家档案馆也保存着复印件。

溥仪在苏联关押期间与收容所的苏联军官合影

溥仪携带到伯力的怀表

与溥仪藏宝、毁宝难史事关联的一句话（1946 年 3 月至 5 月）

奇怪、奇怪，这是谁搁的呢？

按： 溥仪等人刚到伯力时，管理红河子别墅俘虏收容所的苏军少校军官捷尼索夫负责交接和检查俘虏们的行李物品。由于溥仪身份特殊，苏方明知在他身边或有价值连城的珍品，却没有彻底搜寻他携带的包裹箱笼。就在伯力内务局局长宴请溥仪的席间，局长说："苏联需要恢复战后创伤，希望溥仪有所表示和贡献。"溥仪一口应允，随即提出了"留居苏联"的请求。嗣后献出了金碗、钻石、玉器、珍珠等贵重物品，同时自己也想方设法藏匿如珠宝、首饰、翡翠、玉石、怀表等小珍品，共 468 件，由随侍李国雄巧施工艺，藏在原装放电影机的皮箱内，溥仪还在自己的西服夹层藏匿若干。两对金镯被藏在热水瓶夹层内，由族侄和随侍保管携带。唯整日提心吊胆，怕被发现。尽管已经想尽办法藏匿，还是有些价值连城的大样文物无处能藏，又怕苏方发现，落下"不诚实"的罪名，无奈之下被迫销毁，让其族侄将一些钻石砸碎，偏偏其硬度又是铁锤砸不碎的，溥仪只有命人将其丢弃在烟囱里或深埋在院墙根下，另有溥仪看不上眼的 500 多粒珍珠，则由李国雄放进"别列达"（俄式火墙）烧毁了。溥仪万万没有想到，已被自己丢弃的珠宝首饰，还是被苏方人员发现了，从烟囱和墙根下发现的珠宝、首饰，都被取出来放在大厅中招人认领，溥仪却不敢靠前，还故作不知地说："奇怪、奇怪，这是谁搁的呢？"

溥仪与苏联内务部官员的对话（1946年5月前后）

（在监狱的学习中和广播里，溥仪听到最多的名词就是"苏维埃"和"布尔什维克"，为此与内务部官员交流）

溥仪："苏维埃"和"布尔什维克"是什么关系？

内务部官员："苏维埃"是政权，"布尔什维克"是政党。

溥仪：（似懂非懂）我懂了，在贵国，"布尔什维克"是上等人。

溥仪：你们"布尔什维克"接纳皇帝吗？请允许我申请加入联共（布）。

内务部官员：（过了几天，请示上级后，有了十分肯定的回答）布尔什维克从来没有接纳过皇帝，我相信永远也不会。

1946年8月9日溥仪自伯力飞抵日本横滨厚木机场

（十月革命以后，沙皇尼古拉二世家族很快就被秘密处决。溥仪对这一切一无所知，颇不理解）

溥仪：这太遗憾了！我就可以成为第一个（加入共产党的"皇帝"）嘛！

按：溥仪认为，苏联的布尔什维克和中国的爱新觉罗家族一样，都是本国最上等的人，那么只要由中国最上等的人变为苏联最上等的人，就能留居在苏联了。为此创造了中国历史上的笑谈。溥仪为了达到留居苏联的目的，竟然提出要加入苏联共产党，称是出于"对苏联共产党的认识"。遭拒后他还理直气壮地质问所长沃罗阔夫中校："难道一个中国前皇帝，就不能加入苏联共产党吗？"

皇帝证人第一次在东京法庭上的证词：出关之谜（1946年8月16日）

溥仪（根据季楠检察长的要求陈述经历）：我1906年出生于北京，名叫溥仪。依满洲习惯在名字之前另加“爱新觉罗”四字。1909年登上清朝的帝位。

东京法庭上的检察官季楠

（溥仪发言时稍微低头，窥视自己随身带来的笔记，一位美国辩护律师提出异议，威伯审判长宣布“不经法庭许可，即使写了备忘录也不许看”，溥仪申辩）

溥仪在东京法庭上宣誓作证

溥仪：因为年月日等记不住，回答这些需要看看备忘录。（继续陈述经历）父亲的名字叫载沣，母亲叫瓜尔佳。我继位之后第三年，1911年国内发生革命，一个伟大人物孙中山先生领导国民党，推翻了腐败的满清政府，这是一次非常进步的运动。当年12月中华民国成立，与此同时我便退了位。

（溥仪这几句话真够“时髦”，这一切都成为当年报纸上的奇特新闻）

溥仪：为了继承皇位，我过继给同治和光绪，隆裕皇太后则成了我的母亲。她曾与孙中山先生会见，非常赞同建立民国，曾主张自动把统治权交给革命党。因此，中华民国成立以后，民国政府对于皇太后非常感谢，允许我保留皇帝称号，留居紫禁城内，每年供给四百万元生活费，宫内一切由内务府管理。1924年冯玉祥和张作霖二位将军相争，战后冯玉祥以武力命令我们和清朝王族即日迁出宫殿。我离开了紫禁城，但没离开北京，寄寓在亲父家里。当时报纸上传出对我行将不利或有危险的消息，我的英文教师庄士敦便把我带到德国医院。

当时我才十九岁，到什么地方隐蔽呢？庄士敦曾和英国公使马克莱和荷兰公使欧丁卡谈过，由于英国公使馆过于狭小，劝我到日本公使馆去，当时和我同伴的仅有庄士敦和郑孝胥两人。我留在日本公使馆不到半年，便取得段祺瑞临时政府的许可到了天津。从二十岁到二十七岁，我在天津住了七年，后来，日本军队和中国军队发生冲突，就是“九一八事变”，日本以武力占领了东三省。

土肥原欲挾溥儀
組織明光帝國
金梁亦秘密來津遊說

【天津本報特訊】日軍暴動罪魁之土肥原賢二於交卸僞瀋陽市長後，突於二日秘密來津，大爲各方所注意。記者竭一日之力，調查土肥原行蹤及其來津使命，始發見與彼同來者，尚有金梁其人。土肥原到後，除訪問駐津日領及駐屯軍香椎司令官外，並與金梁同訪溥儀。密談二小時，始行退出。依此行觀之，則土肥原此來，顯係欲邀溥儀赴瀋復辟，毫無疑義。而溥儀左右要人爲避人耳目，特於三日下午在某處與土肥原金梁會見。彼等磋商內容如何，自非局外人所得聞知，但綜合各方消息推測，則日本欲在東北建設「明光帝國」之意，似極確實。據云袁金鎧贊成獨立，而不贊成復辟，故日來甚爲消極。金梁本爲滿人，主張復辟最力，土肥原挾之俱來，蓋易於慫恿溥儀也。溥偉在瀋就四民維持會會長職後，又召集蒙古王公會議，及邀約遜清遺老遺少赴瀋會議，皆爲復辟之先聲。記者現正偵查溥儀左右要人行動，日內或可得較確實之報告。金梁行蹤較土肥原尤秘，記者搜索終日，尚未得其住所，誠爲可憾。又聞日本密謀東北獨立，業已匝月，尚未克如願以償者，有二原因：一爲黑龍江尚未攻下，三省未能統一。二爲缺乏獨立政權之領袖人物，致彼此相持不下，爭長暗潮，甚爲激烈。吉林熙洽本屬宗室，早已贊成。未來之黑龍江首領張海鵬，亦經日本事前說妥，當然不成問題。遼寧以袁潔珊較有實力，彼本無賴，既已屈事日本，何況溥儀？故二十載幽居乳臭未去之溥儀，遂變成日本所最欲借重之人。天地間事，真可謂無奇不有。特溥儀左右尚不乏識時明理者，其果甘爲異族傀儡耶！

《北平晨报》1931年11月4日

（溥仪该讲如何离开天津进入东北这个关键问题了，是胁迫而往还是自愿前行？这显然也是他必将站在被告席回答的问题，他异常警惕地讲下去）

溥仪：当时在天津相继发生了种种奇怪而危险的事情。有一天，有人藉中国人的名义，送来一筐水果。打开一看，原来里边装的是炸弹。不久，天津日本驻屯军司令官香椎浩平将军来了，他说在天津住很危险，劝我到旅顺去。实际是强制前往，我不得已才去的。在天津我和家属住在一起；到旅顺去，同行的人只有郑孝胥父子，家属等直到后来才到达旅顺。

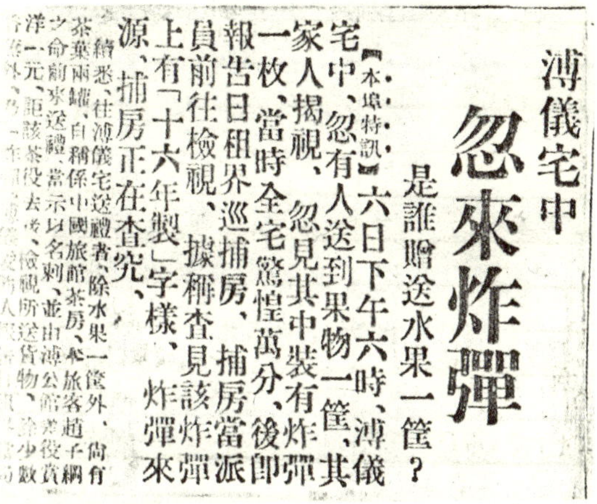

溥儀宅中
忽來炸彈
是誰贈送水果一筐？

【本埠特訊】六日下午六時、溥儀宅中、忽有人送到果物一筐、其家人揭視、忽見其中裝有炸彈一枚、當時全宅驚惶萬分、後即報告日租界巡捕房、捕房當派員前往檢視、據稱查見該炸彈上有「十六年製」字樣、炸彈來源、捕房正在查究、

續悉、往溥儀宅送禮者、除水果一筐外、尚有茶葉兩罐、自稱係中國旅館茶房、奉旅客趙子綱之命前來送禮、當示以名刺、並由溥公館差役賞洋一元、詎該茶役去後、檢視所送貨物、除少數

《庸报》1931 年 11 月 8 日

（溥仪完全把自己装扮成被绑架的受害者，这不符合当时的历史。后来他回忆此事，才实事求是地认可了真相）

溥仪：日本帝国主义者和以我为首的那个集团的秘密勾结，这本是在“九一八”以前就开始了的。日本人对我这伙人的豢养、培植，本来也是公开的事实，“九一八”事变后，我这伙人的公开投敌，就是这场长期勾结和豢养的结果。这是帝国主义进行侵略活动的惯用手法之一。但是，我为了摆脱自己，把这一切都回避了。

季楠检察长发出一系列讯问，溥仪的回答，把他与关东军上校参谋板垣征四郎在旅顺交锋那段关键的重要史实拉了回来。

季楠：板垣上校对你说什么来着？

溥仪：大概谈了两个半钟头。他说：“东三省的张学良旧政权压迫人民推行劣政，所以发生了种种事件，严重影响了日本的既得权益，为了驱逐他们，谋福于民，希望能在满洲成立新的政权。”

季楠：这是板垣的独自见解，还是遵照长官的命令？

溥仪：他是遵照本庄司令官的命令和我说的。

季楠：他说希望你担任什么工作呢？

溥仪：他说因为我是满洲人，请我当新国家的元首。还说日本对东三省没有领土野心，成立完全独立的政权。

季楠：你答应了吗？

溥仪：我拒绝了！

季楠：为什么拒绝呢？

溥仪：板垣希望新政权要用日本人做官，要求和“满洲国”人享同等待遇。

季楠：在板垣请求之前，日本军队在满洲做什么来着？

溥仪：日军占领了东三省，同时在沈阳由日本人协助组织了地方治安维持会。土肥原便是组织地方维持会的主要人物。此后日本军队便对没有逃出去留在沈阳的中国官吏予以压迫。

季楠：板垣是在什么时候向你提出上述请求的？

溥仪：我到旅顺是1931年初冬。此后经过约半年功夫，他才请求我当新政权元首的。

季楠：拒绝了他的请求之后，你还和他会过面吗？

溥仪：后来会过一次面。

季楠：拒绝了板垣的请求时，他的态度如何？

溥仪：表现出非常不满意的样子。

季楠：你和板垣第一次会面后，又和你的顾问们商谈过吗？

溥仪：和郑孝胥、万绳栻商谈过。板垣也与他俩见过，听说他对我的顾问讲：那个请求是关东军的既定方针，如果予以拒绝，关东军就采取断然措施！

季楠：顾问和板垣谈的话，是以后从顾问那里听到的吗？

溥仪：是的，我的顾问说："板垣威胁我们，如果不听他的话便有生命危险。"因此他们劝我答应板垣的要求。

季楠：板垣对顾问的态度怎样？

溥仪：顾问说，板垣是非常严厉与强迫的。

季楠：你听说主张推出"满洲国"元首的是谁？

溥仪：听说是关东军司令官本庄繁。

季楠：当时你的顾问都有谁？

溥仪：郑孝胥、万绳栻、罗振玉和郑垂四个人。

季楠：这四个人中间有否在中国国民政府中担任官职的？

溥仪：没有。

季楠：你和顾问们商议，对于板垣的要求到底拒绝还是答应的？

（听检察长这样一问，溥仪竟理直气壮地摆出一副发表演讲的姿态，并环顾一下高高在上的十一位法官，把双手一摊，从容申述）

溥仪：当时，那么多民主国家都不能抵抗日本的侵略，我有什么能力单独抗拒他们？

季楠：你有否抵抗的意志呢？

溥仪：我是真心想拒绝的。然而，一则有板垣用武力威胁，二则有我的顾问们以生命危险为理由劝我答应，三则因我既已处在旅顺也就被日本握在手中了，还有什么可说！一旦拒绝日本势必杀我灭口。实在因为不得已，我屈服了。

季楠：拒绝出任满洲元首便有生命危险，这个话你是直接听到的吗？

溥仪：是的！板垣和我的顾问都对我说过，而且我已经感到了身边的危险。

季楠：你具有执掌庞大国家的政治经验吗？

溥仪：我幼时便把政权让出去了，所以毫无政治经验。

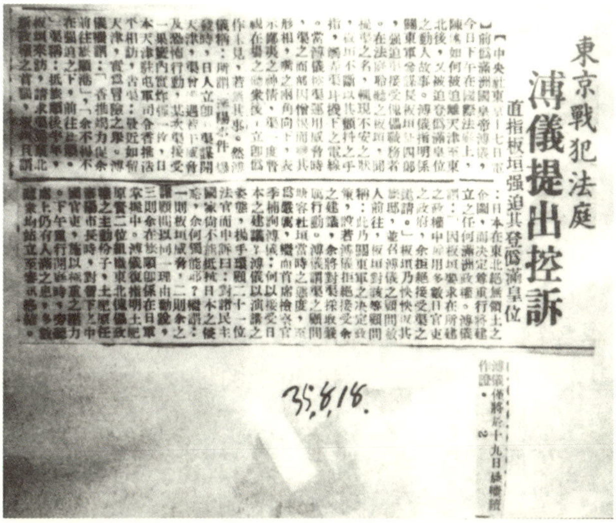

東京戰犯法庭

溥儀提出控訴

直指板垣强迫其登僞滿皇位

关于溥仪在东京远东国际军事法庭出庭作证的报道

（看过《我的前半生》一书的人，一定对《会见板垣》那节文字留有印象。据它记述，当时溥仪与板垣争论的中心，并不在于溥仪是否出任新政权元首，而在于是否允许溥仪登基。溥仪以“不得不正统系”为辞，向板垣要“大清复辟”，争皇帝来当。可是，当他回答季楠检察长讯问的时候，对此却只字不提。当然，我们不能要求溥仪在当年就具有这样的觉悟：敢于如实地承认自己是为了当皇帝而到东北来的。这时，季楠检察长用手指了一下被告席，再向溥仪发问）

季楠：你所说的那个板垣上校，就是坐在被告席上的那个板垣吗？

溥仪（迅速瞥了一眼）：是！

（媒体这样报道了被告席上那位当年跃马横枪不可一世的关东军参谋长板垣征四郎的形象：“在法庭聆听之板垣，闻提渠之名，骤现不安之状，不断以其颤抖之手指，触弄渠之耳机下之电线，当溥仪谓渠运用威胁时，渠之面部因憎惧而变其形象，嘴之两角，向下表示鄙夷之神情，渠一度瞥视在场之听众后，立即伪作未见，若无其事然。”）

按：这就是溥仪首次出庭作证的情况。因为他揭发了日本战犯的种种内幕，赢得了举世瞩目；又因为他过分地推卸责任，从而遭到曾经“同事”的被告们怨恨。28名被告之一的重光葵在当天写下的《巢鸭日记》上记载：“前满洲皇帝溥仪以证人的身份出庭，这个命运不幸的人在日本投降以后打算到日本来，曾和他的顾问吉冈中将等一起乘机飞到沈阳，而被苏联的飞机给带走，收容在伯力，今天从苏联方面来出庭。他穿着洋服，晒得很黑，看着像是很健康的样子。被使用为百分之百的宣传材料。他的证言是回答季楠主席的直接讯问，从他的诞生起，直到他承受了‘满洲王位’为止。他说，所有的事情都是由于日本方面的胁迫做出来的，清清楚楚地作了这样的证言。真可怜，苏联把他作为俘虏而扼制着他的死命，并且还为了要躲避中国方面的刑罚才作了这样的苦心，大约是认为把所有的罪责都归到日本方面才是最安全的办法吧！他虽然曾身为‘满洲皇帝’，但丝毫也看不出他就是在新京王宫里住过的人的气质和风度。他对于所有的事情，都在无一不是由于日本方面的胁迫、哄骗这一点上要着手腕。”

皇帝证人第二次在东京法庭上的证词：“猴戏”的自白（1946年8月19日）

季楠：证人由天津出发去旅顺时除中国人外，还有日本人随从吗？

溥仪：有日本军部派来的人。

季楠：你知道日本军队在“九一八”事变后所做的种种宣传吗？

溥仪：发生“九一八”事变，我是后来在报纸上才知道的。日本方面宣传“万宝山事件”和“中村大尉事件”，说是权益受到侵害，必须维护。关于“柳条沟事件”他们也说是因为中国侵害了日本在“满洲”的铁路权益而发生的。后来日本向华北进攻仍是如此说法。

季楠：按照日本的说法，他们是来解放被压迫的“满洲”人民的，这是他们的目的吗？

溥仪：他们表里不一。宣传与事实是两样的。正像他们宣传说“满洲是独立的国家”，而看看它十几年的历史完全不是那码事。

季楠：那你为什么要答应板垣，终于当上满洲国的元首呢？

溥仪：当时我年岁轻，也没有政治经验，由于郑孝胥等人的劝说，如果拒绝也许要遭到杀害，我有了恐惧心。另一方面我又为满洲人民着想，在中国军队用武力尚不能抵抗日军之前，我可以在满洲秘密训练军队，培养人才，如果得到机会，就和中国军队互相呼应，收复失地。我就是在这种理想之下跳入虎穴的。

（溥仪的这番表白使整个大厅为之骚动，人们交头接耳、叽叽喳喳地议论着，也许有人正在说：“这个皇上真能胡诌！”然而检察官对此并无兴趣，把问题转向溥仪在伪满的实际地位和作用方面去，问答继续进行）

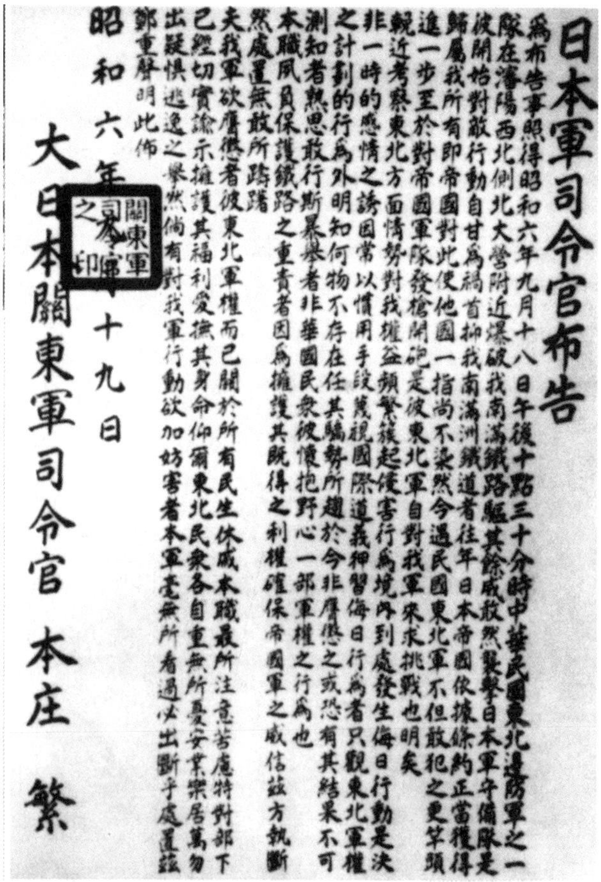

日本軍司令官布告

爲布告事照得昭和六年九月十八日午後十點三十分時中華民國東北邊防軍之一隊在瀋陽西北側北大營附近爆破我南滿鐵路驅其餘威敢然襲擊日本軍守備隊是彼開始對敵行動自甘爲禍首抑我南滿洲鐵道者往年日本帝國依據條約正當獲得歸屬我所有即帝國對此使他國一指尚不染然今遇民國東北軍不但敢犯之更竿頭進一步至於對帝國軍隊發槍開砲是彼東北軍自對我軍來求挑戰也明矣

竊近考察東北方面情勢對我權益頻繁發起侵害行爲境內到處發生侮日行動是決非一時的感情之誘因常以慣用手段蔑視國際道義押習侮日行爲者只觀東北軍權之計劃的行爲外明知何物不存在任其驕勢所趨於今非膺懲之或恐有其結果不可測知者熟思敢行斯暴舉者非華國民衆彼懷抱野心一部軍權之行爲也

本職夙負保護鐵路之重責者因爲擁護其既得之利權確保帝國軍之威信茲方執斷然處置無敢所躊躇

夫我軍欲膺懲者彼東北軍權而已關於所有民生休戚本職最所注意苦慮特對部下已經切實諭示擁護其福利愛撫其身命仰爾東北民衆各自重無所憂安業樂居萬勿出疑惧逃避之擧然倘有對我軍行動欲加妨害者本軍毫無所看過必出斷乎處置茲鄭重聲明此佈

昭和六年 十九日

關東軍司令官之印

大日本關東軍司令官 本庄 繁

1931 年 9 月 19 日上午 9 时，日本关东军在沈阳城张贴事先制作好的《关东军司令官布告》

季楠：你是 1932 年 3 月 1 日出任满洲国执政的，那么，当时实际领导了满洲的是谁呢？

溥仪：是关东军司令官本庄繁和关东军全体幕僚，特别是板垣最为有力。

季楠：你还记得你在 1932 年 7 月 1 日所颁布的支配“满州”人民的许多敕令吗？

溥仪：我没有发布过任何命令。

季楠：你出任执政拥有什么权限这一点，板垣是否和你谈过？

溥仪：他说“满洲国”是完全独立的，可以按照自己的意志发布政令。

季楠：你看到《日满议定书》并在其上签名之前，是否征求了你的意见呢？

（溥仪当年在颁布法令、签订条约、决定政策、任命官吏等重大事情上确实是无能为力的，他因此而对日本人积怨甚深，现在一旦接触这个话题，他就激动不已。坐在证人台上的溥仪把上半身倾向前方，差不多已经站了起来，愤愤而言）

溥仪：形式上是经过批准的，但是，“满洲”在日本军队完全占领下，我没有自由。

季楠：你任执政时见过李顿吗？

溥仪：1932 年曾在长春宫廷里见过一面。

季楠：你们讨论了“满洲”问题吗？

溥仪：在我身边和周围，总有许多日本军官和宪兵，借保护为名监视我。本来我是尊敬李顿先生的，对于“满洲”许多问题也与他同感，我很想找个机会单独与他谈话，可事实上办不到，这实在令人恼恨。我当然应该把“满洲”的实际情况告诉他，但是我怕向他说了，日本人将杀害我。

季楠：李顿能够理解你的处境即在日本军队威逼下不敢吐露真言吗？

溥仪：完全理解。因为不只我自己，其他一切“满洲”人都受到监视，不让说真话。

（这时一位辩护律师插话，反对“诱导讯问”，认为这是侵害被告的权利。审判长威伯据以宣布，要变换讯问方式，不希望再听证人关于是否与日军协力的辩解。就此，讯问和回答继续进行）

季楠：你在 1934 年 3 月 1 日称帝之前曾和日本重要人物谈过什么吗？

溥仪：最初，关东军司令官武藤元帅说，将来可改为“王政”；过了一年菱刈大将又说将变为“帝政”。他说日本尊重满洲独立，完全没有领土野心，希望改成像日本那样的帝政，使“满洲国”皇帝的地位与日本天皇的地位完全平等。

季楠：“满洲帝国”的组织法，它的形式和内容有关吗？

溥仪：按照组织法的规定，皇帝是享有特权的。

季楠：准许行使政府的立法权吗？

溥仪：有这个规定。

季楠：政府在什么情况下行使立法权呢？

溥仪：根据组织法是具有立法权的，事实上却没有任何权力。

季楠：关于维持治安、公共福利和实施法律的敕令，是由你自动发布的，还是被动发布的？

溥仪：发布是发布，但在事实上我没有任何权力。完全没有权力，只由他们奏禀一下便行了。

季楠：你这是说，法律不准许你有权力呢，还是他们不准许？

（溥仪是个从小就被培养成权欲十足的人，直到当了囚徒也不曾忘记当年因不得施展皇帝特权而生出的愤恨。他用手掌擂着证人台，发出了震动大厅的哐哐的响声，好一副皇帝派头）

溥仪：法律是法律，事实是事实！法律不过是空文，关东军想怎么干就怎么干，却不许我按照自己的意志做。

季楠：那么，你有任命国军士官的权限吗？

溥仪：在法律上我是完全有权力的，但在事实上完全没有这份权力。

季楠：关于军队的组织与训练，也不让你下训令吗？

溥仪：法律上我是有这份权限的，事实上完全没有。

季楠：在财政方面也是如此吗？

溥仪：组织法上规定的皇帝权限有名无实。

季楠：虽然没有实权，关于这些问题也不和你商量吗？

溥仪：没有。名义上是由国务院会议通过，这只是名义而已。

季楠：开不开立法院的会议呢？

溥仪：没有！

季楠：你做皇帝时，是谁制定的国家法律？

溥仪：表面上"满洲国"是独立自主的国家，事实上完全是关东军干的。

季楠：日本人也被任命为大臣或次长吗？

溥仪：大臣全是中国人，而次长绝大多数是日本人。所谓大臣也不过是一种装饰品，实际是由日本人次长操纵行政。在此，我愿就"满洲国"的行政试做说明。在关东军司令部里有司令官，一切事情由参谋长通过司令官办理；在参谋部里有个第四课，它是专门管理满洲事情的。就"满洲国"政权而言，由日人担任的总务长官权力最大，远在国务总理之上。一切敕令或国务院令都在以总务长官为主席、第四课课长为副主席，还有各部次长参加的秘密会议里决定。我们把这个会议称作"火曜会议"。这个会议以后，各部次长便分别起草与其有关的工作计划，一经关东军审定便绝不再更动一字。然后就把这种议决案送到国务院去，以取得皇帝或国务总理"批准"的名义，至于小事则由日人次长随便办理了。在"火曜会议"已经决定的事情，是不许中国人反对的。一旦有人反对，总务长官便厉声说道："这是既定方针！"如果你坚持反对，那是有生命危险的。因此，"满洲国"的中国人都怀有恐怖心，即使是阁议或在省长会议上，也是什么话都不能说。后来，吉冈中将受命于关东军司令官，来到我身边监视我的一举一动。

季楠：在皇帝在位期间，这种状况始终继续呢，还是有所变化？

溥仪：始终如此。

季楠：你有个人的行动自由吗？

溥仪：所谓“自由”一词，十几年中与我毫无关系，简直是猴戏。

经溥仪“裁可”的文件

（至此，上午的询问终了。当午后1时30分再行开庭后，溥仪又从“猴戏”说开了。其实，自从溥仪三岁登基就失去了自由。在北京的年代里，紫禁城高高的宫墙便是监禁他的栅栏。到长春以后不但有栅栏，还有武装宪兵——关东军，以及“看守”——吉冈安直，使这位万人之上的真龙天子，竟然既无皇帝之尊，又无自由可言，他怎能不为此而愤然呢？）

溥仪：每年我与“满洲国”军司令官有一两次会见，这也是与日本最高顾问和军政部大臣会同举行的。我的训示完全是他们做好了的空文。吉冈中将不许我与“满洲国”军司令官谈话，即使许可也是只限于用纸笔，这已属常事，无须惊奇。我过生日时北平的友人来祝寿，也是不准见面的。更为令人恼恨的事，是吉冈中将叫我写一个亲族的家属表，只许我和他们相会。就是这些人来了，也要一一向宪兵报告姓甚名谁？什么时候来的？什么时候回去？人们给我来信则由宫内府的日系官员收去。我想给祖宗扫墓也是被禁的，只能委派别人代理。

（至此，季楠检察长转换话题，询问皇后和皇妃的生活，溥仪的脸上顿现悲戚之色，缓缓而言）

溥仪：我的爱妻被吉冈中将杀害了。

溥仪的爱妻谭玉龄

（他指的是谭玉龄，人们感到奇怪，整个大厅陷入沉寂）

溥仪：我的妻子当时二十三岁，我俩非常和睦。她是一位爱国女子，常常对我说，现在不得已，只好忍耐。等到自由的日子到来时，再从日本人手里收回满洲。然而，她竟被日本人毒死了！

（溥仪讲到这里，已经吼叫起来，连续用手掌猛击证人台，人们以为发生了什么事情，全神贯注地用眼睛盯住了他，他继续吼叫，像是要用声音撕裂仇人）

溥仪：而且我知道这是谁干的，就是吉冈中将！最初，我妻子病了，请了一位中国医生来诊病。后来吉冈介绍了日本医师。她的病固然是重的，但不至于死。日本医师诊察之后，吉冈找医师密谈达三小时之久。那天夜里就由这个日本医师守护治疗。本来须每小时注射一次葡萄糖，可是这一夜中医师仅给注射两三次。到次日清晨我的妻子已经死去。奇怪的是吉冈一直在宫中留宿，并不断向宪兵和侍女探问情况，当他听说已经死了，才赶快溜出宫廷。一个月后吉冈又来劝我娶日本女子为妻，并拿出许多照片给我看。我当面无法拒绝便回答说，婚姻以感情为基础，不问是谁，只要是我所喜爱的便可与她结婚。我的妻子虽然不是皇后，但其地位仅次于皇后。后来我和一个年幼的中国女孩儿结了婚，若问为啥选择一个女孩子，就因为她没有受过日本教养，可以由我自己从头教育。

（溥仪越说越兴奋，干脆不等审判长发出讯问，就自己转换话题，在庄严的法庭之上演说起来）

溥仪：吉冈说“满洲国”就如同是日本的一个小孩子，梅津美治郎也一直这么说。换句话说，日满是一德一心的，企图把“满洲”变为日本的殖民地。所谓一德一心起源于“八紘一宇”。

（溥仪想起1935年访日前夕，关东军为了增强他的日本历史观念，特派历史学家“御前进讲”。现在正可以把那次进讲的内容派个用场。于是，他把上半身尽量向证人台以外探出，张开两只手臂向空中乱抓，看来他是要用手势配合演说，精彩地说明“八紘一宇”思想的侵略含义）

溥仪：“八紘一宇”这四个字是日本神话中的女神——天照大神，让她的孙子当上日本天皇之后教给他的一个名词。在日本第一代天皇即神武天皇的《诏书》里，以及最近缔结的日、德、意三国《同盟书》中都用这个名词。它的含义是以全世界为一家，并由日本统一之。

（这时有位辩护律师带着愤怒的情绪打断了溥仪没完没了的演讲）

律师：证人把检察长的讯问搁在一边，一个人唱起独角戏来了！

季楠（检察长的看法同那位辩护律师完全相反）：证人唱独角戏正可以免除说我是“诱导讯问”的误解，对辩护律师们也是有好处的。

（审判长以“证言与事件有关”为辞，驳回了辩护律师的抗议）

季楠：现在谈谈你和你的臣下以及“满洲国”居民的宗教信仰问题吧！他们用什么方法来改变你本身、部下及满洲国人民的宗教思想？

溥仪：日本一方面施行武力侵略，一方面施行宗教侵略。他们是企图奴化全世界的，而把东三省视作神道侵略的试验场。日本人不但封锁了我的口和手，也剥夺了我的宗教信仰自由。我知道，关东军司令官梅津是奉了日本政府的密令，逼我接受神道精神，对我进行宗教压迫的。但是我当时就从心里反对这种神道侵略。后来，吉冈根据梅津的命令强迫我到日本会见天皇，天皇拿出三种神器——剑、镜和玉给我看，并把其中两种——剑和镜交给我带回满洲。

1940年6月溥仪第二次访日，极不情愿地迎回了代表日本天照大神的宝剑、铜镜和勾玉三件神器的仿制品

（这时，一位日本律师站出来争辩）

律师：证言与询问相距太远了，而且，起诉书中根本没有提到宗教侵略问题。

季楠：证人的证词，脱离了讯问的要点。关于证人到日本旅行这一事实，可以另予质询。

（溥仪坚持己见，声音更加洪亮）

溥仪：日本拿神道作为工具，把神道扩展到他们的国家以外，首先是扩展到中国，然后更扩展到亚洲全境，他们就凭藉这种神道的扩展去达到支配别国人民的心理、精神、希望和行动。我们能够找到许多实例证明日本宗教侵略的存在，证明发动并指挥战争的日本人，在进行中国和亚洲侵略战争时，也以神道为手段，借重宗教的信仰与冲动，去实现侵略的目的。

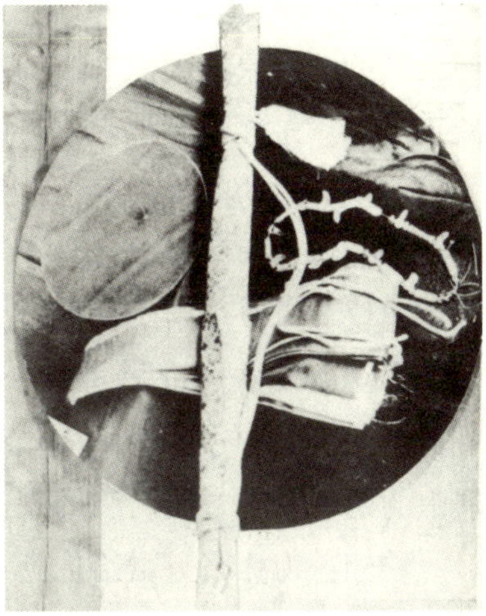

代表日本天照大神的宝剑、铜镜和勾玉三件神器的仿制品

（由于溥仪强调指出了作为一种侵略手段的日本神道的犯罪性，因此获得了审判长的确认，而那位日本律师的抗议被驳回，讯问和答复继续围绕宗教侵略这个话题进行）

季楠：天皇在什么时候给你剑和镜？

溥仪：1940 年。

季楠：他交给你镜子时向你说明了它的意义吗？

溥仪：从日本古代神话来讲，镜子是象征天照大神的。

（那位总是提出异议的日本律师鹈泽聪明，是对东方道德颇有研究的学者，听溥仪谈起神社又持异议了。他认为，关于日本神道，学者、政府与政治家的意见都不一致。而且日本政府并不把“神社”当作宗教。因此他要求溥仪说明到底是根据谁的看法）

鹈泽：证人所谓的神道，是不是指神社的神道而言？既然立于作证，希确实指明当时的实际负责人，以免误会。

对此威普审判长批驳说：辩护人的抗议事项，涉及真实件问题，与本证词无关。至其真实性如何，辩护人方面以后得提出证人或证据，予以反证。

季楠：在日本得到的宝物之中，你体会那面镜子有何意义？

溥仪：据说，天照大神看这面镜子便如同看他自己。总之，镜子是反映天照大神的，是象征天照大神的。

季楠：是你自己把宝物带回“满洲国”的吗？

溥仪：是的。这件事情在我一生中是最大耻辱。

季楠：你回国以后，为了实践神道而修改了法律吗？

溥仪：修改了组织法第九条，添入了“神道”内容。日本的企图是奴化中国、南洋以及整个世界。对于这样的污辱，我一万辈子也不能服从！这种对“满洲”的污辱便是对中国的污辱，进而就要污辱整个世界。我到日本把三种神器中的两种带回之后，我的家族全都号啕大哭。

季楠：为什么只赠给你剑和镜，而没有给你勾玉呢？

溥仪：不知道什么意思。

季楠：神道的实践是自由的，还是强制的？

溥仪：完全出于强迫，强迫军队、学校及包括我个人在内的公务员和全体人民，一律要崇奉这种神道。而且法律规定，如不崇敬神社，就要处以一年以上十年以下的徒刑。

季楠：《日满议定书》以及其他条约都称为“满洲国”，承认它是独立的。但是按你的说法，宗教无自由，甚至皇帝本身也没有宗教的自由？

溥仪：我们确实没有宗教自由。

季楠：神道是否意在使“满洲”人崇敬皇帝？

溥仪：完全如此。

季楠：是为崇敬日本天皇？还是为崇敬“满洲皇帝”？

溥仪：三种神器是代表天皇的，藉此以便奴化“满洲”。

检察长：请你把“崇敬”的意思说清楚一点。

审判长：这句话的意义非常清楚，不用解释，不得另作暗示。

溥仪：所谓崇敬，就是崇敬天照大神的意思，也就是崇拜日本天皇。

季楠：在“满洲”制定的有关神道的法令付诸实施了吗？

溥仪：实行了。是由日本人制定的，也是由日本人强制实行的。

季楠：在“满洲”设置了最高祭祀官吗？

溥仪：最高神职官就是桥本虎之助中将，也叫“奏祭官”，桥本兼任参议府副议长，还当过关东军宪兵司令官和关东军参谋长。

（在这一天的询问中，只在谈到神道时溥仪的愤怒才达到极点。过去的几年中，日本强迫他用天照大神代替大清的列祖列宗，这早已让他忍无可忍了。现在终于得到机会，能够和盘托出郁积经年的满腔憎恶，向天下人表白心迹了。溥仪愈讲愈来劲儿，又从神道说到政治和经济方面。他说，日本在《议定书》中承认满洲独立，这完全是骗局！真正独立的国家是不许外国驻扎军队的，日本却以驻扎军队为承认满洲的条件！）

季楠：星野总务长官对满洲的工业以及其他产业所实行的政策，有什么值得谈的吗？

溥仪：星野总管产业的开发、经济统制以及开拓等事业，这一套政策对满洲的损害极大。满洲的一切产业都处于统制之下，由日本实行垄断经营，最大的钢铁业则是为日本军队制造兵器的。

季楠：在这种政策之下，大公司的情况如何？

溥仪：有64个特殊公司，资金有几万万。它们成立的目的用一句话来讲，就是为了使中国破产以推进侵略战争。

季楠：支配银行的是谁？

溥仪：全部在日本人手里。而在银行里存款最多的则是中国人，特别是劳工。借款却仅限于日本人。

季楠：经营产业也必须经过许可吗？

溥仪：由日本人发许可证。中央银行在名义上由满洲人当总裁，但他没有实权。

季楠：在帝制的满洲里有所谓专卖机关吗？

溥仪：有的。这些机关几乎都在日本人手里。

季楠：什么东西被规定为专卖品？

溥仪：专卖事业须通过专卖总局后方可经营，这个总局也掌握在日本人手里。关于专卖事项均由政府发布命令，日本官吏便依据命令行事。鸦片即包含在专卖品中。

按：这次作证的时间比第一次还长，目的在于了解溥仪是不是一个真正的傀儡。与上次相同的是，无论贵宾席、记者席还是旁听席，整个法庭之上座无虚席。站在证人台上的溥仪似乎也比上次神气了，有篇报道描述了他的神态："证人溥仪答复问题时，时而蹙紧眉头，时而微动着他的身体而且有时声调激动，敲打着证人台，大为满庭观众所注视。”季楠检察长与证人溥仪的问答，是紧接着前次继续进行的。当审判长宣布退庭时，溥仪觉得自己像是刚打了一场胜仗，吐出了心中的闷气，真感到痛快淋漓。应该指出的是，在这一整天的作证中，溥仪也并不是完全的“胜利者”，他也曾受到审判长的严厉斥责，那就是当他现出怕死之态的时候。当时在中国报纸上曾刊登题为《自称怕死请求宽恕》的消息：“中央社东京十九日专电，溥仪今晨在国际法庭再三请原谅其因受生命威胁故接受满洲国皇帝之苦衷。庭长威伯予以严峻之驳斥谓：怕死不能原谅。吾人未见任何国家有因生命威胁而恕宥其人之卖国罪。今日整个上午，吾人只闻溥仪请恕宥其与日人通诸之罪，但认为吾人已听够其言语。按开庭之初，溥仪又重申其呼吁，谓：当李顿调查团抵东北时，渠因惧个人之生命危险，故未向李顿调查团有所透露。”

在日人十四年統治下
東北人民有如奴隸
溥儀出席東京法庭又一證詞

关于溥仪在东京远东国际军事法庭出庭作证的报道

皇帝证人第三次在东京法庭上的证词：不钻律师设下的圈套（1946年8月20日）

（当季楠检察长询问有关经济统制法的问题时，溥仪首先谈到专卖问题）

溥仪：最主要的专卖品是鸦片，但棉布及其他物品也属于统制品。一经实行这种经济统制，一切物质便入于日本人之手，矿业也由日本独占，“满洲人”的势力遂被驱逐。

（其次溥仪又谈到在经济统制下东北人民的穿衣吃饭问题）

溥仪：棉布统制法实施的结果，“满洲人”到了冬天便买不到棉布，冻死的或患病死的很多。对中国人，只配给最粗糙的米吃，而食用大米则是违法的，一旦被发现就将受到惩罚。连货币也由日本垄断。“满洲国”的货币完全在日本铸造、印刷，货币的规制均由总务厅的日本官吏决定。“满洲国”的经济统制法，是由关东军策划，后经总务厅长官草拟的。

（当季楠检察长询问有关压迫和掠夺人民的问题时，溥仪谈到伪满的“储蓄法”）

溥仪：那是强制学校、事业机关以及其他一切机关团体实行储蓄。连最贫穷的劳工也必须把他们所有的钱都存入日本银行。到日本投降时，存款总数已达满币六百亿元之巨，其中大部是贫穷劳工的强迫储蓄，平均每人约一百五十元。再说到移民问题。日本有个庞大的移民计划，在二十年内向满洲移民六百万人。为了鼓励日本人向我国东北移民，用很少的钱或干脆不给钱，强行征购东北农民的肥沃农田，以安置日本移民，而将失去土地的中国农民驱赶到荒凉不毛之地去出卖劳动力。就在这种情况下，日本移民每年渗入东北达八万人以上。

关于劳工问题。东北的中国人民年龄在十八岁至四十五岁之间的，都要在劳工服役法之下为日本服劳役。对于这些劳工也不管治病医伤，每日仅给很少的食物而已。他们称之为“勤劳奉仕”，伪满颁布了勤劳奉公法，协和会为此特别卖劲儿。就这样，日本利用中国东北的人力与资源，妄图把东北建成他在亚洲大陆的一个军火仓库。

谈到“满洲”居民中间存在的等级制度，日本人是上等，朝鲜人其次，而中国人处在最下位。一切配给都按这个阶级办理。最下等的中国人连旅行与迁移也受到限制，从十八岁到五十岁的居民都须备有“国民证”。

季楠检察长：“满洲国”是否存在鸦片问题？

溥仪：日本在表面上禁止吸食鸦片，但在另一方面则奖励罂粟的栽植，这种计划是以关东军为中心而由总务长官负责实施的。罂粟的栽植量年年增加，栽植地域广达热河、奉天、吉林各省。以至为了栽植罂粟所用经费，列入特别会计项下竟达二十亿元。他们这样做的目的，一方面是要麻醉中国人民的意志，另一方面则是要以其高额利润支助侵略战争的经费。

季楠检察长：作为“满洲国皇帝”，能直接掌握军事力量么？拥有几支卫队？多少护军？

溥仪：我之前往旅顺、进入满洲，是具有将来与中国携手收复失地之目的的。到满洲以后，我知道自己不能掌握军队，才想到逐步扩大护军的人数，最初只有七八名警卫军，逐次予以扩充。后来警卫部队增至二百人，由二百人又增到三百人左右。我私自供应其给养，并秘密施以军事教育，以期将来与中国军队携手。日本方面认为这些部队不属于“满洲国军政部”，必须予以注意，并不断地找碴儿，作为将来解除武装的凭据。有一天在长春公园里，日本人和我的护军发生冲突了。日本方面竟行使警察权，拘留我的护军，并对他们施以灌水、鞭打，极尽虐待的能事。

护军练操

季楠检察长：日本在中国东北是怎样搞备战的？

溥仪：因为他们是在极秘密的状态中进行的，我不可能直接看到或听到。不过我曾看到施设铁路的地图，在满洲东部和北部的边境上新筑了许多铁路，这显然是用以准备对苏军事行动的。我认为苏联方面绝对没有侵略满洲的意思。证明这是事实的实例，便是张鼓峰事件和诺门汗事件。在这两个事件中，苏联战胜了。如果苏联具有侵略意识的话，把事件扩大便对苏联有利，可是苏联并没有这样做，事件解决即了，这正是苏联没有侵略企图的证据。

（由于溥仪在证言中以公正的立场提到苏联因而遭到当时一些右派报纸的攻击，说什么溥仪又为“新主子”说话了。季楠检察长的直接询问在 8 月 20 日上午结束）

鹈泽：证人在 1909 年继承皇帝之位后，是在北京天坛行过祭天告祖之礼吗？

（从下午起由被告律师针对证言对证人进行质问。第一个上来质问的是日本律师团的首席，亦即前两天曾多次对询问提出异议的鹈泽聪明博士。这位博士身材瘦小，满头白发，总是绕着圈儿提出问题，有意让你摸不透。在与律师打交道的几天之中，可以说溥仪是经历了一场严峻的考验）

溥仪：那无须问，因我当时年幼是由父亲代祭的。

鹈泽：证人1934年在“满洲国”称帝登基，也曾在长春南郊举行了同样的告天之礼吗？

（博士的没头没脑的质问引起季楠检察长的抗议，认为这已超出了询问的范围。但是威伯审判长说，既然是针对证人是否是真正帝王，当然可以问）

鹈泽：证人在辛亥退位后考虑再行实现康熙、乾隆二世的王道政治否？

溥仪：由伟大的人物办卓越的政治，这种希望是自然的。如果孔子出世治世，世界自然要好些。

（鹈泽显然是在玩弄圈套，想引诱溥仪说出他早有复辟为君的念头。溥仪对此也已心领神会，想方设法绕开博士的圈套，用含混其辞的回答敷衍搪塞）

审判长威伯（不耐烦地插言）：离题太远了，双方问答都离题太远！

（整个法庭一片哄笑，可这仍没有打断博士的质问）

鹈泽：郑孝胥和罗振玉等人，是否想把清初的王道政治，在现代的条件下加以重现呢？

溥仪：这不止他们吧，人们都愿意出现好政治。

威伯审判长：离题太远了，对法庭没有价值。

（审判长终于下令不许这样绕来绕去地问答了，鹈泽博士还不服气地辩解）

鹈泽：年老的我，以为在这个法庭里谈一谈东洋文化的立场也是可以的，所以才敢于质问。

（鹈泽设想的圈套还没有摆好，就不得不收了回去。接着上场的是被告梅津美治郎的律师布莱克尼少校，他是一位美籍军人，把军人风度带到法庭上来了。当年的东京报界评价说，他的历时三天的质问是“令人恐怖的冲锋肉搏式的”。起初，布莱克尼想从历史上证明溥仪是自愿登上“满洲”皇位的，围绕这一点，溥仪和律师在你问我答之中捉起迷藏来了）

布莱克尼：证人退位后仍保留着皇帝尊号吗？

溥仪：依照清朝退位时的约定，是承认每年支给我四百万元年薪，并占有紫禁城一部分的，可是未能按照这个约定施行。

布莱克尼：证人在历史上曾有过一次复辟举动吗？

溥仪：那是我十二岁的时候张勋搞的。

布莱克尼：后来中国违反了退位条件，在1924年冯玉祥政变以后便停止了皇帝待遇，不再支给年薪，证人对此不满吗？

溥仪：我虽对这种武力政变不大满意，但我也很想离开宫中。我当时的心境可以由庄士敦所著《紫禁城的黄昏》一书说明。

布莱克尼：1924年满洲不是土匪横行吗？

溥仪：中国是一个古老的国家，所以治安紊乱，匪贼横行，这是常见的事，而且别的国家也有这种情形发生。

布莱克尼：那时“满洲”治安混乱，外国不是为了保护本国权益而必须出兵吗？

溥仪：对我来说这只是报纸的知识。当时的日本是在“满洲”从事侵略行为的，而且还嗾使便衣队从事不法行为。

布莱克尼：那时不是俄国侵略北满吗？

溥仪：不知道！

布莱克尼：在张作霖、张学良统治之下能算是善政吗？

溥仪：张学良统治时期的满洲是中国领土，与“满洲国”情形根本不同。但如果你说张学良统治下的状况不够理想，那我也可以承认不够理想。

布莱克尼：是不是可以说，当时满洲如果没有个善良的统治者出现，也是可以统治好的？

溥仪：不知道！

季楠：（检察长表示抗议）律师的询问超越范围了。

布莱克尼：我是试图考察证人的知识和记忆力的可靠性。

（这一辩说获得了审判长威伯的接受。然而，布莱克尼已经看出，无论他怎样兜圈子，溥仪也是不上套的，索性转动舌锋，直截了当地质问溥仪是否有复辟的想法）

布莱克尼：证人自己是否有过要在满洲施行善政的理想？

溥仪：唔——？请再说一遍，没听明白。

布莱克尼：……（又重复说一次）。

溥仪：这种事情嘛，我，连想也没想过。

布莱克尼：证人对满洲的情况一向是如何了解的？

溥仪：那很难说，可能有各种方式。

布莱克尼：比较经常的呢？看不看报纸呢？

溥仪：报是人人看的。

布莱克尼：按当时报纸上的满洲消息，治安情况如何呢？

溥仪：隔了那么多年，我怎么能记得？

布莱克尼：那么，你看过李顿报告书吗？

溥仪：记不清了。

布莱克尼：三百年前，你的祖先不是想到中国建立王朝的吗？

溥仪：那是因为明朝已处于混乱中，吴三桂邀请满族入关的。

布莱克尼：证人没想到过自己的复辟的可能性吗？

溥仪：我没有这种想法。我想的是要以人民的幸福列为第一位。

布莱克尼：1931 年以前，没有向任何人提到过希望复辟的话吗？

溥仪：我一点也想不起来了。我只是爱中国，我并没想成为中国的第一号人物。也许在口头上议论过，也未可知，但是我绝没有显明的行动。

布莱克尼：究竟说了还是没说？

溥仪：忘了。

布莱克尼：是有说与没说的两种可能吗？

溥仪：记不起的事我说不出来。

布莱克尼：在旅顺与板垣会面是在哪一天？

溥仪：不记得。

布莱克尼：由旅顺去长春是哪一天呢？

溥仪：时日我完全不记得了。到了满洲之后，我讨厌使用“康德”的年号，所以对于年月日的记忆特别淡然。

按：这就是溥仪第三次出庭作证的情况。根据当时报道，溥仪在作证中“详述日人统治东北十四年中奴役中国人民之情形”，重点揭露了日本帝国主义的经济侵略。在被告律师针对证言质问证人过程中，溥仪又与律师打了几天交道。他用“不记得”三字，不置可否地对付律师，布莱克尼少校由焦急而激怒，却也毫无办法。当年报纸曾刊登溥仪《受律师盘诘突失记忆》的新闻："傀儡皇帝溥仪本日下午在为二十七名日本主要战罪嫌疑犯辩护之诸律师严厉盘诘之下，突然失却记忆，溥仪在答复十至十五个问题时，仅称'吾不能记忆'，溥仪以此不加可否之答复回答关系傀儡皇帝生命史上重要阶段之诸问题，渠甚至不能记忆离开天津赴旅顺港之月份，渠登傀儡皇帝之时日等。"

皇帝证人第四次在东京法庭上的证词：物证与舌战（1946年8月21日）

（论战一开始，人们已经明白：上次出庭中布莱克尼所发出的那些如张勋复辟、民国背弃"优待条件"等似乎不关痛痒的询问，原来都是为今天的短兵相接服务的，都是伏笔。由那里开始，布莱律师很快便把问题追到溥仪为了当皇帝，曾委派郑孝胥找板垣办交涉的事儿上了）

布莱克尼：在会见板垣之前，为了商量让证人当执政或皇帝，曾派郑孝胥和罗振玉去找板垣吗？

溥仪：根本没有这回事！连执政都是后来决定的，更谈不到皇帝的问题。

布莱克尼：当时罗振玉是什么身份？

溥仪：私人朋友，没什么身份。

布莱克尼：他作为你的代理人，是否有关于政治和复辟问题的发言权呢？

溥仪：他的个人行为，我不能负责。

布莱克尼：板垣有没有和你说过，他是听了罗振玉说你要复辟，才找到你的？

溥仪：不记得了。也许是罗振玉说过，但他不能代表我。

布莱克尼：证人到底出于什么动机就任"满洲国"执政的？

溥仪：在接受板垣的要求到了长春以后，我考虑了新的手段。假如表面上不虚与委蛇，对日本人表示好意，便不被日本人信用。不为日本人信任便不能训练亲兵，培养人才，以备将来收复失地。我是冒险这样干的。计划奏效时，我是爱国者；失败时，我便身败名裂。

布莱克尼：证人还记得在长春宫殿接见记者伍德海的谈话吧？证人那时谈到就任"满洲国执政"的原因时是这样说的："就个人的理由来讲，我是为了对于民国政府的违约做个亲身的证据而来到了满洲；就政治的理由来讲，我是为了企图改善民国的恶政而来到了满洲。"这是事实吧？

（溥仪清楚记得：这是事实。伍德海是由庄士敦介绍与他相识的英国记者，溥仪在天津时就多次接见过他。而且，溥仪谈过的这些话，早已被伍德海写进一本书中，而那本题名为《在中国的记者生活》的书，1934 年就在伦敦出版了。可这一切，溥仪全不认账）

溥仪：伍德海的事，我全不记得了。即使说了那也是假的。因为我在那样的环境下，如果不对日本作出种种欺骗，那是什么事也干不了的！

布莱：证人还记得在长春与李顿会面时的谈话吗？那时怎么不为满洲人民而对李顿讲实话呢？

溥仪：我已忘记向李顿讲了些什么，不过，当时所讲全属不确。那是板垣逼迫我那样说的，实在遗憾。如果我要说了实话，今天也就不可能来此作证了。

布莱：那么，你是珍惜你的生命而不说话呀？

（布莱克尼律师的高频率进攻，使溥仪愈来愈失去了招架之功，当时的报道曾描绘了他的那种狼狈相："溥仪口嚼指甲，以手抚脸，承认渠曾欺骗 1932 年之李顿调查团。当渠形似不能了解其字意义，而要求重述一次时，渠之一双近视眼辄于其眼镜后转动不已……"溥仪已经处在尴尬难煞的节骨眼上了。然而，由于反复出现类同的问题，引起威伯审判长的怀疑）

威伯审判长：律师是想证明什么呢？

布莱克尼：我要让溥仪丧失证人资格！证人已经成为"满洲"君主，只是说这并非出于本心，一切行为都是被迫的。如果能够证明溥仪的行为不是被强制的，而是基于他的自由意志，就可以推翻溥仪的全部证言，并宣布他是一个说话靠不住的人，从而剥夺他的证人资格。

（十分自信的布莱克尼少校竟在法庭上坦率声言，公开说出了他的想法。这时，季楠检察长发言，提醒律师注意询问时采取的方式，却救了溥仪的驾）

季楠检察长：这位证人对于法庭里的询问没有经验，所以务请把质问的内容整理一番，以期不致使他陷于答复困难。证人是否英雄，并不是审理的目的。这个问题应另找机会由其他法庭处理。

（当天下午，律师向法庭交出溥仪亲笔写给南次郎的黄绢信。布莱克尼满以为拿出这铁的物证一定会使溥仪无所抵赖而低头认输了。那段历史情景又是怎样的呢？根据当时记者们的现场采写，实况如下）

布莱克尼：我已经拿到了溥仪亲笔写给南次郎的黄绢信！现在就交出信件，

请法庭验证。

（当时的溥仪“以极紧张之面容立于法庭中”，黄绢信很快便通过法庭传到溥仪手中，让他辨认。“溥仪慎重研究该文件数分钟之久”，此时法庭的空气，紧张达到了极点，溥仪本人则感到连“神经也快要拉断了”。只见溥仪像弹簧似的突然从证人台的椅子上站起来，一下子把黄绢信扔到地上）

溥仪（面向法官高声大嚷）：各位法官，这信是伪造的！

布莱克尼（顿时现出慌乱之状）：上面的宣统御玺也是假的吗？

溥仪（斩钉截铁地回答）：完全是假的！

（于是，局面对溥仪来说，立时从被动转为主动。季楠检察官显然也很兴奋，立即提出了下一步的审理方案）

季楠检察官：应把这封信作为集团阴谋的证据，由被告方面负伪造罪责。

威伯审判长：可以受理这一要求。

（当时报界曾以《律师多事——诋毁溥仪文件变成战犯罪证》为题，把这个精彩的历史场景迅速报道出来）

报道：今天午后，东京战犯法庭中，又展开最惊人之一幕，盖被告律师所提出之原诋毁溥仪之文件，反变为二十七名战犯之罪证也。被告律师提出一函，并称此函乃溥仪所写，内要求日人协助其恢复皇座……溥仪愤怒填胸高呼“此乃伪造之函件”时，首席检察官季楠即利用此点，要求将此函件作为日本战犯之罪证。二被告律师猛烈反对将被告所提之文件作为检察官之证据，然审判长威伯压制其抗议。

（布莱克尼律师并不甘心败北，他继续追问溥仪，企图找到——哪怕是一丁点儿破绽，以便重整旗鼓，反扑过来）

布莱克尼：那么，信上是谁的笔迹呢？

溥仪：不知道！

布莱克尼：是不是副署人郑孝胥写的？

溥仪：不像。我看就连他的签字也是假的。证人的印鉴在我自己手里。盖在这封黄绢信上面的是大印鉴，我不知道。再说在天津时期我是个平民，从来没盖用过皇帝玉玺。

布莱克尼：你在天津曾使用皇帝专用的黄色纸写信吗？

溥仪：我一向只用国产的普通信纸。

按： 这就是溥仪第四次出庭作证的情况。这次出庭，在溥仪和他的对手中间形成短兵相接式的恶斗，把前次已经掀起的轩然大波推向高潮。于是，围绕着溥仪是依据自由意志成为“满洲国皇帝”，还是被强制不得不当“满洲国皇帝”这个问题，展开了论战。溥仪步步设防，终于使布莱克尼律师不能得到一句他认为完满的答复。对被告及其律师们说来，溥仪似乎是赢得了一次胜利，然而这毕竟是建立在隐瞒了若干情节的基础上，溥仪的心是并不踏实的。有位细心的记者曾观察到这样的场面，他写道：“溥仪在今午之作证中，忽呈不知所措之态，达数小时之久，日本各被告战犯都在旁观望聆听而呈欢喜之色……”

皇帝证人第五次在东京法庭上的证词：布莱克尼的杀手锏（1946 年 8 月 22 日）

布莱克尼（询问溥仪）：可否谈谈日本投降后你由长春、奉天辗转而去伯力的经过？

1945 年 8 月 19 日溥仪在沈阳机场被苏军俘获

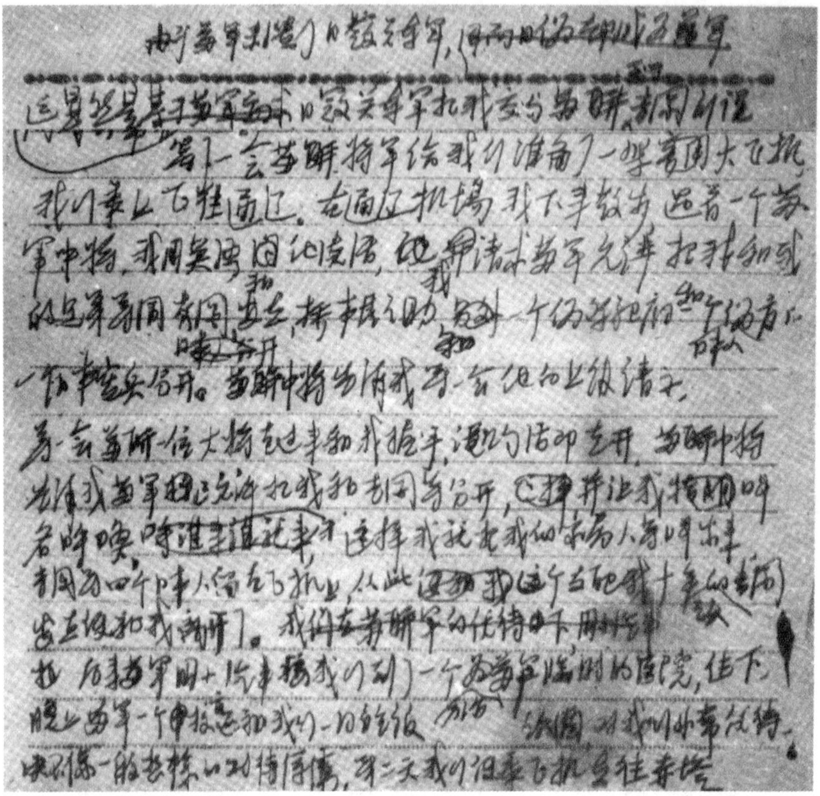

溥仪交代被苏军俘获的亲笔自述

溥仪在苏联接受讯问

溥仪：在战争结束时我在沈阳机场被苏空军人员俘获。押至西伯利亚之伯力拘禁时期，一直在苏武装看守之下，毫无自由可言，甚至没有自由可去附近河边散步。我家族中亦有多人被拘禁。

布莱克尼：你出外时是否也在武装人员看守之下？

溥仪：是的。我来东京也是交给武装看守押解。

布莱克尼：溥仪目前为苏联俘虏，因此，他出庭作证可能歪曲真理，正像他的证词中所说，昔日他在日本人手中时也不说真话。

溥仪：我的证言完全真确。

（询问到此，布莱克尼律师突然把话锋一转，向溥仪抛出了杀手锏，现场记者们则说是“又投出了一个冒险的质问”）

布莱克尼：1931 年，中国政府把你当作卖国贼通缉，你知道吗？你想过没有，最终你自己也要以战犯身份受到那个国家的审判！

（对溥仪来说，这确是打中要害、刺疼心窝的问题，是他明明知道而不敢去想的问题。虽说不敢想，可连做梦也梦见哪！为了逃避那终将到来的审判，他曾在不久前写信给斯大林，要求长期留居苏联。现在，布莱克尼少校竟然在严肃的法庭之上，以愤恨的口气，提出了这个足以使他精神崩溃的问题。不过，没等溥仪启齿回答，季楠检察长和威伯审判长都表态了）

季楠检察长：反对这样提出问题！

威伯审判长：这是让证人宣布自己是罪人的问题，请律师撤回！

（布莱克尼似乎已经看出他所提出的问题在溥仪心中造成打击，尽管审判长表示反对，他仍是换换口气和角度又提了出来）

布莱克尼：证人把一切罪行都推到日本人身上，可是你是和日本通谋的，你知道中国也要审判有通敌、利敌行为的人吗？

（在场的日本战犯被告们，由于律师提出的问题而感到开心。采访现场的记者描述道：“被告东条英机与大岛治二人均面含笑容，被告板垣征西郎则略呈微笑，其仁丹式胡须亦随之翘动。”）

季楠检察长：本检察长依法对布莱律师再度提出异议。

布莱克尼（极表不满地向审判长申辩）：证人之证言是否可信，这当然是很重要的。所以，打听打听证人现在处于如何地位，以分析其证言是否因受威胁或默许之故，而失其真实性，这显然是很必要的嘛！

威伯审判长（稍与几位审判员磋商，又面对布莱律师）：庭上大多数人都反对你这种询问方式，不过，问一问是否由于威胁或约定才做的证言也好。

溥仪：完全没有受到威胁，我只是说我所知道的呀！

（律师没有获得他想得到的东西，于是变换方式，仍以探索证人陈述的可靠性为目标继续询问）

布莱克尼：植田任关东军司令官驻满是在什么期间？

溥仪：想不起来。

布莱克尼：梅津任关东军司令官驻满是在什么期间？

溥仪：想不起来。

（溥仪为了防止在他的证言体系上出现漏洞，愈来愈多地采用“不知道”或“想不起来”对付询问。其时还闹出了笑话）

布莱克尼（面向溥仪）：你可以参考各种历史大事，藉以恢复你的记忆嘛！

溥仪（手指律师大笑）：阁下也可以查阅《日满年鉴》，以恢复你的记忆呀！

（记者报道说：“今午之作证，并无甚大结果。溥仪仍不能记忆各事之日期。”也有的记者以《一问三不知溥仪装疯卖傻》为题报道这种场面，那些花花绿绿的记者显然各有自己的立场，用词也大不相同）

溥仪（以证人身份向审判长提出）：希望能允许我在证言的时候翻看笔记本。

威伯审判长：可以看看事件发生时所做的笔记。

溥仪：这个笔记确是在满洲时做的。

布莱克尼（因不信任而追问）：这个笔记是不是季楠检察长直接询问时用过的那本呢？我听说那是证人在最近两三天前才做的。

季楠检察长：证人对于日期的记忆不正确。

（在溥仪要求阅看笔记的问题上，检察长倾向允许，而律师意在反对，审判长威伯做出结论）

威伯审判长：笔记应由审判长查一查，以期明确知道究竟是什么时候做的。

（由于溥仪没有随身带来那个笔记本，这个问题就暂时搁下了。这时，检察长季楠以挑战的姿态再度提出那封黄绢信的问题，掀起一场新的论战）

季楠检察长：检察方面认为，那封伪造的黄绢信正是由律师团自行宣布的被告的罪证。检察团方面要把这个赝品作为被告共同谋议的证据而提出。

布莱克尼：若是正式提出作为证据，必须证明它的真实性。

威伯审判长：真实与否可以证明。法庭破例允许有关的被告提出作证。

（审判长如此宣布，首先提出作证的便是南次郎的辩护律师冈本，他解释原委说，这封信是由溥仪的家庭教师远山猛雄经手，在东京亲手交给南次郎的。1934年郑孝胥到日本时也看过此件，认为确是皇帝亲笔并签署了名字，有据可凭）

布莱克尼：不应该把这一函件作为与所有被告都有关的证据。

季楠检察长：关于这一点，溥仪在昨天已经予以否定。律师先生应将该信上交法庭，这封信将被证明是伪造的，且为成立傀儡国家的一系列阴谋之一。

布莱克尼：不过，这封信上标明了写信日期为1931年10月11日，是溥仪在天津时写的……

（尽管在这番论战时，溥仪没有插嘴，可是“心中有事”，表情上不能不有所流露，正如现场记者们所看到的，溥仪在证人台上“身体不时颤动，且常以右手食指擦鼻”，竟是一副可怜相）

威伯审判长：先将该函交审判所予以保管，检察方面若不经过审判所的许可，是不能作为证据而提出的。而且，一个证人与一个被告的通信，能否适用于一切被告也有问题。不妨作为今后的一个问题暂时保留。

（审判长这样讲，绝不意味着被告律师“反扑”的获胜。布莱克尼律师在结束他长达三天的质问之前，最后又提到溥仪的英文教师庄士敦的一本著作，传说本书序文是溥仪写的）

布莱克尼：庄士敦所著《紫禁城的黄昏》一书所表现的溥仪的生活与见解，是否与实际相符呢？

溥仪：不能说完全与此同感。

布莱克尼：序文是谁写的？

溥仪：该书序文，那是老早的事了，全记不得了。

威伯审判长：证人可以看书，把英、汉两种文本仔细对照一下。

溥仪：这好像是郑孝胥写的，我不记得。

威伯审判长：那就把该书序文登记为证据文件。现在宣布法庭审判团做出的两项决定：一是决定把证人致南次郎的黄绢信采用为证据，而且作为对一切有关被告——不仅是南次郎个人而提出的证据；二是对于《紫禁城的黄昏》一书中被认为是证人手写的部分，可以提出询问。休庭！

按：这就是溥仪第五次出庭作证的情况。不甘心失败的布莱克尼经过一夜的考虑，感到只有在法庭上揭露溥仪证言的不可靠性才有希望转败为胜，遂从溥仪目前所处的地位和身份入手，指其目前为苏联俘虏，因此其作证可能歪曲真理。继而又突然把话锋一转，向溥仪抛出了他的杀手锏。

皇帝证人第六次在东京法庭上的证词：溥仪受人唆使了吗？(1946 年 8 月 23 日)

(克莱曼律师的质问是针对溥仪在 8 月 19 日回答季楠检察长直接询问时曾谈到张鼓峰事件和诺门汗事件的情形而开始的，律师对此表示异议，但溥仪复述上次谈话的内容，坚持自己的看法)

法庭上的被告席

溥仪：苏联对我国东北并没有侵略的图谋。在张鼓峰及诺门汗两次事件中，苏联虽然获得胜利，但是并没有继续向前推进，这就是苏联没有侵略企图的明证。

克莱曼：这种情形是证人拘留于苏联期间听到的吗？

(克莱曼为了打破溥仪的证词，先是采用旁敲侧击的方法，企图找到根据证明那是受人唆使替人宣传)

溥仪：不是！在满洲时我便知道了。

(溥仪的答复堵住了克莱曼想钻的窟窿，他立即转到攻击的正面)

克莱曼：大家都看过《李顿报告书》，难道能说在日本占领中国东北之前，苏联对满就没有过侵略的企图么？所谓“万宝山事件”和“中村上尉事件”等，又怎样解释呢？

(不料此言反而被溥仪抓过来当了口实，溥仪对此有从容的回答)

溥仪：这样的小事件，一切都在短期间内便解决了。但是，日本却把这些事件作为侵略中国的口实，这是世界周知的实情。惟其因为这样的侵略是犯战争罪的，我才作为证人也被唤到这里。我不是自愿来到法庭的，不过我自然想说一说日本长期压迫满洲与中国的事情，恰巧有国际军事审判法庭的设置，因此在这个机会之下，我想述说的希望便特别多了。

（溥仪使用比较的方法，从相同的历史事件中同时引出苏联没有侵略意图和日本怀抱扩张野心的两个结论，使现场记者用这样的醒目标题《以苏联比日本，溥仪措词精警》报道出去。但法庭上的被告律师却非常不满，于是在溥仪和克莱曼之间又发生了如下对话）

克莱曼：证人在法庭上提出这种事例有何裨益？

溥仪：我并没有获得任何诺言，我非常愿意在此提出作证。我这是在揭露日本对中国的侵略和压迫机构。

克莱曼：证人是否曾受到别人的警告呢？倘若你拒绝这样作证，则势将对你发生某种影响。

溥仪：（放声“哈哈”大笑）这话实在可笑，我当然是根据自己的自由意志而在此作证的。

（此时又提到上次出庭曾经提过的那个溥仪的笔记本，由于有人认为它关系到证人陈述的可靠性，所以又发生争论。事端是由克莱曼律师的询问引起的）

克莱曼：过去八个月里，你在这个法庭上的证言，还对谁谈过吗？

溥仪：在苏联时曾讯问过我访日的情况，我让同伴臧式毅（前伪满参议府议长）记录我们的谈话。我已经把其中一部分笔记带到东京来了。此外还有在满洲时做的笔记，不过这份笔记还在伯力放着。

威伯审判长：证人现在应该交出上次已经提到的那个笔记。

溥仪：上次谈时我是记错了，实在对不起。实际情况是，用铅笔写的那本笔记仍放在伯力，并没有带来。

威伯审判长：你不是说因为那个笔记模糊了，在东京你又重写来着吗？

（情况是这样的：在8月22日的法庭上，溥仪要求证言的时候翻看笔记，威伯审判长表示可以看证人在发生事件时所写的笔记，为此须事先经过检查。溥仪说，事件发生当时他用铅笔做了记录，后来逐渐模糊，又用钢笔改写了。因此才引出威伯的这一问话。据记者报道，当时溥仪“态度昂奋、双颊胀红”）

溥仪：的确抄写了三份，在满洲用铅笔写的那份放在伯力了，未曾带来。

威伯审判长：那我们再问也是没有用啊！

季楠检察长：如果是要调查证人笔记上的年月日，依据公文和刊物便可以明白，其内容就像美国的《独立宣言》，是为一般所周知之事，那是不会捏造的。

威伯审判长：昨天证人在法庭上所说的话是无由注销的。用钢笔抄还是铅笔写的问题与美国独立宣言有什么关系？

季楠检察长：这是茶碗里的波澜，无聊的争论。只要把证人带来的笔记全部予以调查便可以判明事实。

（审判长与检察长的辩论自然成为法庭上一段相当精彩的花边新闻。不过，检察长最后的话还是有道理的。已被审判长威伯采纳，要求溥仪提出他带来的笔记。溥仪从衣袋中拿出一册小型的黑皮笔记，交给中国代表梅汝璈先生。以下就是在溥仪交出笔记本后，围绕是否提交作证的问题在法庭上的全部对话）

梅汝璈法官：检察方面把这个笔记提出作证可以吗？

季楠检察长：那自然是很好的。不过，现在证人拿来的这份笔记并不是全部笔记，铅笔写的那一份仍放在苏联国内。

威伯审判长：我们所关心的还是用铅笔写的那册原始记录的笔记。

罗干律师：这册笔记不是事件发生时做的，因此我们反对提出它作证。

赖文律师：证人故弄玄虚。

威伯审判长：在质问中不许弹劾证人，律师应当撤回方才所下的断语。

赖文律师：冒昧失言，愿意收回并致歉意。

按：这就是溥仪第六次出庭作证的情况，由被告律师克莱曼进行质问。报道说，这次出庭使溥仪“重获他人之极大信任”。法庭辩论还涉及溥仪从衣袋中拿出的一册“小型黑皮笔记”，但那册笔记毕竟不是原始记录，当然不宜以为凭据。因而，季楠检察长也不再坚持提出作证。审判长遂表示同意被告律师的异议，否决了把那册黑色笔记提出作证的问题。

皇帝证人第七次在东京法庭上的证词：驳倒了清濑一郎（1946年8月26日）

（清濑博士首先提出的文件，便是从日本政府档案中抄来的溥仪致本庄繁的

一封信，企图证明溥仪与日本是通谋合作的关系，而并非仅仅是被动的。清濑拿出这封信的抄件后，溥仪当即承认属实)

溥仪：把那些条件加在我身上的时候，我早已处在日本势力的控制之下了。落款是我签了名，然而那不过是日本方面做的。

(清濑博士又提出溥仪在 1935 年访日的两个文件：一是溥仪访日归来，在长春发布的《回銮训民诏书》。其中"朕与日本天皇陛下精神为一体，尔众庶等更当仰体此意，与友邦一德一心，以奠定两国永久之基础，发扬东方道德之真义，则大局和平、人类福祉，必可致也"这几句，伪满"国民"都能默诵。清濑据此而询问溥仪的本意，溥仪哈哈而笑)

溥仪：那是遵照关东军和吉冈中将的意思作的。

《扈从访日恭纪》

(清濑拿出的关于溥仪访日的另一文件，是题名为《扈从访日恭纪》的书，那是由溥仪访日期间担任翻译的林出贤次郎"谨述"的。此人当年是驻满日本大使馆书记官兼"满洲国"宫内府行走。书内大量记载溥仪的媚日活动。清濑特别举出溥仪所写的两首诗。第一首是四言诗，1935 年 4 月 4 日，溥仪所乘"御召舰比睿号"于晨 6 时行至日本九州以西海面上，身穿海军礼服、站在军舰展望台上的溥仪，观看由 70 艘军舰组成的日本联合舰队的阵容表演，礼炮轰轰、威风凛凛。于是溥仪来了兴致，挥动"宸翰"，写出一首"御制诗"："海平似镜，万里远航。两邦携手，永固东方。"第二首是七言诗，4 月 5 日，溥仪的"御召舰"已在海上航行 4 天，天气由阴雨渐次放晴，林出形容那天是"阳光照射，波光如锦""惟西北风尚烈，波浪激荡，跃过舰首"，而这时溥仪的晕船反应也刚刚平静，遂又写出"御制诗"："万里雄航破飞涛，碧苍一色天地交；此行岂仅览山水，两国申盟日月昭。"清濑以为这总可以称作溥仪的"自由意志"了，便在东京法庭上发出质

问）

清濑：诗应是从内心流露出来的，难道这也不是你本心的写照吗？

溥仪：这不过是社交上的应酬，当时日本在我国东北的地位已经巩固，我不过赋诗数首，让他们快乐快乐而已。所谓本心等，那是笑话。

（溥仪此言也属实情，就以“海平似镜”而言，据林出描述“当时的景色是这样的：是日朝来，低气压由冲绳岛西方向东北前进，因此波涛渐次奔腾，而雨势亦逐渐增大，视线致成为狭小。是日若系晴天，在与联合舰队会合前，将有飞机百余架在海面上空摆列飞翔，欢迎御召舰。兹因天雨未能成为事实。午后一时许，波浪愈大，比睿军舰亦颇觉摇动。至其他警卫之驱逐舰，则颠侧愈烈，甚至不能作炊。比睿方面虽不若是之甚，但舰首受波浪冲击，激荡之声甚厉”。请问哪里来的“海平似镜”？这不分明是为应酬而胡诌吗！大概是因为清濑博士冤屈了溥仪的“本心”吧，溥仪不无气愤地接着说了下去）

清濑：再请教一个问题，第一次访日时，吉冈中将是否一起随行？

溥仪：一同去的。

清濑：可是在《随从访日恭记》最后一页，随行人员名单上并没有吉冈的名字，难道是以随行人员以外的身份吗？

溥仪：吉冈中将是以关东军司令部参谋的身份随行的，并不是以满洲国政府的随行人员身份到日本的。

清濑：刚才我所引用的，证人在访日时所说的话以及所作的诗，吉冈当时是否也在场？

溥仪：吉冈当时是否在场我已经不记得了。但是无论我在任何场合说话，首先由吉冈中将把写有讲话范围的纸片交给我，我的讲话不超出指定范围。

清濑：这是在军舰“比睿”上，如果没有乘同一艘军舰，我想是无法递交纸片的，你认为呢？

溥仪：我所发表的一切讲话，都是在长春时由吉冈中将策划好，然后在舰上由吉冈中将随时递给我。我的讲话不超出所指示的范围。

清濑：吉冈和证人乘坐同一艘军舰吗？

溥仪：是的。

（清濑一郎专就1935年4月溥仪首次访日，吉冈安直是否跟随并与证人乘坐同一艘“比睿号”军舰而“请教溥仪”又怀什么目的呢？就是引诱“证人”再进一口新设的陷阱。众所周知，吉冈安直中佐被任命为“满洲国皇帝”溥仪的“帝室御用挂”，代表关东军掌控溥仪的一言一行。然而，1935 年 4 月正是吉冈调任“帝室御用挂”才十几天，刚从日本来到满洲，所以就没有跟随溥仪首访日本。清濑对此已经查明，却故作姿态，诱导溥仪把在“比睿”舰上自发所写、用以歌咏“日满牢固关系”的诗歌，说成是“吉冈的指示”，把自己的“罪行”栽到了在他身边当了十年“御用挂”的吉冈身上，溥仪还真上当了。

1935 年 3 月，在陆军士官学校担任教官的吉冈被调至关东军司令部，赴“新京”任职。在“新京”，“帝室御用挂”吉冈一家住在兴安大路上的陆军官舍。每天早上，马夫拉着马到官舍迎接吉冈，吉冈总是让马夫先回关东军司令部，自己喂马吃完一根胡萝卜然后从容地骑上马，从铺着花岗岩的兴安大路前往关东军司令部上班。而此时也正是溥仪“皇帝”意识高涨的时候，是关东军开始积极干预“满洲国”统治的时期。作为协调“皇帝”和关东军之间关系的“帝室御用挂”，迎来了变得微妙的艰难时期。可以说，正因为如此，关东军才任命吉冈为“御用挂”。吉冈和溥仪说话，几乎没有翻译介入。吉冈在鹿儿岛连队当大队长时学会的一口北京官话已足够进行交谈。他掌控溥仪十年，正如溥仪自述：“我所发表的一切讲话，都是在长春时由吉冈中将策划好，然后由吉冈中将随时递给我。我的讲话绝不超出所指示的范围。”）

溥仪：律师尽管说我在“满洲国”的行为是自动的，可是，事实毕竟是事实！

威伯审判长：证人应该只陈述事实，附加些多余的话就不好了。

（清濑随后又提出两件人命案，要求溥仪拿出确凿证据。一件是溥仪的祥贵妃谭玉龄被害；另一件是兴安北省第一任省长凌升被害）

清濑：（质问溥仪）证人在接受检察长的直接询问时，说你的夫人被毒死了，这是用毒药害死的，还是说因注射葡萄糖不足致死的？

（溥仪在 8 月 19 日回答询问时谈到谭玉龄之死，起初他说是被日本人毒死的，具体谈到死亡过程时又说是没有按时注射葡萄糖。清濑抓住溥仪谈话中这一漏洞而提出质问）

清濑：我是问一问究竟是用毒药毒死的不是？

威伯审判长：这不是用“是”或“否”所能回答的问题。（继而直接面对证人）你是不是说下毒药了？

溥仪：我不是医师，我不知道究竟有没有用毒药。我是根据周围情势推断的。

威伯审判长：你已经将全部事情都说明了吗？

溥仪：全部都毫不隐瞒地说明了。

威伯审判长：（转问清濑）那么，你觉得他说明的充分不？

（清濑对此没有回答。因为溥仪已讲清楚："尽管我对她的被谋害并没有什么充分证据，根据当时的主观判断，我总认为她的死可能是日本人下的毒手。"他是根据推断作出的结论。跟随溥仪多年深受信任，同时对溥仪也一向忠诚的他的侍卫长工藤忠，亲耳听到溥仪的证言后，对谭玉龄之死发表了如下的看法。从他的回忆中可以知道，毒杀之说虽无实据却在当年就已风传，也并非溥仪临时杜撰于法庭之上的。工藤忠在他的回忆录中写道："在东京裁判厅内，皇帝曾清楚地做结论说：'杀害贵妃的就是吉冈中将！'不过，我认为，这是不是由于误解而来的呢？这位第二个皇后——贵妃，出身于好家庭的人，皇帝也很宠爱她。这个妃子曾因得了病，受着汉医的医治。但是吉冈就说：'汉医不中用！'于是叫来军医诊治，但已经过迟，第二天就死去了。是由于得了急性脑膜炎。尤其是当贵妃不乐意的时候也不管，仍是强行注射，并投药给她吃，也许这就是皇帝坚决认为她是被毒死的缘故吧！糟糕的事情是在贵妃死后的几个月内，军部方面就把一名候补的贵妃带来了，连宫内府大臣都不知道。于是，就有了一种传闻说：那是个日本的女子，要在贵妃被杀死之后来作后继者的。这就使'毒杀'的说法更加有力了起来。"

关于伪满兴安北省省长凌升之死也曾引起法庭的辩论，但不为一般报道所注意。倒是有位中央社的记者在他的采访文章中提到几句："日本被告律师今日复向法庭提及残酷之'满洲国'史上另一神秘命案，盖溥仪前称日人曾谋害一不友善之省长，然渠除含混之证据外，亦不能有更进一步之证明。东条之辩护律师清濑一郎谓：该省长是经合法审判并定罪后而处决者，溥仪反驳称，甚多人民俱系因日人之暴行而致死者，然'满洲国'之审判仅为消除关东军敌人之形式而已。凌升是蒙古贵族，清末蒙古都统贵福的儿子，张作霖统治东北的时候曾任东三省保安总司令部和蒙古宣抚使署的顾问。溥仪出任伪满执政前，他曾代表蒙古王公赴旅顺请愿'劝驾'，因此也被列为'建国元勋'的。但突然在1936年4月上旬被关东军逮捕，并于4月12日被解送至满洲国政府"付军法会军议”。同时被抓的还有兴安北省第一警备军参谋长福龄、兴安北省警务厅厅长春德、兴安北省省长秘书官华林泰、兴安警备军骑兵上尉沙德图和海拉尔警察署巡官倭兴泰等五人。并宣布他们的“罪状”是：勾结苏联和外蒙，向他们通报日、满军情，图谋蒙古独立。4月14日宣布褫夺凌升的“建国功劳章”“大典纪念章”和“皇帝访日纪念章”，同时褫夺了其他人的勋章。4月19日“经军政部高等军法会审判决”，凌升等六人全部处以死刑。4月24日在长春南岭用残酷的斩首之刑将他们处决。就在演出这幕惨剧前不久，溥仪刚把四妹许给凌升之子，从而结为亲家，所以当时他对这个案子是关心的。据他所说是因为凌升在一次省长会议上发牢骚，抱怨关东军言行不一，说他在旅顺曾亲耳听板垣说过，日本将承认“满洲国”为独立国，事实上却事事横加干预。他在兴安北省也是有职无权，一切由日本人作主。这下子惹怒了关东军。虽属“皇亲国戚”也不宽贷，只在行刑后由关东军司令官植田谦吉出面，通知溥仪这是“杀一儆百”，让他立即解除四妹的婚约就算了事。溥仪当时就感到：这不仅是杀了凌升，也是给了他当头一棒。因而总是难以忘怀，这次在东京法庭又提到了凌升之死）

清濑：你记得你在1941年12月8日说，为了支持日本作战，“满洲”将尽一切力量援助吗？

（清濑博士最后拿出的一份历史文件乃是伪满皇帝于1941年12月8日发布的《时局诏书》）

溥仪：“满洲国”皇帝的工作就是日本的傀儡工作。

（溥仪已经懒于一一回答这类具体问题了，然而清濑还是追问不停，当年颁布《时局诏书》的真实情景又浮现于溥仪的脑海之中。他后来回忆这段史实时说：“1941年12月8日，日本又在东太平洋沿岸点起侵略魔火。吉冈安直来见我，说裕仁现已发出诏书对英美宣战，并拿出《时局诏书》的草稿给我看，让我于当日晚间在伪宫内府召开‘御前会议’，决定这篇‘诏书’的发表，还希望我能在开会时亲自宣读，表示一下伪满洲国竭尽全力支援日本‘圣战’的决心，尔后，伪国务总理张景惠形式地把‘诏书’稿拿来，让我‘正式’阅过，于是这个‘御前会议’就在伪宫中的勤民楼开始了。当然由我扮演会议‘主角’，伪国务总理张景惠、国务院总务长官武部大藏以及各部大臣，参议府议长臧式毅、副议长桥本虎之助以及各参议都出席会议。首先由我说明原委大意并表示伪满当竭尽全力支援‘亲邦圣战’的决心，然后我就一字一句地像背台词似地宣读诏书，其中最卑鄙无耻的‘警句’是：‘举国人而尽奉公之诚，举国力而援盟邦之战。’此外还有‘死生存亡，断弗分携’等奴才滥调，充分表现了我的卖国嘴脸。”）

威伯审判长：他的笔迹已不是现在的争论点。

冈本敏：证人否认给南陆相写信，所以核对笔迹是必要的。

（在连续多日的法庭询问中，这类问题实在已经屡见不鲜，无须重问再答。审判长威伯让清濑博士转换题目质问，这时冈本敏律师站了出来，他拿出一本书，那是庄士敦所著的《紫禁城的黄昏》。冈本敏从这书中找到溥仪手迹和印鉴的影印件，他要求以此为据对溥仪致南次郎的黄绢信进行鉴定，以确定它的真伪。

冈本敏先把书翻到第448页，那页上印有溥仪题了字的一个扇面。请法庭据以核对证人的笔迹）

溥仪：那个扇面我还记得，写的唐诗，是我的亲笔。

（由于溥仪已经承认，法庭决定受理冈本敏的提议，把扇面字迹作为核对的依据。之后，冈本又把书翻到序言部分）

冈本敏：序文上的印鉴是证人自己的吗？

溥仪：我的印鉴很多，郑孝胥等人可以随便使用，所以已经记不清楚了。

威伯审判长：证人必须答复询问，印鉴是不是证人的？

溥仪：序文和签名不是我的亲笔。

（当年《华声报》曾以《溥仪手笔真假难分战犯法庭束手无策》为题，报道了关于笔迹鉴定的这场争论。根据这篇报道，最后由审判长威伯宣布将聘请字迹鉴定专家协助解决。实际鉴定是8月29日下午在溥仪所住的麻布寓所内进行的，担任技术鉴定的是日本警视厅的高村技师，参加鉴定的有中国方面的两名检察官以及被告律师冈本敏和罗干。然而鉴定的结果是不了了之，没有因此而戳穿“黄绢信”的真相。这其中的原因，据溥仪被俘虏后的俄语翻译格奥尔基·佩尔米亚科夫回忆：“对苏联代表团而言，溥仪是个相当重要的证人，他的口供对苏联情报工作帮助极大。所以我们竭尽全力保住他的生命。我们与中方商量，最后决定不公布笔迹鉴定的结果。”）

溥仪：是吉冈中将让我去日本迎接天照大神的。吉冈说这是关东军梅津美治郎司令官命令他的。并且吉冈中将还说，这是日本政府作出的决定，不能更改。

溥仪在伪建国神庙门前接受神官的“修祓”

(溥仪在东京审判中关于创立“建国神庙”原委所做的证言。有人认为，溥仪在“满洲国”最大的失策是设立了“建国神庙”。这是从很多曾经参与“满洲国”“建国”，对此又有想法的日本人口中听说的。把异国宗教拿过来，强行要“本国国民”祭祀，也就是夺去了民众内心的自由。1940年，溥仪第二次访问日本。同时在“皇宫”东花园内，用原木建造了“建国神庙”，供奉日本皇室的祖神——天照大神。神殿用铜板和木材建造，神殿外有溥仪命令建造的木结构神庙入口处。“建国神庙”面积达一万平方米。作为神灵的象征即神体，采用京都山东真一制作的白铜圆镜。设立“建国神庙”时，“满洲国”方面曾向日本要求赐赠圆镜，宫内省以“满洲国”是“外国”为理由拒绝了这一要求。于是“满洲国”便自筹神镜，溥仪访日参拜伊势神社时，“满洲国”“外务局长官”韦焕章在内宫神乐殿接受了神镜的修禊。为了奉祀“建国神庙”及其分庙“建国忠灵庙”，成立了“祭祀府”。担任过关东军参谋长、关东宪兵队司令官、近卫师团长等职务的桥本虎之助预备役中将被任命为“祭祀府总裁”。每月1日、15日为定例小祭，溥仪率领“满洲国”高官前往神庙规规矩矩地参拜。这是根据新追加的“满洲国组织法”第九条，“由皇帝进行国家的祭祀”而实施的。还多次安排从日本请来的神道家进宫“侍讲”。据“国务总理大臣”张景惠对其秘书、“满洲国外交部亚细亚科长”松本益雄说：“侍讲时，几乎所有的大臣都在打盹。我虽听不懂但还是听着。溥仪则是装着很认真听的样子，心里却在想着别的事。”)

按：这就是溥仪第七次出庭作证的情况，主要是回答被告东条英机的律师清濑一郎博士的质问。这位博士随身带来几份历史文件，看来是准备经过质问以后就把它们作为减轻被告罪行的证据。在溥仪的证言中，在《我的前半生》中，在战后关于中国的各种文献中，讲到溥仪和“满洲国”时，总会提及1947年死于苏联战俘营的吉冈“御用挂”。“御弟”溥杰，在其自传中对吉冈安直作了这样的描述：“他从溥仪在天津时起到伪满时期一直是日本帝国主义派去专门搜集溥仪情报的人，后来成为溥仪身边的钉子。他没有什么战功，是靠监视溥仪有功而扶摇直上的。我在学习院读书时，他已经向我们哥俩进行他的‘工作’。”

皇帝证人第八次在东京法庭上的证词：驳倒了清濑一郎（1946年8月27日）

（这一天，具体担任质问的被告律师名叫马泰斯，他还是抓住关键的天津阶段和旅顺阶段而展开质问）

马泰斯：在1931年，你认识日本的天津总领事桑岛吗？

溥仪：认识。

马泰斯：关于复辟问题你和桑岛谈过吗？

溥仪：没有。

马泰斯：1931年你和桑岛会面时，桑岛曾对你说日本天皇欢迎你复辟，你曾问桑岛，有关日本援助的程度以及逃出天津的具体方法等，这不是事实吗？

溥仪：这完全是日本的捏造，毫无这个事实。

马泰斯：当时你说复辟时机未成熟，是不是？

溥仪：我没说过！

马泰斯：你在旅顺期间先后与板垣会谈三次，第一次为1932年1月末，第二次为1932年2月22日，第三次是特别应你的请求在1932年2月29日会面的，是这样吧？

溥仪：我和板垣只谈两次，所谓第三次会谈是不存在的。

马泰斯：（再度对溥仪提出质讯）你总说自己在满洲是“并非出于自愿的皇帝”，事实是这样吗？

威伯审判长：（加以阻止）此种询问永远不能对我们审案有助，证人的立场，表示其一切均受日人控制，故任何询问均不能使其放弃该立场。

马泰斯：在居于天津、做傀儡皇帝及日本投降后三个时期中，你认为哪个时期最受压迫？

溥仪：我在东北时期最受压迫。

（由于不能从溥仪口中得到任何把柄，被告律师们愤怒异常。有位美籍人士摩尔站了出来，用一种轻蔑的口吻插言）

摩尔：我以三十年来与东方人交往的经验，深知东方人在受到压力的时候总是躲避供词。

（他发言后一屁股坐在椅子上，显然是余怒未息。整个法庭一下子从争论中沉寂下来，变得鸦雀无声。打破这沉寂的是审判长威伯）

威伯审判长：（声色俱厉）摩尔，你站起来！这是严重的抨击事件！你必须立即撤回自己的言论！

摩尔：（像只泄了气儿的皮球）我表示歉意，我声明方才的言论作废。

（八天的法庭作证结束了，经 11 位法官磋商，让溥仪暂留东京等待通知。这位举世瞩目的证人在苏联宪兵保护下退庭。许多想见见溥仪的人早就来到法庭门口守候了，多年随侍在侧的工藤忠更是毕恭毕敬。他回忆说："8 月 27 日下午皇帝最后出庭那一天，我先绕到大门口等待着皇帝。于是，皇帝就在苏联青年军官前后押护之下走了出来。他也一眼瞥到了正向他鞠躬的我。在皇帝眼睛里，比他的嘴还能有力地流露出来，仿佛在说：'工藤啊！你能平安无事，太好了！'看皇帝不像是怎样健康的样子，前额上有一绺头发蓬乱着，脸色很憔悴。这使我'万感填胸'，简直没能把头抬起来。"）

按：这是溥仪第八次，也是最后一次出庭作证。在这一天的法庭上，争论中心仍在于溥仪是自愿成为伪满皇帝，还是被强制当上"满洲元首"？结果表明：任何一位被告律师企图改变溥仪一贯坚持的立场和态度，都是无能为力的。远东国际战罪法庭长威伯宣布，终结一周来对溥仪的疲劳询问。皇帝证人退庭之后，关于他是否自愿出任伪满皇帝的争论并未终止，各方证据也不断向法庭提出。溥仪在《我的前半生》中说："我今天回想起那一次作证来，仍然感到很大的遗憾。由于那时我害怕将来会受到祖国的惩罚，心中顾虑重重，虽然我确实说出了日本侵略者的一部分罪恶事实，但是为了掩护自己，我又掩盖了一部分与自己罪行有关的历史真相。例如，日本帝国主义者和以我为首的那个集团的秘密勾结，这本是在'九一八'以前就开始了的。日本人对我这伙人的豢养、培植，本来也是公开的事实，‘九一八’事变后，我这伙人的公开投敌，就是这场长期勾结和豢养的结果。我为了开脱自己，却回避了这个问题，只顾谈了我怎么被逼和受害。”现已证明溥仪要复辟、要做皇帝属实，这也丝毫不能减轻日本侵略中国的罪行。正如溥仪所说，与中国内部亲日集团相勾结，利用傀儡政权对中国人民进行长期奴役是日本帝国主义的惯用手段。

众所周知，溥仪力图躲避的审判，到底是没有避开。他终于被引渡了，被审判了，而且是落到了他最惧怕的共产党手里。随之而来的却不是“处以极刑”！共产党没有杀他，只是给予他一个改造的机会，十年以后他竟以公民身份回到北京。这个现已举世皆知的事实，却是溥仪自己当年万料所不能及的。

溥仪第二次上书苏联政府和斯大林（1947 年 12 月 9 日）

苏维埃联邦社会主义共和国政府：

余兹再三以最大诚意与热烈之希望，恳请苏维埃联邦社会主义共和国政府。俾遂余能长期居住于苏维埃联邦内，得以研究新学识。此余唯一之夙愿，故不顾繁渎，更申言之。余今年已四十有一矣，回忆幼时，曾为中国之皇帝，后又被迫为满洲之傀儡皇帝，统计余之生平，皆在腐败官吏、野心军阀以及帝国主义者之包围压迫下，身受其蹂躏，榨取者亦既半身矣，完全陷在黑暗悲惨之环境内，真乃呼吁无门，离脱无术也。兹幸在一九四五年因苏联邦之仗义出师，一举而击破根深蒂固之日本关东军，不独解放全东三省之人民，即余亦因此而得脱去日本军阀之桎梏，此余精神上之生命复活也。

迨至一九四六年蒙苏联邦当局允许余赴东京而为对裁判日本战争犯罪人法庭之证人，因得一洗十余年来之积恨可耻，此更余所引为意外之欢喜及幸福者也。此皆苏联邦之所赐也。

故余对于既拯救余之生命并允许余为精神上之刷洗两事，实为余极端感激而不能忘者。是以此后余愿以一介人民之资格，愿对于苏中两国人民之永远亲爱，永久团结，永久幸福，愿尽余全心全力，而努力前进。此即余感谢苏联并愿酬报苏联之处者也。

以上乃余之至诚决意，是以再三申请，敬候核夺焉。余并经此重表余至大之谢意，并敬祝斯大林大元帅之福祉并健康。

并敬祝

全苏维埃联邦人民之福祉及永久之繁荣。

溥　仪

一九四七年十二月九日

附：苏联内务部部长 C. 克鲁格洛夫致斯大林、莫洛托夫和贝利亚的公函（1947 年 12 月 30 日）

斯大林同志、莫洛托夫同志、贝利亚同志：

关押在哈巴罗夫斯克市内务部第 45 号特别监狱里的被扣留人员、原伪满皇帝溥仪递交了给苏联政府的呈文，请求让他留在苏联生活。

溥仪在呈文中表达了他对苏联政府的感激之情，感谢让他作为苏联公诉的证人出庭东京审判，从而为他提供了“一洗十余年来之积恨耻辱”的机会。溥仪在呈文中写道：将来“对于苏中两国人民之永远亲爱、永久团结、永久幸福事项，愿尽余全心全力”。

与溥仪给苏联政府的呈文一起，还收到了他两个侄子给苏联政府的呈文。他的两个侄子：爱新觉罗·毓嶦（1922 年生），爱新觉罗·毓嵒（1919 年生），都关押在内务部第 45 号特别监狱中。他二人原来都生活在溥仪的宫廷里。毓嶦和毓嵒在声明中请求留在苏联生活，以便“有机会学习新的科学成就并同溥仪一起工作”。

溥仪呈文的照相复制件和呈文的俄文译文附后。呈文原件存在苏联内务部。

苏联内务部部长 C. 克鲁格洛夫（签名）

1947 年 12 月 30 日

溥仪的俄文翻译格奥尔基·佩尔米亚科夫

按：俄罗斯军事档案馆已解密档案显示，1947 年 12 月 9 日溥仪上书苏联政府和斯大林，还是由溥杰代笔。信中更加言之凿凿地感谢斯大林、苏联红军解放东北，拯救自己的生命，再三恳请长期居住在苏联。此信全文五百多字，表明他前半生四十余年都是在官僚、军阀、帝国主义压迫下，过着黑暗的生活，是苏联仗义出师，解救了他，让他到东京法庭作证，“一洗十余年来之积恨耻辱”，让他极端感激。溥仪还强烈地表达了对日本关东军的痛恨，他再三表示永久居住苏联是他余生的唯一心愿。同时，他授意族侄毓嵣和毓喦也写信给苏联政府，请求留居，以便“有机会学习新的科学成就并同溥仪一起工作”。信递交后溥仪更加翘首以待。这封信转到苏联内务部部长克鲁格洛夫手中，12 月 30 日他给斯大林等苏共最高领导人写了报告。请示如何处理溥仪的申请？但未获答复。

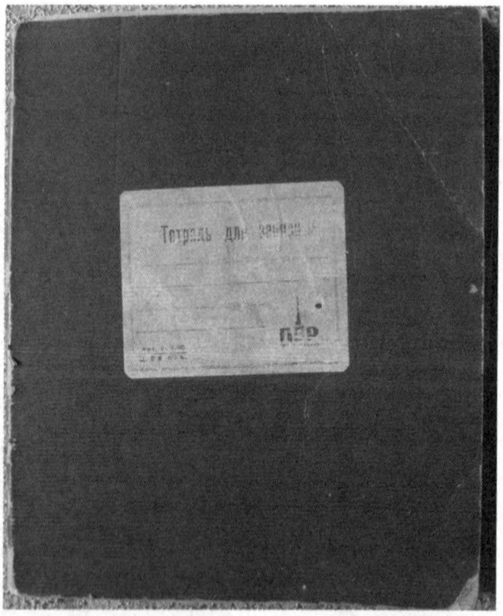

溥仪在苏联的日记

溥仪赠给东京法庭中国法律人员裘劭恒的字

溥仪被囚伯力期间亲笔书写的创意拼字和书画作品（1946 年秋至 1950 年春）

天下太平、福禄寿喜平安如意、喜气满堂、正心修身克己复礼、唯吾知足、招财进宝、日进斗金、五福寿为先。

溥仪题写《读有用书行无愧之事挂轴》。

由润麒绘画、溥仪填字的《舞龙图》。

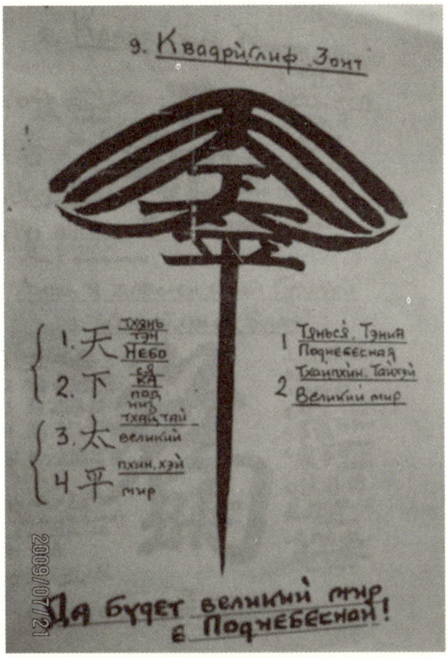

溥仪亲笔书写的吉祥艺术字“天下太平”

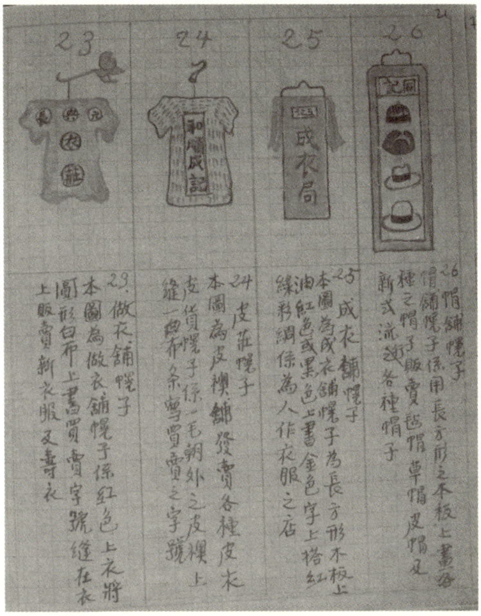

溥仪亲笔书写的“做衣铺幌子”等民俗文化内容作品

溥仪和润麒合作完成的绘画作品：舞龙

按：伪满皇宫博物院专业人员曾在十年前考察访问了俄罗斯哈巴罗斯克市边区5个博物馆以及关押过溥仪等战俘的第45号收容所和红河子别墅两处旧址，并采访到溥仪当年的俄文翻译格奥尔基·佩尔米亚科夫遗孀安娜女士（已于2010年5月高龄辞世），征集到包括溥仪亲笔创意书写的“唯吾知足”“五福寿为先”等“艺术拼字”实物多件（附有俄文翻译佩尔米亚科夫所写注释），还看到了由她保存的当年关押期间润麒画、溥仪填字合作完成的《舞龙图》等绘画作品多件，以及溥仪送给翻译佩尔米亚科夫的一块泰金手表、一把溥仪题写诗的扇子和溥仪的笔记本以及佩尔米亚科夫的回忆录等实物。从中捕捉到溥仪内心深处的期望和心理活动。大体有几层含义：一是他希望摆脱战乱、天下太平，百姓能安居乐业，幸福安康，顺义祥和；二是希望人民生活富足，衣食丰厚，无后顾之忧；三是其自我心理调适，应反省修正自身，适应环境，自己没被杀头，内心已感很满足了，如溥仪和润麒合作的《案前读书图》、溥仪题写的《读有用书行无愧之事挂轴》，正是溥仪当时内心世界的折射；四是“贪生怕死”的心理贯穿他生活的始终，任何情况下他首先是求生，活着对他来说是最重要的。这些实物与溥仪上书斯大林要求加入苏共、担心回国后会被杀头，因而就要表现出对日本的决裂、对苏联政府和斯大林的亲近和讨好等种种行为完全相互印证；五是对老北京和紫禁城小皇帝生活的眷恋。从溥仪和润麒合作完成的几幅绘画作品如《紫禁城太和殿前的狮子滚绣球》《舞龙图》等，都不难看出溥仪儿时的记忆以及对老北京，对祖国、对家乡的怀念和爱恋之情，也一定程度上起到了传播中国传统和民俗文化的作用。最后，溥仪等人以写字作画打发时光、消磨时日，也折射出当年的拘留生活是何等的寂寞难耐！这些实物是深入研究溥仪不同时期思想、心理和行为的重要资料，对于丰富和完善溥仪人物研究具有重要价值。

溥仪第三次上书苏联政府和斯大林（1949年7月29日）

苏维埃联邦社会主义共和国、克里姆林宫、莫斯科、内阁总理
斯大林大元帅阁下：

我觉得非常光荣地给您写这封信，同时我为阁下在内外一切国务极繁忙之际，是非常抱歉的。但是我衷心对您素日的爱慕和我至深感激之意，并且我最希望居住苏联邦，所以我再三向您表示我的心怀。

我以前在满洲时代在日本军阀层层监视之下，我不能同人民自由联络，即个人之生活亦是受他们的限制。因此我对于苏联邦的真实情形是不可能知的。所知道是片面的虚伪的。我在满洲明为皇帝而其实是日本关东军的伪宣传。一到苏联邦之后，我方知道苏联真实的面貌，因此更明白日本人对人民和我作如何的欺蒙、俘虏。当我回忆到 1945 年苏联邦为拯救全世界人类开始向日本帝国主义进举的第一天，日本军阀即强迫我往通化。彼时我虽不知苏联为何种国家，但是我的心中想虽然是所谓的“我的帝国”即因此而崩坏，亦是我愿意的事情，因为谁能驱逐了日本的关东军谁就是人民和我的朋友。日本军阀更强迫我赴日本，不意在奉天为苏军所解救。先至赤塔后移往伯力，备受苏军当局内务局长及所长以下全员种种厚待。一切皆甚安适。彼时我方开始读苏联各种书报，在我四十年第一次读您的著作《列宁主义问题》和《联共（布）党史》等书。我方认识苏联邦真是全世界最民主最进步的国家，而且是各劳动人民和全世界被压迫民族的救星和柱石。

我对于保卫祖国战争一书极启发我的见识。您的英明的预先判断德国希特勒匪邦的必然崩溃，更见您从容地指挥一切军务国务的事实，更挽救了全世界人类免受德国和日本法西斯匪徒覆吞的危险。苏联政府更宣布废止死刑，这是维护人道上开世界上空前的新纪元。在战后树立五年计划与诸般复兴事业几乎超过战前水平，又屡次降低物价，苏联人民在物质上的丰裕生活更是蒸蒸日上，全人民享受着真正自由、民族平等幸福的权利。各种不同民族在苏联邦内如同一富裕的大家庭，并且苏联邦对于全世界各劳动人民和各弱小民族的同情和援助，并种种不能列举的功绩，早印在全世界各劳动人民和受压迫民族每个人的心里。兹举一例，中国人民依共产主义方得到今日之民族解放、自由及独立，即亦满洲人民和我个人而论，如不蒙您的援救早为日本军阀所覆吞，又蒙苏联政府允许我赴日本在国际军事法庭做证言人，说明满洲人民十三年中所受之种种痛苦和耻辱，所以我对于政府和您的衷心感谢和钦佩那是极当然的，真是说不尽的。在前曾提出请求愿留居苏联邦，虽尚未蒙答复，可是我自己认为同苏联人一样地关怀和尽心苏联的发达和兴盛，并且我愿意同苏联人一样地工作和努力，以报答您的厚恩。因此我衷心盼望您允许我居住苏联邦内。

现在我向您再郑重表示最大的感谢和敬意，并愿您长寿。为了全世界劳动人民的幸福和全苏联的人民的福祉。

我敬祝全苏联人民的永久幸福和兴盛，并敬祝您永久健康和幸福。

溥 仪

一九四九年七月二十九日于伯力市

按：溥仪希望成为第一个加入布尔什维克的皇帝，又接二连三申请留苏，苏联政府迟迟不给予答复的态度，令他深感忐忑不安，而此时中国共产党领导的新民主主义革命取得了重大胜利，国内政治局势已极为明朗，新中国即将建立，溥仪更加感到自己的生命岌岌可危，遂于1949年7月29日再度直接致信斯大林提出申请。这次是由他五妹夫万嘉熙代笔，言辞更加恳切，且是他三次上书信中最长的一封。全文1100多字，仍是不厌其烦地请求留居苏联，极尽谦恭的感谢和称赞斯大林及苏联政府，表示愿意为苏联工作，几近到了卑躬屈膝的程度，其心情的迫切及怕死的心理跃然纸上。1949年9月9日，苏联内务部部长克鲁格洛夫关于溥仪要求留在苏联问题，致信斯大林等领导人："溥仪在其声明中感谢苏联政府对他的宽大和把中国人民从日本桎梏下解放出来。溥仪要求允许他长期生活在苏联，在苏联他想'为苏联的发展和繁荣像苏联人那样工作'。"对此，斯大林仍是未置可否。随同溥仪一同关在第45特别监狱的毓嵣的回忆，揭穿了溥仪"为苏联的发展和繁荣像苏联人那样工作"的谎言："溥仪说将来的话咱也不能老在苏联呀，咱得由苏联接着上南美洲去吧。过去也有别的国家的皇帝到南美洲当寓公去了，原来他还想着'那个'呢！"然而，从这封信里还是可以看出溥仪对斯大林的爱慕和尊敬，对俄罗斯文化的熟悉和认同，以及最希望长期居住苏联的意愿和渴望。原信现存俄罗斯档案馆。

中华人民共和国成立后，苏联政府认为恰当的做法，应是将溥仪及其他在押人员及贵重物品移交新中国政府处理，并责成内务部具体移交。1950年8月1日在黑龙江绥芬河火车站，中、苏两国政府完成了溥仪一行人的移交，他们被引渡了。据毓嵣回忆，溥仪的情绪极其低落，很神经质，甚至起了自杀念头。但在两国交接人员严密监控下，溥仪最终被安全引渡。

附：张景惠等原伪满臣、将联名致信中共中央和毛泽东（1949年5月4日）

……张景惠和与他在一起的人们，心中热血还未冷却，对祖国还依然有爱慕之情。我们在冷静地思索自己过去的错误。我们懂得，在满洲国工作的十四年时间里，我们是在为下流的走狗——叛国者们效劳，尽管我们热爱自己的国家；我们知道，我们为虎作伥，给自己的人民带来了不可思议的灾难；我们明白，纠正自己的错误已不可能。在国民党统治时期，我们在长达二十年的政治军事活动中，犹如盲人骑瞎马，误入歧途，而自己反以为正确。

现在我们的祖国正处在内战的硝烟之中。我们仰望南去飘往中国的白云，想到不能与中国人在一起，不禁潸然泪下。

我们，张景惠和其他人，尽管在祖国大门之外，但也不能不为中国的光辉前景感到欣喜。我们对带领中国共产党前进的中共中央主席表示深深的感激和崇高的敬意。

如果给我们提供回国的机会并保留我们的生命，我们发誓，我们将在中国共产党领导下，在建设新民主主义国家中尽我们的公民义务。

同时我们祝你取得更伟大的胜利——向首都南京进军！

按：在溥仪申请留居苏联的同时，关押于第45号特别监狱的张景惠、熙洽、南欣等36名原伪满洲国大臣、将军，也联名写了一封致中共中央和毛泽东主席的信，提出回国的请求。在这封信中，张景惠等人除了勇于承认错误外，“我们仰望南去飘往中国的白云，想到不能与中国人在一起，不禁潸然泪下”，对祖国的向往之情跃然纸上，也很感人。

溥仪立嗣，向心目中的“列祖列宗”做出交代（1950年6月）

所以，我决定，从现在起，立你作为我的“皇子”！

按：当溥仪从某位苏联军官口中得知自己即将被引渡回国时，犹如热锅上的蚂蚁整日坐卧不宁，摇动金钱卦祈求上天保佑。溥仪已经认定回国后必死无疑。在这种心态下他开始考虑“后事”，三个族侄中他认为毓嵒最适合做“后人”，且忠心耿耿。遂在某个晚上，先将毓嵒夸奖一番，接着又以庄重而激动的表情对毓嵒说出“立你作为我的‘皇子’”之言。接着，两人面朝黑皮箱，向心目中的“列祖列宗”行三跪九叩大礼。又让毓嵒向溥仪三跪九叩，就此完成立嗣程序。

从中华人民共和国成立到“引渡”的消息传出（1949 年 10 月至 1950 年 7 月）

告诉医生，我心里压力很大，整夜不能入睡，我无法摆脱那些缠人的念头。

按：1949 年 10 月 1 日中华人民共和国宣告成立。同年 12 月毛泽东首次访问苏联，会谈中毛泽东指示中方代表郑重提出了引渡溥仪等日伪战犯的要求。理由是：我们刚刚建国，只有苏联等 11 个社会主义国家立即给予外交承认，还面临着帝国主义的封锁。为了尊重国家主权，提高国际地位，维护合法权利，增进中苏两国的联盟和友谊，扩大社会主义阵营的声望，有必要把苏联在第二次世界大战中俘虏、关押的在中国犯有战争罪行的 1000 多名日本战犯和伪满战犯全部移交我国，由我们作为主权国家自行处理。溥仪听到这一振奋人心的消息后立刻陷入沉默和思考，常为此事失眠、苦恼，他总是发火，每天夜里 11 点至 12 点就在厕所里打发时间，常常叫上岳父荣源聊天。俄国医生给溥仪检查身体时，问他为什么这么瘦，溥仪想了一下，然后就对翻译说出了“整夜不能入睡”这番话。青天白日旗已被五星红旗所取代，高高飘扬在中国的大地上，中国共产党和中国人民的强大，已彻底消除了溥仪认定的那个“必是国民党的天下”的梦境。1950 年 7 月 30 日上午，溥仪一直担忧的事情终于来了。伯力第 45 收容所所长宣布苏联政府决定：即刻遣返全部在苏联抑留的俘虏——原伪满大臣和将军们。其实这并不出乎意料，日本战犯已在此前被全部遣返，只有中国籍战犯尚未处理。但在溥仪看来如同天塌一般，他哆哆嗦嗦地拿起平日卜测吉凶的六枚铜钱和《未来预知术》，却被一旁监视他的苏联军官没收，从而彻底打碎了溥仪仅有的一点儿幻想，监押五年中对苏联的各种努力、各种恩惠，企图留在苏联的幻想全都成为泡影。他更加相信回国后必死，欲行自杀而未逞。即使此时，溥仪仍对第 45 特别战俘收容所的翻译别尔面阔夫表示了“留在苏联”的意愿，希望他能转告苏联政府，当然这就更不会有下文了。7 月 31 日溥仪被押送上回国的列车。然而，引渡后共产党并没有要他的头，经抚顺十年改造后，他成为了自食其力的新中国普通公民，这不能不说是个世界奇迹。

结束语：溥仪成为公民以后对斯大林的客观评价（1963 年 10 月 31 日）

斯大林的功大于过，功是第一位的，错误是第二位的。述说斯大林的功，在苏联社会主义革命与社会主义建设以及卫国战争中，不仅捍卫了苏联，而且保卫了世界人民免被法西斯德国的吞并。这是无可辩驳的伟大功勋，谁也不能否认的。

按：据溥仪日记载，1963 年 10 月 31 日溥仪在全国政协接见乌拉圭《前进报》记者来亚诺，谈及斯大林评价问题时，溥仪脱口而说出了这段话，正是他作为俘虏在苏联囚居五年的最大感受。

五、抚顺时期

1949年12月毛泽东首次访苏会谈，郑重提出了引渡溥仪等日伪战犯的要求。斯大林予以支持而将溥仪及伪满大臣交给了新中国。经周恩来与苏方商定：1950年8月1日在黑龙江绥芬河火车站移交。溥仪登上归国列车想到马上将被枪决，彻底绝望，曾上吊自杀，后被监押卫兵救下。当中方代表接收时溥仪还是伸出双手准备戴铐，然而他完全想错了！

究竟应该怎样处置已经犯有叛国罪行的前皇帝，处决，还是改造？毛泽东选择了后者。毛泽东的相关理论和实践，周恩来的大量而感人的具体工作，正确回答了这个问题。早在伪满垮台之际，毛泽东、周恩来就研究并决定了对溥仪、对爱新觉罗家族人员、对伪满首要分子等应该采取的政策，而且对进入东北作战的民主联军下达了“妥善保护”的命令。

为什么要保护一个高踞于人民之上的清朝皇帝？为什么要保护退位以后长期从事复辟活动的反动人物？为什么要保护卖身投靠帝国主义的民族罪人？究竟应该怎样对待关押在抚顺战犯管理所的“大蒋介石”？

毛泽东的思考、中国共产党的政策，是明确且一贯的。中外千千万万的人面对溥仪的改造大惑不解，并把“从皇帝到公民”这一溥仪现象看作是神秘的谜，这是因为他们还不曾看到站在溥仪身后两位举世皆知的伟人：毛泽东和周恩来。如果说思想转变恰是溥仪传奇性一生的关键的环节，那么，毛泽东和周恩来在溥仪身上所做的工作，则是促成这一转变的关键因素。

中国末代皇帝溥仪的一生有三大拐点，也可以说是三度转身，这正是他的传奇之处。作为清朝宣统皇帝的登基，是第一个拐点、第一度转身，由此走上人君宝座；而“九一八”事变的发生，则促成溥仪走上叛国之途，这是他第二个拐点、第二度转身，最糟糕的拐点，很沉重，因为它与东北沦陷紧密相连，与伟大的中国人民抗日战争紧密相连；1959年的特赦，溥仪由战犯变成公民，成功实现了改造，即是他的第三个拐点、第三度转身，正是毛泽东把他的人生推进到这一在抚顺战犯管理所内实现的最光荣的拐点。

溥仪的一生是从黑暗走向光明的旅行。一位曾经御临天下的帝王到后来心甘情愿当一名普通公民，这实在是难以理解的人生经历。因为发生在溥仪身上，他也就成了全世界都感兴趣的传奇人物。显而易见，改造是溥仪一生的关键，也是他后半生的基础。

毛泽东、周恩来与溥仪的实际交往，从一个角度说，是毛泽东和周恩来对自己提出的改造社会、改造人等一系列无产阶级政策的自我示范和自我说明，这显然是得天独厚的最佳视角；从另一个角度说，也是中国这位末代皇帝一生中最重要的经历，是为万千读者打开溥仪之谜的一把金钥匙。

溥仪能够得到如此人生圆满，而连他自己也深感意外地远离了刑场和绞架，正是因为他有幸遇到了中国共产党，有幸受到毛泽东、周恩来的关爱和帮教，才得以实现这古今中外历史上的唯一、天地间的奇迹。

现把溥仪这一时期的存文整理公布。

溥仪笔供：吉冈安直管理我的一切事务（1951 年 10 月 3 日）

吉冈安直（左一为溥仪、右二为吉冈安直）

吉冈安直是继武藤信义所荐的日人少将石丸志都磨之后，而来管理我的一切事务的。经八年之久，直至日寇全面投降为止，吉冈由中佐一直升到中将，也不转任，一步也不离开我。他忠实地执行日寇关东军司令官的命令，管理我的内外一切公私事务，干涉我的一言一动，禁止我自由发言，无论在宴会上，临时和伪总理、伪总务长官的谈话，以及对伪省长、伪军管区司令官的所谓“上奏”的训示，还有其他，都由吉冈预先写出字纸，限制谈话的范围，丝毫不许变更。每天无论有事无事，他必到伪宫，真是风雨无阻，一天无数次地见我。他是日寇关东军参谋兼关东军司令部附。又照日寇的用语，他尚兼伪宫的“帝室御用挂”，自称我的“准家族”，包揽一切，隔绝我对外的一切联络，不许伪官吏和我自由见面。凡人民给我来的信，一律由他指挥的日人伪宫内府总务处长小原二三夫等扣下不给我看，日宪兵驻扎伪宫监视一切。吉冈对我说：“关东军司令官是日本天皇的代表，你应当把他看成父亲一样。”当我第二次上日本的时候，他说：“你应当把日本皇太后看成母亲一样。”对于行政方面，他说：“元首是神圣的，不能随便轻易地发言。”又说：“国务院所通过的议案，应由总理负责。这是内阁责任制度决定的，有它的权限，元首决不应当否认或修改议案。否则违背制度了。”有时竟公然说：“这是日本政府和军部既定方针，谁不承认就是反对日本政府和军部。”

按：1950年10月25日，中国人民志愿军跨过鸭绿江入朝作战，出于保护日、伪战犯安全的考虑，中央决定抚顺战犯管理所北迁。1950年10月18日起，溥仪和伪满大臣被关押在位于道外七道街的哈尔滨市公安局看守所，其间开展了悔罪教育和“支援抗美援朝”活动，溥仪的思想也开始变化。1951年年初，他主动交出身边秘藏的祖传国宝——乾隆田黄石三连环玉玺。同年10月3日写下这份笔供，倾述了对掌控拿捏他整整十年的吉冈安直的愤恨之情。

溥仪在哈尔滨市公安局看守所答复医生询问时书写（1953年3月14日）

我喜欢吃面食，如包子、饺子、葱花饼等各种饼、油条、面条、蔬菜等，我还爱吃豆腐、鸡蛋、花生、辣椒、茄子、榛子、瓜子等。苹果、橘子、蜜柑，香蕉我也爱吃。牛奶、黄油、甜点心，我也爱吃。在去苏联前，我经常吃大米白面（高粱米、小米有时候也吃）、各种蔬菜、肉类、鸡蛋、牛奶、甜点心、黄油、面包等。……回祖国后，经常吃大米白面，各种肉类，如鱼、鸡、猪、羊、牛肉，各种蔬菜、鸡卵、面包等。我最爱吃包子、饺子、白菜、

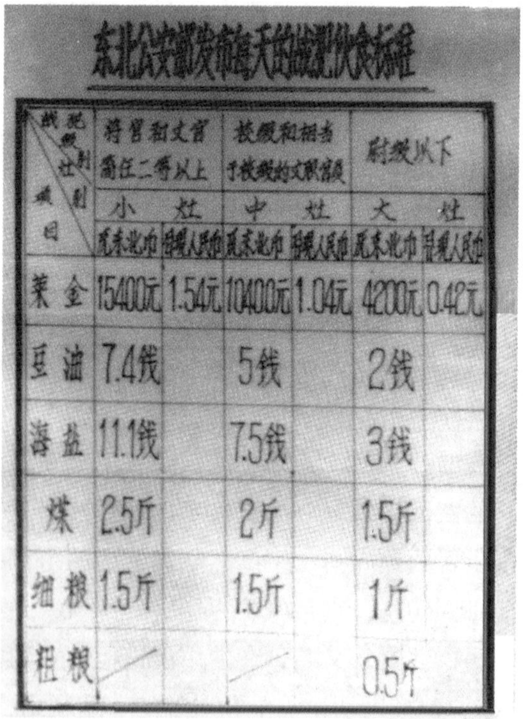

	将官和文官简任二等以上		校级和相当于校级的文职官员		尉级以下	
	小灶		中灶		大灶	
	旧东北币	新人民币	旧东北币	新人民币	旧东北币	新人民币
菜金	15400元	1.54元	10400元	1.04元	4200元	0.42元
豆油	7.4钱		5钱		2钱	
海盐	11.1钱		7.5钱		3钱	
煤	2.5斤		2斤		1.5斤	
细粮	1.5斤		1.5斤		1斤	
粗粮					0.5斤	

抚顺战犯管理所战犯伙食标准（溥仪吃小灶）

菠菜、豆芽菜、韭菜、豆腐、蒜；各种肉类也喜吃。对甜山药、甜土豆比较不喜吃，因为吃多一点，感觉饱闷。

我到苏联前，不经常吃零食，有时候在饭前吃花生、瓜子，晚间常吃果品。回祖国后，也不经常吃零食，本所给了多次果品，如西瓜、梨、橘子、苹果、西红柿、糖果、花生、葵花子等。

我过去喜欢喝茶（香片、龙井、大方、碧螺春、普洱、红茶）。喜喝酒，不多，也不是每天喝。我喜喝白酒、绍兴酒、玫瑰露、白兰地、红葡萄酒。白酒和白兰地喝两三小杯，绍兴酒十几小杯。我也喜欢吸烟，什么烟都吸。

我在东北（伪满的时候），有时候胃不消化，有一时期神经衰弱，痔疮便血，脚气病。曾服中国药治不见效，胃不消化有时好，有时不好。神经衰弱一时期的，不是经常的，曾服中国药和瑞士“色多波”镇静药。脚气用火酒、硼酸见好，可是总没有断根。治痔疮便血服中国药无效，用油制坐药稍好。都没有住过院。

引渡回祖国后，痔疮便血有时犯，不重，经过医生给油膏涂上，见好。脚气一直没有好，涂二〇二红色药不见效，近来用药水涂上稍见好。没有住过院。

我在年幼的时候，哪一年忘了，得过一次痢疾，服中国药治愈；二十多岁得过水痘，其他传染病没有得过。

回祖国后，经过每年的预防注射（肠伤寒、霍乱、痢疾、脑膜炎、斑疹、伤寒、鼠疫等），再未得过大病。

我喜欢睡每天七八小时就够了。在伪满的时候，睡有时好，有时不好。胃不消化时，睡得不好。……回祖国后，初回来几天睡不好，后来睡得都好。

改造期间正在做广播体操的溥仪

我每天吃两顿饭，也有时增减。

我喜看电影，也爱看戏，但是我过去在北京和伪满的时候，不能随便看戏，所以看得很少。我常用凉水毛巾擦上半身，喜欢散步和早操。我饭前后，大小便前后都洗手。小的时候常吐痰，后来吐痰少了。

我现在没有感觉身体不好，只是如前所说，有时犯痔疮便血，但轻微，经常有脚气，现在消化好，饭量比过去在东北和苏联时候都多。

我不经常患感冒和咳嗽，有时偶然感冒，很轻微，很快就好了。

按：这是溥仪在哈尔滨关押期间，答复医生询问时分项目填写留下的书面资料，可见他当年的生活起居和健康状况。

从哈尔滨返回抚顺以后溥仪自己填写的一份身体检查表（1954年2月）

（主食）：米、面。

（对烟酒如何？每日量多少？）：烟每天六七支，多则十几支。酒不每天喝，白酒（小杯）两三杯，黄酒十几杯。

（野游）：没有。

（嗜食）：喜吃咸的，喜吃素菜。

按：1953年7月27日签订《关于朝鲜军事停战的协定》，标志着抗美援朝战争取得决定性胜利。同年10月23日战犯管理所又把溥仪、伪满大臣以及日本将级以上军官，全部迁回抚顺。这份《身体检查表》就是溥仪回到抚顺后填写的。表内列有既往史、家庭史、个人史三项。个人史又分列四个问题，此即溥仪对四个问题逐一回答。

溥仪笔供：身受日本帝国主义操纵（1954年4月21日）

我在伪满进行所谓地方视察，都先由吉冈通知我，一方面由伪国务院和伪宫内府订出日程表，在我到那里之前，先预备好了，等我到了那个地方，伪总理、总务长官在旁站立（视察时，吉冈一步不离），我在中间站着，伪省长、军管区司令官照例报告，站在那里像念书似的，念完了就退下。这和在长春每年他们的报告一样。他们个人不能随便来见我。这就是日本帝国主义操纵汉奸的例子。

太平洋战起，一次伪军管区司令官照例报告后，宴会时吉冈告诉我鼓动他们一下，说明日满一体不可分，伪满军是日军一翼。又说美英敢于侵犯我们，断乎予以歼灭。又有一次伪军管区司令官报告之前，吉冈交一张字纸，让我当他们来时，告诉伪军事部大臣对于伪军队应当用铁石精神，铁石团结，练成铁石部队，当日本皇军的一翼。伪满一个铁石部队队长日本人去华北时见我，我宣读了吉冈的字纸，后由伪宫内府作的所谓敕语，让他们努力维持治安，做日本皇军的一翼加以鼓励。

又当太平洋战起，日寇愈临近死亡之时，它就愈要最后挣扎，日寇由关东军选的充当“体当”“肉弹”的兵士，由吉冈带来见我，在他们来以前，吉冈告我对他们加以鼓励。这是日寇一面驱使日本人民当兵当炮灰、当肉弹，一面令傀儡汉奸替他给日本兵鼓励，让他们卖命，增加侵略力量。让我给预备好酒，和他们握手喝酒，最后还让我与这些人一块喊“日本天皇万岁”。我就这样恬不知耻地、丧尽人格地唯强盗的话是听。

按：1954年3月初，最高人民检察署便派出东北工作团到抚顺战犯管理所，如果说此前抚顺战犯管理所工作的重心在于对战犯的改造与教育，以解决认罪、悔罪问题，则此后一段时期工作的重心就在于侦讯、审理和宣判了，要解决处理问题。传唤溥仪的侦讯员赵焕文，高声宣读了时任最高人民检察院检察长罗荣桓于1954年3月21日签批的《追究犯罪的处分书》。巨大的思想负担，使这位一生三次登基的传奇人物，骤然低下沉重的头颅。东北工作团于1954年4月23日印发的《工作情况简报》第二期上刊出了溥仪的思想动态：“溥仪在写自己罪恶材料时思想有所波动，感到罪恶太大，又是汉奸头子，处理时还不是头一名！”他的笔供《身受日本帝国主义操纵》就在此时留下。

溥仪笔供：详细履历和罪恶事实（1954年6月1日）

姓名：爱新觉罗·溥仪。年龄：四十九岁。出身：伪满皇帝。籍贯：北京。文化程度：由六岁到十七岁家庭读书。

家庭状况：生父：载沣。母：已故。妻：郭博罗·婉容（已故），次妻：文绣（离婚）、谭玉龄（已故）、李玉琴。

自三岁过继满清同治帝，兼祧光绪帝。

详细履历：

在抚顺战犯管理所关押期间的溥仪

一九〇六年生。

一九〇八年做满清皇帝。

一九一二年退位。

一九一七年张勋复辟活动失败。

一九二四年出故宫，随后到日本公使馆。

一九二五年到大泽居住。

一九三一年应日寇土肥原贤二要求到了旅顺。

一九三二年当伪满执政。

一九三四年当伪满皇帝。

一九三五年第一次去日本，为向日寇裕仁表示感谢，感谢日本对伪满帝制的实施和伪满建国的帮助，以及派他的兄弟雍仁到伪满对伪满帝制实行庆祝的答礼。

一九四〇年第二次去日本见裕仁，接“天照大神”。

一九四五年日寇降服，我在沈阳被苏军逮捕。

一九四六年出席东京国际军事法庭，当日本战犯的证言人。

一九五〇年回到祖国。

罪恶事实提纲：

第一阶段，在北京时的罪行：

投到日本帝国主义的公使馆和被日寇秘密送到天津。

第二阶段，在天津时的滔天罪行：

（1）我给南次郎写信，希望帮助恢复满清帝制的叛变祖国、勾结帝国主义的滔天罪行；

（2）我对高田天津日本驻屯军司令官以及后桑岛总领事的民族挑拨离间阴谋表示同意，且表示中国实行帝制好；

（3）接济刘凤池做满清复辟活动；

（4）接济白匪谢米诺夫做满清复辟活动；

（5）命费毓楷做满清复辟运动；

（6）答应土肥原贤二要求走上背叛祖国反人民的道路，上了东北的汤岗子和旅顺；

（7）执行日寇板垣征四郎的话给马占山写信，瓦解抗日，把别人也拉到汉奸的泥坑；

（8）在旅顺我受板垣威胁，答应了板垣征四郎的要求，承认了日本人同样当伪满官吏和日、鲜也是五族中的成员，答应当伪执政。

第三阶段，在东北的滔天罪行：

（1）当了伪满执政；

（2）承认日寇本庄繁要求的密约，断送了人民利益，把日寇占据东北成为合法化；

（3）国际调查团来东北，我作了掩盖日寇侵略的欺骗宣传；

（4）签订日满议定书，日军驻东北合法化，把和本庄繁签的密约公开法律化；

（5）命工藤忠（即工藤铁三郎）上日本刺探伪满国体；

（6）伪帝制实行，日寇用伪满皇帝的名义来独裁统治东北人民；

（7）伪协和会；

（8）第一次上日本回来颁布伪《访日回銮训民诏书》，用“一心一德”的话，大大加强日寇对东北的殖民地化统治；

（9）张景惠、植田谦吉“拓殖议定书”的签订，使日寇大量移民到东北，这是执行日本帝国主义侵略国策，使东北逐渐成为日本的领土；

（10）承认日寇梅津美治郎的要求，接“天照大神”来东北，并颁布伪国本奠定诏书，建立伪神庙，执行日寇宗教侵略和灭绝中华民族血统，麻痹人民的恶毒政策；

（11）听吉冈安直的话，对于日寇种种的支援一束；

（12）承认植田谦吉的要求，伪满加入所谓日德意“三国防共协定”；

（13）签订所谓“日满华三国共同宣言”；

（14）支持日寇太平洋战争，发布“伪时局诏书”，奴役、压榨东北人民，尽所有的人力、物力来支援日本法西斯侵略战争；

（15）执行梅津美治郎、吉冈安直的话，叫日本为“亲邦”，写所谓“亲书”，无耻向日寇战犯裕仁表示所谓“谢恩”；

（16）特派张景惠上日本送大米三十万吨，盐七千万斤，并向裕仁慰问；

（17）十四年的一切伪诏书、敕令、法令，一切都由我签字裁可，才发生效力，这一切帮助日寇，危害人民的滔天罪行，我必须负全部责任；

（18）对我的用的人虐待，我打死孙博元的罪行；

（19）对于我的妻子压迫的罪行。

罪恶事实：

第一阶段——在北京

（1）我的罪恶思想根源

我自幼生长在满清封建家庭，一贯受封建思想教育的毒素影响，娇生惯养，身无一技之长，只是妄自尊大，坐食享受。存在着极深刻的身份等级观念，轻视劳动人民，根本不懂得人民的智慧和力量。在家庭读书，都是为封建统治阶级服务的孔孟学说和为封建帝王服务的歪曲历史，竟把“忠”字看成是对封建制剥削阶级的帝王的尽忠，竟把“祖国”看成是一家一姓的封建帝王的“祖国”。这一切都是从个人利己主义为出发点的。因此，我所做的所想的都是开倒车、反人民的、行不通的、处处触壁的。更加上崇拜帝国主义，受它的欺骗的奴化思想教育，并且竟妄想恢复满清的罪恶统治迷梦。竟认敌为友，要利用帝国主义，反为帝国主义所利用，成为日本帝国主义强盗们的万恶工具，成为祖国的叛徒。伪满十四年由我当日本帝国主义的工具，给予东北同胞带来无限的悲辛凄惨的大灾难，并且大大帮助了敌人侵略力量，给予全祖国同胞带来了历史空前的大灾难。我的罪恶实在太大。所有这一切罪恶，都是由于我的封建统治阶级思想和崇拜帝国主义的思想根源所造成的。

（2）我怎样堕入到日本帝国主义者的魔窟，到了日本公使馆和到天津的经过

当冯玉祥将军令我退出故宫以后，我移住我的父亲载沣家中。有一天，郑孝胥和日本一个武官，还有一个医生，来接我上日本公使馆，让我装病说上医院。他们说冯玉祥将军对我不利。我的家里人群起反对，认为这事太唐突，不妥。因此，作为罢论。过了些日子，郑孝胥、罗振玉、陈宝琛都劝我上外国使馆躲避，他们说冯玉祥要加害我。庄士敦（我的英语先生，英国人）也赞成。

我同意上外国公使馆。就乘车到了东交民巷，先到德国医院，经商量，庄士敦主张上英使馆，罗振玉主张上日本使馆，我愿意上英国公使馆。庄士敦和英公使商洽，英公使说地方小，不够用，而没有结果。庄回来了。罗振玉上日本兵营商洽结果，日本武官同意后，我到了日本兵营。后经日本公使芳泽谦吉接我到日本公使馆。从此便堕入了日本帝国主义的罗网。

我在日本使馆住了些日子，后来罗振玉和日本参赞矢部又劝我上天津日本租界，我也愿意去。后经日本公使芳泽派日本警察数人乘夜车秘密送我到天津日本租界内（罗振玉同行）。

第二阶段——在天津和旅顺

（3）我在天津时候的罪恶活动

在天津不久，罗振玉和日本参赞矢部来劝我上日本留学，我不愿意去，陈宝琛、朱益藩和我的家里人载沣也反对这事，不愿我离开家乡。

我在天津居住时，日本总领事派日本人警官一名和日租界内的中国人巡捕三四名，借保护为名，经常住在我的院内，我出门时，日本警官总要跟着，并且他还要把我的每天出门和见人的事记载下来报告日本领事馆。

我在天津的一切环境，仍然是和以前一样，没有变化，还是封建分子、崇拜和亲日分子在我的周围，我的思想也正是这种思想的融合，当时竟以为中国之所以有内战，就是因为没有帝制。更羡慕日本帝国主义，以为它的富强是由于明治维新，一脑袋瓜的封建统治阶级思想和崇拜帝国主义思想。

郑孝胥（左）与溥仪

郑孝胥更建议我给日本南次郎陆相写信，希望他们帮助恢复帝制，并中日共同防止赤化。郑孝胥常常作反共言词，他竟说“共产共妻”、没有“礼教”（指封建孔孟礼教），是“赤色恐怖者”这些名词。我当时根本不懂共产党是怎么回事，连三民主义都不知道是什么，旁人说什么我信什么，什么都不知道，过皇帝瘾，怎么会知道！这就是我的根本的封建统治阶级的罪恶思想根源所造成的。

我自生下来，就是在满清封建家庭，一贯受封建的思想教育。我长大了以后，在我的思想中，以为祖国是一家一姓帝王的祖国，认为清朝是中国的正统。辛亥革命让政时，我岁数还小，那时受了袁世凯的愚弄。恢复祖先的事业，是我第一个任务。认为连年的中国内战，因为没有帝制，天下不能定于一。要恢复帝制，更当效法列强，尤其是日本的明治维新，中国才能强盛，这样才对得起祖先的祖国。

郑孝胥是一贯主张君主制的，所以我信他，以为他是对我的所谓忠臣。他的建议就是要恢复帝制，自己没有实力，必须得外国的支助。日本是强国，是和我们最近的国家，它是君主国，一定同情君主制度。在日本最有势力的是军人，南次郎正是陆军大臣，他如果支持帝制，是最有力量的。同时，日本人远山猛雄（家庭日语先生，教我妹妹和弟弟日语的）也极力赞成。我同意了郑孝胥的建议，由他起稿，经我写的信，竟交远山猛雄给南次郎送去了（此事发生在1928年皇姑屯事件之后——编者注）。这是我勾结日本帝国主义，背叛祖国和反人民的滔天罪行。

我在天津时，日本总领事以及驻屯军司令官时常请我吃饭。陈宝琛、郑孝胥、罗振玉、郑垂和日本领事馆、司令部往来很密。天津日本司令官高田丰树曾对我表示过，大意是：过去清朝时代，满洲民族是如何兴盛，到了现在满洲民族受汉族压迫、歧视，名为五族共和，却是汉族专政，而且汉族经常内乱，这不如清朝时候好了。我当时深深同意日寇的话，而正是中了帝国主义对我民族挑拨离间的毒计。后来日本桑岛主计总领事谈过也和高田丰树说相同的话，我也对他说同意，我表示只有中国实行帝制，才能统一富强。

一九三一年“九一八”事变后，日寇土肥原贤二对我要求上东北，我完全是盲目地轻信他的话，并且没有任何条件地。我在天津所作所为都是盲目轻信，因为我只是一心专想做恢复满清的迷梦。同时郑孝胥、罗振玉也都是经常以恢复满清作为自己升官发财的事业。罗振玉经常对我说清朝的列祖列宗的所谓“深仁厚泽”，凡是有天良的中国人，没有不念旧、回想本朝的。并常常称赞日本有了所谓明治大帝，日本才有那样富强。郑孝胥常常以中国古代“伊尹”和“臣靡”自居，表示他是复辟人物。二十世纪的今天，竟说这些鬼话。

我在一九二五年到了天津不久的时候，有东北旧军阀许兰洲曾见过我，由他介绍有叫刘凤池的，说刘在他部下做过事。他盛夸刘的才干。说是“当今的诸葛亮”。给我介绍和我认识后，刘就常和我要钱当路费，为的是出去做政治活动（路费少则一二百，多则三四百），他说能游说东北各将领，让他们倾向于清朝的复辟。我信他的话，给他路费。他更要我拿出古董、表等物，由他拿去随便送人，为我联络。

由他介绍了胡毓坤、马占山、毕瀚章和我见过面。胡、马只是和我见一见，没有谈什么重要事。只是毕瀚章谈过愿为我出力，在各方面联络、策划满清的复辟。我都信了。毕瀚章也和我要钱，我每月收入简直是不够给他们的钱，他们是一个月内就不知要多少次。当时我醉心复辟，对于他们的话或来信是有求必应，甚至抵押东西也给他们钱。刘凤池又让我拿出表，给张学良的私用日人顾问黄慕（原姓荒木）大尉，联络他。黄慕后随张学良入关时，在天津曾见我道谢。

刘凤池也还是继续和我要钱要东西，久而久之，竟如大海捞针，只是让我花钱，他是一点成效也没有。起初我对此事没有告诉陈宝琛，因为刘凤池告诉我“别跟旁人说”（郑孝胥知道这事，很赞成的）。我被他逼得没有办法，拿不出钱来，我才和陈宝琛说了。陈说这是大骗子手，为什么理这样人呢？于是我不给他钱了。他来信很生气，我也不理他。过了一二年，听说刘凤池在黑龙江被吴俊升枪决。这罪虽然没有成事儿，可这都是我的思想和行动上的反人民的罪恶。

还有一件罪行，是郑孝胥的介绍，给我见了俄国白匪谢米诺夫。郑孝胥盛赞他有潜在力量。说他正苦于没有钱花，他要和我要钱，应当借他钱帮助招兵买马，替清朝出力，帮助复辟。我听了又信以为真。郑孝胥说借他六万，我没有现款，郑孝胥把我的银行定期存款想法子给拿出来了，给谢米诺夫六万元，并由郑介绍刘凤池和毕瀚章和谢米诺夫见了面，来计划满清复辟。上述的刘凤池、毕瀚章由于陈宝琛揭破他们的骗局，后来谢米诺夫也是一去不复返，任何帮助复辟的音讯都没有，这件事就无形作为罢论。这同样是我的反人民的大罪恶，我必须负责。

第三个事情，又有一个名叫费毓楷的见我。也是自称能为我奔走出力在外联络复辟，我也信了。过了些日子，他说曾和日本河本大作联络，河本大作允许帮助复辟。

（据河本大作1953年7月25日自供材料，溥仪于1929年10月曾由其翻译墨田七郎通过张学良的模范团团长荒木五郎介绍与河本大作联络，表示希望河本大作“来天津访问”。为此，河本大作首先在东京得到军务局局长小矶国昭的同意，而后到旅顺与关东军板垣征四郎大佐、石原莞尔中佐会议，结果取得以下两点结论：一是认为“将来可以利用溥仪解决满洲问题”。其理由有三：“一、依溥仪的性格看，在政治态度上不会有变化；二、以溥仪的满清皇帝的历史，对外宣传上比较方便；三、满蒙地区一般百姓对溥仪是欢迎拥护的。”二是认为“暂不给溥仪皇帝地位，而先给执政的职任为好”。他们的理由是：如果溥仪当“皇帝”，必设庞大宫廷，经费负担太大；溥仪当“皇帝”，谒见上太麻烦。由此可知，溥仪当伪满执政，关东军早于此时就定下来了。而后河本大作即以平民旅行者身份由大连赴天津，在天津英租界溥仪的一个亲戚家与溥仪见面，参加者除河本大作外，还有翻译墨田七郎、溥仪的财政管理人朱某。在会见中，溥仪说“把张学良像张作霖一样地打倒了，把东北的当权者都打倒了”，才有利于他去东北。河本大作问溥仪：“将来日本解决满洲问题时，你有否去满洲的志向？”溥仪答：“我经常希望去东北，所以才派人到日本联络的。”河本大作还说：“关于溥仪去满洲，是溥仪自己与日本军方活动的；第一次与溥仪的交涉则是由我河本大作进行的。”（但溥仪未交代他与河本大作会见的情况，故特将河本大作的供述节录于上——编者注）

费毓楷并向我要钱作各方面的联络。陈宝琛听说了这事，告诉我，河本大作是日本炸死张作霖的凶手，这人阴险，万不可跟他联络，而且费毓楷居心不良，是欺骗的。从此，我不再和费毓楷见面。我的岳父荣源说，有一天费见他，气愤地说他要向蒋介石政府控告我阴谋复辟。荣源对他说，他给溥仪写的自己要为满清复辟效力的信，还在溥仪的手中呢！费毓楷因此没有敢控告。

（4）我在天津和到东北的经过

日寇占据东北，在东北树立了汉奸地方维持会，天津日寇驻屯军司令官香椎浩平找我上日军司令部见面，他劝我上东北准备主持政权。罗振玉和一日本人也早在这里，经罗介绍，才知道是上角利一（日寇板垣征四郎的代表），罗振玉交我吉林熙洽给我的信，要求我上东北主持一切。罗说，上东北，可乘日本军舰。我对香椎说回去考虑考虑。我回来向陈宝琛、胡嗣瑗（我的秘书）商量，他们表示反对，他们认为这对我是极不妥，陈宝琛以为罗振玉说“上东北可乘日本军舰”，这是绝不可能的。他认为这里面有诈，他认为我去时容易，回来就不可能了。因此，我没有答应香椎的要求。香椎又找我第二次去，还是要求“上东北”，我拒绝了他。

随这前后，在我旁边发生了一些恐怖事情。一次有人拿赵欣伯名片（当时，赵欣伯我并不认识）给我两筐果品，打开以后，发现炸弹两枚。当时我害怕极了，告诉日本警察，由日本警察和来的日本军官拿走炸弹，不一会儿他们回来说，经检查是中国制造的。又一次，还有一个饭店（英租界，我常去的饭店）侍者来电话，告诉我别再来这饭店。

他说有人称张学良派的人在饭店各处找你，问溥仪在哪里？他看见这人衣服下面露出手枪和刀子。还有许多匿名威胁信（内容记不得了），当时我感到深刻不安。可是这些事情，正是日本帝国主义故意做的烟幕。

后来土肥原贤二日本大特务头子来见我，极力地劝我上东北主持。他表示日本决没有领土野心，一切由我自主。他说满洲是清朝故乡，我应当到满洲主持一切等的话。我想这是本庄繁的部下、特务头子，是日本军部的权威者，他既然一口表示日本没有领土野心，一切由我自主，这是没有错的。我想这是恢复满清的唯一机会，我便答应了他的要求。

后来又经郑孝胥、郑垂的极力赞成，竟认为我答应土肥原是完全正确的。日寇土肥原见我及对我的利用是有步骤有计划的。这是我在一九四六年去东京国际军事法庭当审判日本战犯的证人时，我曾听国民党反动政权副检察官长裘邵恒对别人说过，当我在天津承认了土肥原的要求后，土肥原立即打密报给日本军部什么人，告知我的承认。这说明他是按计划来实行的。而我又是一心想恢复满清罪恶迷梦，一向想利用日本帮助恢复满清，所以土肥原一说，正合我意。这就和蛾的喜火自焚一样，断送了东北，危害了祖国以及亚洲，把自己变为历史上万代唾骂、狗彘不食的大汉奸、罪人。所以，我的封建统治阶级思想和崇拜帝国主义的思想，与卖国利敌的滔天罪行是分不开的。

而后，香椎日寇司令派通译官吉田忠太郎、大尉真方勋接我到了天津白河，登船后他们就回去了。郑孝胥、郑垂早在船上等候，并有日人上角利一、工藤铁三郎、大谷以及日本军二十多人同行。到了大沽口，换了日木商船“淡路丸”，日本兵回去了。我由大沽到营口，日寇板垣征四郎派甘粕正彦迎我到了汤岗子（罗振玉也在营口接我）温泉旅馆，过了一星期左右，日寇又让我上了旅顺。

（据1932年9月15日日本关东厅警务局高等警务课内容为“从溥仪逃离天津直至就任满洲国执政的经过”的报告记载：土肥原贤二于1931年11月初在天津制造了“天津事变”，溥仪于11月10日离开天津，13日在营口登陆，住于汤岗子，又于18日由汤岗子出发，19日到达旅顺）

初到旅顺，板垣的代表上角利一说，板垣让问谁认识马占山，我说我认识（在天津见过一面），上角即告我写信劝他放下抗日，投入满洲新政权，并说明新政权是完全自主的。丧心病狂的我答应了他的要求，写信（郑孝胥起稿）交上角转交板垣。我就这样执行日寇的话，来动摇、瓦解马占山的爱国抗日，自己当了汉奸还拖别人入汉奸泥坑，拉别人也当汉奸，真太不是人。

过了些日子，日本关东军司令官本庄繁派板垣征四郎参谋到旅顺来见我，正式要求我上满洲当执政，并告诉我这个国家名满洲国，给我看新国旗样子，并告诉首都是长春。他说，满洲国不是清朝复辟，是五族的新满洲国（汉、满、蒙、日、鲜），因此，日本人同样当满洲国官吏。我当时以为这是与我一切做主的话完全不合，日本人怎么能当满洲官吏，怎么能算五族之一，我表示不能接受，拒绝了板垣的要求。板垣忿忿地走了。到了第二天，郑孝胥、罗振玉、郑垂、万绳栻都被板垣叫去，他们回来由郑孝胥说：板垣参谋在旅顺大和旅馆找他们去，命转通知我，如果我拒绝他的要求，他认为就是日本的敌人，那么他将采取自由措施与行动对我。就这么一句话，已吓着我了。郑孝胥更说，如果我不答应板垣的要求，他也就只好告辞回家了。郑垂接着说，不如将计就计，答应了他，我们有了政权，有了自己的力量，再对付他不晚，徒死无益。鼠目寸光、怕死贪生的我，就完全承认了板垣的要求。于是，这就走上了名副其实的该死的汉奸道路。

过了不久，日寇一手制造的伪民意代表汉奸冯涵清、赵仲仁、张燕卿、谢介石、凌升等到旅顺，对我请愿，要求当满洲国执政。在汤岗子张景惠冒充代表东北三千万人民民意，以伪东北行政委员会委员长名义和伪奉天市市长赵欣伯来对我表示欢迎和拥护我当伪执政。

（据前述关东厅警务局高等警务课的报告记载，伪民意代表共派有两次：第一次在1932年2月29日至3月1日，第二次在3月3日至4日。张景惠等到汤

岗子迎接溥仪是在1932年3月7日。3月8日溥仪由汤岗子出发，9日到长春就任伪执政）

罗振玉在旅顺住，经常以恢复满清罪恶迷梦的活动自居。如“九一八”事变后，罗振玉就由旅顺到了吉林和汉奸熙洽见面，他们两个人意见相合，都是企图恢复满清罪恶统治的。罗振玉以后便拿着熙洽给我的信来到天津，在日军司令部交给我的（这是罗振玉在旅顺告诉我的，日寇的斡旋，才达成他们的勾结，这是肯定的）。

第三阶段——在东北

（5）我到东北后情形，到长春就任伪执政

我到长春，首先郑孝胥告诉我，关东军司令官本庄繁让他当伪国务总理，经我承认，由伪执政名义派郑孝胥当伪国务总理。随后郑孝胥开出伪内阁名单，一一经我签字任命。

接着郑孝胥说本庄繁通知他告诉我必须订一密约，包括东北的矿山、航运、港湾、陆运（铁道管理）并经济同盟、移民、军事顾问特权，都委托日本经营管理，说这是日本既定方针，不能更动的。就在日寇通告下，经我签字。我就这样出卖了民族利益，使日本占据东北一切人民权利为合法化，这是罪大恶极，死有余辜。

关东军司令官本庄繁（1931年8月至1932年8月在任）

一九三二年，本庄繁所制造的伪协和会成立。主持是本庄繁，策划是板垣征四郎、石原莞尔（参谋）、驹井德三（伪总务长官）。协和会说是和伪政权表里如一体，民族协和，宣德达情。实际上它一切是为日寇服务，催迫人民为日寇出荷，强迫人民为日寇充当劳役、献金等，更宣传殖民地化、奴化的建国精神，宣传伪神道等。后来我更听说，它还为日寇作特务，刺探抗日爱国人民的工作。该会成立时，日寇本庄繁当名誉总裁，让我也当名誉总裁。郑孝胥当会长，后为张景惠当会长。于静远、井上忠也、桥本虎之助、三宅光治等先后当部长。令伪满文官全当会员。每年开的伪中央联合协议会，照例我出席一次，宣读所谓敕语，充当欺人的幌子，然后回去。这个会的实质就是推行日本帝国主义政策的，作欺骗榨取和奴役人民的工具。

一九三二年，当国际调查团李顿等来东北见我之先，板垣征四郎预先告我对他们应当如何说话。等李顿到来的时候，板垣还有许多日本人随行。我对李顿说“满洲是自主，日本是不干涉的”等欺骗的话，为日本帝国主义当了欺骗的工具。

一九三二年的所谓“日满议定书”，是日本武藤信义关东军司令官兼驻伪满大使和伪满国务总理郑孝胥签订的，这是当天郑孝胥拿来给我看，说是武藤大使通知要签订的议定书，经我承认并签名郑孝胥的全权委任状。不一会儿，武藤来了，即时举行郑孝胥、武藤的签订。这就是由日本帝国主义制造，再通过汉奸政权签字，使日寇驻兵东北合法化，即所谓“日满共同防御”，这就是对外作战，伪满军由关东军司令官指挥。议定书后果是东北成为日寇的军事基地，伪满军成为日寇的帮凶，成为日寇的一翼。因之，帮助日寇打击抗日联军，屠杀爱国人民；伪军到华北，帮助日寇侵略祖国。尤其是日本有了东北的军事基地，大大帮助日寇侵略力量，它的罪恶后果是不可估量的。议定书还有一个附件，就是把一九三二年本庄繁告郑孝胥和我订的那出卖民族一切利益的密约加以正式法律化。

一九三七年日寇植田谦吉关东军司令官根据我和本庄繁所订的密约，内有“移民”政策，于是他要求和伪满订立一个“拓殖协定”，经我认可，由伪国务总理张景惠和日本驻伪满大使植田谦吉签订了这个“拓殖议定书”。由于这个“议定书”施行的后果，使东北人民的原有土地为日寇抢去，东北人民流离失所；不仅如此，这就使得日本人在东北一年比一年人多，使东北完全变成日本。我的这个罪恶之大，是不可估量的。

武藤信义向我说过将来满洲的国体问题，他说：日本很关心这个问题，只是将来是皇帝、国王和总统还没有决定。当时无耻的我想最好是改为清朝皇帝，要不然当满洲皇帝也比当国王好，昏昧的我以为满洲皇帝是和日本天皇在名义上是平等的。我不愿意总统制，一则我不能永远当元首，二则日本人也有当元首的可能。我曾和罗振玉、工藤忠谈过伪满国体问题。罗振玉主张让工藤借口告假上日本国内各方面打听动向，我也同意罗振玉的意见。工藤去了一个来月回来后说，日本当局各方面对此意见还没有一致，近卫文麿和日本军部中的许多人（包括南次郎在内）都是主张满洲实行帝制，但是他们也都反对满清的复辟。这以上就是我为了自己当皇帝，和罗振玉又勾通日本帝国主义分子工藤，去日本进行有关实行帝制的刺探活动。这是反人民的罪行，我应负责任。

一九三四年伪满实行帝制。我听说在伪满实行帝制前，熙洽曾聚集一些人企图作实行帝制的请愿，受日本宪兵禁止。不久菱刈隆日本关东军司令官通告郑孝胥：满洲国实施帝制，并伪造了三千万东北人民“拥护”的假相。日本帝国主义确定伪满实行帝制，却不让有国会（吉冈说过，议会制不适宜于满洲），实质是通过伪满皇帝名义上的独裁，来实行其统治东北的手段。总之，在日本关东军的通告下，在所谓民意的拥护下，作为汉奸的我，当上了伪满皇帝。

(6) 当伪执政时对日寇那些人经常接触和谈话

我在天津到营口同行约有上角利一、工藤铁三郎以及在营口接我的甘粕正彦。在旅顺住在满清肃亲王家的小平总治（我在旅顺曾住过这里），这些人都经常和我见面，板垣征四郎让他们住在伪执政府内。后来上角利一、甘粕正彦移到外面去住了，板垣又介绍中岛比多吉（板垣在旅顺和我会谈时的翻译）也住在伪执政府。在这些人里，我当时信任工藤铁三郎（我听说他是满清陕甘总督升允的用人。升允是一向主张满清复辟的人），工藤又经常表示他不满意板垣在旅顺对我的威胁。他经常表示愿意继承升允遗志，愿为恢复满清帝制而努力。当时我以为他是和别的日本人不一样，是忠于我的。因此，有一天工藤希望我给他起一个名字，我便给他起了个名字叫“忠”——工藤忠——这是表示他忠于我个人的。工藤在伪执政府当侍卫处处长。小平总治（这是日本浪人川岛浪速的代表，川岛是管理满清肃亲王善耆的家中一切，善耆死，川岛仍然管理他的家。川岛芳子，宪均的姊妹，他是川岛的干女儿），当伪执政府内务官。甘粕正彦一度当警卫官，后辞退。中岛比多吉当伪执政府秘书处秘书。

一九三二年，武藤信义日本关东军司令官兼驻伪满大使到东北后，又向我举荐了他的亲戚退役少将石丸志都磨来当伪满的侍从武官，这是在吉冈安直之前关东军司令官派来监督我的。石丸常说我不应当干涉伪国务院的，不要驳回他的议案。满洲是内阁责任制。这和后来菱刈隆、吉冈安直的话都是大致相同的。

(7) 我两次去日本

伪帝制实施，第一次我去日本。

一九三四年我当了伪满皇帝，接着日本天皇裕仁派他的兄弟秩父宫雍仁到了东北，致贺伪满的帝制实施。并给我日本的大勋位、菊花颈饰、菊花大勋章，给我老婆宝冠章。我招待他宴会、阅伪军。雍仁走后接着不久南次郎关东军司令官告郑孝胥转告我赴日答谢。一九三五年，我上了日本见裕仁，表示对日寇帮助伪满建国和实施伪满帝制以及对派雍仁访伪满致贺伪帝制的感谢。裕仁招待我宴会、阅兵并拜日寇的桃山、多摩二陵。我还见了裕仁的母亲，她领我登土山，无耻的我竟扶着裕仁的母亲上山，途中并作诗有："此行岂仅览山水，两国申盟日月昭"的话来阿谀日寇。在神户途中，伪满总务厅厅长远藤柳作告我，回去后还要颁发一个诏书表示对日本的感谢。这次我上日本，吉冈安直就开始来了，随我上的日本。他是关东军司令官专派的监督和管理我的人。

关东军司令官武藤信义（1932 年 8 月至 1933 年 7 月在任）

我回到长春，吉冈安直告诉我，等郑孝胥把诏书拿来的时候，让我告他，加上几个字："我对日本天皇精神如一体，满洲国人民应当和日本一德一心"的意思，让我记下来，经我认可（郑孝胥当伪总理时，伪诏书由他起稿。张景惠当伪总理一切由日人总务厅的佐藤知恭作的）。等郑孝胥来了，我告诉了他，他又把文字整理一下，于是在伪国务院就发表了。南次郎关东军司令官告我召集伪总理、各部伪大臣、参议府议长、参议、总务厅厅长等来伪宫内府，让我发表上日本感想（吉冈在旁边听着），我说不少阿谀的话，主要说明"一德一心"。我说："如果满洲臣民对于日本不好，就是对满洲国皇帝不尽忠诚；如果日本臣民对满洲国不好，就是对日本天皇不尽忠诚。"无耻地为日寇当宣传品。

以下是吉冈安直怎样操纵我，我是怎样当日寇的驯服走狗一束：每当我重要谈话之先，由吉冈预先指出谈话范围，写在纸上，让我照这个意思来说。这是对特别召伪总理、总务长官谈话时，以及对年例各伪省长、各军管区司令官报告、宴会时，如果有特别谈话时都是这样。

我在伪满所谓地方视察，都先由吉冈通知我，一方面由伪国务院和伪宫内府订出“日程表”。在我到那里之先，先预备好了。等我到了那个地方，伪国务总理、总务长官在旁站立，我在中间站着，伪省长、军管区司令官照例报告，站在那里像念书似的念完了就退下。视察时，吉冈一步不离。这和在长春每年他们的报告一样，他们不能随便来见我。这就是日本帝国主义操纵这汉奸做幌子的例子。后来我还听说，凡是我到的地方，日伪宪兵警察拘禁许多人民，认为有容疑或判过刑的人都拘禁，一直等我多日走后，才放出来。

吉冈对我讲，关东军司令官（植田谦吉当司令官的时候）是你父亲，他是代表天皇的。一九三五年我上日本时，他又说日本皇太后是你的母亲。他自称是我的准家族。当粮谷出荷时候，吉冈便告我找伪总理、总务长官来特别谈话，指示鼓励他们多为日本出荷粮谷，多增产。我执行了强盗的话。太平洋战争起，一次伪军管区司令官照例报告后，宴会时吉冈告我鼓励他们，说明日满一体不可分，伪满军是日军一翼。又说，美英敢于侵犯我们，断乎予以歼灭。又一次伪军管区司令官报告前，吉冈交我一张字纸，让我当他们来时，告诉伪军事部大臣，对于伪军队应当用铁石精神、铁石团结炼成铁石部队，当日本皇军的一翼。关东军司令官植田谦吉命吉冈告我，要和我个人订一密约，如果将来我有儿子的时候，五六岁就要离开我，送到日本留学教养，我签字了。吉冈还告我对日本献铁，并将门饰的铁、铜都取下来。后又让我把白金、钻石以及地毯、衣服给日寇，都是帮助日寇的侵略战争。这是到了日寇快完了以前，它愈失败，愈要大肆搜刮，它强迫人民献金献铁。伪满的一个铁石部队队长日本人上华北时见我，我宣读吉冈决定，伪宫内府作的所谓敕语，努力维持治安，做皇军的一翼，来鼓励他。当太平洋战起，日寇愈临近死亡时，它就愈要最后挣扎。日寇由关东军选的充当“体当”“肉弹”的士兵，由吉冈带来见我，在他们来的以先，吉冈告我对他们鼓励（这是日寇一面驱使日本人民当兵当炮灰，当肉弹，一面令傀儡汉奸再替他给日本兵鼓励，让他们卖命，增加侵略力量），让我给预备好酒，和他们握手喝酒。最后还让我和这些人一块喊日本天皇万岁。我就这样恬不知耻、丧尽人格地，唯强盗的话是听。

一九四一年，日寇发动太平洋战争后，吉冈让我向张景惠表示把正修建的伪宫停止继续修建，为的是节省材料支持侵略战争。我答应，告诉了张景惠。

这是我支持日寇侵略战争的又一个罪状。

迎天照大神第二次到日本。

一九四〇年，日寇关东军司令官梅津美治郎派吉冈通知我，上日本见裕仁，迎（他们的祖宗）天照大神来到满洲祭祖。吉冈说：“为了表现日满一德一心，不可分关系，日满应当有同一的宗教信仰。”我说：“满洲原来有宗教，何必多此一举。”吉冈顿时变色说：“是奉关东军司令官命令通知你的，这是日本既定方针，没有考虑的余地。”丧失人格的我就承认了。在这准备出发时，日寇在我的院子里旁角就开始伪神庙的奠基式了。我出发上日本，吉冈又交我一纸，告我对裕仁说话的范围，主要是要我表示感谢日本帮助满洲建国，基于日满一德一心不可分的关系，我愿意迎接日本天照大神来满洲国奉祖。我到了日本，见了裕仁同他老婆。当时我就拿出这字纸，一面看着一面说的。裕仁明知故问地说：“这是陛下自己的事，既然陛下自己愿意，我就从命了。”这句话刚说完，顿时起来用手指着早已准备好了的，放在桌子上的一个长方匣和三件东西对我说，这就是神器（镜、剑、勾玉）。我接过来，又放在桌上。后由伪宫内府大臣熙洽拿着。裕仁对这事一字不提的，装好人似的问我健康如何，运动什么。我问他健康。这时候裕仁的礼官引导他和他的老婆同我上另一室，看我给裕仁的东西（伪满总务厅准备的搜集东北各处人民的财产、矿石、鱼类、谷类，等等）。时间到了，我向他告辞回赤坂离宫。不一会，裕仁回访，对我表示感谢满洲国支援日本的圣战。昧着良心，失了人格的我，又重对他表示感谢日本的帮助建国。后来就说些应酬话。他问我的老婆的健康和家庭情况，对于伪神的事他还是一字不提，不一会他走了，后招我宴会一次。我见了他的母亲，又看了他兄弟雍仁的病（我后来听说，我上日本的时候，裕仁是派秩父宫雍仁接我的，他不去，他反对伪天照大神移到东北，另外还有别的事，因此把他隔离起来，改换高松宫到横滨迎我。吉冈让我看他病，他躺在床上坐起来，看着完全不像有病的样子。后来听说他被隔离到富士山什么地方）。由东京我到京都，按照他们规定又到奈良橿原神宫膜拜。上橿原神宫的途中，我在火车上，心里太难受了，我哭了，当时我只是想到侮辱自己的祖先。

由大阪登日兵舰回东北。在离大阪船上时候，吉冈命我同日本接待员、伪满随员向东方遥拜。在回东北的车中，吉冈早把印好的那个“国本奠定诏书”原文给我看，说这是回国颁发的诏书。我回长春，由伪国务院把诏书交伪满尚书府交我签字后，由伪国务院发表了。伪国务院交来任命桥本虎之助（前关东军参谋长、宪兵司令官）为伪祭祖府总裁，沈瑞磷当副总裁的任命状，由我签名。经吉冈告我，一方还由伪国务院总务厅、伪祭祀府日本人的规定，由桥本虎之助告诉我每月定期向伪神庙拜。日寇规定伪官、伪军向它拜。日寇的侵略战，每当它的报纸登载日寇裕仁大本营发表侵略胜利时，吉冈也命我向伪庙拜。还让我打电报给裕仁贺捷。每一次的侵略者宣传胜利，吉冈都让我给裕仁打电报，一面又让我向伪庙拜。等到他的报纸的报捷消息越来越少，这里的皇军玉碎了多少，那里的皇军又玉碎了多少，这时候吉冈又急急忙忙地让我改向伪庙祈祷了。伪满政权本着日寇的规定，对于伪庙失礼，就是大不敬，受严惩。吉冈又由日本约来一个为裕仁的妈讲他们神道的人，到长春为我讲了四个月的神道，旁边吉冈也听着。张景惠、臧式毅、张海鹏、吉兴等也在旁边听着，谁要是要睡，吉冈就说这人建国精神不好。在外面对伪官吏也讲伪神道。

日寇这种宗教侵略，是企图赶尽杀绝，要消灭中华民族的血统，要使东北人民永远陷入日本的殖民地当奴隶。这个滔天罪行必须由下列几个人负责：总主持者是裕仁，主持者梅津美治郎，策划者饭村穰（关东军参谋长）、吉冈安直、星野直树（总务长官），我是施行日本宗教侵略，出卖民族利益的人。我太对不起祖国同胞了。

一九四〇年正当日本的两千六百年纪念，后关东军司令官梅津美治郎交我裕仁给的日本两千六百年纪念章和支那事变从军章。说日满一体不可分父子的关系以及满洲国对日本物资援助，这对日本圣战有所贡献，裕仁派他送我这两枚纪念章。无耻的我接受了日本帝国主义强盗侵略祖国的纪念章。吉冈让我给裕仁打电报致谢，一面吉冈又命我向伪建国神庙、向天照大神谢恩，他说日本天皇是神，不是人，天皇给的就是承天照大神的神意给的，所以应当向天照大神谢恩。

一九四一年十二月八日，日本帝国主义发动了太平洋战争，对美英帝国主义宣战。当天关东军司令官梅津美治郎即派吉冈通告我，立即就颁发一个伪诏书（时局诏书）。他急急忙忙把作好的诏书给我看，说今天晚上在伪国务总理、各部大臣、参议府议长、参议列席，由我宣读。并告诉我如何来说明这个诏书的意思，我答应了。不一会儿，各伪官吏到齐，由我宣读，并先说明，主要就是日本天皇今天下了诏书和美英宣战，满洲国也即时由我名义颁布这个诏书，共同完成日本的圣战等。以后即由我念这个伪诏书。这里主要的话有：生死存亡，断弗分携，举国人而尽奉公之诚，举国力而援盟邦之战。由于这个伪诏书，便把东北人力、物力全拿出来为日本强盗的侵略战争服务。这就是日寇的将近灭亡之前，还要榨尽东北人民最后一滴血汗，来为强盗贡献生命和财产。日本帝国主义的狠毒，汉奸的我以及伪国务院的一群汉奸走狗的出卖人民，真是罪大恶极。

一九四二年建国十周年以前，日寇关东军司令官梅津美治郎派吉冈安直告诉我，满洲管日本叫“亲邦”。后吉冈安直又告诉我给裕仁写“亲书”，同时他把拟好的原文让我写下来。吉冈说派张景惠用“谢恩大使”名义代表我见裕仁，对“亲邦”日本十年来对伪满建国、实施帝制种种的帮助表示感谢。我承认了，更［便］一面由伪国务院交伪尚书府的“谢恩大使特派状”交我签字。吉冈建议送裕仁的礼物，由伪宫内府准备的屏风等，张景惠就去啦。

一九四五年，日本关东军司令官山田乙三派吉冈安直通知我乘飞机上日本向裕仁表示慰问，并送日寇东北大米三十万吨，盐七千万斤。我当时实在是不愿意再上日本啦，我对吉冈表示我有病，实在是不能坐飞机。吉冈回去，过了几天，吉冈告我可以不去了。他说由我名义派张景惠去，我同意了。虽然我没有上日本，可是派张景惠上日本，同样是我支持日寇侵略战争的罪行。

一九四五年，苏军大举进攻日寇，解放东北。正在苏军开始攻击，关东军司令官山田乙三、参谋长秦彦三郎、参谋吉冈安直令我全家以及伪满总理、伪大臣等即日移住通化大栗子沟（经一再说三天出发）。他们说日本军将作持久战，坚守南满。吉冈告我说，你如果在新京，苏联军队来了会杀你的。吉冈到这时候，还预先教我对张景惠、武部六藏等人说，这是日本战略的退却，所以我们搬到通化去，日满的关系是生死存亡，断弗分携，必然获最后胜利。

我这时知道日本快完了，虽然我素日听反苏宣传，不知道苏联真相，可是这次苏联来，我并没有感觉害怕，当时我心里感到日本运我到大栗子沟，是要杀人灭口。到了大栗子沟，别的伪政权汉奸都回去了，只留我和家里人、伪宫内府的人在那里。吉冈说要送我上日本，想不到飞机到了沈阳，遇见苏军，此后到了苏联。

根据以上事实，我的罪恶是数不尽的。勾结帝国主义，背叛祖国，当日寇的走狗；由伪满的成立，东北成为日寇军事基地，给祖国带来历史空前大灾难；伪满十四年，给东北人民带来殖民地的无限灾难；十四年的伪满一切伪诏书、法令，都是施行日本帝国主义政策统治东北人民的。这一切伪诏书法令都是我签名和裁可才发生效力。这签名的罪恶后果，是无法估量的，这一切滔天大罪，完全是我的责任。

日寇的军官是常转任调走的，唯有吉冈由中佐到中将，由日本关东军司令官南次郎、植田谦吉、梅津美治郎、山田乙三数个任内，十年间没有离开过我，一直到日寇降服在沈阳飞机场一同被苏军逮捕为止。

特别必须指出，日本参谋吉冈安直对我要求的一切事项，一切都是由我同意施行的。这是执行日本帝国主义分子的侵略政策，所有这一切罪恶事实及其后果，我必须负完全责任。

我初回祖国的当时（1950 年 7 月），在哈尔滨道外，写履历时，还不说实话，如给南次郎写信的事，我竟一字不提，以及在天津上旅顺的经过，我也避重就轻，歪曲了事实，欺骗人民政府，这真是罪上加罪。

再者，在我旁边还有侍从武官处，有侍从武官长一人，武官若干名。他们的任务是如我出门时或是伪满官吏的亲任式时以及典礼时，武官长、武官在旁站立或随从。其次，武官长和伪军事部有事务上的联系，每年许多次由武官长、吉冈帝室御用挂以及伪军事部联络派遣武官用我派遣名义到日满军及日伪军医院、军事学校等处慰问，回来后作书面报告，由武官长交我看。还有伪军事部把一部伪军出动汇报给武官长交我看。这在伪满成立后都这样做，但是后来自吉冈来以后，过了些日子，便没有给我看。伪军事部决定伪军的出动后，由伪军事部大臣向我作书面报告或当面的形式报告。

关东军司令官和我每月见三次，和伪总理也有定期的见面。当植田谦吉当关东军司令官时，当“张鼓峰”“诺门汗”两事件发生时，植田说过这是苏军的侵略，日军为了保护满洲起而应战（事实上是日军在“张鼓峰”向苏军挑衅。“诺门汗”事件是日本侵犯蒙古人民共和国，苏军以同盟的关系，援助蒙古人民共和国的。日本侵略者遭到苏军的痛击，完全失败）。植田极力宣传苏军脆弱，不堪日军的一击，说击坠苏军大量飞机、击毁坦克等。植田特邀我到一个飞机场，让我看苏联飞机和日本飞机起飞速度的比较，一个快的飞机，他说是日本的，一个极慢的飞机，他说是掳获苏军的飞机。

一九三七年，日寇侵略祖国后，有一次植田谦吉对我说，这是中国军队向日军挑衅所引起的。他同样说中国军队的脆弱无能。他宣传日军接连获得赫赫战果，前些日子占领了多少地方，近日又占领了多少地方。这时日寇操纵伪满报纸也大肆宣传日寇的胜利。当时我的思想，中国是敌不过日本的。我又想过，日本军完全胜利后，它一定公开吞并满洲；日本败了，蒋介石也不能容我。这说明我的封建利己思想，只顾个人利害，随时随地都表现着。

一九三九年，西班牙驻日本公使兼伪满公使来东北的时候，日本关东军司令官兼驻伪满大使植田谦吉通告伪满总理张景惠，由日本斡旋伪满和西班牙同日加入一九三八年的“日德意三国防共协定”。经张景惠对我报告，由伪国务院发表。据阮振铎说，这是日本的决定，让伪满和西班牙同日加入日德意三国防共协定。伪满的参加是由日本外务省向德意介绍追加的。当时日本总理大臣是近卫文麿，外务大臣是东乡茂德。

一九四一年，由日本关东军司令官兼驻伪满大使梅津美治郎通知，通过伪满总理张景惠告我，派臧式毅当特派大使上南京，和日本、伪汪政权签订“日满华三国共同宣言”，经我认可，并由伪国务院交伪尚书府转交我臧式毅的特派大使任命状，经我签名，随即举行任命式。这个三国共同宣言包括“在互惠的基础上实现善邻友好，共同防共和经济同盟”。臧式毅到了南京和汪精卫、日本驻伪汪政权大使阿部信行大将签订的。

从一九三七年，张景惠、植田谦吉订立“拓殖议定书”以后，一九三八年又通过伪满国务院国务会议成立的“开拓总局官制”，它专办理收买土地为日本移民的事。日寇移民预定二十年把五百万日本人移到东北，把当地人民赶走。名义上是收买，那不过是敷衍面子，欺骗人的。就是给的钱也是极少，连房子带地都归了日寇，使东北人民流离失所。我听说早在小矶国昭当关东军参谋长时（大约一九三二年），就曾把开拓要纲草案给伪满民生部大臣臧式毅看过，随后小矶就拿走了。一九三八年成立的开拓总局（属产业部，后属兴农部）局长为日本人结城清太郎。我听说在一九三九年关东军司令官植田谦吉曾派参谋片仓衷和伪满产业部大臣吕荣寰、开拓总局局长结城清太郎、伪总务厅次长谷次亨以及伪三江省省长卢元善，到东京和日本近卫内阁见面，商洽日本移民事，并表示欢迎日本移民到东北（据卢元善说，他是专为伪三江省要求移民的）。此后日本移民更加强化。

（8）对我的用人虐待、对我的妻子压迫的罪行

我个人生活是在满清封建家庭，一贯养成自尊自大，身份等级观念，奴役

为我劳动的人。我对我的用人经常是信疑不决，同时更对他们压迫和奴役。在满清封建王朝专制制度，无论皇帝的叔叔、兄弟、侄子等都向皇帝自称“奴才”。因此，在我当时，我的用人对我自称奴才，我的侄子以至我的叔叔也都对我自称奴才。我看别人都成奴才，唯有我是高于一切。这说明满清封建制度是如何地腐败、专制，也说明我是如何地腐败专制的罪恶思想。

满清宫中素来信神信佛，信占卜星相，无例外地我更是念经占卦，问吉问凶。同时嘴里不断的“大慈大悲”，同时对人打骂。又迷信，又昏暴，又胆小，又猜疑，这是我的阶级特征。过去在满清宫里设有敬事房，是管执行用板子打太监的，偷东西的容疑者还有夹木棍。还有慎刑司，也是执行的机关，打人囚人等。同样是大太监打小太监，一级打一级。而我是谁有错不骂即打。我在北京、天津、长春都一样地常常打骂我的用人。我并订出规则和限制很多，不许隐瞒，不许庇护结党，不许有错不管。尤其可恶的，对使用的所谓“随侍”不许他们互相谈话，硬说谈话有了感情，就要彼此庇护和有错不管。这是何等荒谬绝伦、奇特的暴虐。只要别人一起誓如“天打五雷轰”的话，就信这个人确实可靠，或者是确改悔错误了。有一次要赶走一个用人，他咬破了一点手指，流出血，写“如不忠诚，天打五雷轰”，立时便把他留下了。我的侄子，我也同样地打，硬说这是“家法”。这就是封建家长专制制度。后来仍是一贯打人，甚至给人灌凉水、跪铁索、打手板、打木板、打嘴巴更是常事。后来有一次竟发生一件打死人的惨事。事情的经过：我用了些人，专是为打扫、打饭做零事的人，所谓“殿上”“勤务班”。他们有许多是从“博济慈善会”来的“孤儿”，这没有父母、贫苦最可怜的人，而昏暴无耻的我用他们的时候，有了错，就命用的人打他们。有一个名“孙博元”的，因为惧怕挨打，逃跑，被抓回一次(我规定过有错，必须管，不管就受处罚)，因此，我的用人不敢不打他。当我听说他回来的时候，我也想到他是又冻又饿，告先别打他，让他想一想，可是已说晚了，用的人已然打过他了。他连冻带饿再挨打，以致身体不支。我急找黄子正大夫赶紧给他注射救治，但是越来越严重，可怜的他终于死去。这完全是我的罪恶责任。是摧残自己的同胞，反人道的行为。我对帝国主义，就是那样怕它，它说什么，听什么；对于为我出劳动力受我剥削的中国同胞就这样摧残、暴虐！现在，我认识过去种种行为简直不是人的行为。

我吃的饭，是单一个厨房，可是专为我打扫的所谓“殿上”“勤务班”的人，就吃另一个厨房的饭，他们的饭菜是恶劣的，但是我也从不注意好坏和够不够，以致发生叫“范楚江”（也叫范博江）的勤务班，他打开窗户上我的厨房拿吃的东西，经查出来，也不问他吃饭够不够，竟给扣上偷东西的帽子，又被毒打一顿。像这类打骂用人的实例，是不胜枚举的。我就这样对待给我出劳动力的中国同胞。简直我是走狗、汉奸、恶霸兼而有之。现在我认识我过去的罪恶，我痛恨自己，痛恨封建主义，痛恨帝国主义。今天在伟大的中国人民面前低头认罪。

还有关于我结婚的经过，我愿意说一说。按照满清制度，皇帝挑选皇后和妃、嫔、贵人等。当我结婚前，是由家族和内务府在各处搜集许多女人照片，让我选择。我选定一人名文绣的，她家里很穷。因此，我家里人不赞成，让我重选择。这次选择了荣源的女儿婉容，可是家里人又说啦，文绣的照片曾一度被选中，现在不要她也是不对，可以让他当第二老婆（当时名淑妃），因此，娶了两个老婆。她们之间，我听大老婆的话，经常不理二老婆。在天津大老婆硬说二老婆骂了她，不依不饶，我的大老婆经常以死来要挟，我不敢违她的意，也帮助责备二老婆。结果她受不了这气，出去起诉，首先要和大老婆分居，令我一月去几次。终因大老婆的反对，双方离婚了，我给文绣些钱，就算了事。

溥仪在战犯管理所内撰写“交代笔供”

我后来与大老婆感情也就日益不好。在长春，我的大老婆和一个当差的发生恋爱，经我察觉，把当差的驱逐走了。从此，更不理婉容了。我打算和她离婚，这时关东军司令官菱刈隆知道了这事，他说，皇帝、皇后没有离婚的可能，因而为作罢论。我又娶了一个二老婆名谭玉龄的，她和我感情非常好。后来她有病，中国大夫说是伤寒病，后又找日本大夫看，起初还很用心，除注射还输血，但是吉冈安直听说此事后，把日本大夫找去密谈很长时间，回来后，我就看见他不像以前的频繁诊治和注射。第二天一早她就死了。日本大夫说是什么“粒粒结核”，当时我心中想是吉冈害的。

不到一个月，吉冈便拿来许多日本女人相片给我选择，我没有看中。他拿了好几次，他问我是不是“不喜欢日本人”，我说不是，无论什么种族，彼此如没有感情，是终身的痛苦，他也无词。后来又拿来旅大的中国学生照片，并又带来受过日本教育的女学生来见我，我也没有看中。他后来又拿来中国女人照片，我希望要一个年少的，他拿来东北小学学生照片，我看中了李玉琴（十五岁）。当时我顾虑，一个吉冈就这样厉害，我怕再来一个吉冈的内面特务。我要和她见面，须双方同意，经吉冈带来，李玉琴也同意了。于是就娶为我的第二老婆。

这是我过去结婚的经过，一方面说明我过去压制女人、蹂躏女人的封建积毒和婚姻制度的极端专制的万恶，更说明吉冈日本帝国主义分子的阴谋。至于我任意对人加以私刑，蹂躏人权，违反人道，以致孙博元冻、饿挨打致死，这是我的非人行为。

以上就是我背叛祖国，危害人民以及个人的暴虐行为。在经过我人民政府三年的苦心教育、学习，我认识了我过去的封建统治阶级的思想根本罪恶，我认识了帝国主义的罪恶本质，认清了封建主义、帝国主义是中国人民的死敌。我现在认识到了自己的罪大恶极。现在我诚恳地向我祖国人民政府和祖国人民认罪，请给我最严厉的惩罚。

按：这是东北工作团到抚顺以后，经侦讯员赵焕文传唤，溥仪写出的第一份长篇笔供，先写详细履历，继写罪恶事实提纲，侧重罪恶事实。分三个阶段叙述。第一阶段“在北京”：讲溥仪的罪恶思想根源、他怎样堕入到日本帝国主义者的魔窟、到日本公使馆又转天津的经过；第二阶段“在天津和旅顺”：讲溥仪在天津的罪恶活动、他在天津和前往东北的经过、到东北后直到就任伪执政；第三阶段“在东北”：溥仪当上伪执政与日寇那些人经常接触和谈话、会见国际联盟调查团李顿、纠缠伪满国体问题、伪帝制实施、两次去日本、日寇对他的拉拢与利用以及虐待用人压迫妻子的罪行等，溥仪确实说了一些真话。

溥仪补充笔供：我的“认罪书补充”（1954年6月21日）

补充我对于我的罪行的认识，我的“认罪书补充”：

在六月十四日，首长在战犯认罪大会上极恳切的告诫，以及日本战犯桥本的衷心坦白认罪，我想他是日寇，在祖国人民政府的教育下而深深地认识到自己的罪恶。连日以来，我也想自己交代的问题够不够，对自己罪恶认识的透不透？我在十七号小组座谈会上，我还是想我是执行日寇侵略政策，而指使我的日本帝国主义分子如吉冈等罪更大，我的罪和日本帝国主义者的罪恶分不开的。因此，暴露自己罪行同时，必须暴露主持和策划、指使的帝国主义分子的主动罪行。

后来，又通过所方发的“拘留室规则”的学习，内有“……罪犯要达到彻底认罪……必须努力学习革命的科学理论，**联系自己的实际罪恶，深刻反省**。对己对人要展开严肃的认真的**批评与自我批评，提高思想认识**”（文中的着重号均是原有的——编者注）。这是用革命理论联系自己、认识自己的罪恶，是更进一步地改造武装我的头脑，使我站在人民立场，扒尽汉奸皮。这是实际的学习。我们的人民政府苦心教育，三年如一日。这次认罪检举期间，像我这样罪大恶极

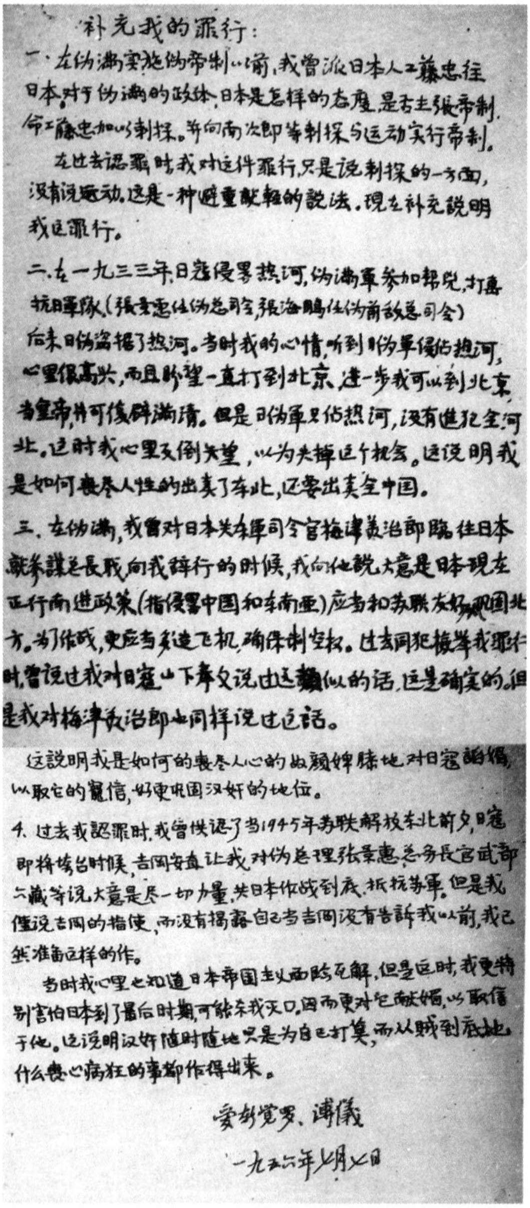

补充我的罪行：

一、在伪满实施伪帝制以前，我曾派日本人工藤忠往日本，对于伪满的政体，日本是怎样的态度，是否主张帝制，命工藤忠加以刺探。并向南次郎等刺探与运动实行帝制。

在过去认罪时我对这件罪行，只是说刺探的一方面，没有说运动。这是一种避重就轻的说法。现在补充说明我这罪行。

二、在一九三三年日寇侵略热河，伪满军参加帮凶，打击抗日军队。（张景惠任伪总司令，张海鹏任伪前敌总司令）后来日伪盗据了热河。当时我的心情，听到日伪军侵占热河，心里很高兴，而且盼望一直打到北京，进一步我可以到北京当皇帝，并可复辟满清。但是日伪军只占热河，没有进犯全河北。这时我心里又倒失望，以为失掉这个机会。这说明我是如何丧尽人性的出卖了东北，还要出卖全中国。

三、在伪满，我曾对日本关东军司令官梅津美治郎临往日本就参谋总长职向我辞行的时候，我向他说大意是日本现在正行南进政策（指侵略中国和东南亚）应当和苏联友好，巩固北方。为了作战，更应当多造飞机，确保制空权。过去同犯检举我罪行时，曾说过我对日寇山下奉文说过这类似的话，这是确实的。但是我对梅津美治郎也同样说过这话。

这说明我是如何的丧尽人心的奴颜婢膝地对日寇谄媚，以取它的宠信，好更巩固汉奸的地位。

4、过去我认罪时，我曾供认了当1945年苏联解放东北前夕，日寇即将垮台时候，吉冈安直让我对伪总理张景惠、总务长官武部六藏等说大意是尽一切力量，共日本作战到底，抵抗苏军。但是我仅说吉冈的指使，而没有揭露自己当吉冈没有告诉我以前，我已然准备这样的作。

当时我心里也知道日本帝国主义面临瓦解，但是这时，我更特别害怕日本到了最后时期，可能杀我灭口。因而更对它献媚，以取信于他。这说明汉奸随时随地只是为自己打算，而从贼到底地什么丧心病狂的事都作得出来。

爱新觉罗、溥仪

一九五六年七月七日

溥仪所写“补充笔供”

的人，人民政府真是一而二，二而三地无微不至地教育启发。我经过自己再三反省的结果，我认识到我认罪是认罪，可是认识罪恶的程度还是太不深透。这就是我的认罪书中，我的认罪观点的偏差和错误。因为我强调日寇关东军司令官和吉冈安直的指使，虽然这是事实，不是我捏造。可是这就在我的主观上把主动罪恶的重点，放在一方面。也就是说，把罪恶主动责任一手推卸到日寇关东军司令官和吉冈安直的一方面，把主持和策划的罪恶当作首要，把汉奸的施行当作次要。而认为自己是一切被动和不得已。这是在认罪态度和认识上极端的偏差和错误的。连日本战犯桥本都认识到了自己的罪恶，表示那样真切。他有长官，也有部下，他没有表示他是被动的态度，这是认罪的正确认识。他的认罪也给我深刻的激动。

经我的再三反省思考和分析我的罪恶，使我认识日寇是主动的罪恶，同样，我也是主动的罪恶。为什么要这样说呢？这就是我的满清统治阶级的罪恶思想和行为是主动的，同样于日本帝国主义者的侵略的主动。这正是我要利用日寇恢复满清的封建统治，日寇要利用我当工具，达成日本帝国主义的侵略政策和统治东北。我没有利用了它，反为它所利用。因此，这些罪恶的开始，我就不是被动的。

首先，我说明这内容，日寇和我互相勾结和利用。在我的认罪书中的北京时代的“第一个阶段”和天津的“第二阶段”。

（一）我自投罗网地上了日寇北京公使馆，无耻地求敌人保护（这以前，日寇武官和日人医生同郑孝胥到我父亲家里，要接我上日本使馆兵营，让我托病上医院为借口，虽然由我家里人反对而没有做到，这就有利用我的心）。后来经郑孝胥、罗振玉、陈宝琛和庄士敦的建议，我上了日本公使馆。日寇不仅接受我的要求，而且派日警官对我随时所谓“保护”。日本公使芳泽谦吉还表示不赞成冯玉祥将军令我退出故宫的举动。日本机关报《顺天时报》还发表对我的同情和支持。日本公使并派日警官以及天津日本警察署长秘密把我送到天津。日本公使事先的联络，所以日本天津总领事吉田茂带许多官员到车站接我。为什么日寇对我这样殷勤和表示所谓帮助呢？这正是日寇早有利用我的心。所以，“九一八”事变，日寇占据东北后就利用我，绝不是偶然的。

（二）我到了天津以后，为什么日本领事馆专派日本警官一人和华捕数人经常住在我的院内，并且日警官借保护为名，凡我出门，他必随从。不仅如此，他还把我每日行动和见什么人，一一地都汇报日领事馆。我看见在日警官室内桌上就摆着对我见人和行动的“日志”。这是什么意思，他对别人怎么不这样作（做）呢？这不是明白地它是在平日考察我的一切行动合乎他利用的条件与否。这是日寇处心积虑地对我的调查和衡量。

为什么日寇天津领事馆和司令官常常地请我吃饭，殷勤招待，联络私人感情，这一一都是企图利用我的明证。并且日军高田丰树司令官以及后来的桑岛主计总领事先后都公开表示过，中国还是帝制好，而且有意地对我作民族挑拨的毒计。

我由于封建的思想教育，我一贯地以恢复满清为自己唯一目的。于是听郑孝胥的建议派家庭日语教习远山猛雄上日本，把我的信交给陆相南次郎要求他帮助恢复帝制。这就是我要利用日本来为我恢复满清统治。日寇素来有利用我的心，我又这样自动要求他的帮助，这岂不是正合日寇的心理吗？

日寇的“大陆政策”是它一贯的帝国主义侵略企图。它要鲸吞中国是不可能，它便用蚕食办法，用“以华制华”分而治之的办法。日寇占据东北，因而土肥原贤二到天津要求我上东北。如果把日寇的过去对我的种种历史个个分析，可明白它要利用我，早在北京就开始了。另一方面，土肥原要求我上东北，现在我认识这就是我给南次郎写信要求恢复满清帝制，当时他虽然没有回答，可是当日寇占据东北后，土肥原要求我上东北，日寇利用我当它的走狗，正是南次郎对我的无言的实际的回答。

到了伪满汉奸政权成立以后，我的罪恶更是数不尽的。我为什么执行日寇的话，我是想维持自己的地位。我是不顾人民的死活，我是不顾祖国中国的如何，不惜叛变祖国，签订卖国密约和议定书。断送了东北人民的一切利益，支援日寇，使日寇占据东北为合法化。这只是为了自己一个人的汉奸生命和地位。为什么日寇不利用别人当伪执政、伪皇帝，当了伪皇帝还能十四年始终不动摇，这说明是我当汉奸合日寇的口味。日寇说一，我决不做二。

虽然我心里对日寇不满，这个不满不是为了别的，乃是没有实行满清的所谓“复辟”，不满足我的个人封建统治阶级的欲望。所以自从我勾结日本帝国主义给南次郎战犯写信，以及土肥原贤二战犯要求我上东北起，直到为日寇利用，做了它的忠实走狗，使东北成为十四年的殖民地。所有这一切都是由我的根本“利己主义”为出发点所造成的。难道说我是被动么？我的封建统治阶级利自主义正是我的主动罪恶。这个主动罪恶和日本帝国主义的侵略主动罪恶相勾结，所以日寇的罪恶是“半斤”，我的罪恶也是“八两”。

因此，我认识日寇关东军司令官和吉冈安直的每次所教我所作所为（这事实在我的认罪书中已陈述）都是我基于利己主义，甘心充当这万恶的“卖国贼”，为中国人民和世界人民的死敌的日本帝国主义者的无耻顺驯走狗。由于伪满汉奸政权的建立，帮助了日本法西斯强盗的侵略凶焰，给祖国人民带来历史空前大灾难，给东北人民带来十四年殖民地的无限灾难。我应当负这一切罪恶责任。我向祖国人民政府和中国人民面前恳切地衷心认罪。

按：“联系自己的实际罪恶，深刻反省”这句话让溥仪有所动心，遂又主动写了这篇“补充笔供”。他认识到，不应该“把罪恶主动责任一手推卸到日寇关东军司令官和吉冈安直的一方面，把主持和策划的罪恶当作首要，把汉奸的施行当作次要”。他承认是“自投罗网地上了日寇北京公使馆，无耻地求敌人保护”，又“听郑孝胥的建议派家庭日语教习远山猛雄上日本，把我的信交给陆相南次郎要求他帮助恢复帝制”。他写道，“日寇素来有利用我的心，我又这样自动要求他的帮助”“所以日寇的罪恶是‘半斤’，我的罪恶也是‘八两’”。

溥仪笔供：爱新觉罗·溥仪的笔供自述补充材料（1954年6月）

我以前所写的关于我的“在各种职务任期中各种活动具体说明”一项中，现在又想起些事情，补充写上。

我是1906年生的，我长大的时候，我听说我祖母刘佳氏最疼我，平日总是不离开的，当她听说我被召到宫里去的时候，便哭得死去活来地。她说：“我的儿子（指光绪帝，光绪帝是我本生父载沣的长兄，和同治帝是从兄弟，入宫即位的）给叫走啦，一辈子没有回来，受了多少苦，现在又叫我的孙子走啦，这还能见么？可是我一直到十岁左右，才被“特别许可”见了我的可爱的祖母。

北京时代，三岁的儿童竟然做了国家之元首，除了贪玩耍之外，还懂得什么？现在想起那时，封建时代只顾了一家和一姓高贵尊荣的传统地位，哪里管国家好不好和人民的权利并幸福如何呢？那时候一般国务由我本生父载沣管理，隆裕太后（光绪后）总其大成。

我六岁念书，所念的书无非是封建时代的经书，念到十七岁。所以，对于一般学校的课程，如算术、物理、化学、世界历史和其他一切新的知识，简直一点儿也没有学过。每天除了“子曰”长就是“子曰”短地念四书五经，小时候也不讲、也不背，只是照本念。十岁后逐渐开讲，也只是不求甚解地听着，我的先生陈宝琛很认真，常常斥责我的懒惰，后来渐渐能讲些啦。后来徐世昌总统介绍了英国人庄士敦当我的教授，这才开始知道了简单的外国事情，念了三年英文。

到十七岁我结婚，也是由宫里老太妃给定的，是专由一方只看相片，看好就算定了。我本来要定文绣（后为我的次妻）在天津时，因我妻对她不和睦，受我妻的斥责，先提出同我妻分居（每月我看她几次），我妻不许，说“有她就没有我”，于是经律师的调解，双方离婚，我给她些赡养费，由文绣承认而离婚。

老太妃说婉容（即我的妻）长得好，说文绣长得不好，家中又穷，非定婉容不可，我没有法子，于是就决定了。那么，我主张要婉容一个人就成了，可是老太妃主张既看中了文绣在先，也决不能不要她的，于是婉容为妻，文绣为妾。当时宫中分两派，有拥护我妻者，有拥护我次妻者，因此，彼此时常反目。那时候实在是左右为难，这就是说明当时我家中的情况，也就是反映封建制度的婚姻不能自由和男女不平等的积弊，而现在我政府为实行男女平等、保护个人自由，于一九五〇年颁布了《中华人民共和国婚姻法》，彻底改革了中国几千年来的男女婚姻不自由，而给予了现在青年男女享受他们的平等、自由、美满的幸福生活，要不是毛主席和中国共产党领导，人民哪里能脱开这封建制度的层层枷锁呢！

宫里的情形一切是极其古板的，不知道的人如果看见当时情况，也许感觉它是“传承”引起吧！那时候宫中人员多方的营私舞弊，宫中所用的太监（这更是封建时代非人道的余毒制度）也是监守自盗或向人勒索银钱，也没人过问。据后听说，静怡轩一带的大火，烧毁了很多中国古代文化物品和字画（故宫建福宫后面的地址），它起火的原因就是太监偷了东西，借放火好作掩盖痕迹而已。这不过是一个例子，宫里冗员过多，经费不够用（优待费由政府拨款不足，那时听说政府的经费开支都很艰窘的），宫中官吏经手转卖或抵押物品，听说经手人多是中饱，分赃发财的很多。庄士敦很反对宫中制度的腐化，所以多人对庄也很反对，后庄调任管理颐和园事务。

清朝宫中素来信神信佛，信占卜星相，无例外地，我更是念经占卦，问吉问凶。同时嘴里不断的“大慈大悲”，同时对人打骂。又迷信，又昏暴，又胆小，又猜疑，这是我的阶级特征。

过去在清朝宫里设有敬事房，是管执刑用板子打太监的，偷东西的容疑者还有夹木棍。还有慎刑司，也是执行的机关，打人、囚人等。同样是大太监打小太监，一级打一级。而我是谁有错不骂即打。我在北京、天津、长春都一样的常常打骂我的用人，我并订出规则和限制很多，不许隐瞒，不许庇护结党，不许有错不管，尤其可恶的，对使用的所谓“随侍”不许他们互相谈话，硬说谈话有了感情，就要彼此庇护和有错不管。这是何等荒谬绝伦奇特的暴虐！只要别人一“起誓”，如“天打五雷轰”的话，就信这个人确实可靠，或者是确改悔错误了。有一次要赶走一个用人，他咬破了一只手指，流出血，写“如不忠诚，天打五雷轰”，立时便把他留下了。我的侄子，我也同样地打，硬说这是“家法”。这就是封建家长专制制度。后来仍是一直打人，甚至给人灌凉水、跪铁索、打手板。打木片、打嘴巴更是常事。

后来我年龄渐长，深深地感觉到永远居住宫里太枯燥无味，一辈子也不能随便出去，我打算辞退当时政府的优待费，把那笔钱作学校的教育和赈济灾民之用，请政府把款移作此用。那么，我可以出外留学，可是遭到了宫中各员的反对（因为我要走啦，这些寄生者便没有依靠啦），到底不能实现。

后来我又和庄士敦商量，打算私自出走，由庄士敦和荷兰公使欧登科商量，经他允许，我先到他那里，然后再计划出外留学（因为我若到我本生父家，宫内各员一定知道，并且我本生父也是反对我留学），可是当我准备行李的时候，被太监发觉，报告老太妃，那时我本生父也闻讯赶到，内务府绍英令宫中警察在内外戒备，于是这计划就此告终。

在清封建王朝专制制度，无论皇帝的叔叔、兄弟、侄子等都向皇帝自称“奴才”。因此，在我当时，我的用人对我自称奴才，我的侄子，以至我的叔叔，也都对我自称奴才。我看别人都成奴才，唯有我高于一切。

我在天津闲住，由天津地方当局卖前清田产分成给我，借以维持生活。我拿这笔钱，再卖些东西，买了十四所出租用的小楼房，后来又在日本租界买了一所楼房（这所房子已给朱庆澜先生作赈灾用了），当时朱庆澜先生办理赈务，曾见过面，由他劝募后又捐了些皮衣服，但是杯水车薪，也无济于事。但是那时候，由于一般顽固的老学究们的包围，对于一般社会是极隔膜人，所谓的三民主义是什么内容？新三民主义是什么内容？根本就连书都没有看见过，懵懵知道共产党和国民党打仗，知道毛主席和朱总司令的名字，至于究竟为什么打仗，也是不知道的。只听郑孝胥说过歪曲共产党的解释“共产党、国民党和军阀的内战是一样的”。

关于溥仪捐楼的报道（1931年8月29日）

当时他们分三派，一是我的先生陈宝琛，一向主张我应当安居天津，不要上任何地方去，安分守己的度日；一是铁良、袁大化等，主张我对社会事都不须研究，好好地安居，无事时可以对古书钻研，专闭门读书以避乱；一是郑孝胥正是和陈宝琛处于对立的，他主张中国须用帝制，国家才能好，内战才能止。可是，当时我是信陈宝琛的话，因为自六岁，他就当我的先生。因此郑孝胥和陈宝琛的对立越深刻了，陈宝琛曾告我，郑孝胥同日本领事馆往来很密，让我注意，恐怕郑孝胥借我的名义在外招摇。

可是当时的我更不懂得什么警惕，而后来“九一八”事变后，在天津、在旅顺，郑孝胥劝我上东北（见前文），又助板垣要挟我（见前文），到伪满，日寇立推荐他当总理，而陈宝琛到伪满来看我时，因他作诗有“外强中干”的句子来讽刺郑孝胥的，不料竟有人告密给日寇，当时日寇司令官武藤信义愣指陈宝琛是指日本而言，要加上“反满抗日”的罪名，经多方解释，陈才算脱险，匆匆地即回北京啦。这虽属细事，然而足见当时说一句话，日寇都能知道，时时都有生命危险，实在无一时一刻不是坐在荆棘和针毡上，也足见郑孝胥和陈宝琛对立和倾轧的情形。

最令人切齿痛心，对不起同胞，也是我的罪恶之一的，还有当一九三二年日寇本庄繁勒令郑孝胥使伪满立即与日本必须订一个对港湾、水运、矿山等特殊权力当由日寇掌握的可耻协定，当时我对郑孝胥表示反对，告他当和日寇力争，可是郑孝胥说他曾和本庄繁争辩过，被他严拒，郑更坚决借口为“日政府和军部已定的方针”，已然无法再改变，而终在这压迫下成立，这也让我当时懦弱误国。

在一九三二年国际联盟调查团等来东北调查时，由板垣征四郎为首和其他日人多名，一步也不离地监视我们见面，更不能做单独的谈话，谈话都由日寇限定，该调查团在各处视察，都有日寇事先布置所应当到的地方，跟着他们的日本军官等，专防国际调查团对任何人的单独自由的谈话。

伪满初成立，本庄繁、板垣征四郎、石原莞尔即积极地创造协和会，以实行他们的侵略政策，驹井德三当时为总务厅厅长（即后来的总务长官），实行其事，表面说是和伪政府“表里一体”的，什么“宣德达情”这一套话。协和会成立的文件，由日寇本庄繁交给郑孝胥，经过伪国务院通过，后由伪总理郑孝胥向我报告，我当时问郑孝胥：“何以草草通过？当彻底修改才对。”郑很不满意说：“已由国务会议正式通过的案，不能变更、修改。”最后他表示：“这是日本关东军内定的，我是没有法子，如欲修改，请直接向关东军说吧！”后来日寇关东军参谋片仓衷、参谋长桥本虎之助，先后和我辩论，无结果。最后，板垣征四郎对我说：“凡国务院通过的案，绝不应干涉，这是违反内阁责任制度的！”声色俱厉地完全拒绝我的意见。协和会终于成立，日人任本部长，掌握一切实权。

一九三三年，日本武藤信义出任驻满大使兼关东军司令官来见时，我当时还以为本庄走啦，武藤继任大使，也许比较本庄的军事时期缓和些，趁武藤初到，可与之交涉。于是要求他撤废日系（当时称日人官吏为“日系”，伪满官吏为“满系”），国务院的总务厅独裁制度，由国务院满系自主地负责办事，各部由各部大臣负责自己管理。更告诉他，驹井德三（第一任总务长官）的专擅、不顾满系官吏的言论等。武藤把这纸单拿走，说考虑考虑，等了一星期、二星期，经过多日，也没有回答。后来武藤和我见面的时候，他表示，元首不能干涉行政，却引了许多日本的例子，美其名为“内阁负责制度”，元首不应干涉之，而对于我所提出的意见，一字未提。等我问他，他回答“这是国务总理的责任，请信任他负责处理好了”，于是把我所提的主张无形地全面拒绝了。

从此以后，日本官吏不但未减，相反还日益加多，宫内府从前的日人官吏比各部少得多，而现在也逐渐增添了。经军政部派石丸志都麿（日本退役少将）任了侍从武官，在伪满升为中将（石丸就是武藤的亲戚，是武藤命他当武官的），伪军政部只是日人顾问的应声虫而已，石丸干涉、跋扈，无事不管。等石丸转调后，方幸少了一个管家，接着又来了一个吉冈安直（初来时是佐官，一连升到中将，一步也没有离开过我）。他不是退役军人，做什么“帝室御用挂”，还兼任关东军参谋，他受历任关东军司令官命，管理我的一切事务，绝对不许我自由发言，就是形式的宴会，照例一年几次地所谓“政务上奏”及其他。他认为可谈话时，一切得由他事前严格地限定，拿强力的压制（总理、参议长每星期中的形式报告不在内），以随便他们要弄这傀儡名副其实的把戏，日寇利用郑孝胥告一段落，又推荐起用半文盲的张景惠（闻张景惠识字甚少，临时也习识字了），日寇专擅横暴，独断专行，掌握伪满实权，官吏任免，全由日寇内定，通过伪满日人总务厅“火曜会”（见前文）的研究和决定，才交伪满的形式“国务会议”通过，所以无论换谁，只是名义的，换汤不换药，自拉自唱而已，所以日寇绝不许否决或修改伪国务院的“通过案”，经这通过，就算铁案了。

溥仪笔供：以下补充我的罪行（1954 年 6 月）

日本帝国主义使用伪满汉奸政权，如同操纵一座机器似的，操纵者为关东军司令官，他用总务长官操纵伪国务院，用最高顾问操纵伪军政部，用吉冈安直（帝室御用挂）操纵我，对伪各省则有日人省次长、县有副县长，分工合作，通过汉奸政权来统治东北。

武藤任日本驻伪满大使，初到任时，郑孝胥持已写好的所谓“日满议定书”给我看，说是“为满、日共同防卫”，他力赞这议定书，且谓武藤今日即来签字。当时事起仓卒，我谓“当容时研究”，郑谓“日政府决定的事，绝不能改变的”。正翻阅、谈话，武藤已到伪宫，于是，郑孝胥和武藤信义即在另室正式签字。就这么，该“议定书”，不容考虑和回答地径自签订了。

前次我们提出的，关于伪国务院通过各法令，以前有关东军“第四课”长、伪总务长官和次长，以及各伪部次长开的“火曜会”，即次长会议，经他们决定这个法令后，再交伪国务院通过，伪参议府通过，这一节说得还不具体。我听黄富俊说，在“火曜会”次长会议以前，还有一个日本人的秘密会议，就是以总务长官为首的总务厅内部的处长会议，经他决定立案，再经“火曜会”议决，再交伪国务院通过的。

吉冈安直是继武藤信义所荐的日人少将石丸志都磨而来管理我的一切事务的。……吉冈一贯地执行着日寇关东军司令官的命令，管理我的内外一切公私事务，干涉我的一言一动，禁止我的自由发言，无论是在他们规定的宴会上，他们规定的临时和伪总理、伪总务长官的谈话，他们规定的伪省长、伪军管区司令官的所谓“上奏”及其他，都由吉冈预先写出字纸，限制谈话的范围，丝毫不许更变。种种威胁、压制，写不胜写，他骄傲自大，目空一切，猜疑心尤大，布置日寇所荐的日人官吏和日本宪兵层层地监视。每天无论有事无事，必到伪宫，真是风雨无阻，一天无数次地见我。他是日寇关东军参谋兼关东军司令部附，又照日寇的用话，他尚兼伪宫的“帝室御用挂”，自称我的“准家族”，包揽一切，隔绝我对外的一切联络，不许伪官吏和我自由见面，凡人民给我来信，一律由他指挥的日人伪宫内府总务处处长小原二三夫等扣下，不给我看，日宪兵驻扎伪宫，监视一切。

护军事件发生后，我向日寇关东军宪兵司令部代士兵说情，初尚不肯，最后东条战犯（时为参谋长）提出电告吉冈转告我，向日军部谢罪，免肇事官长职，再不许发生类此的事，驱逐肇事兵出伪满。不久就换了日本人警务司司长长尾吉五郎当卫兵管理者，佟济熙调任他职（伪皇宫近卫处处长）。

关于凌升之死，因他在伪省长会议上有不满日寇的言论，归海拉尔后，立遭日宪兵逮捕，植田谦吉命押到长春，由满良（日本人崛内一雄）审判，即加上所谓“反满抗日”而遭枪杀。

一九四〇年日寇关东军司令官梅津美治郎派星野直树总务长官通知伪国务院，派吉冈安直通知我，勒令我上日本迎日寇伪天照大神来东北祭祀，当时我问他：“满洲本有宗教，信仰原属个人自由，何必又多此一举？”吉冈立时声音变色，很蛮横地说：“这是日本政府既定的方针，表现日满不可分的关系，绝没有研究的余地，我奉司令官之命通知你的。”终于屈从了。

星野直树在伪国务院，因谷次亨，丁波和其他一人（忘其名）稍露不满，也是同样极蛮横地驳斥了他们。我上日本途中，吉冈安直在船上很严厉地告诉我，见日本天皇时除应酬语和他的“规定语”外，不得任意谈话。同时，吉冈取出一有字的纸交给我，令不许出他限制的范围。

吉冈安直在伪“天照大神”到东北后，便介绍日寇一个讲神学的博士筧克彦，来东北专门给我和伪官吏讲。在长春住了很多日子，每天给我乱讲一顿，指手画脚，神乎其神，无耻地说什么“世界的一切宗教和思想来源，都是从日本的神道而出发的”，说“裕仁不是人而是可见的人神，日本人民都是神的后裔，都是神，八纮一宇的精神，是将全世界人全成为神的子孙，永受神的保佑，满洲国即是先受神佑的”等。每次讲完时和讲之先，还须由吉冈和筧克彦领导着，向伪神庙方向，用日本的“击掌法”，向己遥拜。有人听讲久，倦而入睡，则说此人精神太坏……

伪满派系有以下几种：

1. 封建的满清复辟派别：郑孝胥、罗振玉、郑垂、谢介石等。

2. 东北土著的封建地主阶级——旧军阀官僚：张景惠、熙洽、臧式毅、袁金铠、于冲汉、于深澄、于芷山、赵欣伯、冯涵清、丁鉴修、孙其昌、张文涛、阮振铎、黄富俊、金名世、王之佑、于静涛、吉兴……

(张海鹏曾参加过张勋复辟)

于镜涛当哈尔滨警察厅厅长，到长春时曾见过我几次，这也是旧官场“溜须”“拍马屁”的行为。但是，后来他找我，也不能对他有任何“好处”。日本人是掌握进退实权者，他见我就少了，乃至不来了。大显身手，对日寇谄媚，不然怎么当得了长春警察总监……

3. 后起的所谓“旅大地区”，也就是日寇一手培养制造的所谓“日本皇民”，如韩云阶、谷次亨、卢元善、阎传绂、王贤伟、王子衡等。

4. 伪满协和会，是和伪满相表里的日寇奴役我国人民的第一架主要工具。

5. 在日本留学的人，像熙洽、臧式毅、邢士廉、曹秉森、吉兴、谷次亨、蒋梦龄、阎传绂、王庆璋、甘珠尔扎布、正珠尔扎布、郭文林、宪均、溥杰等。

我现在再说说吉冈安直毒害我心爱的次妻玉龄经过，和他企图袭用前朝鲜李王和日女结婚，以颠覆朝鲜的故伎，来颠覆东北的阴谋。先是吉冈称，受植田谦吉司令官命令，来迫我签字承认，如果“我有了孩子，到了念书年龄，必须即时送往日本，受一切教育，不得在我身旁读书”。借口日本天皇的儿子，也是另受教育，不在他身旁，说“这是日、满特别亲密的关系的表现”，我也无法地签字了。我的次妻玉龄有病，经日本大夫诊治，起初大夫还用心给治，次日吉冈召唤大夫秘谈很久，大夫回来后态度骤变，原来一两小时打一针，现在竟一夜未打针。当夜，吉冈突然搬到伪宫居住，随时和日大夫、看护谈话联络，到了天一亮她突然死去，这十分明显是吉冈主使害的。不到一个月之久，吉冈便拿来许多日本女子相片，让我选择，我托以“次妻死而未久，实不意愿再娶”。后他又继拿来日本女人照片，我辞以“结婚非双方有爱情不可”。后来，吉冈安直又拿来一批女人照片，挑了年龄最小的李玉琴……后李玉琴也同意，遂订婚。

在伪满年代，我吃的饭是单一个厨房，可是来为我打扫的所谓“殿上”“勤务班”的人，就吃另一个厨房的饭，他们的饭菜是恶劣的，但是我也从不注意好坏和够不够，以至发生叫范楚江的（也叫范博江）勤务班，他打开窗户上我的厨房拿吃的东西，经查出来，也不问他吃饭够不够，竟给扣上偷东西的帽子，又被毒打一顿，像这类打骂用人的实例，是不胜枚举的。

后来有一次竟发生了一件打死人的惨事。事情的经过：我用了些人，专是为打扫、打饭，做零事的人，所谓“殿上”“勤务班”。他们有许多是从博济慈善会来的孤儿，这是没有父母，贫苦而最可怜的人，而昏暴无耻的我，用他们的时候，有了错，就命用人打他们。有一个名叫孙博元的，因为惧怕挨打，逃跑，被抓回二次（我规定：遇有错必须管，不管就受处罪），因此，我的用人不敢不打他。当时听说他回来的时候，我也想到他是又冻又饿，告先别打他，让他憩一憩，可是，已经晚了，用的人已然打过他了。他连冻带饿再挨打，以致身体不支，我令找子正大夫赶紧给他注射救治，但是越来越严重，可怜的他终于死去。这完全是我的罪恶责任，是摧残自己的同胞，反人道的行为。

按：1954年4月至6月，最高人民检察署派出的东北工作团在抚顺战犯管理所，展开了对在押伪满皇帝、大臣等战犯的侦讯和审理工作，其间，溥仪撰写多份供述自身追随日本帝国主义、背叛国家、出卖东北权益的罪行材料，而更值得关注的内容，在于溥仪揭开了日寇关东军司令官一手支配伪满一切行政实权及伪满政权行政的内幕。应该说明的是，多份笔供难免有少量内容或角度重叠，为保持原貌，不做大幅度变动。

溥仪笔述：检举伪满汉奸的支派派别材料及罪行（1954年7月15日）

日本帝国主义者利用伪满汉奸的支派大体可分这几种派别：

（1）封建的满清复辟派别。我过去纯粹是满清统治阶级，自幼一贯地受封建的腐败透顶、愚昧落后、自私自利的教育思想的毒素。一贯地以梦想恢复满清开倒车的迷梦。而在我周围的一群寄食我的封建分子，更是希冀着藉我要自己升官发财，如郑孝胥、罗振玉、郑垂以及谢介石等都是这一系。我想利用日本来恢复满清，他们也是一贯的这样主张，我更深信他们的话，因而勾结日寇，成为叛卖祖国的罪魁。而这些汉奸们都成为日寇的忠实走狗，在伪满都当了显赫的大汉奸官吏。

（2）东北土著的封建地主阶级——旧军阀、官僚等派别，如张景惠、熙洽、臧式毅、袁金铠、于冲汉、于深澂、于芷山、赵欣伯、冯涵清、丁鉴修、孙其昌以及张文铸、阮振铎、黄富俊、金名世、王之佑、于镜涛、吉兴以及后加入的邢士廉、张焕相等都是这一系。

日寇占据东北后，首先就利用、勾结当地军阀官僚，如张景惠、臧式毅、熙洽、袁金铠、马占山、于冲汉、张海鹏、赵欣伯、于芷山等，更利用我的过去封建满清的关系，来麻痹东北人民，来羁縻和纠集这些土著的军阀官僚等地主阶级的民族汉奸，因而招致这封建势力的集合。他们都一致地表示对我的所谓“拥护”，而共同组织了伪满汉奸政权，成为日寇的有力的奴役、屠杀、掠夺的统治工具。

其中的熙洽更是满清的所谓宗室——我的远支家族——他纯粹是封建复辟派。张海鹏曾参加过过去张勋的叛国实行短时期的所谓“满清复辟”。上述的这些汉奸都当了伪满的重要汉奸官吏。

其中于冲汉是一贯著名的亲日汉奸（黄富俊、阮振铎、赵玮曾知其详），所以他的儿子于静远也继承他父亲而当了大汉奸。赵欣伯是留日学生，是亲日派，所以也为日寇所重用。于镜涛是张景惠的干儿子，所以当“九一八”事变当时，日寇板垣征四郎给张景惠三千支枪，让他上哈尔滨继续当“哈尔滨特别区行政长官”的时候，张景惠的伪警察队队长就是于镜涛。当伪满汉奸政权树立初，这一时期日寇还没有限制我见人的时候，于镜涛当哈尔滨警察厅厅长到长春时曾见我几次，这是旧官场“溜须”“拍马屁”的行为。但是后来他见我也不能对他有任何“好处”，日本人是掌进退实权者，他见我就少乃至不来了，大显身手地对日寇谄媚，不然怎么当了长春警察总监，后来竟当了伪大臣，而且是勤劳奉公部大臣，他为日寇奴役人民而出了大力。

（3）后起的所谓“旅大地区”，也就是日寇一手培养制造的所谓“日本皇民”，像韩云阶、谷次亨、卢元善、阎传绂、王贤讳、王子衡等许多人，他们的思想教育纯粹和日本人一样。他们当中的谷次亨、卢元善、韩云阶、阎传绂都当了伪大臣，得与我的联系来共同为日寇服务来残害奴役和掠夺人民。最明显的是谷次亨、卢元善、王贤湋都当过伪“总务厅次长”的最重要地位。这是直接能参加日人“火曜会”的。这个次长会议的——火曜会——是日寇掌握操纵伪满的发动机。它是由日寇关东军司令官的代表第四科参谋、日人总务长官为中心和伪满最高军事顾问、总务厅次长和各伪部日人次长所组成的公开秘密会议。这个会议是在伪国务会议和伪参议府会议以前的日人会议。它是决定伪满一切政策、根本大法以及一切法令的。任何伪满官吏也不能参加，可是这样机密机关，为什么会有中国人的总务次长能参加呢？这充分说明是只有日寇一手培养制造的“旅大地区”的所谓日本皇民的谷次亨、卢元善、玉贤湋等才当总务次长，也就是只有他们才能参加这个秘密会议。我所知道的听说他们对日寇效忠的实例，如在一九三九年，吕荣寰、谷次亨（当时总务厅次长）、卢元善曾和日寇参谋片仓衷以及日人结城清太郎都上了日本，和日寇近卫文麿首相、小矶国昭拓相见面，表示欢迎日本快快地多移民到东北，愣说这是对东北有好处。因而更加速日寇的大批移民到东北，使东北人民遭到破产丢家，流离失所。这样实例正不知有多少。唯其如此，他们才是名副其实的日本皇民、心腹、走狗。所以当总务厅次长，参加“火曜会”，当伪大臣，绝不是偶然的。恰恰相反，正是和日寇有根深蒂固的根本因缘的。并且旅大地区日寇所培养的走狗在满铁做事的也当然很多。阎传绂正是其中的一个，当过满铁嘱托。

（4）伪满协和会，这是次于伪满（政权）的和伪满（政权）表里一体的，为日寇奴役统治人民的第二架主要工具。因此日寇关东军司令官当该会名誉总裁，我在伪执政时代也当名誉总裁，照例每年要宣读我麻痹人民并为日寇服务的所谓“敕语”，要宣读关东军司令官的所谓训词，伪满官吏都得充当会员。它推行伪满政策为日寇服务，来督促、榨取、强迫人民为日寇粮谷出荷、国防献金、强迫劳役、为日寇侦察爱国抗日人民，真是无恶不作。它的内部的本部长是重要的地位，像于静远、桥本虎之助、三宅光治、井上忠也都坐过这个位置。于静远的身份正和日寇前关东军参谋长、宪兵司令官、日本陆军次官、伪满祭祀府总裁、伪参议府副议长桥本虎之助的身价，在日本帝国主义者看来，是完全相等的身价。所以才能当上这个重要汉奸走狗地位。他当协和会中央本部长，也就是日寇对他的汉奸资格的培养，后更当了伪大臣。听说由于他的家中一贯当汉奸，日寇很器重他，曾是张景惠伪总理的后补人。像阮振铎、曲秉善、王子衡都在协和会内当过要职。所以他们随后都升官，阮当了大使，当了大臣。曲、王都当了省长，再进一步，无疑地一定能当大臣。

（5）最后则是在日本留学的人。这是很多的人，尤其伪军人更多。这都是受了日本帝国主义奴化教育，灌输亲日思想，他们在东北为日寇服务，日寇比较放心。像熙洽、臧式毅、邢士廉、曹秉森、吉兴、谷次亨、吕梦龄、阎传绂、王庆璋、甘珠尔札布、正珠尔札布、郭文林、宪均等，那真是不胜枚举的，他们都是在日本留学的。

综合以上，除上述五个大派别外，还有满铁，这些汉奸都是为日寇服务的走狗。由于以我为首的这些汉奸的背叛祖国，出卖人民利益，使日寇占据东北为合法化。由于日寇利用我，纠集了一切反动封建汉奸的势力。由于伪满的成立，东北人力、物力全被剥夺来支持日本法西斯血腥侵略战争，给祖国带来未曾有的历史大灾难。这都是这些汉奸所造成的，尤其是汉奸的中心，罪魁的我所造成的。

按：本文是溥仪检举日本帝国主义者利用伪满汉奸支派派别罪行的笔述，他列举了封建清朝复辟派、东北土著封建地主阶级旧军阀、官僚派、后起的所谓“旅大地区”即日寇一手培养制造的所谓“日本皇民”派、与伪满政权表里一体即日寇奴役人民第二架主要工具的伪满协和会派和以伪军人为多数在日本留过学的人，日本帝国主义者利用这五个分支派别做帮衬，剥夺东北人力、物力，无限制地扩大法西斯血腥侵略战争。

溥仪笔供：伪满《回銮训民诏书》《国本奠定诏书》《时局诏书》颁发内幕（1954年7月19日）

一九三五年，日本关东军司令官南次郎授意伪总理郑孝胥告诉我上日本见裕仁，表示对日本帝国主义帮助建立伪满、帮助实行帝制的答谢；以及对裕仁派他的兄弟雍仁到伪满对伪帝制实施的庆贺的答礼。因此，我去日本，乘裕仁特派的军舰。在东京车站，裕仁亲自迎接，举行盛大的宴会，招待看戏，同我共坐一车举行阅兵。表面上，真是竭诚欢迎，极为隆重，真仿佛对平等的友邦一样。这就是日寇企图欺骗世界人民，掩饰占据中国东北，把东北变为殖民地的事实。同时，又是为了对我这个大汉奸拉拢搞的所谓怀柔，好让汉奸个人为受此优待而认识汉奸的价值，来帮助日本帝国主义更进一步压迫、掠夺、奴役、镇压中国东北人民，更多地卖国求荣。

当我回来途中，在武库离宫，总务厅厅长（就是后来的总务长官）远藤柳作告诉我说，回满洲国后，就要颁发一个《访日回銮训民诏书》，表示对日本的感谢。为什么我还没有回到东北，我也没有任何表示，郑孝胥事先也没有对我说过，远藤就说要颁发这个伪诏书，而且连这个伪诏书的名字都定好了呢？明显地，这是日本关东军司令官和总务厅厅长早决定好了的事，同时是他到日本和日本政府接洽好了，经它同意的。我回东北，郑孝胥就拿来这伪诏书，在表面上说是郑孝胥所草拟的，还不是根据日本帝国主义决定的主旨早作好的么？为要掩饰这一点，还由吉冈安直告诉我，必须在伪诏书加上“一德一心”的字样，加上“和日本如一体”字样。这说明日本帝国主义的用心是何等地曲折深密，诡诈阴险。我听了话，发布这个伪诏书，麻痹和毒害了东北人民。

伪《国本奠定诏书》，这是一九四〇年关东军司命官梅津美治郎推行日本帝国主义侵略国策而主持策划的。后来我听说关于这个接伪神的阴谋，日本早有计划。有两件事（后一件事是我听说的），我愿说一说：

一、在一九三九年，关东军司令官植田谦吉曾指挥日寇侵略蒙古人民共和国，经苏蒙同盟军把它粉碎（即诺门汗之役），由于侵略失败，跟着他就被撤职。当他临回日本之前，向我告辞的时候，他对我表示过，日满的亲善关系，如果将来能使两国宗教信仰也一致，那就更好了。当时，我想是他个人的话。后来才知道这是日本的国策。

二、这个接伪神的事，关东军早有计划，没想到日本国内的本庄繁不赞成这事。关东军参谋长饭村穣曾派人和他疏通（我想本庄并不是反对日寇宗教侵略，这只是他的老奸巨滑，而不主张急进，而是采取稳进主义的宗教侵略而已。还有早在伪宫旁，在我没到日本之先，就竟准备了伪神庙的奠基）。一九四〇年关东军司令官梅津美治郎命吉冈安直通知我上日本见裕仁，迎接伪天照大神。吉冈说这是表现日满一德一心、不可分的关系，说日满宗教必须一致。我问他，满洲本有宗教，何必多此一举？他声色俱厉地说，这是奉司令官命令通知我的，这是日本既定方针，没有任何犹豫余地（我听谷次亨说，星野直树伪总务长官曾在伪国务院向谷次亨、丁波说，迎接伪神这是日本既定方针）。在这种情形下，丧尽人格无耻的我，答应了日本帝国主义分子的要求。

后来，吉冈又给我一张字纸，限制我对裕仁所谈的话。他令我向裕仁表示："我根据日满一德一心、不可分的关系，我衷心愿意迎接日本天照大神到满洲国奉祀。"等我到了日本，见裕仁的时候，我便掏出吉冈给我的字纸，一面看，一面向裕仁说的。等我说完了，这时候，裕仁便对我说，"这是陛下自己的事。既然陛下愿意，我只得从命了。"他刚说完了这话，顿时起来用手指着早已准备好了的一个桌子上摆的一个长方匣，还有三件东西，告我说，这就是神器。这一切说明，早由裕仁准备好了，不过是要我这伪满汉奸为日本作这个傀儡戏而已。日帝自己不便把伪神搬到东北令人祭祖，想尽办法，勒令我作出这个历史上不灭的滔天罪行，来达到宗教侵略的目的，实现麻痹和奴役东北人民的罪恶阴谋，企图把东北人民永远变成殖民地奴隶，企图作更进一步地正式吞并中国东北的张本。

在我把伪神接回的途中，吉冈安直取出一纸告诉我，这就是回国后颁发的《国本奠定诏书》的原文。他勒令我回长春，必须立即颁发这伪诏书（这是伪总务厅嘱托佐藤知恭所拟定的，也就是星野直树所制定的）。这次又是由日本回来途中看见这伪诏书。上次回东北前，远藤柳作仅告诉我必须颁发伪《回銮训民诏书》，我只听了这名字。这次吉冈竟拿出早作好的伪诏书全文。这说明他们是在东京取得日寇同意的。回长春后，经伪总理张景惠把伪诏书拿来，经我签字颁布。又是日寇一连串地规定建立伪建国神庙，派桥本虎之助当伪祭祀府总裁，沈瑞磷当副总裁。规定对伪神庙失礼为大不敬，受严惩。头一次所谓大祭，规定我向它拜，关东军司令官以及伪总理以下伪满汉奸大臣等都参加。又规定每月十五日我向它拜。并令伪官吏、伪军都须向它拜，强迫学生以及市民向它拜。从此以后，吉冈安直随时令我向它拜。凡是在日伪报纸上登载日本侵略者打了胜仗，吉冈就令我上伪神庙拜，算是谢神庥保佑日寇得胜。

后来日寇愈战愈败，报纸上尚掩饰说，前天皇军玉碎了多少，昨天又体当了若干。吉冈急急慌慌地令我赶紧到伪神庙祈祷神佑。就这样拜到日寇全面投降，一直到日寇强迫我上了通化大栗子沟，吉冈还跟我寸步不离，桥本虎之助还捧着伪神器，直到在沈阳被苏联军逮捕为止。在伪满时，吉冈由日本约来一人名筧克彦，说是给裕仁母亲讲伪神道的，足足地给我讲了好几个月，给汉奸官吏也讲。

战犯武部六藏除强力推行前任所制定的两个伪诏书外，更和关东军司令官梅津美治郎战犯主持策划、炮制了新的一个伪诏书，即伪《时局诏书》。这是在一九四一年十二月八日日本宣布对美英宣战、发动了太平洋侵略战争的同日。

日帝命令伪满傀儡政权颁布一个响应日本、帮助日本侵略战争的伪诏书——伪《时局诏书》。当天，梅津美治郎派吉冈安直来见我，吉冈就把武部六藏拟定好了的伪诏书先给我看，勒令我必须在当天召开一个所谓紧急御前会议——参议府会议，伪总理和各伪大臣参加。勒令我在会议上先加说明，来表示我的汉奸决心，表示响应裕仁的《宣战诏书》，自愿颁布这伪《时局诏书》，尽一切人力、物力支持日本侵略战争，确信必胜等许多的话，并令我宣读伪诏书。

这伪诏书主要的几句话，就是："生死存亡，断弗分携，举国人而尽奉公之诚，举国力而援盟邦之战……"这就是说要全面地搜刮、掠夺东北人民的一切物力、人力，从事帮助日本法西斯血腥侵略战争，更使东北人民遭受破产、贫困、饥寒、被奴役乃至死亡的命运。

按：自暴伪满《回銮训民诏书》《国本奠定诏书》《时局诏书》等几大诏书的内幕及其反动影响，是溥仪向最高人民检察署东北工作团交出的又一份重要笔供。1954年3月21日罗荣桓签批《追究犯罪处分书》以来，溥仪确已承担起巨大的思想负担，也开始认真反省自身的历史罪行了。

溥仪笔供：伪满洲国实行纯属点缀的所谓“四院制”（1954年7月19日）

日本帝国主义实行伪满帝制，就是利用伪皇帝独裁名义实行日寇对东北的奴役统治。根本不许可我干预伪满行政，如关东军司令官菱刈隆和吉冈安直中将（关东军司令派来专监督管理我的人，他自称我的准家族，官称“帝室御用挂”）先后都向我说，满洲国是内阁责任制，一切由总理负责，皇帝不得干涉。说这是养人君之德，他们硬说日本也是这样。吉冈奉植田谦吉司令官命令和我个人订一密约，规定如果我有儿子时，五六岁就得送到日本学校教育抚养，不得在我旁边。说这是效法日本，日本天皇有儿子，也另在别处教养。

伪满初成立时，表面上说伪国务院、伪立法院、伪监察院是平等的，可是后来立法院和监察院都是有名无实，尤其立法院仅仅有个门上的牌子和几个拿钱不做任何事情的汉奸官吏而已。吉冈安直对我说过，满洲国的行政办法是最好的，用不着什么国会，日本有国会，弄得党派分歧。满洲国没有国会，办事一切方便。可是，吉冈的话说来是自相矛盾的。有时候说应当效法日本，可是有时候又说不应当效法日本。这是怎么一回事呢？这就是当他不许可我干涉伪满政治时，便藉口说内阁责任制，我不应当干涉，这是应当效法日本；另一方面当他不许可伪满有国会，不许人民参政时，便藉口说日本有国会，以致弄得纷乱，党派分歧，满洲国没有国会，一切方便，这不应当效法日本。其实，吉冈并不矛盾，这只是一切必须合乎日本侵略者的独裁口味才行。

在日寇看来：如果伪皇帝干涉和否认、更改伪国务院的议案、法令，那就直接妨碍了日本人的火曜会的独裁大权。另一方面，不许可伪满有国会，也是同样的意思，因为如果有伪国会，也是直接妨碍了日本人的火曜会独裁大权（这个火曜会事实上是施行日本国策的机关，同时也就是日本军人法西斯专政的施行机关）。狡猾谲险的日本帝国主义分子，在表面上制定伪组织法，规定傀儡皇帝的各种特权，这就是如上面我说过的即藉伪皇帝的特权、独裁为名，以实行日寇实际统治之实。总之，一切是为了便利于日本殖民统治，这就是帝国主义要傀儡戏的秘诀。

日寇在平时不许可我随便干涉政治，也就不许我随便发表意见。可是有需要我这傀儡发表意见时，还非说不可，因此我也没有不说的权利。在需要我发言的时候，吉冈安直便奉行关东军司令官的意旨、命令，私交我一张字条，勒令我非按照这个话说不行，一定要照纸条的意思行事。命我把伪总理张景惠、伪总务长官武部六藏叫来，按吉冈的话，告诉了他们。于是他们出去便对外发表所谓谨话，并称赞这是所谓皇帝陛下之御垂范，等等。就是利用我这个大卖国贼汉奸的所谓垂范，来号召伪官吏汉奸们，加强对东北人民的剥削、掠夺、压迫和奴役，来为日寇服务而已。

伪满总务厅长官武部六藏

例如，正当伪满实行“粮谷出荷”的时候，吉冈先写了应当说的什么话，便勒令我叫张景惠、武部六藏来当面告诉他们，努力增产，积极地为日本多出荷，支援他的所谓“圣战”等的话，他们退出，便发表所谓谨话，向各伪省长传达。于是更加重对人民的抢夺和奴役。吉冈又拿来许多麻、杂谷令我在我的院子栽种，这也是让我以实际增产行动，鼓励汉奸对东北人民强迫增产，支援日寇。

又如一九四三年，吉冈令我叫张景惠来告诉停止修建新的伪宫（伪宫也是日寇所主持决定的），为的是节省材料，支援日寇侵略战争。当日寇通过伪协和会，强迫东北人民出铜、献铁、献金等作为人民的所谓献纳时，又是吉冈安直来令我告张景惠，要我拆毁伪宫内凡属铜铁的一切饰物，如门饰、窗饰等和各种铁器，作为对日本的所谓献纳，来支持侵略战争。还令我捐出钻石、地毯、手饰、白金以及衣服等给关东军。

这种实例是很多的。总之，吉冈安直和武部六藏，他们的职位虽然不同，却是狼狈为奸的。按日本帝国主义操纵汉奸这个机器来说，他们是分工合作的。

［操纵系统表］

日本帝国主义

关东军司令官—参谋长、参谋副长

最高顾问、高级顾问

第四科长（参谋）

伪满国务院总务长官（联系）—参谋（帝室御用挂）吉冈安直—关东军司令官—参谋长、参谋副长—最高顾问、高级顾问—伪军事部—第四科长（参谋）—伪满国务院总务长官—火曜会次长会议—伪国务院会议—伪参谋府会议—我的裁可签字（伪总务厅发表）

按：伪满洲国实行所谓四院制，即立法院、国务院、最高法院、监察院。溥仪任执政时期和登基做伪皇帝之后都是如此。然而，“四院制”这种四权分立纯属点缀。伪满十四年间，政策法令均出自日本人之手，都以“敕令”或“教令”等形式颁布，伪立法院只起所谓“翼赞”作用。及至协和会全国联合协议会成立后，伪立法院的这么一点“翼赞”作用也被取消。所以，伪立法院始终存在，却从未公布《立法院组织法》，因而有的伪满高级汉奸都不知道有个伪立法院存在，实际也只是有个伪立法院秘书厅。伪监察院也是敷衍了事做官样文章，1937年伪满行政改革时干脆就撤销了。只把审计职能保留，单独成立审计局。至于伪参议府，不仅作用有限，而且由日本人参议把持。1937年行政改革时又废除了它的“上奏意见”制度，虽然这种制度原来也徒具形式，但连形式也被取消，从此不得参与伪满国务院的施政。

溥仪笔供：颁发《建国十周年诏书》和致日本天皇“亲书”（1954年8月11日）

一九四二年是伪满汉奸政权成立十周年。日寇为了更进一步推行对东北的殖民地化的侵略政策，在关东军司令官梅津美治郎、总务长官武部六藏以及吉冈安直的主持策动下，梅津命吉冈对我说，由于日满的不可分的关系，是“父子的关系”——日本是父，满洲国是子，应当称日本为“亲邦”，为的是和其他国家称“盟邦”“友邦”有区别。无耻的我完全接受日寇的要求。同时武部六藏在伪国务院也说日本是满洲国的产婆，有了日本，才有满洲国，日本是父亲，满洲国是儿子，所以应当称日本为“亲邦”（我听谷次亨说的）。

到了伪满汉奸政权成立十周年纪念日的当时，伪满举行所谓庆祝仪式。事先，梅津命吉冈曾内面对我说应下一个诏书，庆祝满洲国建国十周年，他曾把伪诏书原文给我看过。更由张景惠对我作了内部报告，经我签名而颁发的。它的目的完全是通过伪皇帝的名义来为日寇加强奴役统治和麻痹人民的。由此开始称亲邦，并宣扬伪国本奠定于“惟神之道”。该伪诏书内有两句话是：“明明之鉴如亲，穆穆之爱如子。”这就是自认日本强盗是父亲，伪满成了儿子了。这结果更可以使日寇为所欲为地奴役压榨、掠夺统治东北人民。因而更借东北的一切物资支援日寇，增加侵略势力。使日寇对东北的奴役统治愈加巩固，东北更永远地成为它的殖民地，更打下了日寇最后正式合并东北的基础。我执行上述为日寇服务的伪诏书，增加了日寇统治东北的力量，增加它侵略力量，为它造成将来正式合并东北的准备条件，给祖国东北人民带来了侮辱和痛苦灾难。我实在是没有脸面对祖国和人民，我应当负这罪恶的完全责任。

其次，梅津美治郎更命吉冈安直告我，给日本天皇裕仁写所谓“亲书”。这是事先由武部六藏拟定的，把原文章给我看。它的主要内容就是对日本称“亲邦”，说明“日、满父子关系”，一切都是天照大神所谓“神庥”和日本天皇裕仁的保护，表明伪满对日寇的感谢，感谢它十年以来对于伪满的一切所谓“援助”。并派张景惠充“谢恩大使”，上日本面交这“亲书”。经我承认，由伪总务厅交来这“亲书”原文，再由我抄写好，并签署了伪“谢恩大使”的特任状，交与张景惠。他便上了日本，见了裕仁，完成了这汉奸使命。

上述的“十周年纪念诏书”和这个“亲书”的总目的，前者是对内，后者是对外，它起着相互推动的作用。前者是企图麻痹人民，增强日寇的殖民地化奴役统治，后者是企图为日寇的侵略作烟幕，掩盖它的侵略，使伪满表示对日寇的感谢，是出于伪皇帝的自愿。更可替它遮蔽奴役统治东北的真相，来欺骗世界。所以日寇对“大东亚共荣圈”各汉奸政权，称伪满是长子，其次二子、三子。这就是以伪满作它的“先例”“标榜”，来实行其由“蚕食”“分割”，进一步“鲸吞”的总目的。

总之，这一切都是为了在现阶段上，发展和巩固它的掠夺、屠杀、奴役东北人民的统治，麻痹人民，助长侵略势力和对外欺骗，掩饰它的侵略，利用汉奸傀儡当它的掩蔽物，当它的奴役统治人民的工具。最终目的则是正式合并东北，更达成其吞并亚洲，独霸世界的法西斯迷梦。我执行了为日寇一切利益服务的，根本危害祖国东北人民，助长日寇侵略政策和奴役统治东北，并给予日寇打下了正式合并东北的基础的侵略国策，而向裕仁写了这丧尽人格的所谓

“亲书”，这个罪恶及其无限罪恶后果，我应当负完全责任。我在我的祖国人民政府和人民面前低头认罪。

再者，附带说明我在宣布这个伪诏书和写无耻的所谓“亲书”时，我是什么感想？我在当时对这事情，实在是心里太痛苦，可是敢怒而不敢言。我的心中，只是认为这是对我过去满清皇帝个人的侮辱，凭什么令我称日本为父，自己承认是子，这是对我自己祖先的大侮辱。我当时的出发点，根本不是为祖国人民利益打算，一切是为了封建统治阶级的传统的——利己主义——所打算。也就是说出发点只是为自己生命、利益、地位打算。因此，也就是反人民的，脱离人民群众的，以及贪生怕死的，恐怖帝国主义的（由崇帝国主义，亲帝国主义，更成为恐怖帝国主义的）。由于把个人生命、地位、利益看成是第一位，结果，便无恶不为，便不惜出卖祖国人民一切利益，当日本帝国主义的驯顺走狗。所以日寇说什么，听什么。因之，给祖国人民带来了破天荒的大灾难，给中华民族带来大侮辱。这都是我的封建主义思想所造成的，同时也就是把我铸成历史上万代的罪人。

那时候，我也想到日本这样一步紧一步地来对待我，将来是没有好结果。将来如果日本全胜了，它是要公开地正式合并满洲的。可是由于上述我的封建个人利己主义，恐怖帝国主义，因之也就丝毫不敢违反日寇，只是自己苦恼，还对谁也不敢说，怕传到日本人的耳朵里。从此可以看出，就是日寇对我在北京、天津早作了一贯的调查、衡量，唯其是十足的封建主义，所以才为日本帝国主义所利用。现在我认识到：封建主义和帝国主义是中国人民的死敌，由于它们的被打倒，才有今天的人民的独立、统一、民主、富强的新中国。

按：溥仪这篇笔供，揭露了日本帝国主义围绕“满洲国建国十周年”发“诏书”、搞“庆祝”、让“康德皇帝”给日本天皇裕仁写“亲书”的罪恶始末。

溥仪接受调查记录：与胡适的历史接触（1954年8月）

关于溥仪和胡适的关系问题，据溥仪供称：

他在北京故宫时，有一英国籍先生，名叫庄士敦，庄士敦和胡适经常有私人往来，胡适当时是北大教授，庄士敦也经常将胡适的作品拿到宫里给溥仪看，溥仪对他的作品很感兴趣，并认为胡适当时是一个新人，希望能和胡适见见面，溥仪便直接用电话找胡适，在电话中讲话时溥仪自称为宣统，要求胡适进宫内见他，当时胡适便答应去见他。后胡适便进宫见溥仪，这是胡适和溥仪第一次接触，时间是一九二四年，溥仪那时大概十七八岁，胡适见溥仪时是行鞠躬礼，称呼溥仪为皇上，溥仪称胡适为先生，谈话的时间不长，谈话时溥仪对胡适所写的诗表示称赞，并认为胡适是当时的一个新人物。据溥仪讲，除此而外没谈别的内容。

溥仪和胡适第二次谈话是在一九二四年以后，当时溥仪已被赶出皇宫，住在他父亲家里，这次是胡适自动去找溥仪谈话的，见面时胡适称溥仪为先生。谈话的内容是：胡适对溥仪表示：中华民国已成立，你是中华民国的公民，你有选举权和被选举权。

据溥仪说，和胡适接触、谈话就是这两次。另外还有一次，是溥仪住在日本公使馆中，胡适去见他时，日本人没有让接见。

由于溥仪前后两次和胡适的接见谈话，而引起溥仪周围的一些大臣有两种不同的意见：一种是劝溥仪不要接见这样的人，怕受胡适的影响；另一种是认为可以接见，以皇上的身份可以影响胡适。

按：本文内容最早出现在“高检院工作团对伪满汉奸罪犯郝庆泉、周质彬等处理问题向高、谭副检察长的请示报告和高检院对汉奸华菅栋等处理问题与有关单位的来往函件”之内，或与另案关联。

溥仪与李玉琴第一次通信（1955年6月）

亲爱的玉琴：

我现在在抚顺，生活得很好，作息有规律，身体健康。

我有罪，对不起人民，也对不起你。我愿意接受改造，成为新人。

非常想念你，也不知道你的生活情况，希望你能回信告诉我。

（**按**：字里行间透露一种真诚的感情）

溥仪

1955年6月15日

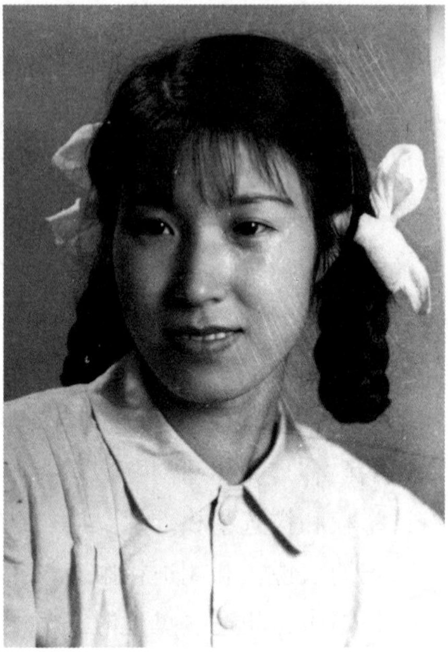

1955 年李玉琴把这帧照片寄给在抚顺战犯管理所关押的溥仪

亲爱的溥仪：

十年渴望的人来信了。我真不知高兴得如何是好。我害怕这又是做梦，可是，接着北京五妹他们也来信告诉我这个难得的好消息。这可真是朝思暮盼的人来信了……

已经十年了，没有一天不想你，思念你！为了打听你的音讯，我想尽办法，虽然很长时期没有达到目的，可是在我内心中，是觉得不会永远看不见的！

自大栗子分手后，我们沿途逃亡，在临江遇见解放军，跟着部队到了通化，1946 年 4 月解放军攻占长春，我们跟着回来，允许我回到父母家。两个月后，严桐江等几人找到我家，把我带到天津溥修家，度过七年半含辛茹苦的日子。溥修非常落后，封建顽固得很。溥修把“饿死事小，失节事大”挂在嘴边上，不同意我出去工作，可是生活方面除了吃饭外，连手纸都不给……

直到解放，新中国成立，我仍住在北京溥修家里。终因受到新社会的影响和政府同志的帮助，使我思想逐渐明白，体会到自己还年轻，应当劳动争取独立，不应当再过依赖生活，所以我不顾他们的阻碍，终于在 1952 年参加了夜校，担任速成识字教员。参加革命后……见到许多青年男女都愉快地工作着，为祖国建设奔忙着，他们是多么光荣啊！

解放初在北京那段生活，为了参加社会活动，也敢于向溥修争理了。到 1953 年终于挣脱封建家庭的羁绊，回到长春的母亲家里，几次当临时工，现在等待着区劳动科的分配。

一天天，一月月，一年年过了十年漫长的岁月，也有了今天了。首先感激政府的温暖、关怀、宽大，我们又能通信了。谢谢您还记得玉琴，我满意了。真想立刻能见到丈夫的面，希望能允许我前往抚顺探望你！

李玉琴　1955 年 6 月 20 日

按：溥仪在沈阳机场被苏联红军俘虏押到伯力之后，他和李玉琴长期断绝了音讯。直到1955年6月抚顺战犯管理所允许在押战犯与家属通信，溥仪就迫不急待地寄出了给年轻妻子的第一封信。因地址不明退回后，又向五妹询知再度发出。据李玉琴回忆："大姐夫轻声告诉我说：'康德来信了！'这一信息竟使我愣住了，我不敢相信这是真的。十年来，我无数次地在梦中寻找溥仪，那真是可望而不可及呀！有时刚见着面，没等说上话，人又不见了。可今天，不像是做梦啊！大姐夫见我木然而立，露出一副呆呆的傻样子，就赶紧掏出那封信来递给了我。顿时，我的手也哆嗦了，心跳也加快了，那用钢笔留下的笔迹是我十分熟悉的，真是溥仪来信了！拿着这封信，我也不知道是难过还是高兴，眼泪不住地往下流。十年哪！才见到了他一封信，这信来得太慢、也太晚了！我急忙撕开信封，从里面拽出两页信纸，抬头处仍是很熟悉的称呼'玉琴'，读信时我实在忍不住，眼泪像断了线的珠子噼里啪啦往下掉。然而我不明白他为什么总说自己'有罪'呢？过去我一直把他看成最尊贵的皇上，无论别人怎样骂他，我仍认为他是好人。他当傀儡皇帝是上当受骗，伪满那些坏事都是日本人干的。现在可把我闹糊涂了，溥仪自己居然也承认'有罪'，难道他真是坏人？是反革命？我勉强止住了泪水，用手绢揉了揉眼睛，赶紧给溥仪写回信。满腹都是想讲给他听的知心话，真不知该从哪里写起。这封信刚搭头，又收到五妹韫馨从北京寄来的信。五妹说，她大哥曾向她打听我的地址，五妹回信告诉他了。我真高兴，立即握管展纸，把给丈夫的回信写下去。我怀着难以抑制的心情，一吐为快地倾诉了自己冲破溥修那个封建家庭的经历，我也诉说了由于不太平常的经历而对人生和爱情有了自己的体会，我理所当然地把这些一古脑儿地告诉给丈夫了，末了表明自己的心愿，要去抚顺看望他。"不久，溥仪就收到李玉琴自长春寄来的信，这封信写得不短，起码有六七页！读后谈到他的感想，说那信在他"心头引起一种说不出的滋味"，他感到好像是"有生以来第一次有妻子似的"。当年李玉琴尚无固定收入，就千方百计节约开支，预备旅费，为溥仪购买日用物品和书籍，准备前往抚顺探亲。

溥仪给李玉琴回信及李玉琴第一次去抚顺看望溥仪（1955年7月15日）

（给溥仪的信发出后，李玉琴又按相同地址给溥杰写了一封短信，迷离的历史使她疑虑难消，怕这明摆在眼前活生生的事儿还会有假，也怕溥仪会收不到她的信。很快，溥仪和溥杰都回信了，李玉琴这才相信：丈夫确实还活着，而且就在抚顺）

溥仪回信：我已请示过管理所所长，答复是“同意李玉琴来抚顺会面”。

（几天后李玉琴来到抚顺，丈夫终于出现了，穿一身棉布制服，头发中间已经夹杂了许多白丝，胖瘦虽说还是从前的样子，却已略显佝偻之态，像个小老头了。难道他就是年轻妻子日夜思念的人吗？就是“皇帝陛下”时代，人还没上楼就可着嗓子喊“玉琴”的那个男人吗？就是在众星捧月服侍中作威作福、一呼百喏的“真龙天子”吗？当溥仪出现在门口的一霎那，李玉琴记忆中的种种形象又一个个闪现，眼前和历史不断对照、互相碰撞，让李玉琴眼花缭乱）

溥仪：（流露出惊喜之情，规规矩矩站在门口，面对两位军装领导）溥仪到！

军装领导：你的家属来看你，就在这儿谈谈吧！

（军装领导说完退出，溥仪这才敢挨着妻子坐下，拉住她的手抽泣起来，李玉琴更控制不住自己，呜呜啕啕地大声哭了）

溥仪：玉琴，这些年你过得好吗？我对不起你呀！

李玉琴：嗯，嗯。

（李玉琴什么话也说不出来）

溥仪：（抚摸妻子的肩头和腰身）身体好吗？

李玉琴：还好！

（李玉琴觉得很委屈，把头埋在丈夫的胸前哭得更厉害了）

溥仪：我有罪！对不起人民，更对不起你！原以为再也见不到你了，今日相见，想说的话太多，一时又不知应从何说起！

（溥仪给妻子的信中说“有罪”，见面还说“有罪”，又亲眼看到他在军人面前那种规规矩矩的样子，李玉琴才意识到他是被关押在监狱里的犯人）

李玉琴：你身体也好吗？

溥仪：很好！

李玉琴：这些年你在哪里？连点音讯也没有！

溥仪：从大栗子分手后没几天我就被押到苏联去了，1950年回国，在这里学习、改造。

李玉琴：既然1950年就回来了，怎么才给我写信？你就不知道玉琴惦念着你吗？为了保佑你平安无事，我磕了多少回头、又念了多少遍佛呀！难道你一点儿都不知道？

（谈起这些李玉琴满腹委屈，真想在丈夫面前一下子全倒出来。）

溥仪：玉琴，这十年我也并没有忘记你呀！又何尝不想给你写封信呢！在苏联时从浩子给溥杰的信中知道婉容的死讯，我没有感到怎样的悲哀，这是因为我和她之间早已恩尽情绝。后来听说你改嫁了，我不信，但在心底有一种说不出来的痛苦。回国最初那几年，通信是不允许的，直到今年6月才允许我们和家属通信。一天，管我们学习的李科员走进监房递给我一张纸条，说是查到了你的地址，还说你没改嫁，一直等着我。我当时高兴得连眼泪都流出来了，马上给你写信，可很快又带着“查无此人”的戳子退了回来，到这时我才相信你“改嫁”的消息。后来管理所所长找我谈话，他很自信地说，你确实还等着我，一定是地址搞错了！他还给我出了个主意，让我向五妹打听一下，因为她和你一直保持着联系。很快就收到五妹的回信，总算和你联系上了。

李玉琴：原来如此，看来我冤枉你了。

溥仪：喏，这间家属会见室也是允许通信后刚刚安排的，原来这间房子是讯问室，去年“认罪检举”期间，讯问员多次找我在这间房子里谈话，现在专门做会见家属用了。

李玉琴：（溥仪不错眼珠地看着妻子，扶扶肩头，摸摸辫子）干嘛总看着我？

溥仪：玉琴！你长大了，变得更好看了。

（溥仪说完叹息一声，又用手扶了扶眼镜，也许还想说：“可是，我已经老了！”这话却没有说出来）

李玉琴：这是干嘛呀！

（李玉琴忽然发现他戴的眼镜两侧各挂一根细绳，并一直套在两耳之上，不明白本来有腿为啥还要拴绳）

溥仪：我怕眼镜掉落摔碎。

（看来溥仪还挺聪明。当皇上时眼镜成套地预备着，不必担心摔了、丢了，现在可不是那时候了。李玉琴又想起他当年的神态举止，那时总是穿着剪裁合体的呢绒毛料服装，袖口镶嵌钻石，头发用发蜡抹得一丝不乱，虽已四十来岁，看上去起码年轻十年。可眼前的溥仪穿着臃肿，老气横秋，妻子看着觉得可怜。妻子打开那个一路之上不敢撒手的小布兜，亮出带给丈夫的东西，溥仪感动得又流了泪）

溥仪：你没有钱，还给我买这么多东西，太难为你了！我一定好好改造，咱们会有团圆的一天。

（溥仪一向多疑，也许怕隔墙有耳，口口声声“有罪”“改造”。妻子白天黑夜盼，见了面却失望了：那记忆中的高不可攀的仪表、文人学者的潇洒派头和将军般的威风都不见了，眼前就是一个犯人，说话像公式一般，听起来不舒服，心里一阵冰凉！妻子流着眼泪向丈夫诉说这十年的经历，可他好像听不进去，只是絮絮叨叨地说他在苏联如何，回国后如何，他还说在苏联时别人都特别想回国，只是他怕回国被杀头，所以一再要求留在苏联。听到这儿，妻子心里很不是滋味。“当君怀归日，是妾断肠时”，在他身上一点儿也不存在呀！李玉琴为他忍受千辛万苦，而他心里并没有妻子！两个小时过去了，一肚子苦水还没说几句，一看他那不往心里去的样子，再有多少话也不想说了。因为见面是有时间限制的，到了钟点他就必须回去，告别时他站起来，忽然冲着年轻妻子出了一个怪样。没想到头发已经花白，还来这个！从前在宫里他常这样逗李玉琴笑，李玉琴常常笑个没完。这回虽然也笑了，却是很勉强的苦涩的笑，想到他的身份和自身的处境，还怎么能笑得起来呢！溥仪走后，李玉琴也向管理所领导告辞，当天晚上回到沈阳，又转车返回长春。后来，溥仪曾这样谈到那次重逢的印象）

溥仪回忆：我面前的那个小女孩，已经是个长成熟的、容貌焕发的、美丽而温柔的少妇了。花布衣代替了从前的绫罗绸缎的旗袍，脸上没有了脂粉，梳着两条小辫，正像在报纸和画册上所看到的青年女工那样。脸上已经没有了长春时代的稚气和娇态，可以说我是第一次看见那最亲切的微笑和想念的泪眼。她给我带来了手绢、袜子、糖果、纸本、相片，就像我从书上看到的探望远地丈夫的妻子所做的那样。

按：据李玉琴回忆，她接到溥仪回信，立即准备动身。母亲提议说给“康德”做双布鞋带着吧，让他舒服些。她便动手和母亲赶制布鞋，又设法筹借路费。来回车费、宿费至少要三四十块钱，正犯愁呢，大姐夫来“救驾”，给拿了路费，遂在1955年盛夏动身。坐上开往沈阳的火车，到沈阳天完全黑了，就随便找一家小饭馆买碗最便宜的面条，后来找到一家最便宜的旅馆，睡一铺不烧火的凉炕，被褥都挺脏，为了省钱凑合着住下，而随身携带的小布兜，睡觉时还紧紧搂在怀里，因为里面装着他给溥仪买的学习用品、生活用品，以及他爱吃的糖果、点心等，虽然没有值钱东西，却是妻子的一片心意。第二天一早花一角钱买两个烧饼，就算进了早餐，吃完赶紧上火车站，坐上开往抚顺的列车，恨不得立刻就见到那日夜思念的丈夫亲人。到了“煤都”抚顺，李玉琴拿着溥仪给她的信，按信皮上的地址，边打听边走，穿越市区，来到郊外，路人愈来愈少，土坯平房也愈来愈小了。走了一个多小时，才远远看见一圈高大的围墙。根据路人指点，方知那围墙之内便是她寻找的去处了。

大门两侧有持枪站岗的哨兵，听李玉琴说明来意并验看溥仪来信后，把她领进门内，走入一座带雨搭的大楼，来到只有桌子、椅子和卷柜等陈设简单的会见室。李玉琴颇为诧异：这里怎么净是军人？简直和1946年住过的通化兵营差不多！到底是什么地方啊？正当疑窦丛生的时候，有两位三十多岁的军人进屋一直来到李玉琴面前，给她倒水、问寒问暖，介绍溥仪的情况。他们说溥仪认罪态度较好，改造得很有进步，希望她能配合，帮助溥仪改造，重新做人。直到这时她对溥仪的身份、处境也还心中无数。只是眼巴巴地盯住门口，心急火燎地等待着。这一路上心情很不愉快，两条腿相当沉重，鼻子发酸，总想流泪。李玉琴千里迢迢来看丈夫，并没有想过再当什么“贵人”，只盼有一天能够团圆，过上“男耕女织、生儿育女”的人间生活。不料费挺大劲儿来一趟，待不大一会儿又得分开，这到底为了啥呀？一些好心的同志早就劝李玉琴跟溥仪离婚，划清界限，可李玉琴总是忘不了过去的感情，现在溥仪被关押着，更不能在这困难的时刻离开他。就这样内心矛盾重重，在长春下火车后跌跌撞撞地往家走，差点儿摔在一位骑自行车人的身上，真像是喝醉了酒。回到家里就想大哭一场，可强忍着。妈妈问她“看见康德了吗”？她只回答一句“看见了，他挺好的”，便闭了嘴巴不再开口。妈妈看出女儿心里不痛快，不愿多说，也就不再多问。

李玉琴给溥仪的第二封信（1955 年 7 月 24 日）

亲爱的溥仪：

虽然在很短的时间看见了你，可是我很高兴。看见你的身体和精神都很好。……进行学习，重新做人，这能不使我高兴吗？

在十年的岁月中，当然，生活琐碎问题是很多的，一个人的思想是随着客观环境逐渐变化的。不过我想虽是生活不安定，长时间不通音信、互不了解情况，可是在我们夫妻感情方面来说，始终是互相惦念的，而我总觉得一定能有见面的时候……

祝你

勇猛进步！

你的玉琴　一九五五年七月二十四日

按：虽说不怎么痛快，毕竟见了丈夫的面，知道他确实活着，心里有了底。分别时溥仪嘱咐妻子“到家后别忘了来封信”，于是李玉琴回到长春就寄出了这封报告旅途平安的信。

李玉琴给溥仪的第三封信（1955 年 8 月 11 日）

亲爱的溥仪：

本月三号接到你的回信，知道你学习很忙，我愿意你这样做，因为每一个人都应当学习的，何况你呢？经过了学习才能明白唯有共产党领导国家，人民才能过幸福的生活。以前我把一切希望寄托在佛身上，跪在佛前念两三个小时，以为念佛，天下都没有灾害了；佛便能把你送到我面前来。结果是一场空，静兰就是为佛死了，可是佛却不管她孩子了。

我这几天忙着搞副业生产，给工厂里缝毛衣，早去晚归。……时间也感觉不够用，所以今天才给你写回信。我们不用多费纸笔，但是你一定能知道，你的玉琴是特别惦念着你，期待你不负党的培育，学习成绩好，争取早日为人民服务，我们重新建立新社会的幸福家庭。那时我们才是幸福呢！我想到这里，我是多么高兴呀！所以我现在虽没有工作，搞副业生产，我也是很高兴的。近来我的精神很好，也爱笑了，早晨起来就很高兴地去缝毛衣，晚上累了睡得也很香。不写了，已是夜十一点了，明天还要起早呢！祝你学习进步，精神愉快！

玉琴草于八月十一日之夜

按：8月初，李玉琴收到溥仪来信，谈到重逢引起的喜悦心情，又向妻子介绍了抚顺战犯管理所最近紧张的学习生活。李玉琴乃以此信回复。

溥仪在《侦讯爱新觉罗·溥仪的总结意见书》上签字（1955年8月20日）

总结意见书经我看过，我认为完全是正确的，故我应负上述的完全罪恶责任。

爱新觉罗·溥仪（右食指印）
一九五五年八月二十日于抚顺

按：溥仪认罪。

附：侦讯爱新觉罗·溥仪的总结意见书（1955年8月20日）

爱新觉罗·溥仪，男，现年五十岁，满族，北京人，清朝光绪年醇亲王载沣之子，家庭读书十一年，粗通英语。一九〇八年十一月（三岁）过继与载湉皇帝为皇太子，同年十一月继承清朝帝位，年号“宣统”。一九一一年辛亥革命后，该犯于一九一二年十二月逊位，享受逊位条款，皇室待遇九条，皇族待遇四条，闲居北京故宫紫禁城。一九二四年九月冯玉祥占领北京，取消了皇室优待条件，驱逐出故宫，隐居天津日本租界，一九三二年三月至三四年三月任伪满洲国执政，一九三四年三月至四五年八月任伪满洲国皇帝，同年八月十九日于沈阳飞机场被苏联红军逮捕。

经侦讯结果，根据该犯供认与调查材料和同犯检举证实，犯有如下罪行：

一、勾结日寇阴谋复辟清朝封建王朝统治

一九二四年九月，冯玉祥占领北京，取消了清朝皇室优待条件后，溥仪及其封建残余分子郑孝胥（原清朝宫内府懋勤殿行走）、罗振玉（原清朝南书房行走）、陈宝琛（家庭教师）等人退出紫禁城后，即与当时日本驻北京公使芳泽谦吉等勾结起来，于同年九月二十九日晚，藉治病为名，潜至北京东交民巷日本公使馆。一九二五年二月，由天津日本领事馆特派日本警察署长一名、警察三名，接至天津，居于彼时日租界"张园""静园"，进行复辟的阴谋活动，曾以金钱收买东北旧军官刘凤池及白俄匪徒谢米诺夫等人，为其联络马占山、胡玉坤、毕翰章等东北旧军阀，先后潜到天津与溥仪密谋复辟清王朝事宜。于一九二七年间，由郑孝胥起草，以溥仪名义写信，恳请日本帮助其在中国实行帝制，恢复清朝共同防止赤化，派其日籍教师远山猛雄至日本东京陆军省，面交陆相南次郎。

二、背着祖国充当"皇帝"与敌签订卖国条约

日本侵略者于一九三一年"九一八"侵占我东北三省后，为了实现其以东北为侵略基地进一步灭亡中国的阴谋计划，一方面策动人所皆知的东北卖国四巨头张景惠、臧式毅、熙洽等主持所谓"满洲独立"，筹建伪满政府，选择溥仪为侵略工具，充当伪满傀儡执政；同时由日本驻天津的中将司令官香椎浩平和日本关东军特务机关长土肥原贤二，与溥仪进行商榷到东北执政，这时溥仪认为久已期待的藉日本势力复辟清朝的机会来临，便慨然允许，于一九三一年十月潜入东北旅顺。一九三二年三月一日到达长春，九日正式充当了伪"满洲国执政"。一九三四年三月又改为"满洲国皇帝"，至一九四五年八月东北光复。

溥仪犯当了伪满执政后，随即同伪国务总理郑孝胥，亲手与日本关东军司令官本庄繁，于伪执政府第一次签订了断送东北一切的卖国契约，即所谓"日满密约"，承认了日本关东军所提出的、日本无限期驻扎我国东北三省及开拓移民；交通、矿山、港湾、航运等主权全由日军操纵；共建伪满政府；伪军政部设日军最高顾问；日满共同防卫；保护日侨安全等条件。同年九月十五日于长春伪执政府勤民楼上，与日本驻满首任大使武藤信义，参加者有伪满国务总理郑孝胥、伪总务厅长官驹井德三、伪满外交部大臣谢介石等五人，由武藤信义、郑孝胥为满日双方代表，正式举行了签字仪式；签订了将"日满密约"所规定条件更进一步公开合法化的"满日议定书"。从此我国东北的一切领土、领空主

权及资源都被溥仪出卖殆尽，为日本侵略者在我东北推行政治、军事、经济、奴化、毒化等各种侵略政策，找到了藉口和依据，给东北人民造成了莫大苦难。

三、甘心奉行日寇意旨，亲手“裁可”各种政策、法令，危害人民

（一）该犯奉行了日寇在政治上的侵略政策，以伪满洲国傀儡首脑的身份，先后“裁可”并颁布与实行了反动的“县制”“街村制”“治安警察法”“警察官制”“出版法”“暂行保甲法”，及专为镇压人民抗日活动的所谓“暂行叛徒惩治法”等伪法令，建立了各级伪政权及各级警察机构，伪警察扩充到十万余人，同时在各伪警机构中均设有日本警官、特务主谋和操纵，对人民施行血腥恐怖统治，禁止了人民言论、出版、集会、结社自由，实行“十家连坐”的保甲制度，各伪警特务对我无辜人民随便加上所谓“反满抗日”“违法治安”等罪名，肆意拘捕、屠杀。仅三肇事件、热河兴隆大逮捕、赵一曼事件、口琴社、巴木东、安东教育界惨案、通河事件等三十六起惨案中，即逮捕反满抗日人员五千零九十八名，其中被各省、市的伪高等法院和特别治安庭，非法判处死刑者四百二十一人，被用各种严刑拷问致死者一百八十四人，处各种徒刑者两千一百八十二人。另外，从一九三四年至一九四〇年的七年中，以“刑事犯”的罪名，逮捕、审判我国人民达二十六万四千零十五人；从一九四〇年至一九四三年的四年中，以“经济犯”的罪名，逮捕审判我国人民达三十一万七千一百余人。为此，并设立大批监狱，以临禁我爱国志士及和平居民。至一九四四年全伪满共有监狱一百二十七所，每年监禁的抗日人民即达四万五千余人，更残忍的是于一九四三年九月，又颁布与实行所谓预防犯罪而大量监禁人民的“思想矫正法”“保安矫正法”，同时在伪满设立了“司法矫正总局”及十余处“思想矫正辅导院”（集中营），命令各地伪警，对贫苦无业的人民，以所谓“思想不良”“社会浮浪”等名，成批地被绑架送到“思想矫正辅导院”去，强制为日本侵略者从事各种军需劳役。从一九四三年四月至一九四五年八月，关押我国和平居民即达三万余人。

（二）该犯奉行了日寇在军事上的侵略政策，根据“满日议定书”规定，东北已成为侵略者的永久军事基地，该犯虽然“敕谕”自为陆海空军大元帅，统率伪满全军，但实权已交给日本关东军司令官掌握，伪满军成为日本侵略军的一翼，因之在日本关东军司令官的指挥下，于一九三七年强化其军事机构，进一步帮助日寇镇压我东北抗日军民，后将伪军政部改组为治安部，并把东北划

分为十一个军管区，增建与扩充高射炮队、汽车队等技术兵种，设宪兵训练处、陆军军官学校、军区和兽医学校等，积极训练伪军骨干，采取所谓“寓征于募”的征兵办法，胁迫青年充当伪军。据不完全统计，三年间，即在东北各地共强征青年达十万余人。一九四〇年四月，更颁布与实行了所谓“国兵法”，强制凡年满十九岁的男子经过检查认为合格者，一律要服兵役，至一九四五年五年间，被强征编入伪军者达十六万余人。为了控制与巩固伪军，在伪治安部与各军管区分别设立了所谓“中央军法会审”、军法处等机构。专以镇压人民和伪军中的反满抗日、反战和不愿伦为侵略者炮灰的青年，以及所谓抗拒“国兵法”者。仅据伪满第二、三、五军管区军法处，从一九三二年七月至一九四五年八月的十三年中，先后在吉林、黑龙江、热河等地，判处死刑和徒刑者即达四百五十余人。并制定“满洲国治安肃正工作纲要”，由各军管区的军、警、宪组成所谓“讨伐队”和“搜查班”，配合日军对我东北广大地区的抗日武装，反复进行残酷“围剿”“扫荡”，并采取集家并村，烧杀、逮捕、抢掠，制造无人区等，利用惨无人道的手段企图消灭我抗日武装，摧毁我抗日根据地，并向华北及诺门汗等地进犯。从一九三二年至一九四四年，杀害我抗日将领杨靖宇、赵尚志、王凤阁等以下即达六万七千二百余人，俘五万七千一百余人，烧毁营业房、民房三千一百余处，屠杀和平居民八千八百余名。

（三）该犯为奉行日本帝国主义者的掠夺政策，从一九三七年至一九四三年，同样以傀儡皇帝的身份，“裁可”颁布与实行了“物价物质统制法”“株式会社法”“钢铁类统制法”“矿业统制法”“重要产业统制法”“物品贩卖业统制法”“贸易统制法”等，把东北所有工矿企业，组成各种行业的“株式会社”，由“满洲产业开发株式会社”等六十多家日本财阀所垄断经营。仅一九三七年一年间，输日煤炭二百八十二万八千零五十三吨；页岩油六万一千三百一十六吨；铁矿砂九百余万吨，生铁砖十九万一千二百七十余万吨；熟铁十万零七千三百余万吨；钢材二千六百六十余吨；其他矿砂二千六百余万吨；紫铜锭块八百五十余吨；熔化旧紫铜二千二百四十余吨；旧碎钢铁三万七千八百三十余吨；粗精盐四十六万二千七百四十余吨；水泥九千五百余吨；石棉一百二十八吨；饲料六万一千八百五十余吨。并亲自“裁可”颁布了“七二五限价令”“价格等临时措置法”“交易税法”“清凉饮料税法”“勤劳所得税法”“矿区税法”“临时资金统制法”“储蓄组合法”等，利用滥发伪钞，强征苛税、摊派储蓄，发行公债等办法，吮吸人民的膏血，大肆向人民施行货币搜刮。自一九三二年至一九四四年滥发伪钞额达一百二十亿零八千余万元。自一九三三年至一九四四年强征苛税达四十七亿七千九百余万元。一九三九年至四四年强迫人民储蓄额达伪币八十多亿元。从一九三三年至四三年强迫人民购买公债额达伪币三十三亿一千六百余万元。因此，造成物质缺乏，物价暴涨，民不聊生。

该犯于一九三八年至四〇年，以伪满皇帝身份，先后“裁可”颁布与施行了“米谷管理法”“粮谷管理法”“特产物专管法”等掠夺粮食的伪法令，在“满洲粮谷株式会社”的操纵下，禁止农产品自由买卖，为了支持日本侵略战争，强征粮数额逐年提高。一九三九年全伪满强征粮食四百万吨；一九四四年即增加到八百万吨，六年中共掠夺粮食达三千六百六十二万吨，据“满洲铁道株式会社调查部”昭和十五年（一九四〇年）十一月统计：从一九三一年到一九三九年，把东北主要粮食运往日本的即达八百五十八万三千一百二十吨，大豆、豆饼一百六十万零九千吨，占东北大豆生产总量百分之三十九，使东北人民过着饥寒交迫的生活。

一九三七年八月，该犯以伪满皇帝的身份，命令伪国务总理大臣张景惠和日本关东军司令官兼驻伪满大使植田谦吉，于长春签订“满日拓植条约”，即响应日本在二十年内向东北移民五百万人的措施；同时设立了“拓植委员会”，并公布了“开拓团法”等一系列的实施规章，积极推行开拓政策。在奉行日本关东军所谓两个五年计划期间，计移入东北日本移民三十九万人，强占土地为二千六百五十万公顷，分布黑龙江、辽宁等地，非法开发东北资源。

（四）该犯为奉行日本帝国主义在思想上、文化教育上的侵略政策，于一九三四年伪满洲国改为“帝制”后，于次年四月亲往日本东京向裕仁“谢恩”返回后，曾发表所谓“回銮训民诏书”，倡导“日满精神如一体”“与亲邦一德一心”等，作为伪满的学校教育方针，企图从思想上奴化东北人民，忘却祖国，忘却民族，使东北人民服服帖帖地充当日寇的奴隶。一九四〇年二次去东京迎接日本的祖先——所谓“天照大神”到东北，在伪满皇宫建立“建国神庙”，在各地建立并颁布“对建国神庙不敬之治罪法”，强迫人民向其遥拜，否则即按不敬之罪论处，同时并发表奴役人民的所谓“国本奠定诏书”为教育方针，普及伪满各学校，从思想上奴化摧残东北青年，一九四二年伪满建国十周年时，受日本侵略者之命，该犯发表了所谓“建国十周年诏书”，并亲笔写“亲书”，派张景惠为大使赴日本谢恩，承认前日本与伪满是父子关系，要全东北人民称日本为“亲邦”，成为日本侵略者的奴隶。

（五）该犯为奉行日本对我东北人民实施奴役政策，于一九三八年“裁可”颁布与施行了榨取东北劳动力的所谓“劳动统制法”，实行“勤劳奉公”“学生奉仕”，又以所谓“全民皆劳”制度，无限度地强征和抓捕十八岁至五十岁的东北人民为日本侵略者充当“劳工”，每年被强征人数在五十万人以上，为侵略者修筑军用工事和在为战争服务的各工矿从事苛重劳役，因劳动过度，衣食不得饱暖，更加残酷虐待，致使很多被折磨虐杀致死，如一九四四年辽阳市做防水事业的二千名青年，因过劳就死亡了一百七十人。

（六）该犯自一九三二年十一月，以伪皇帝身份“裁可”颁布了大量贩卖与增植毒品的“鸦片法”，同时设立了鸦片专卖公署，在沈阳、安东、营口、锦州等十个市设专卖署，以及在海龙等二十个县设分署等，专门推行毒化的机构，并在沈阳、长春、哈尔滨建立十余处制造毒品的鸦片膏与麻药制造厂、分厂和作业所。在东北各地积极扩大罂粟种植区。从一九三三年到一九三七年间，已普及八省三十余县，种植罂粟累计面积达四百六十二万一千余亩，年产一千余万两，到一九三八年实施了所谓十年“断禁方策”后，在十年“断禁”的外衣掩护下，除在伪满各省大量栽培罂粟外，并由外国输入大量鸦片，毒害人民。据一九三七年统计，造成瘾者达八十一万多人。鸦片政策的推行，不仅毒害了我国人民，而且大量地搜刮了金钱。鸦片推销收入由一九三三年的三千二百余万元伪币，增加到一九四四年的一亿一千四百余万元，以充作日本侵略军费，为榨取劳动力，建立“康生院”，以“集体矫治”鸦片瘾为名，将强迫入院矫治年在四十五岁以下的瘾者到工矿进行军工生产的劳役，以支持日本对我国的全面侵略和太平洋战争。

四、参加国际反共协定，支援侵略战争，破坏和平

一九四〇年间，该犯与汉奸汪精卫互相勾结，进行反共、反人民的活动，同年十二月派伪外交大臣韦焕章、伪参议府议长臧式毅为伪满全权代表先后到南京汪精卫政府，并有日本特命全权大使阿部信行参与共同签订反共、反人民的所谓“日满华宣言”，并于同年十二月公布。一九三九年二月，伪“满洲国政府”加入了一九三八年日、德、意签订的“反共同盟协定”，于同年二月二十四日，在长春计有伪国务总理大臣张景惠、日本驻满大使植田谦吉、希特勒德国

公使华根纳、墨索里尼意国公使古尔德哉等，参与签订了“防共协定加盟议定书”，支援法西斯侵略战争，破坏世界和平。

五、烧毁证据企图潜逃日本

一九四五年“八一五”日本无条件投降以后，溥仪犯竟将十余年来的叛国罪行，所摄制的数十卷影片和亲笔日记一皮箱，先后在长春和大栗子沟命令随从者毓嵒、商清堡等人全部烧毁，并企图逃往日本，至沈阳飞机场被捕。

侦讯员　赵焕文

书记员　赵世诚

一九五五年八月二十日　于抚顺

按：最高人民检察署东北工作团成立于1954年3月4日，连同配合工作的临时抽调干部和抚顺战犯管理所工作人员，形成一支近千人的阵容强大的队伍，在辽宁省委和抚顺市委的支持下，采取个别侦查与认罪检举相结合、严肃审问与广泛调查相结合、系统侦讯与耐心管教相结合的方法，贯彻调查研究、实事求是的精神，坚持重证据、不轻信口供和严禁“逼供信”的原则，按计划、有步骤地展开了以搜集证据为内容的侦讯工作。最高人民检察署副检察长、东北工作团团长谭政文亲临抚顺。日本战犯和伪满战犯同时接受侦讯，手握实权的原伪满总务厅长官武部六藏和充当傀儡的原伪满皇帝溥仪互相揭秘，这无疑是一幕历史重头戏！

溥仪被传唤。侦讯员赵焕文高声宣读了罗荣桓于1954年3月21日签批的《追究犯罪的处分书》。当时，这位一生三次登基的传奇人物思想复杂，包袱大，负担重。在东北工作团印发的《工作情况简报》第二期上就刊出了溥仪的思想动态：“溥仪在写自己罪恶材料时思想有所波动，感到自己罪恶太大，又是汉奸头子，处理时还不是头一名！”他的这种思想倾向在跟管教员李福生谈话时也流露出来了，他声音低沉：“李先生，我想到我的罪行特别严重，恐怕日本人在伪满时期的所有罪行，都和我所犯的罪行分不开。仅以叛国论罪，就可以判处我死刑。况且，我在伪满时‘裁可’过许多法令。当时对犯人惩处最严厉的是触犯《叛徒惩治法》，犯这种罪的都要判处死刑。所以，我想今天政府对我无论怎样宽大，恐怕也难以赦免我所犯的严重罪行。”溥仪情绪颓唐，精神紧张，晚上失眠，归根到底是怕受到政府最严厉的惩治。《侦讯爱新觉罗·溥仪的总结意见书》就在这样的背景下走向前台。

李玉琴第二次去抚顺看望溥仪（1955年9月中旬）

（据李玉琴回忆，登上开往抚顺的火车以后她心里又矛盾了：算来距上次去抚顺才一个多月，也不知道管理所是怎样规定的，多长时间允许见一次面？这次去能否让见呢？然而确实很想念他，事前连个招呼也没打，如果真不让见，我能说出些什么样的理由呢？其实顾虑都是多余的）

李玉琴：我又来了！不好意思，冒昧打扰。

管理所所长：来看望溥仪，我们非常欢迎，希望你帮助溥仪学习改造。自从上次见面，溥仪的情绪很好，饭量增大，我们特别关照食堂，一定要让溥仪吃饱吃好。主食90%细粮，副食花样也很多。

（李玉琴挺高兴，但也有点糊涂：溥仪是罪人，怎么生活还这样好？干脆也让我住下算了，不愁吃、不愁穿，整天和丈夫在一起，还有学习条件，多好哇！我真想正式向所方提出，要求长住，却没敢说出口）

溥仪：（快步走来，拉住妻子的手，紧挨着她坐）玉琴，你来了！我真高兴！

李玉琴：我也惦念你呀！来时还怕管理所领导不同意见面呢！方才领导告诉我欢迎我来。

溥仪：那太好了！你就多来几趟吧！

李玉琴：可是，来一趟需要路费，我没有工作，钱也不好弄，这次是向林永泉借的。他现在长春开业行医。

溥仪：这个人我记得，过去赏过他几次钱。

李玉琴：林大夫倒是能记得你的好处，不像北京那些亲戚，父亲、叔叔、弟弟、妹妹，都不肯收留我，我挨饿他们都不管，有点儿不近人情。

溥仪：他们只知向我讨赏。

（溥仪口气平和，似乎习以为常，并不怎么感兴趣）

李玉琴：他们还是那套老封建！溥修虽然收留了我，也是封建顽固，加上脾气暴躁，令人难以容忍。

溥仪：哈！玉琴也说起老封建顽固来了！

李玉琴：毓喦之妻马静兰就是被他们的假仁义、假道德害死的，这是我亲眼所见。皇后婉容也是被封建道德害死的，她死得真可怜呀！

（李玉琴不再拘束，一股脑地向丈夫倾诉她所憎恨的往事）

溥仪：（呜呜地哭了起来）我有罪！对不起你，也对不起婉容，是封建礼教害死了她！

（溥仪能说出这样的话，可见确有很大进步，过去一听到婉容的名字就烦，李玉琴在大栗子沟给婉容包饺子，事先要跪下祷告：皇后太可怜，玉琴按佛菩萨指点给皇后做点好吃的，皇上可千万别怪罪呀！如果不是经过改造，溥仪就不会因为婉容而自责）

李玉琴：（谈话又由婉容说到在通化那段生活）带到大栗子沟的东西都被民主联军没收了。

溥仪：（溥仪好像才知道似的）是吗？

李玉琴：我还在何长工部队住过两个多月呢！他们对我很好，动员我参军。

溥仪：（很惊奇）你参军了？

李玉琴：没有！一是因为我想妈妈，要回家；二是因为怕你不愿意。

（李玉琴隐瞒了何长工动员她与溥仪脱离关系、划清界限等情节）

溥仪：我带到苏联的东西也全都没有了！都是毓嶦、毓塘、毓喦揭发的，我白疼他们了，到关键时刻一点儿不留情面！

（溥仪悄声说了这句话，显出生气的样子。当时李玉琴根本不知道他带走了什么东西，后来从《我的前半生》一书中才得知他指的是那四百多件宝物）

李玉琴：你到底是什么罪名？判了几年呀？

（因为上次来就没弄清这件事，李玉琴很后悔，这回专门提了出来）

溥仪：（愁眉苦脸）我是战犯，但一直没有宣判过。在管理所也不错，不但能学习理论，还有外出参观的机会。我们曾参观伪满留下的罪证——“万人坑”，也曾参观龙凤矿和煤矿干部学校等单位，了解了新中国的建设成就，让我很受触动。还参加轻微劳动，我太笨拙了。

（这次见面谈话时间很长，谈得很多，李玉琴才二十七岁，处于女人一生中最美好的时段。溥仪总是盯住妻子，露出很喜欢的样子，时而冒出几句情意缠绵的话。然而，当时李玉琴还失业，吃住都很困难，但溥仪对此却不在意，更

不了解妻子身上的政治压力有多大)

李玉琴：不久前我从区劳动局出来，工作没找成，正从小胡同往家走，听背后就有人议论："看，那是皇娘！还没结婚，幻想第二个伪满来了当娘娘呢！"那是两个男人的声音，我头也不回，又羞又气，一路紧走，一路流泪，回到家还不敢跟妈妈讲，怕妈妈难过。

溥仪：(颇感奇怪，一点儿也不懂外边的事）是吗？(说起北京亲属津津乐道，叫起来怪亲切的）七叔、四弟、二妹、五妹都常来信，挺好的。

按：李玉琴心想：人家究竟是皇族一家子，自己算什么呢？一个汉族穷孩子和他们到底不是一回事儿呀！现实处境也很尴尬，一个出嫁了的女人，丈夫被关押着，自己长期住在娘家，还没有正式工作，靠临时找点儿活干，那会是什么心情可想而知。快点找个正式工作，经常到抚顺看看溥仪，这就是李玉琴当时的两桩最大心愿。长春到抚顺并不遥远，可筹措路费也不容易，因为她只能依靠哥哥姐姐，而当年各家都不富裕，无法开口索要去抚顺的路费，心灵深处不知不觉就蒙上了一层阴影，告别后匆匆赶到车站，李玉琴一摸口袋，只剩下几角钱了。

李玉琴这次来抚顺，起因于她妈妈的一句问话"康德多咱放出来，你也没问问？""我没问。"想起来李玉琴也觉得自己糊涂，第一次往抚顺跑了一趟，也没有弄清楚丈夫待的地方到底是监狱呀，还是学校？想来想去下了决心，怎么也得弄到路费再上抚顺看看他。

正当李玉琴急得团团直转时，忽然想起一个人，就是原来在宫里给溥仪针灸的侍医林永泉。伪满期间他先后两次娶妻都死了，第二个妻子死时李玉琴已入宫，听说是难产死的，人们背后说他"克妻"。有一天，他向溥仪跪奏了一件事，说亡妻托梦告诉他"孤独者修"，就是说要信佛修行，别再结婚。溥仪信以为真，又来向他的"福贵人"宣传，说什么"我们要作神仙眷属，只修行，不同床"。究竟他俩谁骗人不得而知，李玉琴可深信不疑了，视不同床的"神仙眷属"为高尚行为。

为了筹措上抚顺去的路费，李玉琴想起了林家诊所。就以"又犯病了"为名义，趁着林永泉给她针灸，小声告诉他说："上边有信来了！”

“是吗？那太好了！上边现在何处？”

“在抚顺。”

“那可得赶快去看看！”

“我很想去看看，就是路费……”

“别着急上火，我这里有钱，你先拿去用吧！”

林永泉说完就喊他妻子过来：“上边有信了，现在抚顺，贵人要去看看，路费不足，你去给拿30元添上。”林永泉的妻子走进里屋给拿了30元。钱是凑够了，但李玉琴总觉得负疚，接过钱赶紧说：“以后一定还给你们！”“还什么呀！从前上边赏我的钱也不少，知道了上边的消息，花点儿钱也高兴！”看来这位林侍医还念念不忘旧恩呢！

李玉琴第三次去抚顺看望溥仪（1956年1月）

（过了元旦，李玉琴决定冒着滴水成冰的严寒三下抚顺，路费还是向林永泉借来的。到了战犯管理所，直接填写会客单后就去家属会见室，已有人通知溥仪，不一会儿，溥仪很潇洒地满面带笑进屋了，嘴里好像含着什么东西）

溥仪：（一边嚼着糖块，一边说话）玉琴，你来了！太好了！

李玉琴：又有几个月没见着你了！

溥仪：是呀！玉琴，你好像挺冷，身子还哆嗦呢！

（李玉琴身上的棉衣还不如溥仪穿的棉制服厚，又走了这么远的路，哪会不冷！溥仪嘴里的糖块嚼完了，又从上衣口袋里掏出一块再放自己嘴里。过了一会儿像忽然想起了什么似的，伸手掏出两块糖扔给妻子）

溥仪：快吃吧！这是我们过新年分的。

（他真像小孩过年分到了心爱的东西那样高兴。李玉琴心想：你是不愁哇，在这里有吃、有穿，到了年节还分糖果、点心，可我呢？我这汉奸老婆、伪满“皇娘”还在失业、流浪，连生活也没有着落呀，她越想越不痛快。溥仪当了几十年皇上，心中从来没有别人。然而，今天已是阶下之囚，到了这步田地，心中还是没有别人，可总该有自己的妻子吧？冰天雪地中从数百里外赶来的年轻妻子！溥仪丈夫呀，你含了半天糖才想起扔给我两块，莫非你以为我在外边什么都吃得到吧！那要用钱呀，钱没处去弄哇！刚才买酒花掉一角钱，李玉琴还后悔浪费呢！遂把扔过来那两块糖还给他说："留着自己吃吧，我还给你买了些，也许你爱吃！"她把带来的糖果、点心包打开，溥仪立刻挺高兴地拿过去了。他或许根本不明白：妻子是舍着面皮借钱来看他的，为了准备一份"见面礼"，一路上连一分钱也不敢错花，到沈阳在朋友家借住一宿，这才用省下的店钱给丈夫多买了点儿东西。不容易呀！似乎溥仪并不理解妻子的心思，只顾津津有味地吃着糖果）

溥仪：张景惠老糊涂了，于静涛也可笑……

李玉琴：战犯们的琐事，我不愿意听了。

（李玉琴心想：若不是这帮大汉奸勾结日本人，东北人民也不至于当亡国奴，老百姓也不会受那么多苦，她也不会被骗入宫封什么"贵人"，也就不能遭那么多年罪，更不会当上反革命家属，以致连工作都找不到了。这样，不知不觉中李玉琴和溥仪已开始在思想上拉开了距离）

李玉琴：（想换个话题）我到北京去了一趟，看见五妹了！

溥仪：七叔、三妹和五妹上抚顺来过了，政府给拿的路费，因为东北天冷还给每人做了一件棉大衣。

（溥仪这些话让李玉琴很反感，为什么对爱新觉罗家族的人那样照顾，可她作为溥仪的妻子却没人管？一趟趟上抚顺都是自己张罗路费，还要挨饿受冻！甚至不敢公开讲上抚顺看溥仪）

溥仪：（还是拿着炫耀的口吻滔滔而谈，津津有味）七叔的身体很结实，是全国人大代表，三妹、五妹也不是当年的格格了，都能上班挣钱。五妹还会使用缝纫机，自己动手做衣服……

（李玉琴感到难过：他们才是皇族、一家人，毕竟自己是平民之女，连丈夫溥仪也不明白她的心情！李玉琴说去了一趟北京，那么，路费是怎么解决的？北京家族对她怎么样？住处和工作为啥解决不了？这些事溥仪一概不过问。联想在宫中她这个穷人出身的姑娘就不被皇族的人瞧得起。当年还是孩子，听说宫里有很多珍珠、翡翠、钻石以及金砖、金条、金元宝等，产生好奇，真希望摆出来见识见识，但又一想，二格格她们准要说她"穷酸相""眼皮子浅"，"贵人"才不让她们说呢！所以李玉琴从来不提这码事。原来李玉琴把溥仪当作天子、神人一样崇拜，那是"佛"的力量支持着她，使我忍受无数痛苦，一年又一年地等待。这期间她父亲饿死了，马静兰苦死了，佛并不保佑好人，佛在李玉琴心中动摇了。溥仪那些皇亲，还有溥修那个封建专制家庭，李玉琴也全都见识了。可她还要等着溥仪，因为他是丈夫。女人应该有个丈夫，应该有自己的家庭生活)

> **按**：李玉琴回忆说："我一次又一次地上抚顺去探望溥仪，却总是失望大于希望，他出狱没有期限，我辛辛苦苦去一次，只能换得两小时的会面。而且，我们的思想没法一致，他不能理解我，不能给我充分的精神支持，更不能主动想点儿办法，帮我解决失业问题。甚至连给他在北京的亲属写写信，向处在困境中的我伸一下手也办不到。溥仪毕竟不是一个一般的丈夫，他还想不起来关心我。所以，在我的心目中，他逐渐失掉了幻想中的光辉。现在看来，我当时对溥仪的理解也很不够，他当了半辈子皇上，现正接受改造，思想感情也在变，但不可要求太高。我们之间存在着思想差异是一点儿都不奇怪的。"

溥仪撰写的《参观感想》一文（1956年3月10日）

我到了抚顺露天矿，看到今天的矿山，重新归到祖国人民手里；看到它的全部自动化。它将生产越来越多的煤，供应我国社会主义工业化的需要，供应人民生活上的需要。所有这一切，使我感到极度愉快和兴奋。同时，我还看见了日帝对矿山遗留下来的破坏遗迹；它只为多出产煤，以求得满足他们的高额利润，造成矿山畸形发展的怪状，直到现在矿山还存在着崩岩、滑落，而且许多处还发生自然火……

过去东北一切矿山，都曾由我手中断送给日帝……

过去我曾来过抚顺露天矿，那时候来到这里的目的是什么呢？是替日寇当宣传品，替他欺骗和麻痹人民，用日寇的走狗伪满皇帝名义而来的，为的是鼓励汉奸官吏更加强力来剥削工人阶级，更多地生产来为日本侵略者的战争服务。所以，我这次重到此处，真是感到没有脸来对我们的祖国同胞，我痛恨我的过去。

据龙凤矿领导者说："在日伪时期从一九三七年到一九四四年，矿井瓦斯爆炸有六次之多。工人死了三百多人，残废者五百八十多人。而且在当时，工人下井工作时，他们的妻子在外面等着，哭哭啼啼，到时候不上来，丈夫就是死了。当时工人家属妻离子散，工人由于冻、饿、病、受虐待、遭险等死的不知多少，甚至工人病得要死，带着气就给活埋了。”工人是有苦无处诉，有冤无处伸的。工人的痛苦根本没有人过问的。例如我过去来抚顺露天矿，我根本不管工人的生活怎样，我只是小心翼翼地顺从日本帝国主义主子的意旨，奴颜婢膝地唯恐失掉了日帝的欢心。一切是为了巩固自己汉奸皇帝的地位与个人的所谓安全，所以对工人的生活如何是漠不关心的。这一切正说明我的封建大地主阶级的本质和受帝国主义奴化毒素思想的支配，完全忘记自己是中国人了。

过去在日伪时期，工人吃窝窝头、橡子面、豆饼，甚至多少人病饿而死，今天工人吃大米、白面，新鲜的菜、肉。我参观石油一厂的保健食堂，各种菜蔬、肉类，工人要什么有什么，面包、牛奶、蛋糕等应有尽有。领导上让我们尝一尝蛋糕，做得太适口了。

当我参观工人大楼宿舍的时候，工人们的家属都是和颜悦色的态度，还有人招呼：“屋里坐一坐吧!”这真使我又感激又难受。像我这样过去当日寇走狗……在我理想中，如果我见了工人农民，还不得迎头痛打一顿！最低限度也得痛骂一回！相反的，每个人都那样和蔼……这出我意料的事，愈增加我内心的惭愧和自恨。

当我去石油一厂参观时，真是目不暇接，瞧什么都新鲜，看到我们的机器完全是自动化了，两三人就能操纵很大机器。我虽然听到说明，这种专门的技术和怎样使用经过，我听都听不懂。

访问一位农民老大爷的时候，我觉得脸上直在发热。由于我内心的斥责，使我不能不在老大爷夫妇面前自我介绍，低头认罪。回想伪满十四年，农民所受到的都是什么？——剥削、压迫、奴役、掠夺、集家并村、烧房、抓人当劳工、打骂虐待、饿冻病死，以及灭绝人性的被集体屠杀，一切数不尽的灾难。这不都是以我为首的汉奸主子仰承日本强盗鼻息所造成的吗？日本“移民政策”不就是由我与日寇本庄繁所签订的所谓密约，和以后的所谓“日满议定书”“拓殖议定书”所造成的吗？支持日寇侵略战争的“粮谷出荷”（这个政策的实质是以“官方”规定的低价攫夺农民的粮食生产）、掠夺东北人民的一年辛勤劳动所获得的果实，双手交与日寇一年又一年地运往日本，以及“经济统制”集中东北的一切财力物质以支持日寇侵略战争，这不都是由我签名盖章的法令颁布所造成的么？……

现在我说一说去参观抚顺国营百货第二商店的感想：

第一，我们商店里都是国产货，绝不像过去旧中国的时代，主要都是外国货。

第二，一切都是为了满足人民的需要，一切是为了人民利益服务。

第三，物美价廉，应有尽有，显示国营商店的无比优越性。

第四，店员全心全意地为人民服务的精神。

第五，显示人民的富裕生活，人民购买力的不断提高。

第六，我看到很多人纷纷把钱向国家银行储蓄，充分显示人民对祖国的热爱和对于社会主义的热烈期待。

按：1956 年 3 月 6 日，溥仪随战犯管理所组织的参观团前往抚顺露天矿、石油一厂和抚顺国营百货第二商店三处参观，对照自己当年用日寇走狗伪满皇帝的名义来此替日寇当宣传品，欺骗和麻痹人民，以致无数工人冻、饿、病、受虐待、遭险、被活埋而死，“有苦无处诉，有冤无处伸”的惨痛历史，写成此文。表达了他对伪满年代自己与日寇本庄繁等签订所谓密约、“日满议定书”和“拓殖议定书”等卖国行径深深的悔恨心理。

李玉琴第四次去抚顺看望溥仪（1956 年春天）

每次看见玉琴出现在身边，都怀着一种负疚的心情，然而，越觉得负疚，感情却越是在滋长。

总之，从第一次会面起，我忽然似乎懂得了什么叫作夫妻，什么叫作恋爱。当 1956 年的春天降临时，我真感到了春天，政府的宽大，人民的宽大，妻子的爱情，这就是我的春天，我的希望。

按：1956 年春天，李玉琴第四次去抚顺看望溥仪。溥仪后来在一篇文章中对此有记述，这两段话就引自该文。李玉琴说，溥仪使用“负疚”一词，“是因为他想起了过去的家庭生活，那时他只是把我当作奴仆，当作工具，当作听他训斥的收音机，当作解闷出气的物件。而现在终于有了变化。”然而，溥仪究竟有了怎样的变化呢？李玉琴在交给笔者的回忆录初稿中，写有下面一段文字：

溥仪逐渐还是明白了：那颗曾被同德殿的恶梦污玷并受到蒙蔽的贫农女儿的心已在苏醒，如果说最初的会面和通信我们还主要是谈论希望和未来的话，以后就愈来愈多地说起对过去的怨恨了。我开始这样想，溥仪在这里生活得满不错，有没有我这个名义上的妻子也无所谓，但我却因为有了他这个名义上的丈夫而遭到麻烦和屈辱，连亲属也受到株连。前不久，我的两个在某保密厂工作的叔伯哥哥，因为我这个社会关系而被调到内蒙古去了，他们临走时跟我大吵一顿，指着我说："过去既没吃着你，也没穿着你，没借你一点儿光，连溥仪什么模样也不知道；我们祖辈住在长春，生活习惯了，这回调到包头去真是借了你的光啦！"我二哥曾参加兴建长春地质宫工程，有人冲他说讽刺话："这不是你们亲戚的房子吗？"我哥不爱听，与那人吵起来，结果竟被扣上"对盖地质宫有意见"的帽子给辞退了。我大哥也吃了"皇亲"的苦头，失掉工作十几年，四人帮垮台后才恢复工作。所以，我确实有许多的怨恨。当溥仪已经感到了他的春天时，在我的心中仍停留着一个寒冷的冬季，因为我还没有工作，没有谋生的手段，不能自立，只能在失业中徘徊。

贺龙和聂荣臻与溥仪谈话（1956年4月）

（贺龙和聂荣臻两位元帅在抚顺战犯管理所一号会议室会见溥仪）

聂荣臻：我们来东北走走，周总理让我们顺便来看看你们，有难处提出来，争取早日做新人！

贺龙：说说看，你过去在皇宫里当皇帝时吃饭香呢，还是现在吃饭香呢？

溥仪：在宫中每顿饭至少有四十八道菜，婉容有时还要进贡十多道菜，虽然都是山珍海味，但吃起来也不知是什么味道。现在的伙食标准自然不能与那时比，却能一顿饭吃下一斤包子，香得很！

（溥仪那年才五十岁，脸色红润，身体健康。他的答话充满真情实感）

贺龙：这是因为你现在生活有规律的缘故，也是你进步的表现。当皇帝的人生活无规律，很少有长寿的。

溥仪：我给日本人当傀儡皇帝，有罪，对不起党，也对不起人民，我一定好好改造。

贺龙：老老实实接受改造是对的，只要你好好改造，将来会有公民权，会有前途的。

聂荣臻：你好好改造吧，好好学习吧，你会亲眼看到我国社会主义建设实况的。

按：1956年3月14日至15日，中国人民政治协商会议第二届全国委员会常务委员会举行第十九次会议，专门讨论战犯处理问题。全国政协主席周恩来主持会议，并就处理战犯问题首先讲话。他说："这些日本人现在是战犯，但二十年以后就会成为朋友，会成为关心中日友好的朋友。"当周恩来坚信不疑地说出这句话的时候，还有一句话藏在心头暂未说出：溥仪现在是战犯，不久的将来就会成为公民，会成为关心祖国社会主义建设的公民。在十二天以后召开的全国政协常委会上又通过了《组织各界人士与战犯、战俘谈话的小组名单》，实行大规模的有组织的"谈话"，其范围包括日本战犯、国民党战犯和伪满战犯等。毛泽东和周恩来都亲自委托一些人与有代表性的重要战犯谈过话。毛泽东曾委托程潜、张治中、傅作义、邵力子、章士钊等爱国民主人士，到秦城监狱会见杜聿明、王耀武、宋希濂等原国民党高级将领。邓小平、李先念、贺龙、聂荣臻、班禅额尔德尼·确吉坚赞、刘亚楼和王平等中央领导同志，先后到抚顺看望过溥仪。贺龙和聂荣臻两位元帅就是趁着在辽宁视察军工生产，顺路来到抚顺战犯管理所，在一号会议室，先听取管理所所长汇报改造战犯情况，继而会见溥仪。溥仪听了两位元帅的话如获至宝，一连几天同其家族在一起，反复推敲两位元帅讲话的含义，家族成员也都深感溥仪会有新生希望的。贺总和聂总一席话，风卷残云般清除了溥仪头脑中的种种忧虑。

附：黄炎培给周总理的函（1956年5月21日）

恩来总理：

周孝老从上海来信，关于溥仪的事，大意是：

"五天前上海市协会召集处理战犯会议，我因头晕没有参加。有友传达柯庆施同志会场报告，才知道溥公（我不欲斥其名，你必能原谅）回北京了。同时在座的有个老朋友听了感动到眼泪直流。政府要大家提意见，别的人我不知道，对于溥公，我却有几件永远忘记不了的事实，写为别纸。请阅后转呈毛、周二公，以备参考。溥公处理定后，许其见客时，乞见示，我必到京见他一面。此公真是伤心人，丁巳误于康（有为）、沈（曾植），辛末误于罗（振玉）、郑（孝胥），皆自许为臣，共推为学者、为诗人，旧书真有毒，可叹！”以上都是原文。

附来一件：关于满洲的几件事实，一并奉览，确是值得一看。闻溥仪索阅《资本论》，说明他思想或者有了飞跃的进步了。

“旧书”句我不同意。自己读旧书没有读通，旧书哪能负责。

手致

敬意！　　　孝老还希望送毛主席一阅

附件

黄炎培　一九五六．五．二十一

黄炎培给周总理函批示：

即送主席、彭真阅。

周恩来　五．二十一

政文同志：

此件可抄存溥仪档案中。原件退总理办公室。

彭真　五月二十九

谭政文同志：

此件你办理后请退还中央办公厅机要室。

中办机要室　五月卅日

佑维同志：

将此件抄出存档后，即将原件退我，以便退中央办公厅机要室。

谭　6月2日

按：黄炎培致总理函所附之信的执笔者周孝怀戊戌年间已是一位壮士，“百日维新”刚露败迹，他较早得知慈禧囚禁光绪并下令缉拿维新派人士的消息，当即冒险给“六君子”之一的刘光第报信，刘却决心为新法献身而拒绝逃走，周遂目睹了菜市口刑场悲壮的一幕。半个世纪以后，这位历史上的风云人物，又在新中国的条件下出面，为溥仪说情了。然而，周孝怀获悉的消息不确，溥仪并未释放，仍在抚顺关押。其时有大批日本战犯根据中央先行处理的部署被释放，但可知溥仪当年的影响。

李玉琴利用十多个晚上给溥仪写的一封长信（1956年6月15日）

（回到长春以后，李玉琴仍是经常给溥仪写信，向他介绍新社会人民生活当中各种有趣的事，有时也用对比的方法介绍新旧社会的不同，劝他好好改造、早日出狱。然而李玉琴本人还在为申请工作奔波，她曾用毛笔在大白纸上写“告示”，或云“求援书”“要求工作申请书”，后来接受劳动科同志的劝告，再不提“贴告示”的事儿啦。劳动科同志又为她调配一次临时工作——在某高等学校托儿所当保育员。她喜欢那些天真、纯洁的孩子，能忘掉一切烦恼，教他们唱歌、给他们讲故事，和他们一起玩捉迷藏。有一次，劳动科郭科长问她喜欢什么样的工作？她说，如果能转正，永远和孩子们在一起也愿意。1956年初夏，李玉琴和小朋友们一起度过了一个美好的节日——1956年“六一”国际儿童节。眼前活蹦乱跳的孩子们勾起了她无尽无休的遐想，想起了自己悲惨的童年，想起了伪满皇宫里那些孤儿的遭遇，她无法排抑从心底升起的一股奇特的感情，开始动笔给溥仪写信了，利用十多个晚上写了一封长信，通过笔端，当时的许多感触都注入那封信里去了）

亲爱的溥仪：

看你回来之后，就一直在忙。时间总是不够我用的。再加上筹备国际“六一”儿童节，我们行政上给了一笔钱，买了许多糖果点心，好为庆祝“六一”儿童节联欢会招待小朋友。“六一”的前夕更是忙，托儿所的全体同志各有各的任务。有的在教孩子歌舞，准备在联欢会上演出节目；有的把买来的糖果分装在口袋里；有的布置会场等。午休时间也没休息，还在准备一切，唯恐忘掉某一件事。虽然这样忙得喘不过气来，可是同志们都很高兴。因为今天的儿童是幸福的，所以我们这样忙，给孩子们准备过节。

回想起来，我的童年时代太苦了，是处在日本帝国主义铁蹄践踏之下的东北，而我的家又是最穷苦的。爸爸一天劳动十三四个小时，一家人才不至于饿死。在旧社会里的孩子是父母的累赘负担，哪里能够谈到什么幸福呢！勉强念几天书，还交不起学费。没有学费，学校就要开除。回家跟妈妈哭，妈妈说："以后下学缝袜子吧，挣钱交学费和买学习用品，不然，你爸爸是没钱供你们念书的。"于是，下学后除了复习功课之外，还要缝袜子。

孩子都是喜欢玩的。记得有一次，我带着几个同学去到南岭［这是长春的一个地名］西边一个日本的儿童体育场去玩，快要到体育场的时候，碰上了日本鬼子大人，不叫我们去玩，并且放出洋狗吓唬我们，叫洋狗咬我们。把我们吓得哭了起来：跑吧？人没有狗跑得快。于是小朋友们大哭直喊妈妈。日本鬼子却哈哈大笑起来。以后回家，有两个小朋友吓出病来了，再也不敢去玩。可是日本孩子玩的体育场，是我们中国劳动人员建筑的，也是中国的东西做的，可是中国孩子不能去玩。当时在我幼小的心灵上，引起无比的愤恨。

我再不能细说旧社会孩子们的痛苦了，说起来就伤心，真和漫画家张乐平在《三毛流浪记》连环画中所说的"人不如狗"一样。旧社会里，大官僚和资本家们家中养的狗都喂牛羊肉、大米白面，还有专人饲养。

有一次，我同几个小朋友到"宝山"（现在的长春百货公司）去玩，正赶上来一批消费品，价钱不太贵。先放票［放票是东北话，指发放注有号码的纸条或木牌，购货先后以此为据］。于是我和小朋友也排着队等着领票，好给妈妈送回去，叫妈妈来买（在伪满时，许多日常生活用品是禁品，偶尔百货公司来一点，大家抢着买，时常挤伤人）。可是这时有一个官太太牵着一条狗，穿得很阔气，站在队外，对队里一个男人讲："这些穷孩子怎么也来了?！今天这些东西是给什么官人家配给的，一般穷户不给！快把这几个穷孩子撵走。小心！穷孩子偷东西。"这个官太太讲一句，那一个男人答一个"是"字。原来那个男人是官太太家里的采买用人。于是这个男人就像喊狗似的冲向我们来了："快走！快走！这不是你们待的地方！"我小声对小朋友说："不走。买东西还分人家?！"可是这时过来几个伪警察，官太太和他说了几句话，几个伪警过来，把我们几个人一把抓住，使劲往外一推，嘴里还骂："他妈的！谁叫你们穷孩子上这里来的？是想偷东西吗？穿得这样破，这样脏，还想买东西！这东西是给官家买的。你爸爸干什么的?"我说："不做官，拿钱买还不行吗？再说，这东西我们家也用得着啊！"伪警察走前一步，举起拳头说："你再废话，我就打你！"我和小朋友愤恨地走开了。

不但社会对儿童这样，在家里孩子们也是很苦的；有病了，爸爸没钱买药，说：“快死了吧！活着给我添累赘，死了免得受罪。”女孩子在旧社会不被受重视的，就更苦了。父母认为女孩子长大了，也是吃闲饭，不能劳动挣钱养家，所以也不喜欢女孩子念书。

我以上所举的例子是伪满时的。我和我周围的孩子，百分之九十几都是那样穷苦；百分之几是汉奸的孩子，他们的生活条件是比我们好得多，可是他们受的教育却是极坏的。因为父母的影响，他们的思想品质都是卑鄙无耻的。所以在帝国主义侵略下的国家，儿童都是痛苦的。再看看今天，新中国的儿童是多么幸福啊！

我写这一堆东西，什么都有。你从这里可以知道我这一个时期都做些什么和生活情况。再有，还在每天学习，经过两次考试，我都得五分……可是，就不能有时间多给你写信。我上次千里迢迢去看你，你说：“几千句几万句也说不完，说两句就行了！”所以信写不写是没关系的。同时再去看你也是遥遥无期了。一来我没有时间……再说路费虽少却也没处弄去；都行了，千里迢迢去了，待不一会又得往回走。所以现在我特别着急——着急的是什么？你也许知道。同时我在工作中，或遇见为难时，我想起你来，我起到什么样变化？对工作什么作用？你体会吧，不用我说了。

我现在身体没病，胃病时好时犯……每礼拜日都回家看妈妈，妈妈总把我看成小孩子那样疼我，我若不回家去，妈要想我的。我回家，妈高兴极了！问我生活情况、工作情况等，唯恐我在外边受委屈。明天（应指一九五六年六月十三日）过端午节不放假，可是大哥叫我回家过节去，不回家妈要难过的。可是别人不回家，妈倒不着急。明天下班后回家看看去。

你近来身体好吧？精神愉快吧？近来学习情况如何？学习什么东西呢？你每天参加活动时，你参加什么？参加体育活动没有？下次我给买点儿童连环图画给你寄去，非常好，对你是很有帮助的。希望你努力学习，争取早日……

祝你

前进再前进！

玉琴　一九五六年六月十五日

按：李玉琴回忆说：“尽管我把信写得这么长，溥仪这个傻乎乎的男人似乎并没有悟出点儿什么道理。我在信中透露出的去抚顺探亲的畏难情绪、'特别着急'的心情、让他自己去'体会'的'变化'等，这些至关重要的东西他是不应忽视的，那些可想而知的话难道还要我点明吗？这期间，区政府的门槛都让我踩平了。我左一次右一次地找区长都碰了壁，区长太忙，他的秘书多次提出让我跟他谈，再由他负责汇报，我却固执地一定要见到区长当面谈。最后那次我就不走了，在区政府坐等，最后总算见了区长一面。"

溥仪出席中华人民共和国最高人民法院沈阳特别军事法庭作证（1956年7月1日）

七月一日上午八时开庭，武部因病不能到庭。

溥仪在沈阳特别军事法庭上作证

查明被告人身份、证人身份。

宣读起诉书。

对被告人的犯罪事实进行调查。

有关关东军的机密事项，物质动员计划及其他国家机密事项，不交伪满国务院或参议府通过（火曜会确定后）。

七月二日上午九时开庭后，对古海调查，溥仪作证。

问：你把被告人武部六藏担任伪满洲国国务院总务长官、主持“火曜会”和被告人古海忠之担任总务厅次长、参加“火曜会”操纵伪满洲国政府的情况讲一讲。

答：我今天在庄严的法庭上，对伪满洲国国务院总务长官武部六藏，以及他的辅佐者总务厅次长古海忠之操纵伪满政权，奴役我国东北人民的事实讲一下。

……

按：中华人民共和国最高人民法院特别军事法庭（1956年7月1日至19日）在辽宁省沈阳市审判了被告人武部六藏等二十八名因战争犯罪一案。

庭长：贾潜任审判长。与审判员杨显之、牛步东（军法上校）组成合议庭。

公诉人：中华人民共和国最高人民检察院检察员李甫山。

被告人：武部六藏、古海忠之、齐藤美夫、中井久二、三宅秀也、横山光彦、杉原一策、佐古龙佑、厚弘志、岐部与平、今吉均、宇津木孟雄、田井久二郎、木村光明、岛村三郎、鹿民繁太、筑谷章造、吉房虎雄、柏叶勇一、藤厚广云进、上坪铁一、蜂须贺重雄、堀口正雄、野崎茂作、沟口嘉夫、志村行雄、小林虎一、西永彰治。

溥仪作为证人出庭。据李福生回忆，溥仪接受了1946年在远东国际军事法庭作证的教训，那时为了开脱自己而未能充分揭露日本帝国主义侵华罪行，这次决心在法庭上予以彻底地揭露。他准备证词很用心，连吃饭、走路和睡觉前的时间都不放过。因此，证词的说服力很强，以至于被告人古海忠之在法庭上向溥仪深深鞠了一躬，流着泪说道：“证人所说的证言完全是事实。”溥仪作证后也很激动地说：“我虽是一个中国人，但我从没做过对中国人民有益的事情。现在，我终于对祖国、对人民做了一件有益的事情，我心里感到特别高兴。”

溥仪在沈阳特别军事法庭出庭作证后的讲话（1956年7月）

在一九五六年，政府又命我出席沈阳最高军事法庭对日本帝国主义战争犯罪分子的审判作证。我认为这是我有生以来第一次为祖国人民服务的、最光荣的一件事情，也就是我活了五十年第一次站在祖国人民的立场上，真正对于日本法西斯强盗进行正义斗争的最光荣的一件事情。

固然，在一九四六年，我也曾在日本东京国际法庭上对于日本的A级战犯们，作了有生以来的一度斗争，但在当时的我，并没能真正站在人民立场上来从事这一千载难遇的战斗，只是站在自己个人的狭小圈子内，作一种外强内怯的冲锋，所以并未能达到祖国人民的期待，也未能对准日本帝国主义的心脏去作击中要害的进攻。我认为只有这一次才能算得是初次站到了祖国人民这一边，对于祖国人民初次作出了赎罪的初步实践行动。

由于祖国人民政府这次命我在沈阳人民最高军事法庭上去作证人，我不但感到了是我应尽的义务，也是无上的光荣，更感到了兴奋与鼓舞。我觉得人民政府居然叫我这样的人，也站在祖国六亿人民这一边，来证实日本法西斯的滔天罪行，真使我感到有一种说不出的痛快。因为这是我有生以来破题儿第一遭，所尝到的快味，同时也是我向祖国人民悔罪的实际行动的第一步。

更从我们伟大的祖国方面来看，像是这次对于日本帝国主义战犯进行了正义裁判，真可以说是百年以来所未曾有过的事情，是在我国民族历史上值得我们自豪的光荣一页。

自从鸦片战争以来，帝国主义各国对于我们祖国，曾经怎样横行霸道地干出了多少血腥罪恶勾当。尤其是日本法西斯强盗更是自从所谓的“明治维新”时代起，就一年比一年、一天比一天地疯狂了起来，不但是侵占了我国的台湾和旅大地区，后来索性鬼迷心窍地鲸吞了我国的全东北，甚至到了最后更蹂躏了我祖国大半山河。可是自从腐朽媚外的清王朝封建统治者起，经过了北洋军阀的反动统治和美帝奴仆蒋记政权的黑暗时代，在这悠长的百年岁月中，曾有谁对于这些凶恶的民族敌人进行过有效的抵抗？更不用说对它们能进行什么独立自主的正义裁判了。

只有在伟大共产党、毛主席英明领导下的新中国，只有在站起来了的六亿人民当家做主的今天，才会用中国的法律，依据人民的意志，对于那些一向没人敢惹的帝国主义战争犯罪分子来作正义裁判。尽管我现在是个犯人，但当我遇到这种使人兴奋的史无前例的事迹，又怎能不使我抚今追昔地感到特别兴奋呢？

像是那些个沾满中国人民鲜血的日本帝国主义战犯，他们个个都是从自幼就饱受了“天皇制”和军国主义的反动教育，他们灵魂深处，都渗透着法西斯的凶恶血液。他们之中，有的人是双手曾经沾满了我国同胞鲜血的侵略军的上层分子；有的则是专门喝人血、吃人肉的警察宪兵和特务；有的则是专门推行日本帝国主义侵略政策的日人伪官吏；还有的则是些个手持屠刀亲自下手屠杀人民的刽子手……这些人不问可知，都是在根深蒂固的反动教育影响下，变成了丧尽人性的凶狠野兽。可是这些穷凶极恶的日本法西斯强盗们，现在却都在我们祖国的庄严法庭上，在伟大的中国人民正义力量面前，不但都深深低头认罪，并且有的战犯，愧悔感激，泣不成声，所有受裁判的人都表示甘心情愿地服从我国人民的严正裁判。

这说明了什么？这充分显示了我国共产党的伟大，我国人民领袖毛主席的伟大和我六亿中国人民的伟大。我已深深由此认识到，在这种伟大正义力量下，任何愍不畏法的狠毒罪犯，也势不能不愧首服罪甘心领刑的。

但是这并不是一件容易的事，这也是充分体现了我国人民政府数年如一日的教育和人道主义的感化，才会收到了能把魔鬼变成人的奇迹。也就是马列主义科学理论精神在事实上的又一光辉胜利。唯其是正义无私的和庄严伟大的，所以才会在正与邪的对比下，发出了我国民族历史上从未曾有过的灿烂光辉。

这种人道精神，不但是表现在管理所内对犯人的一贯生活待遇上，而且还充分表现在人民法庭的庄严正义裁判上；不但是在人证、物证铁案如山的阵势下，使犯人不能不悔恨过去而低头，同时还许可那些罪在不赦的民族敌人有我国律师替他作辩护，而且还允许罪犯当庭随时自己答辩，甚至还许可他们直到裁判程序的最后，仍有发言申诉的权利。这种光明正大的法治精神和伟大的人道主义，真是，就是个魔鬼，也不能不俯首帖耳衷心诚服的。

当我在这神圣的人民法庭上，和那些在过去曾经严重危害过我祖国广大人民，曾经对我国进行了长期血腥侵略的日帝战犯时，不由得激起了我的满怀愤恨、憎恶。但在同时，却又不能不使我深刻联系到过去自己曾经怎样开门揖盗，怎样媚敌求荣，怎样从贼到底的种种滔天大罪来。

这种心情的发生，是自然的，也是不会不这样反躬自问的。比如说，在当时没有以我这汉奸伪皇帝为首的伪政权组织来替鬼子忠实去效力，特别是没有像我这样甘心卖国求荣，情愿去当它的驯顺走狗，而乖乖地在各种卖国条约和伪法令上签署和颁布推行的话，日寇的殖民地罪恶统治和他的血腥侵略政策，又怎能为所欲为地继续达十四年之久？当然它们更不能那样肆无忌惮地来扩大对我国的侵略范围，致使我全国人民都直接、间接地受到了空前惨祸。

当我想到这里，不由得使我灼痛般地深感到，日寇固然是个凶狠毒辣无比的万恶匪盗，可是开门揖盗和替强盗巡风，甚至还和它同谋合伙地来劫掠自己家中的财物什器、屠杀自己的兄弟姊妹的却是我！我还能算是一个中国人么？我深深认识到，像我这样认贼作父、助敌殃民的祖国人民罪人，不论是从罪恶的性质方面来说，抑或是从任何一个方面来说，我所犯下的罪恶，确是比行凶作恶的外来盗匪尤其可耻可恨，尤其罪在不赦！

按：溥仪认为：让他出席沈阳最高军事法庭对日本帝国主义战争犯罪分子的审判作证，这是他“活了50年第一次站在祖国人民的立场上，真正对于日本法西斯强盗进行正义斗争的最光荣的一件事情”。

日本前军人代表团远藤三郎等来所参观（1956年8月31日）

（前来我国访问的日本前军人代表团于八月三十日午后三时十分，有远藤三郎、堀尾一麿、土居明夫、茂川秀和、犬饲学一郎五名代表来所参观。当代表们回到休息室时，代表远藤提出要见溥杰）

远藤三郎：溥杰在这里吗？

接待人员：在押。

（代表远藤要求找溥杰面谈，我们当时准予面谈几句话）

远藤三郎：我是远藤三郎，临来中国时，你的妻子和孩子托我向你问候！她们非常惦念你！（又问）你的哥哥（指溥仪）呢？

溥杰：我们现在一起！

远藤三郎：我过去在满洲时，蒙你哥哥多方的关照，请你代为问候！

（最后，代表远藤向战犯管理所表示谢意，于四时四十分离所）

按：本记事最早出现在“高检院东北工作团到抚顺、太原战犯管理所，关于日本电机机器工会、亚洲团结委员会以及前日本军人、法律、电影、青年、妇女等13个访华代表团参观战犯管理所的情况报告”之内。

溥仪与李玉琴继续通信（1956年10月8日）

（据李玉琴回忆，她在1956年6月至10月间“心绪很好”，她已被安排为长春市图书馆馆员了，成为正式编制的国家干部了。与溥仪通信多函，溥仪祝贺她得到了自己的工作岗位，李玉琴则鼓励他不断进步；溥仪有时开单子，让妻子给他买书，李玉琴总是尽最大的努力去办。1956年国庆节过后她给溥仪写的一封信保存了下来，信中有很大篇幅讲长春的国庆节盛况，讲在“向科学进军”活动中图书馆发挥了重要作用）

亲爱的溥仪：

我早想给你写信，可是你要的书始终没买到。我们馆里有采买书的人，我托他给买的，可是始终没有买到。只有一种《政治经济学讲座》（十本）。结果我自己去了一趟，也是没有你要的那种。有苏联科学院经济学研究所编的《政治经济学教科书》，是人民出版社出版，可是没有上册，有下册，我不知你用这样的行不行？来信说明，再给你买。

……

下面再谈谈我的生活情况。我感谢政府给我分配一个光荣的图书馆员工作。每月除掉房费、灯火费、工会会费、互助会、澡票费，我还能剩四十六元多钱。所以我除给妈妈九元钱外，还一点债。再除下生活费，还有做衣服的钱，吃的也不坏，我的生活是很好的。每礼拜一回家看看母亲，倒是因为学习紧张，时间总是很紧凑的。我的身体也很好，这一切你都不用惦念，有病也有公费医疗的。

希望你把你的情况告诉我。天冷了，你如缺什么东西，我可以给你买的。我是时刻希望你学习，争取进步再进步，早日参加祖国建设。十二月份过年放假时，我如有条件会去看你的。即此祝你

进步！身体健康！

玉　琴

一九五六年十月八日

按：据李玉琴回忆，她写这封信的时候，内心世界正经历着激烈而痛苦的斗争。有人说："你这么年轻，为什么不走自己的路？还想等皇帝老头回来受皇封吗？"李玉琴说："我才不贪图那套呢！"还有人说："你既不贪图享受，干嘛还等他呢？"李玉琴无法回答。他们都很真诚，是爱护李玉琴的。他们说："康德是头号汉奸，绝不会轻易放出来，如不跟他划清界限，还有失业的危险。再说他比你大20多岁，既然并不留恋宫廷生活，就应赶快办理离婚手续，这是立场问题呀！"也有的人在背后传话："她呀，还铁等着康德呢！在宫里待了两年半，把自己的苦出身全忘干净了！""留恋娘娘生活，政治觉悟太低！"这些人前人后的舆论让李玉琴想起在通化部队里待过的那些日子，周围的干部也这样劝导她，连何长工司令员也这样劝过李玉琴，没有理由反驳他们。李玉琴说，通过理论学习和业务学习，头脑清醒多了。溥仪不是无辜的，他总念叨"我有罪"那句话也不是伪装老实，他是出卖东北山河的汉奸，终究也要受到审判。所以，怎样对待他就不仅是个丈夫问题，确实有个政治立场问题。1956年年末馆内评先进工作者，当时李玉琴所在的参考部一致同意选她，可是刚拿到馆里就被碰了回来，理由是"评上皇娘怕不太合适"。当不当"先进"无所谓，就怕有一天把她辞退了，因为也可以提出这样的理由："让皇娘管理图书怕不大合适吧？"真出这种事李玉琴可就活不下去了。因为有一个见不得人的、被关押着的丈夫，动辄就会被扣上"炫耀自己当娘娘的丑恶历史"一类政治帽子。株连亲属也是回避不了的问题，这个也是"皇亲"，那个也是"皇亲"，让家属和亲友也跟着遭罪，而李玉琴还死等溥仪不嫁人，他们当然不会满意。

李玉琴说："无形的政治压力包围着我，受牵连的亲属们怨恨我，对生活、工作和前途的担忧困扰着我，这一切对我这个年轻女人来说实在是承受不了啦！如果溥仪能很快放出来，我们互相有个依靠，共同承担压力，也许挺得过去，可是他出来没日子啊！再说溥仪的年龄比我大得多，他的身体也不好，又有生理缺欠，不能给我留下儿女，在一起也是假夫妻。可我知道，在他们那个家族里没有儿女，那下场是很惨的。现在他们都看不起我，等我成了孤老太太，那日子怎么过呢？作为女人，我要过正常的生活，我应该有个温暖的家，我盼着能有个自己的孩子。我有了这些思想变化，离婚是必然的。然而，一想到离婚，痛苦就伴随着一块儿来了。两年多的宫中生活，溥仪对我也有真情实感，在他身上也有许多好的地方，他说过愿意和我共度劳动的夫妻生活；他说过我们二人谁也不要丢下谁；他还说过，没有像爱我这样爱过别人，而且今生今世再不爱另一个女人；甚至非常温和地谈到，他脾气不好可以改，希望我也克制些，别惹他发火。对一个纯洁的女孩子来说，这些动人语言都是值得珍惜和难忘的。自从去年通信并见面以来，固然是暴露了我们思想上的重大分歧，却也共度了一些值得留恋的时光。女人就是痴情的多，直到提出离婚的那一刻，我的内心深处还在反复，可是毕竟时代变了，一切都变了，他现在是犯人，不知什么时候出来，我不能总是白天笑晚上哭哇！在激烈的矛盾中我下定了决心。”

战犯管理所：《加拿大记者来管理所访问溥仪情况报告》（1956年10月25日）

（10月22日上午11时，加拿大记者一名，在市指委一同志及翻译一名陪同下，到达管理所。当时由金源科长出面接待，除宣布采访时间及制度外，记者与溥仪交谈了一小时，以下是记者与溥仪谈话的主要内容）

溥仪在抚顺战犯管理所接待来访者

问：我们对你的情况知道得很少，因此很想知道你的情况。你的健康情况怎样？

答：我的身体很好。

问：在这待多久？

答：回到祖国六年了。

问：从被捕到现在，在监狱中有多久？

答：日本投降时在沈阳飞机场被苏军逮捕，后去苏联。

问：你在苏联时住在哪些地方？

答：初到苏联时住在赤塔，以后到伯力，1950 年回到祖国。

问：回国后就在抚顺吗？

答：是的，就在抚顺，曾到过哈尔滨，以后又回到这里。

问：在这里待遇怎样？

答：我平生以来，在人民政府的待遇下生活是最幸福的。祖国对我在各方面的照顾真是无微不至。

问：你在这里的待遇和别人一样吗？还是比别人好些？

答：都是一样。

问：在这里有工作吗？

答：有学习，没有其他事情。

问：学习什么呢？

答：学习社会发展史和有关祖国建设的书籍。

问：你说社会发展史，是否包括马列主义？

答：是。

问：伪满的官吏都在这吗？

答：有些人在这里。

问：有多少人？

答：关于我的事情我尽量回答，别人的事情我不能回答。

问：对你控诉过吗？

答：没有。

问：你在这里待十一年是否认为不公平？

答：完全不是这样，因为我认识了我的罪恶，是应该受到祖国严惩的，应处极刑。多年来政府没有立即惩处，并在各方面给以宽大，这是我想不到的事。我和记者率直地说，处极刑是完全应该的，在哪国也不例外。

问：你过去认识到严重罪行，哪些是对现政府不利的事呢？

答：简单地说，我不勾结日帝，伪满政府不能成立，日寇不能发动对中国和亚洲所进行的侵略战争，十几年来给中国和亚洲带来了灾难，这是和我当伪满皇帝分不开的。日寇一贯侵略中国和亚洲，等于强盗。而我是中国人，当上汉奸又惨杀了中国人，请问记者，我的罪行是否比日本还要大？记者很明白法律，如两个人——这个人杀死了那一个人，是否杀人者应偿命呢？而我一个人当了汉奸，中国牺牲了一千万人，虽不是我亲手杀死，而我亲自执行日帝政策，这和我亲手杀的有什么区别呢？

问：你知道将来怎样处置？

答：不知道。

问：希望你把家庭情况说一下，有什么人，都在哪？

答：我妻子在长春图书馆工作很好，我叔父载涛在北京，是全国人民代表大会代表，我弟弟溥任在北京当教员，六个妹妹在北京生活很好，有的担任街道扫盲工作。

问：有小孩没有？

答：没有。

问：你最近见到妻子是在什么时候？

答：在今年上半年，她来过数次，随时我们可以写信。

问：在这可以看到别的家属吗？

答：我叔叔、妹妹从北京来看过我。

问：请你谈一下日本投降当时情况，为什么没到日本去？

答：日本投降当时，关东军参谋长吉冈安直曾限我一天时间迁到通化，因家里人口多，一天准备不完，要求三天内迁去，他们答应了。他们曾说不能留在长春，苏联来就要被杀死，并说日本退到南方还要继续作战。在通化时日本投降了，他们要把我送到日本，经沈阳遇到苏军把我逮捕。

问：你被捕送到苏联，为什么要在1950年送回中国？

答：我不知道。

问：你明确地说，是否赞成现政府？

答：这是毫无疑问的，这是中国有史以来、唯一为人民服务的政府，与以前任何政府不一样，伪满是汉奸集团，够不上政府。

问：如果没记错的话，你在小时候当过十二天皇帝，你是否也觉得有罪呢？

答：是当过三年。

问：我不知道是怎样的十二天？

答：是我十二岁时，北洋军阀张勋复辟后当过十几天皇帝，究竟十几天记不清楚，但最多不过二十天。

问：很小做皇帝，你对那时是否也认为对中国人民有罪呢？

答：那时我小，不知道什么，让我怎样做，我就怎样做。我三岁时住父亲家，清朝光绪死了，我当了清朝皇帝。这说明当时腐朽制度，不管几岁，只要压在人民头上就行，为了极少数人利益，失去了多数人利益。

问：你今年多大年纪？

答：五十岁。

问：你在这每天的时间是怎样安排的？

答：早六时起床，吃饭后看书，午饭后游戏、打球，晚饭后听广播、游戏，常看电影，我们的生活很好。

问：这儿伙食怎样？

答：太好了，一切应有尽有。

问：请不要见怪，允许我最后提出一个问题，你是否会说英语？

答：因有十几年没说，都忘了，能说简单的。

谈话到此结束，随后记者要拍照和参观，我们都答复了。在参观后，记者对溥仪进行了多次拍照后，于12时30分离开。

按：这位加拿大记者来到抚顺这圈高墙之内，见到溥仪之后的口吻显然也是不友好的："请您坦率点说，您被关押在这里，是否认为不公平？请您明确点说，您是否赞成现政府？"溥仪语气坚定的答复掷地有声："我被关押是罪有应得。至于问我对现政府的态度，当然可以明确回答：我认为现在的人民政府是中国有史以来唯一的真正为人民服务的政府，我坚决拥护！"这是高墙内外的交流，也是一个犯人与世界的对话，还包括讨论、辩论和斗争。

溥仪回国后就他在苏联期间的健康情况答复医生十四个问题（1956 年 12 月 2 日）

（1）……在苏联的时候，有两三次感冒，很快就好了。痔疮便血经苏联医生给的白色油制的坐药，非常有效。在苏联期间，一直没有便血。脚气没有好，一向没有住院。

（2）到苏联前，种过次牛痘。在苏联每年有两次预防注射（肠伤寒、霍乱、痢疾、脑膜炎、斑疹伤寒等）……

（3）……在苏联时，睡得好……

（4）……在苏联吃黑面包、白面包、各种肉类、大米、燕麦、荞麦、小米、糖、黄油、乳酪、鸡蛋等。我喜欢吃面包、黄油、乳酪、鸡蛋、鱼籽等，对于牛脑、牛舌不喜吃，因为不习惯……

（5）我到苏联前不经常吃零食……在苏联没有给零食，每月有一次买用品，我吃过葵花籽、糖、香肠、罐头等。

（6）……我饭前后，大小便前后都洗手……

（溥仪又从苏联囚居五年期间的日子，谈到眼前“吃得好，睡得香”）

“你的饭量好么？”

“哈！除了年轻小伙子，就数我吃得多，大饺子，一顿能吃三十！”

按：一位希望了解溥仪在苏联期间日常生活的记者，向抚顺战犯管理所医务室借到一份材料，内容是溥仪引渡回国以后就他在苏联期间的健康情况答复医生询问的十四个问题，但那位记者只摘记了他所需要的内容。

溥仪用秀劲飘逸的书法写下了他的政治态度（1956 年 12 月 2 日）

中国共产党和毛主席是中国六亿人民的大救星，也是与苏联一道保卫世界和平增进人类幸福进步的一座巍然光辉的灯塔，也同样是对于不可救药的罪犯都伸出挽救之手给以重生改造的恩人。

他好比太阳，太阳对于人类是无所不照的。我终身永远跟着这颗伟大的太阳走，我坚决要洗心革面重新做人。

中国共产党和毛主席不仅解放了六亿中国人民，而且他的温暖也普及了我这万死也不足蔽其辜的罪人身上。

我要在祖国人民面前立功赎罪！在党和毛主席以及人民政府的改造教育下而成为一个新生的人，这就是我所下定的决心！

一九五六年十二月二日　爱新觉罗·溥仪

按：溥仪用十分工整的书法写下了他爱党、爱国、爱人民，要立功赎罪，要成为新生的人的政治态度，字体秀劲飘逸。

李玉琴第五次去抚顺看望溥仪（1956年12月25日）

（据李玉琴回忆，1956年12月25日她第五次前往抚顺，虽然不愿意，却还必须走进那所高大的院墙，上战犯堆里去找自己的丈夫。照例坐在那间家属会见室内，照例从那个熟悉的长条沙发上站起来迎接溥仪，照例看见了浮在丈夫脸上的微笑）

李玉琴：今天，咱们郑重其事地研究一下生活上的事吧！

溥仪：（先是眼神里流露出奇怪的目光，继又恍然大悟地“嗯”了一声）我想，我们还是敞开胸怀谈一谈好，反正早晚要说。

溥仪：有什么话你就说吧！

（溥仪已不那么拘谨，变得很自然了。说这话时他又做出一个怪样，那是原在宫里常比画、只有李玉琴和他两个人明白的样子，也许他是为了让李玉琴不忘旧情。看见他那样的神态，李玉琴的心要碎了！）

李玉琴：你什么时候能够出狱？

（溥仪低头不语，很难过）

李玉琴：到底判了多少年呀？

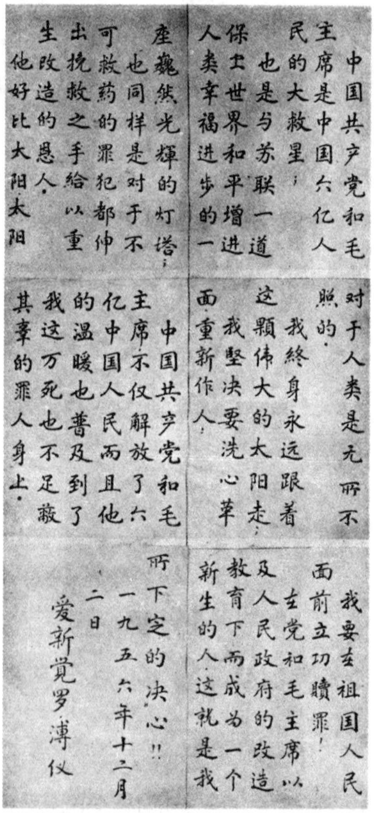
中国共产党和毛主席是中国六亿人民的大救星；也是与苏联一道保卫世界和平增进人类幸福进步的一座巍然光辉的灯塔；也同样是对于不可救药的罪犯都伸出挽救之手给以重生改造的恩人。他好比太阳太阳对于人类是无所不照的。我终身永远跟着这颗伟大的太阳走；我坚决要洗心革面重新作人。

中国共产党和毛主席不仅解放了六亿中国人民而且他的温暖也普及到了我这万死也不足蔽其辜的罪人身上。

我要在祖国人民面前立功赎罪！在党和毛主席以及人民政府的改造教育下而成为一个新生的人这就是我所下定的决心!!

一九五六年十二月二日

爱新觉罗溥仪

溥仪在抚顺战犯管理所写的一篇短文

溥仪：没宣判，没日期，一切都不知道！

（溥仪认为自己是头号战犯，即使能释放，也肯定是战犯管理所最后一名）

李玉琴：那怎么办呀，我在外边被人家看不起，更不敢说你是我的丈夫。

溥仪：我有罪，对不起你！

李玉琴：这句话我真听够了，难道我等待这么多年，千辛万苦来一趟，就为听这样一句话？我来看你，在单位都不敢公开说，这究竟算什么夫妻关系呀！我来一趟不容易，待一会儿就得回去了，你在这里也挺好的，不愁吃、不愁穿、不愁工作，有我没我都一样，我看还不如解除这种有名无实的夫妻关系！也免得别人说我“舍不得康德”“还想当娘娘”。再说咱俩年龄相差悬殊，兴趣很难一致，我喜欢的你不一定喜欢，你喜欢的我也不一定喜欢。勉强在一起对谁都没有好处。

（时代变了，李玉琴也长大了，哪能还像在宫里似的，你一高兴就像个大哥哥领着小妹玩闹一番？现在要讲革命、讲无产阶级立场）

溥仪：不！不！我们感情不是很好吗？你说的那些，我并不那样想，为什么兴趣不能一致呢？

李玉琴：你对我现在虽然很不错，但总是待在监狱里，将来也不能给我留下儿女，早晚你还得先走，剩下我一个孤老婆子，你们家的人还看不起我，那时叫我怎么办呢？

（尽管在谈这样的问题，也是心平气和的，两人都慢声细语，谁也没逼迫谁怎样。李玉琴难过得流泪，溥仪也低下了头，显然，他是毫无办法的，听到这番话会像冷水浇头，可李玉琴也不能不说呀！）

李玉琴：我想来想去还是离了的好……

（说这话时李玉琴的眼泪已经止不住了，毕竟夫妻一回，总的来说溥仪还算不错，否则李玉琴无论如何也等不了他这些年。到了今天还能在人们的歧视中继续等待吗？而且自己牺牲一切换回的只能是一场空啊！当年李玉琴无法预见溥仪三年后的特赦，她并不因此而后悔，历史证明李玉琴和溥仪离婚并没有错，然而当时的心情不是这样的。如果说两人从理智上容易辨清存在夫妻关系或脱离夫妻关系的优劣利弊，那么从感情上就根本说不明白为啥还藕断丝连！）

溥仪：既然如此，这是勉强不了你的，我也不应该把自己的幸福建筑在你的痛苦上。可是，我在思想上永远也不会忘记你了，只希望分开之后，我们还是好朋友，好像兄妹一样……今后你还能来看我吗？

李玉琴：那是一定的，我们还是朋友，好像兄妹一样，以后的感情也不坏。

溥仪：玉琴，难道只能如此？你是我的寄托和希望啊！你就看不出我是怎样不愿离开你！

李玉琴：你现在对我好，谁知以后会怎么样？你是皇帝脾气，和一般男人不同啊！

（李玉琴故意气他一下，因为不愿意看到溥仪苦苦恋情于她。会面仍有时间限制，到了钟点，溥仪就必须回去。会面时李玉琴咬牙说了一些狠话，内心却狠不起来，更难做到与溥仪一刀两断。问题提出来以后，溥仪毫无思想准备。他开始是不同意的，然而这位几经沧桑的末代皇帝的思想认识，确实是今非昔比了，经过反复思索后，溥仪还是同意李玉琴提出的合理要求）

李玉琴：我要跟溥仪离婚！

（按照革命人道主义精神和对战犯改造的原则，抚顺战犯管理所的领导也曾为挽回溥仪的婚姻巨变，做了大量的努力，管理所干部们三个一批、两个一伙地找李玉琴谈话）

管理所干部之一：这是你们的个人生活问题，我们无权干涉。可是，溥仪改造得很有进步，希望你能进一步帮助他。

管理所干部之二：感谢你一年多来好几次到抚顺，还给溥仪写了很多封信，起了好的作用。

管理所干部之三：溥仪说过："我要努力改造，争取成为新人，将来和我妻共同努力，重新建立美满、幸福的家庭。"还说："她多年来孤独地生活着，还能等待我，是我唯一的安慰者。"希望你们不要离婚，李玉琴同志要关心他。

听了这些话李玉琴挺反感，她不爱听"改造""认罪态度好"这类用语，因为这意味着溥仪过去确实是坏人，多年血泪就换得这么一个坏丈夫，让李玉琴从思想感情上接受不了！

管理所干部：溥仪将来会出去工作的。

李玉琴：几时能出去？你们到底什么时候处理溥仪的问题？

管理所干部：这是政府的问题！我们只是管理，无权处理。

李玉琴：如果有期限，我也可以等！

管理所干部：我们说不出期限，但相信他一定会出去工作的。

李玉琴：既然无期限，我坚持离婚！

（按李玉琴当时的看法，溥仪三年五年是不会出来的，因为他是“头号”，且回国关押仅五六年。据李玉琴所知，连很普通的历史反革命犯也要判十年、二十年以至无期徒刑，哪知临到末代皇帝头上还有“特赦”一说？即使李玉琴肯为他牺牲一辈子，可又能换回什么呢？还不是歧视、失业、忧愁、痛苦！）

管理所干部：溥仪是很喜欢你的，你应该多为他想想，如果脱离关系不利于他的改造！

李玉琴：我不愿意多想了！

（李玉琴心里话，闹了半天你们就知道为溥仪着想，为什么不替我着想？我在失业中徘徊多年，你们怎不替我安排一个工作？在同志当中、在左邻右舍，甚至在亲属之间都遭白眼、受歧视，你们怎么不管管？我越听越觉得不是味儿，气不打一处来，便和他们顶撞起来）

李玉琴：告诉你们，我已经有朋友了！溥仪再出来、当大官，我也不稀罕。因为我本来就是穷人，不愿意高攀！

管理所干部：你怎么这样难说话？简直比溥仪还难说话！

李玉琴：难说就难说，反正我要离婚！

按：李玉琴和管理所干部没有谈拢。离开战管所，李玉琴感到精神太紧张，信步在抚顺市街区内溜达。说来也巧，居然走到抚顺市人民法院门口了。虽然她根本不知道这个地方，也没向谁打听，没想到这儿来，可这时突然有一个想法冲入脑畔，李玉琴放任地迈动双腿走了进去。一位年龄和她相仿的男同志，礼貌而热情地接待了李玉琴，一种信任感油然而生，李玉琴把身世、遭遇、委屈，一吐为快地全都说了。李玉琴最后说：“因有这样一个丈夫而受到许多不公正的对待，然而丈夫溥仪、他们家族内有钱、有地位的人都不关心我，认为我不应该离婚，难道我就该为他牺牲一辈子？我哭了，哭得很伤心。那位青年接待人员表示同情我的境遇，知道我还要赶火车，也不挽留。我并没有想到，这次谈话已被法院当作‘离婚申诉’而记录在案了。”1957年元旦前夕，李玉琴带着难以克制的痛苦心情返回长春。妈妈和姐姐们也都替她难过，一个好端端的新年竟是在泪水中度过的。李玉琴仍给溥仪写信、寄东西、安慰他，还说过如果他能早日出狱，她还愿意再等待一个时期。

附：关于伪皇帝溥仪与其妻李玉琴离婚后的思想情绪报告（1957年1月3日）

伪皇帝溥仪现年五十岁，其妻李玉琴现年二十八岁，自1955年6月允许汉奸通信、接见以来，双方已接见四次，通信数十次，内容多系互相鼓励。李玉琴曾鼓励溥仪犯积极改造，争取成为新人。将来为社会服务，并表示自己也要做一个优秀工作人员。其间李玉琴虽也曾提到别后在溥仪家中受过歧视虐待，以及由于溥仪的影响，找工作困难等问题，但总的来看，经过接见通信，该犯是受了很大鼓励，如溥仪犯说："我要努力改造，争取成为新人，将来和我妻共同努力，重新建立美满、幸福的家庭。"并说："她多年来孤独地生活着，还能等待我，是我唯一的安慰者。"由此溥仪的情绪比较安定。

年前十二月二十五日，李玉琴来所接见前，向我提出了：政府何时处理溥仪和向溥仪请求离婚等两个问题。对处理问题，我们答复，这是属于政府的问题；对于离婚问题，这是属于你们两个人的生活问题，我们无权干涉。下面干部在侧面上对李玉琴也做了些说服工作，主要是说明溥仪在学习改造中表现良好，但由于女方坚持离婚，终于向溥仪犯提出了离婚问题，溥仪犯表示不同意，并叫其妻慎重考虑，但由于李的态度坚决，溥仪犯当时流着眼泪勉强地作了答复，并且说："我在思想上永远也不会忘掉你，今后我不再结婚了。"情绪很低。

我们考虑到溥仪犯年龄已大，生理缺欠，又无子女，由于离婚问题，必然会产生悲观失望，将来无家可归等思想顾虑，因此也就有可能影响其学习改造，甚至有绝望自杀的危险。为了安定情绪，事后我们对其进行了教育，该犯虽然表示今后决不能因为离婚问题而影响改造，一切要依靠政府，并深感管理所对其温暖，但情绪依然低落。在与我谈话中一直是低头流泪。为防止发生问题，今后将继续对其进行教育外，并已布置其亲属在押犯溥杰（其弟）、万嘉熙（其妹夫）等对其进行安慰。

特此

报告

战犯管理所

1957年1月3日

按：此报告之内容最早出现在“高检院东北工作团关于在押汉奸与其家属通信问题向检察长的请示报告及汉奸与其家属通信、接见情况的简报”上。并由高化民将此件于1957年1月14日报高检李主任阅过，这说明组织上对溥仪的私人生活也是高度重视的。该报告反映了溥仪的真实心态。

溥仪回信答复法国记者采访谈自由观（1957年2月初）

我不能同意你说的世界上的光辉是没有意义的话！

从封建、迷信和愚昧中解脱出来的自由，认识世界、认识自己、认识真理和区别美丑善恶真伪的自由，对我来说才是最有价值的自由，而这种自由恰恰是在抚顺战犯管理所里得到的。

按：自从溥仪被允许接待外国记者和港澳地区记者以来，收到大量境外来信，其中不少是替他“打抱不平”的。1957年2月，溥仪收到一篇寄自法国的文稿，题为《监牢里的中国皇帝》，开头便写道：“世界上的光辉是无意义的，这句话是对一个关在红色中国的抚顺监牢里等待判决的政治犯人的一生的写照。”该文作者把溥仪描写成一个可怜的人，说他“穿着破旧的棉布衣服，在监牢的园子里独自散步”，自“第二次世界大战以后，人们再也没有听到关于他的什么事，一直到现在这张引人注意的照片报道他的悲惨的命运为止”。作者随文寄来几张溥仪的旧照片，希望得到溥仪的签名、以便加强其文的宣传效果。然而，被这位法国人称为“仁慈和恩惠”的“陛下”的溥仪，不但严辞拒绝了签名，还在回信中明确表态，不接受此类“同情”。因为他不仅仅在法律上承认自己有罪，在道义上也承认自己有罪，也因为他对“自由”二字有了自己的认识。

李玉琴第六次去抚顺看望溥仪（1957年2月4日）

溥仪来信：晚上睡不着觉，希望你再到抚顺来，好好谈一谈。管理所的领导也有这个意思，欢迎你再来。

（春节放假期间，李玉琴第六次来到抚顺。在这最后一次抚顺会面中，两人

有感情、更有理智地探讨了婚姻关系的现状和前途)

李玉琴：(坦诚而言) 保留这种有名无实的夫妻关系，对你有什么好处？而保留这种关系对我却有种种危害，那又何必呢！再说你有病，我们在一起也不过像兄妹或朋友那样，等到将来还不是孤苦伶仃剩下我一个人，叫我怎么过？

溥仪：事实也是这样。实际上你就是我的一个妹妹，我是对不起你的，让你等了这么多年，受了那么多苦。最后我还想问问，离婚后你还能来看我吗？

李玉琴：跟你说过多次了，存在关系我们是朋友相处；不存在关系，我们还是可以朋友相处的。我会继续关心你，你的事业、生活好了，我也高兴。

溥仪：(见玉琴态度坚决，直流眼泪) 请你再等我一段时间。

李玉琴：(难过得哭起来，真正感受到离婚的痛苦) 我无法再等待！

> **按：**李玉琴回忆说：多少年来，我想念他、梦见他，把他看成亲人；如今见了几次面，竟发现亲人的感情太少，对一切的看法和兴趣也有很大距离，在一起已经没有什么可说的话。然而，我们中间并不曾出现感情骤然破裂的那种情况，所以能够友好地相处到最后。李玉琴先后六次到抚顺找溥仪会面。她给溥仪带去的两套旧毛衣裤和背心，也让这个正在被改造中的末代皇帝感受到了温暖。但是，无论如何，溥仪是没有可能，也缺乏能力来弥补过去在李玉琴和他之间存在的巨大裂痕了。溥仪后来回顾这段往事时写道："我也明白了，这是不能挽回的事。不但我没有这个力量，热心肠的所长和慈爱的母亲（指溥仪的岳母、李玉琴的生母）也都没有办法。她有了完全属于她自己的意志，她真变了。"所长还曾语重心长地对溥仪说："这是我当时唯一想到的结论。一切都在变，你也在变，溥仪，不把自己的幸福建筑在别人的牺牲上，这是对的！"

附：李玉琴关于在抚顺与溥仪同居的亲笔自述（1987年8月）

尤其在管理所共同度过的那个夜晚，溥仪的感情还是比较真实的。大约也是出于对溥仪这位"皇上"的照顾吧，管理所破例留犯人家属住宿，而且允许我和溥仪一起住在现腾下来的一间宿舍里。当屋里只剩下我们两个人的时候，除了心平气和地继续白天的讨论外，也有夫妇的温存。有人对我这次同溥仪的一夜夫妻生活很关心。以前，我很不愿意谈论此事，因为谁都知道溥仪有病，何况从那一夜之后，我和溥仪就再没有关系了。现在向读者讲实情，应当说在抚顺那一夜夫妻生活的几年以后，我明白了那应当是我同溥仪之间真正的一夜夫妻关系；当然，溥仪以前是有些病，但更主要地是因为他自己没有信心，不敢或不会过夫妻生活。以前过的是“神仙眷属”生活。记得那天溥仪是吃完晚饭过来的。我们住的屋子有一溜长炕，显然原来住过很多人。那天晚上我事先不曾料到，根本没有思想准备。本来，由于种种原因，促使我向朝思暮想、等待多年的丈夫提出离婚，自己是很痛苦的。加上互相不理解，同所方争执很厉害，说了一些不计后果的话。我为了让溥仪死了那份心，便说一些骗他的话，什么“我已经有朋友了”“不离婚我又会失业”等。可我当时的那种处境，哪有什么朋友？我当时也已经到图书馆工作了，只是还不明白自己已经是国家正式职工而不再是可以被任意解雇的临时工了。由于心情不好，哪能有同溥仪过夫妻生活的想法呢？溥仪好像头一次和女人过夫妻生活，说些难分难舍的话……然而在监狱这样的环境，偷偷摸摸，胆怯害怕。我的心要碎了，好像晕了过去，事后也不明白算不算夫妻生活，也记不清什么事，只记得互相流泪，他像自言自语，又像对我说：这一次不一定怀上孩子，没想到这么好……还记得他给我脱衣服、系鞋带等拙笨的爱抚动作。可我觉得受了侮辱，难道我提出离婚就是为了夫妻生活的满足吗！我有那么多困难，他们并未帮我解决。第二天早上，我又气又羞。那是我永远忘不了的一个早晨。

“还有什么困难、什么要求？都提出来吧。”

“不！你的东西我一样也不要。只是到抚顺来，欠了点债，以后慢慢还吧。”

我生着气踏上了回家的路。一路上，我痛哭一场。现在想来，溥仪虽有些病，如果在普通人家，有正常的夫妻生活，他会有儿女的。

回到长春不久，是1957年的2月份吧，我接到了宽城区法院寄来的离婚判决书。不知怎么，我一下子又想起了1943年那件“册封”的文书，也想起了1946年那个逼出来的“离婚声明”。这些围绕我和溥仪的婚姻纠葛的文书真让人揪心！我背着人流泪，感叹自己命苦！我还是惦念溥仪，高墙里的他再没有一个真正的亲人啦！

我埋怨自己为什么偏偏把一个少女纯真的爱情献给了末代皇帝——战争罪犯呢？我不知道应该怎样排除这些揪心的杂念，我甚至强迫自己这样想：这回让你们看看我李玉琴也是有阶级立场的，我并不幻想当什么“娘娘”！

我很难过，结果病倒了，浑身难受。但是到医院一查，体温还正常，医院没给开诊断书。这里多说几句，那时我每次看病都有人注意，看我是否娇气装病，大夫谁愿找麻烦？所以对我这个“皇娘”也格外严格。我躺了一天，勉强起来去上班。

李玉琴在位于人民大街与天津路交汇处的长春市图书馆上班了

妈妈最了解我，知道我仍在感情上留恋溥仪，而且老人家从旧思想出发，愿意看见我和溥仪团圆。但是她也知道对我来说困难太大，她只好安慰我，而自己心里可能比我还难过……

按：我为李玉琴整理完成她的回忆录《中国最后一个“皇妃”李玉琴自述》书稿以后，于1987年4月交给李玉琴审定。她细心通读后表示同意，还在书稿上签了“阅过，可以按此排印。李玉琴 87.5.12”等字样。随后我就把书稿交给了北方妇女儿童出版社副总编辑周航女士。不久，我又接到李玉琴的电话，说她要修改书稿中同溥仪在抚顺同居那段文字，因为现有表述比较含混，既然读者很关注这件事，作为当事人，她认为自己有责任向读者作出明确的交代。我同意她依据事实进行修改，并建议她直接找周航取手稿，而且最好亲自动笔修改，可以保证事实准确无误。李玉琴接受了我的意见，亲赴出版社，亲手把上述那段文字改定了。我是在该书出版前通读书稿时才见到这段文字的，虽然她讲得还比较含蓄，但对他们之间曾有过夫妻性生活这一点是很明确的。李玉琴很慎重，她的回忆和文字表述是可信的，她求实的精神和爽快的态度也让我很钦佩。

附：战犯管理所参观团在长春期间溥仪拒见李玉琴（1986年5月）

1957年初夏，战犯管理所组织战犯到各地参观受教育，来到长春。这件事我本来不知道，偏巧战犯们住宿的吉林省人民委员会招待所距我们单位宿舍（今长春市电影发行公司左边一栋小楼即原市图书馆宿舍旧址）只有一道之隔。一天，我从食堂出来，见招待所门前停着不少辆大客车，我从旁边走过时无意识地向车里一瞥，一眼就看见了溥仪正在车里坐着呢！是他！我的心立刻怦怦地跳了起来。回宿舍后再也坐不住了，就想去看看他。我上招待所去了两次，不知什么原因不让见，到最后才送出一张溥仪亲笔写的简短的条子，说他不愿见我。

我又羞又气，哭得很伤心。自己怎么这么糊涂，人家随便一句话，说离婚以后还是兄妹、是朋友，你就当真了！现在他不见我就是忌恨我呀！当时确有“咫尺天涯”之感，一道之隔却不能见到他。我又想起在宫中时也是一墙之隔却不许我随便去见他，甚至从窗户看到他和他的兄弟侄子们在院子里玩，我也不敢走到他们中间去。难道说这样的生活我还没过够？不！我不能再留恋他了。按当时的心情，如果溥仪愿意见我，我很可能提出和他复婚，用另一种方式结束我内心的矛盾。可是，他那张短短的字条使我明白了：他虽然经过改造有所进步，皇上的架子和威严是不能一下子都去掉的。我知道，对于违背过他的人，不喜欢了的人，溥仪一向是百般刁难、打击。我提出离婚等于背叛了他，他能不怨恨我么？眼前仅仅是出来参观，就端起架子来了；将来真有当官任职的一日，还不得像从前那样神气吗？别忘了他是皇上，哪个皇上不是翻脸无情的人！这也好，免得我还是牵肠挂肚的。至此，我和他算彻底决裂了。

好在我已经有了新的精神寄托，有了职业，有了自己的工作岗位，我把全部精力都投到自己分管的图书业务中去了。

按：李玉琴与我合作撰写她的回忆录期间，亲述这段史实，竟难以抑制地痛哭一场，泪流满面，令在侧记录回忆内容的我无法劝止。

附：李玉琴手稿《关于离婚问题》(1984年秋冬之际)

当我要提出和溥仪离婚一事，是多种原因造成的。当时从个人感情上还有有点儿隔不断的，有人说我是大汉奸老婆（那时还没人说什么“战犯”），还舍不得丢掉“娘娘”身份，还等待“康德”呢（当时没人叫“溥仪”或“宣统”）！什么“封建意识”“资产阶级思想”“划不清界线”，当时我对这些词理解并不深，但明白是说我“没有无产阶级立场”“舍不得离开出卖东北民族利益的坏人丈夫”“在宫里待了几年，就把自己劳动人民儿女思想［弄］没有了”“背叛了自己原来阶级”……不单是背后议论，也有人，出于好心的人当面指出。这些道理恰恰和在通化［时的］何长工夫妇以及部队领导、反复给我讲的是一个意思，使我难过的是我的亲属［受到］株连，这个“皇亲”，那个“皇亲”，政治学习、工作、生活都受影响，他们实在是冤枉。旧社会都是受苦人，新社会都有“皇亲”社会关系了，他们能不怨恨吗？也是［我提出离婚的］原因之一。使我清醒震动，还是溥仪出席沈阳军事法庭作证、他在东京［法庭］出席作证［的事情］。［当年］我才18岁，什么也不懂，总以为他是无辜的。这次我年岁大一点，虽然政治觉悟还很低，但我终于明白了，溥仪也是个战犯，也是出卖祖国的汉奸，他不是无辜的，当时我的心里是很难过的。我也看过一些书和剧等，［人家］出外多年是为打鬼子，解放全中国，他的老婆孩子在家很是苦，但是受人尊敬的。而我受这些年苦，都是为一个万人恨的汉奸，怪不得我在哪儿工作，干得再好也得不到信任，最后还是被辞退，弄得我亲友生起气来了。

还有一件事也使我担心，是参加工作年末单位评先进，我们［外借］部都认为我不怕累，不怕苦，干得好，同意我当先进。结果有人提出：让“皇娘”当先进不合适。没当先进我还不苦恼，我担心人们总把我当“娘娘”看，早晚再把我辞退，再失业，太可怕了。我失业的痛苦受够了，再失业只有去死，可是我才二十多岁，我也是青年人，我内心还是热爱新中国，我还是向往和一般青年人一样，愉快地为新中国建设工作、学习、生活。所以，从理智上我认为，不和溥仪脱离关系，我在人面前总是抬不起头来，也还有失业的危险。

道理上好像是明白，可是感情上又总是留恋少女的时代，自己对丈夫纯真的感情。虽然对丈夫也有意见，［他］不是百分之百好，但总原谅他太忙，不能天天来陪伴我。我还是相信他说的如何爱我、喜欢我，甚至起誓不再爱第二个人。作为一个女孩子，听到这样言语是永远信以为真、忘不掉的，更不止一次怕失掉我。他也坦率承认自己脾气急躁，但诚恳求我，任何时候不要离开她。我起誓答应他，不离开他。可是历史变化太大了，现在他被关押了，我也［成为］“反属”了。思想矛盾、斗争，苦恼极了，怎么办呢？所以还是到抚顺和他当面讲讲吧，今后到底怎么办好呢？就这样1956年年底去了抚顺。

以前我是做过几次临时工，学习也还是很少的，所以认识问题还是很简单的，始终也不承认溥仪是有罪的。现在参加工作八个月了，是干部了，又定期学习理论课，自己又上业余高中课，以及上面讲过种种客观情况，我的认识有了质的变化。首先我承认溥仪是有罪的，是他和日本人互相勾结出卖东北国土，使东北人民过了十四年的半封建、半殖民［地］的牛马不如痛苦生活。所以，他说“有罪［于］人民”，［这］不是他谦虚。正因为如此，他才害怕，不愿回国，怕杀头。是他首先背叛自己［的］诺言，不回国，也就忘了我。

有了这些认识，他在我心中［的］形象，不是伟大而是平凡。为这样人忍辱受苦，却实［在］是可耻的。但当我见到他面时，虽然他已没有当年英俊潇洒派头，但我觉得和他有隔不断的感情。虽没有以前宫中言语，但从他眼神、语言以及来信，他还是对我很有感情的。以及他又给我的一个怪样，逗我笑。虽然我已没有少女天真、优雅的笑，但内心明白他舍不得我，他用宫里只有我俩才明白的态度、言语引逗我不忘旧情。

我的心痛苦极了，说过几句“一般开场白”之后，我沉默一会儿。我问他，你什么时候能出来呀？他很难过地说：“不知道，没日期。”当时他自己确实也认为自己出来是很难的，即或出来也是最后一个。也就是说很晚，因为他自己知道他是头号战犯。那怎么办呢？我在外面日子也不好过，人家都看不起我。“我对不起你，我有罪”，这句话我已听过无数次，是很讨厌的。难道多年等待就为听这一句话？

我又说，我来一趟也不容易，待一会儿又该走了。你这里挺好，我看咱们这有名无实的夫妻结束吧！你在这里没日子出来，吃穿不愁，更不怕失业，存在这名义夫妻对你也没什么用，对我是个影响。你本来年岁比我大得多，年龄相差太远，兴趣、爱好也不相同（我内心话，自己不能像在宫里不愁吃喝，你高兴咱俩像一个大哥哥带小妹妹，随便玩玩乐乐。现在讲革命，讲立场，以前那个时代不能有了，我也不是小姑娘了）。再说，早晚你还是先走，还是剩我一个孤老太太，也不能有儿女，你们家人也都看不起我，那怎么办呢？

我说这些话时都是慢声细语，和他商讨方法说的。没有逼迫他离婚的意思，更没有强硬态度。所以，他拉着我的手哭，就说“我有罪，对不起你，让你受苦了”。我也无声地流泪，说实在的，我心里确实难过、痛苦得很，夫妻关系多年，哪能一点感情没有呢？何况他当初对我总的来说还是不错的，否则我再封建也不能等他这些年。可是他已经成了罪犯，并且罪很大，确实没日子出来，他自己也认为出来的可能性不大。我这样没立场，牺牲自己一切只能换来失业，受人歧视，结果是一场空。

以后［的］历史证明：当时我没有这个预见，他三年后出来了。说到这里，我认为，我离婚不是错误的，只是当时心情，也可以说政治觉悟不高，还是藕断丝连，不是坚决态度、严肃态度，向他提出离婚还是心平气和，说服他，甚至互相探讨：存在夫妻和脱离夫妻关系的利害关系，所以他没有责备我的意思，只是伤心地哭。问我：“那你以后就不能来看我来了？”我马上回答：“能，能！我还像兄妹、朋友一样关心你进步，我会来看你的。”因为我［的］一个姐夫曾经是国民党军官，团级干部，伪满［时期］也是军人，和溥杰认识，是同级，我们关系挺好，就是给我报信“溥仪来信”那个人。他关押后，我曾两次偷偷看望他，他就判了无期（十一届三中全会以后放出来了），所以，我说能来看溥仪是真心话。我以为没有夫妻关系，既不会给亲属带来影响，也不会再影响我了。历史证明，并非如此。溥仪无言反驳我的意见，除了说“有罪”以外，还说“以后我一定对你如何好”。我看他这样痛苦，我内心斗争厉害，权衡一下，还是分手的对。就故意气他，你现在说对我好，那谁知你出来以后怎么样？你是皇帝脾气，和一般男人是不同的。我也真没想到，溥仪脾气以后变得一切顺从妻子。

到点了，溥仪走了。所里领导三个两个找我说话，他们肯定我这一年多，对溥仪改造很有帮助。还说溥仪改造有进步，认罪态度好，我就不爱［听］“改造”“认罪态度好”［一类话］，因为这就意味溥仪过去是坏人，我多年的心血换来一个“认罪好”“接受改造”的丈夫，我的心太苦了。我［的］思想感情不能面对事实：承认溥仪本来是罪人，是在接受改造。

他们反复说，溥仪将来能出来工作。我问，“将来”是几时？是一年、两年？我心里话，就是三年五年也不一定。回国才关押六七年，比他轻的还判二十年呢！出来当个一般工人，还得算有“前科”的人，到哪儿也不受欢迎（事实如此，年轻人犯法，放出来找工作都难）。

我哪能知道对末代皇帝是有特殊照顾的，我以我个人失业经历认识：我在宫里待过，是后宫嫔妃，但没做坏事，可以说［与］政治无关，还到处受人歧视呢！所以我和所方领导谈话，是针锋相对的、矛盾的，绝不是和溥仪［谈话］那样心平气和，尤其他们说“如果脱离关系，不利于溥仪改造”，让我多为溥仪想想，溥仪是如何喜欢我……我内心反感极了，你们闹了半天是为溥仪着想，而我呢，你们是一点不为我想想。这一年多，我每次都是用尽脑汁筹措路费，偷偷摸摸来的。就是这次我也没敢公开说去抚顺看丈夫溥仪，好不容易有了工作，谁知道什么时候又嫌弃我这“娘娘”，又辞退了。你们一点不帮助我，更没拿出一点东西给我生活补助，也不帮我找工作。我心里话，我是穷人，比不上皇叔御妹，公家拿路费，公家给买棉大衣。我是半饥半饱来看溥仪，到现在你们还不同意，还叫我为溥仪改造着想。我又来了犟劲，向来是不怕硬的，谁说我也听不进去，因为越听越不是味，总是站在溥仪个人［角度］说话，一点不为我想。

我后来气得胡说，“我有朋友了”，溥仪再出来当大官我不稀罕，我就是穷人。他们也生气了：“你怎么这么难说话，比溥仪还难说话！”这句话［让］我更来气了！闹了半天，我还不如溥仪好说话！那好吧，我就是要离婚，有人说“溥仪还有东西呢”，我更生气了，我早就知道了，我都不乞讨你们，你们也舍不出一件救济我。现在提出离婚，又提出“东西”来了，这不是拿“东西”考验我穷孩子吗？我说，不稀罕。说得时间很长，越谈越僵。

我心里话，这些军人怎么和通化何长工部队讲得不一样呢？现在尽为溥仪说好话，那时尽说溥仪如何如何不好，动员赶快离婚。我真不明白，事实上这些年我不离婚，可真到处受人歧视，而溥仪现在就是犯人身份，关在这里，还是个无期（我以为不判就是无期，溥仪自己也是以为无期）。

我心里话，你们是照顾溥仪挺好，有吃有穿，溥仪吃得也很好，基本是细粮，还不限量。我在外面表面不是犯人，其实最低生活保障不了。你们怎么不过问？其实作为头号战犯，接受改造，重新做人，要接受揭发批判，是一场很痛苦的磨炼。本来改造旧思想、旧作风，就是一场激烈、痛苦［的］斗争，何况一个皇帝要改造成为普通公民，领导下多大工夫，本人也要经受痛苦磨炼。只是当时我理解不了，和领导谈了很多，甚至故意瞎说气他们。

谈不拢，他们忽然提出留我住下。我知道天晚了，今天回不去，晚上只好住小店去，留我住下就住下，还提议让溥仪陪我睡。我可并不怎么高兴，这是什么意思，难道和他睡一宿觉，就不离婚了？真侮辱人。

溥仪倒是吃完饭就过来了，这屋子原来是一溜大炕，现在就剩我们俩了，可叹溥仪真像个拙笨的新郎，我像个被包办的新娘。这突然的举动，是我思想没料到的，加之多年分别，可以说陌生多于亲切，而又是在监狱，思想、感情相当复杂。我们不敢大声说话，怕别人偷听。溥仪给我脱衣、脱鞋，我不让。他说，我愿永远这样伺候你。我感动了，但转念想，你这是向我讨好，其实你一旦得势，会很快把以前喜欢的人忘得一干二净！这一点你以前就这样，反复无情的。对你有用时，你很会用各种方式［讨］喜欢；没用时，讨厌时，你也是很凶狠的人！所以，他尽管说如何思念我，离不开我，叫我别和他离婚，但我和所方领导谈话不愉快，变得对他也不热情了。

也许，［经过］一天的谈话和苦恼，我的心情变得沉闷了，话也懒得多说了。好像这是一种“偷情生活”，对我来说是一种侮辱。头几回我当天回不去，只好住小店。这回用睡觉来挽留我，难道我只贪图和男人睡觉？我和溥仪以前是“神仙眷属”，我还是认为是很清高的。现在这次，他这个拙笨的新郎破坏了“神仙眷属”，我却产生了反感。我觉得所方领导以及溥仪都不理解我，是侮辱了我的人格。

第二天吃完饭我就走了，一路上思想苦恼，又有点怜爱溥仪对我的深情。可我不离婚，以后在外面还是受人歧视，亲友也有怨言，怎么办呢？所方领导也没正面回答“溥仪几时能放出来”（但我没说过三个月、五个月），怎么办呢？可我最生气，还是所方处处为溥仪着想，不为我着想。难道我这个人就应当为他忍辱受苦吗？

说是“无意”也罢，“碰巧”也罢，我是恰［好］走到抚顺法院门口的，我根本也不知抚顺法院在哪儿，也没想有意去找，却碰到门上了。于是，我就进去了，我就想一吐为快。接待我的是一个男青年，年岁和我相仿，我把我的遭遇、委屈全都说了。问他们我这样受苦，到处受歧视，丈夫溥仪、爱新觉罗家有钱有地位人，以及所方都不关心我，反而说我不该离婚……那个年轻人对我很同情，说完乘火车就走了。我却不知这是向法院正式提出离婚来了。

回长春后一个多月，就接到《离婚判决书》。表面上我高兴，叫你们看看我不是幻想再当“娘娘”吧！我是有“阶级立场”的吧！可是，内心又苦恼：为什么一个少女纯真的爱情，会送给一个末代皇帝战犯呢？这关系是断了，可我还在心里惦念他。我劝自己要刚强，已经这样了，就别想念这些事了。可是不能，多少往事，多少思绪，全都一一想起来了。甚至溥仪给我脱衣、穿鞋，我也认为那不是“装”出来的。就这样，我病了好几天，但不发烧，医院不给开诊断。对我这样人处处明显“严格”，我看病，单位都有人注意是否为娇气“装”的？所以我躺［了］八天，只好勉强起来上班。

回家，妈妈看我不高兴，也难过得不言声，她能说什么呢？妈妈最了解我，知道我感情，［尚］留恋溥仪。可是，客观促使我，不离婚困难太多了！妈妈又有点旧思想，认为我受了那几年苦，等待溥仪，将来我们能团圆，能幸福。但她绝不是一个唠叨的老太太，从她目光我是能看出来的，那年的春节，我的心情也是不愉快。

按：《关于离婚问题》是李玉琴的亲笔手稿，内容为回忆与溥仪离婚始末。该文写于1984年秋冬之际，当时，她与编者合作撰写回忆录的工作已在进行中，本文就是她应合作者要求所提供的专题资料稿。其价值在于公开亮明了她与溥仪离婚始末经历，特别是当年面对这一人生重大变故的真实内心世界，也写出了抚顺战犯管理所内溥仪在离婚前后的思想感情、言谈举止，以及由此反映出来的心灵深处的变化，确属无比珍贵的亲历人第一手资料，共十六页。同样富有时代痕迹，今首次披露，借以纪念已于2001年仙逝的李玉琴女士。编者增补文字置于［　］号内，以示区别。

战犯管理所：缅甸联邦民族院议长肖恢塔来所参观情况报告（1957年5月13日）

（5月8日下午4时20分，肖恢塔议长及其家属一行十二名在刘贯一同志陪

同下到达本所，稍事休息后肖议长即与溥仪谈话，其谈话主要内容如下）

肖议长（以下简称“肖”）：早就想和你见面，但没有机会，今日能见面很感荣幸。自日本投降后一直不知你在何处，现在知道你在抚顺，愿意来看看你。

溥仪（以下简称“溥”）：我能够见到肖议长非常荣幸和感谢。

肖：你对中国人民政府满意否？

溥：共产党和人民政府对我太好了，真是史无前例的宽大，我一方面衷心感激党和政府对我的再造的恩情；另一方面对祖国人民更感到无比的羞愧。我们中国由于在共产党、毛主席、人民政府的领导下才真正翻了身，并且祖国才能飞跃发展和人民过着幸福的生活，中国在国际地位的空前提高。面对这一切现实，怎能不使我衷心地愉快呢？但是，我一回想我的过去，我太对不起祖国人民了。由于我和日本帝国主义的互相勾结，当了日本帝国主义走狗，成立了伪满洲国，把东北的一切人力、物力、财力支持了日本帝国主义对祖国的侵略战争，给中国人民带来了空前的灾难，我感到自己太不是人，太对不起祖国人民了。

肖：只要认识过去的错误，才能走正确的道路……

溥：我对我们的祖国犯了那样的滔天罪恶，可是党和政府对我真是无微不至地关怀和宽大，给我以最人道的待遇，给我以改造、教育。从而使我才认识到什么是真理，什么是正义，这里完全和大学校一样，这充分说明中国人民的伟大，说明马列主义改造人类、改造社会的伟大精神。回想我自幼受封建思想教育，我完全是自私自利的思想，所以我当了日本帝国主义的走狗，走上了反人民的道路。

肖：这是对的，认识到封建的自私自利；同时也应当认识为人民的利益、为和平的事业，才是光明的道路。印度巴莫曾当日本帝国主义的傀儡总统，现在在缅甸还怎么样……巴莫过去曾和你照过相，他是博士，他今年六十几岁了。你感到这个监狱比过去的监狱怎么样？

溥：那是根本不一样，过去的监狱是迫害人民的监狱，现在的监狱是对犯人改造的地方，这两者的性质根本不同，这是由于这两种国家制度不同、政权本质的根本区别。

肖：我曾到中国各地参观，看到中国改变了面貌，看到伟大的建设，看到了人民的幸福生活。

溥：我也曾参观过祖国的建设情况，我参观过抚顺露天矿、石油一厂、抚顺煤矿学校等地方，特别使我感动的是，到台山堡农业生产合作社参观时，访问了社员家属，我向农民以羞愧的心情表示谢罪。而农民不仅没有表示憎恨我，而且勉励我说："过去的社会制度不好，应好好地学习改造，成为新人，我们的政府是会宽大处理的。"这一位普通农民所说的话，是我一生难忘的。

肖：你也参观了呀！（表现出惊奇的样子）

溥：我不仅在各地参观，而且还参观了抚顺市的国庆节和"五一"节的庆祝大会。这只有中国共产党和毛主席领导的中国人民，才能对我这样的人有这样的待遇。您是知道的，这是任何国家，任何朝代所绝对办不到的事。

肖：我在中国各地参观，我所听说的、亲眼见到的中国建设的成就和人民的幸福生活，你也亲眼看到了，这足以证明我说的话是不错的。

溥：在我们祖国各地参观时，看到祖国飞跃发展，看到工人、农民的幸福生活，我实在太愉快了，但是，同时也更增加了我对祖国人民的羞愧。

肖：缅甸是信仰佛教的，我们主张维护和平，应当为和平而一致努力。

溥：和平一定胜利，世界人民都是反对战争，现在世界和平的力量越来越大，帝国主义已面临穷途日暮［末路］。

肖：用刀枪来威吓人的结果是自己的灭亡。我过去对日本人说，你们凭藉武力是不能成功的。

溥：希特勒、墨索里尼、东条英机等帝国主义分子的下场，是足以说明这个问题的，我对中、缅总理的和平的五项原则的联合声明，对缅甸维护世界和平的努力，非常感佩。

肖：我们应当一致为和平事业而努力。

溥：我完全同意，我在报上看见议长到北京参加"五一"节观礼和毛主席、伏罗希洛夫主席一起照的相片。您到万寿山去了吧？万寿山过去是清朝西太后专为个人享乐的地方，她把修建海军的费用，用在修万寿上，作为她个人的享乐场所。现在已是人民享乐的地方了。中国共产党没有自己的利益，人民的利益是共产党的最高利益。党的一切都是为人民服务的，所以得到全国人民的热爱和拥护。

肖：我今天很荣幸地和你见面，谢谢！祝你健康，并愿你为和平事业而努力。

溥：那是一定的。今天蒙议长访问，我感到光荣。非常感谢您并祝您健康。

（肖恢塔议长在溥仪答话时常常点头表示同意，并常常插话说“对对，是是”而打断溥仪的答话。谈话结束后，肖议长携着溥仪的手，一同走到运动场，肖议长及其家属与溥仪合了影，共拍照多次。然后溥仪与肖议长及其家属——握手告别。最后参观了理发室、浴室、俱乐部、厨房、医务室、日本战犯监舍、汉奸监舍等场所。在参观中肖议长对管理所的设备不断表示惊奇和赞扬，说“这里的设备的完善，真像大学校一样”。然后回到休息室，休息数分钟后于5时50分离所）

按：缅甸联邦民族院议长肖恢塔，继驻北京英国记者漆德卫、法国、加拿大等国记者和我国驻香港地区《大公报》记者采访溥仪之后，于5月8日来所参观的。肖恢塔议长与溥仪谈话时，中央领队刘贯一同志插话说：“溥仪到各地参观为什么在报纸上不发表呢？是为了溥仪的安全。国家为了保证将来你的公民权，请你放心好好学习。”谈话结束后肖恢塔议长和家属与溥仪以及刘贯一、刘进义等在场者合影。当年国内各级首长来所看溥仪的人日益增加，每月不下数次。其中抚顺市委、市人委、公安局陪同参观者较多。著名法学专家、东京国际军事法庭法官梅汝璈也曾来所参观并会见了溥仪。

抚顺战犯管理所：关于溥仪接见日本日中友好协会等三十七个访华代表团外宾谈话（1957年7月8日）

（谈话约二十五分钟，其谈话主要内容如下）

外宾团长：对您的现在生活深表同情，我们愿意了解您的生活情况。

溥仪：我回答这个问题之前，首先谈一下过去我对中国人民所犯下的滔天罪行。各位都知道，过去日本帝国主义侵略中国，占据了东北，建立了伪满政权的目的，就是要通过伪满政权来对东北人民进行掠夺、奴役和镇压，达成它的殖民统治。伪满的十四年，给东北人民带来真是史无前例的痛苦和大灾难。日本帝国主义更以东北为军事侵略基地，对中国人民、对亚洲人民，进行法西斯侵略战争，对中国人民实行“杀光、烧光、抢光”的三光政策。在中国抗日战争期间，中国人民牺牲了一千多万人口，财产损失了五百多亿美元以上，给中国人民带来历史上空前的大灾难。

我在伪满当时是无实权的，日本关东军司令官掌握实权，对伪满国务院则是由日本人的总务厅长官支配，对伪军事部则是由日本人的最高顾问支配，对我个人则是由日本吉冈安直中将支配。日本帝国主义为什么不利用别人，而利用我呢？我是中国人，我一切只为了自己，只为了自己的地位、安全，便不惜出卖东北的主权，断送一切人民的利益，帮助日本帝国主义，用东北一切人力、物力来支援日本帝国主义侵略战争，我对中国人民犯下了不可饶恕的罪行，和日本帝国主义在中国所犯罪行是完全一样的。但是自从我回到祖国以后，蒙中国共产党和人民政府的人道主义待遇，对我学习上、生活上的关怀、照顾更是无微不至，管理所真像大学校一样。至于对我们的衣、食、住，以及医疗、文娱各个方面照顾得太好了。并经常看电影、看剧。特别是去年我们祖国的国庆节和今年的"五一"劳动节，我都去参加了观礼，去年和今年两次让我们到祖国各地参观。我这样对祖国犯了滔天罪行的人，能够受这样的待遇，真是历史上空前的创举。

外宾团长：很对不起您，请您告诉我，清朝乾隆年印的北京版西藏《大藏经》在何处？

溥仪：不知道，过去故宫东西太多，我也是有很多的东西没有见过，当时我很年轻，也不注意这些事。可是我听说过宫里建福宫楼上有一部《大藏经》，后来该处失火被烧了。我在长春时，有五部《大藏经》都是日本版，其中两部是日本人送给我的。

（最后代表与溥仪握手告别）

溥仪：各位是为和平的使节而来我国的，主张和平、反对战争是正义的事业，这是世界人民所支持的。正义的事业乃是不可战胜的力量，对于各位对和平的努力，我非常钦佩！因此，我向各位表示敬意。

按：本记录最早出现在抚顺战犯管理所"关于日本日中友好协会、日本恢复邦交国民会议、日本地方议员、青年、妇女、工会、基督教，以及日本北海道东京都岐阜县、福冈县、冈山县等三十七个访华代表团参观战犯监狱情况的报告"之内。

前日本军人第二批访华团参观战犯监狱情况报告（1957年7月22日）

（团长远藤三郎会见了伪满皇帝溥仪和其胞弟溥杰，谈话约十分钟，其谈话内容如下）

远藤：盼望你好好学习，身体健康，将来能为社会主义事业服务。

溥仪：谢谢。

远藤：这次来中国是应中国外交学会张奚若先生的邀请而来的。我去年来这里参观的时候，见了你的弟弟溥杰，当时没有好意思要求见你。我还记得你到日本的时候，我曾见过你，若当时和今天相比，你是真正作为人成长起来，据说你的学习很好，我在这点上愿意做你的徒弟，学习你的学习精神。看来你的身体很健康，我很放心。

远藤：溥杰先生，你的家里一切都很好，今后有什么事情，我可以代办。

溥杰：谢谢。现在我时常得到她的来信，我也时常给她去信。

远藤：听说去年信的来往很慢，现在直接通信可太好了。我可以告诉你的爱人，你的身体很好。

溥杰：谢谢。

远藤：很失礼，能允许同我一块儿照个相么？

溥仪：（点头表示）可以一同照相。

远藤：这张相片准备送给溥杰先生的爱人，请你们保重身体，好好学习吧！

溥仪：对于你们这次为了中日亲善和世界和平事业而来我国，这是很好的。维护和平是正义的事业，这是受到世界人民的支持，我对各位为和平事业而来，表示敬意。

我过去背叛祖国，跟着日本帝国主义走，给我们祖国人民带来了极大危害。我对祖国犯了不可饶恕的罪恶，可是，我们祖国人民政府对我，无论在学习上、生活上，真是父母般的关怀与照顾，对我真是仁至义尽的待遇。我完全认识了过去了的罪行，我将来一定重做新人，你可以放心。

远藤：我也和你同样地进行深刻的反省，我还要向你学习，将来和你在同样的道路上前进，请你也放心。

按：1957年7月15日上午9时20分，前日本军人第二批访华团部分代表八名，在团长远藤三郎率领下到达战犯管理所。团长远藤三郎向管理所接待人员说："我们前军人第二批访华团，是应中国外交学会邀请来中国访问的。提出以下问题：能否找在押犯藤田茂，了解是否战犯们愿意和他们见面？如不愿意见面，只参观设备不看监舍；是否允许照相？是否给一份在押战犯名单？有无死亡者，其尸体如何处理？这些问题管理所接待人员均作了回答。随后参观了厨房、医务室、监舍，以及卫生、娱乐、运动场所，此后，因藤田茂表示高兴见面，就先找他谈话。继而团长远藤三郎会见了伪满皇帝溥仪及其胞弟溥杰，12 时许离去。

日本民间广播访华团参观战犯管理所时与溥仪的谈话录音（1957 年 8 月 5 日）

（8 月 2 日下午 4 时，日本民间广播访华团一行四人，在抚顺市电台同志陪同下到达战犯管理所。团员吉田谈他对总理的印象：在北京见到周总理，他实在是一位度量宽宏、有手腕的政治家和外交家，法国式的外交家。日本总理和人见面的时候，总是带着秘书或者什么人，周总理就一个人出来，立刻和我们握手，给我们划火柴点烟，说话也非常爽快、清楚。日本的吉田最讨厌新闻记者，对外国人还好点，岸信介在美国也曾大显身手。继又找伪满皇帝溥仪谈话，以下为录音内容）

田尻（代表团团长）：你的生活怎么样？

溥仪：很好，每天我都在紧张地学习和运动着，我的生活是很好的。

田尻：你对日本是怎样的心情？

溥仪：过去日本帝国主义侵略，占据我国东北，建立了伪满政权，并实行对中国的侵略战争，对中国人民实行它的"三光政策"，人所共知。中国人民在日本帝国主义侵略当时，牺牲了一千多万人，损失财产达五百多亿美元。

由于帝国主义发动侵略战争，给予中国人民带来了真是历史上空前的大灾难。拿我来说，虽然我在伪满是没有实权，一切实权是操纵在日本帝国主义和关东军司令官及总务长官之手，但是，我竟这样丧失人性，丧失民族气节，竟跟着日本帝国主义走，当他的走狗，并执行日本帝国主义侵略政策，支持它的侵略战争，危害我们祖国同胞，所以我对中国人民是犯下了不可饶恕的罪恶。中国人民所受的灾难，都是日本帝国主义造成的，所以我对日本帝国主义是痛恨的，仇视的，我永远忘不了的。

另一方面，我对日本人民则不是这样，相反地，我对日本人民是有好感的，因为日本人民对我们中国是友好的。同样，我国人民对日本人民也是友好的。几年以来，中、日两国人民互相友好访问，以及订立了许多民间协议，同时，日本人民是反对战争，主张和平的，所以我对日本人民只有好感，而且同情他，因为在美帝国主义控制下的日本的今天，正和过去日本帝国主义对伪满情况一样，所以我对日本人民很表同情，愿意日本成为一个独立、自主、民主的国家。

按：该团是应中国广播事业管理局邀请而来，7月25日周总理接见，告知9月有八名战犯释放回国，其中六名刑满，一名因病，一名表现好。然而该团在我国参观期间态度不够友好，搜集缺点并拍照，可能会用于反动宣传，抚顺战犯管理所在接待上也从严掌握。代表们提出：是否允许找一两名将在9月间释放的战犯谈话和录音？他们的原籍何在？拍照范围有无限制？是否允许找溥仪谈话录音等。参观了厨房、医务室、监舍、运动场所、理发室、浴室，最后找溥仪谈话录音，6时15分离去。

溥仪在抚顺战犯管理所认罪大会上的发言《我的转变经过》（1959年10月）

我作为伪满战犯，在抚顺战犯管理所接受党和政府的教育和改造。从1932年3月至1945年8月，我对充当伪满执政和皇帝期间所犯下的罪行，感到非常地惭愧和悔恨。

罪恶的思想根源

我生在清朝末期的封建专制家庭中，从三岁起，就当上了“宣统”皇帝。当时封建统治势力虽然已经现出“日落西山”的末期景象，但是，宫廷中的皇帝生活，反倒日趋腐朽和骄奢淫逸了。从童年起，衣、食、住、行等一切，都处于养尊处优、穷奢极欲的环境中。当时光为我一个人生活服务的，就有约千名太监，二百多名医生，约二百名厨子；另外还有主公、大臣、侍卫数百人，护军数百人。我所受的教育是孔孟儒家的天命伦常的封建学说。接触的人，不是谄谀趋奉的太监，便是一些家奴、“遗老”，再就是张口“皇上”，闭口“奴才”的王公。因此，从我懂事起，自然而然地就摆惯了“唯我独尊”的皇帝架子。认为全中国的国土，就是皇帝一人的私产，也就是爱新觉罗祖先遗传给我的“祖业”。

对辛亥革命，我自幼就反对，认为这是“暴民造反”的结果。反抗皇帝，推翻朝廷还了得。我的这种想法，是由于封建帝王“家天下”和“奉天承运”的传统思想，以及所谓“敬天法祖”“专制独裁”“唯我独尊”的家教所造成的。例如以君臣上下的等级思想灌输，并美化清朝专制制度，说这是“天下太平”的为政要道；同时还歪曲革命事业，说这是“犯上作乱”，把军阀割据的混乱局面，归于共和制度，说这是由于“群龙无首”。而把为封建统治服务的孔孟学说说成是天经地义的圣人法言，把进步学说说成是“邪说横行”。用长白山上的仙女，因吃了喜鹊衔来的朱果，生了爱新觉罗氏始祖的神话，和“列朝圣训”、《东华录》之类的所谓“祖训”“家法”等作为根据，配合着迷信神佛的宫中习惯来腐蚀我。于是，便在我的封建统治阶级的反动思想本质上，更涂上多种多样的反动色彩，构成了我前半生的罪恶思想体系。现在初步认识到，这种根深蒂固的罪恶思想体系，有以下几点：

1. 封建帝王“至高无上”，统治万民的专制主义、封建等级特权思想和尊孔崇儒思想；

2. 满族优越的狭隘民族主义思想；

3. 迷信天命、神权和“敬天法祖”思想；

4. 崇拜帝国主义、亲帝国主义、恐帝国主义的奴化思想。

以上是我反动思想构成的主要内容，它的综合表现，就是“家天下”的思想。进一步说，就是极端的个人主义。它的实际表现，就是为了个人欲望，为了个人的特权，可以不择手段地去做，什么祖国，什么人民，在个人利益面前，我是不屑一顾的。由于这种反动思想的支配，以及生活环境的腐蚀，我的政治野心随着年龄增长着，对中华民国的仇视心情也与日俱增起来。尽管我满心想开倒车，做复辟清朝的迷梦，但是在社会发展规律面前，自感力不从心，丝毫不能以个人意志为转移。

罪恶深渊越陷越深

我十二岁的时候，张勋复辟失败了，感到非常痛心。虽然分散在各地的旧臣、遗老们还在散播着封建主义的毒素，时刻准备钻空子，以求一逞，但在人民已经认清了封建君主制的罪恶的当时，那些老古董的幌子，再也诱惑不了任何人了。

可是，我仍然不甘心就此失败。在羽翼全无，无法实现自己复辟清朝迷梦的时候，就在反动历史观的作用下，我便想要学“重耳借秦兵入晋”“小康借鬲民外援中兴夏朝”的故智。认为除了依靠外人的势力之外，别无他法。在英国人教师庄士敦教我英文的时候，曾对英国抱过幻想，想到西欧去留学，借此得到这个国家的支援，作为将来恢复“祖业”的政治资本。不料在我去荷兰公使馆时，被太监泄露给父亲，遭到阻止。但仍未死心，借一些所谓遗老的关系到处奔走。一方面企图勾结当时有势力的军阀，如吴佩孚在洛阳办寿时，派郑孝胥携厚礼去祝寿；一方面，和日本帝国主义勾结，如日本的东京、横滨一带大地震时，又派陈宝琛把一批古董和几万元钱交给日本公使馆，作赈济之用。在我结婚时，除了将所谓遗老旧臣，从全国各个角落招集到北京，送礼致贺外，还大肆招待各国外交人员，以致造成了在北京城内，既有中华民国大总统，又有前清皇帝并存的奇观。所以，当时的报纸和国会议员，都曾为此事而替中华民国前途抱有危机感。这些所作所为，终于被冯玉祥将军识破，把我撵出了“清宫”。

我移住到父亲家中，感有危险，便在遗老的奔走下，逃到了日本公使馆。在日本公使馆度过了几个月的亡命生活，又在日本公使芳泽谦吉的策划下，逃到了天津日本租界。这时，我完全倒在日本帝国主义的怀抱里。我想：中国人既不允许我活下去，把我逼出了皇宫，现在唯一能够依靠的只有日本，因为日本是以天皇为中心的，实行的是封建专制制度，所以他能同情我。于是，便由郑孝胥、罗振玉等人和日本帝国主义分子相互串通，我一步一步地和日本帝国主义结成了亲密关系。从此，就把日寇看成是“救命恩人”，堕入日寇的魔掌中。其间，日本帝国主义分子时常从中挑拨、离间我与中国人民的关系，不断地培植我的狭隘的民族思想，维持着我的“关门皇帝”的传统，把我在北京皇宫中的“小朝廷”，从日本公使馆继续维持到天津日本租界的寓所里。这时，我仇视祖国革命事业的心情，越发强烈起来，向日本“乞宠邀怜”的心情也与日俱增。那时，我对其他帝国主义国家，如英、美、意等国，也挖空心思地进行拉拢。曾与英国总领事，英国驻军司令官等时常来往，和英国国王、意大利皇帝互相赠送相片，还赠给法西斯首魁莫索里尼亲笔匾额和相片。除此，对当时的军阀政客也不放过，如对实力派的张宗昌、李景林、华树隆等人，都进行过酬酢往来；给失业军官毕翰章、刘凤池等经济援助；和安福系的小政客费玉楷的彼此利用，都是为了勾结拉拢，梦想实现复辟野心。当时，我的如意算盘，就是多拉拢一个就多一个帮手，增加一份在政治方面的资本。就这样，我在天津的租界里整日做着企图危害祖国，恢复清朝的种种阴谋勾当。

1929年前后，乾隆和西太后坟墓被军阀孙殿英挖掘，由于“敬先崇祖”思想的支配，及那些封建残余前清遗老的捧臭脚，曾联名向国民党政府要求惩办孙殿英。当蒋介石对孙殿英没有加以惩办时，我为祖宗报仇之心，更加强烈起来，越发想依靠外援来恢复所谓的“祖业”。这时，我不但以皇帝自居，而且以“中兴皇帝”的唯一有资格者自居。在家中仍然使用“宣统”年号。在年节或过生日时，不但受北京旧臣遗老磕头拜贺，也接受外宾的祝贺。当时，叔父、伯父等都要向我磕头请安，我高坐在上受之不疑。到了天津，继续过着这样的生活，甚至对父亲，一次未喊过一声“爸爸”，认为我是个天生的“至尊无上”的天子，理应受任何人的恭维。

卖国求荣当汉奸

1931年“九一八”事变，日本帝国主义侵占东北后，日本驻天津司令官香椎浩平找我谈话，劝我到东北去主持一切。同时，遗老罗振玉又拿来汉奸熙洽的信，也劝我到东北，并说日本军能派军舰接我去东北，我一听正中下怀，心里很高兴。但是，这是关系到我的前途、命运的大事情，不得不和老师陈宝琛、秘书胡嗣瑗商议。他们劝我不可贸然轻信，要慎重从事，恐其中有诈，故我才没有立刻答应。由此接二连三的恐吓事件发生了。有人冒充赵欣伯送来水果，筐中装有中国制造的炸弹；也有人打电话告诉我：张学良派刺客在我常去吃饭的西餐馆里寻找我，并接到许多恐吓信。这一切都说明帝国主义为利用我当走狗，不惜使出一连串卑鄙的阴谋勾当。

正这个时候，日本特务头子土肥原贤二代表日本关东军司令本庄繁来天津见我，还是劝我到东北去主持一切。并说日本愿竭力帮助我，尊重领土主权和我的自主，决不进行干涉等语。我心想这是日本关东军长官的正式表态，也就相信不疑地答应了。自认为“良机”已经到来，多年来希望的事情就要实现了。心想，中华民国把东北丢了，日本人帮我到东北，既能恢复祖宗发祥地，东北归我统治，又可以“救了”东北人民。这样，以东北作基地，就可以在全中国恢复清朝封建统治了。

我由天津到了东北的汤岗子，住了一个星期左右，又到了旅顺。在日本宪兵、警察的所谓保护监视下，几乎是失去了全部自由。我的爱人、妹妹、跟我多年的秘书胡嗣瑗和我的家族兄弟溥伟等来见我时，都遭到日本军部的阻挠和拒绝。除郑孝胥父子有行动自由外，我和外界完全隔断了。虽然也觉得事情越来越可疑，但是，为实现清朝复辟的幻想，忍耐又忍耐地度过了几个月焦虑不安猜谜式的生活。后来，日本关东军参谋板垣征四郎来对我说，你到东北不是清朝复辟，是要建立一个满、汉、蒙、日、鲜五族的国家，日本人也可以当官吏，我一听就拒绝了。

第二天，板垣让郑孝胥父子来威胁说，关东军提出了最后通牒，如不应允他们的要求，日本军就把我当敌人看待，采取行动。听到这个晴天霹雳的消息，正目瞪口呆之际，郑孝胥则以扔下我一走作为要挟。他儿子郑垂又从旁对我说："不入虎穴，焉得虎子，先答应他，有了实权，再想办法不迟。"在内外夹攻下，不得不答应了板垣的要求。

我到了长春，当上了汉奸集团大头目——伪执政。当时，我心里是复杂多端的，既愤恨日本人自食前言，又怕日本人用毒辣手段来对待我。同时，还对自己的前途抱有种种乐观的幻想。心想虽然没当上复辟清朝的"中兴皇帝"。但是，只要忍耐一时，养精蓄锐，将来的政治前途还是无限的。于是就喜气洋洋地当上了可耻的汉奸头子。因抱有幻想，在和本庄繁签订卖国密约时，就把祖国东北人民的利益，从天上到地下，全部送到日本帝国主义手里。

这以后，又把密约搬到"日满议定书"里，使之合法化。从此，伪满十四年的祸国殃民的政策法令，都根源于此。日本帝国主义根据这一密约，一步紧似一步地抓住一切实权，把东北的神圣山河变成为日本帝国主义利用的经济、军事基地的同时，又把它的魔手伸到祖国内地，伸到亚洲各个国家。追本溯源，都是由于我甘心卖国，使千百万人民遭屠杀，祖国的经济与文化遗产遭毁灭。

在十年改造中，特别通过到社会参观，接受现实教育，看到祖国在短短十年里，有了日趋繁荣富强的今天，感到这是无数革命先烈流血牺牲，才使东北人民重见天日。不论我参观到哪个工厂、矿山，哪个农村，哪个展览馆，只要今昔对比，都感到我的罪恶严重。我感到，伪满时期祖国的每一寸土地都浸透了人民的悲泪和鲜血。当听到各单位负责人的说明和介绍时，一方面对祖国一日千里地飞快发展，感到无限地兴奋和鼓舞；同时又感到无限的悔恨和惭愧，深感自己罪大恶极，不可饶恕。

1932年当伪执政，已经丧权辱国，1934年当上伪皇帝，也同样有着莫大代价的。我第一次访问日本，并不只是像表面所表示的那样：一来是为了我充当伪满傀儡皇帝以来，对日本帝国主义给予的所谓“不断援助”表示感谢；二来是对裕仁曾派他的兄弟雍仁来祝贺我伪皇帝即位的答谢。实则是为了“以身示范”，带头向日本帝国主义表示“一德一心”的忠实的奴才相和以“日满亲善”的幌子，来压制东北人民恨日、仇日、抗日的民族活动。凡此种种，作为一种麻醉剂来给日寇的进一步侵略作为挡箭牌。已当上了伪满洲皇帝的我，虽然还没尝到专制君主的滋味，但夙愿总算达到了。在名誉上总比当伪执政过瘾得多。访问日本，是想借机和日本皇室建立亲密关系。这样日本关东军就不敢肆无忌惮地拘束我，限制我了。于是我抱着这种“如意算盘”访问了日本。

在日本果然得到了皇室的“隆重”接待，错误地认为皇室和关东军不同，由衷地生出了感激之情，向裕仁母亲做了使人作呕地屈意谄媚。回到长春，喜气洋洋地召集伪简任职以上的伪官吏，发表了谈话，着重指出：“如果日本人图谋不利于伪满洲国，便是不忠于日本天皇陛下；同样如果满洲人不利于日本国，便是不忠满洲国皇帝”等。当然阴险狡诈的日本帝国主义分子，决不能那样天真，也决不能被上述几句话给蒙混住。结果，关东军更收紧了操纵的绳索，发出了从今以后不得随意召集伪官吏发表谈话的暗示。访日的企图，又以空欢喜而告终。但是，还必须颁布一个所谓的“回銮训民诏书”，一则是为了增强我做傀儡的作用，二则是用来缓和东北人民的仇恨日寇的情绪。这样，日寇便可以在“日满一家”和“一德一心”的烟幕下。来加强它的血腥殖民统治。随之而来的是步步加紧，把更残酷的政策法令加在东北人民身上，使他们遭到更残酷的镇压、屠杀、奴役和掠夺。

由于这样的事实，我认识到关东军的厉害，增加了对日寇的恐惧，从而加倍地逢迎它、谄媚它。每见到日本人时，就机械地表示：“满洲建国以来，全赖贵国的同心协力，对贵国多方的援助，我和全满洲国官民，都衷心感谢。”至于所谓“一德一心”“日满亲善”“日满不可分”等奴颜卑膝的言辞，更成了口头禅。在关东军司令官梅津美治郎和山下奉文等人面前，简直是丑态百出了。

到了1942年前后，日本首相东条英机来满洲作所谓“闪电访问”时，我曾对他恬不知耻地说：“请放心，满洲国当尽全力来支援‘亲帮’的‘圣战’……”更为可耻的是，当日本侵略军侵占了武汉以后，我曾给该方面军司令官冈村宁次写了歌功颂德的文字。这时完全忘了我是一个中国人，真是狗都不如。为什么会这样不知羞耻呢？就是由于我的反动本质所决定的。古语云："哀莫大于心死。"

那时，我就是这样的人。

在血腥统治的三个时期里

在伪满十四年中，日寇对东北所实行的侵略政策，大概可以分为三个时期。第一个时期，是从1935年第一次访日起，开始在所谓"日满亲善""一德一心"招牌下，逐步巩固了它的血腥统治；第二个时期，是从1940年第二次访日开始，给日寇进一步侵略开辟了道路；第三个时期，是从1941年日本帝国主义发动了太平洋侵略战争，我颁布了所谓"时局诏书"起。这样，在罪恶深渊里，我愈陷愈深，直到1945年"八一五"日本投降为止。

我第二次访日，是在日寇进一步推行殖民统治，妄图用宗教侵略，来同化东北人民。我执行了这一罪恶滔天的侵略政策，把所谓的"天照大神"拿到东北来作为伪满洲皇帝的祖先。借此把所谓的"一德一心"变成以"日满一家"为开端，再进一步达到其同化世界的所谓"八纮一宇"的统一全世界的疯狂侵略政策。当然，这种愚蠢得可笑的野心，对广大东北人民来说，只会激起他们仇日、抗日的民族义气，决不会受到它的同化影响。由于我带头喊"亲帮"，带头混认祖先，使东北人民遭到了莫大的摧残和侮辱；由于我带头把日本神庙遍设于东北各地，就强迫人民凡过神庙必须敬礼。我除了按季节拜祭外，还定出了"不敬神"的严厉法律惩罚，这样，我既损害了多少青年、儿童的民族自尊心，又给民族历史留下了旷无古今的奇耻大辱。

自幼我就是一个饱受"敬先崇祖"家法教育的人，曾因为日寇不许我公开祭祖而感到愤慨，可是，自己为什么又甘心冒认祖先呢？理由很简单，只是为了巩固汉奸皇帝的地位，为了取信于日寇，任何丧心病狂的事都可以干得出来。我不但在伪宫中建立了伪神庙，按规定亲往祭祀，并颁布了所谓"国本奠定诏书"，不仅把自己置于儿子地位上，把所有的一切都归之为"天照大神"和"天皇陛下"的保佑。这就正式承认了日本帝国主义在伪满洲国的宗主权，并给其由同化到吞并开辟了道路，还为日本帝国主义征服全世界的"化八纮为一宇"的狂妄野心做了有力的帮凶。

1943年，伪满建国十周年时，日寇为了庆祝十年来的血腥殖民统治，以我为首的汉奸集团，竟厚颜无耻地正式决定把日本帝国主义叫作“亲邦”，并颁发了“建国十周年诏书”。在这一伪诏书中，恬不知耻地说出了“明明之鉴如亲，睦睦之爱如子”的奴性滥调。还特派伪国务院总理大臣张景惠为“谢恩大使”，代表我到日本去表示感谢，带去我的亲笔感谢书，借以表示我认贼作父的诚意。

1941年12月7日，当日本帝国主义发动太平洋侵略战争时，为了表示“日满不可分”的诚意，特颁布了支持日寇侵略战争到底的所谓“时局诏书”、号召“举国人而尽奉公之诚；举国力而援盟邦之战”和“生死存亡断弗分携”，以此来献媚取宠。从而把东北的一切资源和财富，甚至生命都双手送给民族的敌人，尽力支持它残害祖国同胞和对亚洲各国人民的血腥屠杀。正是因为我颁布了这样的伪诏书，随之而来的是一连串的伪法令和一切的血腥统治政策，越发加深了东北人民的灾难。

日军强迫抚顺煤矿工人选出优质煤运往日本

总之，在伪满十四年中，我给东北人民带来的灾祸，是数不尽说不完的。从我整个犯罪过程来看，可以概括地把它分为三大类，也就是伪满当时所谓的“三大国策”。第一，就是所谓的“产业开发”——实行全国的经济统制。具体内容是：关于生产方面的统制、关于消费方面的统制、农产物的掠夺、种种的配给制度和关于金融财政的统制等。这些都是和本庄繁之间签订的卖国密约，逐项使之法律化的结果。从而形成了像无数条的吸血带，由这无数条的吸血带，构成了一个无所不包的大吸血网络。在实行所谓“第一个五年计划”时，由我签字颁布、施行的伪“重要产业统制法”，就是对于主要的原材料钢铁的工矿企业及农产物加工工业等二十一种企业实行了统制，目的就是在有准备、有计划的组织下，实行大规模的掠夺来支持日本帝国主义的侵略政策。结果造成了东北人民不是冻饿而死，便是流离失所，无家可归；不然就在“经济犯”的名义下，受尽了折磨和摧残。

日寇掠夺东北粮谷的统制政策，是年年加紧的。所谓的“农产物出荷数量”是逐年增加的，到了1944年被抢去的粮谷，竟达七百余万吨。其中除了供给关东军的七十万吨粮食外，其余的半数以上是运往日本。造成了东北人民长期地陷入挨饿状态，连下地种子都颗粒无存。还有饿死人不偿命的粮谷配给制，敲骨吸髓的大增税，直线上升的物价飞涨，以及强迫储蓄等。从而造成人民无法生活，投河上吊而死的、身陷牢狱的等，到处皆是，擢发难数。

日军把掠夺的大批物资运往日本

其次，是所谓的“北边振兴计划”。这是根据“日满议定书”中的“共同防御”的规定，由日伪双方共同出资，以“开发”北边的产业为名制造的所谓“北边国境建设三年计划”，以后又改名为“北边振兴计划”。这不但直接地威胁着苏联，而且给日寇的移民政策造成了可乘之机。特别是为了给日寇修筑侵略苏联的军事基地，从华北骗来一百三十余万劳动人民，强迫他们当“劳工”，在非人道的残酷奴役中，遭到病、死、伤、残的灾难。到了伪满末期，日寇为了保守军事基地的秘密，在完工后把他们秘密地集体屠杀掉。

再次，则是罪恶昭著的“开拓政策”。这一反动政策的实施，也是由日伪共同投资，在帝国主义的垄断资本操持下，将日本国内的农民大批移到我国东北。一是为了缓和日本国内农村中的阶级斗争。二来是为了增长和扩大在我国东北的侵略势力，使我东北广大农民受到毁家夺田的灾难。这里更深一层的罪恶目的是：日寇向伪满国境移民是准备对苏联进行军事侵略；向山岳地带移民，是为达到封锁抗日联军的阴谋；向工业地带移民，是为加强工矿企业的军事生产。

伪满的所谓“三大国策”，都是由于我积极执行日寇的侵略政策而出笼的，所以我痛切地认识到：祸民利敌的一切罪责，完全应由我来负。更为重要的是日寇根据“日满议定书”的规定，可以长期驻兵东北，并在“共同防卫”的幌子下，满洲国伪军和日寇侵略军，可以做到狼狈为奸。为了当汉奸头子，我不但使日寇侵略军无限期地盘踞在东北，还把伪军的指挥统帅权委托于日寇关东军之手。使它的以“中国人打中国人”的恶毒策略发挥了作用。曾使抗日救国的人民武装力量遭到了多少损失，使多少爱国抗日烈士流尽了宝贵的鲜血，杨靖宇、赵尚志将军的英勇牺牲就是事实的证明。所有这些，就是我有一百条命也是偿还不了的！

为给日寇的殖民统治站脚助威，在司法方面，同样犯下了不可饶恕的罪行。当时的司法机能在组织形式上虽然有着法制形式的拟态，其实质就是使它成为对东北人民进行残酷镇压、屠杀、奴役的活地狱。从伪司法部成立开始，就发挥出它的暴戾的兽性，把无数善良人民、进步人士、共产党员屠杀在狱中。1936 年所谓的“反满抗日的教育界事件”，还有 1938 年，伪三江省一次就逮捕了三百八十余名共产党员。特别是在日寇太平洋战争节节败退的时候，就愈发残暴得令人发指。为了巩固伪满的反动统治，我颁布了所谓的“思想矫正法”“保安矫正法”等残酷的法令，实行了集中营式的恐怖政策。由伪满司法部矫正局指挥，在沈阳、哈尔滨、长春、抚顺、鞍山、本溪、阜新、西安、鸡西、鹤岗、通化等地，设立了十余个集中营式的所谓“辅导院”，收容了被扣上所谓“思想上有问题”的人，有三万余人。据 1944 年统计，伪满共有监狱一百三十余处。这些监狱是惨无人道的地狱。在刑具方面有手铐、脚镣、保护衣、防声具、锁链等以及各种各样的非刑具：如灌凉水、灌辣椒水、针刺等。可见，伪司法就是专供日寇利用的一把屠刀，在这把屠刀上不知浸染了多少祖国人民的鲜血，替日寇磨这把刀的人就是我。

总之，在伪满十四年中，我替日寇卖力气，是不惜一切的，直到1945年"八一五"苏联进兵东北，我的卖国行为才算结束。

根深蒂固的反动思想

被俘到苏联后，我的反动阶级立场并未转变，仍然支配着我，曾数次上书斯大林元帅，请求允许长期住在苏联，但这并不是对苏联社会制度有什么认识，而是想在苏联暂住一个时期，将来有机会的时候，再去西方国家过寓公生活。对一同被关押的伪大臣、伪军官，依然以皇帝自居，他们有时对我没"礼貌"，即抱反感，对于学习则是一味应付。苏联对我的人道主义待遇，让我单独居住，单独吃饭，不让参加劳动等，便认为这是我的"特权"。苏联方面让我写检举日寇在东北的罪行，我就躲躲闪闪，避重就轻，一字一句地斟酌再三，唯恐罪责落到自己身上，不是强调日寇的强迫，便是郑孝胥、罗振玉等人的谏言，不肯用"自动"或"甘心情愿"等字眼。

1950年苏联方面送我回祖国时，便认为这是把我送上了死路。因为一想到苏联十月革命胜利后，是怎样对待沙皇尼古拉二世的，精神就紧张；在中国历史上，每当改朝换代，前一代的高官显宦，尚不能幸免，何况曾是清朝末代皇帝的我呢？想到被推下皇帝的宝座后，张勋复辟被利用过，日寇统治东北十四年中，又当上了伪执政和伪皇帝，共产党还能不严厉处置我？在报纸上，看到土改运动中，人民是怎样对待地主、恶霸的，尤其听到第一批从苏联被送回国的汉奸中，有几名伪省长级的人，被处死刑的风传，我就信以为真，更难入眠了。就这样，在惶惶不可终日的心情中，离开了苏联，被送回到祖国。

在党的感召下，思想开始渐变

在绥芬河国境上，接收我们的政府工作人员和我见面，他们不仅没有像我预想的那样，以仇恨的态度对待我，而且在列车上还受到公安人员的种种亲切待遇，但我还是忐忑不安地胡思乱想；看到成群的人往一个地方跑，我认为这是来看枪毙汉奸的。为缓和一下紧张思绪，便与对坐在附近的公安人员大谈佛学来，而后又扯到自己曾是如何地“积善好施”，以及捐钱救济过西安灾民等，以此企图获得他们的同情。但心里仍然是做贼心虚。当列车快到长春时，思想更复杂了。由长春想过去的“新京”，由神经的极端紧张，发展到神经错乱，觉得人们都在窃窃私议，又觉得就要对我下手了，每听到唱歌的声音，就认为这是人民在庆祝抓到了汉奸而高兴。这时，我几乎成了半疯的状态。

当列车到沈阳的时候，就更感到“风声鹤唳”“草木皆兵”了。看见公安部队排队走过，便认为这是准备押犯人赴刑场；看见旅客奔跑换车，又认为这是争着赴刑场看热闹；待公安人员喊我和几个伪大臣下车时，更认为死期已到。上了汽车后，看持枪的战士站在车门口，又想到：既是非死不可，也不能在临刑前丢丑，准备在临死时要高呼：“太祖高皇帝万岁！”可是汽车并未把我送到刑场，而是送到沈阳东北公安部大院。进屋一看，摆着很多的椅子围着一条长桌子，桌子上放有水果、点心、香烟等。等各位首长进来，态度很和蔼，我还是认为这是给我们准备的临刑前的一顿“催命宴”，便对首长说：“快走吧！”意思是说要杀就快点吧。这时首长说：“可以放心，不要胡思乱想；共产党是为人民办事的，既没有私怨，也不作报复，政府对你们的期待，就是老老实实安分守已地学习、改造。”一席话才使我初步地认识到：自己的想法完全错了。

到了抚顺，被领到监房内，关上门，上了锁以后，又由安心变成了疑惧。过几天，发给新棉衣、鞋、帽、被褥日用品等，心里又放宽了。学习开始后，又不懂了，为什么让我们学习？加上每日三餐都是精米、白面，有鱼有肉地吃着。休息时，还能听到广播。所方工作人员都很亲切，为我们大兴土木，安装暖气、修浴池。干部亲自为我们挑热水，样样都使人感动。但是，还不明白，政府为什么给我们这样好的待遇呢？起初就是在这样漠然感谢中，生出了惭愧之念，觉得有些受之不安。但是，一想到自己的过去，心里又凉了，认为断乎是没有宽大的可能。

一天，在报纸上看到，以美国为首的十六个国家，打着联合国的旗子，在朝鲜仁川登陆。在看到这个消息的同时，所方突然命令我们向哈尔滨转移，于是疑虑横生。暗想：这一定是美国快要打到东北来了，为了避免美帝的空中轰炸，才匆忙地把我们转移到哈尔滨。到哈尔滨后，看见布满铁柱的监房，和坚固的铁锁，又害怕了，认为这是法律严厉制裁的第一步。但是，生活待遇却是

越来越好，

所长以下的工作人员，也都是和颜悦色地对待我们，在医疗上的亲切周到和日常生活上温暖照顾，使我的思想又乱了，结果仍是莫名其妙。

我学习总是啃名词，在钻牛角尖中打转转。对于批评与自我批评，既受不了也做不来，总觉得批评是在找别扭，打击我；批评别人，又怕遭到报复。在讨论批评会上，我既不敢不发言，又不敢说心里话，敷敷衍衍地混过去了事。

由于抗美援朝的胜利，以及所方对时局进行专题报告，在不断学习中，使我逐步认识了，帝国主义并不是“铁老虎”而是“纸老虎”，纠正了过去认为抗美援朝是“烧香引鬼”，没事找事的错误想法。同时也认识到人民的力量，是正义的力量，确实是不可战胜的。从此，学习《中国的封建社会》，初步知道了封建土地私有制，是如何阻碍着社会生产力的发展；如何使中国长期贫穷落后，停滞不前，以及封建等级、剥削制度的不合理等。对过去自己曾是怎样一个人，也有了初步认识。但是，这只是感情上的初步认识，对自己所犯下的罪行，还是没有真正的觉悟。因而不敢向政府坦白交代自己私藏的珍宝，不敢承认勾结敌人和甘心帮助敌人等罪行。

溥仪认真阅读刘少奇的《马克思列宁主义在中国的胜利》一书

1954 年，返回抚顺后开展的认罪大检举，这在我全部改造过程中，确实是一个大转变的阶段。由于学习《帝国主义论》，开始认识到帝国主义的本质。它本身存在的不可克服的严重矛盾，必然要走向死亡道路，说明它确实是一只“纸老虎”，从而把我的崇外、恐外、媚外的思想作了一次清算。在学习中，除了指定的文件外，还配合有报纸、广播、书籍、电影，以及所方领导讲话等，对症下药适时地进行教育，随时随地地打通思想。这样，使我的思想逐渐起了变化，这些对我来说，真是有起死回生的恩情。这种耐心、苦心教导，再思想顽固的人，也能在这一改造社会、改造人类的大烘炉中，被感化过来。政府为了进一步加速我们的学习和改造，还放宽了尺度，许可我接见家属和同家人通信。从 1956 年起，组织我们参观社会，让我们从新旧社会对比中，既认识了帝国主义的罪行，也认清了自己的肮脏罪行。当时，社会上学习什么，也让我们学习什么，社会上是什么样子，也让我们亲眼去看看。古今中外，哪有犯人还能出监去参观的呢?

溥仪在战犯管理所温室内浇水

自 1958 年开始，组织我们分科分组劳动，在劳动中得到锻炼，得到改造，消灭统治阶级思想意识，根除腐朽寄生积习，使其成为一个自食其力的劳动者。就这样，中国共产党和人民政府，给予我脱胎换骨、重新做人的机会。我想，就是顽石也会点头，何况我也是一个人，又怎能不在感恩的基础上，加速改造哪！总之，我的前半生罪恶太大了，实在是一百个死、一千个死，也是抵不过来的。本来共产党和人民政府不杀，已经是史无前例的宽大了，何况还给以教育、改造和自新的机会，使我从内心往外感到共产党和毛主席真是人间的太阳，她的光辉普照着全中国每一个

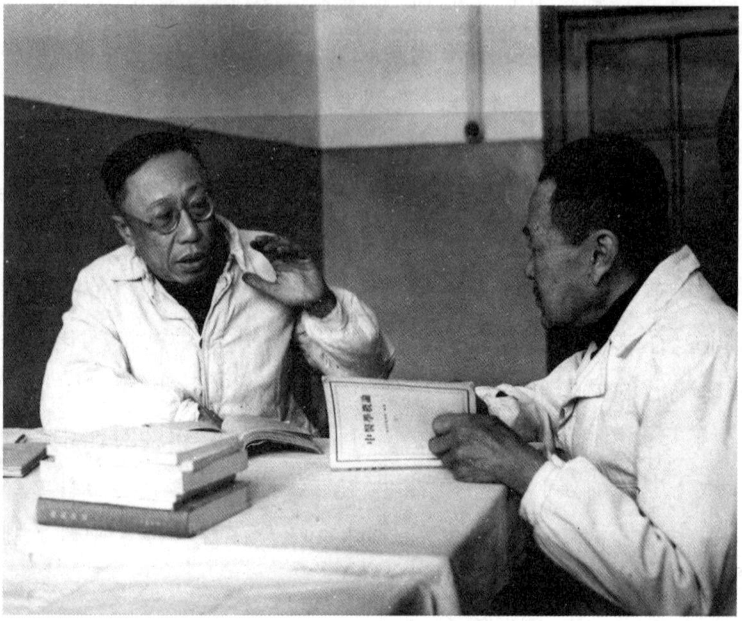

对中医有兴趣的溥仪在管理所内的卫生室得到了发挥专长的机会

人。不仅从灾难和痛苦中解放了六亿五千万人民，还拯救了罪犯，使他们一步一步地从黑暗的罪恶深渊走向了新岸，看到了真理与光明。特别是冲洗掉了身上的血腥泥污，消除了灵魂中的毒素，使得像我这样有严重罪恶的人，也能有改邪归正重新做人的可能。

建国十年来的巨变教育了我

中华人民共和国建国十年来，取得了社会主义革命和社会主义建设的伟大胜利，使新中国的国际地位提高到不可想象的高度。凡是国际间的问题，特别是亚洲的问题，没有我国参加就不可能得到真正的解决，不但给帝国主义东方战线和殖民主义制度以致命打击，而且给殖民地半殖民地的亚非国家人民、拉丁美洲各国人民争取民族独立自主，求得解放，树立了光辉榜样。在国内，社会主义革命已经在经济战线上、政治战线上、思想战线上都取得了伟大胜利，社会生产力大发展，人民生活水平不断提高，人民民主专政日益巩固，取得了古今中外历史未曾有过的奇迹。社会主义新中国已经像巨人一样，在世界的东方站立起来了。通过这一系列事实的教育，我从新旧对比中，并通过我的前半生，终于找出了结论，这就是：旧中国为什么在同样的地大物博、人口众多的有利条件下，国际地位却日益削弱，受尽了帝国主义的压迫和欺侮。只要一碰外国，不是割地就是赔款，每况愈下地落入了殖民地、半殖民地的地位。这一切的一切都源于中国旧社会的吃人的旧制度。过去封建王朝、封建军阀和国民党反动派腐朽到顶，社会上充满了剥削、压迫、掠夺、失业和贫困，使广大人民处于忍饥挨饿、任人宰割的穷苦生活中，连生存都受到威胁。

为什么新中国能使帝国主义阵营中的第一流强国美国，在抗美援朝战争中遭到惨败，乖乖地坐下来谈判停战，而且，在台湾海峡问题中，进退两难、日益孤立，暴露了“纸老虎”的丑相呢？这都是因为在共产党领导下，中国人民站起来了，劳动人民当家作主，建立起优越的社会主义制度，才能充分发挥出广大人民的积极性、创造性，才能发挥出广大人民保卫祖国的无穷无尽的力量。由此，我认识到社会主义制度的无比优越性，人民的力量是不可战胜的，也认识到封建制度是一个人享福、亿万人遭罪，阻碍生产力发展，使人民穷困、国家日益贫弱的制度，哪还有力量对外？所以每次和外国人一交手，就一败涂地。另外，封建统治者与帝国主义勾结，镇压人民，仇视革命，抱着“宁赠友邦，毋予家奴”的卖国思想，来维持垂死的反动统治。两种制度本质的差别，形成新旧中国的鲜明对比。

上述的事实，说明社会主义制度的无比优越性，说明共产党、毛主席的英明领导。所以，六亿五千万人民和党结成了血肉关系，事事听党的话，愿意永远跟着共产党和毛主席走。在处理犯人问题上，也是如此。过去是一小撮统治者压迫多数人民，现在是绝大多数人民改造极少数犯罪者；过去的监狱是把好人折磨死，今天的监狱，则是把坏人变为好人；过去实行的是血腥的报复主义，今天实行的则是马克思、列宁主义和毛泽东思想的改造社会和改造人的人道主义及感化政策。

最近的心境，认识又进了一步

通过到社会上参观，亲眼看到了社会主义事业和建设蓬勃发展的实际，在一次次参观中，一次比一次深刻，一次比一次兴奋鼓舞。在工业方面，过去只看到了苏联和社会主义兄弟国家援助的新机器较多，我国自制的虽然不少，但是仿造的较多，自己设计制造的则少。可是，在第二、三次社会参观中，发现自制的占多数，而且很多自制的机器质量已达到了国际标准。最使我受感动的是广大的工人阶级，人人发挥出敢想、敢说、敢干的伟大共产主义精神，用忘我的劳动和冲天的干劲，创造出无数的奇迹。特别是技术革新与技术革命的开展，已经成为发挥全国亿万人民智慧的洪流，人人动手，个个争先，形成社会主义建设中的亿万花朵。当无数的新产品五花八门地展现在我眼前时，我内心里情不自禁地由衷地发出了“共产党伟大，社会主义制度无比优越”的心声。

溥仪在沈阳参观中国自制的产品

在大伙房水库工地上，亲眼看到这伟大的工程，又亲眼看到了沈阳市的辉煌远景规划等，使我切肤地感到：唯有这样的新社会，才能有这样惊人的伟大新成就，这是任何资本主义国家在短时间内绝对看不到的奇迹。在轻工业及其他方面，也是如此，没有一样不使人感到兴奋；没有一样不使我感到这些成就的取得，都是在党的正确路线、方针、政策指导下获得的；同时更是马克思、列宁主义与中国革命实际相结合的毛泽东思想的伟大胜利！在参观中，更使我深深受教育的，就是日本帝国主义垮台前夕曾讥笑说，“只能在鞍钢的废墟上种高粱”。而今，我们的大鞍钢已经巨人般地矗立在我国东北，武钢、包钢也相继建成。无数的钢铁厂，星罗棋布地布满了全中国。现在的钢产量已由解放前的十五万八千吨，上升到一千二百万吨，比解放前增加了七十五倍。这样，不但在很短期间恢复了日寇和国民党所造成的创伤，并且形成了工业的体系。帝国主义者还曾预言：“中国平原无大矿。”可是，如今在辽宁省境内的大平原地带上，就发现了沈北大煤田，在辽宁东部还发现红透山大铜矿。日本帝国主义曾预言“鞍山是个贫矿”，可是现在怎样？鞍山已成为我国的钢都。这些都使我进一步认识到资本主义国家办不到的事情，我们却能办到的根本原因。这要归功于中国共产党和毛主席的正确领导，归功于社会主义制度，归功于站起来的六亿五千万人民！

在人民生活方面，也从新旧对比中，深深认识了自己的罪恶。伪满时，劳动人民吃橡子面、穿更生布，十八岁的姑娘没有衣穿。今天人人有几套衣服，人人有饭吃，多半还是细粮。今日辽宁省平均四名职工就有一块表、七名职工就有一辆自行车，每六户就有一架缝纫机，每四户就有一台收音机，鲜明的对比，使我既欢欣鼓舞，又痛恨自己的过去。我们外出参观学习，虽只限于抚顺和辽宁省，但这里已是全国的一个缩影。从新旧对比中，更感到共产党、毛主席、政府和人民给予改造我的再生恩情，使我从憎恨愧悔自己的过去，并从严重的罪恶中清算了过去，掌握自己的现在和争取自己的将来。我的结语是：通过十年的改造与学习，使我睁开眼睛，开始看清了前途。

第一，封建专制制度给祖国带来的是贫穷落后，生产力停滞不前；一人享福，万人受罪，国家衰弱，备受帝国主义的侵略和欺侮，因而成为半殖民地国家；给人民带来的是贫困饥寒，朝不保夕，受尽封建统治者和帝国主义的剥削、压迫、奴役、屠杀；给我自己带来的是愚昧落后，极端自私自利，狂妄自大，骄奢淫逸，终于当上了汉奸。

第二，帝国主义给中国带来了无穷灾祸、侮辱和危亡；给中国人民带来了民族的危亡，灭种的灾难，以及受奴役、压榨和死亡，给我带来了万古骂名，最后伴随帝国主义一同毁灭。

第三，社会主义制度使祖国由半封建、半殖民地变成为独立、自由、繁荣富强的伟大国家；给人民带来了生产力飞跃发展和无限光明幸福的生活。同时，给我带来了起死回生，从鬼变成人的千载难遇的良机。所以，只有今天才是我一生中最幸福的日子。我唯有在终身认罪的基础上，在终身感恩报德的基础上，不断学习，继续改造和永远向前。我要终身听共产党、毛主席的话，永远跟共产党走。我一定要争取立功赎罪，把我的生命和力量献给祖国和人民，直到我的脉搏停止跳动。

这就是我的结论，也是我的决心。

按：《我的转变经过——1959年10月爱新觉罗·溥仪在抚顺战犯管理所认罪大会上的发言》一文系孙国福根据录音整理，由赵立静、韩冰洁对文字稍作修饰，原载抚顺战犯管理所《战犯情况报告》，藏中央档案馆。

金源副所长与溥仪谈特赦的话题（1959年12月1日、3日）

（1959年12月1日，抚顺战犯管理所的战犯们遵照管理所安排，各拿工具清除积雪，又把大俱乐部布置一新，安放了录音机和摄影机，又用汽车运来许多长凳。人们心中明白：要开特赦大会了。当天晚上，金源副所长找溥仪谈话）

金源：你对特赦有什么想法么？

溥仪：这次肯定没有希望了，但我决心争取早日获释。

金源：谁最有可能首批获赦？

战犯管理所金源副所长与溥仪谈话

溥仪：（认真想了一会儿）第二小组组长。

金源：还会有谁？

溥仪：本次评比中成绩优秀者，那位学习委员会成员也有希望。

金源：我相信这正是你心里所想的。

（溥仪并非完全绝望，他坚定地认为，最后一批特赦对象中会包括他的）

（12月3日金源又找他谈活，尽管大家对这个时刻的举动相当敏感，溥仪却

毛主席作出第一个特赦溥仪的决定，在特赦战犯大会上溥仪接过《特赦通知书》

想得不多，在一份手稿中，他对那次谈话的内容和当时的心情作了简明记述）

12 月 3 日的晚上，副所长又找了我去。又问起我对特赦的想法。我的回答仍是那一句：我是没希望的，但我决心争取以后……

金源：假如你被特赦呢？你怎么想？

溥仪：那是人民批准了我，认为我有了做人的资格。但是，现在是不会有这事的。

这天夜里，我一想起所长的那句话“假如你被特赦呢”我的心脏突然快速跳动起来。但随后又对自己说：“不会吧？”

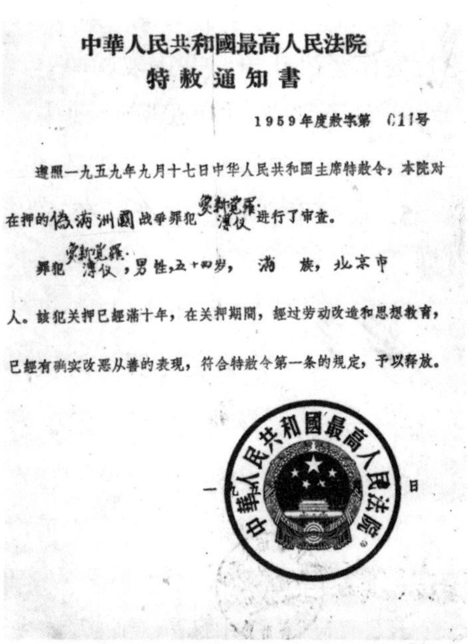

中華人民共和國最高人民法院
特赦通知書

1959年度赦字第 011号

遵照一九五九年九月十七日中华人民共和国主席特赦令，本院对在押的伪满洲國战争罪犯爱新觉罗·溥仪进行了审查。

罪犯爱新觉罗·溥仪，男性，五十四岁，满族，北京市人。該犯关押已經滿十年，在关押期間，經过劳动改造和思想教育，已經有确实改恶从善的表现，符合特赦令第一条的规定，予以释放。

日

写有“爱新觉罗·溥仪”名字的《特赦通知书》

按：12 月 4 日上午，抚顺战犯管理所首批特赦战犯大会隆重召开。由辽宁省高级人民法院的代表宣读“中华人民共和国最高人民法院特赦通知书”，法院代表利用停顿的片刻扫视全场，台下鸦雀无声，似乎听得见一排排战犯们的心跳，“1959 年度赦字 011 号”，换句话说就是国内得到特赦的第一名战犯，人们急切地想知道是谁？继而，“爱新觉罗·溥仪”的名字出现了，溥仪不再相信自己，真想借别人的耳朵再听一遍！“该犯关押已满十年，在押期间经过改造、确实改恶从善，符合特赦第一条的规定，予以释放。自即日起给予中华人民共和国公民权。”溥仪再也难以自制地痛哭失声了。

溥仪未能交出的《保证书》（1959 年 12 月 7 日）

1. 永远跟着我的母亲共产党和毛主席走。

2. 为祖国社会主义事业、为人民贡献自己一切力量，直到脉搏停止。

3. 以毛主席指示的六项指标为自己行动指南和鉴别香花、毒草的准绳，向一切反社会主义、反党、反人民言论行为作坚决斗争，并揭发检举。

4. 从不断学习和实际劳动中，改造自己，成为脱胎换骨的真正新人。

5. 永远不忘自己罪恶，争取立功赎罪。

1959 年 12 月 7 日
爱新觉罗·溥仪

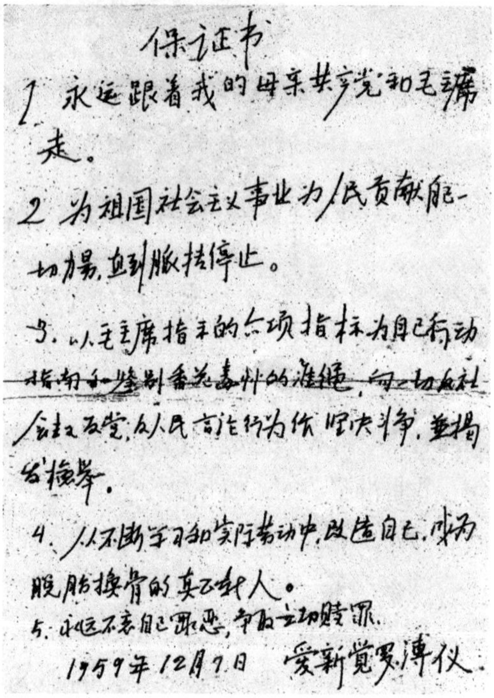
保证书
1. 永远跟着我的母亲共产党和毛主席走。
2. 为祖国社会主义事业为人民贡献自己一切力量，直到脉搏停止。
3. 以毛主席指示的六项指标为自己行动指南和鉴别香花毒草的准绳，向一切反社会主义反党反人民言论行为作坚决斗争，并揭发检举。
4. 从不断学习和实际劳动中，改造自己，成为脱胎换骨的真正新人。
5. 永远不忘自己罪恶，争取立功赎罪。
1959年12月7日 爱新觉罗溥仪.

溥仪撰写的《保证书》

按：本《保证书》是爱新觉罗·溥仪于 1959 年 12 月 7 日在抚顺战犯管理所亲笔所写，1 页，也是他亲笔署名“爱新觉罗·溥仪”、亲署落款及时间“1959 年 12 月 7 日”。应该说明的是，此短文成于特赦（1959 年 12 月 4 日）之后、离开抚顺战犯管理所（1959 年 12 月 8 日）之前，内容可谓情真意切，富有时代痕迹，从未发表过。溥仪本想呈交抚顺战犯管理所领导，请政府对他今后的言行放心。然而，政府是并不需要他“保证”的，也不接收这份《保证书》。溥仪决定由自己收藏，自查兑现实况，直到作为遗物永远珍藏。

六、特赦以后

究竟应该怎样安排特赦后回到北京的公民溥仪？这就是溥仪被特赦回到北京以后毛泽东经常谈起的问题了。

1960 年 5 月 9 日毛泽东接见伊拉克、伊朗和塞浦路斯外宾的时候，1961 年 4 月 1 日毛泽东会见以米尔莱为团长的古巴青年代表团的时候，1962 年 1 月 31 日毛泽东邀请溥仪在家中小酌的时候，1962 年 9 月 24 日毛泽东在八届十中全会上，毛泽东都运用溥仪“改造好了”这一事例，来说明“统一战线和团结”这一条中国革命的基本经验，让溥仪作为探索中国社会主义道路的鲜明例证而走向世界。

当 1966 年“文革”的狂乱降临，溥仪和《我的前半生》都处在四面楚歌境地，一张印着毛泽东与一位亲属中晚辈谈话内容的红卫兵传单适时闪出，肯定溥仪已经“改造过来了”。对于溥仪那样复杂的历史人物，无疑起到巨大的政治保护作用。1966 年国庆节，溥仪仍受邀登上天安门观礼台参加国庆纪念活动，这同样是政治保护。

1967 年 10 月 17 日凌晨 2 时 15 分，溥仪的生命时钟终于停摆。他最后的春秋同样是在毛泽东保护之下和周恩来更具体地关照之中度过的，上缴的稿费退还了，夫人李淑贤的住房问题、生活问题解决了，他安心地合上了双眼。然而，怎样评价逝世以后的中国末代皇帝又很自然地提了出来。

毛泽东周恩来与溥仪交往的史实，是关于我国封建社会末代皇帝与新中国首代领袖，在他们共同经历的各个历史时期中相互交往的完整记录，也是毛泽东和周恩来首定改造政策有始有终已获成功的充分证明。

两位伟人是创造并执行统一战线政策和改造罪犯政策的光辉典范，他们根据马克思主义基本原理和长期的革命实践经验，从全民族和全人类最大的、长远的、根本的利益出发，制定出成为革命三大法宝之一的以民族统一战线、民主统一战线和爱国统一战线为基本内容的革命统一战线的理论和政策。他们还参照两次世界大战后逐渐形成的以革命人道主义对待战俘的国际惯例，总结国内长期革命斗争中优待俘虏和改造压迫者、剥削者等历史经验，在溥仪的社会主义改造问题上，进一步做出理论的阐述和发挥，丰富了毛泽东思想的内容。这对于扩大爱国统一战线具有重大意义，在国际上也产生了深远影响，属于中国现代史中最重要的篇章。它凝聚了百年历史风云，反映了广袤大地上翻天覆地的社会变化，还集中了人民及其领袖的斗争艺术，这是胜利者改造旧世界创造新世界成功的艺术，在新旧社会交替演进中显然是最具典型意义最生动的历史情节。

溥仪由皇帝到公民的转变，并不仅仅是一个人的改造，而是一项政策的成功和意义深远的胜利。在溥仪身上可以体现辛亥革命、中国共产党和抗日战争的伟大成果，从一个重要侧面展示了现代中国的发展和演进历程，具有重大国际意义。毛泽东的话表明，溥仪的出路在中国，爱新觉罗家族的出路也在中国。

现把溥仪这一时期的存文整理公布。

四弟溥任（右三）和五妹韫馨（右一）把大哥溥仪接回家里

溥仪特赦返京就对亲属们说“想见见周恩来、毛泽东”（1959年12月9日）

我想见见周恩来，也想见见毛泽东，我要把获得特赦的喜悦心情告诉两位恩人。我晓得这事儿恐怕实现不了，国家领导人日理万机，哪有工夫见我这样的普通公民？何况又是历史罪人！

按：溥仪的前半生，既当过“关门皇帝”、傀儡皇帝，也当过囚徒、战犯，什么滋味儿都尝过了，却不懂得“自由”这两个字是咸还是淡。他回到北京，只觉得天是那样的湛蓝，人又如此地亲热，吸一口空气都感到心旷神怡。他马上起步，由万嘉熙陪着，前往西扬威胡同看望七叔载涛。原来二妹韫和与妹夫郑广元、三妹韫颖与妹夫郭布罗·润麒等亲属都在这里等着见大哥呢！今日团聚、叙谈，溥仪说出的分量最重的一句话就是“想见见周恩来、毛泽东”。

总理接见溥仪和杜聿明等首批特赦人员的讲话（1959年12月14日）

（1959年12月13日，有位北京市民政局干部来到五妹韫馨家通知溥仪，说翌日下午将有首长接见，不要外出，等候汽车来接。究竟哪位首长接见？当时没讲，溥仪也不敢问。第二天同时被接到中南海西花厅的，还有首批获得特赦的杜聿明等十位原国民党高级将领，他们在北京没有家属，一出秦城监狱，就由北京市民政局安排住进了崇内旅馆。今天就是从旅馆把他们接过来的。溥仪到达后，先受到周恩来以及陈毅等中央领导人的单独接见。下午3时整，周恩来、陈毅、习仲勋、张治中、傅作义、邵力子、章士钊等一起走进会客厅，全场起立，热烈鼓掌。周恩来

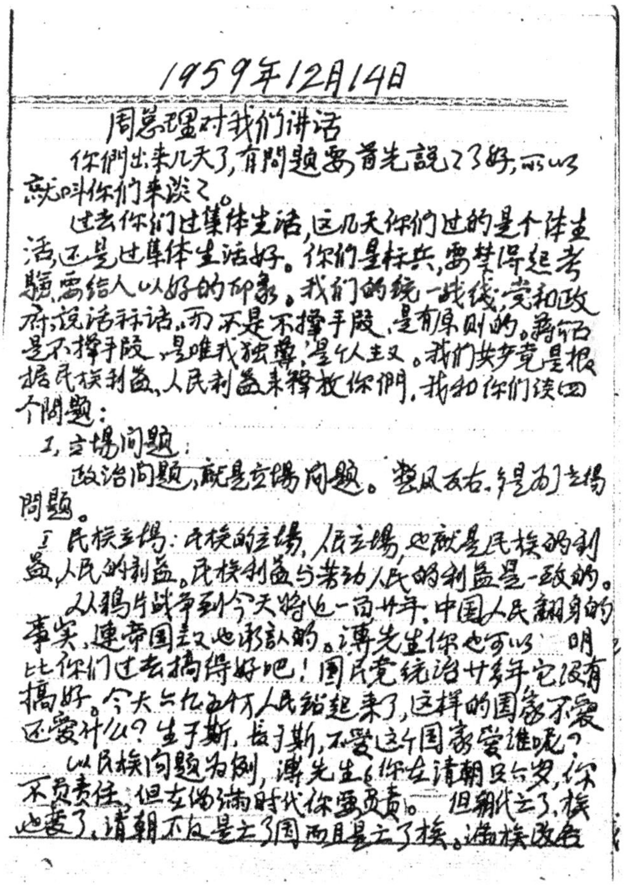
1959年12月14日

周总理对我们讲话

你們出来几天了，有問題要首先說說好，所以就叫你们来谈谈。

过去你们过集体生活，这几天你们过的是个体生活，还是过集体生活好。你们是标兵，要禁得起考驗，要给人以好的印象。我们的统一战线，党和政府说话算话，而不是不择手段，是有原则的。蒋介石是不择手段，是唯我独尊，是个人主义。我们共产党是根据民族利益、人民利益来释放你們，我和你们谈四个問題：

1，立場问题：

政治问题，就是立場問題。[illegible]左右，[illegible]立場問題。

I 民族立場：民族的立場，人民立場，也就是民族的利益，人民的利益。民族利益与劳动人民的利益是一致的。

从鸦片战争到今天将近一百廿年，中国人民翻身的事实，連帝国主义也承認的。溥先生你也可以[illegible]明比你们过去搞得好吧！国民党统治廿多年它没有搞好。今天六亿五千万人民站起来了，这样的国家不爱还爱什么？生于斯，長于斯，不爱这个国家爱谁呢？

以民族问题为例，溥先生，你在清朝只六岁，你不负责任，但在伪满时代你要负责。但朝代亡了，族也要了，清朝不但是亡了国而且是亡了族。满族改名

溥仪记录了1959年12月14日周恩来接见特赦人员的讲话（第1页）

示意人们就座，并与大家攀谈）

徐冰：（向在座的杜聿明等人介绍）这位是清朝末代皇帝溥仪，他是在抚顺管理所第一批特赦的。

（立刻引来一道道惊奇的目光。在此之前，谁都不认识溥仪，而且无论如何也不会相信，眼前这位身穿一套蓝棉制服、戴一副深度近视眼镜的瘦高个儿老头，就是当年三岁登基的“小皇上”！溥仪挺谦虚，频频向大家点头致意）

周恩来：（最先认出一位头发花白的老人）曾扩情！

（此人系黄埔军校第一期毕业生，曾在周恩来主持工作的政治部内任少校科员，共同投身于轰轰烈烈的大革命。后来曾扩情追随蒋介石打内战，在四十年代末的国共决战中，以国民党四川省党部中将主任的身份被解放军俘获。转眼三十多年过去，周恩来还能记得他的容貌，叫出了他的名字，令其激动不已）

周恩来：我在黄埔军校，年龄还不到三十岁，有很多学生的年龄比我大，我当时感到有很大压力。

曾扩情：我那时已三十开外了，我这个学生还比老师大几岁哩。

周恩来：（来到黄埔出身的国民党名将杜聿明面前，指指陕西籍的习仲勋）他是你的老乡嘛！你也就刚过五十岁吧？

杜聿明：我五十五岁了。

周恩来：身体还好吧？

杜聿明：身体不错。

周恩来：你还年轻嘛，还可以为国家做不少事情。

杜聿明：（颇感惭愧）学生对不起老师，没有跟着老师干革命，走到反革命道路上去了，有负老师的期望。

周恩来：不能怪你们学生嘛！要怪当老师的没有教好。

周恩来：（面对宋希濂）看上去你身体不错，不到五十岁吧？你的家庭都有谁？在哪里？

宋希濂：感谢老师的关怀，我今年五十二岁，但身体很好，我的后半生还能为人民做力所能及的事。我的妻子 1949 年就已病故，五个孩子都在美国和香港地区，国内还有妹妹和其他亲属。

周恩来：（面对这位鼎鼎大名的前国民党将军）海外的可以先联系，国内的可尽快见见面。你们的工作、生活、家庭可以一步步作安排。有什么要求和困难，可以找中央统战部徐冰，他是副部长，负责安排你们今后的工作和生活。

（宋希濂感激地点了点头）

周恩来：（走到原国民党天津市警备司令部中将司令陈长捷面前时，发现他神情紧张）你原来是国民党的军官，服从上级的命令，那是过去的事，现在可以立功赎罪嘛！

（原来，解放军兵临天津城下之际，陈长捷拒绝起义，固守孤城，经几十个小时的巷战而被俘，因此自感羞愧。周恩来非常理解他的心情，真诚安慰）

周恩来：（得知原国民党第四十九军中将军长郑庭笈的妻子冯莉娟迫于生活1958年跟丈夫离婚）她是否再婚了？

郑庭笈答：没有。

周恩来：（转向在座的其他人）你们要动员他俩复婚。

（郑庭笈与原配妻子冯莉娟很快就破镜重圆了）

周恩来：（原国民党第十八军少将军长杨伯涛向总理介绍家庭情况）你的妻子现在何处？

杨伯涛：我妻子没去台湾，仍在芷江原籍某被服厂当工人，自食其力抚养子女上学。

周恩来：那好！好哇！请你们快点儿团聚！

（嗣后不久，杨伯涛的老伴携子女迁来北京定居。在座的原国民党高级将领是清一色黄埔学生，都与周恩来有师生之谊，师生久别，重逢共话。溥仪固然是被接见者中唯一与周恩来没有师生或部属关系的人，但他可没因此而受到冷落。今天的总理与昔日的皇帝话家常，说到满族旗人的礼节、服饰，以及不同于汉族的相貌特征等，周恩来真是一位广见博闻的领导人。不过，溥仪初次面对人人景仰的总理，不免拘谨，谈话中间常常主动把话题引到自己身上）

溥仪：我是地主阶级总头目，又给日本帝国主义当傀儡，我要检讨。

周恩来：你过去已经检讨很多，不要再作检讨了，有时间可以写回忆录嘛，为国家多做工作。

陈毅：我早年在北京读书时，还是你的臣民哩。

（溥仪紧张的心情顿时松弛下来。总理让他“写回忆录”，他想起在抚顺撰写的那部长达几十万言的自传，便向总理汇报了）

溥仪：向总理报告，我写过一部自传文稿。

周恩来：在哪里写的？

溥仪：在抚顺战犯管理所。

陈毅：（显然也感兴趣了）管理所在抚顺市哪个区？哪条街呀？

溥仪：这个，我还说不清呢！

（溥仪虽在管理所十年，却无须详知其所属街区，按规定，连通信地址也不用街区牌号，只写“辽宁省抚顺城管理所”，这事他确实说不清）

周恩来：已经完稿了吗？

溥仪：这只能说是一部草稿，虽然已经过两次修改，还没有整理好呢！

（溥仪这样说也有原因。他清楚地知道，在几厚本手稿中仅仅修改了头一本，而且前后改了两遍，添字删段，稿面潦草，应当誊清。其余几本手稿亦需修改）

周恩来：一定要修改好回忆录。

（虽然总理说得不多，但人们却看得出，这件事已引起了他的高度重视。与十一位刚刚特赦的著名人士一一打过招呼后，以温和著称的周恩来，挥动受过伤的右手，操着淮安乡音，开门见山地进入正题）

周恩来：你们出来几天了，有问题要首先说说好，所以就叫你们来谈谈。（总理很自然地从特赦这个话题说开去）过去你们过集体生活，这几天你们过的是个体生活，还是过集体生活好。

（总理的意思是：十天前特赦人员还在监狱里过着集体的改造生活，释放后这几天是在社会上独立生活，考虑到大家的家庭、工作尚未安顿下来，还是仍由政府组织大家参观、学习，再过一段集体生活为好，当然不是说再回到监狱里去。总理对溥仪、杜聿明等首批特赦人员寄予很高的期望）

周恩来：你们是标兵，要经得起考验，要给人以好的印象。（继而话锋一转，周恩来以政治家的魄力，旗帜鲜明地道出了特赦战犯的本质）党和政府说话算话，我们的统一战线不是不择手段，而是有原则的。蒋介石才是不择手段，是唯我独尊，是个人主义。我们共产党是根据民族利益、人民利益来释放你们。

（这几句并非寒暄的开场白过去，严肃的长篇讲话就开始了，在两个多小时里，周恩来举例于身边诸位，推理于革命进程，左右逢源，口若悬河，令人心服口服地讲了立场、观点、实践和前途四个问题，这就是被溥仪和杜聿明等人尊称为“四训”的著名讲话）

立场问题是个政治问题，就是人们在民族斗争和阶级斗争中站在哪一边的问题。你们在这个方面要经得起考验，要给人以好的印象。

（总理讲立场问题的分量最重，因为改造溥仪、杜聿明，归根结底是要他们从旧日所持落后的或反动的立场上摆脱出来）

首先，要站稳民族立场，热爱新中国。从鸦片战争到今天，经过将近一百二十年的斗争，中国人民翻了身，取得了伟大的胜利，这一事实连帝国主义也是承认的。（讲到此处，周恩来那炯炯有神的目光忽然停留在溥仪身上）溥仪先生，你也可以证明，现在我们的国家比你们过去搞得好吧？

溥仪：那是不可以同日而语的，清朝到西太后统治时就完全卖国了，搞得江山残破，不堪一提。

周恩来：国民党统治二十多年也没有搞好。今天中国六亿五千万人民站起来了，生于斯，长于斯，这样的国家不爱还爱什么？（周恩来以民族问题为例，对照了旧社会和新中国的不同政策）过去是一个民族压迫另一些民族，溥仪先生，你在清末登基时才两三岁，那时你不能负责，但在伪满时代你要负责。

溥仪：总理说得对！我对不起国家！对不起人民！

周恩来：宣统年间，我还是蓄着辫子到沈阳的，那时满族人的气焰很高。后来清朝亡了，满族好像也跟着亡了，许多满族人改名换姓，不敢说自己是满族了，多数同化了。满族对国家贡献很大！拿满族作家老舍和戏剧艺术家程砚秋来说，大家都知道嘛！孙中山在民族问题上有缺点，一方面提出民族平等，一方面又称“国族”，到蒋介石改称“宗族”，这是大汉族主义思想。尽管孙中山对民族主义的解释不完全正确，但他的革命和进步是必须肯定的。各民族在今天非经过一个一个承认不可。至于怎么同化是将来的事，将来民族都要同化，地球也要同化，但这是几百年以后的问题了。今天，各民族应当平等相处，互相帮助，特别是占全国人口百分之九十四的汉族，更有责任帮助少数民族，这样才能真正平等相处，使各民族都能发展。

再举出大家熟知的两人为例：一为龙云（字志舟），他从 1927 年至 1945 年长期担任国民党云南省政府主席；一为黄绍竑（字季宽），也曾任国民党广西省政府主席。这两个人后来都宣布起义并参加了新中国的建设工作，不过他们在民族平等这个问题上有教训，龙云不承认云南的少数民族，黄季宽不愿划壮族自治区，这势必影响民族团结和社会发展。新中国是各族人民的大家庭。所以多数人又把族籍恢复过来，敢承认是满族了。到第二次填报族籍时，自报满族的人就多了起来。（总理很风趣）满族的女人有一个特征，与汉族不同，我们也可以辨别出来的呀。（总理鼓励溥仪和杜聿明等人）你们要多读书，多实践，多讨论，不断争论，才能认识真理，去粗存真，求得对立统一。

（周恩来从满族讲到藏族，讲到数月前西藏发生的重大变化。那里的农奴制改变了，藏族将更加发展起来）

民族立场是第一条，我们对蒋介石还留有余地，论罪恶不能调和，但在民族问题上，他对美帝国主义还闹点别扭。这里指发生在新中国成立之前的一件史实：美国国务院为把台湾地区从中国大陆分离出去，多次提出通过联合国把台湾地区置于美国的托管之下，因为蒋介石不同意，英法两国也不支持，美国的托管计划才未实现。蒋介石也反对托管，反对搞两个中国。总之，要坚持民族立场。祖国的领土是完整的，不容许帝国主义分割，损害我们的一根毫毛也不行。

还可以举出几个有关蒋介石的例子，在这位人称独夫民贼的头号反动人物身上，也有值得肯定的经历，主要是第一次国共合作和大革命期间轰轰烈烈的三件大事：一是打商团，1924 年 10 月，以汇丰银行广州分行买办陈廉伯和佛山大地主陈恭受为首的广州商团反革命武装，在英帝国主义的炮舰支持下，发动了反对孙中山广州革命政权的叛乱，孙中山授命时任黄埔军校校长的蒋介石指挥留守广州各军，迅速平定了商团叛乱；二是打杨、刘，1925 年 5 月，广东革命政府东征期间，滇系军阀杨希闵和桂系军阀刘震寰，在英帝国主义支持下，勾结北洋军阀，占领广州电报局和火车站等处，发动了反革命叛乱，时任黄埔军校党军总指挥的蒋介石，与粤军等同时从东征前线回师广州，迅速取得了平叛的胜利；三是沙基惨案，1925 年 6 月 23 日，英帝国主义军队在沙面租界对岸沙基路开枪镇压香港地区、广州声援上海“五卅”运动的游行队伍，造成流血惨案，我组织的黄埔学生军也参加了游行，当场牺牲二十三人，蒋介石知情后表示气愤，并向军事委员会呈交了充满革命词句的《军政意见书》。这些不能不说是革命的行动，但后来他又走向反动了。

（在座的十一人中，有十位是蒋介石旧部，他们追随“委座”打内战，沦为战犯。然而，他们也有大革命时期北伐、东征的光荣一页，也有抗战年代与侵略者拼搏，血洒疆场，彪炳天地的历史记载。他们不相信有人还会记得这些，现在相信了：总理能记得）

周恩来：我们不仅主张国内各民族之间平等，而且主张国与国之间也应该平等。今天，世界上有社会主义，有帝国主义，还有民族主义。其中帝国主义是反动的，而民族主义有革命的一面，也有反动的一面。现在有些帝国主义国家和民族主义国家叫嚷反对中国，这不足为怪，我们要区别对待：对帝国主义的挑战，我们要反对；对民族主义国家，我们要争取。以中印边界为例，这本是历史遗留问题，清朝也没和印度划界，不大可能搞清楚。但帝国主义得寸进尺，侵占我们许多地方，在这种情况下，我写信给尼赫鲁，希望双方能在习惯的边界线上各退二十公里，不动兵，这一原则也适用于中国和老挝、尼泊尔等国处理边界问题。

我们和印度这些国家并不是敌对的，何必兵戈相见？形势可能缓和，也可能闹。从我方说，完全可以缓和，我们坚守边疆，停止巡逻，避免冲突，印度再闹，他们就亏理了。那里都是高山，不能摆重兵，再闹紧张一些，也没有什么可怕，但是否闹下去，决定于他们的国内和国际条件。关于印尼华侨受欺负的问题，五天前陈毅外长致信印尼外长苏班德里约，提出立即解决印尼华侨双重国籍问题、保护无印尼国籍华侨正当权益和安全遣返愿意归国的印尼华侨三项建议，但印尼当局既不允许华侨加入他们的国籍，又搞排华。我们主张撤侨，准备六百万华侨回来，海南岛可以安置三百万，云南、贵州、四川、广东、福建都可以安置，回来建设社会主义。总之，对中印边界争端，我们主张双方都从现存边界后撤二十公里；对印尼华侨争端，我们主张撤侨。这样做，证明我们与民族主义国家并没有利害冲突，证明我们主张国与国之间平等相处的态度是真诚的。

（总理习惯地挥动受过伤的右手，微笑着侃侃而谈。作为曾在皇帝宝座上代表一个统治民族行使过最高权力的人物，作为一度扮演民族罪人可耻角色的人物，作为至今仍为二百万满族人民所瞩目的人物，溥仪用笔、用心记下了周恩来的每一句话。周恩来固然面对十一位特赦人员，溥仪却觉得是讲给他自己听的。要站稳民族立场，要热爱祖国，这当中包含着多么深刻的道理啊！）

周恩来：民族利益与劳动人民的利益是一致的。有了民族立场，还要进一步建立劳动人民的立场。今天的人民包含工人阶级、农民阶级、小资产阶级和民族资产阶级。工人阶级是领导阶级，农民是集体农民，资产阶级和小资产阶级还有点尾巴。建立劳动人民的立场，就是要去掉剥削阶级的立场，逐步站到劳动人民这一边来。劳动人民的立场，并不能自发地建立起来，而要经过长期的锻炼，要不断地加强思想改造。认识了立场，这是一个问题；站得稳，站不稳，这又是一个问题。陈独秀、张国焘，就是站不稳立场而致叛变。由此可见，就是做了共产党员，也有不能善始善终的，大家要经常警惕。你们过去在改造生活中，对立场问题有明确的标准，出来后是考验思想的问题了，要看改造成果是否巩固。我建议溥仪和杜聿明等在座各位要多读书，读了书还要能够运用，特别要多读《毛泽东选集》，因为容易懂，且能与中国革命进程联结得起来。人民内部问题也要不断讨论，真理愈辩愈明，要用辩证的观点来解决。你们要不断争论，讨论，才能认识真理，去粗存真，求得对立统一。现在是你们新生活的开始，今天是以新人资格来相见的。现在你们是新人，不是皇帝、总司令了，现在是以朋友相待了。

（如果追溯历史的话，溥仪则与蒋介石毫无渊源，他只有封建反动的历史，叛国投敌的历史，毫无进步或革命的内容。可是，他才五十四岁，还会有六十岁、七十岁、八十岁，倘能创造出光荣的后半生，同样会受到总理的称赞）

周恩来：是要民主革命阶段论，还是要不断革命论呢？当然是要不断革命论，要过好社会主义关，将来还要过共产主义关。可以做的事情很多，一个人，一个社会，都要不断革命。尼赫鲁说我们正处在“革命之火的时代”，美帝国主义则说我们“革命狂热”。不错，革命之火永远在我们这里存在。我们的国家不仅要有经济建设，还要有政治建设和精神建设。我们的时代是向前发展的，你们也要不断进步。

（讲完立场问题，周恩来又讲了三个基本的思想观点问题，即劳动观点、集体观点、群众观点）

周恩来：社会主义的原则是“不劳动者不得食”，有机会去劳动锻炼，对你们来说还有必要。你们十年来已养成一定的劳动观点，但获释以后不易巩固，大家要注意，要坚持下去，不要抛弃。你们的眷属也能参加生产劳动，改变了生活方式，这是好事，要予以鼓励。家属也是社会的人，她们也能帮助你们。

十年改造有好的一面，你们过着集体生活，有了一定的集体观点，应该加以巩固而不能抛于一旦，不然个人主义思想就会抬头。因为你们不是一干二净，个人主义的东西还不少，要常常过集体生活。所以现在把你们组织起来，与政协联系，经常进行学习。我们都是集体生活嘛！家庭也是小集体。女人工作是好事，夫妻都在外边工作，礼拜天见面更好，天天在一起就要吵架了。儿子会与你争论，或批评你们，对此可要有思想准备。

谈到群众观点，其实就是集体观点的延长，它们是一个问题的两个方面。群众观点是中国革命最重要的问题，共产党人并没有三头六臂，依靠毛主席的思想，依靠群众，用这两条就把蒋介石的反动统治推翻了。今天我们搞经济建设、搞科学文化建设，一切都要靠六亿五千万人民。

如何建立共产主义思想，换句话说，如何树立正确的思想观点？就是要从毛主席著作、马列主义中学习劳动观点、集体观点，并加强群众观点。（周恩来概括地讲完这几句，又把亲切的目光投向溥仪和杜聿明等）你们有做新人的感情，就必须继续改造思想，努力学习，巩固这些观点。

（周恩来不但关心溥仪等十一人树立正确的立场和正确的思想观点，而且还具体过问、部署他们特赦后的工作和生活问题）

周恩来：工作、生活、劳动、学习、参观，要好好安排一下。参观、学习的目的，是为了帮助你们进一步了解国内情况。从现在起两个月内由全国政协组织参观，听报告，作为内部文化娱乐场所的政协礼堂三楼各房间，也对特赦人员开放，可以自由看书阅报或参加其他文体活动。两个月之后再考虑工作安排问题，在此期间凡家在大陆的都可以返乡探亲，也可以把眷属接到北京来，具体事宜由统战部和政协负责。

（有人提出想和台湾地区的亲友通信，劝导他们为台湾地区回归祖国作些贡献）

周恩来：个人写信要靠得住点儿，但希望从缓，不要太急、太挖苦，对他们要以民族利益为重，工作要做长，才有利。

（周恩来最后又谈了溥仪等特赦人员和在押战犯的前途问题）

周恩来：走社会主义共产主义道路，做新人，有奔头，你们做得好，狱中人会感到更有希望。他们改造得好，也可以分批释放，这对社会有好处。可是，要社会认为已经出来的人的确不错，那才能办到。你们是头一批释放的，彼此要互相勉励，允许你们互相来往。既要勉励自己，也要勉励狱中的人。在狱中的人个别至死不悟的也会有，但大多数经过改造能够分批得到特赦，使他们也有前途，出来跟着社会前进。你们这次出来三十三人，将来出来的会更多，都不要落伍。

特赦人员和在押战犯都有光明前途，但道路自己选择，也可以走另外的路。个别人想出去，偷偷摸摸，周鲸文就这样。我们公开让他走，走后写了一本《风暴十年》，原来他出去是为了一笔美金。我们不会为这一点儿事大惊小怪的，民主人士和共产党员中也有逃兵嘛！如果还有这样想的人，可以向我们说。

（周恩来把两种前途都摆在溥仪等人面前，实事求是地说明了当时严峻的国内外形势和建设新中国必定碰上的种种困难，亮明了家底）

周恩来：帝国主义垄断资产阶级想消灭我们，有的民族国家也制造麻烦，我们要在这样的条件下，把贫困的中国变成繁荣、富强、现代化的中国，还要赶超英国，这当然需要兄弟国家帮助，但主要依靠自力更生，依靠大家的努力。你们不要把现在想得那样好，北京的巷子里还有很多矮小房屋。全中国实现现代化，还需要几十年。精神面貌也不一致，有的还不如你们，过着个体生活，进步慢。想得那么好，又把自己搞糊涂了。当然，基本上是好的，毛病也有，不断在改。我们是替后人开路，第二个五年计划比第一个五年计划要快，不断总结经验，求得进步。我对各位有两点希望：第一，要相信党和国家。党和国家对你们是信任的，你们要用自己的力量，为国家为民族多作贡献。第二，倘有不如意的事，可以写信，可以与中央统战部联系，有话就要说，不要积少成多，结成疙瘩。

（周恩来的讲话，并没有就此打住。他又想到，溥仪、杜聿明这些人现已走到社会上来了，会碰上些什么？能够做些什么？可能接受哪些影响？又可能产生哪些影响？看来还是事先讨论一下好）

周恩来：你们是从旧社会来的，旧的社会联系多，可以用自己的亲身感受帮助改造社会上的死角。（总理停顿一下，对坐在旁边的溥仪微微一笑）溥仪先生可以起到我们起不到的作用。我深信，在座各位都有自己的优势，能够成为改造社会的力量。也有能力抵御来自社会和亲友的不良影响。当然，你们在旧社会中几十年建立的复杂关系，是不可能一刀斩断的，拒绝他们不行，让社会改造他们更好。你们到社会上，到你们的亲友中，有两个可能：一个是你们影响他们，一个是他们影响你们。亲友中新的一代会批评你们，要不断斗争，人与社会才能进步。这是新的考验，好的影响要接受，坏的影响要挡回去，人的乐趣就在这里。要防止庸俗的“你捧我，我捧你”。（说到这里，周恩来看一眼陪见的水利电力部部长傅作义）宜生参加水利工作，一个方案，争论不止，这是高尚的政治生活。（陈毅插话“绝不允许把旧社会、旧官场的习气拿到今天来”，周恩来表示赞成）陈毅同志尖锐地提出来有好处，放在新的环境里，这是进一步的考验。

章士钊：在共产党和毛主席领导的新中国特赦各位将军，在我国历史上是第一次。希望各位将军要按照总理指示，努力实现做一个改造标兵的光荣任务。

（从历史到今天，从理论到实践，总理讲了两个多小时。他看看表，遂问工作人员预备了晚餐没有？当听说“没有预备”时，略带歉意地转向受到接见的人：“以后再说吧。”溥仪眼含热泪向周恩来道别，在场的人看得出来，他的两只手握得是那么用力！两人似乎正想说点儿什么，曾扩情、陈长捷，还有原国民党第六兵团中将司令卢浚泉、原国民党青年军二〇六师少将师长兼洛阳警备司令邱行湘，这四个人走过来了，他们即将离开北京回到各自的家乡去。周恩来知道这些当年的黄埔学生是来向他辞行的，便用“后会有期”四字向溥仪礼貌道别，又一一与曾扩情等人握手，把他们一直送到客厅门口，并叮嘱说：“你们一定要回家过年，骨肉团聚。”）

按：此次谈话参见溥仪在其标有“北京日记”字样粉色硬壳笔记本上的亲笔记录。总理讲得很坦率，并对溥仪和杜聿明等首批十一位特赦人员寄予很高的期望，而讲话中多次提到溥仪，客观评价他的前半生，更使他受到深深的感动。溥仪一边恭听总理讲话，一边簌簌地流下了眼泪。回首爱新觉罗氏御临大地的300年间，满洲贵族耀武扬威，横行中国；当清朝终于成为历史，昌盛的满族面临灭顶之灾；新中国挽救了满族，爱新觉罗家族也兴旺起来了。这一切不但是总理正在述说的真理，也是他获释后亲眼所见的事实。溥仪就在随身带来的粉色硬壳的《北京日记》上工工整整地记下了周恩来的话语，把总理讲的爱国观点、阶级观点、群众观点和劳动观点集中起来，十分崇敬地尊称之为“四训”，作为前进方向和行动准则，并从亲笔记录中摘抄出许多警句鞭策自己，铭记心间，永志不忘。今天来看讲话中某些内容不免带有五十年代后期的时代的辙痕轨迹，这不仅能为读者所理解，亦更突出了历史的真实。特赦以后的八年公民生活，溥仪正是靠着总理这篇讲话的指引而不断探索，不断前进的。溥仪还向总理说出一年前曾写过自传的情况。他说虽然已由几名同监伪满战犯分工合作，在钢板上用蜡纸刻字油印了十几部，但就结构和文字而言还是很粗糙的，内容方面的错漏亦多。为此早就想认真修改一遍，并已动手在一部油印稿第一分册上添字删段，改来改去。他认为稿面潦草的这一分册应该誊清，而尚未来得及修改的几个分册则要继续修改，因此他才说“还没有整理好”。

溥仪致信金源副所长谈总理接见事宜（1959年12月14日）

这是在12月14日，我坐着国务院派来的汽车，从前井胡同六号到了国务院西花厅。我的七叔载涛也在那里等我。我一进屋门就看见周总理了。总理起来和我握手。我心里是如何地感激、激动，我紧握总理的手，不知不觉地说：“呀，周总理！”满肚子想说的话，激动得反而说不出来了。

周总理又为我介绍了陈毅和习仲勋副总理，见了张治中、傅作义、章士钊等各首长，以及中央统战部副部长徐冰等。

在座还有最近释放的蒋介石集团战犯杜聿明、王耀武、郑庭笈、宋希濂、邱行湘、陈长捷、曾扩情、周振强、杨伯涛、卢浚泉等十人，也一一和我握了手。

我们坐下后，周总理对我们十一个人，一一恳切地询问个人情况、家庭情况，并对我们勉励，指出我们前进的方向……

还要告诉你，总理很重视我那部自传文稿，很可能在近期内调阅，因此应预先请人誊抄清楚或干脆印出来，方便总理或中央其他领导同志审阅。

按：1959年12月14日下午3时，溥仪被引进中南海西花厅。迎面走来的这位剑眉凝重而高耸的首长是多么熟悉啊！他曾千百次从刊登于报纸的照片上，从悬挂于会议室或礼堂的领袖肖像中，从新闻影片的形象里见过。这时，首长早已伸过手来，并和溥仪的手紧紧握在一起了，溥仪似乎恍然大悟：“呀！周总理！”这几天他就惦记着见见总理，现在突然见到了！当天晚上，溥仪就在给抚顺战犯管理所金源所长的信中写下这句话，记述了当时的心情。

溥仪有所不知的是，早在这封信发出之前，甚至溥仪还没有离开抚顺，或是正对这部自传文稿的油印本进行修改的时候，由抚顺战犯管理所上报公安部的另外几部油印本，已经引起公安部、中央统战部和全国政协领导同志的高度重视。时任中央统战部副部长的徐冰当即指示，用四号字体按十六开本分三册，作为“未定稿”铅印四百部，分送中央负责同志。与此同时，国务院副秘书长齐燕铭同意了公安部和全国政协文史办公室的建议，指示作为公安系统专业出版部门的群众出版社，也把溥仪这部文稿，以“内部发行，征求意见”为限，印制32开本上、下两册，共7000部，“限政法系统和史学界一定范围内部购买阅读”，此即1960年1月见书的“灰皮本”。

溥仪致信金源副所长谈在专门小组学习事宜（1959年12月29日）

我这些日子，在民政局的殷兆玉同志、市政协林之月同志的引导下，同杜聿明等十人一起，先后参观了农业展览馆、工业交通展览馆、体育场、宣武钢厂、民族文化宫、民族饭店等地。以后每星期三、六，我们就参观。参观回来，我们也进行漫谈。在春节以前，政府组织我们参观和学习，听报告……昨天（28日）我们得到通知，曾到人民大会堂听陈毅副总理讲国际国内形势，我真没想到坐在人民大会堂和人民一起听中央领导人的报告，这才是我一生最光荣的，同时更给我极大的鼓舞。除参观、学习外，我的几个妹妹（七妹韫欢还没有见）、兄弟、侄子等找我吃饭、欢聚，每天觉得时间过得那么快！

按：从1959年12月23日起溥仪与杜聿明等首批特赦人员被安排在崇内旅馆，开始了为期两个月、以了解国内情况和熟悉人民新生活为目的的参观访问、探亲访友活动。遵照周恩来的安排，一位前皇帝和十位前国民党的将军被编成一个专门小组，周恩来还派了秘书担任联络人员，及时与负责这个小组学习和日常生活的北京市民政局沟通情况，一段充实、愉快而难忘的时光开始了。六天后溥仪给抚顺战犯管理所金源副所长写信，深情地记述了崇内旅馆那段生活，流露了跨进新时代的无限喜悦之情。经历了漫长而孤独的宫廷生活，又经历了也很漫长的囚笼生活，特别是在抚顺，后期还经受了妻子离婚的打击，可以想象，他多么需要家族团聚的温暖啊！

溥仪致信金源副所长谈总理关心日常生活事宜（1960年1月9日）

政府还发给我们每人一身大衣。昨天，殷同志和我到百货大楼买衣服，因为快要过年了，买东西的人非常多。我穿的大衣须九号才合适，可是九号却卖光了。殷同志还和该店负责人商洽，大概今天就可以把九号大衣给我送来。

每月每人生活费补助六十元，至于旅馆房费、出门交通费以及买肥皂、大衣等临时支出一律由市民政局报销。有病时一切医疗费由组织上给。这里洗澡、饮食都极方便，还有电视呢。伙食按包餐制，每人每天只交一元钱，却可以吃到两荤两素的四菜一汤，我仍然保有在抚顺时的好胃口，饭量特大。我发自内心地感激党和政府的照顾，感激总理的关怀，我一定要在实际行动中对祖国、对人民贡献一切力量。

按：周恩来为什么连肥皂、大衣这类生活琐事也都管到呢？溥仪起初感到奇怪，后来明白了：1960年年初进入经济困难时期，物资供应采用以票、证定量分配的办法。原来总理怕难为了溥仪与杜聿明等十一位新公民，他想得周到啊！1960年1月9日，一个风雪交加的早晨，总理特派中共中央统战部联络委员会主任马正信急匆匆地来了。一推开崇内旅馆房间门，就没头没脑地问了一句："大家有没有肥皂用啊？"人们怔住了，继而细听马主任讲下去："这是总理想到的事情，他今天凌晨两点打电话给我，叫我来问问你们，而且希望给大家多买一点带回去用。"又说："请大家今天就随我上街去买些衣服用品，现在正是严寒季节，总理希望你们每人能够添置一件大衣。"当天上午就给每人分发了肥皂，而大衣则由几个人引领，前往商店试体采购，费用全是政府支付。深受感动的溥仪又写信给抚顺战犯管理所金源副所长，述说他的新生活，还叙述了殷兆玉跟他一起赴商店买大衣的过程。在20世纪60年代初，电视远没有进入中国百姓家，难怪溥仪也觉得新鲜。这位昔日的"真龙天子"似乎并没有觉得生活掉价。周恩来可不是板起一副说教式政治面孔，只管他们参观、听报告、学习、讨论，而是富有人情味儿的总理，真诚关心着他们的日常生活。

刊登在《战犯情况报告》第四十期上的溥仪的两段话（1960年1月11日）

（一）1950年苏联送我回祖国时，我不但不感谢苏联把我从火坑中救出的再生大恩，我反倒认为苏联把我送上了死路。我认为回到祖国还能有我的活路？

因为我想：苏联十月革命成功时，是怎样对待沙皇尼古拉二世呢？在中国历史上，每当改朝换代，前一代的高官显宦尚且不能幸免，何况我曾是清朝的末代皇帝？并且我还在张勋复辟时被利用过，特别是在伪满的十四年中又当了伪执政和伪皇帝，中国共产党还能不严厉处置我么？在报纸上我曾看到：在土改运动中，人民是怎样对待地主、恶霸的！不是“净身出户”，就是当场处死，对于地主、恶霸尚且如此，何况我呢！尤其在回国之前，又听到第一批从苏联被送回国的汉奸中，有几名伪省长级的人被处死刑的风传，何况对于伪皇帝呢？我就在这种心情中离开了苏联。

（二）没有伟大的中国共产党和毛主席，就没有今天这样的光辉灿烂的社会主义新中国；没有新中国，就没有人民的幸福和现在的一切。这就是在共产党和毛主席的人道主义宽大政策的恩光照耀下，得到了千载难逢的重新做人的机会。我唯有在终身认罪的基础上，在终身感恩报德的基础上，不断学习，继续改造和永远向前争取。我唯有终身听共产党、毛主席的话，永远跟着共产党走。我一定要争取立功赎罪，把我的生命和力量贡献给祖国人民，直到我的脉搏停止。

按：抚顺战犯管理所编发的《战犯情况报告》（第四十期，1960年1月11日印发）刊登了溥仪的两段话，以及抚顺战犯管理所首批十位特赦人员的安置情况。1959年12月4日特赦首批国民党和伪满洲国战争罪犯溥仪等十名后，根据国家公安部和辽宁省公安厅的指示精神，分别对他们做了安置。对有家的都放回家，由当地安置就业；对无家可归或有家回去后确有困难的，由省公安厅安置到劳改部门就业。

溥仪被安置在北京市，先住在其五妹金韫馨家，12月23日搬到崇内旅馆（政府安置的住处），特赦后给管理所来两封信，叙述回去后所遇到的情况，感谢政府对他特赦后的温暖照顾，表示一定以实际行动报答党的恩情。

其余九人为孟昭楹（国民党北平市警察局外事科科长兼北平警备总司令部少将参议）、郭文林（伪满第十军管区中将司令官）、杜聚政（国民党二十五军四十师上校副师长）、赵金鹏（国民党第三绥靖区上校高参）、唐曦（国民党工兵团七十军参谋处二科少校科长）、白玉昆（国民党太原绥靖公署建国委员会军训处训练课少将课长）、周震东

（国民党徐州总部定国部队三支队中校副支队长）、叶杰强（国民党工兵团七十二军二百三十三师六百九十八团上校团长）、贺敏（国民党晋冀区铁路管理局总务处处长）。

溥仪痛斥六十年代的遗老陈云诰和孙忠亮（1960年1月23日）

（北京市委统战部和市民政局曾在崇内旅馆举行迎春宴会，招待留京的首批特赦人员。宴会结束后，大家座谈特赦以来的感想。正谈得有趣，旅馆服务员把溥仪叫了出来，递上一信。溥仪拆开一看，不由得大吃一惊，原来是两张向“皇上”请安的红帖。恭恭敬敬的墨笔正楷字写在折叠的印花红纸上，一个落款赫然是“前大清翰林院编修陈云诰”，另一个则是“前大清度支部主事孙忠亮”）

旅馆服务员：有两位老先生在楼下求见。

溥仪：（怒火中烧，气不打一处来）叫他们滚！我不见他们！

杜聿明、宋希谦和王耀武：（赶快跑出来）老溥为啥发这么大的火？

溥仪：（把红帖递给他们看）

杜聿明等：嘿嘿……（都憋不住笑了）。

旅馆服务员：（下楼对来客说）溥仪先生外出了，不在房间。

按：在溥仪这位前皇帝三岁到四十岁的漫长岁月之中，每年都要收到数以万千的用黄缎为面、红纸为里而制作的相当精致的请安折子，他应该是能够理解的。然而，溥仪不能不感到意外的是，清朝已经灭亡半个世纪了，仍有念念不忘“大清王朝”的遗臣。这也足以说明周恩来接见时所说的“社会死角”，确实是客观存在的。这件事，第二天就传到了周恩来的耳朵里，总理哈哈大笑说，清王朝已被推翻几十年，解放也十一年了，今天居然还有人怀念皇帝，来向皇帝拜年。如果溥仪不特赦出来，谁能相信还会有这种人，会在新社会发生这样的事！对陈云诰，溥仪还有印象。他早年进宫给逊帝磕过头，也曾前往天津张园请安。对落后思想要给予帮助，不应该撵走了事。嗣后他在北海公园举办的书法展览会上，看到了中央文史馆馆员陈云诰书写的称颂社会主义建设的对联，深有感触。原来这位前几天还向他敬递请安折的老先生，思想中也有进步的一面。

溥仪痛斥六十年代的皇族裔亲（1960年1月25日）

（溥仪在四弟溥任家中遇到一位比他岁数大得多的本家侄子）

皇侄：（诚惶诚恐，“扑通”一声跪地叩头）皇上吉祥！请接受晚辈大礼参拜！

溥仪：（恼怒地斥责这位族侄）解放这么多年了，你这个人怎么封建思想还原封不动？你这样崇拜封建皇帝，我和你只能是敌对关系了！

（斩钉截铁一席话，把这位“大清遗老”兼“皇上侄儿”搞得狼狈不堪，无地自容，溥仪也气得转身要走。四弟出面“打圆场”）

皇侄：咱们虽非君臣，总是叔侄吧！为侄给大叔拜年也是理所应当的啊！

（说着又磕头，溥仪抢上一步，把下跪的侄儿一把拽了起来）

溥仪：难道在新中国还要找皇帝么？太可笑！

皇侄：（深感脸上无光，托辞溜掉）大叔保重，小侄回了。

按：由此，总理想到：在溥仪特赦以后环境发生变化的新情况下，必须帮助溥仪巩固改造的成果，保证他的思想不褪色。

周恩来接见溥仪及其家族成员的谈话（1960年1月26日）

（周恩来在全国政协礼堂小会议室单独接见了溥仪和他的家属，包括他的叔父载涛，弟弟金友之，妹妹金欣如、金蕊秀、金韫馨、金韫娱、金志坚等。他的七妹金志坚是说过不愿看见溥仪的，这次也来了。这次周恩来主要是找溥仪征求他对工作和生活安排的意见的。从上午11时30分至下午3时，谈话长达三个半小时。当时，溥仪和杜聿明等人集中住在崇内旅馆，参观、学习，话题自然就从集体生活说开了）

周恩来：你和他们在一起，觉得怎么样啊？

溥仪：初次见到他们，觉得每个人都认识了过去的错误，立场、观点有了转变。但究竟怎样，因为时间短，还不知道。

周恩来：你可以影响他们嘛！

（总理转向陪同接见的总理办公室主任童小鹏、副主任罗青长，以及中共中

1960年1月26日周总理在政协礼堂接见溥仪和载涛等亲属

央统战部联络委员会主任马正信等人，问特赦人员中是否还有家属在香港地区的?)

马正信：王耀武的家眷在那里。

溥仪：杜聿明说要把家眷接来，台湾地区方面已许可，但美帝不许可。

周恩来：从这可以看出，到底是谁分散家庭?是像某些人说得那样“共产党分散家庭”吗?

(总理又问马正信，王耀武和宋希濂的家眷为什么没回来?马回答说，王耀武的妻子已经改嫁。尽管王耀武至今不大相信，但消息来源是可靠的，系由原国民党总统府参军、第一兵团副司令官唐生明的夫人，先传话给丈夫，后来又同时参加湖南起义的李觉，经李觉又告诉宋希濂的。至于宋希濂的妻子为何不归，情况尚不清楚。总理又问王耀武的儿子是否在香港地区?马正信回答说，因为香港地区方面来信回避这个问题，情况不明。)

周恩来：我们要打听一下，设法找到王耀武的儿子。还要帮助宋希濂，打听一下他的夫人，问问情况。

(当时，杜聿明等人的家庭状况不甚明朗，溥仪的婚姻经历却十分清楚，四

位前妻中，两位作古，两位离异，而如今是光棍一条。所以，周恩来在谈话中最早向溥仪提出了再婚的建议）

周恩来：（当着家属的面，以风趣的语言对溥仪说）你还得结婚啊！这事，你七叔得给张罗张罗吧！

（作为当时最有资格代表爱新觉罗大家族的族长、溥仪兄妹之父辈上的唯一亲人，载涛对这件事当然是特别关心的，他爽朗地笑了起来）

载涛：这一回就让他婚姻自由吧！

周恩来：（向溥仪问起这些天参观和学习的感想）你们参观了吗？

溥仪：参观了很多单位：电子管厂、民族宫、民族饭店、清华大学等，清华大学真了不起，学生能搞尖端科学。这次有机会深入北京各个单位参观访问，确实感触良深。在石景山钢铁厂、北京第一机床厂、北京合成纤维厂和全国工业交通展览会，我听到了工业前进的脚步声。在四季青人民公社和农业展览馆，我联想起伪满时代受苦受难的东北农民。在广播大厦、电报大楼和工人体育场，我看到了劳动人民的精神文化生活。在民族文化宫和民族饭店，我感受到少数民族在新中国社会的地位……我很想看看人民大会堂内部是什么模样，尽管并不对外开放，可是我向殷兆玉请求以后，还是特别安排而走进了这座殿堂。

周恩来：那你比我看得还多呢！农业机械厂也去过吗？

溥仪：没有。公社只看了一个。前几天还和宋希濂一起上动物园去了一趟。

周恩来：过去也到过动物园吗？

溥仪：那是很早的事儿，我都不记得了。听七叔说，我两岁时去过一次。

周恩来：现在添了许多新动物、新设备，其中有些是外国朋友赠送的。（话题又从动物园转到北京故宫）杜聿明、宋希濂等人中间还有没到过清宫的，都想去看看，你可以给他们指点指点嘛！

（总理不仅希望原清宫主人能给前国民党将军们当个义务导游员，更希望溥仪也回到小时候登基的地方看看，这件事很快就实现了，1960 年 2 月初，溥仪和杜聿明等人在故宫尽兴地玩了一天。旧地重游，溥仪自有无尽的感慨）

周恩来：你后几年进步了，但不能说巩固。改造思想，第一要有客观环境，第二要靠主观努力。现在民族平等了，各民族共同发展。满汉要团结得更好。你要努力学习，搞出点成绩来，这对你个人有好处，对人民有贡献，对满族也有好处。在抚顺改造期间你不那样做不许可，现在环境变了，可做可不做。而且现在也不一定每个人都能把你当成平民看待，可能有的人还会向你下跪打躬。

溥仪：这次回来后，还有两个老头，拿着用清朝官名写的信来见我，当时我说要出门，没见他。我想，没法说服他们，没办法。

周恩来：在现在的环境下，一定要起变化，一定要认识这个环境，要战胜这个环境。

溥仪：自己的立场坚定，就可以帮助落后；自己如不坚定，就会受到影响。

周恩来：这一点不容易，共产党革命了几十年，有的还犯错误。

（把溥仪和杜聿明等十一人组织起来，仍过集体生活，安排他们参观、学习、听报告，出席丰富多彩的社会活动。周恩来所做的这一切，都是为了让他们认识新环境，在社会与自由而不是监狱和关押的条件下，巩固改造的成果，坚定正确的立场，重写自己的历史）

（午宴开始后接见谈话变成了边吃边谈，话题转到周恩来与溥仪面商工作安排，就是经过面对面的调查研究，为他选定合适的工作）

周恩来：今天和你谈谈，给你安排一下。你愿意在工业部门吗？想搞哪一种工业？

溥仪：想搞轻工业，或在公社中，都可以。

周恩来：你看，究竟哪一种更适宜？

溥仪：反正都是学习，现在我自己也说不清楚哪种适宜。

周恩来：你多大年岁？几月生日？

溥仪：正月生日，快满五十四岁了。

周恩来：按选举年龄，你已经五十四岁，还要学工业，比我先进了。学工业倒不难，车床活儿主要看你的眼睛怎么样。

溥仪：眼睛戴七百度近视。

周恩来：操作精密仪器恐怕不成了，我看可以找找各部的研究所，找一个合适的工作。你过去喜欢化学还是物理？

溥仪：我什么也没学过，物理、化学完全不会。过去只学孔家店这一套。

周恩来：你写的那份“我的前半生”还不错嘛！

溥仪：那是我说，由我兄弟执笔写的。另外，阮振铎帮忙。

周恩来：那么，你的文学能力也不行吗？

溥仪：这恰恰能说明封建时代的特点。我小的时候贪玩不念书，老师也不敢管，后来长大了，简直就成了老师听学生的话。学《四书》《五经》时，只念不讲，即使讲了，也不往心里去。虽然我从六岁一直念到十七岁，但念得不行。英文学了三年也忘了，简单的话还能说。至于物理、化学，都没学。

周恩来：日文会不会？

溥仪：不会。溥杰会。

周恩来：轻工业活儿很细，可能更累。你再想想，主要看能否研究点什么？

溥仪：现在，党认为怎样适当，我就怎样做。

周恩来：你的身体怎样？要照顾你的身体。

溥仪：现在没什么病，在抚顺时检查过，仅有痔疮。

周恩来：（转对陪见的国务院副秘书长兼总理办公室主任童小鹏、总理办公室副主任罗青长和中共中央统战部联络委员会主任马正信等人）给他找个医院，做一次全身检查。多活几年总好嘛！

溥仪：那当然！我现在新生了，希望多活几年，多给国家做事。

周恩来：你自己再想想，看在哪里工作合适？我看还是找找各部的研究所，一半学习，一半做工，既照顾你的身体，也学一点儿自然科学。可以让研究员教你，他们都很年轻，你受教不受教呀？我们可以告诉他们，要互相帮助，你可以教给他们历史知识，现在的青年多数不知道历史。到研究所去有政治生活，可以参加学习、讨论。住在集体宿舍里好，星期天再回到家里。先学几年，你愿不愿意这样做？这样，基础更巩固一些，有利于今后的发展。

溥仪：可以。

（为了给溥仪安排一个合适的工作，周恩来仔细询问了溥仪的身体状况，调查了他的文化知识基础，研读了他写的长篇自传，了解了他的兴趣和爱好，分析了他的历史身份和当前处境，绞尽脑汁，深思熟虑，调查研究，当面商讨。他考虑这一问题的出发点，首先要巩固溥仪十年改造的思想成果，他珍视这些成果，看作是人民和社会主义的一个胜利。所念不可谓不周全，用心不可谓不良苦）

北京市民政局建议：让溥仪在故宫博物院工作并参加轻微劳动。

周恩来：这样安排不妥，如果让溥仪在故宫劳动，游人一定会包围他，那让他怎样工作呢？这是显而易见的嘛！

溥仪：希望当个医生。原来在宫里，我就把医科作为“业余爱好”了，读过一些中医书籍，听过朱益藩师傅“进讲”中医、中药理论，考察过无数种类的中药或西药，在抚顺战犯管理所也曾学过医，并参与医务室听诊、打针、量血压、针灸等实践，我感觉当医生是有把握的。

周恩来：你读了不少医书，但是你不要给人家治病，治好了没事，治坏了就会有闲言闲语，这样不好。

溥仪：其实也没读过太多的医书，主要是那时自己的身体不好，如果还照过去那样生活下去，我的生命也保不住了。

周恩来：你先检查身体，然后再联系几个研究所，看在哪里合适？定个三年计划，把自然科学学会一点儿。

溥仪：我对算术一点儿也不行，连加减乘除也不大会。

周恩来：你在抚顺时对自然科学的东西看得懂吗？生产知识大概更差了。

溥仪：旧社会把我造成一个大废物，只知道坐享其成。

周恩来：在抚顺时搞过农业没有？

溥仪：只浇浇水，抬抬东西，还剥过蒜。

周恩来：搞过农业生产没有？

溥仪：农业生产归国民党战犯，不归伪满战犯。电机，原来由伪满战犯管理，后来也交给国民党战犯了。忙时曾帮助养猪，或到伙房帮厨。

周恩来：那你可以炒菜啦？

溥仪：做菜也不会。

周恩来：那你只好洗碗了。

溥仪：那会。

周恩来：我不晓得你的底子，最好找容易学的，可以先学点儿物理、化学、数学。

童小鹏插话：可以到农业研究所搞搞农业机械。

周恩来：农业机械是比较简单，但也不一定。如果你觉得农业劳动在室外好，也可以。主要是学点儿科学，也可以在试验农场。

溥仪：最好搞简单的，由无到有，由浅到深。

周恩来：准备定个三年计划。……能学点儿本事最好。能不能改造，环境是客观存在，客观可能性和主观能动性要结合起来。《毛泽东选集》你看过几遍？

溥仪：没整遍看过，只是挑着看。

周恩来：我回去查查看，家里可能还有两部《毛泽东选集》，那就送给你一部。你要学嘛，当然要送给你一部。你的记性怎样？

（原来总理从溥仪写自传联想到老年人的记忆力问题，对于有过重要经历的人来说，记忆力实在就是巨大财富）

溥仪：记性不好。

周恩来：你写的那个材料上，想出那些东西不容易。

溥仪：那是别人帮着搞的。

周恩来：你的记性还不错。不过有一点：你说你结婚时黎元洪还当总统，有点儿不对。

溥仪：不是。说的是徐世昌。

周恩来：你是哪年结婚？

溥仪：1922 年。

周恩来：那时徐世昌也不是总统了，这里有点出入。

溥仪：那还只是稿子，还要修改。

（溥仪说他的记性不好，总理却认为不错，这件事早几年就有人辩论过。1954 年，章士钊帮助溥仪的三妹韫颖给毛主席写信，他在信上添了“溥仪记性好，人名记得很清楚，很聪明”一句话，韫颖就不同意，一定要去掉。她举出一件很有趣的事例：“记得三十年代我在日本时，曾给溥仪写过信，告诉他，‘香蕉和白薯不能一块吃，有毒’。过后他又来信告诉我，‘听人说，香蕉和白薯一起吃，有毒’，这说明他的记性还是不好。”这次谈到溥仪的记性，是因为那部自传文稿涉及了溥仪大婚当时的国内政治背景。从史实看，黎元洪于 1916 年 6 月继袁世凯为中华民国大总统，至 1917 年 7 月张勋复辟时避难去职，由冯国璋代理总统。1918 年 10 月到 1922 年 6 月徐世昌为总统。1922 年 6 月直奉战争后，黎元洪又复任总统，直到 1923 年 10 月让位于曹锟。溥仪大婚在 1922 年 12 月 1 日，其时民国总统确为黎元洪，他还曾遣使入宫致贺呢。从周恩来与溥仪的对话来看，两人的记忆均有误。当然，这里的重要问题并不在于史实的细微末节，总理从溥仪的记性发现了他那份自传文稿的价值）

周恩来：你写的东西有四十多万字，因为总有事，我还没看完。春节后我要出去，现在先和你谈谈。与英、德、俄等国的皇帝、亲王相比，作为中国的末代皇帝，你没有在回忆录中吹捧自己，而是暴露自己。（总理热情地向溥仪说）你的东西基本上是要向旧社会宣战，彻底暴露。这是不容易的事，末代皇帝肯这样暴露不容易。沙皇、威廉的回忆录都是吹自己，英国的威尔斯亲王也是吹自己。历史上还找不出这样的例子，你创造了一个新纪元。

（总理是从思想改造的角度评价溥仪那份自传文稿的，他认为，溥仪是世界上唯一接受了改造的君主，溥仪写的东西便是铁证。总理肯定了溥仪的改造，当面给予鼓励，同时又以“基础还不巩固”提醒他）

周恩来：从1950年7月引渡回国算起才十年，从1945年8月被俘入苏算起不过十四五年，而且头几年你还不安心，这也很自然，不奇怪，怎么会一下子就相信？如你七叔现在是人民代表（总理说到此处把头转向载涛），原来找你做政协委员时，你就相信我们？（总理就溥仪能够写出“我的前半生”自传文稿加以评论）真正认识了自己的问题是后几年的事。

周恩来：你写的东西用了多少时间？

溥仪：一年多。

周恩来：这证明你后几年进步了，但不能说巩固。

（与英、德、俄等国的皇帝、亲王相比，溥仪作为中国的末代皇帝，他没有在回忆录中吹捧自己，而是暴露自己。在这一点上，周恩来赞扬他“创造了一个新纪元”。赞扬并不过分，溥仪在苏联囚居期间、在东京国际军事法庭的审判中都不敢承认的一些罪行，却在“我的前半生”自传文稿中谈了出来，说明他在改造的后几年真进步了）

周恩来：你写的东西有价值，现已作为未定稿用四号字印了出来。送给你一本，你再改，改得完善些，改到在历史上、在世界上都能“站得住脚”。这是旧社会的一面镜子，旧社会结束了，你也转变成了新人。这本书改好了，就站得住了。后代的人也会说，最后一代的皇帝给共产党改造好了，能交代了，别的皇帝就不能交代。

（日理万机的周恩来忙里抽暇，那洋洋三大册“未定稿”就快读完两册了。总理在谈话中多次提到这部文稿，语气中充满了赞扬和肯定，认为它具有重要价值，把修改好这部文稿的任务交给了溥仪。对于修改书稿，总理也提出了方向性的建议，要求溥仪首先要尊重历史，实事求是，核实每一条材料，做到准确无误，更要有战斗精神）

溥仪：我的生命是属于党、属于人民的，要尽一切力量做好，一定不辜负毛主席和总理的期望，一定不辜负。

（周恩来针对“我的前半生”自传文稿发表的看法，正是今天世界通行的那本《我的前半生》的最好的序言。虽然并没把这些看法印在书前，但那本书的确是从这次谈话中走出来的。因为周恩来作为中央领导人，第一个站出来肯定了那部“我的前半生”自传文稿的价值，在“反右派”“反右倾”运动频仍、政策极左的年代里，这个奠基的工作非周恩来莫属，别人难以代替；还因为周恩来客观地指出了那部自传文稿尚不是“比较完善的”，需要修改，直到改好，能够“站得住”为止。这就为后来公开出版的《我的前半生》规定了明确的质量标准，使其成为一本好的畅销书）

周恩来：我曾考虑过，先在中国科学院所属研究所的附设工厂中参加劳动，搞个“三年规划”，学技术，打基础，不太合适。不能让戴着七百度近视眼镜的人去工厂开车床，也不能让已满五十四岁的人再从头学习数理化。我也跟平杰三、童小鹏逐个分析国务院各部研究所的情况，我看还是派到中国科学院植物研究所所属的北京植物园。位于首都西郊的这个绿色王国，空气清新，环境优雅，就在那里当园丁吧。

溥仪：我很愿意。

（安排既定，周恩来亲自跟中国科学院院长郭沫若打了招呼，中共中央统战部副部长平杰三把这意见转达给北京植物园。当时确定，在北京植物园劳动一年，半日劳动，半日学习，为要照顾他的身体，劳动时间还可缩短。周日休息，活动自由，最好能隔一个星期安排他进城看看，探亲或购物。他的生活遇到困难，要及时给予补助）

周恩来：（话题又转到溥仪的亲属身上，受到总理邀请的，都是溥仪的同姓直系亲属，一奶同胞，有话好说）你的家族大极了！今天请了你妹妹，没有请妹夫，因为时间来不及，春节后我要出去。

（总理总揽国家大事，日理万机，政务繁忙，确是抽出时间安排这次会面的。节后不久就和陈毅副总理连续出访了尼泊尔、柬埔寨、越南和蒙古等亚洲国家）

溥仪：今天不只是我，连我的家眷也都一起来了呀！

（原来，总理在此之前还没向溥仪透露他的邀请名单。接见通知是当天上午才一个个送达的，继而分别派车接他们来到全国政协礼堂，不免有人先来，有人后到。溥仪的弟弟妹妹无例外都是头一回见到国家总理，显得很拘谨，周恩来便分别和大家谈心，也开玩笑，气氛和谐）

周恩来：请载涛先生坐这边嘛！

（落坐伊始总理就坐在茶几一侧的小沙发上，而把中间突出的大沙发让溥仪坐，他说“习惯了，请大家随便”。可是，载涛迟疑了，一时未敢紧挨溥仪坐到中间的大沙发上去。总理见状，面向载涛风趣地笑了笑）

周恩来：你是他叔叔，怎么还不敢挨着他坐？还怕皇上？皇上没坐下你不敢坐下是吗？（说得载涛笑着坐到溥仪身边，总理又转向溥仪）你的妹妹很多？

溥仪：一共六个妹妹，二妹、三妹同母，四妹、五妹、六妹、七妹同父。

（周恩来与溥仪聊了一会儿，二妹韫和、五妹韫馨和六妹韫娱走进房间，一一问候总理，并向溥仪唤一声“大哥”）

周恩来：（目光转向韫娱）老六在哪里工作？

韫娱：我在家里画画，但画得不好。感谢政府的培养和教育，我一定努力。

周恩来：也有工作单位吗？

韫娱：临时给安定门国画工厂画书签，尚未正式参加工作。

周恩来：向谁学过画？

韫娱：曾同七妹一起随故宫如意馆的一位画师学过几年。

周恩来：如意馆是皇帝的御用画院，画师应制而作，以满足宫廷需要为目的，其作品往往缺乏生气。然而，画面典雅，技术纯熟，还是值得研究的。在民国时代，愿意学如意馆的画，又请得起该馆画师的，怕只有醇王府子弟了。为了提高现代国画水平，今天也应该借鉴如意馆的风格，扬长避短嘛。这方面也需要人才，不过，如意馆的画师恐怕很难找到了。

（说着，总理让陪见的北京市民政局干部记下韫娱的工作问题，事过不久，她便被北京画院聘用了）

周恩来：（目光又转向韫馨）老五在哪里工作？

（韫馨很腼腆，让总理一问竟不知说什么好了，七叔载涛遂代之回答）

载涛：她一直在饭馆工作，做了好几年了。原来端盘子，现在管收账，得过好几个奖旗啦！

周恩来：你这样出身的人，愿意在饭馆工作，很难得呀！你还不够四十岁吧？看来身体比较好。

韫馨：四十二岁了（受到总理表扬，韫馨很温暖，此后工作也更努力了）。

周恩来：老五的爱人是谁？

韫馨：姓万。

周恩来：（一个“万”字在总理脑海中马上反映过来了，万嘉熙在北京编译社从事翻译工作，其父万绳栻忠于清朝，忠于溥仪，也是一位名人）啊！是江西万家，张勋的秘书长。跟我们周家还是表亲呢！

（周恩来与爱新觉罗一家人聊天，让人倍感亲切。他说有一回见到老舍夫人胡絜青，一眼看出她是满族人，就问：“你是满族人吧？”果然是）

周恩来：（指着韫馨开个玩笑）你可不像满族人，大概是吃汉人的奶太多了吧！（在座者都笑了，谁也不再感到紧张或拘束，自然就把总理视为自家亲人）

周恩来：（话题又转到韫和身上）老二上班了么？

载涛：她是响应政府号召、数月前才走出家门的，办了个街道托儿所，开始为社会服务了。

周恩来：（总理了解这一情况给予积极评价）这好嘛！走上社会，发挥才干。

周恩来：你的爱人在哪里工作？

韫和：在邮政局基建处，是土木工程师。

周恩来：满族人吗？

韫和：汉族人。

周恩来：姓什么？

韫和：姓郑。

周恩来：啊，是郑孝胥家的。

（总理想起来了，韫和的丈夫郑广元，原名郑隮敳，伪满洲国总理大臣郑孝胥之孙，毕业于上海圣约翰大学，后来留学英国，也是知识分子）

周恩来：（与三妹韫颖攀谈）你是老三吧？

韫颖：是，我行三。

周恩来：你在区政协工作？

韫颖：在东城区政协，每天上班，我分管发送学习通知。

周恩来：你们那里有多少委员？

韫颖：三百多位。

周恩来：男委员有多少？女委员有多少？

（韫颖没记清这个数字，一时答不上，觉得很窘，周恩来马上“调节空气”）

周恩来：我在全国政协，你在区政协，咱们是同事嘛！

（七妹韫欢是最后到的，听总理称呼她“金志坚老师”，这位在小学当教导主任的“皇姑”激动得很，想给总理鞠一躬，她的手却在这时被周恩来握住了）

韫欢：我是金韫欢，刚从学校来，来晚了。

（这天，韫欢正在学校写总结，上午十时接到区政协的电话，说一会儿有人来找，请她别离开。十一时许来了一辆小轿车，校长让她上车，说有首长接见。韫欢一听慌了，因为刚参加大扫除，一身尘土，遂提出回家换件衣服，司机却说来不及了。上车后，司机告诉她：“今天是总理接见你们全家，总理已经到了，其他人也都到了，就差你。你这个地方真不好找，转了半天才找到，已经晚了，总理还请你们吃午饭呢！”韫欢几乎不敢相信自己的耳朵了，见到总理时更激动得忘了已经准备的问候总理的话）

周恩来：请假了吗？

韫欢：是校长让我来的。

（韫欢，这位二十六岁以前不曾离开醇王府花园的皇家格格，是位很有魄力的勇敢女性。北京解放前夕，她冲破封建家庭的束缚，先在四哥溥任开办的竞业学校帮忙，继而跟一位志同道合的女教育工作者一起，拿出积蓄，变卖首饰，兴办了一所“坚志女子职业学校”，专门培养谋求自立的失学女生。其间，她阅读了毛泽东的著作，并接触了共产党员，从而立下彻底摆脱封建家庭、走向新社会的坚强意志，遂为自己重新取名“金志坚”，她正是以这个最能表达心愿的名字走上新中国教育岗位的。总理叫出这个名字，是对她的了解、评价和奖赏啊！）

周恩来：听说你是优秀教师呢！要注意身体，劳逸结合。

韫欢：我也并没有做出像样的成绩，只是在努力学习。

周恩来：早听人家说七格格谦虚谨慎，看来一点不假。当然，谦虚谨慎比骄傲好，在成绩面前不知足才能不断前进。

（韫欢见到七叔、四哥和姐妹们，唯独不见溥仪，顿时气不打一处来，难道他还要摆谱吗？还放不下皇帝的架子？让总理耽误时间等他？然而，她怎能想象，大哥作为二十五岁的英俊小伙而在二十八年前留在小妹心目中的印象，已经变成了坐在总理和七叔中间的干瘦老头儿！她把这个“不相识的人”当作国务院或政协的工作人员了。显然，误会里也有政治隔阂的成分。这个现场发生的情况，又被周恩来敏感地察觉了，他看看溥仪，又看看韫欢，传出风趣的笑声）

周恩来：这真叫大水淹了龙王庙，自家人不认自家人。还是让我来介绍你们兄妹认识一下吧！

（韫欢这才在总理面前，头一次与大哥握握手，嘴里却不曾喊出“大哥”二字，这一细节当然也逃不过周恩来的眼睛。韫欢热爱教育事业，工作有成绩，还列席过全国群英会，总理不但了解这一切，还知道她的家庭生活比较紧张，带三个孩子够辛苦，就把话锋转了）

周恩来：（总理肯定了韫欢的长处，随后把话头悄然转向新的方面）先进思想同落后思想的斗争，不但在社会上有，在一个家庭内部也有。因为即使是同一家庭的成员，经历和环境也并不完全相同，就有的人进步快一点，有的人进步慢一点。出现这种状况怎么办呢？后进的要向先进的学习，虚心请教，以求尽快赶上去。先进的也要把帮助落后当作自己分内的工作，不怕麻烦，不嫌弃人家落后，嫌弃是不对的，你不也是从落后变为先进，不也是在先进同志的帮助下进步的吗？你先进了几步，就嫌弃人家，就连自己的兄弟姐妹也拒绝帮助吗？

（韫欢深悉总理这番话的内涵，大哥改造期间自己始终不与之联系，特赦回京至今也未去看望一次，这还不是嫌弃吗？实际是怕受连累，影响进步，以致兄妹相见不相识，闹了笑话。韫欢就此改变了对大哥的态度）

周恩来：（善于调节气氛的总理又转向韫欢）现在还作画不作画呀？

韫欢：仍以画笔为业余爱好。

周恩来：这样好，即使没时间动笔，也可以关注绘画理论和实践的发展，观摩佳作，不断提高理论水平和欣赏能力。希望将来能看到老六和老七姐俩的画作。

（午宴的餐桌上，周恩来向每位爱新觉罗家族成员让菜。溥仪是最不会客气的人，无论与什么大人物同席共宴，他都是那种唯我独尊的架式，或是皇帝的习惯难改吧！总理可不计较这些，他是说话为主，吃饭为辅。从哲学说到历史，又从努尔哈赤论及宣统，像一位历史学家，科学而公正地评说清朝历代皇帝的功过）

周恩来：康熙（1662—1722年在位）和乾隆（1736—1795年在位）在他们的时代里，把中国现有版图大体确定下来，他们对中华民族是有功的。至于溥仪，三岁登基当宣统皇帝，自己不能负责，后来又当伪满皇帝才有罪。现在好了嘛，已经回到人民中间来了。

（桌面上除溥仪夹菜随便，其他人都显得拘谨）

周恩来：著名京剧演员谭富英夫人就不买旧礼节的账，当儿媳妇的时候就反抗过大名鼎鼎的老公公，不给他请安，老公公毫无办法。反对一切旧的东西，包括陈规陋习，总是需要一些勇气的啊！你们醇亲王府的人太受家规拘束了，又是请安，又是叩头，太麻烦！还是不要那么多规矩好，谁要给我叩头，我会认为是骂我。（总理引述两千多年前汉武帝时代卓文君的故事）临邛富商卓王孙之女卓文君，不甘于寡居生活，爱上了文学家司马相如，两人私奔后，又因贫穷重返临邛，亲自动手酿酒叫卖。卓王孙深以为耻，不得不承认女儿的自主婚姻，分予财产，随其往成都婆家安居（爱新觉罗家族的人们谁都没有料到，周恩来借用卓文君冲破旧礼教的故事，是为了赞扬溥仪的“进步”）。我从溥仪在抚顺写的长篇自传中看到，这位经过改造的皇帝，能够用革命精神向封建宣战，把家里头的老家底全抖落出来，这是不简单的！你们也许受不了，你们应当向他学习，可别扯他的后腿呀！

（周恩来的话尚未讲完，他又提到在座者无不尊崇的一个人物，那就是原醇亲王府的家长载沣。总理对这位统治中国达三个年头的清末监国摄政王，作出了历史唯物主义的公正而全面的评价）

周恩来：慈禧太后出于“垂帘听政”的需要，选定一个三岁的孩子溥仪承继光绪皇帝，并连带把无心从政的二十七岁的载沣推上了监国摄政王的高位，这段史实当然不应由载沣负责。载沣执政期间，忠于清朝，尽了最大的努力，而未能阻止中国封建专制制度的结束，这是历史发展的结果，并非某位个人的过错。载沣在辛亥革命中的表现是好的，其间他辞去了监国摄政王的职务，并不主张以武力对抗革命，也不反对宣统皇帝“逊位”，这些表现顺应了时代的潮流和人民的意愿，客观上有利于革命。难得的是，载沣在民国以后始终不曾参与遗老们复辟清王朝的活动。作为政治家和反对分裂祖国的爱国者，处在日伪统治下的载沣并不屈从日本人的劝诱，（总理面对溥仪）你到东北去，他是反对的，不同意的！在政治上同“满洲国”划清了界限，表现了民族气节、政治胆识和魄力，这是他晚年的最大成功。新中国成立后，他立即在醇王府内废除封建的思想，能够随着历史发展而进步。

（离开政治方面的评价，总理又提出礼仪和文化方面的话题）

周恩来：直到民国时代载沣仍在王府内实行烦琐的清朝旧礼，新中国成立后他却立即废除了封建礼节，可见其思想是开通的，随着历史而进步。载沣是位难得的满文专家，国学底子也很深厚，又是清末民初以至日伪时代历史的活见证，对天文学还有相当深入的研究。他既可以在文史研究方面作出贡献，又可以在自然科学方面创造成果，新中国成立后，如果不是他已经瘫痪在床，本来想见见你父亲，要请他出来安排一定工作的。后来听说他有病，没见着，他就故去了。载沣一方面学习科学，另一方面又不尊重医药科学，相信命运却不相信中医或西医，有病不治，有药不吃，结果吃了大亏，使本来可以治好或减轻的病迅速恶化，1951 年 2 月 3 日去世了，只活了 68 岁，实在是很可惜的。

（载沣的儿女们听完总理这番话，有谁能不为之动情而心潮澎湃！午宴快结束时，周恩来又从家族谈到民族）

周恩来：民族最后要同化，满汉不分，但这是后代的事。现在要讲民族平等，各民族共同发展，满汉要团结得更好。（总理转对溥仪）你要努力学习，搞出点成绩来，这对你个人有好处，对人民有贡献，对满族也有好处。你学得还不够，要努力学习。（总理又面向大家）清朝的八旗制度后来腐败了，实际上削弱了自己。清朝被打倒了，满族倒复兴了。

周恩来：（最后再谈家庭团结问题，他用手指指溥仪）你们家属要帮助他，一个家庭也有左、中、右，我家兄弟三个就是左、中、右都有。要争取前进，帮助落后。家里的人到一起最容易谈老事，比如谈过去看过什么戏，其实现在的节目比那时的戏好多了。画画也是现在的名人可以合作，过去哪成啊？你改他一笔都不行。在座的都知道于非闇（1888—1959）和陈半丁（1876—1970）吧，两人都是著名国画家，生前都担任过北京中国画院副院长。过去他们无法合作，20 世纪 50 年代以来却可以合作大画了。只有这样的社会，才能出现这样的事实，旧社会把人变成鬼，新社会把鬼变成人，情况都是有变化的。在爱新觉罗家族内，也要以发展变化的观点正确对待溥仪。

（午宴结束时，已是下午两点多钟了。因为周恩来下午还要参加会议，秘书一再从旁提醒，他才起身歉意告退）

周恩来：邓颖超同志身体不大舒服，今天才没有来，以后还要请大家到家里去。我先走一步，你们兄妹团聚也不容易，不妨再继续谈谈吧！

总理走了，溥仪兄妹依然沉浸在幸福之中。韫欢冲着那位起初看着不顺眼的瘦老头，终于亲昵地开口叫了一声“大哥”。在场的人们注意到，溥仪的眼角上悬着晶莹的泪珠，大家都很激动。

按：此次谈话参见溥仪在其标有“北京日记”字样粉色硬壳笔记本上的亲笔记录。历史见证人溥仪是在各种高墙之内生活了半个多世纪的人，这次有机会深入北京各单位参观访问，感触良深。在石景山钢铁厂、北京第一机床厂、北京合成纤维厂和全国工业交通展览会，他听到了工业前进的脚步声；在四季青人民公社和农业展览馆，他联想起伪满时代受苦受难的东北农民；在广播大厦、电报大楼和工人体育场，他看到了劳动人民的精神文化生活；在民族文化宫和民族饭店，作为经历过盛世，也遭受过歧视的满族代表人物，溥仪感受到少数民族在新中国的社会地位。溥仪还被特别安排而走进了当时并不对外开放的人民大会堂看到了这座宏伟建筑内部的模样。今天他再次来到这里，面对周恩来汇报参观观感，溥仪尽情述说，令总理也为他的思想收获而高兴。

总理还从思想改造的角度评价了溥仪那份自传文稿，阐述它的重大价值。总理认为，溥仪是世界唯一接受改造的君主，他的自传就是铁证。在这一点上，周恩来赞扬溥仪“创造了一个新纪元”。赞扬并不过分，溥仪在苏联囚居期间、在东京国际军事法庭的审判中都不敢承认的一些罪行，却在“我的前半生”自传文稿中谈了出来，说明他在改造的后几年真进步了。周恩来肯定了溥仪自传的价值，这就为后来公开出版《我的前半生》奠定了基础。总理一方面肯定了溥仪的改造，当面给予鼓励，要求他巩固自己的改造成果，另一方面又要求他认真修改自传，对溥仪来说，这两件事本来就是统一的。周恩来针对“我的前半生”自传文稿发表的看法，正是今天世界通行的那本《我的前半生》的最好的序言。虽然并没把这些看法印在书前，但那本书的确是从这次谈话中走出来的。因为周恩来作为中央领导人，第一个站出来肯定了那部"我的前半生"自传文稿的价值，在"反右派""反右倾"运动频仍、政策极左的年代里，这个奠基的工作非周恩来莫属，别人难以代替；还因为周恩来客观地指出了那部自传文稿尚不是"比较完善的"，需要修改，直到改好，能够"站得住"为止。这就为后来公开出版的《我的前半生》规定了明确的质量标准，使其成为一本好的畅销书。

毛泽东、周恩来、彭真等中央领导人看到这部文稿以后，既有热情的鼓励，又有中肯的批评。总理就把自己的意见当面告诉了溥仪，他赞扬溥仪敢于向旧社会宣战，彻底暴露，"创造了一个新纪元"，同时又批评说："书里的自我批评太多了，那些事情都过去了。"他要求溥仪"再改，改得完善些"。这实际已为《我的前半生》一书的修改确定了基调。周总理的关怀和鼓励给溥仪增添了信心，公安部办公厅以及出版社负责人也参与了修改书稿的具体安排，他决定"重新思索，重新起稿"，一部震惊世界的奇书，从此进入了从孕育走向成熟的阶段。

周恩来这次接见，恰在溥仪特赦后第一个春节，除夕的前一日，也把在京的溥仪直系亲属全请过来了，他要为特赦后的溥仪营造良好的家庭和家族环境。他的一席话，从康熙、乾隆一直到三岁登基的宣统皇帝和后来的伪满皇帝，乃至于醇亲王府、载沣，都给予公正评说。对成为公民的溥仪以及他的七叔载涛和弟妹们，也都有关怀和鼓励，令载沣的子女们既叹服又感动，把爱新觉罗家族内部的种种隔阂全消除了。爱新觉罗家族的新生，让溥仪由衷地感到振奋：七叔载涛已经七十四岁，身体健壮，语音洪亮，是满族的全国人民代表大会代表；二妹韫和已参加街道托儿所的创办工作，二妹夫郑㶆顗在北京市邮局基建处当工程师；三妹韫颖和三妹夫郭布罗·润麒在东城区政协参加学习；四妹韫娴在故宫明清档案部做整理工作；五妹韫馨在饭店当会计，五妹夫万嘉熙在北京编译社当日文翻译；六妹韫娱夫妇是小有名气的画家；七妹韫欢在小学当教导主任；四弟溥任已是一位有十年教龄的人民教师了。

七妹韫欢对大哥本来是有看法的。溥仪出关投敌那年，她只有十岁，此后再不曾见过大哥。长大以后，充满两耳的都是国人对大哥的唾骂之声，她不认这个大哥，视之为“奸贼”！周恩来敏感地觉察了潜藏在爱新觉罗家族内部的隔阂，为了这个家庭的团圆，为了让溥仪享受天伦之乐，总理决定亲自出面做工作。

周恩来还趁着载涛在场，当着溥仪的面再提起让溥仪“还得结婚”，而且还让七叔“给张罗张罗”，载涛则说“这一回就让他婚姻自由吧”，这又是怎么回事呢？作为当时最有资格代表爱新觉罗大家族的“族长”、溥仪兄妹之父辈的唯一亲人，载涛对这件事当然是特别关心的。早在20世纪20年代初，载涛就参与了溥仪大婚盛仪的筹备和举行事项，大婚礼成之际，溥仪传旨论功行赏，载涛作为首功者获赏御书“福”字一方、匾额一方并“交宗人府（管理皇室宗族事务的机构）从优议叙”；1931年8月25日“淑妃”文绣逃离静园，起诉离婚并索要扶养费，载涛又以斡旋之功，为“侄皇帝”操办了离婚事件；1942年8月13日，溥仪的“祥贵人”谭玉龄病逝，载涛作为承办丧礼大臣主持丧事。周恩来让载涛为溥仪“张罗”再婚，说明他深谙载涛的上述历史；载涛让溥仪“婚姻自由”，意思是希望溥仪能够赢得有别于历史的新姻缘。这实在是知情人之间妙不可言的对谈，含蕴丰富而生动的历史内容。

这次接见以后，根据总理指示，统战部和政协领导同志做了许多工作，特赦人员的眷属问题一一得到了解决。溥仪是第一个建立起新家庭的，自1957年与他那位伪满皇宫的“福贵人”离婚以后，重新获得了爱情。两个月后，原国民党川湘鄂边区“绥靖”公署中将主任宋希濂，也因旧梦难圆而在文化俱乐部当上了新郎官，贤淑、体贴的新夫人易吟先也是旧相识，两人各自走完一段坎坷道路后又在北京邂逅并相爱了。原国民党东北保安长官司令部徐州“剿总”中将副司令杜聿明的老伴曹秀清是在1963年6月16日从美国归来与丈夫团聚的，一对阔别了十五年之久的夫妇在北京相会了。原国民党第二“绥靖”区中将司令兼山东省政府主席王耀武被俘后，原配妻子跑到香港地区，携金条一去无返，继又转赴美洲改嫁定居，而王耀武因脑血管硬化症需要亲人护理和安慰，1965年9月26日与在北京第八十二中学任教的新娘吴伯伦举行婚礼，婚后感情甚笃。

特赦人员中的其他人也陆续实现了夫妻团聚或重建新家庭。如“皇御帝”溥杰与离散十六年的日本妻子嵯峨浩月下重圆；原国民党浙西师管区中将司令兼金华城防指挥周振强与其身在杭州操持家务苦守十载的妻子楼亚隽在北京团聚；原国民党第十五绥靖区司令部二处少将处长董益三与北京市第六十六中学职员宋伯兰举行婚礼；原国民党天津市市长杜建时与画家李念淑，原国民党保密局云南站少将站长沈醉与北京厂桥医院护士杜雪洁，原国民党第九兵团中将司令廖耀湘与北京女二中英语教员张瀛毓先后恋爱结婚，度过了政治新生后的花烛之夜……

当溥仪和他的伙伴们在各自的后半生中安享天伦之乐的时候，都更深刻地理解了周恩来为解决他们的眷属问题而提出的三条原则：一、眷属在海外的，帮助他们取得联系，争取团聚；二、眷属在国内的，给予一切方便，已经离婚尚有恢复可能的，促其破镜重圆；三、没有复婚条件或丧偶的，帮助选择爱人，重建新的家庭。他们亲身体会到：这是人道主义原则，和平的原则，善良的原则，伟大的原则。

溥仪致信金源副所长谈周总理接见他和家族事宜（1960年1月31日）

我们的周总理在政务百忙中，在政协礼堂接见了我和我的家族：有我的七叔载涛、四弟金友之［即溥任］、我的六个妹妹。总理和我们一一握手并一同进午餐。当我进入政协礼堂时，周总理已在那里等着我们，总理健壮的身体，慈祥和蔼的面容，父母般的关怀与殷切问话的情景，深深印入我的脑子里，是我永远不能忘记的。总理对我的家族说我的学习很进步，说他看见了我的著作《我的前半生》，又说：“你能够用革命精神向封建宣战，能够把你们家里头的老家底全抖落出来，这很不简单。你们［指我的家族］也许受不了。你们应当向他学习，你们可别扯他后腿。”在午饭时，总理又和我及我的家族说了不少勉励的话，可以说对我家族每个人的教育都是很大的，不能不使我感动得流了好几次眼泪。

按：周恩来在接见和餐桌上，既说到溥仪的短处，又强调他的长处；既指明其他家族成员的优点，也不放过他们的不足。这就从根本上打破了爱新觉罗家族内部的思想隔阂。溥仪很真诚，急于要把周恩来总理接见、谈话和年前午餐的欢乐场景写信告诉抚顺战犯管理所副所长金源，并在信中记述了当时的热烈场面和激动心情。也不等过完大年，正月初四就把信寄出了。

溥仪和家属亲人们欢度假日。左起：载涛、韫颖、韫和、溥仪、溥任

溥仪致信金源代所长和李福生管教员谈工作安排事宜（1960年2月19日）

亲爱的金所长和李科员同志：

我又有很长的日子没给您们写信了，想您们一定是很惦念我的，我现在把我近来的情况向您们说一说：

（1）在回北京后两个月来，在春节前，我们已经参观了农业展览馆、体育场、工业交通展览馆、宣武钢厂、石景山风玫、民族文化宫、民族饭店、四季青人民公社、清华大学、电子管厂以及北京街道、福绥境街道办事处和它的托儿所、食堂、邻里服务站等地方。

（2）听报告：在人民大会堂已听了两次首长报告，第一次是陈毅副总理关于国内外形势报告，第二次是李先念副总理关于经济问题报告。

（3）政府对我们各种无微不至关怀和照顾：

我们蒙特赦后，在这短短的两个月中，党和政府对我们是无微不至地关怀和照顾，除了组织我们参观、讨论、听首长报告以及发给我们学习文件和参考资料外，在生活方面，每月发给每人生活费六十元，还怕我们冷，又给每人大衣一件。我们在崇内旅馆住每人住一间屋，每间每天房钱五元，这些钱都由政府给；我们外出参观时都是几个小时，汽车费也都由政府给；我们有病，也不用花钱治，政府还给医疗费。

（4）中共中央领导同志，以及各首长的接见我们和宴会：

去年十二月十四日周总理接见了我和杜聿明、王耀武等十一人，更在本年一月十二日上午听完李先念副总理报告后，午间又蒙我们党中央统战部部长平杰三、副部长贺一平、统战部联络委员会主任马正信、北京市统战部部长廖沫沙、政协委员会秘书长申伯纯、秘书处处长史永、总务处处长连以农各位首长，还有民政局办公厅主任王旭东同志，邀我们十一人到政协礼堂宴会，这是我们党中央和政府首长们亲自招待我们的宴会。这是我感到最光荣和幸福的日子。

统战部首长关怀我们的生活、学习和工作，并根据个人的志愿，给每个人适当的安排。我们十一人中，有曾扩情、卢浚泉、邱行湘、陈长捷回到自己家乡，各在本地找工作；杨伯涛、周振强回家后仍愿回北京，政府发给每人来往的路费；杜聿明、宋希濂、王耀武、郑庭笈和我则留在北京，将来政府给适当安排。

更有一件我们永远忘不了的事，也是我最幸福的日子，就是在今年一月二十六日，我们的周总理在政务百忙中，在政协礼堂接见我和我的家族（我的七叔载涛、四弟金友之［溥任］、我的六个妹妹），和我们一一握手并一同进午餐。当我们进入政协礼堂时，周总理已在那里等着我们，总理健壮的身体、慈祥和蔼的面孔，父母般的关怀与殷切问话的情景，深深印入我的脑子里，是我永远不能忘记的。总理对我们说了不少勉励的话，在和总理的谈话中，不能不使我感动得流了好几次眼泪。

总理对我的家族说我的学习很进步，说他看见了我的著作《我的前半生》，又说："你能够用革命精神向封建宣战，能够把你们家里头的老家底全抖搂出来，这是不简单，你们（指我的家族）也许受不了了。你们应当向他学习，你们可别扯他的后腿。”在午饭时，总理又和我、和我的家族讲了许多的话，可以说对我家族每个人的教育是很大的。总理更根据我愿在劳动中锻炼自己的志愿，说将来我可以学习、研究，学技术，一面学习，一面锻炼自己。

二月十日，市委统战部廖部长（还有几位统战部与民政局的首长），在政协文化俱乐部，约杜聿明、王耀武、宋希濂、郑庭笈和我谈话，对我们的工作、学习、劳动进行了安排。我是到中国科学院北京植物园（香山）去工作，研究热带植物。杜聿明等四人是到红星人民公社去工作。我们每天是一半学习，一半劳动，有时听首长们的报告。政府仍照常给我们生活补助费。廖部长对我们作最恳切的叮咛和勉励。

在二月十二日，统战部徐冰副部长、统战部副秘书长张执一、北京市委统战部夏英喆副部长、统战部联络委员会副主任龚斌、政协全国委员会副秘书长连以农等各位首长以及邵力子找我们五个人在政协谈话，并为我们饯行宴会。

在二月十四日，民政局殷［兆玉］同志同我一起到中国科学院北京植物园，去看一看宿舍、食堂、温室等处，市委统战部廖［沫沙］部长、民政局办公厅王旭东主任随着也到了植物园，和我们一同参观，并和植物园办公室主任奚斌同志谈了话。

在二月十六日，殷［兆玉］同志送我到中国科学院北京植物园去工作。这是我在特赦后第一次参加伟大祖国社会主义建设，参加劳动的第一天！我和劳动人民一起学习、一起劳动、一起生活、一起工作，这是平生最大的光荣和愉快的日子，也是我幸福生活的开始。我和主任俞德浚、办公室主任奚斌见了面。

在二月十八日，奚斌主任和俞德浚主任召开了一个全植物园各组同志的座谈会，介绍我和各组长见了面，互相谈了话。我们组织上安排我在温室工作。我们的组长是吴应祥同志和孙可群同志。下午吴应祥同志约我到温室，又和全温室组各位同志见了面并谈话。

在二月十九日，上午我到温室工作，组长、组员耐心地帮助我学习和工作，我太感动了。下午是政治和业务学习（现在，政府给我买了《毛泽东选集》）。业务方面，吴组长给我三本书：一本是自然科学丛书《植物学基础知识》，一本是俞德浚主任编的《植物园工作手册》，一本是《华北习见观赏植物》。现在是下午五时，是学习时间，给所长写好了信，这就发去。我想，您们看见我的信，一定为我高兴。

和我同屋住的二位同志，一个是刘宝善同志，一个是刘宝安同志。所长，请您放心，我一定在认罪基础上，在不断学习、不断的劳动中来改造自己；永远跟着党走，听毛主席的话，全心全意为祖国社会主义事业服务，一定争取做一个中国人民的孩子，赎我过去的罪恶于万一。

我还有事情和您商量，现在《我的前半生》三本书，已由统战部发给我看了，但是这三本书里，还没有来得及把我在抚顺最后修改的部分加入进去。是否把最后修改、补充的部分加进去为适当？或者不需要加入？如果加入好些的话，是不是把修改的部分，由所里重新补印上？或是给我寄来，我再抄写补上？究竟怎样办合适，请您们暇时来一信，以便解决这个问题。

衷心祝您们健康、愉快！

请代问全管理所各位同志好！

您们的溥仪

一九六〇年二月十九日于中国科学院北京植物园宿舍

按：这封信是溥仪写给抚顺战犯管理所金源代所长和具体负责溥仪管教工作的管教员李福生同志的，向两位汇报了特赦后他的工作安排问题。

溥仪的工作安排是在1月12日提出的。那天，中共中央统战部副部长平杰三、贺一平，中央统战部联络委员会主任马正信，北京市委统战部部长廖沫沙，全国政协副秘书长申伯纯，以及全国政协机关秘书处处长史永、总务处处长连以农等统战系统领导同志，在全国政协礼堂宴会厅设午宴，招待溥仪、杜聿明等11位首批特赦留京人员。这实际是一次“工作午餐”，杯箸之间，领导同志就集中参观、学习结束后，留在北京工作还是返回原籍的问题，逐一向特赦人员征询了意见。溥仪因为原在长春的妻子已经离婚，因此只能选择留在北京。去留问题解决以后，确定工作岗位便很自然地提上了日程。要给中国末代皇帝安排一个为人民服务的岗位，这是全世界都不曾碰到过的崭新问题。在中国，像这样的问题只能摆在周恩来面前了。

1960年2月10日，也就是农历庚子年正月十四日——溥仪的五十四周岁生日，中央统战部副部长、全国政协秘书长徐冰，全国政协副秘书长张执一，全国政协常委兼联络委员会主任委员邵力子，全国政协秘书处副处长连以农，北京市委统战部部长廖沫沙、副部长夏英喆和联络委员会副主任龚引斌等，约见溥仪、杜聿明、王耀武、宋希濂和郑庭笈五人，宣布了新的工作安排。并在全国政协机关餐厅设宴为溥仪等五人饯行。一两天后，溥仪和杜聿明等分别走上自己的工作岗位。溥仪内心充满喜悦和激动，对他来说开始了崭新的生活。在臣僚拥戴、奴仆伺候的氛围中度过了大半辈子的人物，终于能使用自己的双手为别人做事情了！溥仪详细记述了那些天的活动，字里行间透露出一种欢欣鼓舞的心情。特别是提及“我的前半生”“在抚顺最后修改的部分”应该让总理看到，他这时已经把该书修改、出版事宜放在心上了。

溥仪在1960年2月初就收到了周恩来派人送来的在白皮右上角标有“未定稿”字样的一套三册大字铅印本“我的前半生”自传文稿，他一看内容，原来在抚顺时对油印本加以修改的部分也未及纳入，便写此信，除了述说他“把前半生公之于世”的“热烈”愿望外，也反映了他“对自己已写出的东西”“不能满意”了。溥仪希望把已修改的内容纳入，还希望遵照总理的指示作进一步修改，并续补从1957年到特赦的新内容。这封信反映出溥仪要修改自传的强烈愿望。不久，分为上下两册的灰皮本样书也送到溥仪手中。印在正文前面的，是经中央统战部和公安部领导同志审阅并于1959年12月28日签批的《出版说明》：“这是伪满战犯、伪满洲国皇帝爱新觉罗·溥仪在服刑期间所写的反省笔记。溥仪在这本‘忏悔录’中，对他以及他那一伙封建余孽在几十年以来勾结帝国主义、背叛祖国、残害人民的严重罪行做了一些自我揭露。他在本书中所涉及的历史事实，都还没有进行核对；他所提出的论点，也有很多不妥和错误的地方。我们除了改正了个别错字和标点符号以外，对文章内容一律未加改动，完全按照原稿印出，以供内部参考。”当年政治色彩浓厚，溥仪出身复杂，又为世人瞩目，不是周恩来亲自为他卸包袱，岂能轻装上阵并写出惊世奇书！当然，从1960年那本初稿到1964年正式出版，又不知费了几番周折，溥仪全身心地投入了《我的前半生》一书的修改，付出了巨大的劳动。

1960年“五一”劳动节溥仪等观礼后合影（杜聿明摄，左起：王耀武、杨伯涛、宋希濂、溥仪、周振强、郑庭笈）

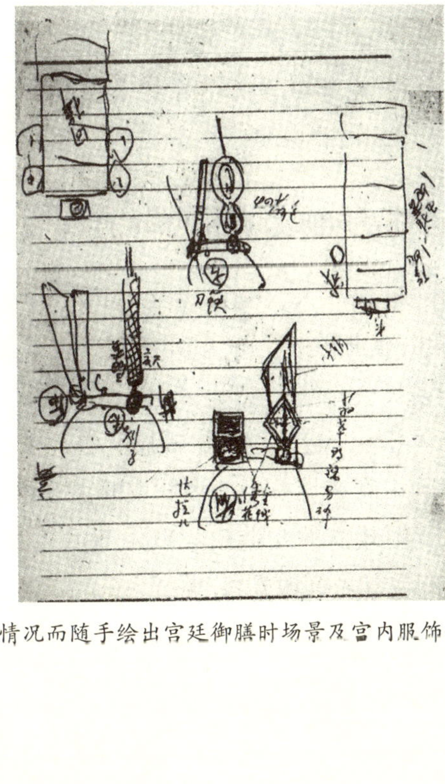

溥仪为说明宫中情况而随手绘出宫廷御膳时场景及宫内服饰一类细节草图多幅

溥仪全身心投入《我的前半生》一书的修改（1960年4月至6月）

溥仪为说明宫中情况而当着李文达的面绘出宫廷御膳时场景、宫内服饰一类细节草图等多幅，他还对修改第二稿第三章书面提出许多具体意见和进一步核对史实的要求。在未定稿印刷本许多地方，他都加写了批注意见。如在“世界上的光辉”一章书眉上写有“十一章我认为不要删改”字样，在“平顶山的方素荣”一节多处写有“这段非常好，不要删改”“注意，这段万不可减去”“这一段非常具体、生动，应保留不要删改”等字样。又如描写溥杰与嵯峨浩结婚一段中有“选汉女为配偶已是破例”的文字，溥仪批注道：“这种满汉不结婚的心理，我是没有的。况且早在辛亥革命前清室已宣布满汉结婚不禁止。因此要删去这句话。”

按：李文达也是全身心地投入《我的前半生》书稿的整理编辑工作。他搜集历史资料重达一吨，寻访如当年的首领太监张谦和、张园“行在”英文翻译察存耆等知情的亲朋故旧，还阅看了抚顺战犯管理所保存的大量伪满战犯和日本战犯认罪及侦讯资料。他编写大事记、修改书稿，与溥仪成为无话不谈的挚友。李文达比溥仪小十二岁，彼此直呼“老李”“老溥”，遇事商量办，在群众出版社那间五平方米的工作间里，《我的前半生》书稿一步步走向成熟。

溥仪接待毛泽东推荐的拉丁美洲朋友（1960年5月26日上午）

上午，智利一人，阿根廷一人，秘鲁三人（律师、作家、医生、画家、提琴家），到植物园访问我（王旭东主任、殷兆玉秘书、奚斌主任在座），周而复［陪同］，对外文化联络委员会介绍。

他们对于我的如何学习、改造的过程，极感兴趣。

我们领袖毛［泽东］主席接见拉丁美洲朋友时，曾谈到“可以见溥仪”去。

拉丁美洲朋友对于我国政府的改造政策以及对我的改造过程极感兴趣，因而访问我，特别着重地问我学习、改造经过。

溥仪会见智利朋友

按：一批拉丁美洲客人，根据毛泽东的建议专程来到北京植物园，与中国末代皇帝见了面。溥仪把这件事记入了笔记本。引文中［　］内的文字系编者所加。

溥仪出席欢迎英国前总参谋长、陆军元帅蒙哥马利的国宴（1960年5月26日）

（上午刚接待了毛泽东推荐的拉丁美洲朋友，下午溥仪又被周恩来请到人民大会堂，出席欢迎英国前总参谋长、陆军元帅、第二次世界大战期间最负盛名的盟军统帅蒙哥马利的盛大国宴。杜聿明也作为总理特邀的客人出席。这显然是因为他们两人都从各自的角度与第二次世界大战相关联。副总理陈毅元帅、贺龙元帅、罗瑞卿大将以及习仲勋等出席了国宴）

周恩来：（开宴后向蒙哥马利介绍）这位便是中国清朝的宣统皇帝。

溥仪：（出人意料地大声回答）今日光荣的中华人民共和国公民溥仪！

（总理与在座者一起热烈鼓掌）

蒙哥马利：（第二次世界大战期间的非洲战区地中海战场指挥官，向当年的中国战区中缅战场指挥官杜聿明发问）“你的百万军队到哪里去了？”

杜聿明：（指了指坐在对面的陈毅）都送给他了。

陈毅：你可没有这样大方，是我们一口一口吃掉的！

杜聿明：还是送了一半的，因为这一半是国民党败在自己手里。

蒙哥马利：连一个士兵也没剩下？

杜聿明：（诙谐而答）就剩下我自己。

周恩来：你也进入了社会主义嘛！（全场大笑）

（杜聿明交出了百万大军，而溥仪则把他的金銮殿、皇帝宝座，连同头脑里的“大清帝国”统统交给了周恩来总理，他们都已成为值得尊敬的爱国者了）

按：1960 年 5 月 9 日，毛泽东接见伊拉克、伊朗和塞浦路斯外宾时，以溥仪为例解说中国革命的基本经验：“被打倒的阶级我们也要改造，譬如解放战争中被我们俘虏的国民党将军们，还有一个皇帝，他在北京，名叫溥仪，从三岁到六岁统治全中国，统治我们，后来被推翻了。他现在很有进步，已经被赦免，不是战争罪犯了，恢复了他的自由，他今年才五十三岁。他说他现在真正解放了，自由了。他现在在北京植物园工作。你们有兴趣可以集体找他谈一谈。他是这样的人，我们也并不杀他，改造好了，还有工作能力，只是不能做国王就是了。要战胜帝国主义，需要有广泛的统一战线，要团结一切可能团结的力量，只是不包括敌人在内。这是我们的经验。”

溥仪及其亲属在周恩来家餐饭桌上的会话（1960 年 5 月）

（二十世纪六十年代第一个风和日丽的五月，松青柏翠，叶绿花红。两位世界知名的人士——周恩来和邓颖超，在自己的家中，热情接待了溥仪及其亲属：七叔载涛、二妹韫和与妹夫郑广元、三妹韫颖与妹夫润麒、五妹韫馨与妹夫万嘉熙、四弟溥任与弟媳、六妹韫娱与妹夫王爱兰、七妹韫欢。只缺四妹韫娴因病未到。四妹夫赵琪璠当时孤身隔绝在台湾地区，而七妹夫乔洪志不幸在一个月前病逝。1 月 26 日接见结束时周恩来就说过，因为时间来不及，只请了溥仪及其弟妹，还没有请弟媳和妹夫们，再说邓颖超也因病未到，“以后一定要请大家到家里去”。现在，总理的诺言兑现了）

周恩来：（开宗明义提出一位日本女性的名字）溥杰夫人嵯峨浩给我来过信，申请返回中国定居，她盼望着能在丈夫特赦以后，前来北京团聚。我和邓颖超同志这次请你们到家里做客，主要是就嵯峨浩女士的回国定居问题听听意见，你们都是溥杰的亲属嘛！

（总理话音落地，大家也都沉默下来。十六年前溥杰夫妇因时代悲剧而离散，天各一方，生生死死，而今团圆在即，却又碰上一幕幕难断的“家务事”，悲悲喜喜。俗话说，“清官难断家务事”，总理偏要裁断爱新觉罗家族这桩“家务事”。溥仪打心眼里不愿让嵯峨浩回北京，就先闷着不说话。韫和、韫颖和韫馨在伪满年代与嵯峨浩常在一起。特别是韫颖，旅居日本期间姑嫂交往更为密切，后来出逃通化又患难同当、生死与共，感情非一般亲属能比。可是，历经政治风波的皇家姊妹兄弟们往往多留个心眼儿，担心若跟日本人扯上瓜葛，一句错话，怕又惹出大麻烦。再说总理的态度还不明确，而大哥溥仪坚决反对，无从开口呀）

周恩来：（尽量给大家卸包袱）大家别拘束，对这事有什么看法都允许，不妨三言两语随便谈谈。原来没考虑过的，现在也可以考虑考虑。

郑广元：嵯峨浩是日本华族，天皇的亲戚呀！

润麒：他们在三十年代发动侵略战争，中国人民伤亡八百多万，军队牺牲近四百万，还给我国带来五百多亿美元的财产损失，太残酷了。

万嘉熙：可以让他们通信，也可以允许嵯峨浩探亲，但现在中日两国处于敌对状态，不能给她在北京长期居住的待遇，以防不测。

（在座者七嘴八舌，被动而言，观点模糊，有些内容还带有伪满宫廷的印痕，倾向是最好别让嵯峨浩回国定居，既符合大哥心愿，又避开了国际是非）

韫欢：（与众不同）只要溥杰和嵯峨浩的婚姻关系继续存在，就应该允许二嫂前来团聚并在北京定居。

周恩来：（总理亮明了态度）请大家对韫欢的意见发表评论吧。

（在座者纷纷“转变立场”，表示赞成。他们本来就希望看到兄嫂团圆）

周恩来：（总理抓准时机，滔滔而言）大家在考虑这个问题的时候有种种疑虑，都是可以理解的。中日两国交过战，日本确实是侵略者，这是铁的历史事实。但是从两国人民方面来说，却一直是友好的。人家溥杰、嵯峨浩结了婚，几十年了，嵯峨浩要来，我们就不大好拒绝了。她来了，对开展中日两国人民之间的友好往来也有好处嘛！我们是一个大国，要有大国的风度，不但欢迎她来，来了之后还要好好相待。你们都是至亲，她是你们的二嫂子，溥仪的兄弟媳妇，载涛的侄媳妇嘛！你们都要亲近她，她是外国人，也是中国人，早就入了中国籍嘛，更是你们家里人，可不许疏远她呀！

（总理一席话令大家佩服，只有溥仪还不那么高兴，差别微小，却逃不过总理的眼睛）

按：此次会话参见李淑贤提供的溥仪记事手稿原件。1937年4月3日，伪满“康德皇帝”的御弟溥杰，与日本华族嵯峨实胜侯爵的长女嵯峨浩，在日本东京九段军人会馆举行了盛大婚礼。这次由前日本关东军司令官本庄繁大将和前日本陆军大臣南次郎大将牵线做媒，连结婚典礼费用都由关东军支付的婚姻，当然不是一次普通的婚姻。日本军国主义者不仅要利用这一结合鼓吹“日满亲善”，还为之制定了一部可由“弟之子”继统的《帝位继承法》，以便由溥杰和嵯峨浩的混血儿第二代，承继溥仪的皇位。所谓“政略婚姻”，包含的就是这样一个大阴谋。由于涉及“大清皇位”的“统系”，以及性命攸关的自身处境，溥仪当时对此事就怀有深深的戒心，并采取了相应的防范措施。那时候，兄弟之间表面是礼仪，暗中有猜忌，亲情也淡漠了。然而，作为听命于关东军的傀儡皇帝，溥仪毫无干预或反对的能力。令他非常生气的是，溥杰和嵯峨浩的婚后生活如胶似漆，情意缠绵。

在抚顺的改造年代，自从周恩来把慧生的信转给她的父亲，溥杰与嵯峨浩又建立起频繁的通信联系。嵯峨浩在一封封家书中表达了对丈夫的深情思念，她还一再要求来华探亲。自从通化大栗子一别，溥杰再不曾见到妻子和女儿，但四面高墙和万里关山都不能阻隔他的思念。夫妻恩爱情深，相互有着时间流逝也难以冲淡的理解。

正像溥杰对于夫妻恩爱无法忘情一样，溥仪对于“政略婚姻”也耿耿于怀。到抚顺以后，溥仪公开要求二弟彻底忘掉嵯峨浩，可溥杰还是思念妻儿，忧郁成疾，溥仪很反感，不同情。贺龙和聂荣臻两位元帅接见弟兄俩时，溥仪希望二弟声明“要跟妻子决裂”，请首长协助离婚，而溥杰则真切地流露出思念之情，两位元帅对溥杰说：“国仇不影响你们做夫妻，嵯峨浩早晚会回来，溥杰也应该主动请人家回来嘛！”这就更令溥仪失望了。正像嵯峨浩的《流浪王妃》一书含有刺激中国人民的情节一样，她的来信也出现了与新中国不和谐的内容，这下又让溥仪抓住了。“你跟浩子继续通信往来，这是民族立场问题！必须一刀两断！”溥仪板着面孔，一本正经。“通信也是所方允许的，我想不通!”溥杰不服。

1959年12月8日，溥仪在抚顺战犯管理所的最后一个夜晚，郑重嘱咐继续改造的弟弟，他明天就离开抚顺，唯有一事不能放心，就是弟弟的婚姻问题。他仍然希望，二弟着眼于政治，快刀斩乱麻，断绝与嵯峨浩的一切关系，待释放返京再考虑重新结婚。对此，溥杰避开了正面回答，他不可能接受。

溥仪特赦后仍坚持己见，1960年1月26日总理接见时他还耿耿于怀地谈道“溥杰和日本人结婚是阴谋”。自以为这就是“着眼于政治”，然而，用固定的眼光看政治，就势必落入偏见。

周恩来对此有自己的看法。早在1959年春天，特赦战犯的消息尚未发布，吴学文作为日本著名和平人士西园寺公一的朋友，访日期间就曾代表周恩来，在惠比寿办事处会见了嵯峨浩，问她想不想回到丈夫身边?从那以后嵯峨浩望眼欲穿，焦急地等待着离开东京回到中国。

嵯峨浩要求在溥杰获赦后与丈夫团聚并定居北京的呈文，很快就转到了周恩来手中。中国总理认为，一位与“溥杰君”共同生活八年，生育两女，又苦守十六年的日本女性，急切地提出与丈夫团聚的要求，合情合理，应该给予满足。

不久，溥仪获得特赦，消息在全世界传播，溥杰特赦也不会久远了。周恩来认为有必要先做些工作，因为溥杰和嵯峨浩的团圆还面临诸多困难：中日两国尚未建交，政治阻塞，人员出入境都受到严格限制，必须通过政治和外交途径解决。加之溥仪及爱新觉罗族人对嵯峨浩仍有戒心，则需要劝导、说服，以消除亲族之间头脑里的隔阂。周恩来和邓颖超就把溥仪及其亲属们请到家里来了。

著名美国记者埃德加·斯诺和安娜·路易斯·斯特朗向溥仪敬酒（1960年10月29日）

埃德加·斯诺：噢，是皇帝驾到，我得给您叩头。

（斯诺早已从毛泽东那里得知溥仪的近况，遂微笑着跟他开了个玩笑）

溥仪：历史上那个有罪的皇帝已经死去了，如今，站在您面前的是公民溥仪。

埃德加·斯诺：身体怎么样？

溥仪：在旧社会我过着腐朽堕落的生活，弄得身体极坏，走一二里地就喘得缓不过气来。现在我整天走路或劳动，也不觉得累，真是越活越年轻了！

埃德加·斯诺：在我的印象里，您过去是被日本人强制送到东北去的。

溥仪：日本军国主义对我这个当过清朝皇帝的封建余孽感兴趣，当作他们的利用对象，而我呢？也想借助日本的力量复辟清朝。伪满洲国就是这种阴谋勾结的产物。我对祖国的背叛助长了日寇的凶焰，其结果使中华民族牺牲了一千多万同胞，损失财富五百多亿美元，造成中国历史上的空前灾难。犯下了这样的大罪，党和政府对我却该杀不杀，并把我教育改造成为新人，这也是史无前例的壮举。

埃德加·斯诺：您现在在什么部门工作呢？

溥仪：在北京植物园。

埃德加·斯诺：您喜欢植物吗？

溥仪：我在那里已经度过了半年时间，对各种花卉产生了浓厚的兴趣。

（作为招待会的主宾，面带微笑的斯诺到各桌敬酒去了，一位态度温和、仪貌端庄的外国老年妇女走过来，用流利的汉语向溥仪打招呼。她是毛泽东的朋友——著名美国记者、进步作家安娜·路易斯·斯特朗女士。1946 年 8 月毛泽东在延安会见她时，曾针对当时的国际、国内形势发表谈话，提出“一切反动派都是纸老虎”的著名论点。中华人民共和国成立前后，她六次访华，1958 年以七十二岁高龄最后一次来到中国从此长住北京，以发表通信的形式，向全世界介绍中国的情况。当这位职业记者听说中国末代皇帝来了，岂肯放弃采访？而溥仪获悉来者就是斯特朗，崇敬和羡慕的情感油然而生，立即投入对聊）

溥仪：不正是您在延安见到我们毛主席，并进行了举世闻名的重要谈话吗？

安娜·路易斯·斯特朗：是的，我经常见到毛主席。这一回，我已经是第六次到中国来了，我曾到国内很多地方游览。

溥仪：那您一定会看到：今天，中国人民已经站起来了。中国共产党和毛主席领导中国人民，进行几十年的革命斗争，推翻了帝国主义、封建主义和官僚资本主义，才创建了繁荣、富强和幸福的新中国。

安娜·路易斯·斯特朗：我不但看到了站起来的中国人民，也看到了一个强大的中国，它对于保卫世界和平、制止战争，起了极大的作用。

按：溥仪的社会影响在历史，也在今天；在中国，更在世界。

溥仪致族侄毓嵣的信（1960年8月18日）

我最亲爱的嵣侄！

你近来怎么样，身体一切都好吗？我对你十分抱歉。我自去年十二月九日回北京以来，到现在好几个月也没有给你写信，这实在是说不过去，太不对啦！事实上，我是非常忙碌，要说我心里不惦念你，那真是屈我的心，不过是无论怎么样，这么多日没有写信，仍是自己的不对，就希望你原谅我吧！

你都在何处工作，身体怎么样？学习和劳动锻炼如何，我都不知道，衷心盼望你早日给我回信，一一地告诉我，以减少我对你的想念的苦闷心情。

我在去年十二月四日在抚顺战犯管理所蒙到特赦，（这是我和郭文林两个人）完全是做梦也想不到的事。过去对祖国对人民犯了不可容恕的罪恶，政府和人民不加以惩治，已然是史无前例的宽大，而这次竟蒙特赦，到社会中去，能和劳动人民在一起，直接参加社会主义建设，得到真正重新做人的机会，这真是任何古今中外历史上空前的事情，这只有以改造社会，改造人类为历史使命的中国共产党，才能这样。对事不对人，治病救人，对什么人都加以彻底救治（除了坚持花岗石脑袋自愿见上帝的人以外），治好了每个人的病，使魔鬼变成了人。所以共产党、毛主席不仅是解放六亿五千万中国人民的大救星，同样也是罪犯的重生再造的父母。

我现在说说我的近况：我在去年十二月九日回到了北京，我和七叔，几个妹夫，妹妹，任四弟、俭六弟、嵒、嶦、㜑……都见了面。每天不是这个找我，就是我去看别人，确是忙得不亦乐乎！

我们政府还组织我们同蒋介石集团战犯这次被特赦的十个人（北京方面的杜聿明、王耀武、宋希濂、邱行湘、陈长捷、杨伯涛、曾扩情、卢浚泉、周振强、郑庭笈十人）一起住在崇内旅馆，并一同参观了首都的工业、农业、学校、街道等社会主义建设。亲眼看见首都建设的巨大变化，各种建设的飞跃发展，真是又惊又喜，感到在伟大的毛泽东时代身为一个中国公民的无限骄傲自豪感。

我们周总理还接见了我们一次，以后又一次特别接见我和我的家属，包括七叔，四弟，二、三、五、六、七妹（四妹未在家，临时没有找着），并且一同吃了饭，种种对我们的关怀，安慰、勉励，真是令我感动得几次流下了眼泪来。

过了春节以后，在二月，我已走上了光荣的工作岗位，现在在中国科学院植物研究所北京植物园内工作——劳动和学习。我和劳动人民一起生活、工作、劳动、学习，这真是我平生第一次最光荣最愉快的事。在这里每天愉快地劳动和学习，同志们在工作中的干劲十足，处处表现革命乐观主义情绪和国家主人翁的责任感。同时也表现人对人的互相协作的我为人人，人人为我的新社会人和人的关系。

更使我永远不能忘的最光荣、最兴奋的事，就是在今年五月九日，我参加了首都二百万人民支援日本人民、反对日美军事同盟条约大会的示威游行（在天安门广场），这是我过去想也想不到的事情。

我也常常从植物园回到城里看看。在城里我住的是老万、五妹的家里（前井胡同六号），俭六弟夫妇也同院住，嵒、嶦、犨侄的家都在南关坊口住，一二百米就可以到，我的六妹住在后什刹海四合巷四号，绕过后什刹海，也不过四五分钟就可以到。四妹住在鼓楼也离我住的地方不远。二妹住景山东街，也不算远。三妹住秦老胡同，稍微远一点，二嫫（我的乳母）家住在后门桥，也离我住处不远。所以我回城里去的时候，反倒更忙起来了。

嵒、嶦、李国雄都在小汤山苗圃那里工作（北京市昌平区北乌房村小汤山苗圃第八生产队），他们大约每周回来住两三天。他们都很健康。

我的家族都和我见了面，就是我的嵣侄还没有见面，而且一直也没有相互通信，这是我最大的缺欠和遗憾，也是最不愉快的事，非常想你，几天后盼望速来信，告诉我，你的近况，别让我心里着急啦！

我衷心祝你在劳动中，在学习和工作中的成就，争取成为一个光荣的红旗手。要坚决地永远跟着共产党走，听毛主席的话，在建设社会主义的光荣事业中，树立越来越大的成就。任何工作岗位，任何劳动都是光荣的，都是为人民服务。

我们都要积极，要勇敢、不断检查自己，不断改造自己，经常克服一切缺点，虚心向先进学习，帮助落后不断前进，只有这样我们方能追赶上一天等于二十年的社会主义祖国的发展。身体的健康也是最主要的，身体是一切工作的本钱。

我再一次衷心祝我亲爱的嵣侄身体健康，精神愉快，在工作中获得更多更好的成就。争取做一个又红又专的生产建设的好战士，祖国人民的好儿女，毛主席的好学生。

再见，希望暇时，不久的将来就能见面并常来信。

叔　溥仪

一九六〇年八月十八日

按：毓嵣对此函写了一篇说明，文如下："于市宾馆。我得到通知，与我爱人同去看望。七爷说'毛主席、周总理非常关怀咱们满族人民，同时对溥仪的改造也很关注'。我们听后也受到莫大鼓舞。一九五九年冬，从广播中听到溥仪受特赦的喜讯，但并不知道他的下落。一九六〇年秋，我意外地收到从北京寄来的一封信。当我拆开了读，原来是我从来未叫过一声的大叔——溥仪给我写来的。是用油笔写的共四页。"其中也有"周总理……种种对我们的关怀、安慰、勉励，真是令我感动得几次流下眼泪来"等真情实感之言。原件藏伪满皇宫博物院。

溥仪在植物园劳动期间撰写的第一份思想总结（1960年9月8日）

从本年四月二十四日到七月十五日中间，我除了在午前劳动外，绝大部分时间是到香山饭店和群众出版社李文达同志研究和修正《我的前半生》书稿。

溥仪在北京植物园温室浇花

现在，写作虽然告一段落了，还要补充些材料，有的事儿我记得不太详细，所以，李文达在七月十八日又到东北战犯管理所去，然后到我参观过的地方——沈阳、抚顺、长春、哈尔滨、鞍山等处，大约在东北住两个半月，回来以后再同我研究修正、补充，吸取各方面意见后，大约明年可以出版。

在七月十五日后，我参加了温室的集体，集体阅读《列宁主义万岁》等文章，并自学毛主席的《关于正确处理人民内部矛盾问题》以及《矛盾论》等。

还有实际的学习，我多次参加本园职工大会和小组会议，听报告，如关于反对官僚主义以及精简机构、精减人员的报告，对我是一堂最有教育意义的政治课。

首先，我体会到反对官僚主义运动本身就是生动活泼的、不断的长进的现实。这种运动只有在无产阶级专政的国家里和无比优越的社会主义制度下才能出现，正如列宁在《反官僚主义》一文中所指出的："我们在反官僚主义的斗争中，做到了世界上任何一个国家都没有做到的事情……这在资产阶级共和国，不仅不可能，而且，法律本身也妨碍去做。"这正是两种社会、两个阶级的鲜明对照和本质上的区别。

其次，我体会到民主集中制的现实意义。先由领导代表组织向群众报告情况，并征求大家的意见，群众讨论提出意见，然后由领导统一集中大家的意见，再贯彻并推行到群众中去，这就是在民主基础上的集中和在集中指导下的民主。

第三，我体会到我参加的会议就像一个大家庭会议一样，家庭每个成员都从上而下，从下而上地帮助，从团结的愿望出发，展开批评和自我批评，以谋正确处理人民内部矛盾，达到更团结、更巩固、更不断革新前进。我想，大概这就是不断革命的意思吧！

第四，我体会到领导谦虚谨慎、实事求是，群众认真负责、敢提意见、发挥了国家主人翁的责任感。

第五，我体会到党号召精简机构和和调整人员是正确的、必要的。这运动正是在反官僚主义基础上出发的，它可以减除机构臃肿、层次繁杂、人浮于事的现象。精减人员并不是减少人员，而是为了符合客观实际的需要。调整后，留下的人员能够充分发挥积极性和创造性从事工作，被减人员能到适合的岗位上发挥积极因素的作用，就是把人浮于事地方的人员调到事多于人的地方去，以达到人尽其才，物尽其用，各得其所，这对于我们的社会主义建设有利。

八月二十五日那天，领导告诉：当天下午召开全体职工大会，传达党中央的号召，在全党全民中间开展增产节约运动，我衷心拥护。

开展以粮、钢为中心的增产节约运动，发挥积极因素，为完成和超额完成生产指标而奋斗，我们每人都有责任。

听完报告我检查了自己的情况。我的口粮标准，过去是三十几斤，近来因为技工同志的口粮标准是四十几斤，我和他们一起工作，也改为四十几斤。照目前情况，我三十几斤已经够吃，因此，我请求组织上每月仍发给三十几斤，余者按月扣回，节约归公。

还有下半年的布票十五尺，我已交给组织上，因为现在我的衣服完全够穿，确实用不着再添，在这种情况下还要留用布票就是浪费。

这一点儿节约数字本是微不足道的，也是每个人对祖国应尽的责任，但我觉得这次运动对我的教育和启发很大。我能以祖国大家庭的一员的身份和全国人民一起为我们的社会主义事业增产节约，正是我的光荣。

我初到植物园，在东边的大温室里劳动。

今年三月二十日转到扦插繁殖温室，学习播种下苗、上盆、栽培繁殖技术。我在这里除参与喷水、浇水、上、下帘子、清洁打扫等项日常管理工作外，还做过播种、移小苗（秋海棠、四季海棠、接竹以及其他小苗等）和四季海棠、秋海棠和接竹等植物的上盆、换盆与松土等项工作。此外，还参加了挖蛹除蝇劳动。

六月二十八日又转到观赏温室。劳动项目包括盘子花上盆，凉棚内的花卉修剪，金点一叶兰、金边万年青的换盆，院中一品红、一品白、一品粉的剪枝，在沙床上扦插，龙牙花的嫁接（高曲压条法还没有学好），仙客来的换盆，倒挂金钟的剪枝，正菖蒲的剪枝，兰花的换盆，庭桔瓶子花扶叶的剪枝、松土以及其他花卉的换盆、拌土……

八月二十三日，温室组长吴同志给我讲仙客来和倒挂金钟的栽培法，以前讲过秋海棠的栽培法。我还根据组织号召，参加了全国性的突击拔草种菜，那些日子里我半天在温室，半天种菜。学先进，帮落后，在道理上我懂得，但联系实际应怎样帮助落后我就不大会了。

今年五月三日，我到社会主义学院去，本来打算上午就回植物园，可是田主任来了，他告诉我中国科学院举办庆祝“五一”节联欢晚会，让我晚间参加，然后再回植物园。田主任走后，六妹溥韫娱来五妹家找我，约我到她家所在街道的食堂去吃饭，后来和与五妹邻居的郎太太相遇，把我和六妹拦住了，一定要请我在她的家里吃饭，并且说郎先生（郎樵儒，废品回收公司工人）早有准备，要请我吃饭，盛情不可却，我就答应了。

这时，郎太太做菜，郎先生出去打酒，忙得不亦乐乎。我在他家坐了一会儿，郎先生回来了，对我能同他一块儿吃饭表现出很大的高兴。他说，我们今天能一块儿吃饭，这真是彼此有缘，人和人相遇都是有因缘的，等等说了一套。我听了这一套，心里想，怎么他还这样唯心的、迷信命运老一套？

开始时我没有说什么，不想他的话是越说越奇怪，越来越荒谬。他说："我过去最佩服的有几个人，第一是琰虚和尚，我小时候受过他的口戒，他真是有先觉，他曾经告诉我不要入社会，我想当英雄就没有听他的话，现在看他确是有先知先觉哇！第二是江神童，他五岁时就能读孔夫子的著作，读《四书集注》，真了不起。第三是汪精卫……"听到这里我大吃一惊，我说："汪精卫是汉奸呀！"郎说："照现在的说法他当然是这样，可是，从历史人物来说，他是了不起的。蒋介石逃跑，南京无人主持，他当时主张和平救国，也是救国呀！"他又说，陈公博也是很有能力的，也是了不起的人物。他还说，过去他曾在张作霖那里当过秘书，认为张作霖有才干，无论什么人都能驾驭，又说张学良是小孩子，不成器，等等。

我心想，既然是废品公司的工人，却仍然是唯心的、迷信的、封建的、反动的思想，看汉奸都了不起，这和工人阶级正是背道而驰呀！我好几次想和他争辩，但又想，这样原封未动的封建反动思想不是我用几句话可以改变的，可我也不能和这种人同吃同喝，这时，郎太太还是忙着做菜，我乘机溜到六妹家，告诉六妹，让她到郎家找我，就说七叔来电话了，叫我快去。说完我仍返回郎家，刚巧郎先生骑车出去找我，不大一会儿，六妹来说七叔打电话找我，郎太太马上说：饭已做好，吃完再走吧！我说，不行，有事。郎太太又说，晚上回来再一同吃饭吧。我说不一定有功夫，说完赶紧就走。

我在二妹家吃过饭，又上街转了转，才又回五妹家。郎樵儒正站在台阶上，见我回来，叹了一口气一跺脚说："咳！今天怎么这样巧？刚要吃饭就有事了，这是怎么说的。"我也随声附和地说："可真巧！"说着，我已走进屋里去了。

拿这件事情来说，我只是对他憎恶，一味地消极躲避，而没有采取积极的明确的态度帮助落后，这不是站在工人阶级立场上，而是站到了个人主义的所谓"自扫门前雪"的立场上，说明我学习改造的程度与党和政府的期待相比，还有很大距离。当时我并没有认识到这一点，还以为和敌对思想划清界线是对的。二妹和六妹听我述说郎樵儒那番荒谬绝伦的话也很气愤，但都没认识到我躲避并不对。回到植物园后我和田老谈了，他批评我方法不对头，他说，帮助落后群众也是工作，也是为人民服务。

我回想廖部长也曾对我们讲过："……对落后者采取帮助态度，这也是工作，改造社会，改造人类，处处是工作。"廖部长说，比如一个人病在医院也能工作，安慰病友，不要悲观失望。每遇一人，遇一事，都能为人民工作，都能起积极作用，每个人都要有这种精神，诚心诚意地为人民服务。

后来我虽然曾对郎樵儒进行一些帮助，但作用总是不大。

还有一件事，有一次回城听五妹说，有个自称陈慎宜的人，带一大包东西，内有香皂、牙膏等日用品，还有两瓶酒、一匣糖果，说是她父亲陈懋侗（我的老师陈宝琛的儿子，曾在伪满宫内府当学礼处礼官）派她送给我的，她对五妹说："送给溥仪叔父"。我让五妹退还，但五妹那些天很忙，没有去退。我八月七日那天回城和我侄毓嵒以及乳母的孙女王佩英去陈家（我因不明地址，不识路途，所以约人同去）。

见到陈懋侗后我们彼此握了手，坐定，我问他身体怎么样，做什么工作？他说，曾参加工作，现已退休。有肺病。我们闲谈了一会儿，后来我谈起这次蒙受特赦实在是古今中外历史上不曾有过的事，只有以改造社会、改造人类为己任的中国共产党才能做到。他听了这番话并没有什么表示，只是目光四射，好像对我的话根本没有听进去似的。我又说，过去我们之间的关系是罪恶的旧关系，应当一刀两断。现在我们之间完全是新的人与人的关系。我接着谈起他派女儿给我送东西，那些日用品我都有，实在并不需要，而且，他在经济上也并不充裕，所以，那些东西还是请他收回。话刚说到这儿，我没有想到，他竟完全否认给我送东西的事儿。他说："送东西？我根本不知道！"说话的时候，他还用眼睛东张西望地看，看一看坐在屋里的我的侄子，又看一看坐在屋外的王佩英，神色好像很紧张的。我又问他，明明你女儿说是你送给我的，怎么说不知道？他说："我女儿真荒唐，她给你送东西，我却一点儿也不知道。"我说："无论是你女儿或是你送给我的，我确是不需要，还是请你留下吧。"我把东西放在他的床上，他也没有说什么。

我看他神色不定，好像防备什么似的，我认为他是很狡猾的，所以我说："你可太精神了！"我的侄子也说他太精神了，后来我向他告辞，说："下次再见吧！"我就去了。

拿这件事来说，我的方法仍是不对头：第一说话不婉转，二则带来了两个人，这样，一定使他认为是两个干部同我去访问他，因此，什么心里话也不敢说，对于帮助落后者一点儿没有起作用。我想，本不该和别人一同见他，即使一同去了，也应让同来的人在别处等一等，然后由我和他闲谈，这才能使他敢于暴露自己的真实思想。这次失败教训了我，帮助别人也必须讲究方法，否则只能拒人于千里之外，什么事也办不好。

——一九六〇年九月八日

按：这是溥仪先生在植物园劳动期间所写的第一份思想总结，手稿写在一个粉色封皮的日记本上，原文无标题，显系草拟稿。文中谈到废品回收公司工人郎樵儒请溥仪吃饭，盛情不可却，而在饭桌上讲琰虚和尚“有先知先觉”，讲“江神童五岁时就能读《四书集注》”，讲汪精卫“和平救国”，令溥仪无法再听下去。溥仪还曾遇到帝师陈宝琛的之子、在伪满宫内府当学礼处礼官的陈懋侗派其女儿陈慎宜来给他送日用品，令其难收更难拒，此类细节多多。

溥仪在植物园劳动期间撰写的第二份思想总结（1960 年 11 月 26 日）

我从今年二月十六日来到北京植物园，到现在整十个月了。在植物园党组织的帮助和教育下，自己在改造旧思想以及劳动和学习上都有很大收获。

溥仪和同事们在北京植物园

一、情况

我是怀着兴奋和愉快的心情来到植物园的，接触实际后又感到确实生疏，当然更谈不到怎样着手工作，由于本园职工和干部帮助我，才逐步掌握了一些业务管理的技术。我能够从事温室内各项植物栽培工作，如播种、移苗、上盆、扦插、剪枝、拌土、浇花、喷花以及上、下帘、除竹皮、抬沙土、喷地和打扫卫生等日常管理工作。此外，我还和同志们一起参加室外劳动，如刻竹皮、清杂竹、摘树叶、摘葡萄叶、积肥、种秋菜、收秋菜、打猪菜、收玉米、收红薯、收大萝卜、收胡萝卜等，还参加了挖蛹灭蝇活动。

我的学习内容包括政治和业务两部分。政治学习方面，我看过的著作有：《毛泽东选集》的第一卷前半部和第四卷前半部，《关于正确处理人民内部矛盾问题》《矛盾论》《关于农业合作化问题》《关于中国农村的社会主义高潮》按语选，《列宁主义万岁》等几篇文章，《社会主义国家共产党和工人党代表会议公报》《和平宣言》《红旗》的文章，《人民日报》的社论以及政协学习委员会发来的学习材料。业务学习方面，我常听植物园的业务人员讲解业务知识，组织又发给我《植物学基础知识》《华北习见观赏植物（第一卷）》《花卉的培养》《植物园工作手册》等书籍，供我们钻研以不断提高业务水平。

到植物园来，这是我有生以来头一次和劳动人民一起工作和生活，处处都是从头学起，还谈不到像普通劳动者那样安排自己的生活，组织为了照顾我，专门委托两位职工照料我的生活起居，从他们身上我逐步学到了许多优秀品质，如遵守生活制度，劳动人民的艰苦朴素的生活作风和吃苦耐劳的工作态度。

二月十六日，对我来说这是有纪念意义的日子，是我新生后为人民服务的开始，第一次和劳动人民在一起工作，心里的高兴是千言万语也难以形容的，觉得是有生以来最光荣的一件事情，但是，思想也很矛盾：如果植物园的干部和职工知道了我的身份，会不会因为我的历史罪恶而憎恨和歧视我呢？想到这儿我又不安起来。以后，园领导在干部会议上把我介绍给大家，并说明了我学习、改造的情况，我发现大家不但对我没有丝毫的憎恨和歧视，而且都表示非常欢迎，这使我激动和兴奋地知道，组织和同志们的关怀是为了我的改造和进步，以成为自食其力的劳动者，对社会主义事业作出贡献。领导让我休息两天，我则要求尽快参加劳动，组织把我安排到植物园的温室，那里的干部和职工知道我过去没干过这活儿，就主动向我讲解栽培技术和业务知识。

二、收获

通过在植物园十个月的劳动，不仅学会了一些技能，而且感到身体越来越好，吃饭越来越香，睡觉越来越实，仿佛自己也年轻了。

劳动人民勤劳朴素的作风和作为国家主人翁的负责态度，对我随时随地都有鼓舞和教育。我更感到劳动成果的宝贵，一花一果一菜一米都来之不易，是人民以辛勤劳动的血汗换来的。我由此联想到自己前半生的罪恶，吃人民、喝人民，还要帮助日寇摧残祖国的锦绣山河。

我更感到党的伟大，改造政策的正确。不仅解放了全中国，并使祖国繁荣富强，而且正在实践改造社会、改造人类的伟大理想，连我这个过去犯有严重罪行的人——也是人世间有毒的大废物，都被改造成为了新人，因此，我经常对人讲，党和毛主席给了我新生，是自己的重生再造的父母。

总理接见我们时曾说过，社会上还有落后的死角，你们到社会上有两种可能，一是你影响他们，一是他们影响你，希望大家帮助消灭这些死角。我遇到了郎樵儒，他的谈话充分暴露了旧思想观点。陈懋侗则完全以旧的关系给我送礼。这些实例使我体会到总理的讲话多么深刻，而帮助落后人的工作又具有怎样的重要意义。

我从园领导的报告中了解到，党提出了大办农业、多生产粮食和增产节约的号召，这是从祖国六亿五千万人民的利益出发的，作为祖国大家庭的一个成员，节约是自己应尽的责任。经过精打细算，已将八至九月每月节约的十斤口粮和下半年的布票交给组织。

由于学习了矛盾论，我懂得了矛盾是普遍存在的，每一矛盾的解决都能推动社会前进和事物发展；由于学习了《关于正确处理人民内部矛盾问题》，理解了毛主席指出的辨别香花毒草的六项标准。至于植物的栽培技术和管理方法，过去一点儿也不懂，现在初步学会一些。

和劳动人民朝夕相处，越来越感到他们可亲，体会到他们的高贵的道德品质、朴素的性格和认真负责的态度。

在植物园我常常感到不如别人，但自己家里往往觉得有些人还不如我。我特赦回京后，族人们关心我的学习和进步很不够，多是介绍对象、见面、跳舞、吃饭等场面，跳舞厅上也常有不忘归情者得意洋洋地夸耀军阀时代的所谓“威风”，还讲当年带兵包围跳舞厅，拿出了枪吓唬人的故事。我感到这样的环境充满资产阶级的腐朽气势，对自己没有好处。党把我分配在植物园和劳动人民同住、同吃、同工作、同劳动、同学习，真是煞费苦心，对我的思想改造是很适合的地方。

三、缺点

对落后人的帮助简单、生硬，方法不对头。如对郎樵儒，我第一次托故避开，领导批评了我，第二次进城，我又找郎辩论，起初他狡猾抵赖，最后则口头承认我说的对，头脑里还是旧的思想，总之，对他的帮助作用不大。又如陈懋侗以老君臣关系送礼，我除糖已接受外全部退回，但由于方法欠妥，反而使他说假话，虽心怀好意，但效果不好，没有抓住机会给他们以真正的帮助，为党多做工作。

生活作风上有自由散慢的表现，有时上班迟到，尚未午休又早退。又往往拖拖拉拉，丢三拉四，就在植物园期间丢过小日记本、手表和圆珠笔等，都是经别人找回来的，这类事很多，不能一一列举。我想：自己丢东西当然也不好，但关系还小，但如果这种习惯不改，一旦为公家办事也随便遗失东西就不像话了，也可能犯大错误。花钱也无计划，逐月所亏，竟致在十月就把十一月的生活费借用光了，这不仅不符合节约和勤俭持家的精神，更重要的是对不住国家的关怀和照顾。自己对国家怎样？过去不必说了，即便是现在又有何贡献？对政府给的生活费，理应十分珍惜，还以过去拿钱不当钱的旧习惯怎么能行呢？我很贪吃，常买各种点心，还怕别人说自己贪吃爱花钱，当有别人进我宿舍时，便把点心急忙收进抽屉里，可桌面上还是剩有点心末，这不是自欺欺人是什么？所谓若要人不知，除非己莫为，明知花钱多了是浪费，还要明知故犯，这是什么原因呢？正如中国古谚所说“理不胜欲”，也就是说，这不能仅仅看成是生活上的小问题，而是思想上的大问题，是新旧思想谁战胜谁的问题，这个思想上的矛盾只有通过我改正缺点才能解决，即所谓“理战胜欲”，如此才能提高一步。

主观上，我是很愿意和劳动人民一样的，但在实际中往往赶不上他们，这就是理论与实际的脱节，所以有这种脱节，还是因为旧的阶级本质和思想意识总是不知不觉地流露出来，我想：“兴无灭资”不应只是口头禅，而应该贯彻于理论和实践中。

四、方向

1. 跟着党走，忠于人民的事业。站稳无产阶级立场，按党的方针、政策办事，全心全意地为人民服务。

2. 依靠群众，团结群众，虚心听取群众意见，学习劳动人民热爱劳动、生活朴素、性格直爽的优秀品质，与劳动人民建立深厚的阶级感情。

3. 积极参加各项政治活动和群众运动，以不断提高自己的觉悟和认识水平。

4. 努力学习政治与业务，虚心向同志请教。

5. 坚持理论与实践相结合，经常检查自己的缺点和错误，总结经验，随时纠正。

6. 正确对待别人的批评和帮助，对的接受，不对的耐心说明，不要急躁，尤忌自满。

7. 帮助落后同志一不急躁、二不躲避，当以治病救人的态度，给以耐心热情的帮助，俾有利于扫除社会上的死角。

8. 提高革命警惕，和坏人坏事坚决斗争。

9. 逐步学会和掌握独立生活的能力，改掉拖拖拉拉、丢三拉四的坏习惯，尤忌自由散漫。

10. 注意锻炼身体，争取对国家多做贡献。

——一九六〇年十一月二十六日

按：这是溥仪在植物园劳动期间撰写的第二份思想总结，手稿写在几十页绿格稿纸上。文尾时间就是该总结的写作日期。文内小标题系原有。溥仪说："自己在改造旧思想以及劳动和学习上都有很大收获。"

周恩来会见溥仪和溥杰兄弟的谈话（1960年12月下旬）

（1960年11月28日报上公布了包括溥杰在内的第二批特赦人员名单，这是爱新觉罗家族的巨大喜讯，也成为溥杰新生活的起点。刚回到北京的溥杰也住在五妹韫馨家里）

周恩来：（打电话给北京市民政局）溥杰刚出狱，年龄也大了，他不但要生活，还要学习、参观，住在妹妹家里不方便，要尽快给他安排住处。

1960年11月28日溥杰特赦回京，溥仪斟酒庆贺

（溥杰也搬进崇内旅馆，与同时获释的前国民党东北“剿总”中将副司令兼锦州指挥所主任范汉杰、前国民党第三军中将军长罗历戎、前国民党第五军中将副军长兼独立第五师师长李以劻、前国民党国防部保密局云南站少将站长沈醉、前国民党第十五绥靖区司令部二处少将处长董益三等住在一起）

溥杰：我已经收到总理接见的通知，但没见过总理，内心很紧张，大哥可是有经验的，要注意些什么事儿呢？

溥仪：我头一次见总理，心情也像你这样紧张，见到总理之后，反而平静下来了。因为总理平易近人，无论对谁都一样，能使人在不知不觉之间发生一种家人亲族间的轻松幸福之感，你见了之后，就有体会了。

（12月下旬溥仪在北京植物园接到通知，随即赶往崇内旅馆与溥杰一起等待接见。晚7时许，国务院一辆红旗牌轿车，把溥仪和溥杰兄弟接到中南海内周恩来的家中。不多时，总理大步走进会客厅）

周恩来：（总理刚结束会见外宾）让你们久等了，实在抱歉！欢迎你们皇家二兄弟光临！怎么样？身体还好吗？

溥仪：谢谢总理关心，问总理和邓大姐好！

溥杰：总理好！

周恩来：你的气管不大好，现在又买不着好烟，你可要少吸呀！

溥仪：（忙把尚未熄灭的烟蒂在烟灰缸内拧了一下）今后一定少吸。多年养成的坏习惯，还不大好改呢！

周恩来：（话题还是先从“特赦”两字引发，坦诚而谈）所谓特赦，是赦其人，而不是赦其罪。溥仪先生，在清末当皇帝，这不是你的罪过。但是，先生由日本人保护逃出天津，在长春当“满洲国皇帝”，先生那时的所作所为，自己完全清楚，当然是要负全部责任的。

溥仪：是的，是的，总理说得是。

周恩来：不过，政府现在对溥仪先生是按照清朝后裔来处理的，而不是按照“满洲国皇帝”来处理的。你们知道，这两者的利害是很不相同的。

（周恩来这次接见溥仪和溥杰，主要是就溥杰特赦后的工作安排问题找本人面商。与年初就溥仪工作安排那次面商不同，那次是侧重于调查研究，这次则已经有了趋于成熟的意见）

周恩来：你希望将来做什么工作？（面对直接了当的问题溥杰颇觉不安，总理安慰他）不要慌嘛，好好想一想。

溥杰：我愿做个自食其力的劳动者，工厂、农村都可以去。

周恩来：这我知道，可你要说心里话，说出真正的自愿。

溥仪：（见二弟不敢正面答复提问，颇为心急）就说说你最感兴趣的工作是什么嘛！要明确一点儿！

溥杰：（鼓足勇气）我平生最喜爱的是文艺方面的工作。

（溥杰几度留学日本，前后十几年，学的是军事。毕业后从伪满禁卫步兵团中尉排长做起，出任过伪满禁卫步兵团上尉连长、伪满驻日本东京大使馆武官室勤务、伪满陆军军官学校预科生徒队少校连长、伪满陆军军官学校预科生徒队中校队长和伪满皇帝侍从武官室武官等军职。然而，从军对他来说，不过是虚应难以抗拒的政治需要，文学才是他真正喜欢的事业。早在清宫“伴读”的时候，他的阅读及文字能力就比溥仪强，平生写下大量诗词作品，颇见功力。在抚顺关押期间，溥杰也多次表示愿以余生研究文学。那时他还发挥才能，编写过许多供内部自娱的剧本，有现代的《从黑暗走向光明》《侵略者的失败》，也有古代的《萧何月下追韩信》等，他还表演过自编的相声，高声朗诵过自撰的诗词。现在，他终于面对国家总理倾吐了自己的心愿）

周恩来：还是干点儿力所能及的工作好哇！（总理又转对溥仪）你在植物园半年多了吧，有什么体会啊？谈谈吧。

溥仪：我喜欢植物园！

(溥仪坦白地表明了心迹，他把在植物园几个月的生活，看作是有生以来最惬意的一段时光。他喜欢香山脚下幽雅的环境，留恋绿色王国丰富的生活，他熟悉了劳动者，学到了知识，每天都觉得有意义)

周恩来：看来你的生活还不错啊，每月六十元的补助费怕是不够花吧？真不够了还可以申请补助嘛！(总理表扬了他的进步）看来先从事一点儿轻微的体力劳动，熟悉社会，适应时代，还是有好处的。但是，作为过渡阶段，时间不应太长，以后还是要转到文史研究方面去。

按：此次谈话参见李淑贤提供的溥仪记事手稿（原件）和溥杰先生提供的嵯峨浩来信（原件）。周恩来关于特赦人员工作安排的总体方案这时已经形成，消息也逐步透露出来了：劳动以一年为期，然后就转入文史资料的撰写、整理、研究和编辑等业务工作中去。正月初七，周恩来在中南海西花厅单独接见第二批特赦留京人员。面对以一年为期即将奔赴各个劳动岗位的溥杰和廖耀湘等人，周恩来勉励大家放下包袱，全心全意去做对人民有益的事。他当众说明了关于让特赦的前国民党和伪满高级军政人员从事文史资料工作的考虑。他说，他正号召老年人写回忆录，他说过去都是后人给前朝人写历史，现在要当代人来写，并且由一些亲身经历的人自己写自己。只要能如实地把自己的经历写出来，就是为编写历史提供了宝贵的素材，这就是对人民对祖国做了有益的事情。不久，溥杰便带着北京市民政局的工作介绍信，到景山公园园林管理处报到。这位昔日王爷继承人，以普通园林工人的身份开始了崭新的生活。

周恩来与溥仪家族共度年宵（1961年2月14日）

(对于溥仪和溥杰兄弟来说，1961年的春节之所以难忘，是因为周恩来为他们操心实在太多了。不但面商并安排了两个人的工作岗位，还为他们的家庭问题分忧，为溥杰和嵯峨浩的团圆创造条件。溥杰获赦归里，马上就接到了来自东京的嵯峨浩情意缠绵的长信。然而溥仪也再度向他施加了“一刀两断”的压力，使他感到“团圆”是梦，难度太大，遂向北京市民政局汇报了想法，又趁着中央统战部薛子正副部长接见当面提出请求，希望组织帮助解决妻子回国的问题。为此溥仪与溥杰当场辩论。溥仪坚持认为，嵯峨浩仍然负有政治使命，不可相信，不能把她和溥杰的关系仅仅视为婚姻家庭关系；溥杰则认为，妻子的思想觉悟也是可以改造和提高的，只要政治上步调一致，就能够继续保持婚姻和家庭。总理获悉此情，遂安排了溥仪家族共度年宵之聚。

周恩来和邓颖超联名向溥仪及其亲属发出了邀清，并把时间定在了中国传统的阖家欢聚的日子——旧历辛丑年的除夕，十二月二十九日，地点是在中南海西花厅。这天，爱新觉罗家族更庞大了，刚特赦的溥杰、七叔载涛、溥仪、二妹夫妇郑广元和金欣如、三妹夫妇郭布罗·润麒和金蕊秀、四妹金韫娴、五妹夫妇万嘉熙和金韫馨、四弟夫妇金友之和张茂莹、六妹夫妇王爱兰和金韫娱、金韫欢等溥仪的亲属都请来了，吃饺子、度年夜，真是一番心意啊！

名茶碧螺春的缕缕清香，飘溢在客厅里。下午五点多钟，总理和邓大姐作为主人，同我们在一个小饭厅里吃年饭。一共摆了两桌，总理和夫人陪载涛和我们兄弟姐妹一桌，另一桌是中共中央统战部副部长徐冰、国务院副秘书长兼总理办公室主任童小鹏、总理办公室的罗青长和许明两位副主任，以及北京市委统战部部长廖沫沙和北京市民政局局长等在一起，两桌相互敬酒，领导们更是满面春风地招待客人，向溥仪和他的每位亲属斟茶敬烟，大家都感到温暖。周恩来与在座的每一个人攀谈，叫得出他们的名字，说得出他们的职业）

周恩来：请你们来，一起过个年。你们的家族好大哟！去年请过两回，那时溥杰还在抚顺，四妹韫娴卧病在床，今天可凑齐了，不容易呀！今天是请你们来吃阖家团聚的过年饺子，老八路有个传统，就是喜欢和平民百姓一块儿过年，这个革命传统我们一定要发扬下去，绝不可以脱离人民。（总理的春节日程早已排定：除夕上午看望来自全国的英雄人物和劳动模范，大年初一则要向各条战线上的人民代表拜年）当然啰，你们爱新觉罗是清朝皇族，过去是统治人民的，溥仪是皇帝嘛！这里原来还是你们的家呢！

（总理后边这句话包含一段历史插曲：半个世纪以前，溥仪进宫当了皇帝，他的诞生地——什刹海醇亲王府，作为“潜龙邸”依例必须空闲起来。隆裕皇太后决定在中南海紫光阁一带大兴土木，为载沣一家建造全新的摄政王府，西花厅正是当年拟建的新王府的一部分。不久爆发了辛亥革命，才被迫停建）

周恩来：（笑着跟曾任晚清训练禁卫军大臣和军咨大臣的载涛谈起清末宫廷斗争的一些史实）你当时还是小孩子，哪里斗得过袁世凯啊！

（总理这句话浓缩了当年的重要史实：袁世凯凭藉从小站练兵时开始建立的北洋军阀势力，牢牢掌握了清王朝的命运，而载涛虽然身居高位、手握重兵，毕竟太年轻，才二十几岁，缺乏实战经验和政治经验，不是袁世凯的对手，更无力挽救朝廷的危局）

周恩来：今天你们已不再是皇帝、王爷、郡主或额驸，都已成为人民的一部分了。这是顺应历史潮流的变化，是前进。你们中间还有人做出了很大成绩，我和颖超同志希望不断听到来自爱新觉罗家族的喜讯。（这“喜讯”二字把总理的话题转到溥仪身上，又谈起了婚事）你一个人生活，没有别人照顾，会出问题。要找一个对象，要有个家嘛！老这样孤家寡人怎么行？

邓颖超：是得有个家，总得有人照顾呀！

溥仪：已有人帮助介绍了几个对象，都出身旧家庭，思想落后，相不中。可是，思想进步的人，又看不上自己，想成家也不容易呀。

周恩来：找个适当的，生活上相互有个照应就行了，别像挑妃选后嘛！

溥仪：是！是！一定办这件事儿。

（一年后因文史资料专员周振强和人民出版社编辑沙曾熙的热心撮合，溥仪认识了北京市朝阳区关厢医院女护士李淑贤，经历一段甜蜜的恋爱生活。1962年4月30日他们在南河沿政协文化俱乐部礼堂举行了世人瞩目的婚礼）

周恩来：啊，四格格韫娴还是头一回来这儿，说说你的家庭生活情况吧。

韫娴：丈夫在解放前夕离开大陆，剩下自己，带着两个孩子一块儿生活。

周恩来：你在哪个单位工作？

韫娴：我当了几年临时工，在故宫博物院清理明、清档案。这项工作已经结束了，现在正没事做。

周恩来：（指示在场的工作人员）应该考虑给她安排一个合适的工作。

（不久，北京市民政局就把韫娴安排到一家专门照顾少数民族就业的塑料厂，从此成为国家正式职工）

邓颖超：（提醒总理）该吃饭了！人家肚子都饿啦！

周恩来：好！夫人有意见，大家吃饭吧！

（在主人的餐桌上，已经摆好了白面水饺、大米饭和几样小菜，溥仪和他的亲属们入了席。男女主人殷勤地给大家添饭布菜。有一盘蒸得很烂的鸭子，总理忙着给桌上每个人夹鸭子，他自己都没怎么吃。最后上来一种甜食——紫糯米黏饭团，据说那黏米是人家送给总理和夫人的。席间邓大姐不停地张罗大家吃饭。吃这顿饭，爱新觉罗家族成员都感到在总理家过年的幸福和温暖，油然生出宾至如归的感觉，一生难忘）

周恩来：（特意指指黏饭团面对溥仪）这可是用淮安老乡带来的新鲜紫糯米蒸出来的，不知合不合“皇上”的口味？（总理几句话调节气氛，还讲起笑话）北方人请南方人吃饺子，南方人以为后面还有菜，饺子不吃饱，结果饿着肚子回去。今天告诉大家，只有饺子，后面没有菜了。

（在座的人无不捧腹。继而总理又说了几个过年的故事并穿插各地习俗，令人开心。溥仪吃惯了清宫御膳房的饽饽，但对民间水饺更感兴趣，闷头吃得津津有味。总理看着他，开怀大笑）

周恩来：你们兄妹各人都有自己的工作岗位，平时很忙，难得团聚。今天都是我家的客人，不要拘束，多吃点儿嘛！现在是困难时期，大家的生活下降了，希望能正确对待，困难是暂时的，挺过这个时期，日子就好过了。

（当周恩来又走向另一桌招呼客人们“多吃”的时候，一眼看见溥仪的三妹夫郭布罗·润麒，遂攀谈起来）

周恩来：润麒先生，做什么工作呀？

润麒：当钳工。

徐冰（陪见的中央统战部副部长兼全国政协秘书长）插嘴：几级工？

润麒：学徒工。

（对于年过半百的润麒先生来说，这样的工作安排显然不甚合适）

周恩来：你这样大的年纪做细活还看得见吗？

润麒：戴上花镜可以看得见。

（总理把这件事记在心里了。不久，组织上根据润麒先生精通日语的特长，把他调到北京编译社做日文翻译工作）

邓颖超：大家吃饱没有？

几人同声回答：饱了。

（在经济困难的年代，人们的饭量很大，两张桌上的饺子都吃得精光。主人问但总理知道，可能有人没吃饱）

周恩来：（歉意而坦诚）今天是估计不足，做少了，就准备了这么多。现在再找吃的，也没了。

邓颖超：今天把家底都拿出来了，熬粥的白糖是按人供应的。

（原来总理的家也和普通人家一样，并没有很多吃的东西！这件事震动了溥仪兄妹，使在座的每一个人都受到了深刻教育）

周恩来：如果嵯峨浩和四妹爱人今天也能来，那才是你们家族的大团圆！

（年饭结束时周恩来才提出这个话题，这显然是要照顾溥杰的情绪）

周恩来：（向溥杰征求意见）你愿不愿意让妻子回来团圆呀？

溥杰：做梦也盼着团圆的一天，对于妻子的落后方面，我愿意全力帮助（总理知道溥杰指的是《流浪王妃》一书，遂让他深入谈谈看法）。我应邀为妻子的著作写了序言，书出版后也寄到抚顺了，其中有的观点不正确，有些涉及东北民主联军的情节也是片面的，我已经去信给她纠正过了。

（总理明知溥仪想不通，还是希望他能把看法摆出来。当总理了解到溥仪仍用四十年代的眼光看待嵯峨浩时，他并不全盘否定溥仪，而首先肯定溥仪思想中的积极成分）

周恩来：日本军阀制造了这起婚姻，《流浪王妃》那本书里有些中国人民难以接受的东西，这都是事实，溥仪因此不放心是可以理解的。但是，历史不是停滞的，人也会变化，你们哥俩都改造过来了，嵯峨浩就不能变得更好些吗？还要看到嵯峨浩进步的方面，她为促进中日友好和文化交流做了工作嘛。嵯峨浩往抚顺战犯管理所寄过不少信，我也看过几封。嵯峨浩曾在信中告诉丈夫，她已申请财团法人，并与日本前首相石桥湛山等著名人士取得了联系，这一切都是为了开展中日文化交流方面的工作。溥杰先生，把嵯峨浩的信给大家看看嘛。

溥杰就把预备好的嵯峨浩来信拿了出来，其中有这样几段：

关于设立法人的问题，已向文部省提出申请了。政府表示非常欢迎，说这是日本政府的责任，并嘱咐我好好经办。我打算就接受留日学生的办法问题，直接向周总理作汇报，并想直接听取总理的意见。前任首相石桥先生要在最近时期启程访华，他说，就是为了人类爱，也要建立中日两国之间的友好关系。……不管政府的态度怎样，大多数国民确实做着反省并衷心希望中日友好。中日两国人同样都是东洋人，又是同文，两国之间的关系应该是最亲密的，但是直到今天尚未恢复邦交，日本国民对于这一现状颇为遗憾。如果你有什么意见，请给我讲一讲吧。[1959 年 8 月 31 日]

以日中的文化交流为目的的法人，也已经成立了。我想，自己在后半生，继承慧生的遗志，为日中友好而真诚致力。现在的情况是，衷心希望日中友好的国民很多，不过，在岸信介掌握政权的情况下还是办不到的。我预定在二三天内会见石桥湛山先生，我在为日中友好而奋斗着。我以一日千秋的心情等待着与你相会的日子，衷心祈祷传来好消息。希望替我向哥哥问候。[1959 年 10 月 14 日]

财团法人经营得也很顺利，现在特别令我高兴的是，可以估计到，我的后半生将能为中日文化交流而尽些力量了。最近一个时期，我接受委托写点东西并参与电视节目的有关工作，因而格外忙碌一些。现在，日本国民对于中国，既深刻反省，又非常怀念，他们希望能够早日恢复邦交。听记者们议论说，二三年以内可能要在日本形成一个“中国风”，这是一件多么可喜的事情啊！我愿在那时自己也能起点作用。我很希望早日到中国去，可是，尚未能得到中国方面的许可，至于经济方面，没有一点儿可以担心的了。[1960 年 2 月 3 日]

周恩来：（面对溥杰）你应该给妻子回封信嘛，不要总是批评人家，就说你现在是个平民，如果她愿意作为平民的妻子前来北京，你欢迎她，中国政府也欢迎她。

（在嵯峨浩前来中国定居的问题上，总理做了太多的工作，一席话把溥杰说乐了，可溥仪还是不怎么高兴，周恩来就继续做工作）

周恩来：关于嵯峨浩回国定居的问题去年五月就谈过了，不久前还跟溥仪和溥杰弟兄俩说过嘛，听说廖沫沙同志也征求了你们的意见，溥仪先生的认识提高了，你们很一致嘛。可以透露一个消息，有关方面已经正式批准嵯峨浩前来中国定居，大概不久，她就能回来了。嵯峨浩不是敌人，也希望大家不要把她当作外人，要以亲属相待，她是咱们中国的爱新觉罗家的儿媳妇嘛！由于来自社会制度不同的国家，对于我们的社会，她不会一下子就理解。大家要耐心地帮助她进步，不要操之过急，不要有什么顾虑，要多和她接触。

润麒：我有点儿顾虑。作为日本天皇的亲属，嵯峨浩从小养尊处优，而中国正处在经济困难时期，生活方面怕照顾不好她，怎么办呢？

廖沫沙：政府对此是有考虑的，她既然肯放弃日本华族的优裕生活，到中国来当平民的妻子，我们也不应该亏待了人家吧！依我看，生活问题不难解决，关键是思想问题。嵯峨浩回来以后，你们不但要表示欢迎，还要真诚地关心她，热情地帮助她。

（总理着意创造阖家欢乐、共度年宵的特殊气氛，原来是为了进一步做好溥仪的工作，彻底排除政略婚姻的历史阴影，以促成爱新觉罗家族的大团圆）

周恩来：人是可以转变的嘛！我们把嵯峨浩接回来，有两个可能：一是跟溥杰生活得很和谐，这就是好事；一是彼此失望，那她随时可以回去。（总理完全用商量的口吻面对溥仪说）溥仪先生，让我们来试试看吧，好不好？

溥仪：我感动！我赞成！

（一听见"日本"二字就非常反感的人也心悦诚服了）

周恩来：（提醒大家别忘了品尝名茶碧螺春的香味）我们不但欢迎溥杰的日本爱人前来定居，而且要让她来得堂堂正正。今天特意请你们来，也是要跟你们商量，是不是可以用你们的名义发出给嵯峨浩的正式邀请呢？这件事，我已请廖沫沙打过招呼了，我想你们一定能够同意的，是这样吧？

万嘉熙：已照廖部长的意思拟就信稿，溥杰也写了一封，想请大哥过目后再呈廖部长审阅。

周恩来：好哇！那就看"皇上"肯不肯画个"可"字了。

（溥仪的脸微微泛红，他想，站在眼前的是一位多么理解人的好总理呀！溥仪被送回前井胡同五妹家时，已是当天晚上八点多钟了。不料，随后又跟来了廖沫沙和北京市民政局办公室主任王旭东，他们奉总理之命，转达几句"要紧的话"：一定要告诉溥仪，对嵯峨浩回国定居的问题，要说心里话，思想不通也允许保留意见。原来，白天就嵯峨浩回国表态时，明显地出现了"将军"的形势，总理是担心他因受困而言不由衷。溥仪感受到人间的真诚和尊重，还有什么东西比这更宝贵呢？）

溥仪：请廖部长转告总理，放心！我要在家族邀请嵯峨浩的联名信上头一个签名！

按：此处内容来源有三：一、溥仪对此事始末写有一篇"事后追记"文稿，一直由李淑贤保存；二、我曾就此事专访过溥杰、韫颖和润麒，解说详明；三、我在溥杰家亲眼见到嵯峨浩致溥杰的信中两段文字（已由溥杰译成中文），经整理成文。中共北京市委统战部部长廖沫沙就此成为第一位放心的领导，半月前他就接到了总理的电话："我是周恩来，有件事情要委托你。过问一下溥杰的家庭问题，关键是要去掉溥仪的成见，写信邀请嵯峨浩回国定居。"2月3日廖沫沙就把溥仪和他在京的亲属聚齐，开了个既要统一思想又要统一行动的座谈会。初步商定立即拟写邀请嵯峨浩回国定居的家书，要写两封。一封用溥仪等全体家族成员的名义，由万嘉熙执笔，大家商量着写，主要是介绍家族的情况，期待嵯峨浩和女儿嫮生速速归来；另一封用溥杰个人的名义，那是夫妻的情分，怎么写，别人就不必干预了。然而会不会有变化？心还悬着。看来这回有准了。座谈会后万嘉熙开忙，拟写给二嫂的信稿，继而走东串西征求意见，终以流畅的日文写就了这封表达集体意愿的家书。溥杰也伏案忙了几天，笔下写着，心中想着，思绪飞向辽远的天际。从东京的婚礼到通化的恶梦，从慧生爱女的呱呱儿啼到天城幽谷的凄惨枪声，从三十年代的长春到五十年代的抚顺，从岸信介的日本到毛泽东的北京。用经历之笔饱蘸感情墨汁而撰写催人泪下的爱情篇章。

溥仪在中共北京市委统战部和北京市民政局举行的盛大宴会上即席发言（1961年2月18日）

溥仪：党和政府在国家经济困难时期，还给予我们令人满意的安排和高于国家十七级干部的优厚待遇，完全出乎意料，我发自内心地表示感激。

徐冰：你们这些人过去都是享受惯了的，今天当然不能让你们过和从前一样的生活，但也不能让你们过一般人的生活，而要让你们能在新中国过上中等以上水平的生活。如果有特殊需要，你们还可以提出来，再考虑给予临时补贴。

按：农历辛丑年（1961年）正月初四，中共中央统战部举行盛大宴会，招待留京的两批特赦人员。部长李维汉、副部长徐冰、副部长薛子正，以及国务院副秘书长兼总理办公室主任童小鹏等出席。遵照总理指示，李维汉当场宣布了对溥仪和杜聿明等七名首批特赦人员的工作安排：全部调入全国政协文史资料研究委员会任专员，待遇由劳动期间每人每月发生活补助费六十元，提高为每人每月发工资一百元。溥仪听了宣布激动异常，即席发言。1961年3月初，溥仪以及杜聿明、王耀武、宋希濂、杨伯涛、郑庭笈和周振强七人，一起走进全国政协文史资料研究委员会的专员办公室。

周恩来与溥仪在“园丁换岗”时刻的对话（1961年2月19日）

周恩来：对工作安排满意吗？

溥仪：就是有点儿舍不得离开植物园。

周恩来：那就把植物园当娘家，每个礼拜回去走亲戚嘛！也可以住上一两天。

溥仪：就这样决定啦！

按：此处对话摘自李淑贤保存的一份文稿（显然出自溥杰手笔），应是溥杰协助大哥整理周总理关心爱新觉罗家族的史实和感人的故事。农历辛丑年（1961年）正月初五，溥仪和杜聿明等七人出席全国政协文史资料工作座谈会，溥仪第一次参加业务会议。周恩来和陈毅亲临会场与大家见面。总理勉励大家做好文史资料工作，以亲闻亲见亲历的史实教育人民、教育后代。溥仪当上了专员。在“换岗”时刻，他想来想去还是提出了一个小小的条件。溥仪可没把总理这句话看作笑谈，而视之为庄严的决定，此后他的日记中，每周都有前往植物园的记录。

溥仪在植物园劳动期间撰写的第三份思想总结（1961年2月）

我到北京植物园劳动锻炼已经一年了，回顾这个时期，我在劳动、学习和工作上都有一定的进步和收获，但是，也存在不少缺点。现在加以总结，对今后改造思想是有教益的。

我还没有来到植物园的时候，周总理接见我们第一批被特赦释放的战犯时，曾恳切地勉励我们，说了几个观点，即民族立场（爱国主义观点）、阶级观点、群众观点、劳动观点。党和政府像父母般地关心我，希望我脱胎换骨彻底改变世界观，成为一个真正的新人。现在，我检查自己的言行，看是否达到了总理的希望，我不否认在一系列观点上有所变化，但也存在不少缺点。

1. 关于爱国主义观点

我从小接受帝王家庭的教育，造成思想上的绝对私有和特权观念，“我的是我的，你的也是我的”，认为“普天之下莫非王土，率土之滨莫非王臣”乃是天经地义。更由此发展而致妄想开倒车，做起复辟清朝的迷梦，后来便与日本帝国主义相互勾结利用，成为背叛民族的倭寇走狗，归根结底这还是封建统治阶级的本质的反映。

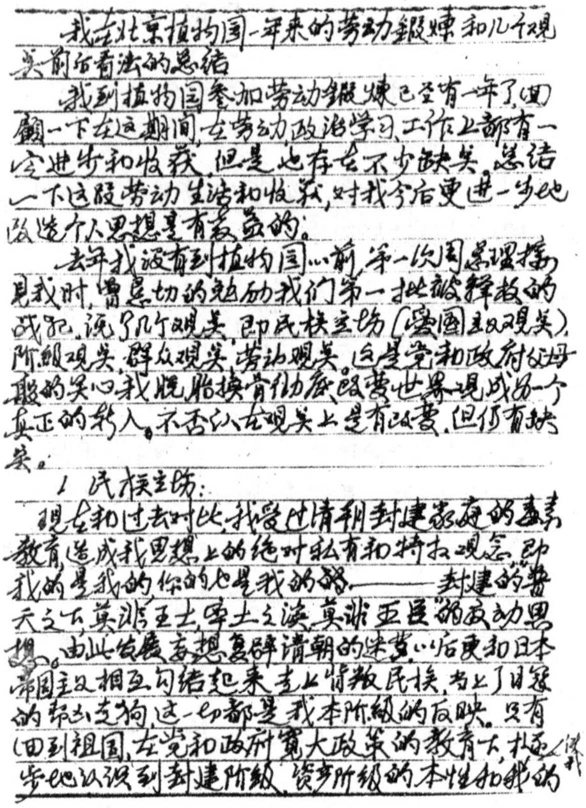
我在北京植物园一年来的劳动锻炼和几个观点前后看法的总结

我到植物园参加劳动锻炼已经有一年了，回顾一下在这期间，在劳动、政治学习、工作上都有一定进步和收获，但是也存在不少缺点。总结一下这段劳动生活和收获，对我今后更进一步地改造个人思想是有益的。

去年我没有到植物园以前，第一次周总理接见我时，曾恳切的勉励我们第一批被释放的战犯，谈了几个观点，即民族立场（爱国主义观点），阶级观点，群众观点，劳动观点，这是党和政府父母般的关心我脱胎换骨彻底改变世界观成为一个真正的新人。不否认在观点上是有改变，但仍有缺点。

1 民族立场：

现在和过去对比，我受过清朝封建家庭的毒素教育，造成我思想上的绝对私有和特权观念，即我的是我的，你的也是我的——封建的普天之下莫非王土，率土之滨莫非王臣的反动思想。由此发展为想复辟清朝的迷梦，以后更和日本帝国主义相互勾结起来，出卖民族，当上了日寇的帮凶走狗，这一切都是我本阶级的反映。只有回到祖国，在党和政府宽大政策的教育下，才逐步地认识到封建阶级、资产阶级的本性和我的

溥仪在植物园的劳动总结（第 1 页）

我从苏联回到祖国之后，受到党和正义的教育，逐步认识到封建阶级和大资产阶级的本质和我的罪恶，懂得了帝国主义必然走向灭亡并将由社会主义取而代之的客观发展规律，正是在这一步一步由反动、顽固到悔悟、认罪乃至认识真理的逐步转变中，在学习劳动、参观等实际教育下，我懂得了什么阶级是危害祖国和人民的，什么阶级是挽救祖国和人民的，由此分清了敌我，明辨了是非，激发了爱国的民族感情。特赦后我成为伟大祖国的一名公民，更产生了国家主人翁的责任感。

我到植物园参加劳动后，更参加了一些社会活动。

去年五月，我请求组织允许我参加首都各界人民反对美日军事同盟、支援日本人民的游行示威，我想起过去日本帝国主义对祖国人民和亚洲人民犯下的灭绝人性的侵略罪行，今天，美帝国主义竟想复活日本军国主义，又威胁我国和亚洲各国的安全，真是让人不能容忍，我的愤怒也是不可遏止的。游行群众的战斗情绪以及我对往事的惭愧的回忆拧在一起，这是我有生以来第一次参加人民大众的反帝行列，激动的心绪久久不能平静下来。

去年九月，我曾请求组织上允许我参加本园民兵训练，领导照顾我的身体和年龄状况，说要考虑考虑。可是直到十五日民兵训练开始那天，也未答复，同宿舍的人告诉我开始训练了，我还不知道是否有我，急忙去问领导，领导告诉我可以参加，让我直接和队长说一声，我高兴极了，从这一天起我参加了本

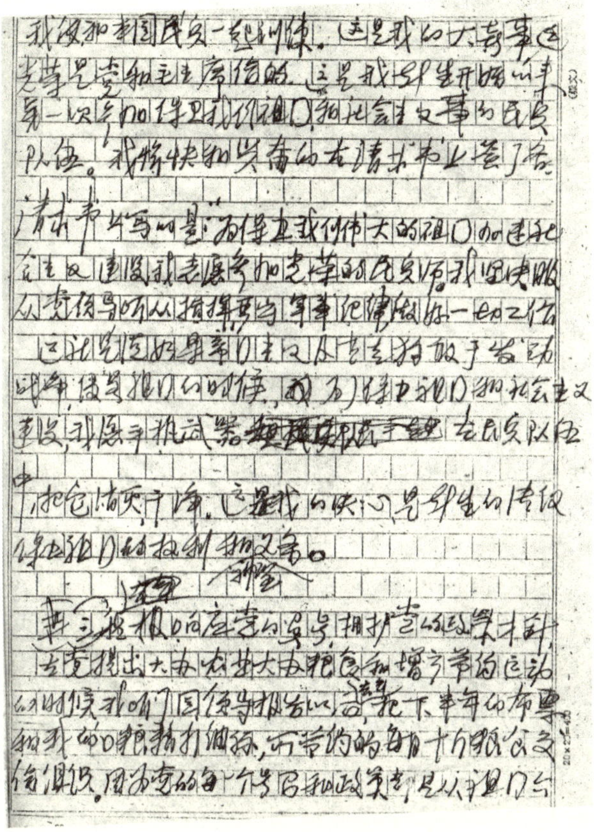

溥仪要求参加民兵训练的《申请书》

园民兵的训练活动。这是我新生后第一次参加保卫祖国、保卫社会主义事业的民兵队伍，并愉快和兴奋地在请求书上签了名。上面写着：

为保卫我们伟大的祖国，加速社会主义建设，我志愿参加光荣的民兵师。我保证服从领导，听从指挥，严守军事纪律并做好本职工作，如果帝国主义及其走狗敢于发动战争，我愿手执武器，在民兵队伍中把来犯者消灭干净，这就是新生溥仪保卫祖国的神圣权利和光荣义务。

去年秋天，我和本园职工一起，参加了抢种、抢收秋菜的活动。由于大家的努力，收得秋菜十六万多斤，对本园的蔬菜自给自足起了决定作用。我还和同志们一起打野菜，做猪饲料用，别人都打得很快，可我竭力打仍是赶不上人家，真急人，可又是多么光荣、多么愉快呀！假想我在管理所的时候，到人民公社参观，看到祖国的大地上农民们一面歌唱，一面耕种，在和平幸福的环境中建设美好的生活，当时我曾多么羡慕啊！但我还不敢想象是否能有那么一天，我能和劳动人民一起耕作不息，今天竟成为事实，我的高兴和自豪绝不是笔墨和语言所能形容的。

2. 关于阶级观点

我生在清朝封建家庭从小接受欺骗教育，把地主阶级的最高代表——皇帝看成是天经地义的统治人民的“天子”，所谓“朕即国家”，山河是自己的土地，人民是自己的奴仆，认为一国之内应有三教九流之分，从皇帝、王公、大臣起直到土豪、劣绅，压在人民身上这种封建等级制度是理所当然的。推动历史前进和创造社会财富的劳动群众，在我看来都是无知无识的愚民，根本无权过问国家大事，所谓“民可使由之，不可使知之”。上层人物的特权乃是“天赋”的，“劳心者治人，劳力者治于人”，国家乃是爱新觉罗一家一姓的财产，我当年虽小，却知道反对中华民国，反对共和制度。

到战犯管理所以后，由于党和政府的苦心教育，才逐步学会了阶级分析的方法，认识到：地主阶级是通过拥护、利用封建皇帝的统治特权和封建等级制度来保证对农民阶级的剥削和压迫；蒋介石为首的四大家庭则是保证帝国主义、封建势力和官僚资本对中国人民进行残酷剥削和压迫的统治工具。我还认识到，奴隶社会、封建社会和资本主义社会都是以暴易暴地用一种新的剥削形式代替另一种旧的剥削形式，只有在工人阶级的先锋队——共产党的领导下，才能彻底消灭一切剥削制度。从毛主席的著作中，我又学会了区分对抗性矛盾与人民内部矛盾，辨别香花和毒草。

在战犯管理所时常听所长讲：“只要和你们谈几句话，就可以知道你的心里怎么想，你站在什么阶级立场上。”当时这话使我感到惊奇。现在，和人们的接触中我确实发现“冷鼻子冷眼”也能够嗅出对方的阶级属性，当然，有的显著些，有的不显著。

我有个堂兄弟叫溥佳，他曾对我说，我是日寇强迫到东北的，在伪满期间又一切不能自主，而且，没有直接血债，和杜聿明等有直接血债的战犯完全不一样。这说明他不是站在无产阶级和劳动人民的立场上说话，而是站到了封建阶级的立场上，对我的历史罪恶没有仇恨反而表示谅解和同情，于是，我当面驳斥了他的错误观点。

去年春节时，在四弟家中见到老侄毓珍（初次会面），他竟口称“皇上”趴地就要磕头，我真忍不住了，当时就对他讲：“你怎么还是封建思想原封未动？你这样，我和你就是敌对关系了，我们也无话可说！”于是，我起身要走。他看来势不妙，就改变了口气说：“我是说咱们是叔侄呀，我向大叔拜年也是应当的。”说着又趴在地上要磕头，我抢前一手就把他提起来了，气得我当时也不能平心静气地和他讲话了，大声斥责了他一顿，他一看待不下去也无味，便溜了出去，后来总也没再见我。

那天下午，我又遇见侄女金霭珧，也是头一次见面，这次谈话使我了解到她曾背着家里当了人民志愿军，跨过鸭绿江，参加了抗美援朝战争，在著名的上甘岭战役中荣立功勋，并在解放后不久光荣入党。我对她充满了敬爱，紧握她的手对她说："你是中国人民最可爱的人，而过去的我是中国人民最可恨的人，真和你不能比拟，你就是我学习的一个榜样。今后，大爷（溥仪自称）要向侄女学习！"

同一天里，同一个家庭的成员，一个侄子一个侄女，其落后与先进真是霄壤悬殊。

也是去年，我在崇内旅馆住时，有两位老人要见我。服务员同志把他们的信交给了我，奇怪的是里面用红纸写着清朝"官衔"："前翰林院编修陈云诰、前度支部主事孙忠亮"，向我"请安"。我不想见他们，就告诉服务员说我外出了。后来我在北海一个书法展览会上看见陈云诰写的称颂社会主义建设的对联，才知道他是一个文史馆的馆员。现在想起来，我没对两位老人进行帮助，反而采取了躲避的形式是错误的。

在植物园绿色王国中的溥仪

我的政治警惕性还很不够，例如来本园义务劳动的红庙小学教员和科技大学前来参加义务劳动的人员和我谈话时，当我尚不了解他们的时候，便应其所问，自我介绍了身份和其他情况，这当然是很不好的，今后应当注意。

3. 关于劳动观点

过去我轻视劳动、鄙视劳动，腐朽的、寄生的剥削阶级的立场观点充满头脑，到后来我逐步地热爱劳动了，以和劳动人民同吃、同住、同劳动为自己求之不得的心愿，这个思想上的转变过程是从战犯管理所时期就开始实现并逐步完成的，总之，真理所在，顽石也得点头。

我们在管理所一边学习，一边劳动，又亲眼看到上至所长下至管理所人员率先垂范地和我们一起劳动，特别是学习社会发展史使我认识到，正是劳动创造了人类，创造了社会。没有劳动，人类连一天也不能自下而上，而且一切智慧都是从劳动实践中产生的，劳动是每个人对祖国对社会应尽的神圣义务，不劳而获以及坐食享受则是最可耻的事情。

管理所还组织我们进行了参观，我在炼钢炉旁、在机器轰鸣的车间，看到工人们为祖国建设而昼夜奋战，我感动万分，不觉泪下。工人实在太伟大了，而自己四体不勤，五谷不分，乃是一个人间废物，太渺小了。

后来，我从报纸上看见伟大领袖毛主席和其他领导人在繁忙的政务中抽暇参加建设十三陵水库的劳动，更使自己无话可说，进一步认识到劳动的无比神圣和光荣。

特赦后，我在植物园的一年劳动实践中，不仅学会了栽培植物技术，而且感到身体越来越好了，饭吃得香，觉睡得甜。回想伪满时期，我过着腐朽的寄生生活，身体坏极了，有一次到小丰满水库“视察”，才走出一二里路就心跳、冒汗，赶紧回到火车上找随行大夫注射葡萄糖。现在，我参加首都百万人民的游行示威，走了半天也丝毫不觉得疲乏，参加收秋菜劳动干一整天也不累，我感到自己年轻了。

4. 关于群众观点

我的家庭把我养成绝对的狂妄自大，只知有己不知有人，认为时势乃英雄豪杰所创造，而百姓不过“愚民”而已。

现在我认识到，“从群众中来到群众中去”的群众路线正是我党取得一切胜利的根本保证，在劳动实践中更清楚地认识了这一点，例如我园收秋菜，因为发动了群众的智慧和力量，才能在短时间内获得重大成绩。归根结底是人民群众创造历史。

一九六一年二月

按：这是溥仪在植物园劳动期间撰写的第三份思想总结，手稿写在几十页红格信纸上。文内小标题系原有。末尾时间就是该总结的写作日期。该文以周总理接见时所讲的四个观点，即爱国主义观点、阶级观点、群众观点和劳动观点，自我对照、衡量，还列举见闻，如在四弟家碰到口称“皇上”、趴地磕头的老侄毓珍。特别是溥仪高兴地会见了爱新觉罗家族唯一的共产党员、一位曾当过中国人民志愿军战士的侄女金霭玭，他面对这位在朝鲜战场上甘岭战役中立过功的侄女，不觉肃然起敬，感慨万端地紧握她的手说："你是中国人民最可爱的人，而过去的我是中国人民最可恨的人，不能比拟呀！"

周恩来接见并宴请归自日本与丈夫团聚的嵯峨浩及亲人（1961 年 6 月 10 日）

周恩来：（站在西花厅外摆满茶点和糖果的圆形白玉石桌前，迎来了溥杰、嵯峨浩、嵯峨尚子、町田干子、嫮生和宫下明治等客人）咱们就围坐在这里，怎么样？团团圆圆，图个吉利嘛！祝愿你们阖家欢乐、永远团圆！听说嵯峨尚子夫人同宫下明治先生后天就要走了，本来想晚一点见你们，这样就不能不提前。我对溥杰和嵯峨浩能在北京团圆感到由衷地高兴，但最高兴的人是溥杰，前些时候溥杰还担心妻子回不来，今天已成为现实了。

1961 年 6 月 10 日周总理在中南海西花厅接见爱新觉罗家族及老舍等

溥杰：我在广州车站上一眼看见妻子时，话也不会说了，步也迈不动了，气也喘不匀了。

周恩来：要是摊在我头上，说不定还得流眼泪淌鼻涕呢！

（总理亲手剥开一只蜜橘，礼貌地递到嵯峨尚子手中，表示对老人家的感谢，因为她亲自把女儿送来团聚，实在令人敬佩）

周恩来：亲戚之间应该越处越近，国家之间更应该和睦相处，和则两利嘛！

（嵯峨浩走过来给总理斟茶，总理引用京剧《平贵别窑》中的故事）王宝钏苦守寒窑十八载，你也等了溥杰十六年，你们命运相同啊！不过，薛平贵后来当上皇帝就忘本，溥杰不会那样，他现在已是中华人民共和国的公民了。

（一席含义深远又亲切感人的话语激起阵阵笑声，客人们都觉得轻松自如）

周恩来：浩夫人是日本人，同中国人结了婚，现在已经是中国人了，我欢迎你做中国人，参加中国的社会活动。我讲的这样多，浩夫人还要再看一看，看一年、三年、五年、十年，看看是不是这么回事。哪一年觉得不适宜了，什么时候都可以回去。如果回到日本，比较一下，觉得中国好，还可以再来。来去自由，我可以保证，我可以签字，我相信你不会要我签字的。嵯峨浩愿意做个中国人，愿意为促进中日两国友好、恢复邦交而努力，对此我表示欢迎。但是，我认为，你那本《流浪王妃》也有缺点，书中若干情节已经离开了事实，不经过修订就不能在中国出版。（总理把温和的目光停留在嵯峨浩身上）浩夫人请放心，我们不会歧视你的。尚子夫人和宫下先生回国以后，请告诉日本朋友，浩夫人是不会受到歧视的！

（周恩来的诚恳和坦率令人感动，嵯峨尚子站起来给总理鞠躬，却被总理一把拦住了）

嵯峨尚子：感谢总理帮助嵯峨浩来到中国。你们有句老话："树高千丈，落叶归根。"我女儿的丈夫在中国，她的家也在中国，中国当然就是她的归宿了。她应该回来，我也完全放心，因为有您这样的总理管理国家，我女儿一定会在中国生活得很幸福。

周恩来总理：谢谢您为两国人民做了一件好事！中国有出京剧《杨门女将》，讲的是佘老太君挂帅出征的故事，听说您也有好几个女儿，愿您也能为中日友好事业挂帅出征。

（总理很了解情况，这位尚子夫人有四女一子，嵯峨浩老大，其余顺序为池田启子、福永泰子、町田干子，儿子公元最小。话题又转到溥杰和嵯峨浩的两个女儿。大女儿慧生，就是那个最早给中国总理写信寻找爸爸的十七岁女孩，她二十岁那年，因殉情而把一幕惨烈的悲剧遗留在天城山深深的幽谷之中。事由很简单：她与同窗男友相爱，却未能得到家庭的理解，坚持封建正统思想的母亲，认为她既然是清朝皇族的正宗长女，就必须回到中国，嫁给满族青年，这使她痛苦万分，终致走上绝路）

溥杰的大女儿慧生

周恩来：你的死去的女儿慧生给我写过信，我当时作出决定，同意她和她父亲通信。她是一个很勇敢的青年。是否还能找到她的照片？送给我一张作个纪念吧。

嵯峨浩：日后送一张放大的慧生照片给总理。

（话题又转到小女儿嫮生身上。嫮生尊敬周伯伯，特意从日本带来了见面礼品：一台袖珍半导体小收音机。同时，也给伯伯带来一个很难的难题。原来，因为她的去留问题，这些天在溥杰家乃至整个家族，都闹起了轩然大波。父母都希望她留在身边，一起生活，溥仪也做她的工作，希望她留居祖国，将来就在北京结婚安家。可是，嫮生有自己的想法，她从小在日本长大，已经习惯了那里的生活，而且也已有了情投意合的男友，所以想回到日本去。这个新的家庭矛盾，又摆到了总理面前）

周恩来：嫮生愿意回去，可以让她回去，不要勉强她留下。青年人变化多，以后想来，随时都可以申请护照。如果不来中国，同日本人结婚，又有什么不好？唐太宗把公主嫁给西藏王，汉藏通婚。嵯峨家把女儿嫁给爱新觉罗家，爱新觉罗家的女儿又嫁给日本人，有什么不好呢？孩子们的事情，还是由他们自己做主吧，不能再演慧生的悲剧了！（总理又把嫮生招呼到身边，握住她的手）我赞成你同日本人结婚，不过你要记住，姐姐已经不在了，你是父母唯一的孩子，一定要常来看望他们，我准许你常来常往！

（此时此刻，此情此景，嫮生的眼泪早已像断了线的珠子，簌簌地滚落下来，面对总理，无限真诚地深深鞠了一躬）

嫮生：我从心里尊敬您！

（上午11时半，应邀出席午餐会的载涛、溥仪以及他的弟妹等爱新觉罗家族成员，一起来到西花厅。在午餐会上露面的，除总理身边工作人员童小鹏、罗青长、许明等以外，还有两方面人士：一是为促进中日友好而奋斗多年的很有影响的人物，如西园寺公一及夫人雪江和廖承志等；二是满族名人，如著名作家老舍和著名画家胡絜青、著名京剧表演艺术家程砚秋的遗孀果素英等。午餐会的菜肴很丰盛，把餐桌都摆满了）

嵯峨浩：啊，这盘可是珍贵的鲥鱼呀！长约一尺五寸，鳞像鲤鱼，味道鲜美，适量加酒、盐、葱和生姜，蒸一下就行了。

周恩来：我年轻时在日本留学，住在东京神田，最喜欢吃炸大虾、荞麦面和虎屋的羊羹。

（嵯峨浩是烹饪专家，喜欢研究菜肴。总理也有共同语言）

周恩来：请尚子夫人坐在这里！您是团长嘛！

（总理特意让嵯峨尚子靠近自己就座，继而又亲自给溥仪、溥杰等人安排了座位。溥仪一生不贪酒，总理特意端给他一杯茅台烈酒，劝他尽欢这一回）

周恩来：（面对嵯峨浩）关于你回来的问题，你的丈夫和溥仪是踌躇的，他们担心中国目前有困难，比日本的生活水平低。两年来的灾荒，是带来一些困难，粮食少了一些，以农产品为原料的商品比以前少一些，物资供应多少有些紧张，但没有很大的问题，经过努力已经恢复不少。再说，你刚从生活水平高的日本来，还不习惯，需要照顾，将来习惯了，和大家一样了，就不用照顾了。

周恩来：（又转对西园寺公一）浩夫人是日本嵯峨侯爵的后人，西园寺先生则是公爵后人。现在，日本贵族都取消了，这是第二次世界大战以后美国人做的，西园寺先生早在这以前就自动放弃了贵族身份，并且和一位平民的女儿结了婚。（总理指指在座的雪江女士）他们自愿到生活水平低的中国来，还不是为了和平吗？这是很令人钦佩的。

周恩来：（目光又移到舒舍予身上）他就是名作家老舍先生，是满族的杰出人物嘛！辛亥革命后，若讲自己是满族人就会受欺侮，受歧视，所以他就不愿意讲。他有许多著名作品，如《骆驼祥子》《龙须沟》等。（总理面向溥仪说老舍）他可是满族的杰出人物啊！（继而指指溥仪又转向老舍）旧中国等级森严，你是旗人，也蓄过辫子，若在清朝时我们这些人若见溥仪非下跪不可，也根本见不到！如今却能坐在同一张餐桌前，变化真大呀！（周恩来的话深深感动了老舍，回到家里还自言自语“一个皇上，一个穷人，在一起相会，真是世道大变”！）老舍夫人也在座嘛。（胡絜青起立与大家见面）她是位画家，中年学画，拜齐白石为师，现在和陈半丁、于非闇等画家合作绘制巨幅的国画。

周恩来：（挨着胡絜青就座的是程砚秋的夫人，总理也介绍她与大家见了面）程砚秋是中国著名的京剧演员，也是满族人。解放后他非常努力，要求加入中国共产党，1957 年我和贺龙元帅介绍他入了党，可惜第二年他就去世了。（说到这里，总理转对嵯峨浩）喜不喜欢听唱片？

嵯峨浩：很喜欢！

周恩来：我可以送几张程砚秋的唱片给你，我很喜欢听他的唱片，睡不好觉时就听一听。旧社会他们被叫作“戏子”，受人歧视，我们称他们是艺术家，都是平等的。

周恩来：听说嫮生来后讲中国人面孔黑。（总理又从皇族的变化展开话题）溥仪先生、溥杰先生的面孔的确比过去黑了一些，身体也结实了一些。黑是健康的表现，不管怎么样，我们都是黄种人，被称为有色人种，不会变成白种人。今天在座的，有过去的皇帝、皇族，现在都生活在一起，这有一个条件，大家平等。载涛是贝勒，他是光绪的弟弟，宣统的叔叔。溥仪先生是皇帝，“满洲国”我们不承认，但宣统我们是承认的。溥杰是皇帝的弟弟，嫮生是日本贵族的外甥女，又是中国皇族的女儿。溥仪、溥杰的弟弟妹妹过去也都是皇族。现在变化了。溥仪先生研究热带植物，还能劳动，自愿参加劳动，对劳动有兴趣。溥杰先生在景山公园研究园艺，半天工作，你还要照顾一下你的家庭。弟弟妹妹的情况，那是你们都知道的了。三妹是东城区的政协委员，我是全国政协的主席，从这一点说，我们还是同事。五妹曾做过服务员，现在做会计，她完全是自我奋斗，过去我们不知道。六妹是画家，字写得很好，现在是艺术家了。七妹是小学校的教导主任，模范工作者。你们在街上走，谁能认出来是过去的皇族呢？妹夫们也都有了变化。过去这些皇族、官僚、贵族，今天都变化了，当了工人、职员或教员。

皇族的变化，归根到底是近代中国的变化，特别是社会主义新中国给中国社会带来的巨大变化。中国旧社会，等级森严，不平等。清朝时我们这些人要见溥仪非下跪不可，也根本见不到。辛亥革命后就变了，但只变了一点，推翻了清政府的压迫，代之以少数汉人的统治，而且更凶。北洋军阀是年年打仗，国民党统治也是战争不断，搞得民不聊生。只有中国革命胜利了，社会才变了，全中国人民才平等了。中国现在的社会制度是中国人民自己选择的，自己奋斗出来的，不是外来力量强加的。我们觉得这样做很心安，很高兴。请大家想想，世界上有哪一个国家在推翻了封建制度、建立了共和国以后，以前的皇帝还能存在、还能给以平等地位？例如英国的查理一世、法国的路易十六、德国的威廉二世、埃及的王室等，他们哪里去了呢？可以比较一下。

溥仪：世界有史以来没有过。

周恩来：世界上有黑种人、黄种人、白种人和棕种人。不管是哪种人，相互间都应该是平等的。但现在还有差别，还存在着种族歧视。从另一个意义上说，最黑的人最受压迫，最有前途，最有希望。非洲有两亿多人口，是未开发的处女地，资源很丰富，现在经济发展不如欧洲，但后来居上，将来会赶上的。世界上开发较早的地方是欧洲，但很多资源快开发完了。开发最少的地方是非洲，非洲有煤、铁砂、石油和稀有金属等，很丰富。北美的加拿大也开发了不少，美国的石油开发早，浪费也大。亚洲和拉丁美洲则是半开发的地区。这些未开发和半开发的地区，民族独立了，外国不能干涉了，自己管理自己了，是统统要开发的，所以说是后来居上。到那一天，我们的态度仍然是平等待人，有无相通。地不分南北，人不分肤色，四海之内皆兄弟。到那时帝国主义不存在了，世界大同了，不过这大概要到二十一世纪以后才可以看到。我是看不到了，载涛先生你大概也看不到了，老舍先生与我同年，大概也看不到了，年轻的人有希望看见。我们共产党的目的就是要把世界搞得美好，使大家都能活下去，而且过得好。

周恩来：（客观评价清朝的历史功过）清朝是中国最后一个王朝，它做了许多坏事，所以灭亡了。但是，也有三件事做得很好：第一件，把中国许多兄弟民族联在一起，疆土比历朝更加完整，把中国的版图确定下来了，九百多万平方公里。第二件，清朝为了要长期统治，减低了田赋，使农民能够休养生息，增加了人口，发展到四万万人，给现在的六亿五千万人口打下了基础。第三件，清朝同时采用满文和汉文，使两种文化逐渐融合接近，促进了中国文化的发展。康乾时期，文化一时有兴盛气象。康熙懂得天文、地理、数学，很有学问。俄国彼得大帝和康熙是同时代的人，因为俄国地处欧洲，手工业比较发达，他汲取了西欧的经验，发展了工商业。中国当时封建经济的统治比较稳固，工商业不发达，康熙只致力于发展封建文化。为什么要在这里评论清朝的功过呢？就是要解决正确对待满族的问题。清朝所做的坏事，历史已经做了结论，用不着多提，做的好事是应该讲一下的，汉族是个大民族，也做了很多好事，这就不用提了。这个思想不是我的，是毛主席多次讲过的。我说这些话的意思，是要说明就是和满族人结婚了也用不着自卑；我称赞了清朝做的好事，也不要骄傲。

满族统治阶级入关统治中国近三百年，奴役各族人民，虽然曾使中国一度强盛，但最终还是衰败了，这应由清朝的皇帝和少数贵族负责，满族人民是不用负责的，他们也同样受到灾难。孙中山先生领导辛亥革命推翻清政府是对的。溥仪先生当时才几岁，他也不能负责。载涛先生当时是大臣，要负一部分责任。至于“满洲国”时代，溥仪、溥杰都应该负责，当然更大的责任应由日本军国主义来负。由溥杰帮助溥仪撰写的那部自传文稿就揭露了这一点。那部文稿应该修改一下再出版，因为里边的自我批评太多，事情已经过去，新中国成立十一年啦，中国人民对清朝的残酷统治和压迫，印象已经淡漠，能记得的人不多了，但历史还是要按照事实来写。清朝亡了，说明它不好，这一点历史已经做了结论。

辛亥革命以后，北洋军阀和国民党反动政府歧视满族，满人不敢承认自己是满族，几乎完全和汉人同化了，分不清了。民族将来是要互相同化的，这是自然发展的结果，但不能歧视，不能强制。因此，现在还要把满族恢复起来，事实上 1949 年以后已开始这样做了。

日本经过明治维新前进了一步，后来逐步发展到军国主义，甲午战争、“九一八”事变、芦沟桥事变，再加上“满洲国”，使中国人民受到很大损害。但是，这只是半个多世纪以来的事情，而且已经过去了，跟中日两国之间近两千年的经济文化交流相比，不过是一段短暂历史。毛主席说，日本军国主义侵略中国固然是坏事，但他唤起了中国人民的觉悟，使我们团结并组织起来了。

军国主义一旦复活，势必向外扩张，侵略他人。日本东面对着强大的美国，西面对着强大的苏联，中国现在也不见得比日本弱，它只有向南扩张。但是，南面的菲律宾、印度尼西亚、澳大利亚、越南、马来亚等国，大多被日军占领过，又都是新独立的国家，绝不肯再把本国沦为殖民地。在这种情况下，日本可能会把台湾地区作为出路。台湾地区有二百万人能说日语，现在日美都热衷于制造两个中国，想先把台湾地区和中国大陆分开，然后去掉蒋介石，把台湾地区并入日本。原日本的中国派遣军总司令官，后来又给蒋介石充当秘密军事顾问的冈村宁次（1884—1966），就是从事这项阴谋的主要人物。但是，蒋介石也不是不知道，蒋介石比法国戴高乐更有警惕性，他还有一些兵力。再说蒋介石同我也有三十多年的朋友交情了，并且有过三次合作的经历，如果他还不知道日本的阴谋，我也能告诉他。因此，我们就让蒋介石留在台湾地区。这时，总理微笑地看了看宫下明治，对他说，宫下先生回国后，如能见到冈村宁次可以告诉他我所说的话，并且告诉他，日本军国主义者想把台湾地区并入日本是做不到的，必然要失败的。宫下先生，你所得到的“第一手情报”，回国后只管说，不必保留。

日本天皇的爱国心情，大概比日本内阁一些人员要高，日本人需要天皇制，那是日本人自己的事。中国并不想干涉日本内政，也没有想要日本的一寸土地。我们对日本人民更是毫无怨恨，日本人民为侵略战争也付出了巨大的牺牲，遭受了深重的灾难，他们同样是军国主义的受害者嘛！这一点，日本的有识之士和广大人民现在已经认识到了，在日本战后的文学艺术作品中也有了深刻的反映。这一段把中日两国人民推向苦难深渊的沉痛历史，两国人民都应当永远记取不忘。但是，半个多世纪以来两国的矛盾却应当忘掉。今后，两国应当和平共处，要将五十年来的两国矛盾忘掉，互相亲善，文化交流，彼此通商，这对东亚和平有着极其重要的贡献，对世界和平也将产生很大的影响。

皇族、华族也好，资产阶级也好，劳动人民也好，只要愿意同中国友好，我们都和他友好。参加过日本侵略政府的成员，只要他们赞成中日友好，我们仍然欢迎他们，如曾任日本关东军副参谋长、陆军航空本部总务部部长的远藤三郎先生，曾在我国东北和东南亚各国指挥日军作战的高级将领辻政信先生，曾任伪满洲国政府经济顾问、满洲重工业开发公司总裁的高崎达之助先生，曾任日本邮政大臣和政友会总裁的久原房之助先生，自五十年代以来都曾来华访问，从事有利于两国友好的活动，受到了我们的欢迎。日本朋友来中国的，左、中、右都有，我们对日本朋友是门户开放的。我们不但欢迎共产党、社会党，就是为日本政府做情报工作的人，我们也让他来。尚子夫人，你回到日本见到天皇、皇后，请替我说中国总理向他们问候！

按：此次接见谈话参见溥杰提供的接见现场记录稿（原件）及其口头说明的当场记录。1961年6月10日，周恩来在中南海西花厅举行午餐会，宴请不久前从日本归来而与丈夫溥杰团聚的嵯峨浩和爱女嫮生，以及载涛、溥仪和他的弟妹等爱新觉罗家族成员。应邀出席午餐会的客人还有满族著名人士，如作家老舍、画家胡絜青夫妇，京剧表演艺术家程砚秋遗孀果素英女士，为促进中日友好而奋斗多年的著名人士西园寺公一、雪江夫妇和廖承志，在周恩来身边工作的人员童小鹏、罗青长和许明等。在长达五个小时的招待会上，总理从清朝当局的历史功过谈到今日日本，又从溥杰讲到嵯峨浩及其爱女，话题也曾转到溥仪身上，当面再度就《我的前半生》修改问题提醒了他。西花厅午餐会在下午四时半许结束。周恩来的讲话，总让人感到一种强大的吸引力量，因为那里面充满了知识，充满了哲理，也充满了情趣。看在眼里，听在耳中，溥仪的内心深处受到了巨大震动。是呀，自己也身处星转斗移的历史长河之中，怎么还不懂这个发展的观点？正确对待历史，为发展中日两国的友好关系、恢复邦交而努力，这才是自己应该做的。

周恩来对溥仪说“你是皇上，不能没有皇娘啊！”（1961 年 7 月）

周恩来：你是皇上，不能没有皇娘啊！过去不自由，现在你可以随便选嘛！

溥仪：感谢总理。

按：周恩来又多次谈及此事。有一次总理视察工作，与溥仪和部分文史专员座谈，又幽默地对溥仪这样说。

溥仪与原长春伪宫中的“贵人”重逢始末（1961 年 8 月 28 日）

（原长春伪宫中溥仪的“贵人”带着回忆录《宫中生活》草稿来到北京，目的是向知情人核实史实，以保证文史资料的准确。当天上午，她来到五妹韫馨家，正碰上万嘉熙，略觉不安的心情，因礼貌接待而消除了）

万嘉熙：这次来京，一定还有公务吧？

李玉琴：李维汉部长嘱我撰写文史资料，特来看看过去的景物。

万嘉熙：不嫌弃的话，就住在家里吧！

李玉琴：已经安排好住处，在前门附近吉林省驻京办事处。

万嘉熙：还能有时间走动走动吗？

李玉琴：不知溥仪现在如何？身体还好吗？他独身生活，一定会碰上不少困难吧？

万嘉熙：是否还想去看看溥仪呢？

李玉琴：现在这种情况，我不便先去找他。

万嘉熙：你和现在的丈夫关系还好吧？

李玉琴：还好。

万嘉熙：家中生活蛮不错吧？

李玉琴：只是有时想起过去的事，心中不痛快。

万嘉熙：你和溥仪还通信吗？

李玉琴：离婚以后，他就不给我写信了。其实，作为朋友，正常通信来往没有坏处，我爱人也不会反对的。

（这时，李玉琴发现了周恩来接见溥仪、溥杰及嵯峨浩一行的合影照片，一下子盯住了前排左起第二人位置上的溥仪，又指着左边头一个女同志，颇为紧张地问这人是谁？听万嘉熙说是参加接见的日语翻译，她才松了一口气）

万嘉熙：你和溥仪离婚，恰在他获赦前不久，这很不幸。浩子等了溥杰十几年，今日终于能够团圆了。

李玉琴：都是过去的事情啦！

（万嘉熙把会面谈话过程转告溥仪以后，在他的心海之中翻起澎湃的波涛。有份档案资料如实记述了这一情景："溥仪闻此讯后，很是激动不安，晚上独自徘徊沉思，状甚苦恼。他向我们提出：如果找上门来怎么办？是见她还是不见？"他承认对她还有感情，也想见面，但又认为这样不好，对她目前的家庭关系会有影响。他表示听从组织上的意见，希望我们帮助他正确处理这个问题。

1961年9月初，在全国政协的招待宴会上，溥仪与那位长春伪宫中的故人重逢。这是他们自1957年年初痛苦分手后的第一次见面，虽然都有无尽的感慨，相见之下，却都感到自然、和谐、愉快。以后的几天里，他们又邀了毓嵒、毓嶦等熟人，一块上饭店吃饭，游览香山公园和北京植物园等。他们是真诚的朋友，也是撰写文史资料的同事和战友）

按：毛泽东和周恩来关心溥仪的再婚问题，都希望看到他尽快重组家庭，生活幸福，同时，又都对他的婚姻负责。毛泽东要求溥仪"慎重考虑""不能马马虎虎"，周恩来则委托全国政协帮助溥仪处理好婚姻问题，要表现出经过改造的溥仪的新思想、新风貌。全国政协遵照毛泽东和周恩来的嘱托，认为已经发生的情况，事关政策，遂呈文请示中央统战部薛子正副部长，说溥仪过去的"贵人"来北京，通过万嘉熙要见溥仪，溥仪很激动，问我们能不能见她，心中很想见她。我们可否这样回答："这是私事，你如要见，可以见她。但要注意，她已是一个有丈夫的人。"薛副部长马上批示"同意"。还在附件文前加写一段具体意见："我的意见，可以同意溥仪接待她（由政协帮助），至于今后如何，再示。溥仪说过，以不再复婚为宜。"全国政协帮助溥仪妥善处理了这个棘手的感情问题，这是对他的爱护，也是对他的教育，是用社会主义新人的标准来要求他。

从我的经历揭露日本军国主义的罪行——纪念"九一八"事变三十周年（载《人民日报》1961年9月18日）

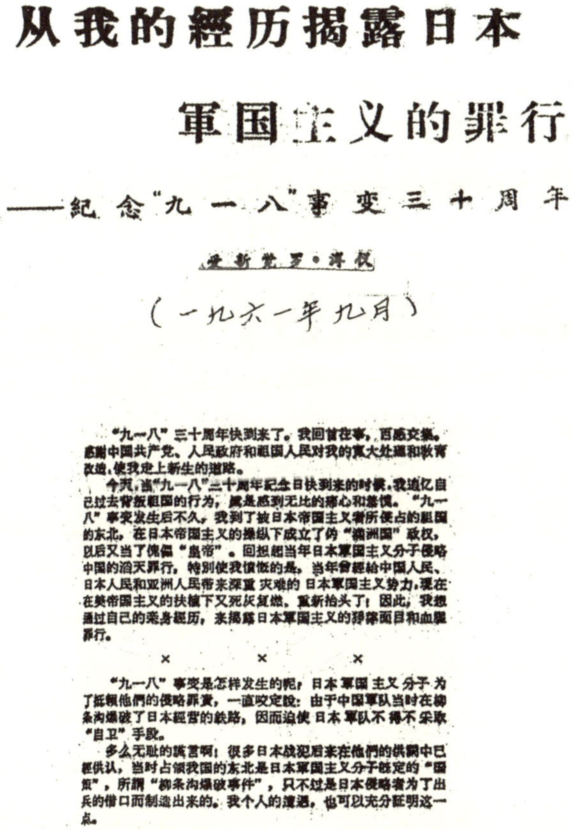

从我的經历揭露日本軍国主义的罪行

——纪念"九一八"事变三十周年

爱新觉罗·溥仪

（一九六一年九月）

"九一八"三十周年快到来了。我回首往事，百感交集。感谢中国共产党、人民政府和祖国人民对我的寬大处理和教育改造，使我走上新生的道路。

今天，当"九一八"三十周年纪念日快到来的时候，我追忆自己过去背叛祖国的行为，实是感到无比的痛心和慚愧。"九一八"事变发生后不久，我到了被日本帝国主义者所侵占的祖国的东北，在日本帝国主义的操纵下成立了伪"满洲国"政权，以后又当了傀儡"皇帝"。回想起当年日本軍国主义分子侵略中国的滔天罪行，特别使我愤慨的是，当年曾經給中国人民、日本人民和亚洲人民带来深重灾难的日本軍国主义势力，現在在美帝国主义的扶植下又死灰复燃，重新抬头了！因此，我想通过自己的亲身經历，来揭露日本軍国主义的狰狞面目和血腥罪行。

× × ×

"九一八"事变是怎样发生的呢？日本軍国主义分子为了抵賴他們的侵略罪責，一直咬定說：由于中国軍队当时在柳条沟爆破了日本經营的鉄路，因而迫使日本軍队不得不采取"自卫"手段。

多么无耻的謊言啊！很多日本战犯后来在他們的供詞中已經供认，当时占领我国的东北是日本軍国主义分子既定的"国策"，所謂"柳条沟爆破事件"，只不过是日本侵略者为了出兵的借口而制造出来的。我个人的遭遇，也可以充分証明这一点。

《人民日报》刊载了溥仪纪念"九一八"的文章

“九一八”三十周年快到来了。我回首往事，百感交集。感谢中国共产党、人民政府和祖国人民对我的宽大处理和教育改造，使我走上新生的道路。

今天，当“九一八”三十周年纪念日快到来的时候，我追忆自己过去背叛祖国的行为，真是感到无比的痛心和羞愧。“九一八”事变发生后不久，我到了被日本帝国主义者所侵占的祖国的东北。在日本帝国主义的操纵下成立了伪“满洲国”政权，以后又当了傀儡“皇帝”。回想起当年日本军国主义分子侵略中国的滔天罪行，特别使我愤慨的是，当年曾给中国人民、日本人民和亚洲人民带来深重灾难的日本军国主义势力，现在在美帝国主义的扶植下又死灰复燃，重新抬头了！因此，我想通过自己的亲身经历，来揭露日本军国主义的狰狞面目和血腥罪行。

“九一八”事变是怎样发生的呢？日本军国主义分子为了抵赖他们的侵略罪责，一直咬定说：由于中国军队当时在柳条沟爆破了日本经营的铁路，因而迫使日本军队不得不采取“自卫”手段。

多么无耻的谎言啊！很多日本战犯后来在他们的供词中已经供认，当时占领我国的东北是日本军国主义既定的“国策”，所谓“柳条沟爆破事件”，只不过是日本侵略者为了出兵的借口而制造出来的。我个人的遭遇，也可以充分证明这一点。

记得是在1931年夏季，当时我住在天津。我的弟弟溥杰正在日本东京读书，因为放暑假就回国了。他告诉我，在他回国之前，曾经在日本天津驻屯军司令部任职的吉冈安直中佐邀他到鹿儿岛去玩，临别时并且神秘地对他说：“你回到天津之后，请对令兄说，现在张学良搞得太不像话了，也许就会发生什么事情也未可知。请令兄多加保重吧！他不是没有前途的！”这是什么意思呢？很快真相就大白了。就在一两个月以后，“九一八”事变爆发了，日本军国主义又出兵东北。而在这不久之后，日本关东军司令部参谋板垣征四郎的亲信上角利一给我带来了当时已经投降日寇的大汉奸熙洽的一封信，劝我“速赴东北主持大计”。接着，臭名四溢的日本大特务土肥原贤二又以让我主持一个“新国家”等甜言蜜语为诱饵，把我骗到了东北。难道“九一八”事变像日本军国主义分子所说的那样是什么“偶然事件”吗？不，决不！从以上一系列事实里，就可以清楚地看到制造事变作为借口而出兵占领我国东北，这是日本军国主义分子处心积虑地经过周密布置然后采取的行动。

占领我国的东北然后进一步鲸吞中国，这是日本军国主义由来已久的野心。早在十九世纪末叶，日本军国主义分子就不断叫嚷中国的东北是日本的“生命线”，并且日益嚣张地在东北扩展他们的侵略势力。1927年的所谓“田中奏折”更是赤裸地暴露了日本军国主义的侵略野心。这个“奏折”明目张胆地写道：“欲征服中国必先征服满蒙，而欲征服世界就必须征服中国。”正因为这样，他们长时期一直在中国物色和豢养能够为他们的侵略政策效力的对象。而我，一个已经被人民赶下台来但是又怀着“重建祖业”这种复辟思想的清朝逊帝，也就成为中选的人了。

在清朝被推翻以后，日本军国主义就把郑孝胥、罗振玉这一类封建余孽抓在他们手里。1924年当我被驱逐出原来的皇宫以后，日本军国主义者马上通过这帮“遗老”的牵线，把我包围起来——先是在北京日本公使馆，后来又迁到天津的日本租界。日本军国主义分子对我还进行了一系列的训练工作。一方面，他们口口声声地把我叫作“皇帝”，让我在公使馆和租界里“开疆辟土”，建立一个空头的“清宫小朝廷”，并且千方百计地利用和挑动我的复辟思想。使我日益与祖国人民对立。例如，日本的一个“华族”（“明治维新”后的贵族）水野子爵当时就曾送我一把扇子，上面别有用心地题上“天莫空勾践，时非无范蠡”这样两句诗，暗示我要“卧薪尝胆”待机东山再起。另一方面，历任日本天津驻屯军参谋部定期给我“讲解”国内外形势，每逢日本军队检阅时都要我去参加，向我灌输日本“皇军”实力强大，天下无敌的思想，使我养成根深蒂固的崇日恐日心理。这一切，显然就是为了让我在“九一八”事变以后去东北“主持大计”而做的准备工作。

谈到我在东北“主持”的“大计”，真可以说是历史上最可耻可鄙的丑剧之一。

尽管土肥原曾经向我一口保证，“在东北成立‘新国家’后，日本一定尊重其领土主权；一切都可以由你自主。”可是我一到东北，日本军国主义者就露出了真正的脸色。日本关东军司令官本庄繁派的参谋板垣征四郎正式通知我，要我当所谓“满洲国”的“执政”；同时还斩钉截铁地说，这是一个包括满、汉、蒙、日、朝五个民族的“新国家”，日本人也要在这个“国家”里充当官员。不但如此，这个“国家”的所谓“首都”“国旗”以及“政府”的班底，也早由关东军司令部一手安排好了。

就在这种情况下，伪“满洲国”在1932年3月成立，我当了伪“执政”，1934年3月1日，我又在日本主子的首肯下成了伪“皇帝”。十四年中，我所需要做的事就是：在日本关东军司令部替我拟定好的卖国条约或者“诏书”上签名。按照日本关东军司令部替我写出的台词发言……为了使我的一言一行都不致稍违日本主子的意志，日本关东军的参谋吉冈安直——也就是前面谈到的那个鹿儿岛给我带来“好消息”的人——从1934年开始十年来一直以“帝室御用挂”（即“皇帝”的私人秘书）的身份，几乎寸步不离地“监护”着我。他曾经用严厉的口吻告诫我说：“日本天皇陛下就是你的父亲，关东军是代表日本天皇的，所以你得事事听他的话！”

至于伪“满洲国”的各级“政府”，不消说情况也是完全一样。在名义上，最高行政机关是伪“国务院”，伪“政府首脑”“国务总理”由中国人担任，但实际上，一切权力由“国务院”下的“总务厅”掌握，而“总务厅长官”必须由日本人担任。“国务院”各部都有一名日本“次长”，伪“大臣”完全听命于这些“次长”，伪“国务院”的“各部联席会议”（即总务厅次长会议）要讨论一切事宜，都必须等待“次长联席会议”先作出决定才行。在伪地方“政权”中，省有日人的“副省长”，县有日人的“副县长”，来主持一切。总之，当年在祖国的东北，从上到下，完全是日本侵略者在发号施令。

说来也骇人听闻，日本军国主义者在“承认”这样一个傀儡“政权”时，还乘机勒索了惊人的代价。1932年3月，我刚当上伪“执政”，日本关东军司令官本庄繁通过郑孝胥之手，要我签订一张卖国密约。根据这张条约，伪“满洲国”要把所有矿山、港湾、航运、铁路等方面的权利完全“奉献”给日本侵略者，要把大量最肥沃的土地交给日本帝国主义者作为移民之用；在所谓“日满经济同盟”的名义下，伪“满洲国”的经济完全要由日本垄断资本来控制；在聘请日本人充当“最高顾问”的名义下，伪“满洲国”要把一切行政权力交给日本军国主义者掌握。总之，祖国东北的一切，从天上到地下，从政治到经济，在这张密约中都卖尽送绝了。比起袁世凯所签订的遗臭万年的二十一条卖国条约来，我所签订的这张卖国条约真是有过之而无不及啊！而在这以后不久，新任日本关东军司令官兼驻伪满大使武藤信义又和伪“满洲国”“国务总理”郑孝胥签订了所谓“日满议订书”，把卖国密约进一步具体化了，并且以“日满共同防卫”的名义承认日本军国主义在东北永远驻兵的权利。

但是，这一切还不能满足日本军国主义者对中国东北的侵略野心。他们妄图使东北彻头彻尾地变成日本的一部分。由日本关东军司令部派来做我的“监护人”的吉冈安直一再“劝说”我和日本女子结婚，并且要求我：如果今后我有了儿子，养到五六岁时就必须送到日本去留学。这种行动都是有阴险的政治目的的，在我弟弟溥杰结婚后不久，伪满政府就制定了一个“帝位继承法”，规定“皇帝死后由其子继之，无子时由其孙继之。无子和孙时以其弟继之。无弟则以其弟之子继之。”原来，在这些迷信于军权皇道的日本军国主义者眼中使伪“满洲国”的“皇室”逐步融化于日本的皇室，这是准备连伪“满洲国”的伪装形式也不要了，从形式上也完全合并于日本的一个重要步骤，不仅如此，日本军国主义者还妄想同化东北的所有中国人民，为了做到这一点，他们授意我把据说是日本皇室的祖先而后来成了神的所谓“天照大神”迎来，并且在东北各地普设“神庙”，大肆宣传“唯神之道”，强迫人民敬拜，甚至颁布刑律要惩办对“神道”犯有“大不敬”之罪人，更毒辣的是，日本军国主义者还通过伪满文教部竭力实施奴化教育，规定日本语是伪“满洲国”的国语，日语课是从小学一年开始就有的必学课目，在社会上也普遍推行日语，例如在伪满军队里就规定，一切官兵在训练时都得讲日语，连士兵要大小便去也必须用日语请示。总之，这些万恶的日本军国主义者采取了宗教、教育和其他各种手段，企图使东北人民逐步成为忘记自己祖先、不懂本国语言的地地道道的日本国民。

在日本侵略者的践踏下，十四年来东北人民一直生活在水深火热的灾难中。

日本军国主义用了“开发”“振兴”等动听的名词，对东北人民的经济进行了无所不及的统治和敲骨吸髓的掠夺。祖国宝贵的资源被大量运往日本。农民收下的粮食大部被“皇军”征走，而人民则吃不饱、穿不暖，呻吟在死亡的边缘。当然，在当时还能从日本军国主义者手里分得一些残羹的我，对这一点是没有什么体会的。但是，可以让一些数字和事实来说明问题。1943 年伪“奉天省”各城市的粮食配给情况是：辽阳市最高，成年人每人每月十公斤，小孩每人每月二公斤；奉天、营口、铁岭、本溪和各县成年人都是每月七公斤；而抚顺市成年人每月六公斤，孩子每月只有一公斤。这些配给的粮食，大都是入腹后难以消化的橡子面。中国人私吃大米白面，在当时是要被当作“经济犯”办罪的。我曾经听说过这样一件事：有一个中国人因为有病而找了一些大米煮粥吃，不幸由于在路上呕吐而被日本宪兵发现了，结果坐了好久的牢，并且受到严刑拷打。

日本军国主义者为了推行移民政策，还在东北霸占大量肥沃土地，计划在二十年内从日本移民一百万户，五百万人。仅仅从1937年到1939年，就强收人民土地三千余万垧，使得中国农民二十余万户，一百余万人失去了土地，无家可归，到处流亡。

日本军国主义者还在东北实行了劳动力统制政策，把中国人像牛马一样地供他们驱使。根据“勤劳奉公”“国民皆劳”等全民奴役的恶毒办法，整个东北从十八岁到五十五岁的人，全被统制管理起来，日本军国主义者随时可以征用。每年强征的劳工总数估计平均在二百五十万人，被抓去当“劳工”的，少吃没穿却要起早摸黑地干重活，累死的人不计其数，不但如此，被抓去为日本关东军修建军事设施的“劳工”，在完工以后还往往遭到集体屠杀。这样的事实，甚至被日本主子豢养在“深宫”之内的我也有耳闻。有一次，伪宫内府警卫处处长佟济煦悄悄告诉我说：他亲戚伪警卫官金贤有一个熟人，被日本军队抓去修筑军事要塞；完工以后，日本军队为了保守这个工事的秘密，把所有工人全都杀了，只有他亲戚的那个熟人在九死一生中逃了出来。

日本军国主义者对中国人民的生命，简直是视同草芥。从1932年到1944年，据不完全统计就以“反满抗日”的罪名杀害了爱国人民六万七千多人。至于集体屠杀、秘密屠杀中的受害者，更是不胜其数了。当我成为战犯而到抚顺参观时，就听到人们叙述1932年日本侵略军队在平顶山把三千居民驱集在一起而用机枪全部杀害的血腥惨案的事实。

日本军国主义者在东北犯下的罪行真是罄竹难书。然而，深受日本军国主义者之害的又何止是东北三千多万人民呢？正如“田中奏折”中所暴露的，日本军国主义的野心是要征服整个中国和向世界各地进行侵略，东北不过是第一步而已。因此，他们不仅把东北作为掠夺资源、榨取利润的殖民地，而且还把东北作为进一步发动侵略的军事基地，为日本军国主义提供炮灰、军需品。1937年，就是利用东北这个基地，日本军国主义者发动了全面侵略中国的战争。在八年中，使祖国一千多万同胞牺牲了，损失了五百亿美元财产。接着，印度支那、缅甸等很多东南亚国家也都受到日本军国主义者的蹂躏。

中国人民和亚洲人民永远不能忘记也不会忘记这场可怕的灾难。当然，罪魁祸首是日本军国主义者，至于日本人民，他们正如同中国人民和亚洲人民一样，也是日本军国主义者的受害者。他们在国内受到了残酷的剥削和压迫，不少人又被迫走上战场，而在侵略战争中丧失了生命。我在当傀儡皇帝的时候当然不能理解这一点，但是也有一次遭遇使我接触到这样的事实。这是在 1945 年，日本军国主义者临近失败的时候，当时日本关东军中的一批“肉弹”被调到东南亚战场去。这里需要说明，所谓“肉弹”，是日本军国主义者创造的一个血淋淋的名词，意思就是这些士兵应该用自己的血肉之躯向敌人的堡垒、坦克作舍命的进攻，或驾着飞机冲撞敌人的军舰。由于被当作“肉弹”的士兵不愿意去送死，关东军司令部就指定我这个傀儡“皇帝”为他们送行以“鼓舞士气”。我在奉命而去的时候，发现那些士兵的脸上充满了悲惨凄凉的神情，有些人甚至忍不住在潸然掉泪。当时我已经暗暗感到有一种说不出的沉重空气在压迫着我。现在回想起来，我就比较能理解这些日本士兵的感情了。

在谈这一切的时候，我痛切地感到：日本军国主义对人类意味着多么巨大的灾难，展开反对日本军国主义复活的斗争在今天是多么地必要。

在第二次世界大战中遭到覆灭的日本军国主义正在复活，这是铁一般的事实。看，不少过去曾经欠下中国人民血债的罪犯，不是又在嚣张一时了吗？吉田茂，当年我进天津日本租界时的日本驻天津总领事，在田中内阁时曾经以外务次官的职衔行使外务大臣的权力，是推行“田中奏折”中规定的侵略方针的一员急先锋。岸信介，过去被称为“满洲五巨头”之一，曾经在伪满任“产业部次长”和伪总务厅次长，大量掠夺中国东北的物资。这两个战犯，战后都先后当了日本首相，竭力推行复活日本军国主义的政策，下台后仍然在为加强日本军国主义势力而奔走呼号。至于过去是关东军中的要员，而今天又成为日本重新武装的骨干，更是不乏其人。

特别值得注意的是，日本军国主义者侵略中国的野心，在今天又开始暴露了。池田政府不是在叫嚷什么“台湾归属未定”吗？外相小坂不是公然表示要“支持自由台湾”吗？卖国贼廖文毅不是被豢养在日本准备作为建立所谓“台湾独立国”时所用的傀儡吗？这和当年日本军国主义者主张“满洲独立”和把我豢养起来作为建立伪“满洲国”时所用的傀儡，手法如出一辙。

今天，日本军国主义是在美帝国主义的扶植和支持下复活的。记得我被拘留在苏联的时候，1946 年 8 月曾经到日本东京国际军事法庭给日寇侵略我国东北的战犯裁判作证。当我揭露日本战犯罪行的时候，往往有些美国籍的律师就露骨地袒护日本战犯，而对我大加训斥。有一次，一个美国籍律师甚至对我咆哮着说：“你说日本战犯犯了罪，可是你不也是对中国犯下了罪吗？你将来回国后，也还是要受到中国法庭制裁的！”这番话的言外之意很清楚，就是威胁我把那些日本战犯的罪行隐瞒下来。当时我不能理解这是什么原因，现在看来就很明显了。这是因为，美帝国主义在战争一结束就打定主意，要复活日本军国主义作为在亚洲的侵略工具了！

但是，中国人民、日本人民以及全世界的人民绝不允许日本军国主义再来横行逞凶了。目前的时代和三十年前的时代已经大大不同了。东风已经压倒西风，人民的力量已经压倒帝国主义力量。中国像巨人一样站起来了，中国人民完全有力量击败一切侵略者——和三十年前的情况对比，这一点使我有着多么深刻的印象的巨大的激动啊！同时，日本人民已经觉醒了。反对日美“安全条约”和反对日本军国主义复活的声势浩大的斗争向人民表明，他们再也不允许军国主义者把他们当作“肉弹”送上侵略战场了。甚至有一些当年的军事将领也认识了过去的罪恶而改变了自己的态度，像过去在日本关东军中当过参谋副长的远藤将军现在也参加了反对日美“安全条约”的斗争。

因此，在“九一八”三十周年快到来的时候，我在回顾往事之余，不仅要提醒妄图卷土重来的日本军国主义分子和他们的扶植者美帝国主义：三十年前猖狂一时的日本军国主义已经遭到了可耻的命运，你们还要重走这条老路，难道可能设想会有比他们更好的下场吗？

按：1961年9月17日，《人民日报》发表了溥仪的长篇文章《从我的经历揭露日本军国主义的罪行》。在纪念“九一八”事变三十周年的日子里，溥仪回首往事，百感交集，他感谢政府和人民把他引上新生的道路，同时又因历史上背叛祖国的行为而痛心和羞愧。他以亲身经历揭露了日本军国主义分子蓄谋、策划、制造“九一八”事变的真相。溥仪的文章在日本引起很大反响，同年十月九日，日本《新潮周刊》以《溥仪前皇帝的憎恨和他的真相》为题发表评论，借溥仪文章中涉及的某些人士之口，进行所谓“反驳”，恰恰说明溥仪的文章已经起了很好的作用。他的现身说法，对于提醒中国人民勿忘国耻、居安思危、振兴中华，是有教育意义的。

身处困难时期的溥仪与总理一次有趣的对话（1961 年 9 月）

周恩来：处在困难时期，生活上有困难吗？

溥仪：没有别的困难，就是这张嘴巴过去吃馋了，总想往里边填点儿好东西。

周恩来：馋也没有什么，你可以用全部工资买吃的，只要不再借钱花就行嘛！

（周恩来的诙谐语言也不无根据：溥仪当时还没有结婚，住在政协机关的独身宿舍里，衣物、用品大体上都由国家包下了，工资的主要开支就是买饭票、买烟卷，总理真诚希望他能把买烟卷的钱省下用到解馋方面）

溥仪：（有点儿羞羞答答）在宿舍里总是自己买东西吃，多不好意思。

周恩来：你觉得自己不好意思吃，就给别人分点，大家都尝尝嘛！

按：对溥仪来说，1961 年的国庆观礼活动是终生难忘的。那天，在晴朗的天安门广场上空，迎风飘动的大气球高悬着巨幅标语："艰苦奋斗，勤俭建国！"农民队伍以沉甸甸的大穗红高粱、金黄色的稻穗、一尺多长的玉米棒，在彩车上垛起巨大的粮堆。站在西侧观礼台上的溥仪，自然联想起与总理那次有趣的对话。虽然是笑谈，也是总理对自己的勉励，那个时期和溥仪一起工作的专员们都有一个共同的印象：溥仪在整个困难时期，生活上很克己，要求自己非常严格。对于一个当过皇帝的人，一个向来挥金如土的人，一个吃惯了山珍海味、穿惯了锦绣衣袍的人，这是多么难能可贵啊！

溥仪同日本"电波访问团"谈话的录音记录稿（1961 年 10 月）

今天有机会能和日本朋友们谈谈，我觉得很高兴。

最近半个月里，我接连度过两个具有不同历史意义的日子：一个是"九一八"的三十周年，这是我们的祖国遭受灾难的日子；一个是我们伟大的中华人民共和国建立十二周年，这是我们祖国获得解放，全国人民除了台湾同胞之外开始了幸福生活的日子。这两个日子带给我们祖国的，是两种完全不同的命运，同时也给了我平生两次完全不同的命运，同时也给了我平生两次完全不同的遭遇。在这些日子里，我真可以说是“百感交集”，我悔恨自己，痛恨日本军国主义，同时我也联想到日本人民的过去和现在。

日本军国主义者在三十年前制造了一个伪满洲国，把我国的神圣土地——东北，变成它的殖民地，并且作为它的基地，进一步发动了对全中国以及亚洲各国的侵略战争，给中国人民造成了空前大灾难，给亚洲各国人民也造成了未曾有过的灾难。这是一场人间惨剧，毫不例外，受难者中间，也包括了日本人民。

过去，我在战犯管理所的时候，看过几部日本影片。记得有一部是《战火中的妇女》，描写塞班岛的日军战败后，强迫日本妇女“殉国”的悲惨情况。在日本兵的刺刀下，妇女们排成长列，被迫投进了波涛汹涌的大海。有一位母亲临没顶之前，还把自己的初生婴儿高高举起，为这刚来到人世的小生命，多争取一分钟的生存。这个镜头一直留存在我的脑海中，令我无法忘掉。

经过学习，我知道了无数中国婴儿是怎样死在日本的刺刀尖上的。从塞班岛的故事里，我又知道了，日本的婴儿在日本兵的刺刀下，也没有好命运。自从我在充满了人道主义的改造教育中认识了过去，也认识了自己，懂得了什么叫人生和怎样做人，我就常常因为想起了过去而痛苦。自己在过去勾结日本帝国主义，背叛祖国，把领土供给敌人作为发动侵略战争的军事基地，把人民驱作苦工和炮灰，使千百万人家破人亡。我为祖国的死难同胞而感到痛苦，我也为牺牲在同一个敌人手中的日本人民而感到痛苦。那样的灾难是绝对不能再让它出现了。无论是中国的，日本的，或亚洲任何国家的婴儿，我们都绝对不能让刺刀再碰到他们身上了。

现在，我的祖国已经解放了十二年，早已摆脱了帝国主义的压迫，中国人民已经站立起来了，成为国家的主人了。在中国共产党和毛主席的领导下，建设着日益美好的生活。但是，我知道现在日本人民的处境还是很不好的。这种处境很容易叫我想起过去的中国，特别是东北地区在解放前的情况。然而我也知道：勤劳勇敢并富有民族自尊心的日本人民，并不甘心于这种处境。而且，越来越多的人看清了美帝国主义和它的仆从的真正面目，看到了美国正在恢复日本军国主义以及它会给人类带来什么样的危险。为此，日本人民正在进行着艰苦的斗争。这种斗争是得到了全世界人民，特别是中国人民道义上的支持的。去年，北京曾举行过一次上百万人民的支持日本人民、反对所谓“日美安全条约”的示威游行，我也参加了这个游行。我很高兴地告诉各位，在那次游行中，有两点感觉是令我特别兴奋的：第一是我有生以来作为新中国的公民第一次参加了人民的行列，参加了反对美日反动派的示威游行，这是我感到无比骄傲的；第二是我能为日本人民的正义斗争表示我衷心的支持，从而成为世界人民争取和平，反对帝国主义战争的事业的参加者，我感到无比地荣幸。

最后，我谨向斗争中的日本人民致以崇高的敬意！

按：本文是根据溥仪同日本“电波访问团”谈话的录音记录稿整理的，并经溥仪本人审阅过，他亲笔在多处作了修正，而改定的稿子与其他多种文稿，都作为遗稿保存了下来。

溥仪参加政协直属小组学习。左起：刘斐、张治中、邵力子、李觉、范汉杰、宋希濂、杜聿明、王耀武、溥仪

溥仪：我要有一个像样的中国人的灵魂（1961 年秋冬）

我是在 1906 年生于北京的一个封建贵族家庭中，从三岁起便当上了封建专制制度总崩溃前夕的末代皇帝。一直到 1924 年我十九岁止，就在这座“毁人炉”式的帝座上，把历代专制帝王所摆过的最高威风，具体而细致地要弄过；历代君主所享受过的骄奢淫逸的寄生生活，我也尝受过。就是在这种有形无形的腐蚀剂中，我一步步地僵冷了作为一个中国人的良心。

祖国和人民又想尽方法，费尽苦心，再三再四把我往那重新做人的光明道路上拉。我既是一个人，怎能不使我生出一种人类应有的感激心情？

我现在的志愿只有一个：我要重新做人，从头建立人的尊严，我要有一个像样的中国人的灵魂。

按： 历史的沉痛教训，抚顺时代接受的改造，回到北京后获得的社会教育，使溥仪在思想上产生了崭新的认识，也在感情上得到了爱与憎、亲与仇的巨大变化，溥仪那颗“僵冷了”的心逐步得到复苏，他写下自己的肺腑之言，颇能说明这位当了新中国公民的末代皇帝的内心世界。然而他真正的幸福感，还是产生于周恩来总理1959年12月14日在中南海西花厅令其心悦诚服的接见和谈话。特别是担任全国政协文史资料专员以后，多次参加北京大型群众性集会和示威游行而感受到的政治上的自豪感和责任感。那几年，内地出现严重的经济困难，供应空前紧张，溥仪就曾经把自己应得的一份布票、补助粮票，全部上缴给国家，以表达与祖国人民同命运共患难的决心。

毛泽东邀请溥仪到中南海颐年堂家中小酌的谈话（1962年1月31日）

（1962年1月31日，按农历算为辛丑年腊月二十六日，就在这新春佳节即将来到的时刻，曾任北洋政府司法总长、教育总长的章士钊，曾参加武昌起义、新中国成立后任湖南省省长的程潜，中国同盟会创始人之一、新中国成立后出任民革中央委员的仇鳌，新中国成立后出任中央人民政府政务院参事室参事、与毛泽东有世交又是远亲的王季范四人，应毛泽东的邀请陆续来到颐年堂）

毛泽东：今天请乡亲们来，要陪一位客人。

章士钊：客人是谁呢？

毛泽东：你们都认识他，来了就知道了。也可以事先透一点风，他是你们的顶头上司呢！

（章士钊等人正在猜测这位“顶头上司”到底是谁，一位高个子清瘦男子，五十多岁，已由工作人员引导着走进客厅。毛泽东像老朋友似的迎上去握手，并拉他在自己身边坐下）

毛泽东：他是宣统皇帝嘛，我们都曾经是他的臣民，难道不是顶头上司？

（毛泽东指着在座的四位老人，一一给溥仪介绍，溥仪很谦虚，无论介绍谁，他都站起来鞠躬致意。或许因为四位老人都是可敬的长者，或许含有清朝

皇帝向反清志士赔礼道歉的意味，这是多么有趣啊，他们一起进入了崭新的时代）

毛泽东：你不必客气，他们都是我的老朋友，常来常往的，不算客人，只有你才是真正的客人嘛！

溥仪：我怎么也想不到能有这样难得的机会与您相见！

（那天，溥仪像往常一样在出版社那五平方米的工作间内阅读《我的前半生》书稿。有位政协工作人员进来告知，毛泽东主席要接见他。溥仪很惊诧，他颇为尴尬地指着掉了衣扣还皱皱巴巴的衣服说："穿这身衣服怎么去见毛主席啊？"李文达遂让溥仪穿上自己的一套深蓝色毛花呢中山装，还挺合身。于是，就穿着它过来了）

毛泽东：我也早想见见你哩。

（毛泽东与溥仪亲切攀谈，询问家庭近况，溥仪一一回答）

溥仪：我在历史上罪恶深重……

毛泽东：对历史问题要具体分析，有些事是别人做的或许多人共同做的，不必全由一人负责。后来走上背叛民族的道路，那是要负责的。现在你到了政协，应该总结一生经历，好好吸取教训。

溥仪：我一定照主席说的做。

毛泽东：你当皇帝的时候，怎样对待下面的大臣呢？

溥仪：清朝时我还太小，由父亲载沣摄政。张勋复辟那年也还不懂事。往后到了伪满，实际是傀儡……

毛泽东：今天在座的几位当中，还是数你最年轻哟！

溥仪：我也五十六岁了。

毛泽东：（拉着溥仪的手，一起走进餐厅，还把溥仪让到主宾席位上）当年我们都是你的老百姓嘛，你当然要坐上席喽！

（盛情难却，溥仪与主席并肩落坐。毛泽东的家宴，没有"燕窝席""鱼翅席"的排场，也没有溥仪当皇帝时的"满汉全席"和无比奢华的"御宴"，桌面上只有几碟湘味儿的辣椒、苦瓜、豆豉等小菜。）

毛泽东：湖南人最爱吃辣椒，叫作"没有辣椒不吃饭"，所以每个湖南人身上都有辣味哩（说着夹起一筷子青辣椒炒苦瓜，置于溥仪位前小碟内，并看着他吃进嘴里）。味道怎么样啊？苦辣酸甜咸五味俱全，还不错吧！

溥仪：（鼻尖上已沁出汗珠）很好吃！很好吃！

毛泽东：看来你这北方人，身上也有辣味哩！（主席指了指仇鳌和程潜）他们的辣味很重，不安分守己地当你的良民，起来造你的反，辛亥革命一闹，就把你这个皇帝老子撵下来了！

（妙语既出，无不捧腹，溥仪笑得开心。当今国家主席和昔日清朝皇帝边吃边谈，边说边笑，好不畅快！章士钊等光顾听两人说话，竟忘了动筷子夹菜）

毛泽东：你们怎么不吃？怕是被皇上吓住了吧？哈！

（在餐桌上毛泽东又想起了溥仪在抚顺写的长篇自传，这部自传已于1959年年末用“未定稿”的形式印了大字本。主席希望溥仪能把题为《我的前半生》的那篇自传修改好）

毛泽东：我已看到你那部“未定稿”了，我认为写得不怎么好。里边“检查”好像太多了。看了一半就不想看了。你过去是帝王，是压迫人民的，而今天不同了，是公民，是人民的一分子了。写前半生要客观真实地反映历史，不能成为检讨书，回忆录要写得细致一些。

（正是在溥仪紧张修改回忆录的时候，毛泽东在湘味家宴的餐桌旁又给溥仪提出了建议，要求他按照历史唯物主义的观点，写出特定历史环境下的真实的溥仪，这恰与周恩来的意见不谋而合。三个月以后，全国政协文史资料研究委员会的不定期内部刊物《文史资料选辑》就在1962年5月出版的第二十六辑上选登了《我的前半生》“未定稿”里的《复辟的形形色色》一节文字。毛泽东又细看了全文，从中了解了溥仪参与张勋复辟的来龙去脉。事后他还向全国政协有关领导问起付给溥仪多少稿酬？听说只付一百五十元，遂又半开玩笑半认真地说，人家是皇帝，写了稿子，稿费要从优嘛！怎么就给了这点钱？可以多给点。继而《文史资料选辑》第二十九辑又登出溥仪《我怎样当上的伪满“执政”》一节文字，该刊第三十九辑再度登出溥仪《我第三次做皇帝》一节文字，日理万机的毛泽东还是要拨冗细读。其间会见阿尔巴尼亚总检察长阿拉尼特·切拉一行谈到司法工作，主席说，对付反革命分子、贪污浪费分子，我们主要不靠捉人、杀人，而靠批评教育，靠改造。在无产阶级专政的条件下，人是可以改造过来的。说到这里，主席举出了溥仪，这也是通篇谈话中唯一的实例）

毛泽东：（获知溥仪在抚顺时已同他的“福贵人”离了婚，就把话题又转到了溥仪的婚姻上）你还没有结婚吧？

溥仪：还没有呢！

毛泽东：可以再结婚嘛！不过，你的婚姻问题要慎重考虑，不能马马虎虎。要找一个合适的，因为这是后半生的事，要成立一个家。

（饭后，毛泽东与邀来的五位客人合影留念。他还特意拉溥仪过来，让他站在自己右侧）

毛泽东：我们两人可得照一张相哟！

按：此次谈话参见溥仪记事手稿（原件）。凡在毛泽东身边工作过的同志都知道，主席举办湘味家宴的时候，便是他最开心的时候。他常说，遇家乡人，讲家乡话，喝家乡酒，吃家乡菜，是生活中一大乐趣。虽然溥仪论不上乡人，却成了主席的湘味家宴的上宾，是主席最快乐的时候邀请的客人。溥仪有幸，他是被特赦的前国民党战犯、伪满战犯、汪伪战犯、蒙伪战犯中唯一受到毛泽东接见并宴请的人物，直到1976年主席去世为止，再不曾有别的特赦人员受到如此崇高的礼遇。

溥仪列席全国政协三届三次会议期间应邀在大会上发言（1962年3月）

我衷心拥护周总理的政府工作报告，完全同意总理所说的关于国内外形势和我们的对内、外政策。

我也完全同意陈叔通副主席的报告。

听总理讲解国内形势，使我更进一步深刻体会到总路线、大跃进、人民公社的伟大深远意义。它是引导我们胜利前进、建设我们伟大社会主义祖国的光辉灯塔。

我们全国人民高举着这三面红旗，团结在中国共产党和毛主席的周围，总结经验，埋头苦干，勤劳勇敢，发奋图强，自力更生，巩固已经取得的成就，争取我们新的胜利。这是我们全国人民的任务，也就是每一个人对祖国大家庭应尽的国家主人翁的神圣责任。

总理讲到总路线的基本点，最终目的就是使我们摆脱过去一穷二白的面貌，尽快地把我国建设成为一个具有现代工业、现代农业、现代科学文化的伟大社会主义国家。这个目标是多么振奋人心的事！这是全国人民的热烈要求和愿望，是符合我们以及我们子子孙孙永久的利益，同时也就是党领导中国人民几十年革命斗争所追求的理想。

虽然摆在我们面前，还有许多困难，虽然我们是一穷二白的国家，但是，我坚决相信：在中国共产党和毛主席正确领导下，勤劳勇敢、站起来了的伟大中国人民，是能够战胜困难、是一定能战胜一切困难获得彻底胜利的。

中国人民在中国共产党和毛主席领导下，过去战胜了帝国主义、封建主义、官僚资本主义，搬倒了压在人民身上的三座大山；在建国十二年多短短岁月里，已取得了社会主义建设的伟大成就，也取得了社会主义革命基本胜利。毫无疑问，中国人民在中国共产党和毛主席英明领导下，从一个胜利走向一个胜利，最后一定使祖国摆脱了一穷二白的面貌，把我国建成为一个最繁荣富强的伟大社会主义国家。

周总理说："过去我国人民用'愚公移山'的精神，经过长期的艰苦斗争，终于推翻了帝国主义、封建主义和官僚资本主义这三座大山。现在在我国人民面前，还横着经济贫困和文化落后两座大山，我们要继续发扬'愚公移山'的精神，再用几十年的时间，把两座大山搬掉。"周总理接着说："我们一定能够把这两座大山搬掉。"

毛主席教导我们说："中国的穷国地位和在国际上无权的地位，也会起变化。穷国将变为富国，无权将变成有权，向相反的方向转化。在这里，决定的条件就是社会主义和人民团结一致的奋斗。"

周总理报告对我是极大的教育和鼓舞力量。为了响应党和毛主席的伟大号召，在总路线、大跃进、人民公社三面红旗照耀下，我一定追随着各位，追随着我们全国父老、兄弟姊妹们，在不同的工作岗位上，为实现我们的总路线的伟大目标，一起奋斗前进！

按：本文为溥仪亲笔手写，共两页，初稿成于1962年3月，后经增补，曾在列席中国人民政治协商会议第三届第三次会议期间应邀在大会上发言。其增补稿也已由大会办事机构印刷，上面也有溥仪亲笔补改处。此稿除用于大会发言外，虽有记者报道，但其全文从未发表过。

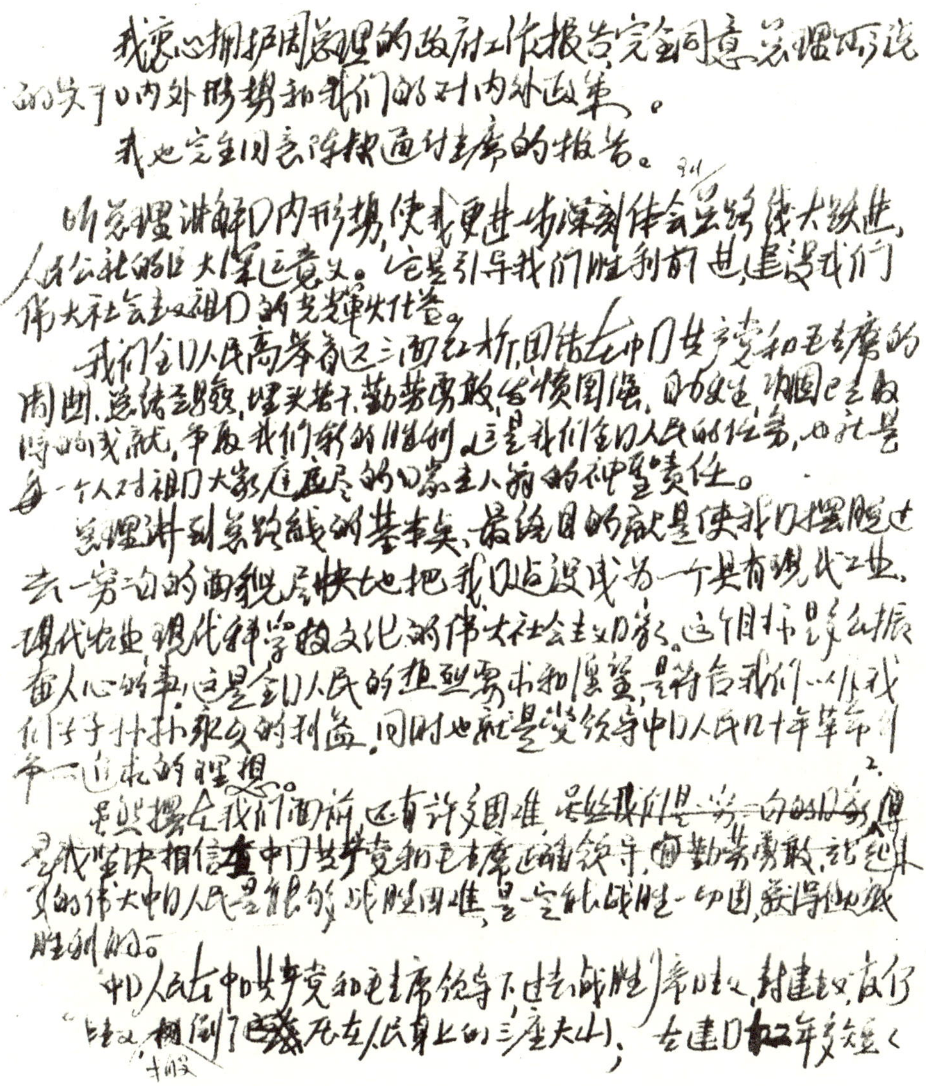

我衷心拥护周总理的政府工作报告，完全同意总理所说的关于国内外形势和我们的对内外政策。

我也完全同意陈毅副主席的报告。

听总理讲解国内形势，使我更进一步深刻体会总路线、大跃进、人民公社的巨大深远意义。它是引导我们胜利前进，建设我们伟大社会主义祖国的光辉火炬。

我们全国人民高举着这三面红旗，团结在中国共产党和毛主席的周围，意气风发，埋头苦干，勤劳勇敢，发愤图强，自力更生，以国已取得的成就，争取我们新的胜利。这是我们全国人民的任务，也就是每一个人对祖国大家庭应尽的国家主人翁的神圣责任。

总理讲到总路线的基本点，最终目的就是使我国摆脱过去一穷二白的面貌，尽快地把我国建设成为一个具有现代工业、现代农业、现代科学技术文化的伟大社会主义国家。这是什么振奋人心的事，这是全国人民的热烈要求和愿望，是符合我们一代代子子孙孙永远的利益，同时也就是党领导中国人民几十年革命斗争一直追求的理想。

虽然摆在我们面前还有许多困难，但是我们坚决相信在中国共产党和毛主席正确领导下，勤劳勇敢、站起来的伟大中国人民是能够战胜困难，是一定能战胜一切困难，获得伟大胜利的。

中国人民在中国共产党和毛主席领导下进行战胜了帝国主义、封建主义、官僚资本主义，推倒了压在人民身上的三座大山，在建国十五年来短短

溥仪在全国政协三届三次会议上的发言初稿（第 1 页）

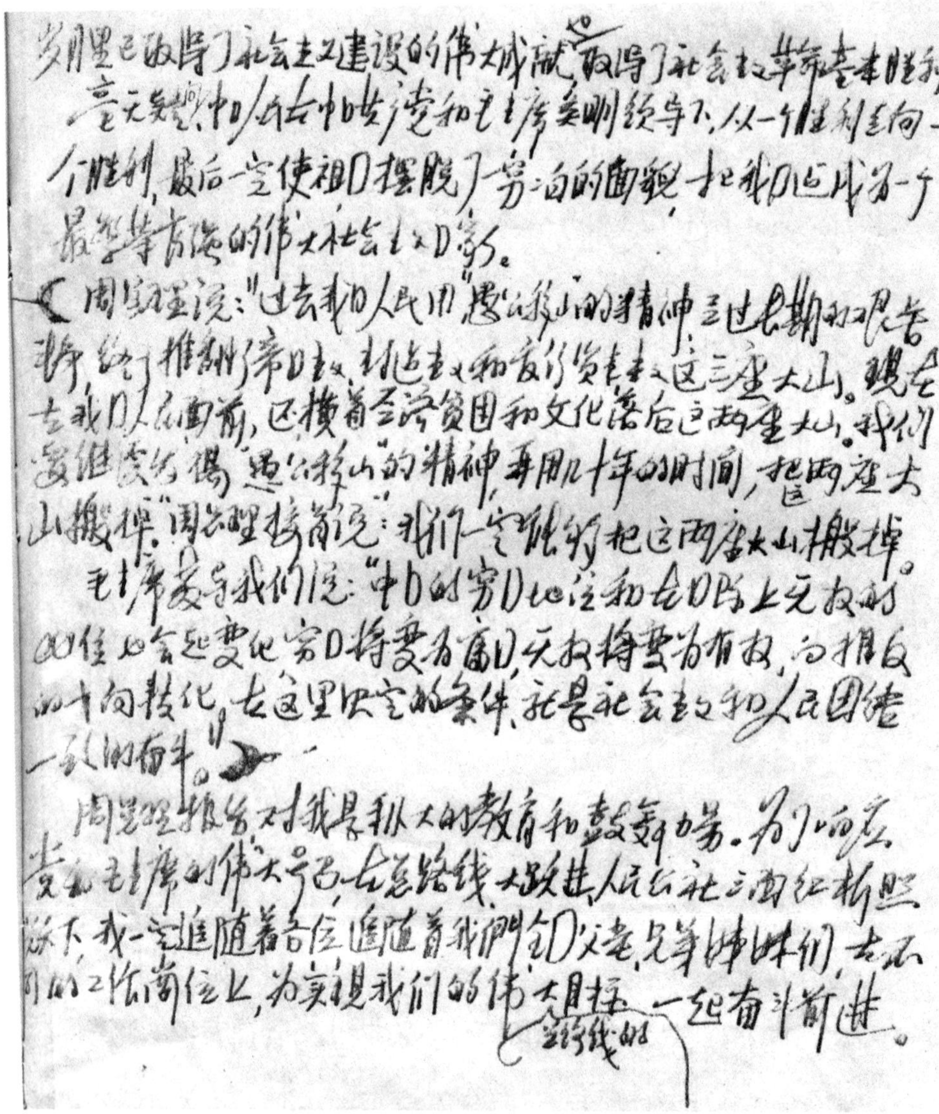

岁月里已取得了社会主义建设的伟大成就，也取得了社会主义革命基本胜利。毫无疑问，中国人民在中共党和毛主席英明领导下，从一个胜利走向一个胜利，最后一定使祖国摆脱了一穷二白的面貌，把我国造成为一个最繁荣昌盛的伟大社会主义国家。

《周总理说："过去我国人民用"愚公移山"的精神，经过长期的艰苦斗争，终于推翻了帝国主义、封建主义和官僚资本主义这三座大山。现在在我国人民面前，还横着经济贫困和文化落后这两座大山。我们要继续发扬"愚公移山"的精神，再用几十年的时间，把这两座大山搬掉"周总理接着说：我们一定能够把这两座大山搬掉。

毛主席教导我们说："中国的穷国地位和在国际上无权的地位也会起变化，穷国将变为富国，无权将变为有权，向相反的方向转化，在这里决定的条件，就是社会主义和人民团结一致的奋斗。"》

周总理报告对我是非常大的教育和鼓舞力量。有了以共产党和毛主席的伟大号召、总路线、大跃进、人民公社三面红旗照耀下，我一定追随着各位，追随着我们的父老兄弟姊妹们，在不同的工作岗位上，为实现我们的伟大目标一起奋斗前进。

溥仪在全国政协三届三次会议上的发言初稿（第2页）

自由恋爱的溥仪发出深情誓言（1962年3月至5月）

毛主席、周总理都让我慎重，找不到理想的对象我就不结婚了。

李淑贤出上联：树可枯，石可烂，我的心，绝不变。

溥仪咏下联：山有顶，水有源，爱情花，永不残。

按：对溥仪来说，“再婚”问题也不少，除了感情纠葛，还有身体方面的障碍。根据周恩来的指示，政协机关委托协和医院给溥仪做一次全身检查，结果证明，溥仪长期以来就有的男性功能障碍仍然存在。为此，政协领导人亲自过问，为溥仪寻医找药，经蒲辅周、施今墨、岳美中、张荣增等著名中医的诊治，颇有起色，令溥仪十分高兴，又跃跃欲试了。在此前后，经亲属和友人介绍，溥仪先后与七八位女性结识，其中有因先人深受清朝皇恩而欲报答的中年小姐，有出身满族皇亲贵胄且才貌双全的待字闺中老处女，也有长得非常标致的、会说几国外语的，或是女政协委员，还有昔日的仆人把年轻的女儿送上门来“攀龙附凤”的，不一而足，溥仪却一个也没有相中。溥仪常对别人说：“毛主席、周总理都让我慎重，找不到理想的对象我就不结婚了。”第一则深情誓言就是这样发出的。其实他的要求并不高，所谓“理想的对象”不过是一位有劳动岗位的普通女性而已，这样的女性终于来到溥仪的身边。1961 年农历正月初七下午三点钟，男方“大媒”、全国政协文史资料研究委员会专员周振强陪着溥仪，女方“大媒”、人民出版社编辑沙曾熙陪同李淑贤，在政协文化俱乐部初次见面。如果说他们是一见倾心，也许有点夸张，但双方一见就产生了好感，却是事实。

说到谈恋爱，溥仪自然是个“小学生”，谈不到什么经验，更谈不到精通此道。李淑贤十分赞赏溥仪自我批评、痛恨旧我、服从真理、严于律己的态度，他们都热爱新社会，愿意为人民工作。李淑贤爱的是作为公民的溥仪，而不是“真命天子”。如果没有末代皇帝的新生，他们也就不可能有这样美好的姻缘了。

对生活习惯、爱好等有了进一步了解之后，溥仪就开门见山向李淑贤提出了两人年龄差距太大的问题。他比李淑贤大十九岁，一般来说这是个不易突破的障碍。可李淑贤并不计较。因为她已经发现溥仪虽然有过那么多阴暗的经历，却依旧有一颗并不苍老的心啊！李淑贤重视“心理年龄”，而非“生理年龄”。

溥仪和李淑贤定情时刻终于到来了，那是当溥仪患病发烧、李淑贤带了溥仪喜欢吃的食品去探病的时候。在病榻上，溥仪鼓足勇气，向李淑贤提出确定婚期的要求。女方说出“树可枯，石可烂，我的心，绝不变”誓言的上联，溥仪则马上以唱和方式咏出了下联：“山有顶，水有源，爱情花，永不残。”

溥仪新婚致辞（1962年4月30日）

各位领导、各位同志和亲友们：

我和淑贤在劳动人民最好的节日里结婚，蒙各位在工作百忙之中光临，我们表示衷心的感谢！

我们选择这个日子结婚，是因为这是劳动人民最愉快的一天。我们要记住这一天，永远向劳动人民学习，学习他们勤劳、勇敢、直爽、朴素的优良品质，学习他们崇高的无产阶级思想感情。

溥仪和李淑贤在婚礼上

回想自己的前半生，那是一个剥削者、寄生者的可耻的经历，经过十年改造，党的培养教育，今天我成了自食其力的光荣的劳动者。我是一个园艺工作者和文史工作者，而我的爱人是一个我最尊敬的医务工作者。我们正是在劳动者的节日里建立起一个劳动之家，这正是我所追求的幸福。现在这幸福已在眼前，是党和人民给的，毛主席给的。

我愿意代表我的爱人，在今天的来宾面前表示决心：我们两人一定要相互勉励，随时克服缺点和错误，在各自的劳动岗位上，永远忠诚于祖国和人民的事业，把我们的一份菲薄的力量全部献给期待着我们的敬爱的党！

按：在经历了“战俘”和“战犯”的一段漫长的人生之后，溥仪又以公民的身份回到北京，并于1962年“五一”劳动节前夕重新结婚，娶了一位美丽而温存的女护士——杭州姑娘李淑贤。他们在全国政协文化俱乐部举行新婚典礼，溥仪应客人们的要求即席致辞，留下珍贵手稿。

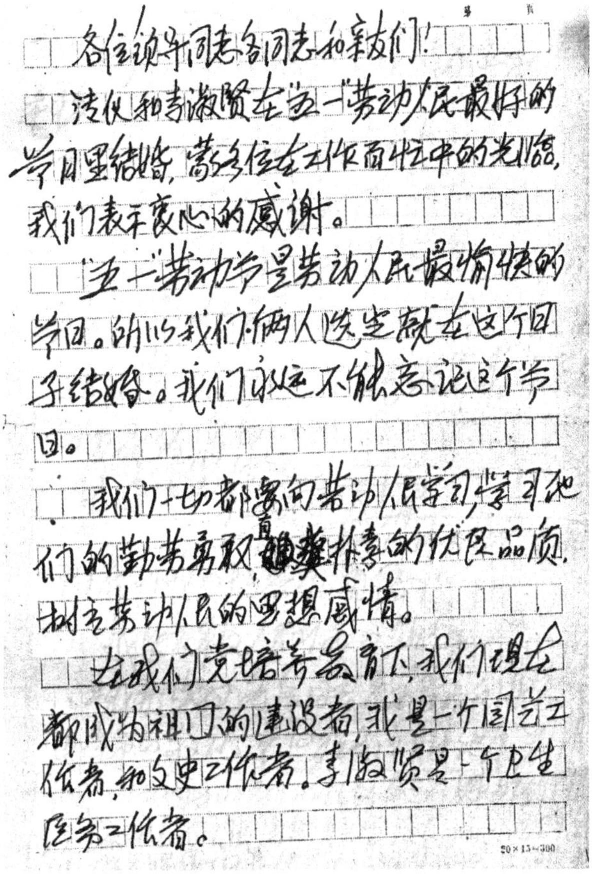
各位领导同志各同志和亲友们！
溥仪和李淑贤在五一劳动人民最好的节日里结婚，蒙各位在工作百忙中的光临，我们表示衷心的感谢。
五一劳动节是劳动人民最愉快的节日。所以我们两人选定就在这个日子结婚。我们永远不能忘记这个节日。
我们一切都要向劳动人民学习，学习他们的勤劳勇敢、直爽朴素的优良品质，树立劳动人民的思想感情。
在我们党培养教育下，我们俩要都成为祖国的建设者，我是一个园艺工作者和文史工作者。李淑贤是一个卫生医务工作者。

溥仪为新婚典礼准备的讲话稿

附：李淑贤新婚致辞（1962年4月30日）

各位首长、各位同志、各位亲友：

今天，各位盛意参加我们的婚礼，谨致以最衷心的谢意！

我们的结婚，经过了较长时间的了解，彼此认为满意。我们的感情建立在政治、思想一致的基础上。共同的语言和共同的兴趣，把两人的命运联结在一起了。今天的婚礼说明我们的爱情已经成熟，我们的希望也终于实现了。在这样的时刻里，我们不能不由衷地感谢给我们带来了美满家庭的亲爱的党和伟大的社会主义祖国！最后，再次向诸位致意。

按：新婚仪式上溥仪致辞后，客人们一致强烈要求新娘也说几句。司仪同志走到李淑贤跟前，很客气地说：“还是请您满足群众的要求吧！”其实，李淑贤本是有所准备的，只是想能躲过去最好不讲，现在看来非说说不可了，便掏出写好的发言手稿，站起来念下去。

溥仪批驳庄士敦的笔记内容（1962年4月至5月）

皇帝对这次失败，不如我所想象的那样沮丧，他对这件事的态度更是轻松的（庄只看外表，轻轻掩饰了我的本质）。如果他那时候就想逃出皇宫的束缚，他绝不能有这种态度。开始的时候，我对这个感到迷惑，但是在我们的谈话结束之前，我觉得这个计划最初不是他搞出来的（这是歪曲事实），而是另有其人。我相信他不过是听人怂恿，带头干起来罢了（纯粹是臆断捏造，故意为我开脱，而转嫁责任于旁人）。我深信（为什么不说“我确实知道”，而说“深信”？）真正的角色（不仅为我开脱，更主要是为帝国主义者开脱，为某公使开脱），就是那个我不愿提名道姓的亲王，若不然就是幕后还有别人（此言暴露他并不摸底而是胡猜，故作惊人之笔，转移读者视听）。因此我们就可以看出来，真正的主谋人物不是别人，而是那个有势力的满洲军阀——张作霖，那个对旧皇朝忠贞不渝的张勋和他关系密切，因为他们本来就有通家之好。那个不提名的亲王在这个密谈里虽然是个必不可少的人物，但比较起来并不重要。他只是给予皇帝种种便利，让他离开紫禁城后，安全抵达天津。张作霖的想法主要是，不管这个计划成功与否，都不能让人怀疑他和这个计划有任何关系。这就是为什么这个经过长期考虑的密谋计划在皇帝大婚后的几个礼拜付诸实行。他们这样做，就是需要找一个说得过去的借口，让皇帝上满洲去，借口就是让皇帝举行婚后谒陵的仪式（这次我打算出走的内幕，并不是如庄士敦所说的那样，这件事仅是我和溥杰商量的，所谓“负主要责任的那位亲王”载涛，事实上并不知道。因为载涛和我父亲一样，都不赞成我在平日离开故宫，放弃优待条件。我若告诉他，无异于告诉我的父亲。至于张勋、张作霖就更不知道了。张作霖曾经赞成复辟帝制，那是另一回事，是不能和这次活动混为一谈的。庄士敦瞎说一气，无非要显示自己的高见，以自吹自擂，但这是根本违背历史的）。

按：在《我的前半生》第三章第七节，溥仪写了“小朝廷”在“出洋”问题上内部冲突的真相。当时王公大臣为了保住“优待条件”和自身地位，一致反对出洋。而溥仪感到处境很危险，同时，为了闯一条“复辟大清”的新路，在庄士敦引导和二弟溥杰的支持下，经与荷兰公使欧登科联系，秘密研究了逃出紫禁城的计划。结果，由于以醇亲王为首的王公大臣的发现和阻拦而告失败。

庄士敦写这件事故意歪曲事实，他绘声绘色地叙述经过，把自己说成与此事毫无关系，说他只给荷兰公使写过信，并没有“参与”溥仪出洋这个“极其孟浪”的计划。其实，与荷兰公使欧登科联络的具体办法正是庄士敦告诉溥仪的。溥仪指出，庄“捏造许多事实，耸人听闻，以显示自己‘高明’”，他还极力替溥仪开脱。溥仪在笔记上摘录了庄士敦的原文，并逐句加括号予以批驳或澄清。括号内溥仪批驳的言辞不但尖锐、深刻，而且极有说服力，他把这件事情的真相写进《我的前半生》一书，从而订正了这段史实。说明作为公民的溥仪，已经站到历史唯物主义的立场上，站到客观事实的立场上，站到暴露自己、揭发真相的人民的立场上，他尽到了一个历史见证人和一个文史工作者的责任。

庄士敦逝世二十年以后，即溥仪与李淑贤结婚之际，溥仪正在撰写和修改他的回忆录《我的前半生》。据李淑贤回忆，溥仪极为认真，一丝不苟，核实了各种各样的历史资料，其中也包括有关庄士敦的资料。众所周知：溥仪对庄士敦是尊敬和信赖的，庄对溥仪也十分爱护和关心，他们在思想上是那么地一致！今天，当溥仪重读那本《紫禁城的黄昏》，他似乎第一次发现这位英国老师并不是完全实事求是的，常常为了炫耀自己和为了维护溥仪当年的立场而歪曲事实，他要重新认识，批判旧世界，澄清这一切，把真相写进自己的著作。由此，溥仪又留下一篇珍贵手稿。

关于溥仪和李淑贤婚后住房的对话（1962年5月）

连以农：（全国政协秘书处处长）过去你住在紫禁城内，有那么多大房子。现在一定不习惯吧？

溥仪：我觉得现在住的房子还很不错嘛！宫里的房子虽大，但天地狭小；现在的房子虽小，但天地却无限广阔。

按：溥仪和李淑贤结婚后，最初还是住在“政协大院”的宿舍里。新房是二十来平方米的套间，里间是新人的卧室，外间是客厅。他们在这里住了一年。对话所指，就是这套房子。后来，全国政协秘书处决定给溥仪调换一处大些的房子。1963 年 6 月 1 日，溥仪夫妇搬进西城宝禅寺东观音胡同新居，条件尚佳。两间卧室，两间客厅，一间饭厅，还有卫生间、厨房和库房。院落呈长方形，相当宽敞，生长着松、柏、梨树和海棠，还有茂密的榕花树等。这一对生活简朴的夫妇，一直住到 1967 年溥仪病逝。

溥仪撰文：关东军司令官对伪皇帝的“督导”（1962 年 8 月）

历届司令官们对我的方针是“既防范，又利用；既限制，又抬捧”。

菱刈隆司令官曾训练我如何当好傀儡。有一次菱刈隆对我讲，愈是“身为人上”的人，便愈发应该保持有“装聋作哑”的“雅量”才行，只有这样才能做到“无为而治”的地步。说到这里他还实际表演起来，以双手做蔽目、掩耳的姿势，并说他这个“三军司令”一贯采取“不闻不问”，听之任之的态度，所以部下才能“放手去干”“负责去干”。然后，菱刈隆又以教训的口吻对我说：“皇帝更应该采取‘垂拱无为而天下治’的态度。”又说：“这就是‘为君之德’，也就是身为皇帝所必须具有的最高政治道德和品质。”

历届司令官们对我施以“督导”的另一项内容，便是炫耀日本武力的强大和所谓“大东亚圣战”的“正义性”。这是给我“打气”，让我对日本的前途充满信心；同时也是防范我的措施，倘不老老实实地当傀儡，冲撞了强大的主子，那是不会有好下场的。

一九三八年日本挑起了张鼓峰事件，第二年又挑起诺门汗事件，先后被苏、蒙军队击败，所谓日本武力的“强大”，有点儿露了馅。在这种情况下，时任关东军司令官的植田谦吉担心我动摇，立即采取“补课”措施。第二天，植田谦吉特意邀我到他们的军用飞机场去参观，并把“掠获”的一架苏联飞机摆在那里，于是植田的“幻术表演”便开始了：他使日本制的一架军用飞机和这架苏联制的飞机一起飞上天空。对我说，要比较一下这两架飞机的速度和性能，结果是以苏联飞机失败而告终。对于这种骗人把戏，我当时居然信以为真了。

然而，假的毕竟是假的。就在“补课”后不久，东京大本营派出新的关东军司令官梅津美治郎来长春，接替了从张鼓峰和诺门汗败下阵来的植田谦吉。按日本政府接待来自前线的将领的惯例，只要不是“弃甲拽兵”，都要待以“凯旋将军”之礼的。一般还会被由满身金饰的御者驾着敞篷仪仗马车接到皇宫出席御宴，有战功者则可得到“赐金”，或勋章、爵位的封赠。对植田来说上述荣典一概没有，真可笑，这位败将在自己的末日里还吹嘘“皇军的武运”呢！

在日寇面临完蛋时的末代关东军司令官山田乙三，在日寇无条件投降的前夕——我逃往通化大栗子沟途中，也不愿放弃对我的控制。还老着脸皮在梅河口车站登上我的专车，向我最后一次欺骗说：“日本关东军的空军部队已给苏军大机械化部队以‘溃灭性’的彻底打击！”其实，这时日寇早已把东北的全部制空权乖乖地“交”到了苏联空军手里。不过，这类谎言对我早不是什么新鲜事了。在十四年罪恶岁月中，我的耳朵已不知听过多少次了，都长了“茧子”了！

历届关东军参谋长每周照例“进讲”国际局势，无非是日本怎样处于有利地位等，那是无须听就可以明白的。一九四〇年前后，秦彦三郎任日本关东军参谋长时，常到伪宫内府勤民楼给“进讲”。秦彦三郎讲的是关于苏联的事，苏联的战车如何配备，如果对苏作战应如何打法？秦彦三郎还给我很多张苏联军事地图。这些地图都放在伪内廷缉熙楼书斋的书橱中了。秦彦三郎是“苏联通”。除了依例“进讲”外，还有许多临时性的“进讲”。日本老板高兴了，一时想起个题目便派人讲。还有的时候因确定了某一行动，就要向我灌输相应的知识，以便能在预定行动中起到傀儡的作用，也安排相关的学者“进讲”。例如，山下奉文从欧洲考察回来了，便让他“进讲”德国法西斯的“武功”。一九四〇年我第二次访日前后，就让历史学家平泉治“讲讲”日本历史，让东京帝国大学名誉教授、法学博士笕克彦“讲讲”“惟神之道”。一九四三年我“巡狩南满”之前还派人“进讲”安东形势。如此不一而足。

按：关东军历届司令官都是“康德皇帝”的顶头上司，对于自己的下属当然负有“督导”之责。那么，他们是怎样“督导”伪满皇帝的呢？一句话，就是要让溥仪当好傀儡，当好政治木偶，要有“雅量”，不聋装聋，不哑作哑。日本帝国主义不但要控制溥仪的言行，还要控制溥仪的思想，御前“进讲”便是这种控制的重要方式。

溥仪接受外国律师访问时的谈话（1962年8月）

当时虽有清朝遗老包围我，但去当傀儡还是自愿。在天津，我主动给日本陆军大臣写过信，要求出兵中国，恢复帝制。由于宫廷生活的深刻影响，我的反动思想是根深蒂固，认定自己是“天子”，“普天之下莫非王土，率土之滨，莫非王臣”，因此一心只想复辟。一九一七年，张勋复辟失败，我还哭过，当时我才十二岁。我去东北时，已二十多岁，不能老认为是小孩子。在关内也不是没有别的路子可走。冯玉祥对我并无加害之意，蒋介石、张学良也答应过我保证自由。我可以留下来当公民，也可到外国去，但我没走这条路。我与日帝互相勾结，使整个东北脱离祖国，成了人间地狱。东北沦陷十四年，我把天上地下都卖光了，同胞不知死了多少。能说我无罪吗？叛国当汉奸，我与汪精卫一样的。我（在前半生）个人的性格有两面：欺软怕硬。一面是软弱，对日帝驯服；一面是残暴，随便打骂人。我虽未亲手杀人，但我的政策却害死了无数的人，我为了个人地位，不顾人民死活，这还能算人吗?！像我这样的人，无论在哪个时代，都会处死的，但政府没有这样做。不仅对我，而且对顽固的日本战犯也是如此，共产党认为反动阶级不可能变，要打倒，但人可以改造。历史已成为过去。这些人杀了也无用，改造好了，还可以化消极因素为积极因素。共产党、毛主席改造人类的伟大政策，真了不起，古今中外史无前例。

按：一位外国律师在访问中对溥仪的过去表示同情，还流露出拜见皇帝的虔诚心情，只差没叫出“陛下”来。溥仪谢绝其同情时按捺不住地讲出了这段话。

溥仪为《我的前半生》修订稿座谈会所拟发言稿片段（1962年11月27日）

我的工作单位给了我种种便利，供给我许多宝贵的文史资料，我在许多外界朋友的热情帮助下，看到了许多图书、档案部门的宝贵材料，得到了许多专门调查材料。有的材料是不相识的朋友给我从珍贵的原件中一字一字抄下来的，有的材料是几位老先生根据自己的亲历目击、认真回忆记录下来的。

按：1962年11月27日，在全国政协礼堂召开了由全国政协文史资料研究委员会举办，全国政协文史资料研究委员会副主任委员申伯纯主持的讨论《我的前半生》一书修订稿的座谈会。《我的前半生》一书，既凝聚着毛泽东、周恩来等老一辈革命领袖的心血，又饱含着史学界、法学界专家学者等许许多多人的辛勤劳动。会上，溥仪亲耳聆听了北京大学副校长兼历史系主任翦伯赞教授，中国科学院哲学社会科学部委员、历史研究所第二副所长侯外庐教授，《历史研究》主编黎澍，中国近代史专家刘大年，北京大学历史系教授邵循正，北京市文化局局长、中央民族学院教授、蒙古史专家翁独健，中国人民大学历史系教授、中国革命史专家何干之，国务院副秘书长、全国政协文史资料研究委员会副主任委员、中央文史馆馆长杨东莼教授，中华书局总编辑李侃，原国民党政府西北行营主任兼新疆省主席、著名起义人员、时任全国人大常委和全国政协常委、国防委员会副主席的张治中，原国民党政府华北"剿总"总司令兼察哈尔省政府主席、著名起义将领、时任水利电力部部长的傅作义，曾在第二次世界大战后出任远东国际军事审判法庭审判官的著名国际法学家梅汝璈，曾任《华商报》主笔的中共北京市委统战部部长廖沫沙，北京市副市长、著名明史专家吴晗，著名满族文学家、时任中国文联和中国作协副主席的老舍等国内学术界最有权威人士，对该书所涉历史背景、历史事实、历史观点、历史角度、社会矛盾、重大事件、重要人物，以及叙述内容之详略和取舍等，提供的详尽而宝贵的意见，这对溥仪从宏观上把握他所经历的那个时代的本质非常有益。溥仪和帮助他执笔的李文达更为此书的问世付出了巨大劳动。溥仪拟写发言稿的这段文字写在他的一本笔记上。

溥仪撰文：中国人的骄傲（1962 年）

一九五九年末，我蒙特赦，回到了故乡北京。从到北京的第一天起，就不断地收到来自四面八方的问题，人们向我询问，我是怎样受到改造的？我的前半生是怎样过来的？清宫的生活是怎么样的？十四年的伪满洲国的日子是怎么个情形……我很愿意也有责任回答这些问题。事实上，我从一九五七年下半年起，就开始准备着我的回忆录的写作了。

我的前半生，本是"无一事可及生人，无一言可书史册"的，但是从一九五七年起，我就日益一日地想把它公之于世。我要把充满了罪恶和羞耻的历史，呈现在祖国人民面前。在给了我巨大的宽恕的父老兄弟姊妹面前，我要做再一次的忏悔。由于我的万死不足以蔽其辜的罪恶，直接间接地造成了祖国一千万人口的死亡，千亿元以上财富的损失。在我这块自愿承当的招牌下，我国的东

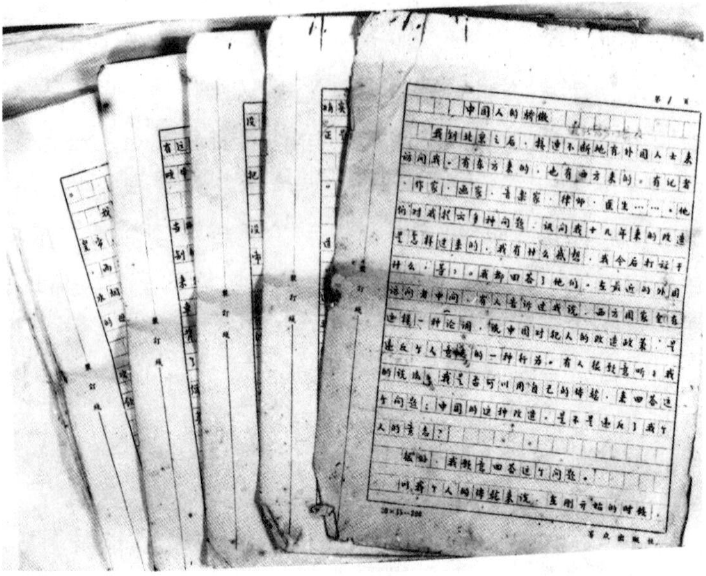

溥仪手稿《中国人的骄傲》

北也变成了日本帝国主义侵略东南亚各国的战争基地。我也要向那些遭受侵略的国家的人民，表示我的忏悔。

除此以外，我写这本书还有一个不能隐藏的心愿：我要告诉人们，我今天由于新生而得到的欢乐之情。我得到了新生，这不是肉体的新生，而是灵魂的新生。我得到了做人的欢乐，这不是做任何一种人的欢乐，而是做个今天的中国公民的欢乐。我有了真正的人生乐趣，这并不是任何时代、任何地域都可以有的人生乐趣，而只是在这个国家、这个时代才能有的人生乐趣。

我从前是个什么人？我从前干的是什么事？我从前过的是什么日子？

我，清朝的最末一代皇帝，两千多年封建王朝的最末一个君王，在刚会跑的时候起，被抱上“宝座”，浑然无知地度过了三年革命的风暴，然后在封建军阀保护下的皇宫中度过了我的童年；在民族敌人的豢养下送走了我的青春，最后终于认贼作父，充当了十四年的傀儡“元首”。四十年间的生活，里面只有罪恶和羞耻，愚蠢和狡诈，凶暴和怯懦，猜疑和迷信……

我的童年时代，到处弥漫着标志“唯我独尊”的黄色，耳边终日是阿谀谄媚的声音。走到我面前的人，不管是多大年纪的，都要比我矮半截，不用脚而用膝盖来支撑他的身体。没有一个用“你”字来称呼我，我的名字根本不能出现于口头、书面上（实不能免时，要“缺笔避讳”）。我的亲骨血肉依法都变成了我的“臣民”，我念书念不好有别人专门替我挨说……这一切都因为，我是个皇帝。

别的孩子已经会放牛，会帮妈妈做饭，会到山里打柴，会给水缸满上水的时候，我还不会给自己穿衣服，不会把饭盛到碗里。

别的孩子已经会把种子埋到土里，会用水灌溉生长的幼苗，别的孩子懂得了桃子不是从来就这么甜，房子不是自己从地里长出来，在这样的年岁上，我就开始受到了这样的教育：普天之下，莫非王土，率土之滨，莫非王臣……

特赦前有一次我参观一个幼儿园，听到孩子们唱过一支歌，叫“二小放牛郎”。故事是抗日战争时期晋察冀边区有一个叫二小的放牛郎，十二三岁的孩子，为了乡亲们的安全，为了民族的利益，把武装到牙齿的敌人引进毁灭，同时也献出了自己幼小的生命。我在这个年岁上也有我的思想感情：我从复辟中感到了快慰，又因看见第二次退位诏书而大哭！

那一次，我在乾清宫的“宝座”上只坐了十二天，就莫名其妙地被赶了下来。尽管如此，那些王公大臣、文武百官，那些“太傅”、太妃、太监们还是叫我相信：我是天生的统治者，我的祖宗是喜鹊嘴里的一颗红果掉进仙女肚子里变的。为了证明我是“奉天承运”的皇帝，连神仙也“降坛”在沙子上写过字。因此，我不能只有一个老婆，我不能到戏院里去听戏，我不能喝城里的自来水，我不能穿洋袜子，我不能……

为了让我相信这一切，遗老们一面对我磕头碰地，一面在我身边搭起比紫禁城还厚的围墙。在这道围墙里面，我有了最初的人生目标：我必须夺回“我的”江山，我必须重新坐上太和殿的“宝座”，我必须让全国的人民在我的面前称臣为奴……

在我的师傅中间，还有一位外国绅士——庄士敦爵士，他一面劝我不要脱下清朝袍褂，以供他的东交民巷的朋友猎奇，一面告诉我外国人对我的关心。他的国家经过产业革命已有三百多年，但他认为用中国两千多年前的孟子学说，便可以教会我必需的政治知识。庄士敦爵士曾劝我到英国去，但在一个关键的时刻，英国和日本两个使馆的大门，犹如风箱的两个通风孔，一个打开，正好另一个关上，于是我就钻进了日本人的口袋里。这样，我就成了“租界地”上的特殊居民。

我成了日本驻屯军和日本总领事馆的“被保护者”，也成了在中国土地上驻着军队、派设行政官吏的各国的文武官员席上的“贵宾”。于是，我更加相信我的“恢复祖业”的欲望是有支持的。在那七年间，我拉拢嗜血的军阀，收买亡命的白俄将军，我以清朝的官爵和珠宝赠送效劳的政客，用谥法赏赐死心塌地的鬼魂。在这一切全失败了之后，我把复辟希望放在刽子手身上。

我还没有桌子高，就学会了用别人的灾难来取乐，后来，把自己的幸福建立在人们的痛苦之上，这都被我看作是自己的权利。我可以把祖父般年纪的老太监用水唧筒冲得昏死过去，我可以任意叫“敬事房”把太监打得死去活来。因为一句话不顺耳，我可以叫侄子们跪成一圈，互相抽打耳光，我可以叫一个长辈跪下来。一个孩子大的仆人，因为坐了一下我的椅子，我就叫他跪铁链、站木笼。

我看“善书”，我讲“仁慈”，我的“仁慈”却有自己的一套讲法。

我为了让自己的灵魂将来进入天堂，我连一个苍蝇也不肯打，但同时，千百个母亲和孩子的血，不曾打动过我的心！孟子批评过的“恩足以及禽兽而功不至百姓者”，连这样的人我也够不上……

祖国的土地被践踏，成千成万的同胞被屠杀，母亲们和姊妹们被污辱，无数的村庄和工厂被化为焦土，而我在这时候，却认为是“时来运转”“天与人归”，赶忙在强盗手中的契约上签字，出卖整个的东北，出卖自己的灵魂，以换得梦寐以求的那顶腥臭的皇冠。我向每个新陷入铁蹄下的城市的方向遥拜，祝贺强盗们“武运长久”，称强盗为“亲邦”，派出“谢恩大使”，送出从每户农家缸底挖出的最后一粒粮食，以便让强盗相信我的忠顺驯服……

不愿做奴隶的人们在共产党领导下，在穷山野营风雪饥寒中，和以最现代化的武器装备着的强盗们进行了艰苦的斗争。东北人民的一位领袖、共产党员杨靖宇将军战死了，强盗们为了解开这个英雄在困苦中依靠什么来生活的谜，剖开了将军的肚子，找到的只是没有消化的草根。这时，我正吃厌了荤腥，以补针补药度日。我成日吃素念佛，求神问卜，祈祷上天保佑不要叫强盗们抛弃了我，不要叫小小的病菌夺去了我的性命……

在那种年月里，我已不懂得什么叫羞耻。萧伯纳说过：“一个人感到害羞的事越多，就越值得尊敬。”而我是正相反……我已经完全丧失了一个中国人的资格，我已丝毫没有了做人的尊严，我根本不懂得什么叫人生的乐趣。

是谁使我懂得了耻辱，是谁叫我懂得了“人”的含义，又是谁告诉了我怎么样去做人，又是谁给了我认识这一切和重新做人的勇气。

这就是我在那里度过了近十年的“监狱”。这是过去从来没有过的，这是那些把人生看成自杀俱乐部的、人住狗洞而狗住洋房的地方所不可能有的“监狱”。这也就是发射着永不消失的光芒的、代表人类最崇高的理想的改造人的政策。

这个要用金字书写在人类史上的政策，是所有先哲圣贤都梦想过的，为了实现这个梦想而提出的各样拯救灵魂的方法，曾写在各种“圣经”上面。但是，是谁把它变为现实的呢？不是别人，正是遭受过历代的嗜血者——北洋军阀、国民党的将军和特务、各个帝国主义的统治者和伪满的汉奸们的镇压而付出过无数鲜血的共产党人！不是别人，正是在那些嗜血者的统治下遭受无法历数的苦难的人民！

到现在，你还可以找到那些受难者遗下的孤儿寡妇，到现在你还可以找到那些苦难的见证人。但是，他们不记旧仇，只要我们确实改恶从善，他们不计算已流失的血汗，而为了拯救罪恶的灵魂又在付出着新的汗水。我永远忘不了，在一个被日本侵略军的细菌部队培养的鼠疫菌夺去了两百多生命的村庄里，一对脸上被旧日灾难刻满了皱纹的老夫妇对我们表现的什么样的宽恕，到现在他们的话还沉重地装在我的心上：那些事都过去了，你好好学习学习吧！

为什么会有这样的宽恕呢？平顶山的方素荣——惨绝人寰的三千条人命的大屠杀的幸存者，这样说：“为了我自己的血海深仇，我见了仇人一口咬死也不能解恨，但我是一个共产党员，为了人类的崇高事业，为了祖国建设的利益，只要你们重新做人，改恶向善，我原谅你们……”

在阳光之下，地上有了生命。在一个伟大理想的实践中，我得到了新的灵魂，我的生命里注入了新的青春。我懂得了什么叫善与恶、美与丑、真与伪。我认识了世界和自己，我知道了何以有的人善良，而有的人心里充满了自私；何以一小撮人凶暴而又脆弱，愚蠢而又狡诈；何以当年那个五岁的女孩方素荣勇敢而又坚强，终于成为胜利者，而又宽宏大量。

我懂得了我历代祖宗所不懂的历史和人生。我懂得了人应该为了什么而生活，懂得了什么叫真理和正义。

真理和正义，对一种人说来是亲切的，而对另一种人说来，则是冷酷的。

当我只知道自己，把自己放在一切之上，把自己的生命看作比一切都值钱的时候，我害怕真理和正义；当我懂得了真正的是非曲直，懂得什么是真正的耻辱和荣誉，懂得了生活和真正的命运的时候，真理和正义对于我，正如阳光对于生命一样，才成了有意义的。

造成了这个变化的，便是充满了共产主义人道主义光辉的毛泽东的改造罪犯的伟大政策。当我们说“我爱毛主席”的时候，便意味着我爱真理和正义！

在这个永不熄灭的太阳照耀下，我获得了人生的乐趣。

一九六〇年十一月二十六日，我们的选民小组长把一张写着“爱新觉罗·溥仪”的选民证交到我的手里，这对我说来，把故宫里所有珍宝加起来也没有它珍贵。我把一张选票投进了红色的票箱中，从那一瞬间，我开始觉得我是一个最富有的人。如果可以这样比方的话，可以说我这是第四次当了“皇帝”——我和我的六亿五千万同胞一起，成了自己祖国的主人。

一九五九年年末，我回到了我的故乡、伟大祖国的首都。当我走在天安门前的时候，这是我有生以来第一次充满安全感地逛马路，我心里充满了自豪感。我是一个什么样的国家的公民啊！

在抚顺最后的岁月里，我看见过一幅巨大的招贴画。一个工人用手指着问：“你在祖国的大跃进中做了什么？”我羡慕走过那幅招贴画下的每一个人，因为他们每个人都可以用主人公的身份回答这个问题。今天，我也能像他们那样仰头地回答：我是一个园艺工（溥仪特赦回京后，曾在北京植物园工作学习过），一个文史工作者，在我的平凡的岗位上，我正为祖国贡献我的微薄的但是全部的力量！

一粒秋海棠的种子，这要以微克来计算的重量，在我的手心里，我明白它的意义。我现在已经成为世界上最美丽的事业的建设者。我是一个渺小的人，我的分量不过如同花园中的一粒花种，但我却是六亿五千万中的一个。

以前，我曾认为中国人最无能、最愚蠢，只有洋人才最聪明。我的外国师傅给我拿来的平生第一次看见的铅笔，就让我脑子里否定了祖国几千年来的文化。而今天，我才知道做一个中国人的骄傲。

六亿五千万，这不仅是一个数目字的问题。这个数目加上毛泽东思想，这就意味着我们万代子孙的无限美好的前途，这就意味着一切灾难的必将永远消失，这就意味着对世界人类作出巨大的贡献。

这就意味着，像我童年那样只会陪伴蚯蚓和蚂蚁的生活，将永远从我的子孙的未来中排除出去；这就意味着，姑娘的头巾永远鲜艳，孩子的笑声永远响亮，母亲们的心永远的平静、甜蜜。

我的亲侄女慧生因恋爱问题死在东京，她的母亲为此痛不欲生。但我的弟弟溥杰当时就能明白，如果他的爱女生长在祖国，就绝不会发生这样的悲剧。

爱新觉罗的后代里，现在有立了功勋的前人民志愿军的战士，有正在保卫着祖国边疆的人民解放军的军官，有医生，有护士，有人民教师，有女子摩托车运动员和击剑教练，有共产党员，共青团员，有成排成连的红领巾。在十月一日那天，我和他们在同一个队伍里，一同行进在天安门前……

我从爱新觉罗氏的家谱上查出，孩子们的命运是这样：在我祖父奕譞这支的后代中，不成年的儿童在大清帝国时代末期夭折占出生的百分之三十四，中华民国时代是百分之十，而中华人民共和国成立以来是零！

在我们的国度里，没有人操作着 U-2 型飞机去到别人的领空上侦察，也没有什么秘密用途的火箭，我们有的是用自己的腿登上珠穆朗玛峰、贡别尔九峰的青年登山队。我的一个外甥，他就是一个大学的登山队的队长，他现在正和同学们向祖国一座美丽的雪峰前进！我在这里预祝他们的成功！

和共产党人变成血肉关系的人民，这是养育出董存瑞、黄继光、罗盛教、刘文学、徐学惠……这些英雄的人民。最近三年我们经历了连续的大自然灾害。这在历史上的任何朝代，就是赤地千里、哀鸿遍野、卖儿鬻女、析骸以爨。但是，这样的历史是一去不复返了，我们用自己的双手改变了自己的命运。无论是自然的灾害，还是帝国主义的封锁，对于中国人民都成了“苦其心志，劳其筋骨，增益其所不能”的锻炼。现在，看看我们又长满了青苗和庄稼的田野，看看改变着我们每个人家乡面貌的沟渠，看看矗立在旧日荒原上的烟囱。我们用拖拉机加木犁、水泵加水车，我们用意志和每滴汗水争取的这一切，而且还要让“红雨随心翻作浪，青山着意化为桥”。不但在战胜着灾害，而且正为我们的儿孙开辟着未来。

诚然，我们面前摆着困难，然而我们从来也没有幻想过，我们的建设事业面前会有一条现成的柏油马路。世上有一种人，好像是第一次看见大海的老鼠，他看到了平生初遇的海潮，吓得目瞪口呆，大叫说大海在向他“挑战”，等到潮水离去的时候，他又嘲笑起来，说大海在“崩溃”，在“毁灭”。这种嘲笑未免出口太早，因为下一次的海潮必定还要按时来到。

诚然，对我个人来说，今天的吃食穿着比不上从前的“御膳房”和“四执事库”，但从前那是“鬼”的生活，而现在是真正的人的生活。享用自己的劳动果实，在互助友爱中进步，内心里充满了未来。

过去，我从来不懂得什么叫作友谊，更不懂得什么叫作爱情。过去只有“君臣”“主奴”，没有什么“夫妻”“朋友”。如今，我有了朋友，有了真正的伴侣。一九六二年的“五一”节，我和李淑贤建立了我们温暖的家。这是我平生第一次有了真正的家。

我们这六亿五千万颗心，是和各个地方的争取独立、民主、和平的人民的脉搏相连的。我们从自己经历过的历史苦难中，深切了解那些苦难还存在的地方的人民的愿望。我们不遗余力地声援那些英勇人民的斗争，每次我都力争直接参加这些声援的斗争，每次我都以此自豪。当我列身于百万人的支援日本人民反对日本垄断集团和美帝国主义的斗争的行列中，我由于参加了人类的共同事业，由于为英勇的人民做了一点儿事而感到了幸福。当我看到祖国各族人民的支援，在日本、古巴、刚果、阿尔及利亚和其他进行火热的斗争的地方引起的反响时，我觉得自己和祖国是处于同一个光辉之中！

这就是自从我懂得了生活，懂得了人的尊严，懂得这些平凡的真理之后，又得到的越来越浓的人生的乐趣。我要像对待母亲似的，忏悔出我的历史罪恶，我又要像对待知心的朋友似的，倾诉出我何以会得到今天的幸福。

我从一九五七年下半年开始准备，过了不久即着手零星片段地写作。在写作过程中，由于不断地又有新的感受，又不断地修改、增删，以致重新着手。特别是一九五九年来临的出乎意料的特赦，使我把前半生公之于世的愿望变得更加强烈，而对自己已写出的东西却又更加不能满意，于是又重新思索，重新起稿。这样，用了四年多时间，才把它写成。由于时间过于久远，历史资料颇多散失（比如伪满宫廷材料，糟蹋了不少），自己的文学修养不够，特别是认识水平不高，写出的成品，仍有不少词不达意之处。理解和认识上不深不对，更是难免。我对那些教育了我，帮助了我取得新生的正面人物形象的描绘，未能达其万一，尤其不能满意自己，感到自己笨拙之可气。但是，老拿不出来，也不像话。拿出来，请大家评论，那倒是取得新的进步的最好方法。何况拖得太久，连我自己都是受不了的。因此，送去出版了。

按：溥仪撰写本文的宗旨，就是要告知广大读者，他为什么从1957年起，就开始写回忆录《我的前半生》了？为什么还要把那些“无一事可及生人，无一言可书史册”的过往史事再检回来公之于世？溥仪说，他要把充满了罪恶和羞耻的历史呈现在祖国人民面前，“要做再一次的忏悔”。也要向遭受侵略的东南亚各国人民，“表示我的忏悔”。“除此以外，我写这本书还有一个不能隐藏的心愿：我要告诉人们，我今天由于新生而得到的欢乐之情。我得到了新生，这不是肉体的新生，而是灵魂的新生。我得到了做人的欢乐，这不是做任何一种人的欢乐，而是做个今天的中国公民的欢乐。我有了真正的人生乐趣，这并不是任何时代、任何地域都可以有的人生乐趣，而只是在这个国家、这个时代才能有的人生乐趣。”一句话，在他内心深处，中国人的骄傲正在生发出来。

溥仪撰文：1963年春节对台湾同胞广播讲话稿（1963年1月下旬）

在这个新春佳节，能和台湾同胞谈谈话，表一表我的心意，我感到无限愉快。

台湾是一八九五年被日本帝国主义霸占去的。从那时起，台湾同胞就处于水深火热之中，提起这件事，我就不能不想起从清朝末年起，一直到大陆解放前这段充满了国耻的历史。在这段历史中，我所担当的角色是极不光彩的。

我的前半生充满了罪恶和羞耻。大家都知道，我先后做过三次皇帝。第一次是在我三岁的时候，第二次是在我十二岁的时候，这两次都是在大人们摆布下当的皇帝。但是第三次，即“九一八”后，却是在我自己的复辟思想支配下，无耻地认贼作父，投靠了日本帝国主义，并因此当上伪满洲国的傀儡皇帝。日本帝国主义利用我这个幌子奴役东北同胞，掠夺东北财富，达十四年之久。一九四五年日本帝国主义战败投降，我被苏军俘虏。直到祖国解放以后的一九五〇年八月，我才被押解回国。

我原以为回国必定死，一个汉奸皇帝勾结帝国主义，给祖国人民造成了莫大痛苦，怎么能不死呢？退一万步想，即使不处死我，以我当时的虚弱身体来说，也不会支持多久的。万万没有想到，我不但没有死，而且在完全人道主义的待遇下，既恢复了身体健康，又受到了重新做人的教育。我本来是个四体不勤，五谷不分的人，我本来是个连平常穿衣、结裤带都要别人伺候的人，经过十年改造，我学会了生活的本领。更重要的是，我认识了自己过去的罪恶，我明白了做人就要做个正派、自食其力，对社会有益处的人。我感到，做一个真正独立自主和繁荣富强的新中国的公民，生活在今天祖国各族人民的大家庭中，实在是最幸福的，也是最值得骄傲的。

一百多年来，中国人总是受人欺侮，割地赔款，外债累累，整个国家在外国资本统治下生活，根本没有自己的工业，没有独立的外交。而今天，我们祖国起了巨大的变化，祖国人民用自己的智慧，自己的力量，建立了一套完整的工业体系，而且还正在一个胜利接着一个胜利地建设着自己的国家。我们的国际地位也日益提高，那种屈辱的日子永远地一去不复返了。

我的家族和我所自出的满族在新中国都得到了新生，这只要看两个统计数字就足以说明问题了。解放前夕，承认自己是满族的只有八万人。祖国解放后，满足人口登记是二百四十万。我的祖父道光皇帝这一支的后人，婴儿夭折率在清朝时达百分之四十五，在军阀统治时期达百分之三十，而解放后则是个零。更重要的是，新中国里的青少年都有广阔的前途。就拿我在北京的一个弟弟和六个妹妹的下一代来说吧，他们一共有二十七个孩子，都生长得很健壮。除了尚未达到学龄者外，有的在学校念书，有的毕业后参加了工作，他们都有自己的理想职业。我的七叔载涛是全国政协委员，他有十六个孙儿孙女和重孙，长孙是水电站技术员，孙女是军医大学学生，一个孙女参加过志愿军，立过三等功，一个孙女是解放军文艺工作者。上一代人那种走马放鹰，提笼逛街的生活和毕业即失业，怀一技之长而就业无门的命运，在今天已经成为历史的陈迹了。

一九五九年十二月四日，我得到了人民的宽恕，特赦释放，回到了我久别的北京。一九六〇年三月开始，我在中国科学院植物研究所北京植物园半天学习半天劳动，为正式走上为人民服务的岗位做准备。

一九六〇年十一月二十六日，我拿到了一切财宝都不可比拟的，最珍贵的选民证。

一九六一年三月，我走上自己的工作岗位——全国政协文史资料研究委员会。我的职务是专员，我的工作是处理清末和北洋政府时代的资料。一九六二年四月，我列席了全国人民政治协商会议，在会上听取了关于祖国建设的报告。同年五月，我与李淑贤建立了我们温暖的家庭，她是一个医院的护士，这是我平生第一次有了真正的家。

是中国共产党、毛主席使我懂得了生活，懂得了做人的尊严，懂得了真理。也是党和毛主席使我感到越来越浓烈的人生乐趣。我已经把自己的忏悔，把我十年改造的过程以及新生的快乐，写进一本回忆录里，计四十万字，书名叫《我的前半生》。我把这本书作为给祖国解放十五周年的献礼！

值此新春，我祝台湾同胞们新春快乐，祝愿在台湾认识与不认识的人们，早日摆脱美帝国主义的枷锁，回到祖国温暖的大家庭中来。

按：溥仪先生这个讲话当时曾被录音，并对台湾同胞播放。原文手稿经李淑贤女士精心收存，至今可见。

溥仪在王府井吃馄饨被群众认出后的对话（1963年11月3日）

1963年6月搬入新居的溥仪夫妇在自家院庭乘凉聊天

（在1963年11月3日的日记上，溥仪写了一笔：“去王府井吃馄饨。”那天，溥仪和李淑贤拜访一位老中医后，随便走进王府井的一家小饭铺，买了几碗馄饨。正吃着，想不到同桌吃饭的一老者，竟意外地发现了他这“宣统皇帝”的“御容”。最初，老者似乎不太相信自己的眼睛。最后确信面对着的人就是溥仪）

同桌老者：（半惊半疑）咦，这不是皇上吗？

溥仪：我是溥仪！您是怎么认出我来的？

同桌老者：谁能不认识宣统皇上？您怎么到这种小饭铺来吃饭？我想，您应该到高级些的饭店去。

溥仪：那你可说错了。以前我是皇帝，想到这种饭馆来也不可能。今天，我不当皇帝，自由了，所以才常来小饭铺吃东西。这点权利的确来之不易啊！

同桌老者：很想邀请您到我家做客。

按：周围吃饭的顾客都围拢来听他们对话，议论起眼前的“新事物”来了。那位捋着山羊胡子的老者则同溥仪摆开了“龙门阵”，他们从种花谈到书画，又从养金鱼谈到下棋。

周恩来同溥仪夫妇等四批特赦人员暨眷属的谈话（1963 年 11 月 10 日）

（下午三时，全国政协的文史专员们，都按约定携眷属在机关聚齐了。他们是杜聿明和妻子曹秀清，溥杰和妻子嵯峨浩，李以劻和妻子邱文升，周振强和妻子楼亚隽，杨伯涛和妻子罗启芝，罗历戎和妻子孙丛珍，郑庭笈和妻子冯莉娟，宋希濂和妻子易吟先，董益三和妻子宋伯兰，还有当时尚未结婚安家的王耀武、廖耀湘、范汉杰、杜建时、沈醉等人。唯独溥仪和他的妻子李淑贤迟迟见不着面，让人心焦。总理将在庄严的人民大会堂接见并宴请前四批特赦留京人员及其家属。人们奔走相告，最高兴的是眷属，她们早想见见总理了，正是这位伟人和恩人，帮助她们实现了夫妻团圆或重组了幸福家庭。1963 年 4 月 9 日获释的第四批特赦人员：原国民党第十五绥靖区中将司令康泽、原国民党第四十三军少将副军长兼迫击炮师师长贾毓芝、原国民党第八兵团第五十五军第七十四师中将师长李益智等五人也接过来了。正当人们为溥仪夫妇担心的时候，一辆黑色小轿车风驰电掣般驶来，停在人民大会堂门前，下车的一男一女正是溥仪和李淑贤。人们步上台阶，进入宽敞、高大的人民大会堂，又被引到福建厅。四时整，周恩来由陈毅陪同健步走进大厅。总理最先发现杜聿明夫人曹秀清，上前与她握手）

周恩来：非常欢迎你从美国回来定居呀！这几个月过得怎样？如果有困难，就告诉我一声！

曹秀清：我回国以来觉得很好，感谢总理的关心。

周恩来：（伸过一只手来与溥仪相握）祝贺你啊，成立了温暖的家庭！（他把目光转到李淑贤身上，指着她笑对溥仪）你娶我们杭州的姑娘喽！

（溥仪抿着嘴笑了，李淑贤腼腆地笑了，总理也爽朗地笑了）

1963 年 11 月 10 日周总理接见特赦人员及家属

陈毅（接见开始，陈毅致辞，将军风度）：听说大家在政协工作的热情很高，认真负责，表现很好；加之多数人都安了家，扎了根，有所依托，这都是很好的。看来各位都是六十岁左右的人了，党和国家很关心，决心让你们在新中国度过幸福晚年。总理很惦念各位，特邀来此见面谈谈。总理还打电话通知我参加，作为政协副主席，我对各位也负有责任，很愿意参加这次集会并与各位见面。

周恩来：这两年，国际国内的事情比较多，没有机会和大家见面，现在第四批特赦人员集中参观学习即将结束，有几位就要离开北京回家乡去了。因此，找这么个机会见面谈谈。（统战政策是中心议题。他谈古论今，旁征博引）西太后、袁世凯、蒋介石都不能容人，袁世凯比西太后好一点儿，蒋介石又比袁世凯大量一些，但他们在本质上都是不能容人，这是阶级性决定的。西太后是纯封建的；袁世凯则是封建为主，带有一定的买办性质；蒋介石也是封建的，但以买办为主。他们各自所代表的阶级，都只反映极少数人的利益，不能“大公”，因而相互猜疑、倾轧，是不可能做到团结的。这是有例可证的，大家都知道历史上的两宗政治暗杀事件：一件发生在 1912 年 1 月 14 日，蒋介石秉承其把兄、沪军都督陈其美的旨意，与收买的刺客王竹卿一起行凶，刺杀了光复会领袖陶成章；另一件发生在 1913 年 3 月 20 日，革命党人宋教仁被袁世凯主使的凶手狙击致死。

共产党之所以能容人，是因为它所代表的无产阶级是大公无私的。（总理面对在座中早特赦的和刚特赦的人员）过去我们都是对立的，经过一段时间的“监视”（指作为战犯度过的狱中改造生活），认识到了过去，转变了，我们就统一了，由对立达到统一，大家又都一样了。（周恩来猛地扬起右臂挥了一下，话语铿锵）首先要否定自己，我也是封建家庭出身，向无产阶级投降。你们也是一样，首先要否定自己，说了的话要兑现。你们还有什么话，都可以公开讲，可以直接给我写信，或给陈毅同志写信。（总理的目光停留在康泽［字兆民］身上）康兆民，在台湾，老蒋、小蒋和陈诚都是反对你的，我们当然也是反对你的。台湾不能容你，而我们能容。可是，人民开始有想法，党内也有人反对，我们做了说服工作，很不容易。是毛主席的威信，毛主席说了的要兑现，所以还是要放你出来。

（早在1956年春天，毛泽东就在中央政治局扩大会议上讲过，对“宣统皇帝、康泽这样的人”，要实行“不杀头”“给饭吃”的政策，“使他们有自新的机会”。周恩来所讲的“兑现”，就是指这些话。康泽是第四批特赦人员中间最显赫的人士，周恩来不但了解他在国民党军界和特务机关内的政治地位，也了解他在国民党头面人物中间的实际处境。总理特别对他讲了一番话，说明他是这次接见的重点对象之一）

陈毅：我现在要问各位一句话，台湾放出一些流言蜚语，说各位还没有得到真正自由。你们是不是真正自由了呢？不要有顾虑，可以坦率地告诉总理和我。凡是各位感到不自由之处，我们一定采取切实措施，保证各位有充分的自由。

（副总理的话立即引起大厅内议论纷纷，有人严厉斥责台湾方面的造谣行为，有人用工作、生活和社会活动实例说明自己是自由的。在座者都真诚表示，没有任何人干预他们的日常生活和社会活动，大家自由安排属于自己的一切）

周恩来：陈副总理提出“自由”二字，有一定的概念。如果说立场问题还能够比较容易看出，自由问题则属于认识范畴，必须对事物的认识取得一致，然后才能感觉得到，所以是比较困难的，大家应有正确理解。一个人是否感觉自由，这由他的世界观决定。每个人首先必须认识客观世界，世界上万事万物都按客观的发展规律运动，只有当人们认识了事物的客观存在及其发展规律时，而且使自己的思想、行动都适应客观规律并善于利用这些规律时，人，才能成为自由的人。要做到这点，应从改造世界观着手，要求每个人都去认识自然、适应自然，进而改造自然。也只有到了这个时候，才能由必然王国跃进到自由王国。我们每个人都有这个任务，否则就会不适应客观形势，感到一举手，一投足，处处都有矛盾，那怎么能有自由呢？陈副总理提出这个问题，很及时，希望大家多多考虑，最好学习马列主义理论，从根本上解决这个问题。

陈毅：大家要把身体养好，能对人民做点事情也好，就是不做什么也好。

周恩来：把自己的经历写下来，写写材料也是贡献。毛主席讲过的话要兑现，你们讲过的话也要兑现。以后还有很多人要被特赦出来，希望你们好好学习，成为他们的标兵。党和政府正在考虑，适当的时候，安排你们中间一些人参加政治活动。

（溥仪、杜聿明、康泽这些人都有茅塞顿开之感。他们当然懂得总理所谈“参加政治活动”是什么意思。对于这些历史上出任过特别高级职务的人来说，绝不希图晚年再交官运，但他们渴望新中国的关怀，新社会的温暖，因为他们毕竟已经置身于新的环境之中，而要在这里度过全部余年啊！）

周恩来：（讲话结束之前宣布）明年春暖花开的时候，所有在京的特赦人员，可以携带家属到祖国东南和西北去参观游览。中央统战部和全国政协领导要好好安排，不要弄得太紧张，太疲乏。

陈毅：为了各位更好地了解新中国社会主义建设规模和新社会面貌，总理安排各位在明年春暖花开的时候，携眷到祖国各地参观建设项目，游览名胜古迹。前不久，我曾陪伴各国驻华使节赴安徽黄山游览，奇峰异壑，苍松翠柏，真是风景优美的好地方，令外宾赞不绝口，他们说欧洲没有这么好的地方，我劝各位不要错过机会，一定去看看。

（这参观游览的决定，引起特赦人员极大的兴趣。当过皇帝的溥仪尤为兴奋，因为他既未去过江南，也没到过西北，真想补上这人生的缺课啊！此时约六点半钟，会见完毕，周恩来热情邀请在座同志合影留念。随后，工作人员通知：晚宴在新疆厅举行）

周恩来：你父亲是做什么工作的？

（从福建厅到新疆厅，总理热情招呼溥仪夫妇一起走，关切地问起李淑贤身体和家庭情况）

李淑贤：他原在上海中国银行工作。

周恩来：父母现在的情况怎样？

李淑贤：都不在了。母亲死时我还不懂事，父亲去世，我也只有十四岁。

周恩来：噢！苦孩子呀！读过几年书？

李淑贤：连小学也没念完，后来上过护士学校。

周恩来：现在干什么工作？

李淑贤：在朝阳区一家医院当护士。

周恩来：好啊！医务工作者。要注意学习专业知识，做好本职工作。

周总理与溥仪夫妇一起从福建厅走向新疆厅

（新疆厅内灯火辉煌，坐满了五张大圆桌。入席时，周恩来就把溥仪夫妇拉在自己身边，陈毅也坐在一旁。周恩来等挨桌敬酒，气氛欢快）

周恩来：（勉励溥仪）你还年轻，好好学习吧！（他又注意到拘谨的溥仪夫人很少夹菜）你来吃吃咱们南方菜嘛！

（说着，总理夹起菜盘中的“狮子头”，放在李淑贤面前的小碟内，一直看着她吃进去。继又转向同桌的杜聿明夫人）

周恩来：邓颖超同志让我代问你好！

曹秀清：（起身致意）感谢邓夫人。

周恩来：我已经看过杜先生在《文史资料选辑》第二十一辑上发表的文章《淮海战役始末》，反映了真实情况，写得好！

陈毅：（当年解放军战役指挥官陈毅直面当年国民党军战役指挥官杜聿明）你写的那篇文章我看了几遍，过去我们只知道解放军方面的情况，对你们的情况知道得不多。看了你写的东西后，才完全了解你们当时为什么要那样部署。淮海战役是解放战争中最大的一次战役，双方动员的兵力达一百多万，是中国历史上罕见的战役，这次胜利缩短了全国解放的时间。你这位最高指挥官写下的这篇东西，不仅在中国战史上是一篇重要文献，在中国历史上也是一篇重要文献。最难得的是由你亲自把它记录了下来，使研究淮海战役的人获得了最宝贵的资料。

（在座的专员们无一不为之感动，原来国家领导人如此重视他们笔下的文史资料啊！溥仪感触更深，他自撰的书稿正印制中，两位总理一席话使他认识到，自己还不是被国家养着白吃饭的，也能创造价值）

周恩来：（话题又转到要正确认识国民党）大革命失败以后国民党走向反动，但它在初创时期、东征北伐的轰轰烈烈的时代，还是进步的和革命的。

（由此谈到国民党的前身——“同盟会”，总理像忽然想起了什么，遂又把目光落在前国民党将军们身上）

周恩来：同盟会的前身叫什么会来？

董益三：兴中会。

（董益三原在国民党高级特务机关从事电讯技术工作，也是一位将军。总理充分肯定国民党前期的革命史绩。他无拘无束，谈笑风生，他的言行感染了在座的人们，并帮助他们消除了精神负担）

周恩来：（看到陈毅此时只顾大口喝酒很少说话）我叫你少喝点儿嘛，你怎么还是这个样子喝呀！

陈毅：今天高兴！今天高兴！

按：此次谈话参见溥仪写在其“工作记事”本上的亲笔记录，由李淑贤提供原件。周恩来讲话振奋人心，他实话实讲我党特赦溥仪、杜聿明等战犯的既定政策，并将在适当时候安排特赦人员“参加政治活动”。他宣布“明年春暖花开，所有在京特赦人员可携带家属到祖国东南和西北去参观游览”。至晚九时宴会结束，溥仪夫妇回家后仍很兴奋，辗转反侧不能入睡。从小缺乏母爱娇抚的李淑贤更有说不尽的感慨。次日下午专员们在办公室座谈，共同回忆周总理和陈毅副总理的讲话，谈体会。大家评论说“溥仪和杜聿明的发言都说出了生动感人的心里话”。宋希濂说“我和老伴直到后半夜又吃了安眠药才得以入睡”。人们常用“辽阔无边”形容大海，其实大海也有尽头，真正辽阔无边的是周恩来的胸襟，他的讲话，博大的理论，形象的解释，幽默的语言，深深抓住了溥仪等特赦人员的心。

溥仪写新诗：车窗观景（1964 年 3 月 10 日）

一望无际的祖国大地，
绵绣如画的林野山河，
五星红旗处处飘展，
万户千家喜笑高歌。
我们热情歌唱，
歌唱共产党，
歌唱毛主席。
有了您们的正确领导，
才有幸福、快乐的新中国。

按：手稿。1964 年 3 月 10 日，溥仪随同全国政协参观团到南方六省一市漫游，他是第一次过黄河、过长江，所以很兴奋，在南行列车的软卧车厢里望着窗外，从一望无际的河北平原，到美丽的南方春色，眼前景物感动了他，便提笔飞快地写下这首诗。据李淑贤回忆，溥仪特赦后写的诗也有满满一本子，但在“文革”中自焚了。只有两首诗留存下来，此即其中一首。原诗无题。

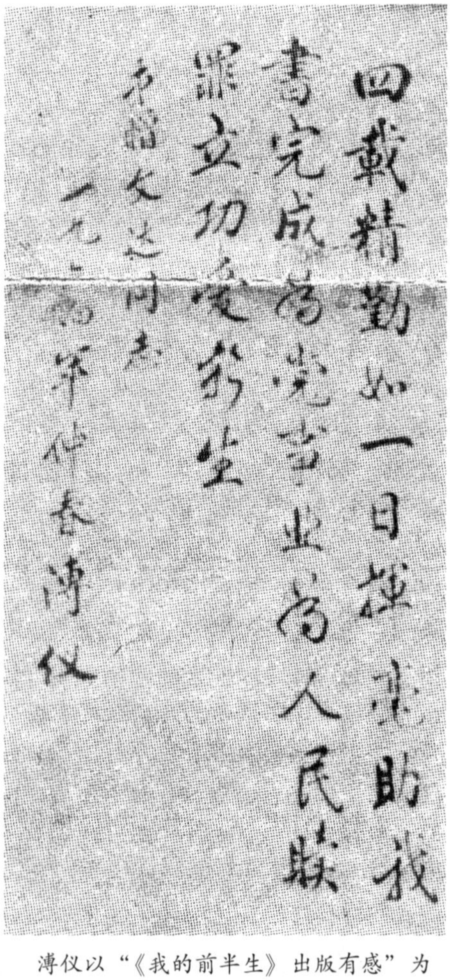

溥仪以“《我的前半生》出版有感”为题作诗赠给李文达

溥仪写绝句：《我的前半生》出版有感（1964 年 3 月）

四载精勤如一日，
挥毫助我书完成。
为党事业为人民，

赎罪立功爱新生。

按：《我的前半生》出版之际，溥仪为了对帮助他修改成书的李文达表示感谢而写此七律一首。原诗无题。

溥仪撰文：我头一次到江南旅行（1964年5月13日）

最近我到祖国南方参观旅行，到了江苏、浙江、安徽、江西、湖南、湖北和上海市，行程一万二千多华里，参观了二十三个工厂、四个人民公社、一个水力发电站、一所大学、一个天文台，瞻仰了井冈山革命胜地、韶山毛主席旧居，游览了许多名胜古迹，前后历时五十天。

这次参观，收获很多，可以说感受万千，可惜我这支拙笔难以一一表达。首先我感到我能和我的妻子及朋友们一起，在祖国辽阔的土地上自由地到处参观访问，这是我以前所梦想不到的，我从内心感到做一个新中国的公民的自由和幸福！回想起我的前半生来，那是从来也没有过这种随处走走的自由的。小的时候，在“紫禁城”的大墙里面当“皇帝”，受着王公大臣们的包围，以后又在伪满的“帝宫”里，一切听从日本帝国主义的指挥，连去逛公园都没有自由，整天为自己的安全担心。那种日子，实在不好过。

这次南方之行，是我有生以来第一次，一切对我都是新鲜的。当火车越过黄河以后，在我眼前呈现了一片翠绿。祖国的南方，真是如诗如画，到处都是桃红柳绿，景色迷人。

在参观中，使我最感动的是祖国到处呈现着一片欣欣向荣的繁荣景象。工农业大发展，人民生活不断提高，到处是劳动的欢乐，到处是欢乐的笑脸。我们看到，不论是工人、农民还是其他劳动者，他们都充满着用自己劳动力建设祖国的奋发图强的精神。我们参观的许多工厂、建筑和人民公社，都是大跃进的产物，都是从无到有，从低产到高产，从低质量到高质量。仅举几个例子说，比如南京的汽车制造厂，本来是个规模很小的修配厂，一九五七年下半年开始试制汽车，一九五八年三月就开始生产和装配汽车，“跃进牌”汽车就是这个厂的产品。它打破了小厂不能制造汽车的迷信。新安江水力发电站，也是令人鼓舞的。它是我国第一座自己设计、自制设备的大型水力发电站，从勘探、设计、制造到安装，全部由我国工作人员自己动手，没有一件机器来自国外。

旧中国的工业非常落后，机器大都依赖外国进口。现在中国人民依靠自己的力量，已经能够制造大量的机器了。

我国建国才十几年的短短岁月，建设成就和速度是史无前例的，是惊人的。我深深感到，站起来了的中国人民的智慧和力量是无穷无尽的。这种力量是不可抗拒的革命力量。美帝国主义和一切反动派妄想阻挠中国人民的前进，都是注定要遭到彻底的失败的。

在这几年里人民公社充分地显示了它的无比优越性。我参观了四个人民公社，给我留下了这样的印象：公社组织起来力量大，过去高级社办不了的事，比如大兴水利、修筑堤坝、使用机械，等等，现在都逐渐办到了。如上海徐行人民公社机灌面积已经占总面积的百分之八十。江西吉安禾埠人民公社，解放前，原是水涝旱灾最严重的地区，当地农民说："过去这里十年九不收，晴了三天闹干旱，下雨三天闹大水。有了人民公社后，依靠集体力量，购置了机器，使用了电力灌溉，修建了大堤，现在能防旱也能防涝，使灾年变丰年。农村的这种变化已经使农民生活大大改善，他们不仅家家有余粮，而且很多人都买了自行车、收音机等，生活过得是越来越好了。

使我永远不能忘怀的是参观井冈山和韶山。正是有了井冈山革命根据地，有中国共产党和毛泽东主席的正确领导，才使革命从一个胜利走向一个胜利，才有伟大的人民新中国今天的一切。我们在井冈山看见了当年毛主席和朱总司令从山底挑米上山的山路和休息的地方，领导人的这种同士兵一致、同甘共苦的精神，使我深为感动。这种精神已经成为革命的优良传统。

最后，我想说说上海这个世界闻名的大都市。解放前，它是帝国主义侵略的基地，是"冒险家的乐园"，也是官僚资产阶级的"安乐窝"。那时候，外国货充满市场，外国帝国主义侵略者耀武扬威，随心所欲。我们在上海住的上海大厦，过去是美帝国主义"顾问团"专用的场所，黄浦江上帝国主义的军舰来来往往；今天上海大厦是中国劳动人民居住的地方，黄浦上再没有外国帝国主义的军舰了。伟大的祖国五星红旗飘扬在黄浦江上。在旧中国的上海，赌场、鸦片馆和妓院林立。帮会、乞丐、地痞、流氓、妓女，非常之多。解放后，短短的十多年，这个畸形发展的消费城市已经变成了生产城市。不仅建设面貌焕然一新，而且精神面貌以及与人的关系更完全改变了。帝国主义侵略势力完全连根拔了。游民、流氓等，也被改造成为自食其力的劳动者了。上海和全国一样成为人民自己的新上海了。

这次参观，我亲眼看到了祖国社会主义建设的伟大成就和充满阳光的新社会的人民欢乐。我再一次地感到祖国的兴盛，祖国可爱，社会主义具有无可比拟的优越性。更重要的是，有中国共产党和毛主席的正确领导中国才有今天的朝气勃勃、天翻地覆的大变化，不仅打倒了压在人民头上的帝国主义、封建主义、官僚资本主义三座大山，而且要改变旧中国的一穷二白的面貌，使祖国犹如旭日东升，蒸蒸日上，一天比一天好起来，一年比一年繁荣富强起来，新中国前途真是光芒万丈！

按：这是溥仪先生从南方参观访问归来回到北京后所写的一篇短文，对自己50天的南方之行，作了很好的总结。原文原题，文尾注明的写作时间为1964年5月13日。未曾公开发表，但在中央人民广播电台播放过。有手稿存藏。

溥仪的爱情观（1964年5月）

溥仪：我是从来不知爱情为何物的。只是遇到了你，我才晓得人世间还有这样甜蜜的东西存在。

溥仪和李淑贤正在调整收音机的波段

李淑贤：说起来不怕大家笑话，溥仪这个人好像总也离不开我似的。我每次上街，只要他赶上了就一定陪我一块儿去。我在家里，他也总是跟着转。我洗脸时，他就看着我洗完；我在厨房做饭，他前边后边地跟着，笨手笨脚帮着忙。我就故意逗他："你怕我跑哇！"他却嘿嘿地笑两声。

按：李淑贤回忆往事时告诉笔者，溥仪生前对她说过很多情意缠绵的话，都是肺腑之言，道出了末代皇帝心中的喜悦和隐痛。是啊，当他贵为天子、富有四海的时刻，他以至尊之身怎么可以用“天子”的感情去爱别人，“万岁爷”爱奴婢，岂非荒唐无稽？可是，当末代皇帝变成普通公民之后，事情就大不同了。溥仪不仅接受妻子真挚的抚爱，也把全部感情献给妻子。

溥仪撰文：参观南方六省一市的总结（1964年7月）

这次我参观了祖国南方各省，到了江苏、浙江、安徽、江西、湖南、湖北六省和上海市，行程一万二千华里。先后参观了二十三个工厂，四个人民公社、一个水力发电站、一所大学和一个天文台；瞻仰了井冈山革命圣地、韶山、“八一”起义纪念馆和指挥部等革命圣地；游览了南京的中山陵、玄武湖，无锡的太湖、锡惠公园、梅园、蠡园、鼋头渚，苏州的网师园、留园、西园、狮子林、拙政园、虎丘，杭州的西湖，安徽的黄山，汉口的东湖，长沙的岳麓山等名胜古迹。参观访问从3月10日到4月29日结束，共计五十天。

一、概况和感想

首先，我衷心感谢党和政府不惜人力、物力和财产组织我们参观。这些活动有助于我们把理论学习和实际结合起来，有利于对我们进行社会主义教育和爱国主义教育。

我和我的妻子一起，在祖国辽阔的土地上到处参观，这是从前做梦也想不到的事。我从内心感到做一个新中国公民的自由和幸福，只有在党和毛主席领导下，在祖国获得解放的今天，我才有这种自由和幸福。

回想我的前半生，那是从来没有这种随处走走的自由的。小时候在紫禁城的大墙里当皇帝，受王公大臣的包围，等于过了十几年高等监狱；以后又认贼为父，在伪满的“帝宫”里，一切听从日本帝国主义的指挥，连去逛公园的自由也没有，在屋子里说说话也提心吊胆地怕鬼子知道，这种整天为自己的安全担心的日子，已经一去不复返了，它和旧中国一样地被埋藏掉了。

到祖国的南方参观，是我有生以来第一次，一切对我都是新鲜的。我从北京出发的时候，北海公园的湖水还结着冰，田地上的庄稼都还没有发芽生长，树木是秃秃的。可是，越接近南方，景色越发生变化，当火车越过黄河以后，在我眼前呈现出一片翠绿，再放眼远看，真是万紫千红，目光缭乱，忙得我简直看也看不过来了。因为心里高兴，不觉诌了一首诗歌："一望无际的祖国大地，锦绣如画的林野山河。五星红旗处处飘展，万户千家喜笑高歌。我们热情歌唱，歌唱共产党，歌唱毛主席。有了您们的正确领导，才有今天解放、快乐的新中国。"

我们这次参观，每到一处都受到有关部门的热情接待，安排食宿；各地政协和交际处的工作人员随行照顾，并担任导游，在路途中随时介绍情况；还有医生、护士处处跟随；当地政协和统战部的负责同志还常常招待我们参加宴会，出席电影或戏剧晚会，我衷心感到祖国大家庭的温暖。我们所接触的人，不论是政协干部，随行医生、护士，旅馆与火车上的服务员、司机以及各地工厂、公社的负责干部等，对我们都是一片热心，对我们这些过去曾犯过罪，残害过他们父兄的人，不计旧恨，完全按照中央的政策办事，这是在过去任何政权下都不可能有的事。由此我看到了中国人民的亲密团结和统一意志，我感到祖国的强大是空前的，毛主席的英明是无比的，人民的觉悟是不可限量的。

二、横渡长江

我们乘着汽艇横渡长江，五星红旗迎风飘扬。这时，我心里正想着敬爱的毛主席曾经游泳横渡长江，又想起人民解放军百万雄师横渡长江的英勇战绩。我正这么想着，江苏省政协一位同志的谈话打断了我的思潮，他介绍了当时解放军横渡长江的英勇事迹。那时候，他是一个解放军战士，参加了渡江战斗，他说，解放军都乘坐小帆船渡江，两昼夜间，小船来往不停地运载战士，冒着猛烈炮火，一直插入敌人的心脏——南京，真如同秋风扫落叶一样，蒋匪军望风披靡，抱头鼠窜，迅速地土崩瓦解了。而五星红旗很快就在南京伪总统府的楼顶上飘扬起来了。我一面听那动人的故事，一面对着船上的五星红旗细看，真是说不出来心里怎样的激动和感慨！多么庄严、伟大的红旗啊！它代表党，代表毛主席，代表革命，代表人民新中国！它代表着中国人民在几十年革命战争中用鲜血换取的胜利成果。同时，也正是在这伟大的红旗下，我才获得光荣的新生，成为伟大的中华人民共和国的公民，从此，我才能有横渡长江、到处参观的今天。望着五星红旗，我不能不掉下感动的泪水。

三、南京与上海

我们这次参观的地方很多，现在仅就南京和上海的今昔对比情况说一说：

大家知道，南京在解放前是国民党反动统治的中心，抗日战争时期也遭受过日本帝国主义的侵略和蹂躏。

我们这次参观的雨花台，就是当年国民党反动统治者屠杀革命烈士的场所，先后有二十多万人惨遭屠戳，把雨花台下的河道都变成了红色的。

溥仪（左三）夫妇来到南京雨花台

日本帝国主义侵入南京后，在从十二月十二日到年底的两个多星期里，进行了灭绝人性的烧、杀、淫、掠，不分男女老幼见人就杀。据不完全统计被屠杀的祖国人民已达三十几万。这就是殖民地和半殖民地时代的旧中国、旧南京人民地狱生活的写照。

共产党、毛主席来了，日本帝国主义和国民党的反动统治被彻底打垮了，南京和全国各地一样完全解放了，殖民地、半殖民地的时代已经一去不返了，人民获得了像今天这样幸福和欣欣向荣的生活，南京城也起了天翻地覆的变化。

国民党统治时期，南京只有一百三十五万人。其中约有九万人从事为官僚买办服务的遍及全城的餐馆、妓院、洗染店等消费性行业，而产业工人只有两万人，集中在四大家庭兴办的三十八个企业中，而这都无非是些装装配配性质的企业。举例说，国民党搞了一个农业机械公司，花钱极多，大都被经手人中饱进了腰包。从建厂到解放为止，该厂只卖过一架碾米机。其他方面倒有不少外国货，却只是专为展览用的，都放在玻璃柜子里了。

现在，已经有国营工厂三百一十多个，包括化工、冶金、机器制造、农业机械、汽车制造、电讯仪表和轻纺织品等部门。拿机械工业来说，原来，连最简单的机床也不能生产，现在已经能够成批地生产载重汽车、精密机床、汽轮发电机以及医疗机械和电子显微镜等。机械化和半机械化试制成功的产品也增加到两千多种。

从农业方面来说，南京市郊区的农田总面积有三十五万多亩，人民公社有二十一个，农民有二十二万多人。1958 年遇到百日大旱，1959 年还有特大旱灾，受灾面积达百分之八十以上，一九六〇年春季又有寒流，对收成影响很大。连续三年的自然灾害如果发生在解放前是不堪设想的。农民依靠人民公社的集体力量，减轻了受灾程度，到一九六二年，虽然受到十四级台风的影响，庄稼减收，仍生产了六千二百万斤粮食。转到一九六三年则猛增到一亿二千万斤（单位面积产量五百斤，大跃进前一年 1957 年单位面积产量四百多斤）。

文教、卫生、交通、建设各方面也都取得了巨大发展。

我们在南京参观了五天，便到无锡、苏州游览了许多名胜古迹。其中许多地方遭到日寇和国民党的破坏，像苏州的留园，国民党军队曾以楠大厅当马圈，把楠木柱子都砍伐了。

我们离开苏州后就到达上海，住在上海大厦，下面把在上海参观访问的情况概为叙述。

溥仪夫妇等人在苏州拙政园

上海这个世界闻名的大城市，解放前是帝国主义的侵略基地，那时候帝国主义在军事、政治、经济、文化等方面控制着中国。

我住的上海大厦，解放前叫柏劳威大厦，是美国军事顾问团居住的地方。大厦前面的黄浦江，曾经充满了来来往往的外国军舰。日本帝国主义侵占上海时，站在白渡桥边的日寇哨兵勒令来往的中国人向他鞠躬，否则挨打。更有甚者，在外滩公园门口，法国人挂上一块牌子：“华人与狗不得进入。”

解放前的上海还有很多外国租界，它有领事裁判权，就是说，外国人在中国犯罪，中国法院无权审判。外国人还在上海设立许多银行。海关归英国人管理，邮政总局也控制在帝国主义分子手中。这些在中国人民头上作威作福的帝国主义者，就像一根根吸血管，通过中国的官僚资产阶级和军阀，把中国的钱财宝物收到外国去。帝国主义者操纵了中国的刀把子（军事大权）、印把子（行政大权）和钱袋子（经济命脉），也并不满足，还从事文化侵略。他们办教会，在上海设有几十个教堂，办电影院、书店、报馆以及大、中、小学校等，藉以控制中国人民的思想意识和灵魂。

上海也是官僚、军阀、地主、资本家的安乐窝，流氓地痞横行无忌，像黄金荣、杜月笙那样的人物同帝国主义和军阀相勾结，贩卖大烟、绑票、勒索，无恶不作。

上海也是冒险家的乐园。一个替人看门的小小的犹太人哈同，逐渐买地皮，置产业，竟成为百万富翁。还有一个搞“万国储蓄会”的洋人，买空卖空，吸引中国人存款，储蓄的钱多了，他竟携款逃跑了，但因为“领事裁判权”，中国人告状亦无效。还有许多帝国主义分子在上海设跑马场、跑狗场、赌场、回力球场等五花八门，藉以发财成为富翁。

作为帝国主义大本营、官僚资产阶级安乐窝和冒险家的上海，同时也是革命的基地。中国共产党就诞生在这里。以后这里陆续发生了五卅惨案、上海三次武装起义、“一二八”抗战等，表现了上海人民反帝、反封和反对官僚资本主义的革命传统。

我在参观中看到的上海和解放前完全两样了：上海大厦再不是美国顾问团耀武扬威的所在了，黄浦江上飘扬着的也不是外国国旗了，而是祖国的五星红旗！

当家作主的上海人民把帝国主义者手中的刀把子、印把子和钱袋子重新转到人民手中，从此，工业、农业、文化、教育和精神面貌都发生了根本变化。

上海，过去是半殖民地畸型的消费城市，现在变成人民的生产城市了。它的工业不仅能满足本地的需要，还能支援外地工业，不少上海出的专家在亚非拉民族独立的国家里，为那里的经济建设作出了贡献，他们在国外，工资按国内水平，生活按当地人民水平，技术则力求达到或符合国际水平。

从上海人民的生活看，旧上海的彭浦、蕃瓜弄和张庙都是劳动人民聚居之地，低矮的又脏又湿，到处是乞丐，有的以船为家，有的露宿街头，冬天更为难过，一旦下雪或寒潮来到，街上常有冻死的路倒。一九四八年上海解放前夕就有一千七百三十八人冻死在马路上。对照奢糜无耻的富贵人家的宴席，这景象正是“朱门酒肉臭，路有冻死骨”的景象。

这次参观看见过去的上海龙须沟——彭浦以及张庙都焕然一新，过去的泥泞污臭今天成为林荫大道，两旁为工人建立起的服务行业——饭店、商店、理发店、银行、储蓄所、医院、学校、住宅，应有尽有。在蕃瓜弄，也逐步盖起了高楼，在草房中住的人，逐步迁到新建楼房内。

还应当指出，上海不仅在建设方面取得很大成就，而且，社会的精神面貌也发生了根本的变化。

大家知道：旧上海一片乌烟瘴气，赌场、鸦片馆、妓院、舞厅到处林立，帮会、乞丐、地痞、流氓无处不有。解放后，社会渣滓被一扫而光了，许多人是社会寄生虫被改造成为自食其力的参加社会主义建设的光荣的劳动者，病态的旧上海变成了健康的新上海。如果没有无产阶级领导的人民政权，这是绝对不可能的。

四、人民公社

我们一共参观了四个人民公社，这就是：上海嘉定徐行人民公社；江西吉安禾埠人民公社；杭州西湖人民公社梅家坞茶叶生产大队；湖北黄陂滠口人民公社。

这四个人民公社各有特点，又有共同的优点：都搞了农业水利建设和农业技术革命，集体经济得到巩固。

徐行人民公社以生产水稻为主，它的机灌面积已占总面积的百分之八十，当地农民形容他们的机械化程度说："机器轰隆隆响，人躺床上乘风凉，老牛在地里吃白相。"该公社一九六三年的水稻平均产量是八百二十四斤，较公社化以前的亩产五百一十六斤，增产量百分之五十七，比解放前（1949 年）的四百七十四斤，增产百分之七十三。

禾埠人民公社在解放前是水涝旱情最严重的地区。当地农民说："此处十年九不收，晴了三天闹干旱，下雨三天闹大水。"一九四八年的粮食总产量只有三百五十九万斤。现在，这里改变了模样：社员们依靠集体力量购置了机器，使用了电力灌溉，修建了大堤，阻拦了洪水，能够防旱、排涝了，灾年也变成丰年。一九五七年粮食总产量已达五百八十八万斤。实行人民公社化以后，从一九五八年到一九六三年，每年平均总产量为六百五十六万斤。副业生产也有所发展，这个公社集体养猪和私人养猪总数在万头以上，平均每人一头半，至于猪圈的卫生清洁更为突出，每一处都那样干净，是我从来没有见过的。

西湖公社梅家坞茶叶生产大队，以生产龙井茶为主。年总产量已由解放初期的三万多斤到一九六三年增为十八万二千斤，提高六倍。

溥仪在龙井茶的家乡为当地群众签名

滠口人民公社成立后，发动群众打堤围湖，变湖汊为良田，使粮食产量不断增长。一九四九年总产量为二百五十万斤，一九五九年增为三百一十万斤，一九六三年又增为八百零八万斤。从前，血吸虫患者达到四百五十人，现在已经基本上消灭了。

由于生产不断提高，社员的生活水平也不断向上。我在徐行人民［公社］听当地社员说：“人民公社化以后，我们这里生产一年一年如芝麻［开花］节节高，生活如脚踏楼梯步步高。”社员杨福生说：“人民公社实在好，火点盘香圈圈高。”王金娥说：“过去农民受地主苦，天晴三家叫（对雇工，你叫、我叫、他叫），天雨没人要，从鸡叫做到鬼叫。汗流在地主田里面，泪洗在自己枕头边。到了年夜有三逼，租逼、债逼、税还逼。现在有了共产党的领导吃了一年，用了一年，到年夜还可以分到柴草和现钞。钞票买年货，存银行，过了年夜手上还有现钞。”我访问西湖公社梅家坞生产大队一个农民住宅，在他家堂屋挂着“劳动万岁”的横匾，还有一副对联，上面写着：“毛主席恩情似海，共产党德重如山”，这不仅反映了梅家坞农民的心里话，也能够代表五亿翻身农民的心里话。没有党和毛主席，就没有新中国的一切，也就没有我从鬼变人，新生的一切。所以，这两句话也是我的心里话。

五、瞻仰井冈山革命圣地

这次参观中，我感到最光荣和感动，永远不能忘记的事儿，就是亲自到了革命圣地井冈山、毛主席旧居——湖南湘潭韶山冲以及南昌“八一”起义纪念馆。

我们参观上海后，又先后游览了杭州西湖、新安江水力发电站、安徽黄山，再从杭州去南昌，过吉安而抵井冈山。过去上井冈山要走很崎岖的山路，解放后这里修筑了公路，可以从山下直达山顶各处。

当我们从南昌出发经过吉安向罗霄山脉行进，越来越接近革命圣地井冈山的时候，我心里真有说不出的兴奋和感动。我想：今天，祖国的独立富强，人民的幸福生活，都从这个革命圣地发源啊！

我看见沿途有大字标语，写着："伟大的中国共产党万岁！""伟大的中华人民共和国万岁！""高举毛泽东思想伟大红旗，加速建设天下第一山！"等。在井冈山前，我看见了共产主义劳动大学分校的大楼。汽车蜿蜒上山，我看见戴草帽的井冈山农民在山地上种稻，他们的劳动干劲那么足，赢得我们无限的崇敬。

四月十一日下午我们到达井冈山宾馆，井冈山博物馆馆长向我们介绍了情况。次日，敬诣革命烈士纪念碑，我们在碑前行了礼。当我们从小井眺望过去的红军医院时，导游和同志讲，有一年红军撤离，国民党反动派竟把尚未来得及退走的红军伤病员一百余人，从医院拉到野外用机枪全部杀害。

我们又乘车上了黄洋界，山上立有石制纪念碑，上面刻着毛主席诗词：

山下旌旗在望，山顶鼓角相闻，

敌军围困万千重，我自岿然不动。

早已森严壁垒，更加众志成城。

黄洋界上炮声隆，报道敌军宵遁。

我还看见了当年的红军哨口。当地政协的同志向我们介绍了黄洋界的战况：一九二八年八月，湘赣敌军乘红军主力在湖南，便集结了四个团的兵力攻打井冈山。当时我军还不足一营人，而守卫黄洋界哨口的只有五十人。在毛主席军事思想指导下，全山军民发挥了英勇顽强的战斗精神，依凭黄洋界天险奋勇抵抗，赤卫队、暴动队、妇女、儿童，都在山上吹角打鼓，红旗、梭枪满山林立。这时，敌军几个团的兵力一起冲了上来，形势十分危急，红军从山下调来一门迫击炮，以仅存的两发炮弹射向敌群，却只响了一炮，正中乱群，四十余人为之毙命。敌人以为红军主力来了，便仓皇溃退，星夜逃走。

在参观井冈山博物馆的时候，我看到当年流行红军之中的歌谣，很能表现红军在艰苦战争的条件下，大无畏的精神和革命乐观情绪。我觉得有兴味，就记下几首：

红米饭，南瓜汤。

秋茄子，味好香。

餐餐吃得精打光。

干稻草来软又黄，金丝被儿盖身上。

不怕北风和大雪，暖暖和和入梦乡。

为了歌颂黄洋界战斗的胜利，红军还以《诸葛亮》为名，按《西江月》词牌填词，其中有一段戏文叫作《空城计》成为精彩。其云：

我站在黄洋界上观山景，
忽听得山下人马乱纷纷。
举目抬头来观看，
原来是湘赣发来的兵。
一来是，农民斗争少经验，
二来是，二十八团离开了永新。
你既得宁冈、茅坪多侥幸，
为何又来侵占我的井？
你既来，就把山来进，
为何山下扎大营？
你莫左思右想变不定，
我这里内无埋伏，外无救兵。
你来，来，来！
我准备南瓜红米，
红米南瓜犒赏你的三军。
你来，来，来！
请你到井冈山谈革命。

参观黄洋界以后，我们又看见当年毛主席和朱总司令从山底挑米上山的山路和他们休息的地方。作为领导人能做到官兵一致，同甘共苦，这使我深深受到感动。红军的这种精神已成为革命的优良传统。

在大井，由当年的暴动大队长邹文楷导游，我们参观了毛主席住过的地方，卧室、办公室、毛主席坐过的石头以及红军伤员医疗的地方。

在茨平，由当年大井乡苏维埃主席俞振坤介绍情况，我们也参观了毛主席的居住之处，毛主席的著名文章《井冈山的斗争》和《中国的红色政权为什么能够存在?》就是在这里写成的，我还访问了老红军的敬老院，并和他们在主席住过的地方拉手照相，这是我永远忘不了的光荣，它给了我很大的鼓舞。

我们还参观了井冈山博物馆，那里陈列着井冈山革命斗争的文献、图片和武器等实物。解放后，这里新建了井冈山百货商店、银行、餐厅、饭店等也应有尽有。井冈山人民以斗争赢得了幸福。

通过在一系列革命圣地的参观活动，我们更深刻地认识了毛主席思想的正确和伟大，正是这一思想指引着中国人民取得了民主革命的彻底胜利。它也正是全世界被压迫民族和被压迫人民争取解放的灯塔。

六、长江大桥和武钢

这次参观的地方很多，不能一一列举。我想仅就武汉长江大桥和武钢的情况谈一谈。

像武汉长江大桥这样以最新装备建设起来的巨大工程在世界上也是罕见的。我听说原计划该桥到一九六〇年建成，事实上提前了一年半，于一九五八年八九月间就竣工并验收了。该桥设计时苏联曾派来专家，后来又撕毁合同、撤走专家、拿走图纸，但中国人民有信心，有能力，奋发图强地提前修好了这座大桥。

溥仪参观了在武汉钢铁公司的初轧厂、炼铁厂、焦化厂和炼钢厂

武汉钢铁公司也是如此，最初和苏联也订立了合同，按规定他们应当提供的设备虽然从表面看也提供了，却拒绝交付其中最关键的仪表设备。又如初轧厂的箍式吊车，每台应带铜金涡轮三十个，但苏方只给带一个，而这一个也往往仅用三个月时间就坏了（按要求应能使用一年半）。尽管他们妄图破坏我国建设，在伟大的中国人民面前，完全遭到了可耻的失败。

七、对阶级斗争的体会

过去我曾错误地认为，通过三反、五反和一系列整风运动，在人民民主专政的强大威力下，阶级斗争总可以日益缓和而不会尖锐起来。

这次参观湖南省举办的社会主义阶级教育展览会，看到大量反映当前国内严重尖锐的阶级斗争的实物和图片。没有改造好的地富反坏分子收藏旧契约、反动证件、武器弹药和血衣尸骨，传授反动家史，编写反动诗词。还有明目张胆的反革命分子，从事杀人、放火、投毒、散发反动传单、组织反革命集团活动。在农村四清运动中揭发出的大量事实表明，有人千方百计地篡夺领导权，打击、陷害和折磨贫下中农，破坏集体生产，恢复封建族权，挑起宗族械斗，宣扬封建迷信，企图从思想上、政治上和经济上恢复反动统治。从城市“五反”运动中揭发出的事实看，一些抗拒改造的资产阶级违法分子，开黑厂黑店，内外勾结，投机倒把，贪污盗窃，破坏社会主义经济大发横财。这里有牟取暴利十万元以上的地下工厂和走私集团，有制造并贩卖假药，害死人命的地下诊所，还有散布反动腐朽思想的黄色书刊和黑剧团。

城乡反动势力施用“美人计”“酒肉计”“金钱计”“离间计”“攻心计”等糖衣炮弹，企图分化瓦解革命队伍，腐蚀革命干部，从内部破坏我们的堡垒。

看到这一切真使人惊心动魂，深刻体会到党的八届十中全会所提出的——在由资本主义过渡到共产主义的整个历史时期，存在着无产阶级和资产阶级之间的阶级斗争，这种阶级斗争是错综复杂的，曲折的，时起时伏的，有时甚至是很激烈的——这一论断是多么正确。同时更深刻地体会到，开展以阶级教育为纲的社会主义教育运动是完全必要的。从我本人来说，也应该时刻提高警惕，不断加强自我改造，加强阶级斗争观念，破资产阶级观点，立无产阶级观点，坚决拥护人民民主专政制度。这才是投靠人民的忠诚表现，才不辜负党和政府多年对我的教育和期待。

八、总的观感

这次参观使我亲眼看到祖国的一片大好形势，到处呈现欣欣向荣的景象，劳动的欢乐，发光的笑脸，不论是工人、农民，还是其他劳动者，都充满干劲。

我国建立仅仅十几年短短的岁月，却获得了巨大的成就。我看到的许多新工厂，新建筑，都是从无到有，从低产到高产，从低擀到高质量。祖国翻天覆地的大变化充分显示了社会主义制度的无比优越。

中国人民在党和毛主席的正确领导下，不仅打倒了帝国主义、封建主义和官僚资本主义三座大山，而且更要改变旧中国一穷二白的面貌，我的祖国将如旭日东升，一天比一天好起来，一年比一年繁荣富强。

特别更要指出的是，党的伟大改造政策使我得到光荣的新生，使我分清了是非，认识了真理。真理越接近我，我就越仇恨自己的过去，新生的溥仪永远反对过去的溥仪！我已经用文字写下了一本书——《我的前半生》，今后，我将用实际行动写我的第二本书，这就是：永远跟着中国共产党走，听毛主席的话，不断学习和自我改造，提高思想觉悟，与祖国的兄弟姊妹们在一起，建设我们伟大的社会主义祖国，贡献自己的一切力量。

按：本文综合叙述了溥仪随全国政协参观团遍走南方六省一市的见闻和感想。从1964年3月10日到4月29日，溥仪与妻子李淑贤随同“帝王将相”参观团，走遍了大江南北，经过江苏、浙江、安徽、江西、湖南、湖北六省和上海市，行程一万二千华里。先后参观了二十三个工厂，四个人民公社、一个水力发电站、一所大学和一个天文台，瞻仰了井冈山革命圣地、韶山毛主席旧居，游览了南京的中山陵、玄武湖，无锡的太湖、锡惠公园、梅园、蠡园、鼋头渚，苏州的网师园、留园、西园、狮子林、拙政园、虎岳，杭州的西湖，安徽的黄山，汉口的东湖，长沙的岳麓山等名胜古迹，历时五十天。参观团是在4月28日中午离开武汉的，满载着祖国人民的深情厚意返回北京。结论是：今后将用实际行动写第二本书，为建设伟大祖国贡献一切。手稿尚存。原文未立总标题，文内小标题一仍其旧。

溥仪撰文：从皇帝到公民（1964年8月11日）

1959年12月4日，是我光荣的新生开始，是自己永远不能忘记的一天。在那天之前，我起初是宣统皇帝——清朝的最末一代皇帝，三千年封建王朝最末一个君主；后来是日本帝国主义一手制造的傀儡国家“满洲国”的皇帝，一个战争罪犯。那天，在经过了十年改造之后，我获得了人民政府的特赦，从此成为中华人民共和国一个普通的公民，一个自食其力的劳动者。

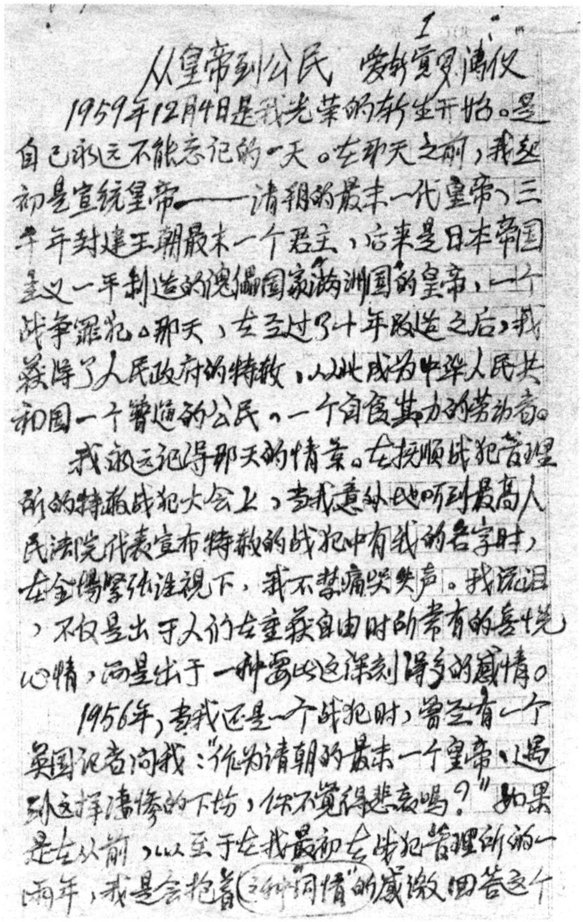
1

从皇帝到公民 爱新觉罗溥仪

1959年12月4日是我光荣的新生开始。是自己永远不能忘记的一天。在那天之前，我起初是宣统皇帝——清朝的最末一代皇帝、三千年封建王朝最末一个君主，后来是日本帝国主义一手制造的傀儡国家满洲国的皇帝、一个战争罪犯。那天，在经过了十年改造之后，我获得了人民政府的特赦，从此成为中华人民共和国一个普通的公民，一个自食其力的劳动者。

我永远记得那天的情景。在抚顺战犯管理所的特赦战犯大会上，当我意外地听到最高人民法院代表宣布特赦的战犯中有我的名字时，在全场紧张注视下，我不禁痛哭失声。我流泪，不仅是出于人们在重获自由时所常有的喜悦心情，而是出于一种要比这深刻得多的感情。

1956年，当我还是一个战犯时，曾经有一个英国记者问我："作为清朝的最末一个皇帝，遇到这样凄惨的下场，你不觉得悲哀吗？"如果是在从前，以至于在我最初在战犯管理所的一两年，我是会抱着这种"同情"的感激回答这个

《从皇帝到公民》手稿（第 1 页）

我永远记得那天的情景。在抚顺战犯管理所的特赦战犯大会上，当我意外地听到最高人民法院代表宣布特赦的战犯中有我的名字时，在全场紧张注视下，我不禁痛哭失声。我流泪，不仅是出于人们在重获自由时所常有的喜悦心情，而是出于一种要比这深刻得多的感情。

1956 年，当我还是一个战犯时，曾经有一个英国记者问我："作为清朝的最末一个皇帝，遇到这样凄惨的下场，你不觉得悲哀吗?"如果是在从前，以至于在我最初在战犯管理所的一两年，我是会抱着感激回答这个"同情"的。但是，几年以来，我逐渐认识了自己前半生的罪恶和丑恶。有了这个认识，战犯管理所对我已不是什么监狱，而是像佛经上说的菩提树，在它的华盖下面，我领略了像那位迦毗太子证菩提果时一样的心情。因此，我对这个英国记者说，在中国历史上，不管哪个朝代的末代帝王，都没有我这样的光明前途。只有过去当半封建、半殖民地的清朝末代皇帝和日本殖民地的伪满洲皇帝时，我所处的环境才真正是悲哀呢！

我看出这个英国记者脸上有一种惊奇和不相信的表情。是的，这也许不是十分容易体会的，如果人们［不］了解我的过去、我的改造过程和我现在的生活的话。

我的前半生罪恶的简历：

我是1906年生的，我的父亲是清朝醇亲王载沣，母亲是瓜尔佳氏。当1908年，我才三岁，慈禧太后就挑选我当了清朝皇帝。慈禧太后为什么挑选三岁孩子当皇帝呢？主要就是因为一个孩子是不能掌管国政的，这样便可以使慈禧太后继续“垂帘听政”——她个人的专政。但我进宫不久，光绪皇帝和慈禧太后相继死去，我就登上皇帝宝座了。

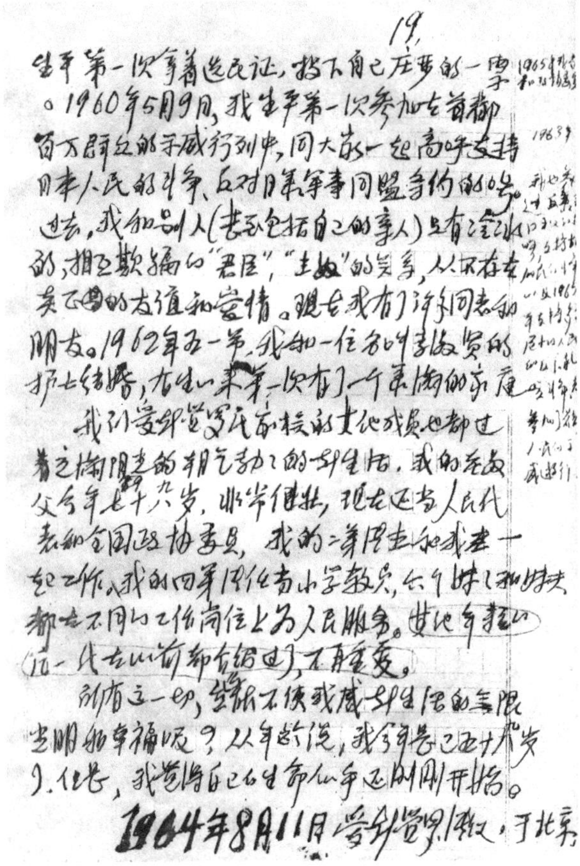
19

生平第一次拿着选民证，投下自己庄严的一票。1960年5月9日，我生平第一次参加了首都百万群众的示威行列中，同大家一起高呼支持日本人民的斗争、反对日美军事同盟条约的口号。

过去，我和别人（甚至包括自己的亲人）之间只有冷冰冰的、相互欺骗的“君臣”、“主奴”的关系，从不存在真正的友谊和爱情。现在我有了许多同志和朋友。1962年五一节，我和一位名叫李淑贤的护士结婚，有生以来第一次有了一个美满的家庭。

我们爱新觉罗氏家族的其他成员也都过着幸福美满的朝气勃勃的新生活。我的老叔父今年七十九岁，非常健壮，现在还当人民代表和全国政协委员。我的二弟溥杰和我在一起工作。我的四弟溥任当小学教员。六个妹妹和妹夫都在不同的工作岗位上为人民服务。[illegible]

所有这一切，怎能不使我感到生活的无限光明和幸福呢？从年龄说，我今年虽已五十八岁了，但是，我觉得自己的生命似乎还是刚刚开始。

1964年8月11日 爱新觉罗·溥仪，于北京

《从皇帝到公民》手稿（第19页）

我入清宫，受腐朽的王公大臣、师傅、太监们溜须捧盛地迎合与包围，过着养尊处优、骄奢淫逸的生活，因而养成我的狂妄自大、迷信和愚昧落后。我相信清史所载的清朝第一代祖先是在长白山天池天女所生的神话，认为清朝历代皇帝都是天女子孙，是奉天承运来统治国家和人民的。认为国家是爱新觉罗一家一姓所私有，全国人民都是皇帝的臣仆。我自幼就受这些封建思想的灌输、教育，所以在年龄稍大的时候，对于辛亥革命，推倒清朝统治，认为是乱民造反。因而，企图复辟清朝，重做皇帝，就成为自己和包围我的左右亲信共同追求的罪恶目的。

另一方面，由于中国资产阶级革命的不彻底，没有反帝反封建的纲领和措施，而在篡国大盗袁世凯执行之下，优容清朝皇帝名号的存在，每年把人民的血汗四百万元充当我的费用。这样，在中华民国首都竟允许紫禁城内还有关着门的皇帝。

在我十二岁（1917年）的时候，军阀张勋率兵入宫，拥护我复辟，这是第

二次当皇帝。但是只经过十几天，张勋被段祺瑞打倒了。段祺瑞也是封建军阀，他把复辟的罪名归于张勋一人，仍然优容我居住在紫禁城称“帝”。一直到1924年北京政变时期，冯玉祥将军才废止了对清室的优待条件，把我赶出紫禁城。此后，我移住我的父亲家中。这时，我的左右亲信和帝国主义分子相互勾结，并造谣说冯玉祥将不利于我，因此，我就自动地逃到日本公使馆。从此，和日本帝国主义开始有了密切关系。

1925年，日本公使把我秘密地送到天津日本租界居住。在天津我住了七年。在表面上日本帝国主义托名保护我，实际上是对我的考察与衡量，是否能够为它所利用。因为日本帝国主义对于中国，一贯是存在侵略野心，它总想寻找一个可以受它利用的代理人。例如它曾想利用张作霖，张不受它利用，便被日本阴谋炸死了。日本帝国主义总是想用中国人打中国人，宰割中国领土，分而治之，以便进一步整个鲸吞中国。它因为我过去当过清朝皇帝，因而总想利用我来为它的侵略政策服务，另一方面，我正醉心于复辟，而自己没有力量，也想利用日本外援来帮助自己重登宝座，再骑在人民头上当皇帝。这样就形成封建势力和帝国主义的相互勾结利用。所以，到了1931年日本帝国主义侵占祖国东北后，便利用我当了伪“满洲国”执政。从此，祖国的东北便成为日本的殖民地了。1934年日本帝国主义又让我当了伪满皇帝。这是企图欺骗世界人民，为它的殖民地统治作烟幕，好像“满洲国”是个有君主的独立国，实际上操纵我当它的傀儡，发号施令，更便于它对东北的统治。

在我这方面，由于封建统治阶级的本质，一切是为了自己利益、安全和巩固自己的地位，所以不顾东北人民的任何疾苦灾难，一心一意迎合和执行日本帝国主义主子的意旨和侵略政策，不惜出卖东北一切领土主权，断送人民利益，签订了许多卖国协定和条约，从而，东北成为日本的军事基地和粮食供应地。因此，在1937年日本帝国主义发动对祖国全面侵略战争以及1941年发动太平洋侵略战争时，它的一切物质和粮食都能源源不断地得到接济。这都是和我出卖东北人民利益，掠夺东北物质和粮食，支持日本帝国主义侵略战争的罪恶行为分不开的。

1945年，在中国共产党和毛主席领导下，中国人民抗日军队配合苏联红军粉碎日本关东军，日本帝国主义投降，解放了东北。这时，日本帝国主义分子正挟我逃往通化，企图逃窜到日本，后在沈阳为苏军逮捕到苏联。

我在苏联共住了五年，在苏居住期间，我曾先后三次写信给斯大林大元帅，请求允许我留住苏联。我并不是真心愿住苏联，只因为怕回祖国，会受中国政府和人民的严厉惩办。因此，当1950年苏联政府送我回祖国时，心里充满恐惧。认为一回到祖国，一定立判死罪。我的理由是：中国几千年封建王朝的改朝换代，新的统治者对于旧的统治者，都是处死，并其家属，无一幸免。其次，共产党怎么能容许当过皇帝的人存在？更重要的是，我在伪满充当过日本帝国主义的帮凶，危害祖国和人民。所以判定共产党是绝不会宽恕我的。

我回国后，一切都出乎我意料之外。相反地，党和人民政府不仅没有办我罪，而且在党的伟大改造罪犯政策下，给我以革命人道主义待遇，生活上给以种种照顾，并给以学习的机会，耐心地教诲，使我一步步地得到改造。人民政府为什么要这样苦心孤诣地来改造我们这些罪犯呢？我曾多次听管理所所长讲过："共产党的使命是改造世界，甚至过去对人民犯了罪的人，也有可能被改造为有益于新社会的人。"共产党人这种伟大抱负，我在听了方素荣的遭遇后，有了深切的体会。

抚顺郊外的平顶山，原来是住着一千多户矿工的小镇。1933年抗日游击队在这里的一次遭遇战中，击毙了十多名日本兵，烧掉了日寇的仓库。第二天，日寇进行血腥报复，把全镇男女老少赶到村外山坡上，用机枪扫射，然后用大炮轰崩山土，压盖尸体，又把全部房屋烧成平地。夜间，一个身受八处创伤的五岁小女孩从死尸堆（包括她的祖父、母亲等全家几口人）爬了出来。原来当机枪响起的时候，爷爷用自己的身体护住了这个小孙女，她才没有被打死。后来一个老矿工把她抱了起来，藏在麻袋里……

她就是现在抚顺露天矿的托儿所所长方素荣。日本战犯们在参观煤矿时，听她讲述了这个血泪交织的故事。听完后，战犯们一个个泪流满面，低头向她请罪。方素荣严肃而沉静地说：

"我心头的冤仇是永世不忘的。但我是一个共产党员，党教导我，最重要的不是个人的恩仇，而是我们的革命事业。你们既然已经放下武器，认了罪，我可以不提个人的仇恨。希望你们好好地改造自己，重新做人！"

这就是中国共产党人和党教育下的中国人民！

有一次，缅甸国会议长肖恢塔先生来我国访问，曾到抚顺战犯管理［所］参观，他说："这里哪是监狱？简直是一座大学校！"的确，正如他所讲的，我们在这管理所的概念是：

监狱＝医院+学校

说它是医院，这里有医务室的有名大夫和护士，不论日夜，一听说有病人，立即治疗。患者饮食分许多种，来适应患者的需要。大夫为我们还经常检验身体，按季节为我们讲卫生知识。我们的饭食都通过大夫的检查。在这里，许多人治好了宿疾，其中也包括了我的虚弱症、胃病和便血。至于大夫对患者的细心医疗，护士的日夜随时看护，那真是和医院一样。

说它是学校，如果看一下我们的作息时间，这里就更像是一座学校了。例如：

6：00 起床（如果夏季，提前半小时），早操和打扫室内卫生；

7：30：早饭；

8：00—12：00 政治理论学习；

12：00—1：30 午饭及休息（如夏季则增加午睡一小时）；

1：30—5：30 劳动（一些轻微的劳动锻炼）；

7：00 自由活动（这也是文娱时间，谈天、下棋、唱歌、奏音乐……）每周看两次电影；

9：30 入寝。

从日常生活中令人感到这是一座医院或学校的。

还有这样一种事实：凡是社会上普遍举行的活动，一般说这里也有。比如抚顺市开展消灭沙眼的运动，这里在一个时间内，所有患沙眼的也全治好了。比如侵略朝鲜的美军发动细菌战以后，全国展开了爱国卫生运动，并且，照所长的话说，由于细菌战，带了一个“好处”——中国人从此有了搞卫生运动的经常习惯，我们在这里也就经常［进行］除四害、大扫除活动。又比如我们经常学习的进度和内容，也是和社会上职工的学习是一致的。在十年间，我们和那些职工一样，以自学、互助的方法，学习了政治经济学、社会发展史、近代历史和农业合作化、工商业改造、五年计划、宪法草案，以及中国社会主义建设诸问题的政策文件和著作等。同时，我们每天还看报纸，我们有图书室、俱乐部等。

我们文娱方面，有下棋，打扑克，有自己的演剧、唱歌、奏各种音乐；体育方面，有网球、篮球、排球、乒乓球、羽毛球、克朗球等，有时候还举行田径赛和其他各种比赛。还有自己的军乐队、管弦队等。到了晚间，各室里音乐铿锵，歌声四起，外间人走过墙外，想不到这是监狱！真是和学校、俱乐部一样。当然，所不同的是我们没有到监外的自由。

溥仪在战犯管理所内下棋

我们除了学习政治理论外，为了使我们理论联系实际，提高思想认识，政府还组织我们在东北各地进行参观，这确是我过去梦想不到的事。组织犯人各地参观更是史无前例的创举。

我们参观了工业、农业、水利建设、商业、都市建设、学校、医院、展览馆、养老院、幼儿园、托儿所，以及工人的福利设施，还晋谒了烈士馆等。参观中，在今昔对比方面给我们很大教育和启发。亲眼看到：今天祖国真正独立自主了，国家日益繁荣强大了，社会主义建设获得了巨大成就，社会精神面貌有了巨大改变，人民生活有了显著的提高。

看到祖国处处一片欣欣向荣景象，勤劳勇敢的中国人民在中国共产党和人民政府领导下，正发挥着他们的无比积极性与创造性，从事伟大社会主义祖国的建设。

看到今天祖国的繁荣，人民的幸福生活，不能不回想东北人民在日本、伪满统治时期所遭受的非人待遇，所度过的牛马的生活。正是自己当了伪满皇帝，充当日寇的驯顺走狗，给东北人民带来地狱般的痛苦。正是由于我当日寇帮凶，掠夺东北一切物力、人力、财力，支持日本帝国主义侵略战争，给全中国人民，给亚洲人民带来了历史空前的大灾难。

面对这一切活生生的事实，怎能不痛恨帝国主义和自己的过去！

怎能不对新中国产生了信赖和赞美！

通过学习，通过参观，通过无数新旧事实的对比，逐步认识到，帝国主义、封建主义和官僚资本主义是压在中国人民头上的三座大山，是中国人民的死敌。

另一方面逐步认识到中国共产党和毛主席是领导中国人民［进行了］几十年的革命奋斗、流血牺牲，才有今天人民的解放和新中国的一切。

同时，也看到了人民是真的在宽恕我，党是在真的改造我，而我也感到前半生的卑鄙可耻，自己罪孽深重。党和政府不但饶我不死，而且，还要把一个新的灵魂给我，把做个光荣公民的希望给我。

这样，我怎么还会害怕和悲观？怎能不更加悔恨？又怎么会不下定决心跟着党和人民政府走？我自己找到自己的道路，懂得了如何掌握自己的命运。我有了奔头，感到人生原是充满了乐趣的。我对于自己前途认识［的］改变，给我打开了眼界，使我面向生活，进入了自觉改造的阶段。

伟大的革命人道主义

经过十年的改造，我由一个封建、反动的皇帝，变成一个平常的劳动者，由鬼变成了人。旧的溥仪已经死亡，今天是一个新生的溥仪。归根结底，这是伟大的中国共产党改造罪犯政策的赐与，也是党的伟大政策的胜利。

想一想我的前半生，比一比我今天的幸福，可以开出长长的一张单子。曾经有位外宾告诉我说，西方有人把我的改造说成对我是坏事。我回答他的时候，只随手举了几个我个人的今昔对比的例子，请他看看，如果他替我做主，他会选择哪一种生活。

比方说：我的前半生中，我几乎没有一天感到安全，在故宫里我怕太监害我，在天津日本租界我怕中国人打我，在伪满我怕日本人杀我，而今天，我感到比任何时代都安全。

比方说，我在前半生中，每天二十四小时总有一群人围着，伺候着，监视着，因此我连叠被子都不会，连拔草也拔不好，连西红柿是长在地里、还是长在树上都不知道，连逛逛马路都不可能，实际上我是住在故宫、天津张园和长春伪宫里的第一号囚犯，而今天我享受到了真正的自由和平等。我可以游览祖国各省，我可以逛公园、上商店、看剧、看电影，我可以一个人随便到任何地方走走。这是我前半生五十来年做梦也梦不到的事。

比如说，我在前半生每日不离药缸子。北京、天津、长春全专门有药库。可是总是弱不禁风，吃不下，睡不好，走不动，提不起，上一个山坡就可以心跳得要昏过去。而现在呢？四十来年的胃病已然消失，一百斤的担子能挑得起，一顿饭四五个大馒头也不在话下，一躺下就睡着。

我的家族，两个时代就有两种不同命运。比方说，根据家谱材料的统计，我祖父的这一支，在清末时儿童死亡率是百分之三十四，民国时代是百分之十，解放后十年则是个零。如果把爱新觉罗全家的未成年的死亡率算一下，那就更令人触目惊心。只算我曾祖父的后代，未成年的死亡率，男孩是百分之四十强，女孩是百分之五十弱，合计是百分之四十五。在夭亡人口中不足两岁以下的又占百分之五十八强。这就是说道光皇帝的后人每出生十个就有四个半夭折，其中大半又是不到两岁就死了的。这还是养尊处优的皇族家庭，如果是一般居民，在那个时代的少年儿童死亡率就更高了。但在解放后，我们这一家的下一代四十多名不但健在，而且面貌全新。除了五名只念过家塾、六名还是幼儿之外，其余二十九个，小学生六名、中学生十二名、大学生十名。还有党员、团员，有红领巾，有自愿军、解放军，有北京市女子摩托冠军，有登山队员，有军医，有护士，有工人，有教员，有技术员。但是也有一个例外，是弟弟溥杰的大女儿，十九岁在日本因恋爱问题自杀了。这是唯一的死亡，这更可以看出，不同时代、不同社会里的我们下一代的不同命运。

但最重要的是在我前半生中，我不懂得什么叫羞耻，什么叫人的尊严，什么叫人生的价值。我的老师教给我孔孟之道，只知道君君、臣臣、父父、子子，只知君为臣纲、父为子纲、夫为妻纲，只知“普天之下，莫非王土，率土之滨，莫非王臣”和“天下有道，则庶人不议”等为封建帝王服务的学说。所以一直是以开倒车、反人民、阴谋复辟为职业。现在我懂得了什么叫善恶美丑，什么是人生高尚的目的，懂得了怎样正确掌握自己的命运，因而也有了最大的人生乐趣。

帝国主义和反动派常常摆出一副资产阶级人道主义的虚伪面目，说什么在新中国是一切冷酷无情，对待犯人惨无人道。而我的体验恰恰正相反，事实证明我们的国家是最讲人道，是最懂得人的价值的国家。对待罪犯，党的政策有严肃的一面，对于非严办不可的当然不能容情，同时，党的政策又有宽大的一面，对于凡是必须与可能争取改造的，也必给以重新做人的机会。我自己就是一个例子。我参观过东北一个改造罪犯成就展览会，又见到无数例子。我知道有无数的罪犯在党的宽大政策感召下，洗心革面做了新人，破坏者变成了建设者，鬼变成了人。但是在帝国主义和反动派统治下，那些搞什么保护猫狗协会的社会里，狗住旅馆，人住黑洞，猫吃大菜，人饿得上吊，面包工人的孩子上街求乞，煤炭工人的家庭生不起火，妇女儿童被买卖，肤色不同的人可以私刑拷打，白种人可以把黑种人活活用火烧死。那是以“窃国者侯、窃钩者诛”的社会，是“满街衣罗者，不是养蚕人”的社会。那些“人道主义者”正是那些“侯”或侯门所豢养的“衣罗者”。

我这十年的经历，使我有权利说这样的话：像我这样又是罪人，又是废物，又是被革命赶下皇帝宝座的末代皇帝，又是弱不禁风的病夫的人，换上任何社会，任何朝代，也是活不到今天的，更说不上会有什么人生乐趣和生活技能。今天我可以有这样的自信，宣称自己可以充当一名初级工人，宣称自己可以学会党认为可以交给我的任何工作。当然，我更有这样的自豪，宣称自己是祖国社会主义建设事业中的一名小卒。我这一切的力量和幸福，正是伟大的中国共产党的改造罪犯的政策、伟大的革命人道主义所赋予我的。

新生的喜悦

五年来，我开始过着一个中华人民共和国公民的新生活。1960 年我在中国科学院植物研究所北京植物园工作。现在（从 1961 年开始），在中国人民政治协商会议全国委员会文史资料研究委员会当专员，为人民做些有益的工作。1965 年，我当了全国政协委员。

已选
选民証
姓名 爱新觉罗.溥仪
性别 男 年龄 54 岁
注意：一、憑証参加选举
二、只准本人使用
北京市 区(县)乡(镇)选举委員会發
1960年11月26日

溥仪 1960 年选民证

我生平第一次拿着选民证，投下自己庄严的一票；1960 年 5 月 9 日，我生平第一次参加在首都百万群众的示威行列中，同大家一起高呼支持日本人民的斗争，反对日美军事同盟条约的口号；我也参加过反［对］美帝国主义侵略、支持古巴人民的斗争，以及 1965 年支持多米尼加人民反美救国斗争，都参加了首都人民的示威游行。

过去，我和别人（甚至包括自己的亲人）只有冷冰冰的、相互欺骗的“君臣”“主奴”关系，从不存在真正的友谊和爱情。现在，我有了许多同志和朋友。1962 年五一节，我和一位名叫李淑贤的护士结婚，有生以来第一次有了一个美满的家庭。

我们爱新觉罗家族的其他成员也都过着充满阳光的朝气勃勃的新生活。我的老叔父今年七十九岁，非常健壮，现在还当人民代表和全国政协委员。我的二弟溥杰和我在一起工作。我的四弟溥任当小学教员。六个妹妹和妹夫都在不同的工作岗位上为人民服务。

所有这一切，怎么能不使我感到新生活的无限光明和幸福呢？从年龄说，我今年是已五十九岁了，但是，我觉得自己的生命似乎才刚刚开始。

爱新觉罗·溥仪于北京

1964 年 8 月 11 日

按：本文是溥仪亲笔手写的一篇文章，初稿成于 1964 年下半年，其部分内容曾在同年的《中国建设》英文版上发表，但未见其中文原稿发表。这篇全文约七千五百字的手稿，真实显示了溥仪当年的思想、认识，以及真正属于他本人的文字表达能力，确属尚未刊发过的珍贵文献。本文系依据溥仪手稿整理，偶有当年经他人修改文字处或原拟“不用”段落，均已按溥仪手迹恢复原样，仅对个别明显错字予以改正。至于本文尾部提到的参加 1965 年“首都人民示威”和“我今年是已五十九岁了”等字样，据原稿可明显看出，这都是作者在 1965 年修改本文时又添加上去的，亦按溥仪手迹保留。对照原文手迹可见真实。

溥仪撰文：参观西安八路军办事处旧址的感想（1964 年 8 月 20 日）

这个办事处是在抗日战争期间，国共合作成立以后的一九三七年设立的。这里有几所房子，一、三、四室为我办事处用，其余二、五、六、八、十室在办事处附近，都被国发党反动派的特务所窃据，作为监视、侦察和破坏我办事处的据点。

当时主持办事处工作的是林伯渠、董必武和伍云甫诸同志。

办事处的任务如下：

第一，大力支援祖国抗战救亡各团体；

第二，招待来自全国的青年，并护送到延安参加革命。一九三七年和一九三八年要求去延安的青年最多，要求介绍到延安的手续。仅五月和八月两个月中就介绍了二千二百八十八人，其中男占百分之七十，女占百分之三十。手续是经过口试、填表、易服、写介绍信、输运等项。由西安到延安要通过五大关口，受到几十个检查站的国民党军警特务的盘查。但是，也阻挡不了我们。我们不走公路，走小路，步行，自己背行李、带干粮。渴了，就喝水沟里的水。而且，经常要夜间走路，经过路途上的种种困难，大家充满革命的乐观主义精神，想尽一切办法，终于能够胜利地抵达延安。

第三，以全国各地的物质供应解放区的需要。

办事处存在期间，受到国民党的种种迫害，经历了严峻的斗争考验。

陕西省有五十几个国民党的特务机关，其中三十几个宪兵和特务机关设在西安，重点监视办事处。迫害我们的手段是多种多样的，例如跟踪、利诱、威胁、讹诈、放毒、破坏、逮捕、屠杀以及限制与处界人士往来等，不一而足。

我听说过这样几个例子：

一九三八年八月，有一个水泥工人到办事处工作了一段时间，当他回去后，就被以莫须有的罪名逮捕了。

有一个铺子伙计，因为给办事处送他们买妥的酱油，即被特务跟踪，刚回到铺子就被捕，经反复查证并没发现有何问题，就罚了六元钱释放了。

又有一次，国民党特务冒称八路军，在某公园里抢走了一个卖破烂的人手中的钱，妄图破坏我军和群众的鱼水关系。但是，人民的眼睛是雪亮的，人民认识谁是自己的朋友，而谁是敌人。

在办事处周围，常有一些打扮漂亮，充满娇气的女人，一看见八路军工作人员便笑脸相迎，这是国民党特务使出的美人计，但我们的干部并不理睬她们，美人计也只好落空。

还有一次，办事处炊事员到甘泉打水，不幸被特务抓去。特务们用枪对着他的胸膛进行威胁，让他挑用放毒的水。炊事员将计就计地答应了他们，一回到办事处马上汇报。敌人毒我不成又生一计：以特务化装成商人叫卖酱油。他把酱油投入了毒药以后挑到办事处，并借口外边有人在等，急忙走了。我们的干部看出此人形迹可疑，把酱油倒给狗喝，狗即中毒身死。

国民党特务害我们的同志也是常常有的。一九三八年，八路军总部宣侠夫同志由延安到西安，在球场当裁判员时遭到特务绑架，并被活埋于南山之下。一九四〇年，一位延安驻西安的办事人员上街买东西，竟一去不返，后经多方寻觅，才在一口井里发现他已经牺牲。

后来，国民党反动派又采取了新的更阴险的手段。他们向全市发布命令，不许卖任何东西给八路军办事处，对于特别是卖给军需品的立即枪决。

困难吓不倒我们的干部，办事处的同志们在大门口种地，自力更生解决供给问题。

一九四二年，这里也响应党的大生产运动，种菜、养猪、纺织、打毛衣，不会做就从延安派人来教，终于粉碎了敌人的实行经济封锁的阴谋计划。

在增产的同时，办事处还开展节约活动，提出：每人节约一分钱，就等于增加一分抗日力量。办事处的炊事员则保证不浪费一滴油。就这样，一直坚持到抗战胜利。

总之，办事处的同志们不怕困难，不怕危险，随时准备牺牲，一丝不苟地贯彻执行党的方针政策，对国民党既团结又斗争，以革命的两手对付反革命的两手，直到一九四六年奉命撤回延安。

我感到这次参观八路军办事处，对我的教育意义是很大的。办事处的精神已经极为深刻地刻进我的心间。

按：溥仪先生随全国政协参观团进入陕西以后，于 1964 年 8 月 20 日参观了西安八路军办事处旧址，当天晚上就在红格稿纸上写下了这篇感想短文。联想当年长春伪宫廷中的所作所为，他感慨万千。原文无题。手稿尚存。

溥仪撰文：游骊山（1964 年 8 月 21 日）

潼华清宫是唐明皇与杨贵妃住过的地方，战争年代里，这儿也遭到破坏，现在，古迹重修了，还为游览者建起了沐浴和休息的地方。

参观中，我们还看见了杨贵妃沐浴过的华清池。

又特意到蒋介石住过的房子看一看，那里有卧室、休息室和客厅。据说张杨发动西安事变的时候，蒋介石身穿睡衣，光着脚，就从这间卧室里打破后窗逃命。当时，室外还有一道小墙，蒋介石带来的卫士把他推上墙头，往下跳里又跌伤了足，一跛一拐地由一两名卫士把他挟上山去并偷偷地藏在半山腰的一个石穴内。外间的枪声越来越紧，蒋介石此时又怕又冷，还不敢声张。后来被搜索队发现了半山穴中露出的屁股，大声斥出。据说蒋当时全身战栗，哆哆嗦嗦地站起来，还执意不走呢！说什么“要死就死在这里”，后被搜索队拥走。

半山穴东边有一亭，即今之“捉蒋亭”。

蒋介石统治时期，为了欺骗人民，自我歌颂，无耻地把这个亭命名为“正气亭”。当时，国民党的军人政客多作诗词题跋于亭壁之上，在座谈中宁希讲他也曾在亭壁上题字称颂蒋介石。但是当地居民却说这个穴是“藏狗洞”。

我在蒋介石所住的房间里看到谢觉哉同志题的一首诗《登看捉蒋亭》，很有意思。诗云：二十年来藏狗洞，而今树已莽苍苍。危岩去了当时秽，清水引来近代香。乐岁年年称华胄，责责辈辈记张杨。春秋浴咏多佳日，从此骊山不帝王。

的确，这个骊山和华清池在悠久的历史中始终为皇帝、贵族以及近代反动军阀等一小撮统治阶级人物所盘踞和享乐，今天，它也获得了解放，成为人民的游览和休息之所。

我深深感到，有了党和毛主席领导的人民政权，这些名胜古迹才得到有力的保护与及时的修建。我也只有在这个伟大的时代里，才能公民的身份自由地前来参观和游览名胜古迹。共产党和毛主席来了，才有新中国的一切，人民解放的一切，祖国建设的一切，各地古迹的保护、修建与为人民服务的一切，作为公民的溥仪学习、工作和参观游览的一切。我想起了一首著名歌词《东方红》中的几句话：

共产党，像太阳，照到哪里哪里亮，

哪里有了共产党，哪里人民得解放。

这是我国人民的心里话，也是新生溥仪的心里话。

按：溥仪随全国政协参观团，于 1964 年 8 月 21 日参观游览了临潼骊山，即在红格稿纸上写下这篇感想短文。原文无题。手稿尚存。

溥仪致中洲宾馆领导同志的信（1964 年 8 月 28 日）

中洲宾馆领导同志：

党和政府对我们关怀备至，今年以来，连续组织我们到祖国各地参观。

当我参观郑州住在中洲宾馆时，承宾馆同志热情招待，在起居、饮食以及参观介绍等方面，都做到了极大的努力。

特别是八月二十七日夜间，我不慎于洗澡时跌倒在澡盆边上，致右肋负伤。正是半夜中，宾馆服务员王秋林同志和张景和同志闻讯，立即赶来看我，并派车往中医学院接大夫为我诊治。张景和同志又为我连夜到医院取方抓药，又代为煎药，整整一夜未睡。药煎好后亲自送来……

按：全国政协参观团于 1964 年 8 月 25 日上午到达郑州，至 8 月 28 日上午离开，下榻于中洲宾馆。溥仪信中涉及的事情就发生在这个期间。原信没有写完，也许这只是刚写了半截的草稿，但已足可说明问题了。手稿尚存。

溥仪撰文：参观河南和陕西两省的感想（1964 年 9 月 15 日）

最近，我和我的妻子及在北京的一部分朋友们到了西安、延安、洛阳、郑州四个地方进行了参观访问，瞻仰了革命圣地延安杨家岭、五家坪和枣园中国共产党中央和毛主席曾经驻在之处，拜谒了烈士陵园，参观了陕甘宁边区参议会大礼堂，另外，参观了四个博物馆、两个人民公社生产大队、九个工厂、一所大学、一个纪念馆和八路军办事处。在名胜古迹方面，浏览了临潼、大雁塔、白马寺和龙门等地方。参观时间由八月五日到二十八日，共二十四天。

今年三月到四月，我们曾到祖国南方参观旅行，这次到陕西、河南两省参观，看到我们敬爱的人民领导人当年所住的窖洞、办公室等地方，听到我们敬爱的人民领袖毛主席在延安的许多伟大革命事迹和毛主席艰苦朴素与军民同甘共苦的种种情况，使我非常感动。这种实例太多，不能一一列举，仅举一、二例来说。

我们参观枣园，见到老农民高兴德，他告诉我们说："毛主席住在枣园里，我就在这里见过毛主席。毛主席时时惦念农民，帮助农民建设生产，农忙时，派人帮助种地、锄草、收割。毛主席一直看到农民粮食收到囤里才放心。老百姓都说，毛主席住在这里时，农民没有饿肚子的，都是粮谷满仓。所以老百姓都非常敬爱毛主席。”他又说：“毛主席还经常派医生为农民治病，帮助农民打扫卫生。每过新年，毛主席还派人给农民拜年。毛主席热爱人民，人民热爱毛主席。”

一九四三年，在大生产之后，陕甘宁边区举办农民展览会，毛主席接见了十七位劳动英雄。陇东县农民孙万福见到毛主席时，用双手抱着毛主席激动地说：“大翻身了，有了吃，有了穿，账也还了，地也赎了，牛羊也有了。这都是您给的，要不是您，我们这些穷人，爬在地下一辈子也站不起来。”的确，孙万福的话，不仅是他个人的感受和心里话，正是代表亿万农民的共同感受和心里话。

在陕甘宁边区大搞生产运动里，毛主席处理内外军政大事百忙中，还亲自种菜耕地，和群众同甘共苦，带头示范，鼓舞着解放区军民生产运动蓬勃发展。由于中国共产党和毛主席的自力更生、增产节约方针，不仅粉碎了敌人的经济封锁，而且使贫瘠的陕北成为富裕之地，成为陕北的江南。反之，当时国民党反动派据有广大地区，金钱都上了他们腰包，他们大发国难财，使老百姓流离失所。他们所处的富庶之区，却成了人间的地狱。这正是两个社会、两种情况的极鲜明的对照。

中国共产党中央和毛主席驻在延安十三年，这十三年是使祖国和人民起死回生的十三年。这里是使祖国起了天翻地覆的变化的革命圣地。这就是说，经过八年抗日战争，中国共产党和毛主席领导中国人民打倒了日本帝国主义及其走狗，并粉碎了蒋介石国民党反动派反共反人民的军事进攻与经济封锁。又经过三年解放战争，驱走了美帝国主义侵略势力，打垮了美帝走狗蒋介石匪帮的反动统治，解放了全中国大陆。

现在许多国际友人经常到延安参观，他们把中国革命胜利当作自己斗争的光辉榜样。他们说得对：“延安不仅是中国的革命圣地，也是世界革命人民所向往的地方。”

今年春季我们到祖国东南的参观旅行，以及这次到河南和陕西访问，所看到的，不论是工厂、人民公社、学校和城市建筑等方面，都呈现出一片欣欣向荣的新气象。的确，祖国内外都是处于大好形势下，同时我们看到中国共产党和毛主席领导下站起来了的中国人民勤劳、勇敢、革命干劲十足，处处表现出国家主人翁的负责态度，一片朝气勃勃的革命乐观精神。看到祖国今天的一切，感到作为伟大中华人民共和国的公民，真是感到无比光荣与骄傲。

中国在解放前遭受帝国主义和国民党反动派的压迫和破坏，城乡凋敝，民不聊生。解放后短短十余年的岁月，祖国就出现了这样大的变化，连帝国主义也不得不承认我们的成就是伟大的。我国所以能有今天的成就和胜利，归根到底，是有了中国共产党和毛主席的正确领导，有无比优越的社会主义制度。

总路线、大跃进、人民公社三面红旗是社会主义事业胜利前进的灯塔。通过实地参观，更增加了我对社会主义祖国的热爱与胜利信心。祖国人民的前途真是光芒万丈！

按：这是溥仪从西安、延安、洛阳、郑州四地参观访问归来后所写的一篇短文，未曾公开发表。文尾注明的写作时间是 1964 年 9 月 15 日。手稿尚存。

溥仪撰文：参观河南和陕西两省的总结（1964 年 9 月）

这次参观河南和陕西两省，到了西安、延安、洛阳、郑州四个地方。瞻仰了革命圣地延安的杨家岭、枣园和王家坪，拜竭了烈士陵园，参观了陕甘宁边区参议会大礼堂。在四个地方共参观了四个博物馆，两个公社生产大队，九个工厂，一所大学，一个纪念馆和西安八路军办事处旧址。此外还游览了临潼华清池、西安大雁塔、洛阳白马寺、龙门石佛窟和三个公园等名胜古迹。这次参观活动从八月五日开始到二十八日结束，历时二十四天。

本年三月到四月，我曾参观祖国的南方，这次又参观陕西、河南两省，特别是瞻仰了革命圣地延安，这是我最大的光荣和幸福，也是对我一次最深刻的革命教育，我表达不出衷心的喜悦、兴奋与感动。

对我们关怀至深的党，为了帮助我们学习，做到理论联系实际，提高思想觉悟，加强社会主义教育和爱国主义思想教育，以使更好地为祖国人民服务，安排了一系列的参观活动。我深切感到：长江滚滚流不尽，党和毛主席的恩德说不完。

（一）

党中央、毛主席居住在延安十三年，这是使祖国和人民起死回生的十三年，这里是［经］历抗日战争和解放战争而使祖国天翻地覆的革命圣地。到延安来参观的亚、非、拉美国际友人说得好："延安不仅是中国革命圣地，也是世界革命的圣地。"

今天，我能够来到延安参观，这是过去做梦也想不到的事。由于有了党和毛主席改造社会、改造人类的伟大理想和改造罪犯的英明政策，才能让过去的魔鬼变成现在的人，我才能以公民的身份，到祖国各地参观访问。

我上次在井冈山参观时想过，这次在延安参观也同样想过：若不是党和政府组织我们集体参观，而是我们这些人私自来到井冈山和延安，革命圣地的老百姓也许是不会放过我们的，一定要求政府严办我们，这次我们参观延安枣园，当地农民高兴德老大爷向我们介绍毛主席在枣园和人民群众的密切关系时还说："到现在，一想起胡宗南，我们还是咬牙痛恨呢！"这话虽出自个人之口，却是代表千百万受过日寇、伪满和国民党反动派残害过的人民共同的语言。

在这里，我又想起自己曾有过的一种想法：虽然通过学习，知道封建主义、官僚资本主义都是帝国主义的走狗，都是人民的死敌，但是，以国民党战犯和伪满战犯相比较，我犹认为前者总还参加过抗日，而后者则完全投靠日本，当它的帮凶。现在我明白了：伪满是日本帝国主义的走狗，是为日本裕仁为首的大财阀、大军阀的反动统治利益服务的；国民党反动派则是美帝国主义的走狗，是为蒋宋孔陈四大家族官僚资本利益服务的，更进一步说，也是为华尔街美国垄断资本集团的利益效劳的。这两类战犯都是叛国、反共、反人民的，天下乌鸦一般黑，怎么能说美帝的走狗就比日帝的走狗强一点儿？这完全是糊涂的，错误的想法。

（二）

在延安，我曾参观毛主席在杨家岭住过的地方。当我听到一九三八年日寇飞机空袭延安，炸弹就在凤凰山毛主席的驻地附近爆炸时，心中对日寇产生愤怒的同时，不能不回想自己在伪满时期的一段助纣为虐的历史。当日本关东军司令官梅津美治郎调任日本侵略军参谋总长，在回国前向我辞行时，我为了巩固自己的地位曾向他献媚说："日本要南进（即侵略祖国和东南亚）就当同苏联和好，以巩固后方而全力南下，尤其要多多制造飞机，以确保制空权。"这就是鼓励日寇多毒害祖国人民和亚洲人民。所以，日寇轰炸延安，也是与自己的滔天罪行分不开的。想到这里，真是愤怒与悔恨交织在一起。

我参观王家坪和枣园毛主席的居住之地，听说主席为祖国，为人民日夜操劳，过着艰苦卓绝的生活。主席吃的不过一两样菜，穿的是补了又补的旧衣服。他在深夜工作，只在写字时才拨亮煤油灯，而当起立思索问题时又把灯捻弄小了，这是为了节省每一滴煤油。主席无时无刻不在关心群众生活，随时随地为群众解决一切困难，在处理军政内外大事的百忙之中，还带头种菜、耕地，亲身参加解放区自力更生的大生产运动。此时此刻，我干什么呢？我也搞"增产节约活动"。当时，我正执行日寇的侵略政策，除下令掠夺东北人民的粮谷运往日本，支持日寇的侵略战争外，还召集伪总理大臣张景惠和伪国务院总务厅长官武部六藏，当面吩咐他们向正在开会的伪省长传达："要多多增产节约，好把东北的粮食运往日本，支持日本皇军的大东亚圣战。"不仅如此，我还响应日本帝国主义主子的号召，自动捐献白金、钻石、衣服、地毯以及一切钢铁用具等，以示带头节约，乖乖地奉献于日本狗强盗面前，帮助他们用侵略战争屠杀祖国人民，屠杀亚洲人民。请看吧！这就是我的所谓"增产节约"的目的。今天想来，前半生的溥仪真是为狗彘所不食的坏蛋，连一点儿中国人的味道都没有了，过去的溥仪正是现在的溥仪的仇敌！

我在枣园参观，当地农民高兴德老大爷告诉我们："老百姓说，毛主席住在这里时农民没有饿着肚子的，真是粮谷满仓。所以老百姓每吃大米的时候都想起毛主席来。"真是饮水思源，人人忘不了毛主席的恩情。高老大爷介绍到这儿，不由得想起我过去也有让人民每餐不忘的事儿，这就是：我曾按照日寇意旨，掠夺

溥仪在延安枣园窑洞前请当地农民高兴德签名

东北老百姓的粮食，支援日本强盗的侵略战争。那时候我曾签署过这样的法令，按规定，除了日本鬼子和伪满汉奸，不准生产粮食的主人——东北老百姓吃大米白面，如有违犯，就要按“经济犯”严加治罪。老百姓则只好吃橡子面和草根树皮了。记得有一年——大约是一九四三年或一九四四年吧，东北农民实在饿得受不了啦，就推举了几名代表到长春面见张景惠，希望这位“国务总理”能够解救他们的倒悬挨饿之苦，张景惠却不慌不忙地说：“现在正是帮助日本皇军进行大东亚圣战的时候，你们粮食不够吃，勒一勒裤腰带不就行了吗？”日寇闻知，曾大加赞赏地说：“真不愧为‘日满亲善’的‘宰相名言’！”所以，东北老百姓每餐也不会忘记日寇和汉奸的可恨，这是很自然的。以上两种都是每餐不忘：一个是忘不了毛主席的大恩情，一个是忘不了日本鬼子和我的仇恨。高兴德老大爷的话，使我一阵感动得流泪，一阵痛恨得切齿，自己觉得万分惭愧，无地自容。

在这块抗日根据地上参观，不能不引起我悠远的联想和深沉的自责。

一九三五年，当我们党和毛主席领导红军经过二万五千里长征，北上抗日救国，在瓦窑堡召开会议组织抗日民族统一战线的时候，我干什么呢？那时，我正卑躬屈膝地亲到日本，向日本天皇裕仁致谢：我感谢他帮助我重登“帝位”，我高兴地和他一道酒宴联欢，并和日本皇太后共同游园，我小心翼翼地扶着她登上土山。当我将要离开日本并向皇太后辞行时，又无耻地对她表示感恩不忘，我说：“早晨一起床，看见东方升起的太阳，我就像见到陛下一样……”我回到东北以后立即颁布所谓《访日回銮训民诏书》，内有“朕与日本天皇精神如一体，尔众庶等，更当仰体此意，与友帮一心一德，以奠定两国永久之基础，发东方道德之真义”云云，又召集伪大臣，参议等训话，说“凡日本臣民不利于满洲国，即不忠于日本天皇，满洲国臣民不利于日本，即不忠于满洲国皇帝”等，我就用这些奴才谄媚主子的词句巴结敌寇和妄想麻痹人民，为日本帝国主义效忠。

一九四〇年和一九四一年，正是日寇疯狂进攻我国的时候，解放区的人民抗日军队正抗击侵华日军的百分之六十以上的兵力，他们外受日寇飞机轰炸，内受蒋军经济封锁。正当中国人民处境艰难之际，那个丧失人性的溥仪却乖乖地奉行着日寇主子的侵略政策，我第二次访问日本就是在这个时候。当时，我竟不顾廉耻地把日本天皇的所谓祖宗——天照大神的神体（剑、镜、勾玉）迎到东北，当作自己的祖宗加以祭祀，藉此帮助日寇对东北人民实行宗教侵略和思想奴役。虽然，我在心里也认为这是对自己的清朝祖先的侮辱，却没有想这样做是否侮辱了东北人民？为了巩固自己的汉奸地位，我对日寇主子百依百顺、迎合备至，唯恐失其欢心。

一九四五年八月，党所领导的抗日人民军队配合苏联红军，粉碎了日本关东军，解放了东北，中国的八年抗日战争取得了完全胜利。这凡有血性者莫不欢腾鼓舞之日，却正是我跟随日本主子狼狈逃窜之时。在通化敌伪区还演了一出“满洲国皇帝退位仪式”的丑剧呢！我当着日本鬼子和汉奸面前亲自宣读他们为我准备好了的《退位诏书》，宣读以后还说：“我虽退位，对日本还要一心一德。”这时，我已由过去的亲日、崇日转而为恐日，我害怕日寇失败杀我灭口，更怕引渡于中国。于是，我愈发疯狂地对它谄媚，表示忠诚到底。当我听吉冈安直（监视和操纵我，十年不离的日本特务——关东军参谋、伪帝室御用挂）说，美国已保证日本天皇的安全，并继续当天皇以后，我立即趴在地上，向天磕了三个头，表示谢天对裕仁的加护。吉冈也惊慌地磕了三个头。请看吧！这真是不知人间羞耻为何物！这正是反动的封建统治者的贪生怕死的丑恶原形！真是令人叹观止矣。

党中央和毛主席领导中国人民抗日救国的时候，我干的却是这些勾当。当然，这只是几个例子而已，其他大量的丑恶行为是不能一一毕举的。

在这个简单的对比中，我看到自己的前半生是如何卑鄙无耻，丧失人性，反映出封建统治阶级的本质。同时，我也看到，共产党和毛主席十三年如一日地为祖国、为人民，艰苦奋斗和大无畏的崇高革命精神。

中国共产党不仅能够带领人民推倒三座大山，而且，运用史无前例的改造政策，改造了日本帝国主义战犯、伪满战犯和国民党战犯，也把我从罪恶的黑暗深渊中拔救了出来，给了我新的生命，新的灵魂。

封建的清朝家庭害了我，党和毛主席救了我，我生平第一次认识到了谁是敌人，谁是自己，认识了自己在前半生中所代表的那个阶级的本质，认识了社会发展规律，认识了社会是劳动创造的，而人民是推动历史前进的唯一动力，认识了人类的前途，在这个世界上，条条道路通向社会主义和共产主义。

（三）

在王家坪，我听说当胡宗南进占延安后，毛主席就预言：这不是胡的胜利，而是把延安的包袱给他背上，是他倒霉的日子到了。少则一年，多则两年，我们必定收复延安。果然不出主席所料，一年多一点儿就收复了延安，等进入到解放战争第二年，陕甘宁边区和各地战场上的敌我形势也起了根本变化。在毛主席伟大军事思想的指导下，解放军以“小米加步抢”的装备，仅用短短的三年时间就彻底、干净地消灭了蒋介石的八百万军队。毛主席的战略战术明明写在书本上，蒋介石研究，美国也研究，但总是弄不出什么名堂来。这道理也很简单：解放军是人民的、革命的和正义的军队，他能运用的战略战术是蒋介石的军队所无法使用的。

蒋介石占领延安时我已在苏联，听到这个消息，我还认为蒋介石胜利了，大约不久即可消灭共产党。但是，当时我对国、共两党都没有好印象。以为不论是谁胜利了，都与我无关，对我都没有好处，我一心只想在苏联躲一躲，就怕回国。

当时我完全相信到处泛滥的反动宣传，认为共产党是最可怕的，“要杀尽有钱人”“共产共妻”……对国民党也有看法，首先认为孙中山闹辛亥革命推倒清朝是“造反”，其次认为孙殿英掘乾隆和慈禧陵墓，蒋介石不但不治罪，还由他夫人宋美玲接受孙殿英的盗陵赃物——珠履，因此，蒋介石也是我不共戴天的仇敌。

有一次，一位苏联军官问我：“中国共产党主张什么？”“什么叫马列主义？”我说不知道。他又问：“国民党主张什么？”“三民主义你以为如何？”我又答不知道。那位苏联军官笑了，说：“你是中国人，怎么对于本国的事情什么也不懂呀！”其实，这件事刚好能够说明我的反动本质，能够证明我的愚昧落后。

（四）

在枣园，当地农民高兴德老大爷介绍当年毛主席和人民群众的亲密关系，给我上了一堂生动活泼的政治课。他虽然仅能写几个字，文化程度不高，可是，他的话洋溢着阶级感情，充满了对党、对毛主席的无比热爱，也充满了对反动派的无比忿恨。我想，有一些知识很高的人，虽然能说一大套理论，往往缺乏工人、农民那种感情。

（五）

我上次参观祖国的东南，这次又参观了西北，所到之处，不论是工厂、农村、学校或都市建筑，都呈现出一片欣欣向荣的气象。我还看到了中国人民的勤劳、勇敢、革命干劲和国家主人翁的负责精神。看到这一切，作为伟大中国的公民，我感到光荣和骄傲。

解放前，由于内外反动派的破坏，我的祖国毫无建设之可言，国民经济处于一片破烂摊子上。解放后，经过十余年短短的岁月，祖国出现了百废俱兴的根本变化，连帝国主义也不得不承认我国的空前繁荣与强大。

总路线、大跃进、人民公社三面红旗是社会主义事业胜利前进的灯塔；调整、巩固、充实、提高八［字］方针为新的跃进打下了牢固的基础；自力更生、奋发图强、勤俭建国则是战胜一切困难的最好武器。通过学习和参观，更增加了我对社会主义祖国的热爱和确信不拔的胜利信念。

（六）

在学习和参观中，亲眼看到了由于苏联修正主义集团背信弃义，撕毁一切对我援助的协定与合同，撤退专家而造成的对我国社会主义建设的阻挠与干扰。也看到了我国建设者们根据领导、干部、技工三结合的原则，埋头苦干，努力专研，过去依赖进口的机器，现在都能自己制造了。

这次我在洛阳滚珠轴承厂参观时了解到，苏修唯恐我们有石油，拒绝按协议供应石油钻探轴承，全厂职工奋战四十天，自制了我国第一套石油钻探轴承。洛阳拖拉机制造厂的职工，在苏修拒付三百六十吨压油箱用液压机床的情况下，也自己想办法解决了。真是大快人心！我们不仅自己能制造了，而且成本低，质量好。向苏联买一台要花三十万元，而自己制造只需要十万元就足够了。

可见，如果帝国主义者或修正主义者还想用过去对付旧中国的办法压迫或威吓人民新中国，那真是瞎了眼睛，是枉费心机，注定要失败的。

（七）

过去只在文件上知道干部参加劳动、带头耕种试验田，感受不深。这次参观陕西醒泉烽火公社烽火大队，亲眼看到干部参加生产，并在试验田里反复研究和实践，取得了粮、棉双保收的情况。大队长王宝京仅读过半年书，解放后受到党的培养，加上自己好学、专研，现在已成为劳动模范、农业专家，并且当上了人民代表。在这位农业第一线上的光荣战士面前，我感到自己无所专长，实在太渺小了。我还访问了一位老农民——王金寿，他也念书不多，但一心专研种菜技术，成为经验丰富的菜农。他热爱集体，热爱劳动，全心全意地为老乡服务。他说："每天来买菜的人很多，有买五分钱的，也有买一分钱的，把我忙得够呛，心里很不耐烦。但毛主席著作给了我启发，我懂得了应该热情地对待来买菜的老乡。"由于这位老同志为人民服务作出了成绩，人称之为"老来红"。这些生动的事例对我很有启发。

（八）

沿途，我游览了许多名胜古迹，这些古代文物只有在党的领导下，在人民当家作主的今天，才能永远保存下来。[拿] 龙门的石佛窟来说吧，在旧中国时代，它遭到惨痛的破坏。美帝国主义分子勾结和收买国民党的官僚、奸商、盗窃了许多最宝贵的东西。加之长期无人管理，使多少古代艺术珍品被掩埋在荒草和灰尘之中。解放后，党和政府设立保护机构，派出专门人员进行整修与保管，对文化古迹妥为管理，使这些过去为统治阶级把持和欣赏的东西，在今天成为劳动人民的游览、休息之所了。新旧社会在这里也有一个鲜明的对比。

溥仪夫妇和溥杰夫妇来到洛阳伊水旁伏牛山腰观看龙门石佛窟

（九）

通过参观，我进一步明确了自己的努力方向。在延安，许多人参观了白求恩大夫为人民服务的旧址。由此，我记起了毛主席在《纪念白求恩》一文中指出的几句话："现在大家纪念他，可见他的精神感人之深。我们大家要学习他毫无自私自利之心的精神。从这点出发，就可以变为大有利于人民的人。一个人能力有大小，但只要有这点精神，就是一个高尚的人，一个纯粹的人，一个有益于人民的人。"一起参观的同伴都表示要学习延安精神。我想，延安精神就是革命精神，也就是如白求恩全心全意为人民服务的精神。这种精神来源于伟大的毛主席思想！我们经常说，跟共产党走，听毛主席话。这是对的，但不是口头禅，要言行如一，要躬行实践。回想自己的学习改造过程，不否认，明白了许多道理。可是，在具体实践中，在思想、生活和工作中，和艰苦朴素的劳动人民相距很大；和无产阶级的先锋战士——共产党员的距离就更加遥远了。但我有决心急起直追。中国有句古谚："从善如登，从恶如崩。"这是很好的警醒人的句子。人不进则退，只有上游和下游，绝没有悬在中间的中游。何况自己的新生刚刚几年，而魔鬼般的前半生则已经过了几十年，所以比一般人更要加倍努力，改造自己，不断学习，力争上进，做一个有益于人民的人。

按：溥仪与妻子随全国政协参观团前往西安、延安、洛阳、郑州四地参观访问，瞻仰了革命圣地延安杨家岭、王家坪和枣园中国共产党中央和毛主席驻在地旧址，拜谒了烈士陵园，参观了陕甘宁边区参议会大礼堂，还参观了四个博物馆、两个人民公社生产大队、九个工厂、一所大学、一个纪念馆和八路军办事处，并浏览了华清池、大雁塔、白马寺和龙门石窟等名胜古迹。参观自8月5日到28日，历经二十四天。本文以《参观总结》为题，细述见闻和观感。手稿尚存。

溥仪参观河南和陕西后在植物园的讲话稿（1964年9月）

我到延安，亲眼看到毛主席和各位领导同志所住的窑洞、办公室等地方，听到我们敬爱的人民领袖毛主席十三年来在延安领导革命的情况和他艰苦朴素与军民同甘共苦的生活，这对自己是一次最深刻的革命教育与阶级教育。现在，我向各位汇报一下参观延安的情况。

八月九日，我们从西安坐火车到铜川，在矿务局招待所，县国营食堂和甘泉少憩。三点多钟光景到达延安。

我们居住的招待所正在半山腰，从这里可以看到清凉山、凤凰山和著名的宝塔山。听说这些山上的树木都是解放后新栽培的，因为在解放前，胡宗南的军队占延安后大烧大毁，把这些山都变成了秃山，现在又变了回来，满山遍野林绿成荫。过去，延安市内都是小路，解放后修建了公路。据西安统战部张部长谈，在一九五二年的五个月内，就修筑完成了从咸阳到宋家川的七百里公路。

现在说一说毛主席在延安领导革命的概况。

党中央、毛主席领导工农红军取得二万五千里长征的伟大胜利后，于一九三七年一月进驻延安，直到一九四八年春天党中央撤离陕北，在延安先后住了十二年。延安成为革命圣地。

关于党在延安领导并指挥抗日战争和解放战争的情况不介绍了，重点说说我们党在延安培养干部与办学的情况，自力更生、艰苦奋斗的情况，以及毛主席在杨家岭、王家坪和枣园居住、生活与群众打成一片的情况。

当时，延安办了二十多个学校：延安中央党校、马列主义学院、抗日军政大学、陕北公学、中国女子大学、延安大学、医科大学、鲁迅文学艺术学院、民族学院、中国自然科学院、日本工农学校，等等。

毛主席亲自兼任中央党校校长，亲自讲哲学和近代革命史。其他中央负责同志也分别担任了学校的行政领导和教学工作。如周杨任鲁迅文学艺术学校校长，吴玉章任延安大学校长。

一九四一年，中央政治局通过了延安干部学校决定的教育方针，认为也适用于其他解放区。学校教育必须贯彻理论与实际相结合的方针，就这样提出来了。

按照新的教育方针的规定，首先，学校要和社会的实际工作实行联系；其次，在校内，文化、政治和专业三门课程不能偏废；再次，在教学方面采取启发的、研究的、实验的方式，以便发展学生在学习上的自动性和创造性。

当时，延安的学校除了学习外，还下厂、下乡，参加生产斗争。然后，再回到学校进行总结，提高认识。主要是把学到的理论知识运用到实际工作上。

一九四二年，为了克服党内存在的非无产阶级思想，为了提高马列主义思想水平，开展了全党整风。内容是：反对主观主义，整顿学风；反对宗派主义，整顿党风；反对党八股，整顿文风。中心是反对主观主义。这是一个马列主义的教育运动，是一场思想改造运动。

整顿的方针是惩前毖后，治病救人。

整顿的方法：有领导、有组织、有计划地学习文件，提高思想，统一认识，启发自觉。同时，发展党内民主，开展批评与自我批评。对不同意见可以展开争论，并联系个人思想、工作，进行酝酿、座谈和讨论。然后在本人自学的基础上作自我检查，其目的是分析犯错误的主、客观原因，以找出克服它的办法。人人都坚持马列主义真理，修正错误。

经过这次整风，提高了全党理论水平，批判了王明的第三次“左倾”错误路线。党在思想上达到空前的一致，在组织上达到空前的团结。党的高级干部也学会了掌握理论联系实际的工作方法。大批新入党的干部则受到一次生动活泼的马列主义教育，不愿意工作的也愿意工作了，不愿意下乡的也下乡了，骄傲自满、好高骛远的也踏实了，个人主义、自由主义、平均主义、极端民主化思想全都受到唾弃，教条主义也吃不开了。从此，认真工作和学习，实事求是，关心实际，关心政治，关心党和国家的事业的风气形成了。满怀革命事业责任感，充满信心的延安军民团结在毛泽东思想旗帜下，一面学习，一面生产，打破了国民党的层层封锁，依靠自力更生，得到丰衣足食。

当时，延安精神所处的环境是很恶劣的。

侵华日寇对各革命根据地实行“三光”和“扫荡”。八路军抗击着侵华日军的百分之六十到百分之七十，还有伪军助纣为虐。

与此同时，国民党反动派调集七十万军队包围解放区，另外还指使一部分军队投降日寇勾结日寇进攻解放区。

一方面是军队包围，另一方面是经济封锁，断绝物质来源，妄图困扰我们。解放区那几年衣不够穿，粮不够吃，纸张不够用，没有油吃，没有鞋穿。工作人员没有被、褥，伤员病号没有医药。但是，困难并不能吓倒我们，我们开展了轰轰烈烈的大生产运动。

发展经济、保障供给是当时经济财政工作的总方针，方法是开展农业的大生产运动。为了提高农民的生产积极性，在农村实行减租减息的政策。为了减轻人民负担，机关、部队也都参加了生产。仅仅两三年的时间，陕北已经建设成为丰衣足食的模范抗日根据地。

八月十二日，我们参观了杨家岭。这是当时的中共中央所在地。一九三七年党中央、毛主席刚到延安时住在凤凰山，一九三八年十一月二十日，凤凰山遭到日寇飞机的狂轰乱炸，党中央遂迁来杨家岭。到一九四三年，中共中央书记处又迁移枣园，从此直到一九四七年三月胡宗南进占延安以前，枣园一直是中共中央所在地。但是，中央其他部门仍在杨家岭，著名的中共第七次全国代表大会就是在这里召开的。后来，杨家岭遭到胡宗南的破坏，窑洞门牌全部焚毁。解放后又整修复原。

我们参观了中央大礼堂。当地负责同志向我们介绍了毛主席在杨家岭居住时的生活情况。主席在杨家岭住三间窑洞：一间办公室，一间宿舍，一间接待室。主席每餐只有两三种蔬菜（白菜、黄瓜、西红柿等），有一次，炊事员做的菜很好吃，主席立刻让警卫员找来炊事员，问他是否合乎伙食标准？并说：千万不要超过，因为这是中央决定的。主席和战士一样地穿件灰布棉军衣，从保安到延安，一直到杨家岭，几年都穿它。警卫员送来新衣，主席不要并告诉说，谁需要就给谁穿吧！主席自己刻苦却无时无刻不关心着群众的生活。天热了，他就动员医生们下乡为老乡们治病。他还经常找农民谈话，有一次了解到农民杨再孝生活困难，赶紧派人给他送去小米和用具，并帮助他结婚安家，他非常感激。

解和区开展大生产运动的时候，主席在处理军政内外大事的百忙中还带头种菜、耕地。一九四三年，陕甘宁边区举办了农业展览会，毛主席曾在这里接见十七位劳动英雄，陇东县孙万福见到毛主席，用双手把毛主席抱住，流出感激的泪水，激动地说："毛主席呀！我们大翻身了。有了吃，有了穿，账也还了，地也赎了，牛羊也有了，这都是你老人家给的！要不是你，我们这些贫苦穷汉趴在地下一辈子也站不起来呀！"这话，充分表达了中国人民对主席的热烈爱戴。

一九四六年秋天，下冰雹，庄稼受害很大。主席委派中央书记处的七八位同志分赴各地调查，然后汇报庄稼受害情况。为了救灾，主席号召多种冬麦，当时缺少种子，主席就把自己地里收获的一千多斤粮食作为冬麦种子（大生产运动中主席亲自耕地，主席指挥全局工作繁忙，群众不忍心主席过累，主动为主席代耕，到秋打了三担粮食）。次年冬麦的生长情况良好。虽然受到胡宗南军队的破坏，由于游击队和群众的抢护，本年仍然得到了丰收。主席关心群众，群众热爱主席。一九四五年春节，人民敲锣打鼓地给主席送去大寿桃和一面红旗，旗上写着四个大字：为民谋利。

我们又参观了毛主席在枣园住过的窑洞。在那里，枣园人民公社社员高兴德老大爷向我们介绍了当年毛主席密切联系群众的生动往事。他说："毛主席在枣园居住时，我就在这里。他老人家时时刻刻惦念人民群众，要让人人吃饱穿暖，帮农民建设、生产。农忙时总是派人来帮我们开荒种地、锄草、秋收，直到粮食进囤才放心。主席说，农民要耕三余一，又来灾年才不怕。我们响应主席号召做到耕二余一，那几年我们年年粮食吃不完，没有饿肚皮的。毛主席看我们生活好过了，又顾虑农民的卫生条件不好，就告诉我们要讲卫生才能不生病。他还派部队到农村帮助打扫卫生，搞得干干净净。春节时，主席还派人给我们送对联，让我们多杀年猪，快快乐乐地过年。有一年正月初一，毛主席派人带酒菜、烟卷给农民拜年。在旧社会我们百姓连个县长也不易见到哇！即使见到也要下跪，现在，毛主席和我们平起平坐。有时候主席请我们吃饭和我们唠家常，谈生产，我感到今天的农民真正翻了身。"

高兴德老大爷再次讲起逢年过节时主席和群众在一起的动人情景，他说："年、节里，农村的剧团和秧歌来到枣园，主席就和农民们坐在一起看戏，他总是让老年农民坐在前面，让部队坐在后边。大年初二或初三，主席就召集人民代表开座谈会，问我们打多少粮食？够不够吃？有衣服穿没有？生活困难不困难？过年杀了几口年猪？我们说，二十二户杀了十八口猪。主席说，明年要争取每户都杀一口年猪。"高老大爷又说："主席对群众中的军、烈属特别照顾，过年时总不忘记派人去慰问他们，替他们打扫房子、院子、挖炕灰，还送肉、送烟，挨家拜年，并告诉他们说：'你们的儿子不在，我们就是你们的孩子，现在来看望你们了！'军烈属深受感动地说，真比自己的儿子还强啊！"

高兴德老大爷又介绍了毛主席关心群众的其他事例。

"毛主席关心农民吃饭问题，还关心农民穿衣问题，他号召我们多种棉花，还派来妇女干部学种棉花。后来国民党封锁，我们照样有衣服穿。枣园有个医务所，群众看病不必挂号，公费医疗。主席说：'你们生产，我们应当帮助你们。'农民杨玉英半夜病重，毛主席派大夫半夜来诊，杨玉英得救。老百姓说：'真是人民的医生，什么时候请什么时候到。'一九四六年春天，我们正在锄地，毛主席来了，他问我，天这样旱，能不能把庄稼晒坏？我说不怕，十天内下雨就不怕。主席说要多多动员，多锄几次地，下雨才能保存水分。大家听了主席的话，抓紧锄地，六天以后果然下了雨，解除了旱象。在旧社会，统治者就知道征粮要税，哪会管我们锄地不锄地？毛主席还派人帮助我们修水渠，人们称之为‘幸福渠’。过去，这里只能种小米、种菜，现在，也都吃上大米了。所以，老百姓每每吃上大米饭的时候，就想起主席来。”

……

高兴德老大爷最后谈到胡宗南进犯延安的情况。他说：“胡匪占领延安后，牛羊杀光，粮食挖光，鸡子吃光。他们烧、杀、抢，何止三光，而是四光、五光、六光，连各家门牌都给烧没有了。现在一想起当时的情景，对蒋介石和胡宗南还咬牙切齿地痛恨呢！”这绝不是高兴德一人的恨，而是遭受过日寇、伪满和国民党反动派残害的人民的共同的恨。

八月十二日，我们还在王家坪参观了八路军总部旧址。在那里也听到不少关于毛主席领导革命队伍的伟大事迹。我想着重介绍当胡宗南进犯延安时，毛主席在判断敌情方面的英明预见以及撤离延安时的情况。

胡宗南进犯延安之前，毛主席就英明地指出：“胡宗南来延安不是他的胜利，而是把延安的包袱给他背上，是他倒霉的日子到了。”果然，胡宗南只在延安待了十三个月零三天，延安就收复了。

军民撤离延安时许多人想不开，对全盘战局了若指掌的毛主席，在分析了敌我情势后对大家说：“存地失人，人地皆失；存人失地，人地皆存。”实践完全证实了主席的论断。

当时，毛主席分析时局，指出了它将要经历的三个阶段：

前期：敌得地失人，我得人失地。

中期：敌失人不得地，我得人未失地。

后期：敌失地又失人，我得地又得人。

三年解放战争的敌我情势正一一如毛主席的英明预见。

毛主席说，敌人占领延安，少则一年，多则二年，即可收复。实际上只用了一年多便收复了。毛主席英明预见，真是胸中自有百万书哇！

现在谈谈我方撤离延安的情况。

一九四七年三月十日，胡宗南派飞机轰炸延安王家坪的中共中央和毛主席驻地。有一个大型炸弹就落在距主席窑洞不远的地方，把主席窑洞的门窗都震荡起来。主席仍然没有离开办公室，照旧紧张工作。侧近的人劝主席进防空洞，参谋人员为了促主席速离办公室，拿来炸弹的弹片给主席看，主席接过来，笑笑说："可以做两把菜刀呢！"仍不离开办公室。

三月十八日，胡宗南大举进犯，延安紧急，除少数游击队员外，大部分干部均已撤退。胡军先头部队已抵五华里之外的南家枣园，那里正发生战斗，炮声隆隆。这时，尚未离开延安的主席和任弼时同志继续办公，指挥作战。周围同志纷纷劝撤，但毛主席说："大道通天，各走一边。他走他的，我走我的，怕什么？"直到十八日晚上六点多钟，援兵王震旅到达，主席向他部署了战斗任务后，才从容地离开延安。撤离前，主席还关心群众的安全，问群众是否都已撤离？群众都已离开，主席才安心地乘坐由华侨赠送的唯一的救护车撤离。

这时，敌我双方正靠着两条路走，始终保持着四五华里的距离，但胡宗南却总也摸不清主席在何处，直到我军胜利地渡过黄河。

……

通过这次参观，我看到党和毛主席领导中国人民取得抗日救国的伟大胜利，不能不回忆自己在东北当日寇走狗、为虎作伥、危害祖国和人民的万恶罪行。参观中，我充满兴奋、感动和欢欣鼓舞的同时，更充满了对日本帝国主义、对前半生的仇恨与惭愧，两种感情交织在一起。因此，延安之行对自己的教育意义真是非常之大。

……

现在谈谈参观所到的其他城市。

西安概况：

西安，古代为长安，西周以来十一朝在此建都，历时一千一百多年，最盛是唐朝，文物古迹很多。

解放前的西安有三句概括的话：马路不平，电灯不明，电话不灵。那时候，没有一条平坦的柏油马路，到解放时还是沙石路。较好的建筑仅有西安招待所、邮电所、钟表站及官僚的宅第，到处都是茅草房，至今尚未完全拆除。改造城市总要经历一个历史过程，现在的西安较之过去已经有很大的不同了。城内的高大建筑都是解放后兴建的，平房也修整好了。特别是城市的变化显著，向东向南二十华里之内建立了一批学校、工厂和企业。城市面貌越来越好了。

从工业方面看，解放前的西安是官僚资产阶级、地主阶级享受、行乐的消费城市，工业极少又简陋不堪，仅有生产不大的小型工厂。到解放时也只有私人的大华纺织厂、中南火柴厂和小型面粉厂，还有些手工操作作坊，除此，就是些做买卖的。那时候连用点腻子也要从上海调进呢！现在工厂很多，如国棉三、四、五、六厂，针织厂，印染厂，油漆厂，陶瓷厂，印刷厂，制药厂，造纸厂，瓷器厂，暖水瓶厂，化肥厂，农业机械厂，塑料厂，还有发电厂，车辆修理厂，动力机械厂，仪表厂等重工业厂矿。解放前只有九万名产业工人，现在已经超过三十万。

从农业方面看，经过土改、合作化到人民公社，生产力解放了，农民生产积极性大大提高了。农田灌溉面积由解放初期的十四万七千亩扩大为四十五万亩，占总耕地面积的百分之六十二点八。还新建了几座水库和大型渠道以及抽水机站。全市有电力排灌机六千五百多台，到处都有拖拉机站，农业机械的操作和使用大大提高了生产力。前几年这里也遭遇了自然灾害，但平安渡过了。现在农民为了保证稳产高产正在创造更好的条件。

在商业、文化教育、体育、邮电各方面也都有很大发展。以文化教育来说，解放时只有两所大学：一是西北大学，一是武功农学院。仅有大学生一千五百人。中学，包括初中和高中共三十三所，一万学生。现在呢？有高等学校十七所，学生三万二千多人；有中学一百四十五所，学生八万二千多人；有小学五百五十一所，学生二十三万一千多人。小学教育已经普及。

洛阳概况：

我看到的洛阳是一个新兴的工业城市，它又是古都之一。这个面积为七十九平方公里，人口五十六万的都市，在历史上曾九朝建都。它是由东契丹在公元前一千一百零八年建造的城市，经周平王东迁后，历东汉、曹魏、西晋、魏、隋、唐、西梁、后唐等九朝，成为千年之都。

解放前，由于连年战争，洛阳市遭到了日本帝国主义的蹂躏与国民党的破坏，又贫困又狭小。当时的市区仅为现在的“老城”，方园四平方公里，人口八万。工业方面只有十几个修配厂，二百六十名工人，还有两三个四五人的手工作坊。文化教育方面，除了七所私立学校外没有一所正规学堂。全市仅一个神州医院，电影院和剧院全是席棚子。商业方面一片萧条。加之国民党抓兵要挟，人民生活十分困苦。虽然，历史留下大量古迹，最著名的有龙门石佛窟和关帝庙，但是都遭到严重破坏。

从解放时起，洛阳新生了。一九五九年开始大规模的建设，短短几年之中，旧的面貌全改变了。

工业方面，全市共有二百二十九个工业单位，其中我们参观过的大型企事业有第一拖拉机制造厂、矿山机械制造厂和滚珠轴承厂。中小型企业如建筑机械制造厂、橡胶制造厂等，都是贯彻因陋就简，自力更生的原则，从一九五八年开始发展起来的。最近，贯彻中央调整国民经济的八字方针的结果，工业生产正稳步上升，特别是在产品品种与质量上都有很大发展。工业技术力量也大大增长了，工程师、技术员已有数千人。全市十一万多名职工充满着艰苦奋斗、奋发图强的革命精神。

城市建设方面，全市新建马路一百零七条，其中龙门马路长达十三公里，中洲马路长达十二公里，有十四公里的柏油路面。还兴建了中洲桥和龙门桥，这个龙门桥是用石头以土法砌成的形式古老、具有民族色彩的一座桥，现在只差栏杆尚未修好。从一九五三年到一九六二年十年之间，全市新建的民用房屋有三百四十多万平方米。同时还大力开展城市绿化工作，发动全市职工植树一千二百多万株，其中各种果树一百多万株，既美化了城市又增加了收入。

文化教育方面，现有各类学校共二百零二所，其中大学一所（农业机械学院）；中学、中专、技校等四十八所；小学一百五十三所。在校学生达十万余人，适龄儿童上学率在百分之九十五以上。全市有教师三千九百四十二人。全市有九个医院，三千三百多张床位，有八个电影院，九个戏院，藏书十七万册以上的大型图书馆一处。所有的名胜古迹，如钢城公园、龙门、关林、白马寺等都进行了整修。

农业方面，兴修水利取得了很大成绩，如芒山大渠、秦岭大渠，还有上百个机电排灌站、机井等，水利灌溉面积达十四万二千亩，占总耕地面积的百分之四十一点七，还使用了五十六台拖拉机。一九六三年农业生产获得全面丰收，粮食平均亩产三百七十八斤，比一九六二年增长百分之十二点八；棉产量比一九六二年增长一倍多；油料产量比一九六二年增长一倍；蔬菜则完全满足了市场需要。此外，去年还收获果品五百二十三万斤，这是解放前根本没有的。

人民生活也日益提高，职工住宅有了很大改善，工资水平也有所提高，去年有百分之四十的职工调整了工资。

总之，洛阳的面貌已经焕然一新，而且还在继续发展，可谓前途无限。

郑州概况：

郑州已有三千五百多年的历史了。公元前一百一十六年，周武王管叔于此，当时称管城。春秋时代为郑国公叔段的采邑。秦时称管县。北周时（公元五五九年）改称郑州。到一九一三年又改为郑县，一九四八年解放，称郑州。一九五四年，河南省省会迁到此地，从此成为河南省的政治、经济和文化中心。

郑州是有光荣革命传统的城市，著名的“二七”大罢工就是因为铁路工人在这里成立总工会而引起的。它是我国革命史上光辉的一页。

解放前的郑州，人口十五万人，面积五万二千平方公里。当时有两句话：无风三尺土，有雨一街泥。全城只有一条一点七公里长的水泥路，也没有自来水和汽车，没有公共卫生设备。市民饮用井水，市内的两条小河就像两条臭水沟。

解放后进行了大规模的市政建设，面积比以前增加了四点六倍，人口增长了三点三倍，房屋扩建了七百一十九万平方米，有纵贯全城的柏油马路，密布如网的自来水管道，城内通了公共汽车。臭水沟也改变了模样，经过绿化的城市空气清新。

决定城市性质的是工业。郑州的工业在解放前也是谈不上的。郑州郊区产棉，因此这里曾有一个裕中纱厂，五万纱绽。抗战前迁往重庆，后被炸毁。还有一个电灯公司，只有十五千瓦发电量。此外，还有南洋烟草公司，只一部液压机。整个郑州只有两千五百七十名工人。

解放后兴建起六个棉纺厂，有四十四万纱锭，一万五千三百台国产织布机。还有两座发电厂，一九六二年总发电是超过两亿度。卷烟厂也有很大发展，年产二十多万箱。郑州市出现了大量新兴工业部门，过去不能生产的煤矿机、发电机、变压器、灯泡、砂轮、瓷器等，现在都能生产了。郑州已经成为新兴的综合生产城市，它拥有工业企业一百二十四个，为解放前的二十八点四倍，职工八万四千六百人，为解放前的三十二倍。

解放前，郑州的商业只有为统治阶级奢侈享乐的生活服务的布店、金店、银号以及绸缎商店等。现在，全市有一千五百零两个社会主义的商业单位，而从事服务行业的职工达一万八千多人。

文化教育方面的变化也是令人惊奇的。这个城市在解放前有三十二所小学，九所中学，一所专门卫生学校，没有高等学校，在校学生仅一万四千人。

解放后，郑州有小学一百九十五所，学生九万人；中学和师范学校四十二所，学生二万五千人；中专十三所，学生七千八百八十人；高等院校五所，学生九十三万三千人，其中仅郑州大学就有学生近万人。

解放前，郑州只有两个电影院，五个戏院。现在有二十二个电影院，七个剧院，同时可容约二万二千名观众。此外有三个工人文化宫，五个体育场，两个游泳池和一个小型降伞塔。

解放前，郑州只有两个医院，一百二十个床位，而现在有二十九个医院，五千九百六十五个床位了。

郑州，正沿着更美好的现代化城市的方向继续建设着，变化着。

结论……

按：溥仪从河南和陕西参观归来后，应邀在北京植物园作报告，本文就是为此而起草的。由于讲话稿和参观总结系先后写出，又都谈参观见闻和观感，内容不免或有重复。为了节省篇幅，两文相重的段落，均删节不录，而以删节号表示。手稿尚存。

溥仪在四届一次全国政协会议上的发言（1964 年 12 月 30 日）

各位委员：

我热烈拥护周总理的政府工作报告。这个报告全面系统地总结了政府工作，并对国内外形势作了精辟的分析。听了报告，给我极大的教育，感到十分兴奋和鼓舞。对于郭沫若副主席所作的政协常务委员会工作报告，我也表示完全拥护。

1964 年 12 月 30 日溥仪在全国政协第四届第一次会议上讲话

今天，我能够以中国人民政治协商会议的一个成员在这里发言，心情非常激动，我回想过去，觉得自己是罪不容恕的，我也愈加痛恨旧社会；但是在今天我瞻望未来的时候，我对自己的前途充满了光明。我不仅为我获得新生而庆幸，更庆幸我们有伟大的国家，伟大的党、伟大的领袖毛主席。在中国共产党和毛主席的英明领导下，苦难深重的旧中国发生了天翻地覆的变化。十五年前，毛主席曾经预言：“中国人民将会看见，中国的命运一经操在人民自己的手里，中国就将如太阳升起在东方那样，以自己的辉煌的光焰普照大地，迅速地荡漾反动政府留下来的污泥浊水，治好战争的创伤，建设起一个崭新的强盛的名副其实的人民共和国。”现在，毛主席的这一伟大预言，已经变成光辉的现实了。

十五年来，我国社会主义建设的成就和速度是惊人的。但是，这辉煌成就的取得并不是一帆风顺的，是经过与国内外敌人不断斗争，战胜了一个又一个困难才取得的。特别是在一九五九年至一九六一年期间，我国遭受连续三年的自然灾害，加上赫鲁晓夫修正主义集团背信弃义，撕毁合同，撤退专家，停止供应重要设备，给我们造成很大困难。但是，我国人民在党和毛主席领导下，奋发图强，自力更生，迅速地扭转了暂时困难的局面，并且陆续还清了外债，还能支援其他国家的建设。现在我国国民经济情况已经全面好转，我国人民独立自主，自力更生地建设社会主义的力量，从来没有今天这样强大。我国的政治形势也比过去任何时候都好。我国的一切伟大成就，都奇迹般地出现在人类历史上，使全世界革命人民为我们高兴而使一切敌人发抖！这奇迹的创造，并不是偶然的，这是由于党和毛主席的正确领导，社会主义制度的优越，总路线的光辉伟大，以及全国人民同心同德、共同努力的结果。归根到底，是伟大的毛泽东思想的胜利。毛泽东思想不仅是我国革命和建设取得胜利的源泉，也是世界革命人民争取胜利的灯塔，是世界革命人民心中的太阳。

我对于毛泽东思想和党的政策的伟大，越来越有深切的体会。党的政策帮助我从一个战争罪犯变成为社会主义国家的公民，背叛了过去的阶段，认清必须走社会主义道路才有光明的前途。从我的改造过程和近几年的学习中，我深切体会到无产阶级专政的伟大意义，像我过去那样的人，如果没有无产阶级专政的条件是不可能从敌我矛盾转化为人民内部矛盾的，专政使我彻底从不可救药的犯罪中得到挽救。过去通过对我的强制改造，使我由不能接受改造逐渐走向能够接受改造，从强制改造走向自愿改造。毛主席说改造世界，“其中包括了一切反对改造的人们，他们的被改造，须要通过强迫的阶段，然后才能进入自觉的阶段”。我深深领会了毛主席这一英明论断的正确性。现代修正主义者宣传“全民的国家”“全民的党”，这完全是谬论，是骗人的。最近有许多外国记者访问我，他们觉得像我溥仪这样的人，能够在新中国生存，是个奇迹；不但生存，而且生活得很好，更使他们迷惑不解。在社会主义社会，在新中国，在伟大的毛泽东时代，确实出现了这样的奇迹：把战争罪犯改造成新人。这是党和毛主席政策的伟大胜利，也是无产阶级改造世界伟大胸怀的明证。说到这里，使我由衷地感到无产阶级的大公无私，感到中国共产党和毛主席的英明伟大。

在这里使我情不自禁地想起一九五九年我蒙特赦，离开那重生之地抚顺战犯管理所的心情，当时我一方面感激党和政府的宽大，但同时，当管理所人员送我出所的时候，我又像一个将要离家的孩子一样，恋恋难舍。这种心情，我曾经同资本主义国家的人们说过，但是他们是无法理解的。这种感情并不是我一个人有，连一些日本帝国主义战犯在离开战犯管理所时，也都异口同声地说，抚顺战犯管理所是自己重生之地。有些怀着敌意的日本记者，会企图从日本战犯口中听到对中国政府这种政策不满的声音，但是他们总是大失所望，无论在管理所以及离开管理所回到日本，日本战犯也总是说我国政府的政策好！

在我离开抚顺战犯管理所以后，我感到走进了更大的社会主义的大家庭，处处受到党的无微不至的关怀和亲切的教育，使我得到工作和继续学习改造的机会。一九六〇年，我在北京植物园劳动锻炼一年，使我有机会同基层干部、工人同吃、同住、同劳动、同学习，这对我的教育很大。我亲眼看到他们辛勤劳动，艰苦朴素，坦白直爽，具有革命乐观主义，处处表现出国家主人翁的态度。这一段生活，使我认识到劳动的光荣，渐渐体会到了劳动人民伟大的思想感情。一九六一年我参加了全国政协文史资料研究委员会工作，在工作中，使我有许多收获。特别是近年来，党和政府为我们安排了两次去各地参观，对我的教育意义更是很大的。在参观中，我亲眼看到了在总路线、大跃进、人民公社三面红旗光辉照耀下所取得的伟大胜利，增加了我对社会主义祖国的热爱与社会主义建设事业胜利的信心。祖国人民的前途是光芒万丈，我个人的前途也是光明美好的。

今天我以政协委员的身份，出席政协大会，感到特别荣幸，这也是我过去梦想不到的。在这次大会中我听了周总理的报告，进一步认识了这几年来我国在社会主义革命和社会主义建设方面取得的伟大成就，进一步认识到在国际上反对美帝国主义和现代修正主义的斗争，也取得了伟大的胜利。对于这些，我心中充满了兴奋。现在，国内外都是一片大好形势，作为一个伟大的中国公民，我衷心地感到骄傲。所有我国各条战线上取得的伟大成就，都是我国各族人民在毛主席和党中央领导下，参加了阶级斗争、生产斗争、科学实验三大革命运动的结果。我热烈拥护中央和毛主席提出的伟大的三大革命运动。

在这次大会上，我看到我们各族人民的伟大领袖毛主席的身体非常健康，其他党和国家领导人也都非常健康，这是中国人民的幸福，也是世界各国人民的幸福。

我现在就要结束我的发言了。在这里我向党和毛主席表示：今后一定要不断学习毛主席著作，不断加强自我改造，和全国人民一起，共同参加我们伟大的社会主义建设事业，为把我国建设为一个伟大的社会主义强国而贡献自己的力量。

我的发言，如有不当，请各位指正。

按：依据溥仪亲手以钢笔增修的会议发言统一打印稿整理。溥仪在1964年11月18日接到通知，与杜聿明和宋希濂一同被推荐全国政协委员。他在发言中说："今天我以政协委员的身份，出席政协大会，感到特别荣幸，这也是我过去梦想不到的。"原发言稿尚存。

溥仪答记者问两则（1964年）

一、溥仪登基与关东军的安排

1934年3月1日即位，住址未变，正式称号是满洲帝国皇帝。皇宫即从前执政府，周围约四里。当伪皇帝的每年外出旅行一二次，完全是日本关东军安排的。国外只去过日本两次。

二、溥仪与伪满军队

伪满军队约有八九万人。我的当时名义是满洲国陆海军大元帅，另一个名义统帅是军政部总长张景惠，实际是由日本顾问统辖，板垣征四郎、多田骏和佐佐木到一等都做过顾问。伪满军队实际上是日本人统辖的军队，由各级顾问实际指挥。太平洋战争爆发后，日本兵力不足，伪满军队分担了一部分中国战场的任务。苏联对日宣战，日本人挟我逃到通化后，听说在长春的禁卫军起义了。我被俘后，又听伪将官们说过几起倒戈事件。只记得有一次是在张鼓峰战役时发生的。当时的警察总监是齐知政，但实权仍然在日本人手里。

按：依据溥仪亲笔手稿整理。

溥仪在全国政协座谈会上的发言：《我的改造》（1964年）

一、我的身世、罪恶和改造前的思想状况

我1906年出生在醇王府，1908年我三岁时进宫当了清朝末代皇帝，1912年退位。又根据所谓《清室优待条件》的规定（第一款：大清皇帝辞位后帝号仍存不废，中华民国以待外国君主之礼遇待之），开始过关上门的皇帝生活，一直到十九岁被冯玉祥派人赶出去为止。出宫以后先在父亲家住了几天，便跑到东交民巷的日本公使馆里，住了不久，又由日本警察护送到天津，在日本租界一住七年。1932年随日本人到东北，做了两年伪满洲国执政，十二年伪皇帝。1945年被苏联红军逮捕，关押了五年。1950年7月我和其他伪满战犯同被引渡回国，在战犯管理所关押改造近十年，1959年年末被特赦，回到北京。

我在前半生中，做了三次皇帝：三岁登基一次，十二岁张勋复辟一次，当伪满的皇帝是第三次。这一次认贼作父、祸国殃民、为虎作伥十四年，按最保守的估计，我给祖国造成的灾难，是损失生命一千多万人，损失财产超过相当五百亿美元的价值，至于伪满洲国之成为日本帝国主义侵略祖国的基地和发动太平洋战争所造成的罪恶更无法统计。

是什么思想叫我造成这么大罪恶？这便是从会吃饭穿衣时就占据我心灵的八个黑字：我是皇帝，我要复辟。这是贯穿我前半生一切思想、行动的一条黑线。

从前，我一直自认为是为了“奉天承运”而生的，我出生于世，只适于做皇帝，我是天造地设的统治者，除了天地和祖宗，只有我最大。我一直认为“普天之下、莫非王土，率土之滨，莫非王臣”，一切都是我所有的。我在紫禁城北半部住着的时候，总是在想：乾清门以南，神武门以北，全给犯上作乱的人抢去了，历史本来是帝王将相所造成的，辛亥革命以后，历史也不像个历史了。我如果不把江山收回来，就对不住祖宗和自己。

在这种思想支配下，复辟活动便成了我和周围那一伙封建余孽的职业。我无日不想、无日不干这个勾当，好像如果没有复辟阴谋，我来到世界上就失掉了目的性，而对我周围那伙人，我的存在也就失掉了意义。那时，在我的耳边和雪片般的奏折里，常出现这些话“唯望我皇上外示养晦，内自振奋，毅然决然，当机立断”，或言“适时养晦，圣德日新，终必天与人归，光复故物”，又谓“求贤才，收人心，联友帮，以不动声色为主”等，不一而足。大家都知道张勋复辟的丁巳事件，但复辟活动不以丁巳始，也不以丁巳终。固然丁巳年我还小，任人摆布，可是，当我看到复辟失败，也曾对着“退位诏书”大哭一场。从那以后，年事日长，皇帝梦也一天比一天做的厉害，周围的遗老遗少都是帮我出复辟主意的，像运动军阀、贿赂政客、私通外国、资助白俄匪军、用慈善捐款收买人心、派人留学军事以培植人才，乃至投靠帝国主义等，几乎大部分主意我全接受了，我都干了。虽然屡次失败，不断上当受骗，但是我总不死心。正应了那句名言：捣乱—失败—再捣乱，直至灭亡。我的复辟思想后来竟完全集中到一点：只要叫我当上皇帝，干什么都行，这样便甘心把自己卖给了日本军阀，成为它手中的工具。极端自私和贪生怕死，最后就落到这个局面：只要命，不要脸。每天仰日本关东军的鼻息，逢迎拍马、无所不至。匈牙利有一首著名的诗：“生命诚可贵，爱情价更高，若为自由故，两者皆可抛。”我与此相反，正是：“自由诚可贵，面子价更高，若为生命故，两者皆可抛。”

正是这种思想形成了我的很可笑的矛盾性格，这就是：胆小怯懦而又残忍凶暴，贪婪吝啬而又豪施慨赠，奴颜婢膝而又狂妄自大，多疑善妒而又妄听轻信，愚昧落后但又善于追求新颖的物质享受，归根结底，乃是我的登峰造极的自私自利、唯我独专和封建买办的人生观、世界观造成了这一切。

二、十年改造的四个阶段

将近十年的改造过程中，我的思想大约可分为这四个阶段：

第一阶段：死刑的恐怖。

回国前和刚回国时，对新社会、共产党和人民政府自然是毫无了解，听说要回国，便认定死命难逃，我曾想尽一切办法地逃一死（在苏联献出珠宝并三次上书斯大林，请求久留；回国入境后又曾在火车上向公安人员表白、讨好等），后来便万念如灰，一心等死（在沈阳休息时，对负责人员的解释全听不见），进入管理所，又一连几夜心惊肉跳，草木皆兵（如岗哨的声响，同伴的梦话等），虽然，所里又是生活照顾，又是学习，又发放生活用品，完全没有杀我意思，但还是不放心（又怕东北籍的看守所员仇恨自己，擅自下手报仇），这种自我折磨，自作自受地将近一年，直到一九五一年年初我听到一位厅长的讲话，他说得很清楚，是让我们改造并不想要我们的命，我于此才得缓一口气。

第二阶段：由蒙混到认罪。

缓了一口气之后马上又有了问题：所方叫我们写自传。在我的历史上，除了尽人皆知地当了十四年伪满头号汉奸之外，我还做了些别人不知道的事，最重要的一件是，我到东北之前曾在天津亲笔写信给日本的军阀，请他们以武力助我复辟；另一件是，1932 年我到东北，并非被日本特务绑架，而是我听土肥原贤二答应“助我复辟清朝”的条件，便自愿去了。这些事的当事人全死完了，因而已成为无人知道的秘密。这些事要不要写进自传呢？“抗拒从严”是肯定无疑的，“坦白从宽”靠不靠得住呢？对别人能宽，对我这头汉奸还能宽吗？总之，我并不相信政策。所以我交代历史就没有写出这两件大事，我把在东北所干的一切也一股脑地推到日本人吉冈的身上。这样写出的历史，从头到尾把我变成一个被动的傀儡，而不是出于自愿的犯罪者。

这两件事，我在两年以后才交代出来，由隐瞒到交代，由不相信政策到相信政策，由认定逃不脱惩办到看出宽大的出路，经历了复杂的思想斗争（当然，为了挽救我，政府也花费了很大苦心）。这一过程可从珍宝的故事说起。

先谈珠宝的数量、内容、来历以及违犯监规而私藏的情况。为什么要隐瞒？一则心爱，一则指望靠它度过后半生（那时根本想不到自食其力）。同时，替我在皮箱里装珠宝的侄子，从前对我完全忠心，挨打也不会出声的，刚入监时一样伺候我，还帮我出主意，让我推卸在伪满的罪行，我因此觉得还靠得住。

可是，侄子的认识发生了变化，一次给我送饭并递过一张纸条：“主动坦白，宽大不究”，当时我很紧张，就藏来藏去。交出珠宝舍不得，还怕按违犯监规处罚；不交，又怕侄子下一步要检举。但自动坦白，是不是真能宽大不究呢？

眼看不交也一定被搜走，也只好下决心交出去再看所方怎么办吧！当我以主动的姿态向所方坦白后，所里果然没有给我处罚，而且不予以没收，给我打了收条，自己高兴已极，一再表示要献出来，结果还是照章打了存条。

经过这件事，我相信了政府的政策真是兑现，对我这伪皇帝也可以兑现。同时也想到，叫别人替自己守秘密是靠不住的，我和日本军阀的勾结也难保不透露出去，倘若政府已经知道我还不说岂不更坏？说了之后还有一线宽大的希望嘛！

交出珠宝不久，我终于下定决心，向政府交代了那两件事，果然，我不但没受到惩罚，反而受到鼓励，政府说出的话全算数。

第三阶段：由认罪到悔罪。

认了罪，还不是悔罪，因为我对自己的罪恶还没有足够的认识，我还有自己的一套看法。

我有一套什么看法呢？

第一，对于善、恶、功、罪以及是非、真理的看法。北京时代，完全是封建帝王的观点，我自认为是奉天承运的，我的意志即是真理的唯一标准，我说的全对，谁和我所说不合即是全错。我要复辟，因此，有利于复辟者即是善，是功；相反则是罪，是恶。天津时代，这个体系有点乱，但基本上还完整。伪满时代，就乱得不成样子了，最后变成这样：天下是成者王侯败者贼，谁有强力谁便是圣人，三纲五常也不得不作废，天下本没有是非真理，只有恩怨利害，善、恶、功、罪也全各有标准。我在当时的想法是：盟国和轴心国谁打胜了谁便是有理的，蒋介石、汪精卫和我谁犯罪，谁不犯罪，全看外国人谁胜？日本胜了，蒋介石就是罪犯；盟国胜了，我只好倒霉。到后来是共产党得了江山，我自然只好对共产党承认自己犯罪。

第二，对罪责的看法。东北人民确实遭受了灾难，但那全是日本人干的，我也没有力量阻止他们干。我在诏书和法令上签字画可，本来是个负担，我为皇帝的招牌抱屈。

第三，我的命最值钱。我留下命也是为了祖宗，命没有了，谁继承祖业？人不为己，天诛地灭，哪个人不如此？为了活命，不论采取什么手段，做了什么事情，都是不应指责的。为了活命，有所忍受也是可以的。

第四，对改造政策仍是不完全相信。在一段时期内，我常常想，对我迟早还是要惩办的。所谓坦白，检查思想，都不过是一种审讯方法，政府对我看作“非我族类，其心必异”，是不会信任的。因此，我的交代仍有保留。

最后一个没有交代的问题是：苏联宣战之后，我曾命令张景惠和武部全力支援日本抵抗革命。这固然无助于行将灭亡的日寇，但可看出我的反动本性和对日寇取媚之无耻。我把这事推到吉冈身上，不交代真相，原因是怕惹出更多的麻烦，怕连以前所讲吉冈对我的指挥和操纵，政府也一概不信了。这个问题是到了 1956 年才交代的，这正是我自己那一套思想看法由动摇到崩溃的结果。

现在就来谈谈我从认罪到悔罪的变化过程。

自从进了监狱，生活上开始自己照顾自己，我就逐渐明白了自己这奉天承运皇帝的身价究竟值多少钱。别人大概很不容易理解，我的变化是从穿衣、吃饭、洗脸、刷牙开始的。

我从生下来到进战犯管理所以前，向例日常生活离不开人伺候，在苏联五年也有家里人给我每日铺床叠被，洗缝衣服，打洗脸水，甚至由别人给洗脚。进监狱的头些天也仍如此，不久，家里人被告调开了，我就六神无主，生活混乱，几乎连吃、穿、睡都不会了。经我要求，所方又把他们和我调在一起，可是不久又分离开，这回我也不好意思要求了。

打下了皇帝架子，自己管理自己的生活，立刻显出了自己的无能，简直是狼狈不堪，出了很多笑话，惹起同屋犯人的哄笑，如衣服不知叠，坏的快，而且越补越破；剪脚指甲还要准备好牙粉……还总嫌别人不干净，开门不摸门把，洗澡先下水，可实际上我比谁都埋汰，衣服总是一大堆，身上的衣服也是又乱又烂，日常小事全不会做，做起来也是又慢又弄不好，不得不求人，无能已极。连吃饭也遭到同屋犯人的批评，见了好的就拼命吃，有一次连胃也吃疼了，有个犯人便说："你当过皇帝，什么好东西没吃过，怎么这样不体面？"这次一连病了几天，自己也很恼恨自己。

在学习方面，自己的理解也比别人慢得多，许多名词连听也没有听说过，如"意识形态""主义""观点"等，讨论发言向例是照本宣科，或者等别人都说得差不多了，挑一个说得好的，表示同意他的意见。

实践表明：旧社会里地位越高的越无知、越无能、越愚蠢，如我和荣源就是这样；而地位越低的，越懂得多，越聪明，如随侍李国雄，生活很有秩序，会做活，会修表修车，学习政治经济学也很快就能理解，发言也有内容。这岂不令人奇怪吗？

从 1955 年下半年开始，我学了一年社会发展史，学习中我模模糊糊地懂了一些道理，知道了皇帝乃是地主阶级中最大的地主，是个大寄生虫，并非地主、资本家养活农民和工人，而是相反，这使我初步懂得了究竟是谁养活了谁？我也明白了为什么那些生于深宫，养于阿保之手的末代皇帝无一不是废物，而单独生活的皇帝则是一切瘪三中最难看的一个瘪三。

让我更深入地认识自己的灵魂，还是参观。从1956年到1959年所方组织我们六次外出参观，先后参观了五个城市、两个农业社和两个人民公社、二十个工厂、两个矿山、一个水库、两个学校、六个公园、九个展览会、一个烈士纪念馆、一个体育馆、一个养老院、一个医院以及若干托儿所和工人宿舍等。

在1956年3月进行的第一次参观就给了我极大的震动。

在抚顺露天矿参观托儿所的时候，有人介绍了所长方素荣的故事。

一九三二年抚顺日寇警备队被义勇军袭击一次，事后，日寇根据汉奸报告，得知抚顺郊区的平顶山村民与义勇军有联系，于是，决定进行一次血腥的报复。

这天，日寇军队把平顶山包围，把男女老幼两千多名村民通通赶到一块平地上，对准人们的机枪上蒙着黑布，还欺骗说要给大家照相，看看人已到齐，机枪就张开了血口，向村民扫射，人们一片片地倒在血泊之中。鬼子兵和汉奸还怕有没死的，又逐个调查，戳刺刀，然后封锁了四面交通，并在周围的村庄中宣布，凡收留平顶山人的，全家杀光。

有一个五岁的小女孩叫方素荣，在机抢扫射中，爷爷用身子压住了她。亲人们全死了，她身上也挨了刺刀，昏死过去了，但她还活着，半夜里醒转来。村子已经烧光，后来在村外遇见了一个在抚顺矿卖烟卷的老头，老人偷偷地把她带到矿上，放在矿工住的大房子里，白天藏进麻袋并扎上袋口，晚间偷偷打开口袋喂她吃。这样过了两天，老头怕藏不住，问她附近有没有亲戚，方素荣说出了舅舅住的村子，老头便把她送到舅舅家。然而，那里也曾接到鬼子不准收留平顶山人的命令，便把她藏进高粱地里，到夜间给她送吃的，过了一个多月，养好了伤，才又偷偷把她送到几百里以外的亲戚家养活。

解放后，由人民政府培养长大的方素荣又回到平顶山，并再分配到矿上工作，后来入了党。我们参观的时候，她是矿上的劳动模范，两个孩子的母亲。

参观之前，我们这些战犯是心怀鬼胎的，不知道那些遭过罪的东北老百姓看见了我们，肯不肯饶恕我们？会不会侮辱我们？听见这个悲惨的故事，我发现自己作的孽比自己原来所知还要大，自己造下的冤仇比原来估计的还要深。是不是对我报复了呢？没有，没人打一下，也没人骂一句，连用眼睛瞪我们的也没有一个。这是为什么呢？是不是他们不认得我？方素荣也不知道我们来？

不是，方素荣是知道的。比我们早一天来参观的一批日本战犯亲自看见了方素荣。那是因为当矿方人员提到平顶山惨案时曾说有个死里逃生的人在这里，日本战犯立刻要求见面，向她谢罪。她被请来了，介绍了自己的悲惨经历。听讲的人全哭了，日本战犯们身不由己地跪在她面前，诚恳谢罪。她最后说的几句话使在场的战犯们简直感到无地自容，而那些话又是多么宽宏大量，她说："我的冤仇比海深，见了日寇或汉奸我一口咬死也不会解恨，可是，我是共产党员，为了祖国和人类的事业，我可以不记私仇。只要你们认识了罪恶，从此做个有良心的人……"

过了两个多月，我们来到哈尔滨，参观金星农业生产合作社的时候，我又遇见一位老大娘。

金星社在平房区，是几乎被日本细菌部队培养的细菌毁灭掉的村子，专门培养细菌的"一〇〇部队"就在这村子附近。由细菌部队对遗留黄色跳蚤造成的鼠疫，于日本投降后第二年横行这个村庄、夺去了一百四十二条生命。有的新婚夫妇第二天全死了，有的人家成为绝户……人民政府发现疫情，立即抢救，才得制止。

访问社员的时候，我和几个战犯一起来到劳动模范姜淑清老大娘的家。我忍不住，向她说明了我便是给她家造下罪孽的汉奸——"康德皇帝"，并以痛哭谢罪。这位老大娘叹口气说："你们好好学习吧，要听政府的话。毛主席说你们能改，希望你们一定要改好，只要改正过来，过去的事就不用提了。"

在这两次参观中，原有的想法都被现实一一搞垮了。

虽然在方素荣和姜淑清的心里装着比海洋还深的冤仇，但是为了事业，个人冤仇可以不记，这使我感到渺小和卑鄙，所谓"人不为己，天诛地灭"，原来只有像我这样的人才如此。

参观中我亲眼看到了我国解放后发生的深刻变化，人民生活、社会面貌和生产建设各方面都使我感到震惊。对照伪满时代我帮助日本人造下的罪孽，究竟是谁"奉天承运"？是谁"倒行逆施"？谁对得起祖先，谁对不起祖先？"普天之下"究竟是"王土"还是人民群众之土？这些问题都有了答案，也都印证了从理论上学习的东西。由此，我不但知道了自己这皇帝的身价，也知道了历代皇帝的身价。

什么是善恶是非？我对自己的罪恶除了负法律责任之外，还有没有道义责任？这个问题也得到了解决。方素荣和姜淑清是善，我的所作所为是恶。我想，如果我的老师陈宝琛活着，他也不敢否认这个结论。我小时候他就教过我“君子以德报怨”的话，但他自己就做不到。他讲的那种“以德报怨”是虚伪的，因为剥削阶级的“君子”绝对不干，只是用这话向被剥削阶级宣传，叫他们忍受掠夺和剥削。只有人民自己当家作主了，这个道德才能实现。

我原先报复的顾虑也没有了，对政府的改造政策更是毫无怀疑，因为那生活、学习、劳动以及会见家属等安排无一不是诱导我们由被动转入主动，转入自觉的改造，试想这样的胸怀，古今中外的历史可曾有过吗?

有了悔恨之心，又重新回想自己以前的所作所为，明白了自己的认识是不够的，交代也是不彻底的，种种个人顾虑都是可耻的。

一九五六年，我到沈阳特别军事法庭作证回来，日本战犯的认罪表现也使我感动，回到抚顺我便把涉及张景惠和武部六藏的一个重要问题交代了，同时也交代出了以前把这件事推到吉冈身上的可耻思想。

现在，附带说一说这次作证给我的影响。

日本战犯刚入监时，据说态度全是很坏的。他们对中国人民的胜利并不服气，经常辱骂看管人员。出乎伪满战犯的意料，一九五四年，伪总务厅长官古海忠之和日本宪兵队长乔本甲在公开大会上认罪了，这些刽子手承认了杀害中国人和掠夺中国财富的罪行，甚至交代了让新兵以活人为靶子练劈刺、强迫父亲奸污亲生女儿等惨无人道的行为。他诚恳地、痛哭流涕地要求中国政府处罚自己……

后来，我又看到日本战犯自编自演的戏剧，这些剧以批判、悔罪的态度，进行深刻的自我揭露。伪满战犯也效法起来，我成为主要编剧人，也曾在一出描写英国侵略埃及的戏剧中扮演一名英国议员。

在沈阳特别军事法庭审判日本战犯时，我去作了证。一九四六年我也曾出席东京国际军事法庭，为审判日本战犯作证。这两个法庭恰成鲜明对比：东京法庭上，在美国手里的日本战犯是百般抵赖，力图减轻罪状，美国律师还多方诘难我，而我当时因害怕有朝一日回国受审，把自己的责任也一股脑推到日本人身上。沈阳法庭正与此相反，日本战犯都老老实实认了罪，那个古海听了控诉后深深低下头说：“我完全承认证人所说的一切证言，因为都是事实，我犯下了对不起中国人民的罪行。”在这个法庭中，我也实事求是地作了证，属于自己的责任也绝不推到日本人身上。

日本战犯由顽固到认罪并悔罪，说明共产党改造政策的正确，说明真理在中国人民一边。

第四阶段：希望在前，争取新生。

有了悔恨之后，重新认识了过去，也才看清了未来，由此进入了争取新生的阶段。这是在相信了党的宽大和改造政策，承认了客观是非真理，有了善恶标准，特别是初步认识了历史发展的来龙去脉之后，才进入到这个阶段的。由认罪到悔罪的转变也是由消极悲观到积极乐观的转变。

在一九五二年认罪之后，我曾一度陷入悲观失望之中，这是由于：第一，罪状已定，法律责任难逃，即令不死，也要监禁一生；第二，倘使真有释放的一天，自己无能无力，也很难生活，至于爱人鄙弃，更不用说；第三，家人存亡不知，若有存在也会因为我的关系受到歧视，如果只剩自己孤单一人，更毫无生趣；第四，根据中国过去历史看，社会上还不是照样战乱不已？朝鲜战争不停，江山属于谁手还不一能定，即令出狱之后尚可手提肩挑勉强糊口，也还是一个“乱离民”，比不上一只太平犬；第五，回想前半生，预料后半生，四大皆空，人生实在是来受苦，并无乐趣。

在客观事实面前，这些想法一个个地粉碎了。

一九五三年抗美援朝的胜利。

一九五〇年战争爆发的时候，许多犯人（连我在内）认为是共产党烧香引鬼，强大的美国军队一定要打过鸭绿江，共产党的江山靠不住了。甚至有人说：打开监狱门的一定是美国人。以后陆续传来几次战役的胜利消息，大家先是半信半疑，后来相信了，但认为美国决不甘罢休，还算不上是定局。然而，美国人终究不得不签字停战了，虽然我还一时理解不了，但是也已看出：共产党的江山是坐定了。这种全国统一、天下太平的局面，就连我的历代祖宗也没有经历过（因为哪个朝代也都有“造反”的人）。今天，所谓“战乱”时代是过去了。一九五三年的思想主要就是如此，至于民族自豪感，还是在一九五六年审判日本战犯时，才出现在心头的。

劳动

一九五〇年，犯人们只是轮流值日，做些内勤劳动：收拾屋子、洗碗、取饭菜、倒马桶、提水桶等，我把这些看作伺候人，是下贱丢脸的事。有位管理员向我同屋的犯人说：“溥仪有病，不要叫他干”，我心里很得意。

到哈尔滨以后，管理员不说我“有病”了，同室犯人也把我排进值班表，我只好硬着头皮干起来，开始时自然是笨手笨脚，出不少洋相，逐渐习惯了，也就不觉得怎么丢脸了。后来有位管理员还夸我几句，便更起劲了。

一九五三年，给铜笔厂糊纸盒，自己很笨，别的犯人不让我参加流水作业，我很着急，怕所方以为我不堪改造，便自己单干。人家平均每人每小时做十几个到二十个，我只有六个，后来提高到七个，又提到八个、九个，很高兴。这一点进步对我很有意义。自从交出珠宝之后，我就想到，将来出狱后只有靠劳动才能生活，但自己对劳动毫无信心，如果一小时糊六个纸盒非饿死不可，现在看出了自己原来也能学会劳动，有了希望。

从一九五七年起，我们也做些较重的体力劳动了，我渐渐也能抬煤、抬雪（我较为年轻，体力比别人强些，室内卫生时重活儿也由我干）了，我的信心更大了，想到将来出狱也不致饿死了。但细巧活我倒不行，比如种菜时搭紫瓜架子，我就不如人，掘地倒可以，这也看出在旧社会地位越高贵的越废物。

但这个时期，对我来说还谈不到对劳动有了深刻的认识，只是觉得：别人劳动，我也劳动；别人能干，我也能干。一句话，我不能不如别人。自从我自见所长和全体工作人员等政府干部都经常参加劳动，劳动中都很愉快时，我对劳动才逐渐有了新的看法。所长和其他干部们亲自给菜窖做煤球，往窖内挑菜，到厨房帮忙，为犯人做菜。他们还抽暇参加社会主义建设义务劳动，这一切使我深深体会到，劳动是每个人建设祖国的庄严权利和应尽的责任。

一九五五年下半年，我们学习社会发展史，书中说，劳动创造了人，创造了社会，创造了历史。还说智慧也是在劳动中创造出来的。这个道理，通过自己的实践也渐渐懂了。自己笨，不是天生的，而是养尊处优的结果。我的“随侍”比伪皇帝、伪大臣都聪明，就因为他劳动过。

后来，自己种的菜也收获了，吃起来觉得特别香。我为了擦地板，自己动手和别人做了一个墩布，做好后总是担心别人把它使坏。对于这件事，我自己本不在意，有一次所长讲，只有劳动者才懂得劳动果实之可贵，于是，我明白了。想起糊铅笔盒的时候，我多么爱惜那些纸盒，可是，从前连铅笔都是随手一扔，更谈不到爱惜装铅笔的盒子了。

与家属通信和会见

从一九五五年起，所方准许犯人与家属通信了，并帮助我们把家属的地址一一查明。

我的家属全活着，不但没有歧视，而且受到政府照顾，生活过得很好。从通信中出乎意外地知道了弟弟、妹妹们都有了工作，下一代子女不但上了小学、中学和大学，而且，在共产党培养下，有的成了女运动健将，有的当上人民教师。我的七叔更当选为人大代表、政协委员，爱新觉罗家庭的每一个成员都在祖国大家庭中过着欣欣向荣的生活，这是我完全没有想到的。

一九五六年，七叔和妹妹们来看我，并说起这是毛主席的意思，我和在场的亲属都哭了。我感到，爱新觉罗族人最大的变化就是他们对共产党、人民政府和毛主席的爱戴与感激。他们要求我好好改造。我的妹妹们原来都是“公主”，自持尊贵，现在也朴素了，懂得的事也多了，这也给了我一个教育。

管理所组织我们到沈阳参观，在北陵，我看到祖宗的陵墓被人民政府当作民族文化遗产，修葺一新并加以保护，比我自己保护得还好，由此，我彻底相信了党的民族政策。在民国时代，满族人口登记不过几万，为什么都不敢承认自己是旗人了呢？因为当时旗人是受歧视的，连职业也很难找到，可是，解放后，满族人口登记年年增加，已超过二百万，这是因为在新中国，满族也获得了解放。

参观中的今昔对比

第一次参观就给了我以新旧社会对比的强烈印象，连日本战犯也承认这个事实。伪满总务次长古海就说，大伙房水库一度曾由他主持，先后研究多次，认为不可能修成。可是，到了人民政府手里，费时不多就修成了。我们参观抚顺一个工作住宅，看到屋内摆设很好，但吃的怎样，有人还不大相信，有一个叫阮振铎的伪大臣心眼多，他打开垃圾箱，看见里面有很多鱼刺和肉骨头，这才相信人民生活改善了。

再说说台山堡吧，伪满时，这个村子的老百姓吃橡子面，大姑娘披麻袋，百分之九十的土地是地主的，全村只有四所瓦房又都是地主的。到一九五六年情况完全变了：全队二百九十户，口粮全是大米、白面，每个劳动力每天供应两碗豆腐脑，百分之八十的家庭有钟，全村三百一十六间房子，其中一百零六间是瓦房。本村有小学，有一百四十个学生，还有五十名中学生，四名大学生。

有位叫王世良的老大爷，从前给地主扛了二十多年活儿，全家一条被，一双兀拉穿十几个冬天。现在，已经住上了瓦房，七口人各有全套衣被，家里有挂钟、收音机、自行车，社里存款四百多元，大儿子在队里生产，二儿子在石油厂做工，三儿子在煤矿学院读书。

铁的事实只能使我得出这样的结论：我自己不但不能“奉天承运”，而且只能祸国殃民，“逆天背运”。“普天之下”是人民的，如果是我的则只有毁灭。我的历代祖宗所无法达到的目的，人民在党的领导下全达到了，而且，前途是无限美好的。

由此，我又联想起在沈阳人民最高军事法庭上日本战犯的认罪，在朝鲜战场上美国鬼子的失败，祖国的统一以及太平景象，还有各项生产建设的规模，觉得中国人真是站起来了。今天，我觉得作为一个普通的中国人，也比从前当伪满或清朝的皇帝腰板硬。

我的心中充满了民族自豪感，改造好，当一名新中国的公民，成为我发自内心的热烈愿望。有位来自缅甸的民族资产阶级人士，在参观中看到我国的建设成就，看了战犯的生活和改造情况，他很激动地流了泪。

学习

在改造期间，系统的，密切联系实际的学习，使我打开了心窍，逐步认识了自己和世界。

最初，我对学习没兴趣，还认为是负担，因为所带的东西我根本不懂，又看不出它和自己的前途有什么关系，而且，讨论发言时也说不出道理来，很受罪。许多人也都是为了叫所方看看，假装用功（如在哈尔滨时读报，当所方出现时便把嗓门提高），而思想却开了小差。有的人则根本不看书，如我的岳父荣源，别人学习，他却闭上眼睛念他的经。

起先是为了表现进步而学习，后来逐渐觉得学习很开窍。我过去一向认为自己命不好，为了掌握命运，我经常占卦问卜，可是总也占不对。清朝为什么垮台？民国、蒋介石、日本人为什么这样强大也垮了台？美国那么厉害为啥在朝鲜就没办法？我自己为什么复辟永不成功？为什么我这皇帝三次都做不成？总是事先占卦上当，事后也莫明其妙。我还记得陈宝琛在北京给我求签，荣源在天津给我扶乩，都说我复辟会成功，顶可笑的是有个美国预言家，在长春时用西洋办法给我算命，说我四十岁时最得意，我正好是四十岁当了俘虏。这一切只让我认定命运是不可捉摸的。在学习中我忽然发现，也有一种预言，当我还在北京、天津和长春做皇帝梦的时候，这种预言早已写在书上了。它把我的命运，蒋介石的命运，日本和美国帝国主义的命运都算好了，说得完全是事实，这就是马列主义。

经过学习，我明白了生产关系一定要适合生产力的发展，人类社会是不断向前发展的，开倒车者必定失败。我过去的可笑就在于，人类历史已经进入社会主义时代，而我偏要恢复封建帝王的宝座。我明白了我的奉天承运、敬天法祖等思想的可笑。我也明白了历史为什么是劳动人民创造的，真理为什么在共产党一边。更重要的是，我懂得了只有掌握客观事物的规律，才能掌握自己的命运。改造自己，才有前途。

结论

从耳闻目睹中，我看见了祖国的繁荣强大，人民生活的巨大变化；看见了共主党、毛主席和人民政府领导全国人民做出了任何朝代都做不出的伟大业绩，给我们后代安排了更美好的前途；看见了满族的解放和爱新觉罗家族的新生；看见了人民是真的在宽恕我，党是真的在改造我，政府不但饶我不死，而且把一个新的灵魂给我，把成为光荣公民的希望给我。这样，我怎么还会悲观？我又怎么不更加悔恨？又怎么会不下定决心跟着党和人民政府走？新的世界观和人生观打开了我的眼界，使我找到了自己的道路，懂得了如何掌握自己的命运，从此进入了自觉改造的阶段。我觉得有了奔头，感到人生原是充满了乐趣的。

三、获得新生的根本条件

没有党的改造罪犯的政策，没有伟大的党，就根本谈不上我的改造，就根本没有我的新生命。最初，我感激党的宽恕，饶我的生命，但是现在，我更感激的是党又给了我一个新的灵魂，使我真正懂得了人生的目的，得到了做人的尊严，知道了人生的乐趣。这是剥削阶级根本不懂的，为建设人类最伟大的事业而有的人生乐趣。

十年来，促成我改造的种种因素，无一不体现了党的政策的光芒。其中，始终如一对我的改造起到促进作用的，是党的政策的忠实执行者——所方的管教。

监狱——一座学校

我所说的一切变化，都是在监押中发生的，都是在监狱——战犯管理所的管教之下发生的，这对许多外国人几乎是不可想象的事。缅甸那位资产阶级学者兼政治家（肖恢塔，前缅议会议长）夫妇二人参观了管理所，和我谈过话，他十分感叹地说："这不是监狱，而是一座大学校。"他的夫人想起了自己的政策犯的父亲所被关押的那个监狱，对比之下，哭了出来。是的，我住的监狱就是一个学校——改造灵魂，把鬼变成人的学校。

古今中外的监狱，我从前听人说过，无论是前清的、民国的、伪满的，以及外国、日本的，那都是和刑罚、侮辱、勒索等分不开的。越是对待共产党员越是残酷，而在我们这里，这一切都完全相反。对于这种出乎意料的人道主义的待遇，我们刚来时甚至是很迷惑不解的。伪满战犯中有不少司法大臣、警察署长、军法少将一类人物，两种不同监狱的对比，他们知道的最清楚。参加过对赵一曼烈士刑讯的伪警署长就在我们这里面，参观东北烈士纪念馆的时候，他一看见赵一曼的遗像，立刻跪下来磕头大哭。

刚一回国，最初接触的也是我们最不理解的，就是人民政府下级工作人员的态度。从押送人员、警卫战士到管理员一律和蔼、文明。

一下火车，我们以为首先必定是脚镣手铐，然而所遇到的却是他们帮助年老犯人拿皮箱。又登上祖国的列车后，就有人先问："谁身体不舒服？"并告诉我们有大夫在车上。第一顿饭就是久别的中国米粥，他们看大家吃得很香，把自己的饭也让给我们，自己宁愿饿着肚子从新再做。

到管理所以后，管理员按顿给我们挑饭送水；工作人员还亲自动手盖澡堂，给我们挑热水（这些事到后来才交给年轻犯人干）；在冬天，管理员让我们用热水洗脸，自己却用凉水；在哈尔滨，我看见连管理学习的负责干部也亲自打扫甬道。

有一次放风，我岳父荣源把一包从苏联带回的香烟忘记在室外花台上了，他说，这一定完了，抽旱烟的管理员一定是没钱买高级纸烟，他看到这没主的东西岂能不抽？可是，结果原封不动给他送回来了。还有一个伪大臣谷次亨，曾把一只表送给管理员，管理员很严肃地把它还了回来。

类似的事情不胜枚举，我们刚回国时不理解，许多人提起监狱的牢头禁子，不胜慨叹。有人说，这是政府专门挑选的一批人。我自己想，东北老百姓对汉奸都有仇恨，我很害怕这些操东北口音的管理员私下杀害我，或者侮辱我，可是，从他们的态度上一点儿看不出仇恨的样子，因此，我也以为是挑选了没有受过鬼子汉奸罪的人。可是，后来我了解到他们的出身、经历，原来他们全是受过罪的农民。有位姓汪的管理员，因为伪满的“集家并屯”，他全家住在席棚里闹了伤寒病，弟兄八人死得只剩他一个。

有一次，一个犯人擦玻璃的时候，不小心打破了一块。他听见管理员向他跑来的脚步声，心里很害怕。这种事情如果发生在旧监狱里，犯人非挨打不可，可是，管理员来到跟前第一句话就问他：“受伤了没有？”犯人说：“人没受伤，可玻璃坏了！”管理员立刻说：“玻璃坏了没关系，人千万不要伤了，下次可要注意啊！”

在抚顺第一次过年，按人头发馅包饺子吃，分馅时漏掉一人，这个犯人自己也不想吃饺子，打算吃点儿平日饭菜算了。管理员知道以后却不答应，说：“这还像过年吗？”于是报告领导，专门给这个犯人买来蛋糕点心。

还有个犯人叫张子舟，胃出血很严重，为了抢救他，医生、护士输出了自己的血。

像这样的例子是说也说不完的，管理员调换了不少人，但都是这样好。他们在旧社会受过鬼子和汉奸的罪，为什么连一点儿报复的眼色都没有？后来我们才明白：正像方素荣所说的，这是“为了祖国，为了事业”。所里每个工作人员，无论是所长、管理员、警卫战士、炊事员、大夫、护士，都是这样的人。他们有远大高尚的理想，为了改造世界、改造人类的伟大事业而工作着，不计较个人得失，可以放下私仇、忍受失血的痛苦，忘掉休息，严肃而耐心地教导我们，认真照料我们生活，带头领导我们劳动，抢救我们的生命和灵魂。共产党代表了真理，而党的干部又肯为真理而战斗，我认为这是打垮日本鬼子、蒋介石、美国鬼子，创造多种奇迹的秘密所在。在这样的人们的管教下，我后来自然是服服帖帖，口服心服。

在以马列主义武装了的人面前

在共产党人面前，无论是资产阶级总统，或是封建阶级皇帝，都显得渺小，这是由于共产党人的风格品质和远大理想，面对以马列主义武装了的人，你是什么秘密也藏不住的。犯人们玩的一些滑头点子小聪明，在马列主义的大智慧面前，常常现出原形。

我原来很害怕有人在小组会上批评我，怕人家批评出我改造得不好，遇到这样情况，便极力辩白解释，怕政府对自己的改造不满意，并非实事求是地检查自己，也不认为别人的相助是有利于自己割尾巴消毒的。有一次，一位首长问我："溥仪，如果你现在到了日本，人家一手是金钱美女，一手是手枪，你投降不投降？"我马上说："坚决不投降！"首长说："你想一想再说。"我仍是那个说法。首长便说："你的勇气很大，可是，为什么又没有勇气消毒呢？"问得我一句话也说不出来。

记得最高人民检察院派来的工作团进行调查的时候，有位姓阮的伪大臣谈到日本战犯罪行时，信口开河，说鬼子弄去多少煤，多少铁。侦讯员经过计算，认为这是根本不可能的，便对他说："你要实事求是，这样夸大事实，藉以表现自己是不行的。"当我被侦讯的时候，也出现过类似情况，自己本来不知道具体情况，但为了讨好，便把偷听的材料（每年日寇掠去五百万吨粮食）报上去，侦讯员便追问我有什么根据，也弄得我说不出来。尽管通过调查，侦讯员得到很多检举材料，但给每人作结论时只有证据充分才要。有了这种实事求是的作风，吹牛、讨好、隐瞒、打折扣等全不中用。

日本战犯逐渐有了觉悟，他们对国内的美国占领军很仇恨，特别是听说被占领后的日本社会上出现了道德败坏的现象很气愤，即使妻子被迫当了乒乓女郎，"也是被迫害者，你不同情反而讽刺她，这是错误的"。这种憎恶分明的态度、尖锐的分析和严肃的批评，使日本战犯又感动又心服。

一九五四年的一天，伪满战犯穆绪根无意中向管理所大夫说了一句"厨房里有不清洁的地方"，大夫说他的意见很好。第二天，厨房便来个大扫除。在监狱管理上能听取犯人的正确意见，这在旧社会里是谁也不会相信的。

最高明最负责的"医生"

回想十年来所方对我的管教，真如一个最高明、最负责的医生，治疗一个患有顽疾的病人一样。他对病人的病情和心情，了如指掌；他对症下药，准确而及时，耐心而坚定，亲切而严肃；他的措施，有步骤、有目标。终于使我由不知不觉转入自知自觉，由抗拒而服从，接受了他的全部疗程，把我从已入膏肓的重病中抢救出来。

这位医生的高明在于他不仅依靠自己的力量，而且运用整个社会的广大力量。这就是不让犯人仅仅闷在监狱里，而是让他们接触社会。外出参观、会见家属、通信、读报，对前来探亲的远道亲属给安排住处。因此，我们能经常感触到祖国建设的脉搏，接受来自四面八方的影响力量。如果不是对自己的人民、自己的事业和改造罪犯的政策满怀信心的政府和政党，是绝不会这样做的。

为了让我们接受改造，在原有的思想条件下认识自己，认识世界，逐步破旧立新，采取了耐心细致又步骤分明的措施。比如，让我从依赖别人转变为独立生活，让我由好逸恶劳转变为习惯于劳动，树立自食其力的思想，让我由生活上的奢靡享受转变为朴素节俭。然而并不是一进监狱便突然叫我干重活，吃粗食，对我的日常生活不管不问，而是安排出一个过渡阶段，并经多方考虑，尽量缩短这个过渡阶段。为此，采取了以下措施：在生活上，经两进两出，终于把我和家人调离开。第一次调开后由于我的要求又合在一起；第二次调开后，我已初知羞耻，只要求常见见面，见面时则把衣物交侄子代为缝。如此又经过一个时期，才开始完全由我自己洗缝衣物了。在伙食方面，我和伪大臣以上战犯先曾保持过较高的标准，到一九五四年大家有了一定的思想准备和肠胃锻炼之后，才统一了伙食标准。在劳动方面，也是先只给自己干点儿家务活，进而参加室内值日劳动，以后又由糊纸盒等室内劳动过渡到做室外的拔草等园艺劳动，慢慢又抬雪、抬煤了。我的体力也逐渐增加，养成了劳动习惯。所方干部还经常采取谈话或座谈等灵活形式提高我的认识。比如我经过一番锻炼，学会了缝洗衣物，所长便对我说：“从前，在星期天，别人早早就完成了内务，你却忙个不停，因为你不会干。现在你学会了劳动，就和别人‘平等’了。我们国家是劳动人民的国家，人人都要会劳动，你过去一向依赖别人劳动才能生活，这是你犯罪的根本原因。”说得我思想亮堂了许多，在我学会劳动之前，我是多么不“自由”，多么不能和别人“平等”啊！

再说交出珠宝那件事吧！我交出了珠宝，卸下了包袱，体验和相信了政策，当时我还以为这是偶然地让坏事变成了好事。后来才知道，这并不是偶然发生的。原来所方早已接到侄子的检举，知道了我那个大黑箱的底细。可是，所方并不进行搜查，又不对我加以惩罚，这些理所当然，轻而易举的事都不做，却同意由我侄子递纸条给我，启发我自动交代。这是为什么呢？两年后的一天，当我向所长交代“纸条事件”时，我才从所长这里知道了情况。原来是所方有意把主动交给我，让我亲身体验一下政策，否则我总以为宽大政策对“皇帝”是例外的。

那次交出珠宝之后，虽然我再三表示要献给人民，但所方并不接受，反而开了存条让我保存。按理说，对掠夺人民的财物予以没收，正是天理，即使退一步把它作为私人财物看待，但我违犯监规，也应受到一定的处分才是。这些事都没有发生，为什么呢？原来所方也完全了解我当时的心理，我固然想献出珠宝，表示自己有了觉悟，同时也因失掉珠宝而为将来的生活担心，从而背上了一个不轻的包袱。一直到一九五八年，我已养成劳动的习惯，树立了自食其力的思想，认识上起了变化，所方这才批准珠宝的捐献。到这时候，我对这批东西也确实只感到刺激而毫无兴味了。

我从前非常迷信，相信因果、轮回，十分可笑。在伪满时只许厨房里赶苍蝇，不许他们打苍蝇。在苏联时也是人家打苍蝇，我放苍蝇。我甚至为了抢夺猫嘴里的耗子，命令我全家人追赶那只猫。来到抚顺，最初也不杀生，后来所长知道了，便特意交给我一个任务，要求限期打死多少苍蝇，捉住多少老鼠。于是，我便面临着两个斗争：一是与迷信思想，一是与自己的无能——我根本不知道怎样才能捉到老鼠。这时，两个管理员都出来帮助我了，一个讲解技术，一个给我找工具，我算是完成了任务。这件事虽小，却可看出所方在我的改造上，花费了多么大的心血。

在劳动中，我锻炼了体力，养成了习惯，培养了兴趣，树立了自食其力的信心。但还只是一些初级的简单的劳动。正当我们迫切感到要有一定专门的生产知识和劳动技能的时候，所方组织了分科的生产技能学习，根据各人条件，分成若干科目，有园艺、电机、医疗、畜牧和食品加工等。我选择了中医科目的学习。我觉得，像这样对犯人的改造负责到底的做法，古今中外都没有的。

伟大的革命人道主义

经过十年改造，我由一个封建、反动的皇帝变成一个普通的劳动者，由鬼变成了人，旧的溥仪已经死亡，今天站在各位面前的是一个新的溥仪，归根结底，这是伟大的党的改造罪犯的政策的赋予，也是党的政策的胜利。

想一想我的前半生，比一比我今天的幸福，可以写出很长的一张单子。曾经有位外宾告诉我说，西方有人把我的改造说成是坏事，我回答他的时候，只是随手举了几个我个人今昔对比的例子。我对他说：“请你看看，如果你替我作主，你会选择哪一种生活？”

比方说：我的前半生中几乎没有一天感到安全，在紫禁城，我怕太监害我；在天津日本租界，我怕中国人打我；在长春伪宫，我怕日本人杀我。而今天，我感到比任何时代都安全。

比方说：我的前半生中每天二十四小时总有一群人围着、伺候着、监视着，因此我连叠衣服都不会，连拔根草也拔不好，连西红柿是长在地里还是长在树上都不知道，走在马路上则连东、西、南、北也分辨不清。实际上，我是故宫、张园和长春伪宫里的第一号囚犯，而今天，我才享受到真正的自由和平等。

比方说：我的前半生每日不离药罐子，北京、天津和长春，凡我待过的地方都有个专门的药库。可我还是弱不禁风，吃不下，睡不好，走不动，提不起，在丰满水电站上一个坡就几乎昏过去。而现在呢？四十年的骨病已消失，一百斤的担子能挑得起，一顿饭五个馒头更不在话下。

我的家族，在两个时代也有两种不同的命运。但最重要的是，在我的前半生中，我不懂得什么叫羞耻，什么叫人的尊严，什么叫人生的价值。我的老师教给我孔孟之道，但无论老师还是我，既无孔子的大同思想，又无孟子的不忍之心，而是以开历史倒车，反对人民，阴谋复辟为职业。现在，我懂得了善、恶、美、丑，懂得了应该怎么样正确掌握自己的命运，追求高尚的人生目的，因而也有了最大的乐趣。

帝国主义和反动派常常摆出一副资产阶级人道主义的虚伪面目，说什么在新中国，一切都冷酷无情，对待犯人惨无人道。我的体验正与此相反，我们的国家是最讲人道，最尊重人格的，对待罪犯，党的政策有严肃的一面，对那些非严办不可的绝不容情；党的政策有宽大的一面，凡是可能争取和改造的，也必给以重新做人的机会，我自己是一个例子。我曾参观过东北的一个改造罪犯成就展览会，又见到无数例子。据我所知，有无数的罪犯在党的宽大政策感召下，洗心革面成为新人，破坏者变成建设者，鬼变成人。但是，在那些大讲“人道主义”的国家里，搞什么“保护猫狗协会”，狗住旅馆，人住黑洞，猫吃大菜，饥人寻死，面包工人的孩子上街求乞，煤炭工人的家庭生不起火，妇女儿童被拐骗买卖，肤色不同的人们被私刑拷打，这能称得上什么“人道主义”吗？我的改造足以说明，我的祖国才是充满革命人道主义的伟大国家。

按：本文是溥仪先生一次长篇发言的提纲稿，内容很重要，是溥仪本人关于十年改造的总结。然而，原文为提纲式，但内容尚详。收入本书时整理者删除了原文中繁杂的小题号，内容方面除个别处因过于简略而稍有补句外，均仍其旧。总标题和文内大题也都是原有的。文尾未注明写作或发言时间。手稿尚存。

溥仪 1965 年春季对台湾同胞广播的讲话稿（1965 年 1 月）

在春季前夕，我想谈谈在一九六四年一年中自己的概况和感想。

一九六四年是我们祖国在国内外各方面取得伟大成就和胜利的一年。无论工业、农业、科学、文化等都取得了飞跃的发展。人民生活日益改善，国际威望日益提高。全国人民在中国共产党和毛主席的英明领导下，自力更生，奋发图强，不仅战胜了三年严重自然灾害，而且国民经济已经进一步全面好转，一个新的国民经济建设的高潮正在全国各地形成和到来。我国爆炸了自己设计、自己制造的原子弹，使全世界革命人民欢欣鼓舞，使帝国主义和反动派惊慌失措。

一九六四年对我个人来说，也是极不寻常的一年。从三月到四月，我和我的妻子以及一部分朋友们，参观了祖国南方各省，到了江苏、浙江、安徽、江西、湖南和湖北以及上海市。从八月五日到二十八日，又和我的妻子以及一部分朋友们到了西安、延安、临潼、洛阳和郑州几个地方，进行了参观访问。在两次参观中所看到的工厂、人民公社、学校、展览馆、城市建设等，都充满了欣欣向荣的景象，呈现出朝气勃勃的大好形势。

解放后仅仅十几年的短短岁月，祖国竟有了这样翻天覆地的变化！我相信，其建设规模的伟大与发展速度的迅猛，在古今中外都是没有先例的。这一切伟大成就和胜利的取得，归根到底，是我们祖国有了中国共产党和毛主席的正确领导，有优越无比的社会主义制度。

外国朋友到中国来参观也都赞叹中国的发展，感到处处都有奇迹。海外的祖国同胞也纷纷归来，自愿参加伟大祖国的建设。

举几个你们熟知的例子吧。

去年十二月，程一鸣从澳门起义回来了。他受到政府和人民的热诚款待，并为他安排了很好的生活。程一鸣是携妻子儿女一同归来的。他说，所以要回来，是由于不满美帝国主义和蒋介石集团的统治，感到前途暗淡，毫无出路。他顾虑到自己和子女的前途，下定决心归来。我认为他选择了一条正确的道路，他和子女的前途立刻变得光明了。

前年驾机起义的徐廷泽，我曾在一次宴会上和他见过面，谈过话。他现在是人民解放军空军少校副团长，和家庭团聚了，他本人在去年结婚。他很年轻，前途无限广阔。

还有在日本参加奥林匹克运动会的马晴山和陈觉也起义回来了。所有起义的人都受到祖国政府和人民的热烈欢迎。人民政府还为他们安排了很好的生活和工作。

至于我，和一起工作的朋友杜聿明、王耀武、范汉杰、宋希濂、廖耀湘，不久前被特邀为中国人民政治协商会议全国委员会委员。最近刚开过政协的大会，在一起商议国家大事。我和宋希濂都在三年前结了婚，杜聿明的妻子前年也从美国回到祖国来了，大家生活得非常幸福。

我想，台湾骨肉同胞都有民族气节，谁能不痛彻地感到，屈膝在美帝国主义的控制和操纵下是多么可耻，有谁能不清楚地看到，近在咫尺的伟大祖国，并为它的繁荣强大而骄傲。同时，哪一个人能不为自己和子子孙孙的百年大计顾虑，而希望投身于祖国的建设啊！你们的家乡亲人怀念着，祖国的大门敞开着，热烈地欢迎你们弃暗投明，快回到母亲的怀抱中来吧！

按：这个讲话当时曾被录音，并对台湾同胞播放。本文依据溥仪手稿整理。

溥仪致孙博盛的第一封信（1966年9月16日）

孙博盛同志：

九月十五上午，我接到你来信，对我的批判意见，我衷心表示接受，说老实话，这对我才真正是帮助。

我虽然蒙到特赦，但是我过去对祖国对人

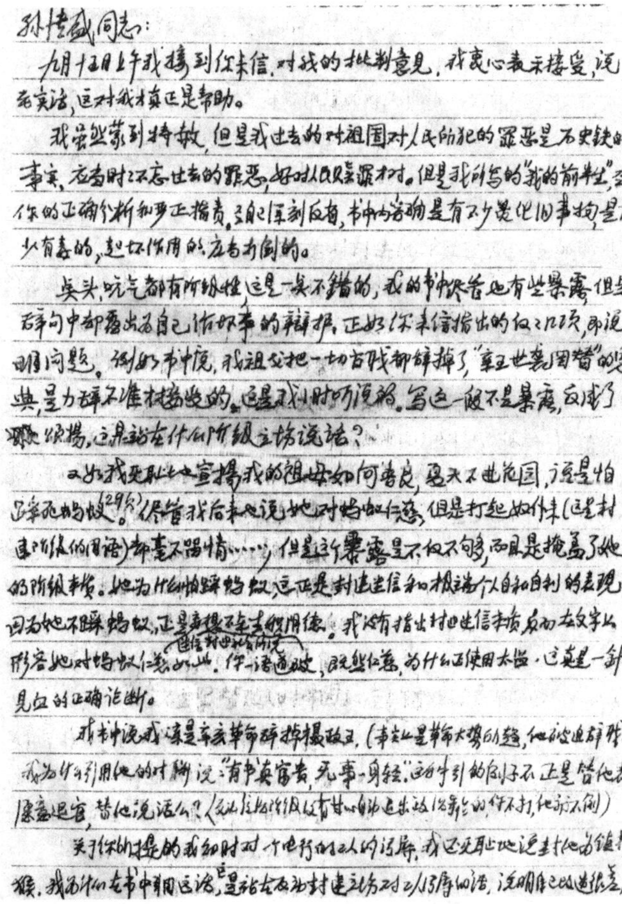
孙博盛同志：

九月十五日上午我接到你来信，对我的批判意见，我衷心表示接受，说老实话，这对我才真正是帮助。

我虽然蒙到特赦，但是我过去的对祖国对人民所犯的罪恶是不可抹杀的事实，应当时时不忘过去的罪恶，好好地改造才对。但是我所写的"我的前半生"，经你的正确分析和严正指责，引起了深刻反省，书中内容确是有不少美化旧事物、是不少有毒的、起坏作用的、应当打倒的。

[illegible]，吭气都有阶级性，这是一点不错的，我的书中[illegible]也有些暴露，但是在字句中却露出为自己作坏事的辩护，正如你来信指出的几项，即说明问题。例如书中说，我祖父把一切古玩都辞掉了，"亲王世袭罔替"的恩典，是力辞不准才接受的。这是我小时所听说的。写这一段不是暴露，反成了颂扬，这是站在什么阶级立场说话？

又如我无耻地宣扬我的祖母如何善良，[illegible]不出花园，说是怕踩死蚂蚁（29页）。尽管我后来也说她对蚂蚁仁慈，但是打起奴仆来（这是封建时代的用语）却毫不留情……，但是这个暴露是不仅不够，而且是掩盖了她的阶级本质。她为什么怕踩蚂蚁，这正是封建迷信和极端个人自私自利的表现。因为她不踩蚂蚁，正是希望不失去她的阴德。我没有指出封建迷信本质，反而在文字上形容她对蚂蚁仁慈如此。你一语道破，既然仁慈，为什么还使用太监，这真是一针见血的正确论断。

我书中说我[illegible]是我家革命辞掉摄政王，（事实上是革命大势所趋，他不得不辞职的）我为什么引用他的对联说"有书真富贵，无事一身轻"。这样引的例子不正是替他表白廉洁退官，替他说话么？（[illegible]）

关于你所提的我幼时对一个[illegible]工人的侮辱，我还无耻地说[illegible]，我为什么在书中用这话，是站在反动封建立场对工人侮辱的话，说明自己的[illegible]，

1966年9月16日溥仪致孙博盛的第一封信（第1页）

民所犯的罪恶是历史铁的事实，应当时时不忘过去的罪恶，好对人民赎罪才对。但是我所写的《我的前半生》经你的正确分析和严正指责，经自己深刻反省，书中内容确是有不少美化旧事物，是不少有毒的，起坏作用的，应该打倒的。

点头、吭气都有阶级性，这是一点不错的，我的书中尽管也有些暴露，但是词句中却露出为自己做坏事的辩护，正如你来信指出的仅仅几项，即说明问题。例如书中说，我祖父把一切官职都辞掉了，“亲王世袭罔替”的恩典，是力辞不准才接受的。这是我小时候听说的。写这一段不是暴露，反成了颂扬，这是站在什么阶级立场说话？

又如我无耻地宣扬我的祖母如何善良，夏天不进花园，说是怕踩死蚂蚁(29 页)。尽管我后来也说她对蚂蚁仁慈，但是打起奴仆（这是封建阶级的用语）来却毫不留情……但是这个暴露是不仅不够，而且是掩盖了她的阶级本质。她为什么怕踩蚂蚁，这正是封建迷信和极端个人自私自利的表现。因为她不踩蚂蚁，正是迷信（封建社会所说，妄想不杀生积阴德)。我没有指出封建迷信本质，反而在文字上形容她对蚂蚁仁慈如此。你一语道破，既然仁慈，为什么还使用太监？这真是一针见血的正确论断。

我书中说，我父亲是辛亥革命辞掉摄政王（事实上是革命大势所趋，他被迫辞职的)。我为什么引用他的对联说“有书真富贵，无事一身轻”这种引文的例子不正是替他表白愿意退官，替他说话吗？(反动统治阶级没有甘心自动退出政治舞台的，你不打，他就不倒)

关于你们提的，我幼时对一个电行的工人的侮辱，我还无耻地说“封他为镇桥猴”，我为什么在书中引用这话？这是站在反动封建立场对工人侮辱的话，说明自己改造很差。

这是立场观点的严重问题。就是引用这事，也应当极痛心地用深刻批判和在认罪基础上来对待自己，断不允许轻率地谈论这事，这是我极大的错误。

再者张勋背着人民，拥我复辟时，他说的那几句话，如“隆裕太后不忍为一家尊荣，让百姓遭殃，才下诏共和，谁知共和，民不聊生”（99 页)。这是张勋反动透顶的话，我根本不应当引用它写在书上，这样写，不是反映事实，却成了替封建清朝宣传的毒草了。

至于我的打人、骂人，正充分说明是万恶的封建统治阶级本质决定的，而我说成人们对我百般奉迎、依顺，养成我的打人恶习，这是错误的。

我的祖先封建清朝皇帝都是剥削统治、镇压人民的魔王，我正是这些魔鬼的继承者，我不仅用人民血汗养活自己的骄奢淫逸生活，更丧心病狂地一心梦想复辟，以致和日寇相互勾结利用，走上了叛国投敌道路，当日寇走狗，成为民族汉奸，这是铁的历史事实，可是我写的从关内到东北去的一段中，虽然也说了我信土肥原（278 页）的话，要到东北复辟的话，可是后来特别强调我受日寇板垣的威胁当执政，和汉奸郑孝胥父子的旁敲侧击，出于害怕，而答应板垣的要求。事实上不管是做皇帝，是做执政，都是当日寇的走狗，是完全丧失人性的坏蛋，因此我在书中，就不应当写什么在旅顺受威胁的话，应当正确分析自己反动封建本质——对帝国主义则如驯顺羔羊，对待自己脚下的亲属和用人是比狼还利害。不仅如此，我十四年如一日地执行日本强盗侵略政策，哪一个伪诏书、伪法令等不是自己签名盖章？更在伪国务院发布的命令上写一“可”字，这一“可”字不要紧，替敌人日本帝国主义卖多大力气，来帮助他们对东北人民的掠夺、镇压，并且助长他侵略祖国战争。祖国人民八年抗日，英勇牺牲了一千多万宝贵生命，东北十四年的殖民统治，被日伪屠杀的人民不计其数，这一切一切都是和自己当日寇走狗的罪恶分不开的。自己对祖国是犯了不可宽恕的滔天大罪。

可是，受到中国共产党和毛主席史无前例的改造政策以及特赦，自己应当如何脱胎换骨真正做人！可是我实际怎么样呢？写了《我的前半生》著作，内容尽管也不否认是有些暴露，但是由于改造很差，以致写的《我的前半生》内容有些毒草。若不是一天等于二十年的无产阶级文化大革命，若不是由于你的帮助，自己怎能正视自己的错误，还要替自己辩解呢！

总之我诚恳地接受你的批判。

我愿意把稿费奉还国家和人民。现在我认识到起初我就不应当领稿费，因为我和一般人写作性质根本不同，我是过去危害中国人民的罪人，怎能还忍心向人民领取稿费，真是太不自知了，太无耻了，何况《我的前半生》著作，并没有写好，相反，出不少毒草，这就是罪上加罪。

至于我在伪满的罪恶，不仅在伪宫用各种刑具来虐待我脚下的人，十四年的当日寇走狗，牺牲了多少同胞，哪一件都是与自己的罪恶分不开的。

我决心真正不断改造自己，在劳动中、学习中改造自己。永远跟中国共产党走，永远听毛主席话，念念不忘自己过去的罪恶，向人民低头认罪和立功赎罪，重新做真正的人。

我今天把稿费交机关，应当奉还人民。我的稿费为五千元，但事实上现只有四千元，余一千元除分予帮助我写稿提供材料的人六百之外，余四百元为我的爱人看病之用。

你看怎么样好？请回信。欢迎你来信，对我帮助。

此致

敬礼

溥仪

1966年9月16日

按：作为作者，又是长篇自传体著作的传主，溥仪自然摆脱不了书的干系。以批判《我的前半生》为名，向溥仪算旧账的信件，终于在1966年9月15日叩开了东观音寺胡同二十二号安静的溥仪宅门。

写信者孙博盛在信中大声喝斥："爱新觉罗·溥仪：你是真接受改造了吗？释放以后你给党和人民做了些什么？你拿人民的钱，吃共产党的饭，在写些什么？"他认为溥仪在《我的前半生》中，把祖父奕譞写"荣耀"了，把祖母刘佳氏写"仁慈"了，把父亲载沣写成"不爱做官"，把隆裕皇太后写得太"爱民"，又把自己的罪恶"推到别人身上"了，还污辱宫里的电工"愿当镇桥猴"等。"告诉你！我先打开你的《我的前半生》几十页让你回答。如不然，我就呼吁全国工农兵批判你，一直批判到最后一页，批判到你承认错误为止。你要声明这本书有毒，稿费五千元退回国家。我是不做暗事的，叫你在思想上有所准备。"在极左年代使用如此威胁性词语，对待当年的伪满皇帝，显然是有强大威慑力的。

写信的人原是伪满皇宫中的一名"童仆"，他会记得当年的"康德皇帝"的凶残和暴虐，也不可能忘记惩罚在自己身上留下的累累伤痕，信中注入了这位"童仆"的阶级仇恨，原也可以理解，而淹没于字里行间的"文革"型极左思维当然不足为怪，但对当事人溥仪来说则何以堪！

李淑贤回忆说，溥仪见着这封信，"害怕极了，就像没有魂，木呆呆地站在电话机旁，两只拿信的手哆嗦着，长时间不动一动"。等他稍微清醒一些，立即给全国政协机关和群众出版社打电话，却总是叫不通，好不容易通一回又找不到人，真别扭哇！那天，溥仪水米未进，夜不安枕，在睡梦中也时而哭醒过来。

遵照长春来信的要求，第二天溥仪就把稿费上交全国政协机关了。这笔稿费总数一万元，在当时这是一笔很可观的数目，得到稿费以后的溥仪并没有忘记帮助整理书稿的编辑李文达，分了一半给他作为酬谢，剩下一半的去向，溥仪记载在1966年9月16日的日记里了：“到政协机关，交张刃先主任四千元稿费，另外一千元：对于帮助提供材料的人酬谢六百元，其余四百元已为淑贤治病用。现在实存只有四千元，交机关奉还国家。”

溥仪致孙博盛的第二封信（1966年9月23日）

孙博盛同志：

蒙你上次对我的指责、批判，确实给我启发和帮助很大。我回复你的信，想已经接到了吧？

我现在正逐篇检查《我的前半生》著作，现在在一页至一百零四页初步看完，仅仅这几页，已经发现错误和放毒处有十四项，现在正继续检查中。

以上述这样检查来看，我的著作不是站在无产阶级立场说话，而是站在封建统治阶级立场，继续放毒，这是我对自己也不能容忍的。

照我前半生的万恶事实，是根本不配称呼你“同志”，但我有决心，有勇气，有信

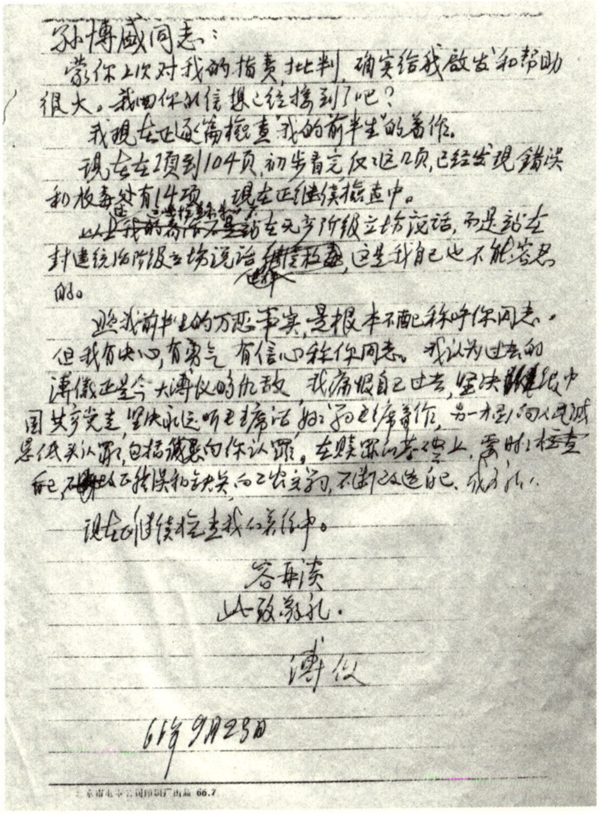
孙博盛同志：
蒙你上次对我的指责批判，确实给我启发和帮助很大。我回你的信想已经接到了吧？
我现在正逐篇检查我的前半生的著作。
现在在1页到104页，初步看完，仅这几页，已经发现错误和放毒处有14项。现在正继续检查中。
以上……不是站在无产阶级立场说话，而是站在封建统治阶级立场说话，继续放毒，这是我自己也不能容忍的。
照我前半生的万恶事实，是根本不配称呼你同志。但我有决心，有勇气，有信心称你同志。……
现在正继续检查我的著作中。
容再谈
此致敬礼。
溥仪
66年9月23日

1966年9月23日溥仪第二次致孙博盛的信

心称你“同志”。我认为过去的溥仪，正是今天溥仪的仇敌。我痛恨自己过去，坚决跟共产党走，坚决永远听毛主席话，好好学习毛主席著作，另一方面向人民诚恳低头认罪，包括诚恳向你认罪，在赎罪的基础上，要时时检查自己，不断改正错误和缺点，向工农兵学习，不断改造自己，成为新人。

现正继续检查我的著作中，容再谈。

此致

敬礼

溥仪

1966年9月23日

按：附寄了一份检查材料，从《我的前半生》第一页看到第一百零四页，查出毛病十四项，逐项上纲上线，自我批判。随此信，溥仪还附寄了一份检查材料，从《我的前半生》第1页看到第104页，查出“毛病”14项，逐项上纲上线，自我批判。

溥仪致无轨652车售票员李淑华的表扬信（1966年9月25日）

五路无轨652车售票员李淑华同志：

九月二十一日，你在车中拾到全国政协文史资料研究委员会专员溥仪的工作证，毫不迟疑地立即交与阜外西口失物招领处，这才能让我重新获得这个工作证。为此，衷心向你表示感谢和表扬你全心全意为人民服务与对乘客负责的精神。我一定向你学习，大家也都应向你学习。

此致

革命敬礼！

溥仪

1966年9月25日

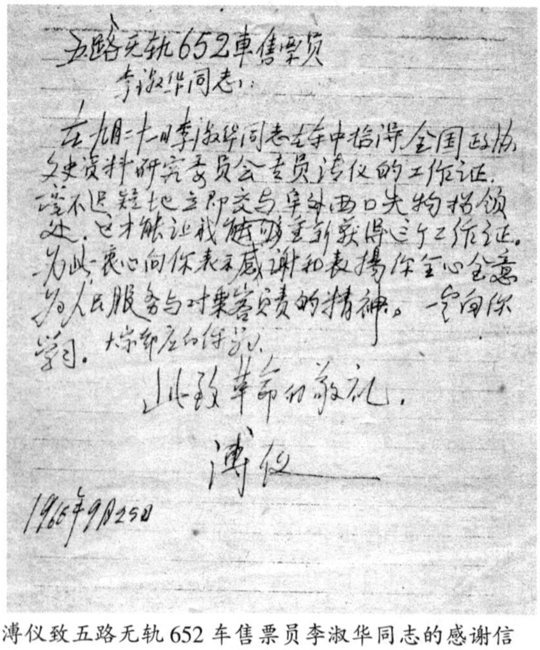
五路无轨652車售票员
李淑华同志：
九月二十一日李淑华同志在车中拾得全国政协文史资料研究委员会专员溥仪的工作证，毫不迟疑地立即交与阜外西口失物招领处，这才能让我重新获得这个工作证。为此，衷心向你表示感谢和表扬你全心全意为人民服务与对乘客负责的精神。一定向你学习。大家都应向你学习。
此致革命的敬礼，
溥仪
1966年9月25日

溥仪致五路无轨652车售票员李淑华同志的感谢信

按：溥仪这封表扬信是复写的，自留一份底稿，保存至今。

溥仪在“文革”高潮中再登天安门观礼台的心情记录（1966年10月3日）

前天晚8时，和阎宝航到天安门参加晚会，看焰火。阎宝航和我回寓较早些(9时许)，后来看报才知道：我们最敬爱、最伟大的领袖毛泽东主席，在9时30分乘车来到天安门前。我们主席身穿草绿色军装，精神焕发，健步走出金水桥，来到群众中间。太可惜！我为什么和阎宝航回去那么早？在那天晚间……没有看见毛主席他老人家和群众会见、同坐在地上看焰火的情况。我看见10月2日《人民日报》登载我们主席和群众见面，席地而坐，和群众在一起……我看到这一切，我太想念毛主席了。我还想念他老人家1962年对我的接见，并一同照相、吃饭，对我的种种关怀和勉励。我永远忘不了这个幸福的时刻……毛主席啊，我很久没有看见您老人家啦，恨不能长了翅膀，立刻飞到您的身旁。但是，我的床旁悬挂着毛主席的相片，我看见您的相片那样慈祥，好像向我微笑，这对我就是最大的安慰，最大的鼓励，最大的幸福！

按：溥仪总是忘不了平生最后一次参加国庆纪念活动的情景，1966年10月3日他以工整的楷书写下一篇长长的日记，其中谈到他与当时担任全国政协常委的原著名东北救亡运动领导人阎宝航一起参加纪念活动的经历，字里行间洋溢着多么真挚的感情啊！

溥仪致孙博盛的第三封信（1966年10月22日）

孙博盛同志：

我很高兴地接到你的来信，我近来因病，医嘱休养，所以写信迟了，请原谅。

首先，你来信说：“信内有孙博元的名字，孙博元是被虐待的死者，而信内不盖章，这是不够负责的表现。”

我完全同意你的看法，这也是由于我平日很少写信，即便有时写信，也是签个名字，没有盖章，以致这次对待孙博元名字（他是被虐待的死者）的回信上，也没有盖章，确是疏忽，而且对这一严重原则的问题，确是不够负责的表现。我承认这是我的错误，要不是由你的帮助，我还一点也没有想到呢，以后一定改正。

关于你来信问我把稿费交何机关?

我的稿费是在9月10日上午当面交给政治协商会议全国委员会——我的直接上级机关了。

关于这本书,如何解决?要它存在,还是不存在?

关于这本书《我的前半生》,我认为以后不应当再出版,不让它继续存在,因为其中虽然有揭露的地方,也有美化旧事物、放毒的地方,但是这不是我个人能决定的,因此我已向群众出版社同志提出了我的意见,即以后不要出版,因为其中有许多美化旧事物、有毒素的东西。出版社同志回复我,当把我的意见向领导反映。

你来信问我是否打算写《我的后半生》?我还没有这个打算,或将在实际行动上,表现我的后半生——新生。

我写《我的前半生》,是为了揭露封建主义、帝国主义的罪恶本质,更重要的是宣扬党和毛主席改造政策的伟大,史无前例地改造罪犯,能使我们这些罪犯从鬼变人,说明党和毛主席的伟大。但是由于自己政治水平低,认识不够,改造还很差,特别是封建思想残余还没去净,以致不仅没有做好这一工作,反而有许多美化旧事物的毒素。

我愿意自我检查,因为只有检查,才是自己思想提高的过程,也才是自我改造的过程。但检查限于水平,不一定深刻,不一定恰当。我衷心盼望孙博盛同志继续帮助我。同时我更盼望你把对于我这本书的批判意见给我寄来,这对我才是最大的帮助,是我提高思想所必需的。

关于孙博元是谁打死的?是严桐江主持和打的。我听说还有毓×(已病死)毓嵂和多连元在旁(我在《我的前半生》书中已说明孙博元被打死的经过,现在不重复了)。

我在《我的前半生》书中有许多没有写出别人姓名来,表示一切我当负全责。因此关于孙博元被打死事,我也没有写出别人姓名来。

此外,因为我在当时定的所谓"家规",认为谁不对,管人的人就必须管,就要打,不然打人的人便有罪(我定的所谓"家规"内容在《我的前半生》书中的370页里有)。所以我想,孙博元虽然不是我打的,可是他死在我所定的"家规"下,我应负全责。说老实话,我本心不是替严桐江隐瞒,而是表示应自己负责，可是在客观实际上却成了替严桐江隐瞒了。

我现在对于我的书还要继续自我检查，以后继续告诉你。

无产阶级文化大革命是触及人们灵魂的大革命，你来信对我的批判，若真触及我的灵魂深处。我体会到只有这种触及灵魂的批判，才真是治病救人彻底的帮助。是对我破四旧、立四新的帮助。

我衷心感谢你的帮助，盼望继续的帮助。

此致

革命的敬礼！

爱新觉罗·溥仪

（附寄去自我检查一部，以后当继续检查）

按：孙博盛见信后有复，还是挑毛病。他写道："你的两次答复还不能令人满意，是随便给我答复，孙博元是被虐待的死者，复信为何不盖印章？这是不够负责的表现，我去信可是盖章了，那么你的印章还像玉玺那样吗？溥仪又在说谎话！我今天告诉你，答复不满意，我要根据你的事实与红卫兵总部取得联系，我可以印传单散发各地，你别后悔，再想检查也不容你！"孙博盛还在信中提出："孙博元是谁打死的？是李国雄，还是严桐江？为啥书中不提名？替他隐瞒罪恶吗？"溥仪对孙博盛挑出的毛病一一说明并致歉。

溥仪致孙博盛的第四封信（1966年10月27日）

孙博盛同志：

你的10月23日的信，昨天（26日）我已经接到。我回你的信已经在这以前，给你寄去了，想你现在已经看过我的信了。

确是对不起，我给你回信太慢了。但也有原因，第一是我这些日子闹病，现在还在服药医疗中；第二是我一面看《我的前半生》书，一面写检查，还要思考一下，因之把时间耽搁多了，请你多加原谅。

你问的几个问题，前信已作答复，如果有什么没看清楚的地方，请告诉我，我再向你说明。

孙博盛同志：我确是出于真诚，愿意自我检查我的书。我的水平不高，如果检查有不深刻，认识有不足，请你千万帮助和指正出来，这是我最大的希望，只有这样，才能让我思想提高，对我改造思想是有实际的好处。

我随时检查，随时给你寄去。请继续多加指正、帮助。

此致

革命敬礼！

爱新觉罗·溥仪

1966 年 10 月 27 日

按：孙博盛完全不认可溥仪的检查是真诚的。他在信中质问溥仪："你在共产党教育之中也不算短了吧？从你被释放到 1964 年时间不算短了吧？你是真感谢党还是假感谢党？你是真改造好了吗？你说你的《我的前半生》一书是宣扬党的伟大改造政策，我说你是宣扬自己和你们家世。事实胜于雄辩，那么就打开你的所谓《我的前半生》一书找一找吧！"

溥仪致孙博盛的第五封信（1966 年 10 月 29 日）

孙博盛同志：

你问我的书中 480 页关于我在改造期间对于"除四害"运动，是怎样认识的？在改造中，迷信思想是很顽固的，不是一下子去掉的，而是逐步地学习，认识和转变的。在改造初期，迷信思想没有去掉，在管理所长期教育下，在小组的批判下，特别是老李（李国雄）对我的尖锐批评，揭露我的底，这一切一切都对我有好处，由不打苍蝇，而不得已打苍蝇，更逐步认识迷信的害处，自动地打起苍蝇和老鼠来了。

我为什么迷信？这正是反动封建阶级意识形态所决定的。

我生在最反动的清朝统治家庭，从小就在我的灵魂深处天天注射迷信剂和其他毒素，我念的书都是为最大地主阶级——皇帝统治利益服务的孔孟学说，我读的历史更是糟糕，那都是为清朝剥削统治者捏造的骗人历史，可是我当时是看成"金科玉律"的"祖教"，这个历史记载清朝皇帝的祖先，不是一般人，而是天上神女所生的。他愣说：在长白山顶上的天池，有三个天女洗澡，忽然有一个飞鸟口中衔着朱色的水果，坠落到了一个天女佛库伦的嘴里，她咽了下去，于是就身怀有孕，飞不起来，不能上天了。这样就生了一个儿子，名字叫布库里雍顺，愣造谣说他是天女所生，是奉天命来统治人民的。这就是所谓清朝第一代祖先。大家听听这是多么荒唐可笑！可是清朝历代统治者都把这虚构的神话当作千真万确的历史！也就是利用这种迷信来骗人民，好达成他的剥削、压迫统治。就这样世世代代相传，原来我的祖先用来欺骗人民的，可是结果，他的子孙都相信了这些神话，都被蒙在鼓里，也不知道。这就是我迷信最开始的根子，以后迷信种类更多，就不在这里写了。

总之，封建统治阶级的本质是一切为自己，是极其自私自利的。它是有几种特性和观念，顺便说一说，它有：一财产私有性，一迷信观念（如念佛放生等）。一虚伪性，一脆弱性（如贪生怕死），一骄慢性，一猜疑性，一残暴性（如打人、骂人、害人、杀人），还有谄媚性等（以上是仅举其大概）上述种种，归根到底就是极度的自私自利个人第一的主义。旧社会所谓“人不为己，天诛地灭”，正是描写封建社会、资本主义社会人吃人、人剥削人的丑恶面目。而我的过去，不只是完全继承了封建的丑恶毒素，而且由我个人更大大发展了这种毒素。我三岁当皇帝，还可以说人小，不懂事，可是和日寇相互勾结，成立了伪满，当了民族汉奸，这完全是自己的罪恶和责任。

总而言之，我的前半生的一举一动，都是围绕着这个“私”字的圈子里转，因此我过去所作所为，例如一方面对属下的人则是打骂、虐待、凶相，好像恶狼一样，这就是我的固有残暴性的表现，又一方面崇帝国主义、怕帝国主义，日本鬼子说什么，乖乖地听什么，好像驯顺的羊一样，这正是我的脆弱性、谄媚性，而且个人主义发展到顶点的表现。又如我念经放生，不踩蚂蚱，不打苍蝇等，这又是我的迷信观念，脆弱性的结合，也是个人主义发展的结果（脆弱性是怕死贪生，迷信是怕因果报应，是妄想下辈子还享福因此要积阴德，所以放生等，这都是自私自利的本质的体现）。所以打人、骂人、害人和放生表面上似乎有点矛盾，其实都是一脉相承，它的老根只是一个，就是极度自私自利，封建个人第一的主义，这就是我前半生的形象。

所以我的前半生是最可耻的、最肮脏的前半生，我的罪恶滔天，对祖国人民真是无地自容，要不是有伟大的中国共产党和最伟大的领袖毛主席，要不是我赶上了伟大的毛泽东时代和党的史无前例的伟大改造政策，我死在棺材里也永远脱不掉万古骂名的汉奸皮！由于党和毛主席的改造人类、改造社会伟大理想，才能改造罪犯，使我从魔鬼变成了人。

我认为神佛救不了人民，也救不了自己，那只是自欺欺人，害了自己。只有伟大的毛泽东思想、伟大的中国共产党和毛主席，才解放了中国人民，才真正救了我，使我新生。

虽然经过在抚顺管理所的改造，得到新生，可是几十年在旧社会，因此封建思想残余还存在，所以《我的前半生》书中又发现许多美化旧事物的毒草，这充分说明自己改造还很差，离党的要求还很远，真是对不起党和毛主席。这次孙博盛同志批判我的书，这确是对我极大的帮助，我一定好好地检查我的书，这对自己改造和思想提高，有极大的好处。

再次向孙博盛同志表示衷心的谢意，诚恳地希望你继续帮助和批判。

此致

革命的敬礼

爱新觉罗·溥仪

1966 年 10 月 29 日

（我的检查材料随时寄出）

按：孙博盛来信还是离不开威胁："我希望你再认真检查，写出你对这本书的观点，为啥要写这本书？你是希望我们在《人民日报》上批判你，还是同意由你个人认真检查？我想你还不会忘记我这个孙博盛、即被称作'不忠诚'和'欺上'的人吧？过去受尽了一切罪，今天我是中国共产党员了，两个社会两种不同！"

溥仪致孙博盛的第六封信（1966 年 11 月 1 日）

孙博盛同志：

现在再寄出《我的前半生》一书的自我检查，请你看看，以后继续寄去。诚恳地希望帮助我批判。

此致

敬礼！

爱新觉罗·溥仪

1966 年 11 月 1 日

按：来自远方的严厉质问并不因溥仪交出稿费而取消，长春来信仍然每隔几天就有一封。尽管写信的人大量使用了令人难以容忍的尖酸刻薄的词语，溥仪却从内心里谅解他，并为他少时遭受的苦难而深感内疚。

溥仪致孙博盛的第七封信（1966年11月16日）

在日寇侵占东北十四年的漫长的悲惨岁月中，随之而来的由于我一手所签订的卖国密约、各种卖国协定，以及由我签名盖章颁布的伪诏书和经过我的所谓“裁可”签名盖章而实施的各种伪敕令、伪法令和随之而来的各种残害人民的政策等，哪一样不是帮助日寇法西斯侵略战争和对东北人民的殖民地奴役统治？哪一样没有给东北以及全祖国人民带来了不可估计的大灾祸？所有这一切极严重的后果，完全是由我一手所造成的。

总之，凡是日寇所到之处，归根到底都是和以我为首的伪满汉奸集团罪恶分不开的。

请想想：日寇之所以能够侵略祖国，不都是由于我的叛国投敌，由于有了伪满，给它当了经济的、军事的……基地的缘故么？

至于在家庭、在伪满当时对我用的人的残酷打骂，种种非刑的虐待（包括把孙博元活活打死），哪一件事不都是我造成的么？

总之，我对祖国和人民是犯了百死莫赎的滔天大罪，伟大的中国共产党和人民，不但没有办我以严刑，而且在共产党和毛主席伟大改造政策下，极耐心地教育我，改造我，使我在史无前例的破格恩遇中，得到特赦，重新做人。

蒙党和人民的宽大、特赦，自己应当如何立功赎罪，全心全意为人民服务，做好党给予担任的工作才对。可是，自己改造确是很差，旧思想残余也还存在，特别是在写《我的前半生》一书，竟有美化旧事物、美化自己和污辱劳动人民等的毒素存在，这真是绝不容许的事。幸亏孙博盛同志及时地指出来，加以批判与帮助，这使我才认识错误，提高了思想，这确实对我是很大的帮助，我诚恳接受你的批判、帮助，更盼望把你写的关于我的书的批判寄来。

我一定不断学习毛主席著作，不断改造自己，做一个真正新人，向人民赎罪，也包括向你赎罪。

至于我自己对书的批判，限于水平，可能有许多不深、不透或不够，更希望你多加指正。千万千万！

我如果发现问题，当然仍要继续批判。

祝你健康，并致敬礼！

爱新觉罗·溥仪

1966年11月16日

按：在1966年11月1日之后，溥仪用了半个月时间，对《我的前半生》一书做自我批评，达二十七项之多，超过十页信纸，都陆续寄给孙博盛了。这里依据溥仪自留的复写底稿，节选最后一段总结文字。孙博盛看到这封十多页的长信，在1966年11月23日寄出复函："你来的信也只是说明，无所谓检查，你是由思想深处检查了么？只是做做解释而已，现在开始要封门了吗？你敷衍了事，封门主义是不行的，这是革命，可能你认为是小事，但我认为是大事！"

溥仪致孙博盛的第八封信（1966年12月5日）

孙博盛同志：

接到你来信，感谢你对我的帮助和启发。说老实话，自己确是思想觉悟低，认识水平是很不够，以致许多问题看不出来，但我们要继续看，如果能够发现有不对地方，我再写信告诉你。

你说现在对这本书将做全部分析，我诚恳地盼望你要帮助我，把你分析我这本书哪些不对的地方告诉我，我好改正，我是把你的帮助和批判当作为一个很重要的政治学习和进一步的自我改造。

我绝不是封门，绝不是怕麻烦，前次我曾说过我有病，我确实患有重病，身体是很不好的。从前年起即不断尿血，去年才发现我的左肾生长了癌，膀胱也生长了癌，都是恶性的癌，经过动手术，把我的左肾全部割掉，膀胱也用电烧过。出院不久，不幸的是剩下的右肾也生长了癌，但不能再割了，只能用"钴60"放射性地治疗，现在一直每天服中医研究院的中药，又加上患高血压病、血管硬化，又严重地贫血，这几天左胸又开始奇疼，呼吸行动都感疼痛，还没有查出什么原因来，医生嘱多休养，因此，我只能在力所能及范围内，对我的书继续检查，但这是需要一些时间，请你原谅。由于你的批判和帮助，已然使我得到了下列几点认识：

（一）对于《我的前半生》有了比较正确的认识，认识书中有许多毒素，有美化旧事物，美化自己，污辱劳动人民等毒素，对于祖国第二代会产生不良影响；

（二）认识自己在过去领稿费是错误的，过去自己对人民犯了不可宽恕的罪恶，虽蒙特赦，自己不应当忘记自己的罪恶，写了一点东西就要报酬，这是不应该的，何况这书还有许多毒素，这真是罪上加罪，因此把稿费退还（退还给全国政协）是绝对应该的；

（三）这样的书，我认为不应当再印。所以我向群众出版社提出自己的意见，不要再印这书了，群众出版社同志答应把我的意见反映领导。

（据我了解，第一次出版约三万部，大部分做内部参考，少数出售；第二次出版约三万部，都是供内部参考，不对外）

以上几点，如果不是你批判和帮助，我是不可能认识自己错误和采取正确措施的。在此衷心向你再一次表示谢意，更希望你继续多加帮助和指教。

此致

敬礼　祝你健康！

爱新觉罗·溥仪

1966年12月5日

按：孙博盛在1966年12月1日来信质问溥仪："《燕山夜话》不是含沙射影地咒骂党吗？那么你又为啥在书中骂共产党呢？你的书是1964年出版的，而不是解放初期写的，你不知道是什么意思吗？我说你是别有用心，认为没有人揭你的底儿，可以流毒中国下一代。你是在什么思想基础上写的？是谁支持的？后台老板是谁？是群众出版社某些领导人吗？还是李文达呢？还是谁呢？你的反动思想观点应该彻底挖一下，思想深处是什么东西？"溥仪看过此信当即回复。然而，孙博盛于1966年12月5日再度致信溥仪，口气更硬了。信中写道："以前我去信给你，是非正式性的批判，是告诉你作思想上的准备。因为我工作很忙，现在开始逐页进行批判，希你能周密地看看，以备深刻地认识。文化大革命是触及人们灵魂的，就几张纸能触及你的思想深处吗？……现在你敷衍了事，封门主义是不行的。"而这正处于溥仪病重住院的时候。

协和医院第十二次向国务院总理办公室、全国政协、中央统战部和卫生部发出《溥仪病情报告》，不幸地宣告：溥仪的病情已处于危重阶段。患者仅存的右肾，肿瘤仍在发展，虽经放射治疗有所抑制，但目前尿中毒加重，并有严重酸中毒及贫血，经抢救后仅酸中毒有所改善，说明右肾情况进一步恶化，尿中毒也有可能再度恶化，现正采用中西结合的方法积极抢救中。

溥仪在“文革”中埋头检查所著《我的前半生》(1966年12月12日)

我好比溺在水中的人，是你伸手把我拉起来了。

按：怀着满肚子问题，一脑门的苦闷，溥仪去找他的好朋友、同事董益三先生。在老董的启发下他的心情变得开朗起来了。原来，老董以自己的经验相传授，告诉他在这种特殊而又特殊的历史阶段，“只有自己独立地去迎接困难、解决问题”。溥仪激动地拉着老董的双手不放，说出了这句发自内心的话。

由于溥仪的检查态度诚恳，连那位吹毛求疵的长春造反者也不得不承认他“有所认识”了。但此人又向末代皇帝提出要求，让他交代《我的前半生》“是谁支持写的”？面对难题，溥仪急得血压猛升，把李淑贤弄得手足无措。1966年12月23日溥仪尿毒症突发，被送进协和医院。住院期间李淑贤还不断收到长春来信。她和董益三商量决定不把这些信送交患者，而去找领导研究，并以个人名义复信说明须待溥仪病愈后再继续检查并复信。没有想到这一下子竟然触怒了对方，威胁要到北京“发动群众”批斗他们夫妇。

1966年12月29日，蒲老受托于周恩来而来到协和医院住院部五楼高干病房，年近八旬的老人家，见了溥仪说出的第一句话就是“周总理很惦念，让我来看看你!”周恩来的关怀和蒲辅周的到来，给四面楚歌的溥仪带来了欢乐和希望。他热泪盈眶，紧紧握住蒲老的手，好半天也不撒开。这一天，溥仪觉得痛快，精神也好，一直有增不降的尿毒迅速下降了。

溥仪致孙博盛的第九封信（1966年12月20日）

孙博盛同志：

我接到你的信很高兴，只因为病还没有好，迟迟答复，请原谅。我按照你的嘱咐，对你1966年12月1日来信所指出的答复如下：

（1）第七页和八页上所写关于我祖父的事，原意是想写他最怕慈禧，对他的疑忌惹祸，因而谨小慎微，对慈禧百依百顺，极尽谄媚之能事，所谓什么“思谦堂”的命名，又什么“满招损，谦受益”的铭言，都是他搞的名堂，目的在以退为进，这是他一种做官往上爬的手腕，借以邀慈禧的宠信。这不是说的李莲英。这是书的原文没有分析，又写得不够清楚，所以使读者误为李莲英。

（2）第二十二页至二十三页：我父亲辞了摄政王回家说的话以及那副对联“有书真富贵，无事小神仙”……都是辗转听说来的。他写那副对联，在表面上用以自慰，表示“清高”，实际上正是自欺欺人，是在发牢骚而已，因为在为大势所迫，他万不得已才辞职的。反动统治没有甘心自动退出政治舞台，对于反动家伙，你不打他就不倒，可是书中没有任何分析地直写在这里，反成了美化这个反动统治者的话了，因此这也是棵毒草。

（3）第二十九页写我的祖母叶赫那拉氏，把她形容得好像那样仁慈，夏天不进花园，连蚂蚁都怕踩死，可是对待人的残忍与无情就轻描淡写地带过去，这也是避重就轻地美化了她。我完全同意你的批判。

（4）第五十五页写乾隆搞的所谓“寸草为标”的把戏时，写出了“乾隆留下的干草棍虽然一根不曾短少，而乾隆留下的长满青草的土地被儿孙们送给‘与国’却要以成千方里计”。这是一个极严重的错误。我现在认为，这段文字应该改为：“乾隆留下的干草棍，虽然一根不曾短少，可是中华民族的国土却被清朝封建反动统治者所篡夺和断送给‘与国’的，却要以成千方里计”。当时只顾去写乾隆，无意中却仍然罪恶地把人民的国土当成是清室的私产，这实在是一个不可宽恕的罪恶。下一段写帝王寄生生活大量地耗时费时，所以用“在民国当局的纵容下”这句话，我的原意是：我退位后，还能过这样穷奢极欲的生活，是根据对“清室优待条件”得来的。如果没有这个“优待条件”，我是不可能过这样生活的。

（5）从七十四页第三段起到七十七页第一段，都是谈神谈鬼，谈得很详细，我的意思是想用这些东西来具体地说明反动统治者都是自欺欺人地利用宗教迷信来为自己的统治服务。但是，书的内容没有作分析，全是迷信经过的叙述。这样不仅没有收到效果，反而倒是宣传了迷信，美化了自己，还特别必须指出的是掩盖了反动统治者对太监的迷信欺骗和凌辱。我对你的分析和批判完全接受。

（6）第七十五页：小德张活活地打死他的姨太太的罪恶责任，我应该承担。我虽不是直接的凶手，但凶手是清室豢养起来的爪牙。

（7）第七十九页写我“在人们的多方逢迎和百般依顺的情形下，养成我的虐待别人来取乐的恶习”，这是超阶级的观点，而且把责任推在别人的身上，由于你的批判，你的帮助，提高了我的认识，认识到用主席的阶级斗争的观点，阶级分析的方法，来认识事物才是正确的。一切剥削阶级，特别是封建统治阶级，是把人不当着人看待的。我那时的那种性格，正是典型地反映了这一点。确实是阶级本性，而不是什么“人们的多方逢迎和百般依顺的情形下养成的”。

（8）第八十九页写梁鼎芬骂孙宝琦一事，是听梁鼎芬讲故事听来的，它的真实性根本成问题。我之所以把它写进去，目的在于暴露清朝封建余孽和民国“袁世凯时期”的封建官僚的丑恶嘴脸作为笑料掺进去，以增加书的某些趣味，却忽略了它的政治影响，这也是一个极严重的错误。

（9）第九十九页写张勋“奏请复辟”的一段，是我亲历的历史事实。写这些东西出来，原意是作为政治性的揭露的，揭露当时牛鬼蛇神搞复辟活动的真相，揭露张勋的可耻的面目，揭露我一家子死不甘心退出政治舞台的复辟梦与其破灭的情景。由于文字批判得太不够，简直等于没有分析，全是述说经过，这不仅没有起到任何好的影响，相反使人感到是借张勋之口来歌颂、美化封建统治，这是很坏的，应该作为毒草拔掉。

这本书的毒素确实是很多的，但我看一遍，看两遍，看不出来，这是什么原因？是思想认识的水平太低，更重要的还是立场没有完全转变。感激伟大领袖毛主席，感激党对我的史无前例的教育改造和特赦，尽管我立下决心在后半生中重新做人，听毛主席话，跟共产党走，走社会主义道路，但这并不等于立场就完全改变了，整个世界观就改变了。当时写这本书的主观愿望是宣扬党的改造政策的伟大，但结果事与愿违，我不但没有写好，还产生许多毒素的东西。

感谢你耗费很多时间来，在百忙之中来分析批判这本书，帮助我认识错误。我觉得千错百错，总的一个错误是没有政治挂帅，没有高举毛泽东思想伟大红旗，没有用主席思想作武器来批判《我的前半生》，所以问题很多，流毒很广，而自己还不能发现出来。这充分说明自己的学习、改造很差，离党和政府对我教育培养和期待距离很远，另一方面由于我患病几年，对于学习抓得不紧，尤其是思想落后于形势很远。我接受你的建议，在这次文化大革命中自觉地进行自我革命。这就是说要站在革命群众的一边，在群众的帮助之下，严格地对过去的我和现在的我进行批判，求得进一步改造自己。

此致

敬礼

爱新觉罗·溥仪

1966 年 12 月 20 日

按：溥仪在信中说："自我检查，我已经找出六十多项'错误'，还要自我清算。"孙博盛仍然不买账，他在 1966 年 12 月 31 日又致信溥仪："爱新觉罗·溥仪先生：你宣扬的是你的家谱，而不是颂扬你说的改造政策，是写的互相争权夺势、勾心斗角，狗咬狗！你在共产党教育之中也不算短了吧？从你被释放到 1964 年时间不算短了吧？你是真感谢党还是假感谢党？你是真改造好了吗？你说你的《我的前半生》一书是宣扬党的伟大改造政策，我说你是宣扬自己和你们家世。事实胜于雄辩，那么就打开你的所谓《我的前半生》一书找一找吧！"

附：孙博盛寄给溥仪的最后一函（1967 年 1 月 31 日）

爱新觉罗·溥仪、李淑贤先生：

你来信我收到了，真令人怀疑是什么严重病，连写字都不能写了？你们要是耍花招可不行！先告诉你，我要印传单、小报，散发北京市。呼吁革命工农兵来反对你！我希望你给答复的，你不使我满意，那么我也不能叫你满意下去！我也可能去北京。另外我问你：李玉琴这次去北京，到你那没有？她说到溥杰那了。你写的书，有她参加写作没有？她说也要批判你写的书而还没写，她说，要和我到北京造你的反！而我现在不想去。告诉你们：耍花招是不行的，答复

不答复完全由你。不多谈 祝

思考 家安

长春市政工程处“文革”职工

孙博盛

1967年1月31日

按：“童仆”提出的问题愈来愈多，占用的篇幅愈来愈长，吹出的调子愈来愈高。起初仅仅批判书的内容，后来就追查起“政治背景”来了。

溥仪认真阅读每一封来信，一页一页埋头检查自己的唯一著作《我的前半生》，希望能认识得更正确，检查得更深刻，让人家满意。国庆后，溥仪虽然一封封的厚信不断寄往长春，但是总不能“过关”。

怀着满肚子的问题，顶着一脑袋苦闷，溥仪先往全国政协机关找到文史资料研究委员会副主任委员沈德纯和文史办公室主任张刃先两位老领导，他们表扬溥仪“依靠组织好”，同时启发他“遇事自己也要动脑”。那是一个特殊的历史时期，许多事情，领导也束手无策，话说及此虽已明白，溥仪却感到不得要领。

人所共知，出版于六十年代初的邓拓所著《燕山夜话》，作为“文革”的“开台锣鼓”而遭到极不公正的批判，被望风捕影地指责为“反党反社会主义黑话”。于是乎，千种书万种书，包括《我的前半生》在内，也都成了“黑话”，这种莫须有的罪名又让溥仪如何认可？还要追问“后台”，溥仪最清楚不过，谁支持他写了这本《我的前半生》呢？正是毛泽东和周恩来！对此，在那样的历史环境中，溥仪又能做何解释？又能怎样答复？

然而，毛主席、周总理对溥仪的关切还并未因“文革”而中止。正当溥仪和《我的前半生》都处在四面楚歌的境地，“保护神”又一次出现了。消息灵通的五妹夫万嘉熙，手持一张宝贝似的“红卫兵”传单，急冲冲跨进溥仪的病房。传单上印着毛泽东主席1964年8月间与一位晚辈亲属谈话的内容，其中提到溥仪名字的地方，已被老万重重地打了横线，那些字也因此而显得很突出：“对犯错误的青年人不要开除，开除是害了他，对立面也没有了。溥仪、康泽这样的人也改造过来了，青年人有些是党员，有些是团员，还改不过来？开除太简单化。”毛泽东这段话是两年前说的。但是，既然伟大领袖认为中国末代皇帝溥仪已经“改造过来了”，而且是借助于动乱年代的时髦传单广泛流传，对于溥仪那样复杂的历史人物，无疑具有巨大的政治保护作用。激动不已的溥仪泪流双颊。

时隔未久，万嘉熙又送来一个来自传单的新喜讯，原来是周恩来1967年2月中旬讲话中，再度肯定了《我的前半生》是一部好书。总理啊总理，他最善于利用最有利的时机，保护最应该保护的人！

随之，中国权威报纸《人民日报》在显要版面上也刊登了题为《坚定地走与工农兵相结合的道路》的重要文章，作者引用总理的原话说，溥仪从苏联回来十六年了，他写了一本书，心情是很沉痛的。我们把末代皇帝改造好了，这是世界上的奇迹！

沉疴中的溥仪又一次听到了周恩来的声音，再也无法抑制泉涌般的泪水，在妻子和妹夫面前哭得泪眼模糊，不禁回想起当他写出《我的前半生》初稿交总理审阅时的谈话。当时周总理因公务繁忙，未能看完全文，但，总理已经看出这位末代皇帝向旧社会宣战的决心，因此在谈话时指出：“末代皇帝肯这样暴露不容易。沙皇、威廉的回忆录都是吹自己，英国的威尔士亲王也是吹自己。历史上还找不出这样的例子，你开创了一个新纪元！”

伴随《我的前半生》而来的满天乌云顿时消散了。在中国当代历史上那个非常时期里，毛泽东保护了溥仪，溥仪也以深厚的感情爱戴人民的主席。溥仪的人身安全才一再受到保护，未曾遭到任何肉体摧残，那位“童仆”也就自动封口了。

溥仪想吃日本的鸡肉汤面（1966年12月29日）

想吃日本的鸡肉汤面，还想吃用面糊裹上鸡肉烤熟后放凉的冷鸡肉。

按：周恩来得知了溥仪的近况，一条明确的指示立即传达到“反帝医院”：应当允许溥仪继续住在高干病房，必须给予悉心周到的治疗和护理。总理还亲自转告蒲老，说溥仪要请他诊诊病，并委托他去时要代致问候之意。1966 年 12 月 29 日，年近八旬的蒲老，带着周恩来的重托来到协和医院住院部五楼高干病房，见到溥仪说出的第一句话就是“周总理很惦念，让我来看看你!”周恩来的关怀和蒲辅周的到来，给溥仪带来了欢乐和希望。他热泪盈眶，紧紧握住蒲老的手，好半天也不撒开。这一天，溥仪觉得痛快，精神也好，一直有增不降的尿毒从此迅速下降了。与此同时，周恩来听说溥杰为重病在身的兄长而忧心忡忡，唯怕接触太多、照顾太多，将在政治上贻人话柄。总理就让人转告，请他打消顾虑。总理说，兄弟之间应该照常走动，不要因为运动中间遇上点儿麻烦而耽误了诊病。总理的关照使溥杰再也不用左顾右看了，他常常带着妻子前往医院探望大哥，并送去刚从日本寄来的食品或药品。嵯峨浩回忆说，大哥从小吃最高级的宫廷菜长大，平素一直认为中国菜是居世界第一的。大概是因为生病，想吃点清淡的饭菜。我在北京定居以后，亲友们常从日本给我寄一些日本食品，其中有方便面，大哥很喜欢吃。这回她又问大哥“想吃点什么”的时候，溥仪的回答竟是“想吃日本的鸡肉汤面”，还说想吃用面糊裹上鸡肉烤熟后放凉的冷鸡肉，她便高兴地亲自下厨烹制，做好后给大哥送过去。

在溥仪住院病房里的辩论（1967 年 1 月 30 日）

（与 1961 年比，李玉琴感觉溥仪好像衰老了二十岁，脸有浮肿。见面之下心又软了，不知说什么好）

杜晓娟（李玉琴大嫂）：你有病了？（冲溥仪先问了一句）

溥仪无言，点点头。

杜晓娟：好像有点浮肿吧？

李淑贤插话：是浮肿，不是胖。

杜晓娟（开口自我介绍）：我叫杜晓娟，是李玉琴的大嫂，也是“皇亲受害者”的代表，今天要来问问你。李玉琴也是我拉来的。你认识我吗？

溥仪：不认识。

杜晓娟：李凤你认识不？

（李凤就是李玉琴的大哥，杜晓娟的丈夫。伪满垮台前六个月，溥仪“加恩”，赏赐他一个“警长”的头衔，当了半年“警长”，又当了半辈子“皇亲国舅”）

溥仪：不认识。当年不过一点头的事，哪会记到今天？

杜晓娟：这几位也都是老李家的人，你认识吗？

溥仪：（困惑地摇头）不认识。

（杜晓娟边问边在小本子上记，李玉琴也记，为的是回去好向造反派交代）

杜晓娟：那么你见过李玉琴家什么人呢？

溥仪：我一个也没见过。

杜晓娟：你给过李玉琴家谁“皇亲”待遇吗？

溥仪：（用手扶扶眼镜，笑了笑）没有！只有婉容家才算皇亲，一则她本人是皇后，二则她娘家地位也够。李玉琴本人的地位以及她娘家的地位都不够，所以不享受皇亲待遇。

杜晓娟：这就奇怪了，你没封李玉琴家是皇亲，更没给过谁皇亲待遇，可我们家老少三辈都成了“皇亲国戚”，连我这个解放后进他家门的人也成了“国舅夫人”，又被批斗，又被抄家，这遭的到底是哪份罪呀？

李玉琴：什么皇亲？你根本就不承认我们家是你的亲属。你不是给我家定了“六条”禁令吗？什么不许求官、求钱，不许对外说和你是亲属，不许以你名义做什么，最后一条是皇帝陛下的旨意必须坚决服从。你还给我定了更严厉的“二十一条”，使我连一点人身自由都没有了。至今我背着“皇娘”的罪名，可我啥时候享受过皇娘的待遇？进宫后第一件衣服是粗布的，刚封贵人时连新被都没做。

溥仪：这些属实。

李玉琴：还有，我在宫中二年多没穿过你一件皮袄，也没给过我多少钱。

溥仪：我在宫中也不管账，当时对你关心不够，让你受委屈了。

李淑贤：（见丈夫说软话，就冲李玉琴问）你是谁？

李玉琴：你是谁？

（场面顿时冷了下来，对立情绪，气氛紧张。护士来解围，把李淑贤叫走）

李玉琴：长春有人正在批判《我的前半生》，这本书流毒全国！

溥仪：我承认一些地方写得不合适，我也正在检查书里的错误。

李玉琴：你把压迫人、当汉奸的事写成书，还要拿稿费，这不合理。

溥仪：稿费已经退还政协机关了。

李玉琴：交给谁了？

溥仪：文史办公室主任张刃先。

李玉琴：李凤当伪警长到底是怎么回事？

溥仪：我记得是吉冈提议的，他说可以给你大哥安排个事干，照顾你们娘家的生活。吉冈的提议我一概同意，从不过问情由，这回也答应了。

杜晓娟：总之让我家背这么多年黑锅，真是害人好苦！

溥仪：当时没想到会有这样的后果，请你们谅解。

李玉琴：我们这次来找你，也没有别的意思，如果你承认我家不是皇亲，就实事求是写个证明，连我在宫里受压迫的事也说说，还有我大哥当伪警长的事。

溥仪：先让我考虑考虑。

李玉琴：还有我给你写的那些信，寄给你的我的孩子的照片等要还给我，以免有人造谣生事。

杜晓娟：这并不是你们两人的关系，这段历史使我们很多人受株连。

溥仪无言。

李玉琴：明天我们来取证明材料和那些信。

溥仪：可我有病啊！握笔都困难……

按：1月29日李玉琴先到溥杰家告知，问题至今解决不了，只好上医院去见溥仪，政协负责同志也已同意，请溥杰传话，不想对病人突然袭击。1月30日上午8时，李玉琴与其大嫂一起离开住地，前往反帝医院住院部。“文革”期间，“红卫兵小将”嫌“协和”这两个字有“修正主义”味道，就改成“反帝医院”。李玉琴拿出经全国政协签署过意见的介绍信，并向医院有关同志简单讲了情况，得到同情，就把两人送到一间条件很不错的高干病房。溥仪正靠墙坐在床上，与搭床边坐着的李淑贤说话呢。直到将开午饭，两人才离去。

发生在病房的不寻常的“批判会”（1967年2月7日晚饭后）

（1967年2月7日晚饭后，夜幕拉开，一台有声有色的人间悲喜剧悄然问世。参加演出的，有历史上的“皇帝”和“贵人”，又有六十年代高干病房中的公民溥仪以及他的妻子，还有作为“文革特产”的红卫兵等，时间跨度大，内容丰富，情节生动，作为一幕真剧，它留给人们的启示永远值得玩味。“福贵人”带着当年叱咤风云的“首都红卫兵三司”特派观察员，来到位于白塔寺附近的人民医院病房，找刚刚转移到这里的溥仪“算账”，并开会斗争了他。据溥仪在日记中记载，对方当众控诉溥仪迫害造成的“种种苦境”，引来前廊病号，围观这场特殊的“批判会”。其间，戏剧性的场面屡屡爆出。李玉琴向溥仪提出十四个问题的书面材料赫然展开：1. 李玉琴究竟是怎么到伪宫的？以后又怎么成了“福贵人”？2. 你给李玉琴定“二十一条”出于什么动机？什么目的？具体内容是什么？3. 你给李玉琴娘家定“六条”出于什么动机？什么目的？具体内容是什么？4. 你给李玉琴本人什么权力？什么职务？包括政治、经济、学习、生活等方面。5. 李玉琴在伪宫都干些什么？都见过哪些人？你们在一起生活吗？你们几天见一次面？见面都干些什么？6. 李玉琴在你眼里究竟占什么地位？你对她都进行过什么样的迫害？7. 你给李玉琴的哥哥、初小文化程度、印刷工人出身的李凤安排警长是耍什么阴谋？什么动机？什么目的？8. 李玉琴的娘家人去看过她吗？都谁去过？9. 你见过李玉琴娘家什么人？给过她们什么好处？有过什么来往？10. 你给过李玉琴娘家什么权力吗？他们依靠你的名誉干过什么事情吗？11. 李玉琴的亲友与你有过往来吗？你见过她的哪些亲友？12. 你承没承认过和李玉琴家有亲属关系？13. 什么样的人是皇亲国舅？李玉琴家算不算皇亲国舅？14. 你把李玉琴的相片、孩子的相片、还有寄给你的信全部退回，不许借以造谣生事）

李玉琴：我们提出一些问题要求你回答，要书面回答，写不写，随你便！

（溥仪展纸细看，只见第一行上赫然写着：“溥仪！你要向被你损害者及其家属老实认罪，交代问题！”）

杜晓娟：现在开始批判、控诉溥仪！

（李玉琴作控诉发言。从入宫那天起说到现在的遭遇，谈到溥仪和日本人勾结在东北犯下的罪行，给东北人民带来的灾难，以及她家在“文革”中怎样被打成“皇亲”挨批斗，做了替罪羊，到如今还因“皇娘”受歧视和迫害。说起辛酸往事，李玉琴忍不住流泪。可是，在椅子上坐着的溥仪把二郎腿一跷，露出满脸不以为然、不服气的样子）

溥仪：是那样吗?

李玉琴：你这样不老实，把你带到东北人民面前说说去！

（阵前炮火轰然，继而展开凌厉的攻势）

旁观者：你当时拿她当人待吗?

溥仪：我不好！我不好！

李玉琴：让溥仪把我在宫中的地位、待遇和对我家的实际情况，如实地向人民交代！

（杜晓娟发言，主要说她和她的家人顶着“皇亲”的名义，遭受种种打击、迫害，抬不起头来的事情）

杜晓娟：（指点溥仪）你在东北罪大恶极，人民不会宽恕，今欲揪你回东北，让东北人民和你算算账！打碎你的狗头！

（溥仪当皇帝——即使是傀儡皇帝的前半生，也经历了许多庞大场面，改造期间则虔诚地低头认罪，后半生作为公民的历程中，更一再接受国家领导人的邀请而参与重大国事活动，但是，像今天这样的事情，还真是头一遭碰上。溥仪把无边的苦闷倾注笔端，两天后追记此事，留下了抹不掉的历史遗痕。

自己在历史上确是对人民犯了罪行，党和政府特赦，重新做人，才有今天。现在有人要借东北人民的名义，煽动不明真相的人向我攻击，自己实在无法对待。

为了这个“无法对待”的问题，李淑贤东奔西走，先找七叔载涛问策。载涛建议向总理报告，李淑贤拟请董益三代笔起草报告稿，还就此事与溥杰商量过。然而这项拟议中的事情，最终还是被溥仪取消了。此事始末已载入 1967 年 2 月 10 日董益三的日记：“下午三点左右，李淑贤来告诉我们，她曾找载涛告诉了溥仪的情况。载涛建议向总理汇报。李淑贤要求我代笔，我认为不大合适，建议她找溥杰商量，由溥杰起草较为适当。李淑贤在我们晚餐后又来了。告诉我们说：“溥仪认为现在不要向总理反映情况，等等以后再看。我同意溥仪的意见，暂缓反映。”这件珍贵史料内含了清朝末代皇帝对中华人民共和国首任总理真挚而深厚的感情）

按：溥仪有病，李玉琴让他坐着听，自己站着说。参会人不多，旁听者不少，溥仪同病房的、其他病房的人都来了。李玉琴后来回忆说：“溥仪毕竟是我从小崇拜过的男人，是我苦恋、苦等十余载的丈夫，至今我仍承认我们是有感情的，难道我就忍心批他、斗他、控诉他？可是不行啊！我家从五十年代起就生活在‘皇亲’的阴影里，祖孙三代中有二十多人不同程度受过株连，到‘文革’中间快要逼出人命了，我怎么可以为了一己私情而完全不顾及那么多家属、亲属的政治生命呢？所以才硬着头皮到北京来。却万万不曾料到，为了一纸‘证实材料’就剑拔弩张，把事情弄到如此地步，太让我伤心了！第二天，我背着大嫂给溥杰挂了个电话。我说，溥仪有病，希望他好好休养、治疗，尽快康复。又说昨天晚上那是没有办法的事，只要能给写个证明材料就拉倒了，完全没有别的意思。”

溥仪为李玉琴写的证言材料（1967年2月13日）

一、李玉琴入伪官的由来经过

谭玉龄死后，日寇的大特务头子吉冈安直为了进一步操纵我，提议找一个日本女性做我的伴侣。当时我固然是早已死心塌地甘当日寇的忠实走狗，但再“忠实”的奴才也有怨恨他的主人的时候。我在“自保”的心情下，恐怕在伪宫内府内也有了吉冈的“眼睛”，可又不敢公然拒绝，就采取了拖延的办法。后在无可再推的窘况下，就借口自己固然素来不抱民族成见，但亦须以“爱情”作为主要条件，不能局限于什么民族问题，竟以此作为唯一的挡箭牌。我当时的内心是想找一个年岁小、容易听我摆布的女孩子，才可以摆脱吉冈的逼迫。于是我让吉冈从长春的红卫（女优）小学校中强要来年幼的女学生的相片，供我选取。结果看中了李玉琴。就在入宫读书的欺骗幌子下，以伪皇帝的绝对压力，把李玉琴架入虎口。过了一个月之后对李宣布她的进宫实际上是让她伺候我，还封她为“福贵人”，也就是给了她以清王朝时代第六等的皇帝“御用玩物”的称号。我为了能够完全控制她，也和过去对待谭玉龄一样，首先定出了限制她的二十一条。主要的条款是：强迫她绝对无条件地“完全遵守清王朝的祖制”，必须从思想深处绝对服从我，一切言行都得顺我的意旨去做，任何事不得擅自处理——即［使］给自己的父母通信，也得先得到我的批准；一定要遵从“三从四德”“五常”的封建道德，她须永远忠实地伺候我一辈子，只许我对她不好，决不可她对我丝毫变心；即使在思想偶然起了不该起的念头，也须立即向我揭露和请罪，否则就犯了“大不敬”的极大罪恶，除须甘受处分外，还得甘受“天打五雷轰”的天罚；不许给娘家人求官求职，不许同娘家和亲人见面，不许私蓄一分钱，不许打听外事——包括政治方面的活动等；此外尚有不许说谎，不许隐瞒思想，甚至见我时不许愁眉苦脸之类的要挟。总之是把束缚她、防范她的办法，从肉体到精神都做了周密的规定。

对于李玉琴的父母家属也另定了“六条”的限制办法。例如不许他们对外泄露和我的关系；不许求官、求职、求钱和房屋土地；不许来看望李玉琴，也不许李玉琴回家探亲；不许假借我的名义关系做什么事情；如果我有命令必须绝对执行。我所以要定下这种限制禁令目的就是要把李玉琴做我自己的驯服的“玩物”，处处都是为自己的统治地位、个人私利着想，完全没有想到别人身受的痛苦灾难。凭借汉奸头子的罪恶势力，对于一个纯真的幼女，使出威胁、欺骗、束缚、防范的种种卑鄙手段，不但摧残了她的青春，而且使她终身都受到我的罪恶影响。不但李玉琴本人这样，就连她的父母兄弟姊妹，以及她的孩子亲戚的几代人都在我的影响下受到“皇亲国戚”的恶名。他们在当时不但没享受到“皇亲国戚”的特权，就连和我见面的“资格”都没有，归根到底他们都是一些受害者。

二、我对李玉琴所定的二十一条和对她家属定的六条的目的

我所以要对李玉琴定出二十一条和对其家属要定出六条禁令的目的，就是假借伪皇帝的势力，精细入微地把他们束缚得结结实实，只许他们乖乖地任凭我摆布。光以皇帝的势力还怕不能完全支配了李玉琴的心灵深处，更假借神佛的迷信彻底控制她的思想意识。为什么在定出二十一条之后，还必须在佛前立誓焚表，还必须让她写一服从到底的誓言？就是让她被我永远掌握于手掌之中。可是李玉琴在当时的情况下，并没对我完全屈服，写出一个“死”字作为精神上的抗拒，这是我到现在才体会到的。总之对于李玉琴是为要使她的肉体和灵魂完全为我个人服务，使她只有终身供我玩弄的绝对义务，而不给她丝毫的权力。如上项二十一条禁令中的“绝对遵守祖制”就是拿封建专制家庭中的最大帽子，把她扣住，使她无有半分抗拒余地；再用“三从四德”之类给她套好“紧箍咒”使她从身体到灵魂都得无条件地服从我，再把她和家庭随便通信、随便往来的缺口堵死，以便控制她一辈子；不给她以经济上的独立自主，以便使她永远摆脱不了和我从属寄生关系；此外“杜渐防微”地定好不许给娘家人求官、求职，不许干预外事的条款，甚至还明文规定不得以愁眉苦脸对我之类那就更是为了整个地控制她的缘故。对于她的家属所以规定六条，那就是以禁令的压力，为了杜绝李玉琴的外援道路，同时也使李的家庭只能乖乖地贡献出女儿来，而不能由女儿身上从我处找到丝毫好处、得到任何权力。如六条之中的“不准对外泄露和我的关系，不许求官求职及金钱物质利益”，就是让他们从女儿身上不能捞到任何好处；“不许探望女儿，不得接女儿回家”，就是使他们的骨肉关系等于断绝，而使李玉琴在第六等姬妾地位中甘任我的玩弄，使李的家属绝对不可能得到妃嫔家属——“皇亲国舅”的外戚地位。

三、李玉琴在伪宫的生活情况

我对李玉琴可以说是从来没有给予任何权力，不要说在政治地位根本说不到，就连普通最起码的家庭生活权利也一点没有给予她，如不使她有钱财上的自由。此外在她穿戴上也是如此之类，也就是我对于她没有任何夫妻感情的一系列的表现。我之所以让她“进宫”只不过是为了搪塞吉冈和为自己玩弄而已。这还不算，还使她身边的保姆随时监视密告她的一举一动，更使我的妹妹也负上对她监视指导之责。至于她的学习那就更谈不到，只不过是拿“三从四德”的封建思想来腐蚀她的灵魂，为让她能够“安心立命”地当我的“玩物”而已。这和我让她吃斋念佛都是相辅相成的手段，一句话就是要为了达到完全控制她的目的。

四、李玉琴在宫中所受的种种限制

李玉琴在伪宫中的生活可以说是没有一点自由的。她只能在她住所的范围内行动；多走一步就是出了当时“内外防闲”的范围，便是讳背了“三从四德”的范畴，便是违背了祖训家法。她所能够日常见到的人，也只限于我认为可以放心的族弟、侄子的爱人的最少限度之内——当然也包括任监督之责的描定妹妹在内。还不只此，还有担任经常监视她的“眼睛”（她的保姆之类），都必须随时向我反映她的情况。至于我和她的见面，则是在我高兴时，也许到了深夜临睡之际，才到她房中去开开心，让她唱唱歌或逗弄她一会儿，便算是完了一次夫妻的会面。在我不高兴时也许连日不去搭理她，甚至还会申斥她，用笤帚疙瘩打她。当我发完脾气之后，还本着二十一条的“不许对我愁眉苦脸”的那条强使她“破涕为笑”地讨我高兴。可以说她在伪宫中的日常生活全是在这样的环境中度过的。我不但玩了她的宝贵青春，还使她到现在还要背上“皇娘”之类的黑包袱，这就是我给与她的一切一切。

五、关于我给李玉琴哥哥李凤安排伪警长伪职问题

我在给她家定的六条之中，本来定有不许求官求职和金钱的一条，可是为什么我又安排她哥哥当伪警长拉他下水呢？第一是由于吉冈的对我建议：现在她哥哥没有工作，可以给他一个事做；第二是我所以点头认可的缘故，就是他求官求职固不许可，由我主动“恩赐”则不妨。我当时的思想是，吉冈既是这样说我答应了，既可给吉冈面子，我也可以博得“加恩”之名。现在我认识到，这是我把人家硬拖下水。他当时既没有受到“皇亲国舅”的礼遇，可是确背上了“皇亲国舅”黑锅。而且由于我的缘故，六条中的“我有命令必须绝对执行”的条项，使他没有抗拒的余地，这是我从心里认为对他不过的。

六、我和李玉琴的家属的关系

在我对他们所定的六条之中，曾着重强调了“不许来探望李玉琴”一项禁令，但为了“赐恩”起见，曾在我的高兴之下，也有过临时特别许可，使李玉琴的父母可以偶然来见女儿一面。其实所谓的探亲，实际上等于“探监”一样。在我派出的监视眼目之下，其父亲只能在很限定的楼下一室中，见到女儿一面，匆匆说几句话，就得离去，其母亲虽然许可上楼到女儿房中一见，但同样是在监视之下，也只能谈些“冠冕堂皇”的对话，而不敢道出母女间的知心之谈。至于李玉琴的兄弟姊妹，则根本谈不到见亲人的可能。因此我对李家可以说是除了李玉琴之外，没有见到任何人，也没有给她家以任何好处。除了使他们饱尝骨内分离的滋味以外，真可以说是什么好处也没有。在过去封建王朝的宫殿生活中，连所谓“皇后”尚须向我跪拜，何况下属第六位的“贵人”，当然更谈不到和我的亲戚关系了。

七、所谓“皇亲国舅”的问题

在清王朝统治时代，所谓够得上“皇亲国舅”资格的人，只有皇后的父母兄弟。如皇后父亲可以封一个公爵，他的儿子也可得一些“差使”之类。至于皇后以下的皇贵妃以至于妃嫔算不上什么“皇亲国舅”。至于“贵人”“常在”“答应”则是比宫女稍高一等而已。至于他们的父母兄弟则更谈不到有什么待遇的问题了。

溥仪

一九六七年二月十三日

按：几天之后就在全国政协的同志帮助下，写好了一份很长的证实材料，亲笔签了字，交给全国政协机关，由沈德纯同志经手处理。然而，当时的全国政协也和其他机关、企业一样，都由“群众组织”当家，所以代表机关签署、盖章的也只能是群众组织——“全国政协革命造反指挥部”。签署了两条意见：“1. 溥仪写了一本书《我的前半生》，经李玉琴等提出批评，认为此书内容错误甚多，并有好些是毒草。溥仪表示诚恳接受批评，并愿病愈后作深刻检查。此书发表时所领的稿费四千元已于去年退交政协机关。2. 李玉琴于前此时经吉林省委介绍前来。由于全国解放十七年来，当地某些领导群众，不了解李玉琴和溥仪结婚完全是受溥仪压迫而对她和她的家属进行批判，要求溥仪给李玉琴写一证明。我们认为这一要求是合理的，已责成溥仪把当时经过写出，以便李玉琴向当地领导群众交代。现溥仪已经写出，我们认为情况基本相符，交李玉琴带回。特此证明。全国政协革命造反指挥部（公章）一九六七年三月二日”

李玉琴回忆说：最后形成的有效文件共三份，一份是溥仪手写的原稿，另外两份是打字件。沈老（德纯）把这三件一起放在我面前说：“你还是把手写件带走吧，到什么时候都有法律效力。”非常遗憾，我当时完全不懂法律知识，认为溥仪的钢笔字很草，怕别人认不出，说我伪造，而打字件整洁清晰，便拿了一份打字件，在这点上自己太无知。

溥仪的证实材料客观地写出了选我入宫的政治背景，我实际是溥仪抵制日本人控制的工具。谭玉龄死后吉冈提出要给溥仪再找一个日本女性为妃，以便操纵手中的傀儡，溥仪在拖延不成的窘况下，才答应找一个年幼而容易摆布的女孩以应付吉冈。同时也有别的考虑，他有病，找个年幼无知的孩子更便于结成“神仙眷属”，于是选中了我。

溥仪的证实材料说明了我是“在入宫读书的欺骗幌子下”，被“架入虎口”的。溥仪的证实材料叙述了“二十一条”的十分苛刻的内容，叙述了“六条”禁令的基本内容。证实材料说明了清朝时期，“贵人”“常在”和“答应”等论地位不过比宫女稍高一等，她们的娘家人根本没有“皇亲国舅”的资格。

但是，这份材料中说我一举一动都受到贴身女仆的“监视密告”，说对我“没有任何夫妻感情”，甚至“用笤帚疙瘩打我”等，是明显的言过其实。又说安排大哥当伪警长是“拉他下水”，这显然也是乱上纲。我们在今天写历史，只能实事求是，绝不拿着“不是”当理说。

毫无疑问，溥仪说了一些真话，澄清了若干历史过程中的细节，并道破了它们的本质，这有利于在当时为我和我的亲属从政治方面解脱一下。然而，不可否认，溥仪也说了许多言不由衷的话。在极左思潮笼罩全国的时候，有些用词或结论生拉硬扯、上纲上线，也情有可原。当然，属于羼入的水分就谈不到史料价值了。因为这份材料是专门为我写的，其内容也是我所经历或熟悉的，鉴于溥仪已经作古，我责无旁贷地应该对它作出实事求是的说明，以便帮助后人去伪存真，把溥仪“文革”期间撰写的一份证实材料，也变成一份有价值的历史资料。

全国政协“革命造反指挥部”在溥仪写的证实材料上签署了两条意见。第一条说溥仪“诚恳接受批评”，愿意对《我的前半生》一书“作深刻检查”，并已将稿费四千元，《我的前半生》初版稿酬一万元，溥仪分给执笔者李文达五千元，又分给几位提供零星资料的人六百元，李淑贤治病花了四百元，到文革初实余四千元退交政协机关。说心里话，当时我对这一条不关心，因为正式出版的《我的前半生》一书没有几句话提到我，即使把这本书批臭了，批烂了，也无助于我和我的亲属从政治压力下解脱出来。签署意见的第二条似乎对我有用，主要是说“让溥仪给李玉琴写证明这一要求是合理的”。我以为这白纸上的黑字或许可以算是“尚方宝剑”了。这次舍家撇业又扔下了孩子，在北京折腾了将近百日，还不错，要找的东西总算找到了。群众见了这个会谅解我们，我可以不受埋怨了。拿到证实材料，我们就急忙回长春了。我们在北京待了八十三天。临走前，政协给了一百元路费，也是由沈老交给我的。我当着沈老的面，把一百元全给我大嫂了。

溥仪给家族侄女肇莉的复信（1967年3月23日）

亲爱的侄女：

接到你信，我们都很高兴。由于你的伯父身体患病，伯母每天从家里去医院照护，也很忙。因而迟迟回信，让你等待多天，一定着急吧？真是对不起，请你多加原谅。你和同学四人到医院看我，没见着，当时我并不是出医院，而是临时到中医研究院去疗治，中午便回人民医院了。在床上看见你写的字帖，还有几个同学的名字，没有和你们见面，真感到遗憾。我后来又在人民医院住了几天，比较好些，大夫让出院回家休养。回家以后不小心又感冒风凉，重新引起旧病——尿中毒症的再发。当时病又很严重，每天从静脉里输葡萄糖液，住人民医院十几天后又转住反帝医院。现在正在反帝医院医治中，身体比以前稍好一些，一定好好治疗和保养，以期早痊，望你千万放心，不要远念。同样盼望你珍重身体的健康，更加努力学习咱们伟大领袖毛主席的著作……

我们虽然身隔数千里，我们是心连心的，我们都一样永远读毛主席的书，永远听毛主席的话，永远按照毛主席指示办事，永远当毛主席的好学生、好战士，全心全意为人民服务；我们有共同的理想，即为社会主义与共产主义事业奋斗，同时要不断展开批评与自我批评，以不断改造自己，永远前进！永远永远跟着我们心中最红最红的红太阳——伟大的导师、伟大的领袖、伟大的统帅、伟大的舵手，我们最最敬爱的毛主席走，满怀对毛主席的无限热爱、无限信仰、无限忠诚、无限崇拜，坚决跟他老人家干一辈子革命，这是你的心，也是我的心，是完全一样的。所以我们是有共同的理想、共同的语言和共同的决心，因而是心永相连的。

让我们一同坚决地永远学习毛泽东思想，永远运用毛泽东思想，永远宣传毛泽东思想，永远捍卫毛泽东思想！

衷心祝你日益健康，日益进步，不断在革命烈火中锻炼自己……

让我们相互学习、相互努力、相互批评与自我批评，以求共同进步。

你的伯父、伯母

1967年3月23日于反帝医院

按：肇莉是溥仪的侄辈家族成员，以肇为姓是根据“爱新觉罗”的意译。住在山东农村，“串联”期间曾带三名同学到人民医院看望溥仪，本是上午的事，因溥仪赴中医研究院看病未遇，乃以工工整整的字迹写下了这封信。从信的内容看，溥仪运用“文化大革命”中形成的政治套语已经相当熟练，说明他确曾认真看过许多材料。肇莉离京前，李淑贤送她一支钢笔，勉励她努力学习。

溥仪留给妻子的遗言（1967 年 9 月 30 日）

溥仪：我心中明白，我快要离开人世了，这么长时间我不愿和你讲这件事，是怕伤你的心，我的病本是难以治愈的绝症。我虽说现在科学发达了，能治好我的病，那只不过是安慰你。我这一世，当过皇帝，也当了新中国的公民。归宿还是好的。现在总算走到了尽头……我所悬念的是：第一条，我对不起党。把我改造成一个新人很不容易。在别的国家，一个封建君主变成公民，是很难办到的。中国共产党改造了我这样一个人，可是我却没有给党做什么工作。第二条，我对不起你。我们结婚才五年多，现在眼看要把你一个扔下了。我年岁大，从各方面说都很对不起你。你体弱多病，我又没有什么东西留下，你今后可怎么生活？现在又是文化大革命，谁能管你的事？我最不放心的，就是你的事情呀！

李淑贤：（忍着泪水安慰溥仪）你不用发愁，慢慢养病吧！等你稍微好些，咱们就一块儿去逛北海、颐和园。

按：在巨大的悲恸之中，李淑贤的耳际一再响起丈夫弥留时的遗言。那亲切的声音把溥仪的未亡人带回到国庆前夕的静谧之夜。东观音胡同 22 号长形院落里，只有秋风吹落树叶的沙沙声，而那排正房中也只有一丝微弱的灯光从主人卧室的窗口透出。溥仪在床上盖着一条毛毯，半靠在高高的枕头上和李淑贤谈话。他示意妻子坐近一些，紧紧拉住她的手不放。从长期患病的溥仪眼睛中，透过强忍的泪水，可以看出他内心的忧虑。默默无语的一刻过去以后溥仪终于开口，时断时续地讲出了这段内心真言。

溥仪给妻子李淑贤写的一张便条（1967年10月6日）

小妹：

我感气虚。你来时，千万把“紫河车”（胎盘粉）带来。今天晚上服用。

耀之

按：溥仪病逝后人们检点遗物时，才发现他曾在一个二寸半长、二寸宽的笔记本上，写下几个清晰可辨的字。那是10月6日即停止呼吸的前11天，溥仪写给李淑贤的一张便条。溥仪字耀之。“小妹”则是他对妻子的爱称。

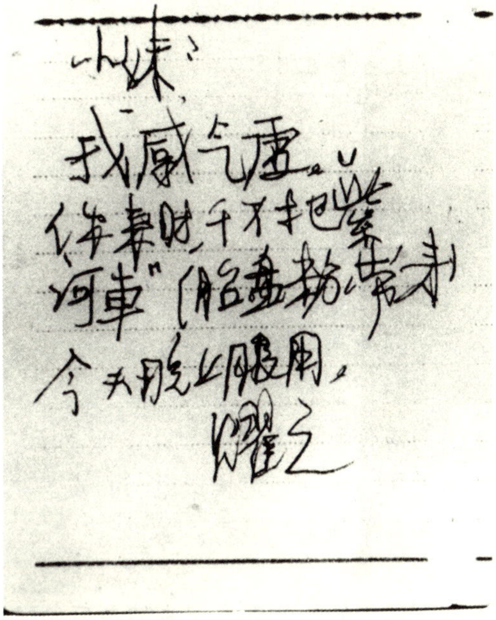
小妹：
我感气虚。
你来时千万把紫
河車”(胎盘粉)带来
今天晚上服用。
耀之

溥仪逝世前**11**天写给妻子的一张便条

附：著名老中医蒲辅周给溥仪开出的最后一单药方（1967年10月12日）

中医研究院广安门医院处方（1967年10月12日）

姓名：溥仪　性别：男　年龄：成

台党参一两　附片二钱　茯苓三钱　白术二钱　白芍二钱　泽泻一钱

上安桂五分·后下　川楝子二钱·炮　木香五分　砂仁五分·打　陈皮一钱

车前子三钱·包煎　锦砂金二钱

水煎服五剂，每剂煎二次，每日服二次。

蒲老处方　薛明寿写方

按：周恩来的批示解决了溥仪的住院、治疗问题，却对于病入膏肓的患者爱莫能助、无力回天。从10月8日开始，溥仪只能依靠输氧和注射葡萄糖维持生命了，这是尿毒症并发心力衰竭的结果。溥仪躺在床上痛苦呻吟，鼻孔里插着氧气管，眼球不停地向上翻动，随时都有可能停止呼吸。

在溥仪最后的日子里，受托于总理的著名老中医蒲辅周三度亲临病榻，诊脉处方：第一次在10月4日，第二次在10月7日，第三次在10月12日，溥仪每次都要把处方原原本本抄录在日记上，到第三次抄录时，仅仅写出七八个模糊难辨的字就再也无力握管了，这就是溥仪的绝笔。

蒲老是摇着头、搓着手，叹息而去的。他的处方今天已成为珍贵文物，上面虽然只记载着十三味药和服用方法，人们却能看到周恩来为溥仪所付出的心血。三天之后，病势危笃的溥仪被送入单人病房，他正一分一秒地接近最后时刻，亲友们纷纷前来守护，同事们也一个接一个地来到床前诀别。

溥仪留给二妹韫和郑广元夫妇最后的话（1967年10月14日）

我终于能够作为公民而离开这个世界了，我为此而高兴！

按：溥仪的二妹韫和在1999年接受笔者访谈时亲口所说。

溥仪留给族侄毓嵒最后的话（1967年10月14日）

我不行了，希望你能记住：好好干，要为国家出力！

按：溥仪的族侄毓嵒在1992年接受笔者访谈时亲口所说。

在生命的最后溥仪想抽一支烟（1967年10月15日）

很长时间没有抽烟了，我想吸，就给我点上一支吧！

按：杜聿明不顾医院的禁令，眼噙泪水，满足了溥仪这最后的愿望。

溥仪与范汉杰和李以劻最后的对话（1967年10月16日）

溥仪：我还不应该死呀，我还要给国家做事！你们先别走，等等杰二弟，把孟大夫找来，你们要救救我呀！

范汉杰：老溥，你还认得我吗？

溥仪：认得，你是范汉老（溥仪毫不犹疑地回答，口齿相当清楚）。

李以劻：我们来看你，已经等了很长时间，还要赶末班车回去。现在我们该走了，你好好休养吧！

溥仪：（急忙摆手）老李，你先别走，一定等我二弟来。（似乎又想起了什么，几乎在呼喊）快，赶快去找孟大夫，孟大夫不来，你们不要走！

（孟大夫是人民医院泌尿科的主治大夫，一直负责溥仪的医疗工作。老范和老李开始注意到溥仪的脸上呈现出一种使人怜悯的、十分痛苦的表情）

溥仪：（声音微弱却极为清晰）我还不应该死呀！我还要给国家做事呀！你们救救我吧，赶快去找孟大夫！

（李以劻立刻去找来了孟大夫，溥仪一把抓住了孟大夫的手）

溥仪：救救我！我要给国家做事，快救救我！我要给国家做事呀！

孟大夫：你不要害怕，你的病慢慢就会好的。你还有机会为国家做事情的。

（孟大夫的安慰奏效，溥仪高兴起来，脸上掠过一丝天真的微笑，又平静地睡去）

孟大夫：（以肯定的语气告诉老范和老李）溥仪先生过不去今天晚上了，你们方才看到他很清醒，这就是人们常说的回光返照现象。

（末班车逼近，两人特意为溥仪盖了盖被子。已经瘦得皮包骨头的溥仪，让朋友们感到心酸，老范和老李依依不舍地离开了病房）

按：最后的夜晚终于到来了。躺在病床上的溥仪时睡时醒，昏昏沉沉，守候着的亲友们盼望他能睁一睁眼睛，而溥仪正一分一秒地接近生命终点。晚十点左右，溥仪的眼睛忽然亮了，又开口说话了，似乎头脑十分清醒。前来探望的范汉杰和李以劻已在床边静静地守候了一个多钟点。在逝世前四小时，溥仪向李以劻和范汉杰提出了最后的要求。

溥仪向溥杰说出最后的话（1967 年 10 月 16 日）

真想再见总理一面啊！

按：溥杰在大哥的弥留时刻赶到，溥仪似乎有重要的话，嘴里喃喃不止。二弟遂把耳朵贴在长兄嘴边，虽然声音低微，却分明听到一句话，这是溥仪向溥杰，也是向人间说的最后的话。一两分钟之后，爱新觉罗·溥仪呼出一口长气就安详地与世长辞了。至此，李淑贤再也按捺不住心头的巨大悲痛，伏在丈夫的遗体上放声大哭。时为1967年10月17日凌晨二时三十分。

李淑贤凝望着爱人的遗容沉痛送终（1967年10月17日）

这是为今年冬天准备的，穿去吧，好遮遮风寒。

你们看，溥仪的眼睛和嘴还半睁半闭着，他是对我不放心哪……

按：随着黎明的晨光普照首都，在北京的爱新觉罗家族和全国政协一些文史专员，陆续走向人民医院，向溥仪的遗体告别，表示悼念。

李淑贤在保姆帮助下，为溥仪穿上刚刚拆洗一新的棉衣棉裤，口中喃喃念道："这是为今年冬天准备的，穿去吧，好遮遮风寒。"由于溥仪双脚肿胀，李淑贤特意让保姆去买来一双大号新鞋。她说溥仪生前爱散步，鞋要穿得舒服些。思虑周到的溥仪遗孀想到丈夫平时最爱戴那顶深蓝色呢帽，就端端正正地给他戴在头上；又取来溥仪平时使用的枕头，为他垫正头部。

李淑贤凝望爱人的遗容，亲友们纷纷上前劝慰。人们要她离开溥仪的遗体，节哀保重。悲恸不已的李淑贤却寸步不离丈夫的遗体。她向劝说的人们说："你们看，溥仪的眼睛和嘴还半睁半闭着，他是对我不放心哪！"她用手轻轻抚摸着溥仪的脸，直到丈夫的双眼和嘴巴闭严。一直等她为他梳过头，才允许保姆把白色床单盖在溥仪的脸上。

编后记

溥仪在其人生各个阶段都留下了一些文字，我有幸在三十多年从事溥仪研究的时光里，侧重搜集并整理了溥仪遗文，并得到群众出版社的厚重支持，《溥仪文存》得以出版，令我深感幸运。

1924年11月5日，溥仪被迫出宫，由于时间紧迫，这位当了十三年逊帝的溥仪把平日随手而成的诗文手稿全部留在了他寝宫的书桌上或抽屉里，随后被故宫善后工作人员打包封存。

1931年11月10日，溥仪离津出关，又把他在张园和静园撰写的诗文、书信等留在了静园书房或卧室，也由静园管理者、族兄溥修打包收存。而这两部分文稿在历史变迁的年代中都幸运地保存了下来，新中国成立后全部收归中国第一历史档案馆存藏，定名为“清废帝溥仪档”，数量超过五千卷。据知，仅在1961年前后，溥仪同李文达先生为撰写《我的前半生》曾来此阅看过少数档案。我则在1982年和1983年在这里阅看了全部档案，时间长达一年又八个月之久。

继而，我又在东北三省档案馆和长春市图书馆查阅了全部《满洲国政府公报》，以及能够查阅到的伪满年代的报刊，成为溥仪伪满年代各类文告、诏书的来源，而溥仪同日本关东军司令部等日本政要的谈话内容则是由溥仪当年的翻译官林出贤次郎记录并保存下来的。

溥仪因苏五年也有文字留存，主要是他出席东京法庭作证期间留下的详细而真实的记录，而苏方档案自1989年解密后也流露出来一些真实内容。

溥仪在抚顺战犯管理所改造十年，撰写了大批“交代材料”和“回忆材料”，原稿今存中央档案馆。1983年至1984年我在该馆查阅半年之久，搜集到大量珍贵资料。

尤为幸运的是，1979年8月，我在北京巧遇溥仪特赦后的新婚妻子李淑贤女士，作为吉林省社会科学院的代表，我同李淑贤建立起长达十八年的合作关系。李淑贤女士授权我依法使用溥仪先生后半生的数十万字遗稿，并亲手把溥仪的亲笔日记、书信、大会发言、参观感想，以及诗文手稿等真笔真迹交给我撰写了《溥仪的后半生》《溥仪日记》（整理注释）、《我的丈夫溥仪》（李淑贤回忆录）等著述，掌握了大量珍贵史料。

此外，我还有幸与李玉琴、李国雄等溥仪历史上重要知情人士合作，从而获得一批弥足珍贵的史料。《溥仪文存》就是在珍贵而丰厚的真实史料上形成的著作，唯望呈现这位末代皇帝历史性的鲜活的一生。

王庆祥

2016 年 4 月 25 日